[Doré 83]

COMMISSION SUPÉRIEURE

POUR

L'EXAMEN DU PROJET DE MER INTÉRIEURE

DANS LE SUD DE L'ALGÉRIE ET DE LA TUNISIE

PRÉSENTÉ

PAR M. LE COMMANDANT ROUDAIRE.

Lf 128
66

MINISTÈRE DES AFFAIRES ÉTRANGÈRES.

COMMISSION SUPÉRIEURE

POUR

L'EXAMEN DU PROJET DE MER INTÉRIEURE

DANS LE SUD DE L'ALGÉRIE ET DE LA TUNISIE

PRÉSENTÉ

PAR M. LE COMMANDANT ROUDAIRE.

1882.

PARIS.

IMPRIMERIE NATIONALE.

M DCCC LXXXII.

PREMIÈRE PARTIE.

TRAVAUX PRÉLIMINAIRES.

RAPPORT

DE M. DE FREYCINET, PRÉSIDENT DU CONSEIL,

MINISTRE DES AFFAIRES ÉTRANGÈRES,

AU PRÉSIDENT DE LA RÉPUBLIQUE FRANÇAISE.

Paris, le 27 avril 1882.

Monsieur le Président,

L'opinion publique est saisie, depuis quelques années, du projet de *mer intérieure* de M. le commandant Roudaire. Ce projet tend, on le sait, à créer au sud de l'Algérie et de la Tunisie un vaste bassin d'une surface égale à dix-sept fois environ celle du lac de Genève, et en communication avec la mer au moyen d'un canal de 240 kilomètres de long débouchant dans le golfe de Gabès.

Pour l'établissement d'un tel bassin, dont le creusement à main d'hommes serait absolument chimérique, on met à profit les dépressions naturelles de terrain connues sous le nom de chotts de Rharsa et de Melrir, qui ne sont en réalité que d'anciens lacs salés desséchés. En fin de compte, le canal seul devra être creusé artificiellement, et c'est déjà une œuvre très considérable, si l'on songe qu'il devra avoir 10 mètres de profondeur au moins au-dessous du plan d'eau et une largeur à la surface d'une centaine de mètres. Toutefois, cette entreprise n'a rien d'excessif, et, la question de dépense étant mise à part, ne dépasse nullement les moyens ordinaires dont nous disposons.

L'exécution de ce projet soulève des questions très complexes. D'une part, quelle sera la dépense approximative? Les évaluations ont beaucoup varié, suivant qu'on tient compte ou non, dans une large mesure, du travail qui pourra être fait naturellement par l'écoulement des eaux se rendant de la mer dans le bassin. On a là, en effet, un agent dont la puissance n'est pas à négliger, car le remplissage du bassin exigera vraisemblablement plusieurs années. On disposera donc, pendant tout ce temps, d'un courant plus ou moins énergique, dont l'action pourra être utilisée pour l'agrandissement du lit ainsi que pour le transport des déblais charriés dans le fond de la mer intérieure. Dans quelle mesure cet agent naturel viendra-t-il en aide aux moyens artificiels? Il est assez difficile de le dire avec précision : aussi les chiffres mis en avant jusqu'ici ont-ils varié dans la proportion de 1 à 10. Une discussion ultérieure permettra sans doute de resserrer notablement ces limites.

Quelles seront les conséquences d'une telle œuvre, créée subitement dans des régions aujourd'hui désertes et brûlées par le soleil? Ici l'imagination peut se donner carrière. Quelques-uns n'ont pas craint d'annoncer un changement de climat dont les effets se feraient sentir jusque dans les immensités du Sahara. La surface de la mer projetée, qui, malgré ses dimensions, apparaît comme un point dans le nord de l'Afrique, exclut, semble-t-il, d'aussi hardies hypothèses. Mais il est permis de concevoir une zone de fraîcheur plus ou moins étendue autour du bassin et du canal, et, par suite, un gain notable pour la culture. Les promoteurs de l'œuvre comptent sur ce résultat pour se rémunérer. Car ils demandent, comme unique subvention, la concession d'une bande considérable de terrains aujourd'hui incultes et non amodiés. Ils comptent aussi sur les pêcheries et les salines qu'ils se proposent d'établir en grand dans la mer intérieure. Sur ce point, des discussions scientifiques se sont engagées. On s'est demandé si, par suite de l'évaporation, la mer intérieure, incessamment alimentée par l'eau de la Méditerranée beaucoup plus que par les pluies, n'était pas condamnée à une salure croissante qui rendrait bientôt la vie du poisson impossible. On s'est même demandé si la mer intérieure n'était pas destinée à disparaître en étant comblée graduellement par les dépôts salins que déterminerait la saturation indéfinie des eaux.

L'auteur du projet, ainsi que divers membres de l'Académie des sciences, devant laquelle la question a été soulevée à plusieurs reprises, ont répondu à ces objections, en affirmant qu'il s'établirait à travers le canal, par suite d'un contre-courant de fond, un équilibre nécessaire entre les eaux de la Méditerranée et les eaux de la mer intérieure. M. de Lesseps, qui s'est montré, dès l'origine, très favorable à l'entreprise, a cité l'exemple des lacs amers, dont la salure a diminué depuis leur mise en communication avec le canal de Suez. On a également fait des calculs desquels il résulte que, même sans tenir compte de cette circonstance, même en négligeant l'apport des eaux douces, il faudra des siècles avant d'exhausser d'une manière appréciable le fond d'un bassin dont la profondeur dépassera en certains points 50 mètres.

Je dois mentionner aussi les avantages en quelque sorte d'ordre politique qu'on a signalés en faveur du projet. On a fait remarquer que la mer intérieure et le canal constitueraient ce qu'on a appelé « une barrière contre la barbarie », c'est-à-dire un obstacle à peu près infranchissable aux tribus nomades et envahissantes du Sahara et de la Tripolitaine. On a dit aussi que notre marine marchande et militaire auraient là un port de refuge admirable contre toutes les éventualités.

Enfin, dans l'ordre économique, on invoque les facilités considérables qui résulteraient pour le commerce de la Tunisie et de l'Algérie de cette grande route maritime creusée à travers les terres. Il est certain que la nouvelle entreprise permettrait aux navires de venir commercer au sein de nos possessions, et que des chemins de fer ne tarderaient pas à mettre les nouveaux rivages en communication avec le réseau de l'Algérie.

Sans vouloir me prononcer sur des questions aussi complexes et aussi variées, je pense cependant que le projet de M. le commandant Roudaire est digne d'être étudié d'une manière approfondie par le Gouvernement. Je propose donc qu'une grande commission dans laquelle figureront les diverses compétences qu'appellent les aspects multiples du problème, ainsi que des représentants des départements ministériels intéressés, soit invitée à déterminer la suite qu'il convient de donner aux propositions de M. Roudaire. J'ai, en conséquence, l'honneur de soumettre à votre approbation le projet de décret ci-joint.

Je vous prie d'agréer, Monsieur le Président, l'assurance de mon profond respect.

Le Président du Conseil,
Ministre des Affaires étrangères,

C. DE FREYCINET.

DÉCRET.

Le Président de la République française,

Sur la proposition du Président du Conseil, Ministre des Affaires étrangères,

Décrète :

ARTICLE PREMIER.

Il est institué, sous la présidence du Ministre des Affaires étrangères, une Commission supérieure chargée de déterminer la suite qu'il convient de donner au projet de mer intérieure dans le sud de l'Algérie et de la Tunisie présenté par M. le commandant Roudaire.

ART. 2.

Les conclusions de la Commission seront formulées au triple point de vue : 1° des moyens pratiques d'exécution; 2° des conséquences probables qu'aurait l'établissement de cette mer, sous le rapport physique aussi bien que politique et économique; 3° des clauses et conditions qui devraient figurer dans un cahier des charges, dans le cas où l'entreprise, étant admise en principe, paraîtrait pouvoir faire l'objet d'une concession à l'industrie privée.

ART. 3.

La Commission comprendra, indépendamment des Ministres qui participent de droit à ses travaux :

Seize membres du Parlement (huit sénateurs et huit députés);
Seize représentants des divers départements ministériels et du Gouvernement général de l'Algérie, savoir :
Deux représentants du département des Affaires étrangères;
Deux représentants du département des Finances;
Deux représentants du département de la Guerre;
Deux représentants du département de la Marine;
Deux représentants du département des Travaux publics;
Deux représentants du département du Commerce;
Deux représentants du département de l'Agriculture;
Deux représentants du Gouvernement général de l'Algérie,
Et seize membres appartenant aux corps savants.

ART. 4.

Le mandat de la Commission prendra fin le 30 juin prochain, au plus tard. Le compte rendu de ses travaux sera adressé au Président de la République.

Fait à Paris, le 27 avril 1882.

Jules GRÉVY.

Par le Président de la République :
Le Président du Conseil,
Ministre des Affaires étrangères,
C. DE FREYCINET.

DÉCRET.

Le Président de la République française,

Sur la proposition du Président du Conseil, Ministre des Affaires étrangères,

Décrète :

ARTICLE PREMIER.

Sont nommés membres de la Commission supérieure instituée par décret en date du 27 avril 1882 :

MM. Brun (Charles), sénateur;
le général Chanzy, sénateur;
Cuvinot, sénateur;
Dupuy de Lôme, sénateur;
le général Gresley, sénateur;
Albert Grévy, sénateur;
Lucet, sénateur;
Scheurer-Kestner, sénateur;
Baïhaut, député;
Bischoffsheim, député;
Journault, député;
Liouville, député;
Raynal, député;
Sadi-Carnot, député;
Thomson, député;
Treille, député.

Représentants du département des Affaires étrangères.

MM. Decrais, ministre plénipotentiaire, directeur des affaires politiques.
Herbette, ministre plénipotentiaire, conseiller d'État en service extraordinaire.

Représentants du département des Finances.

MM. Villet, conseiller maître à la Cour des comptes.
Rouget, inspecteur général des Finances.

Représentants du département de la Guerre.

MM. les généraux de brigade Warnet et Lévy.

Représentants du département de la Marine.

MM. le contre-amiral Duburquois, directeur général du dépôt des cartes et plans de la marine.

Le Gros, inspecteur général des ponts et chaussées, chargé de l'inspection générale des travaux maritimes.

Représentants du département des Travaux publics.

MM. Rousseau, ingénieur en chef des ponts et chaussées, sous-secrétaire d'État.

Chatoney, inspecteur général, vice-président du Conseil général des ponts et chaussées.

Représentants du département du Commerce.

MM. Girard, directeur du commerce intérieur.

Fauvel, inspecteur général des services sanitaires.

Représentants du département de l'Agriculture.

MM. Chambrelent et Gros, inspecteurs généraux des ponts et chaussées, chargés de l'inspection de l'hydraulique agricole.

Représentants du Gouvernement général de l'Algérie.

MM. Regnault, directeur général des manufactures de l'État, ancien secrétaire général du Gouvernement de l'Algérie.

Clamageran, conseiller d'État.

MM. d'Abbadie (Antoine), membre de l'Institut.

Becquerel (Edmond), membre de l'Institut.

Daubrée, inspecteur général des mines, membre de l'Institut.

Dumas, secrétaire perpétuel de l'Académie des sciences.

le général Favé, membre de l'Institut.

Fournié, ingénieur en chef des ponts et chaussées.

Frémy, membre de l'Institut.

MM. Jamin, membre de l'Institut.

Lalanne, inspecteur général des ponts et chaussées, membre de l'Institut.

Lavalley, ingénieur civil, entrepreneur des travaux du canal de Suez.

de Lesseps, membre de l'Institut.

Molinos, ingénieur civil, directeur des travaux du port de la Réunion.

le colonel Perrier, membre de l'Institut.

Renou, directeur de l'observatoire météorologique de Saint-Maur.

Voisin, inspecteur général des ponts et chaussées.

Yvon-Villarceau, membre de l'Institut.

ART. 2.

MM. Albert Grévy et Sadi-Carnot sont nommés vice-présidents.

ART. 3.

MM. Jusserand, chef du bureau des affaires tunisiennes au ministère des Affaires étrangères, et Rolland, ingénieur des mines, sont nommés secrétaires avec voix consultative.

Fait à Paris, le 27 avril 1882.

Jules GRÉVY.

Par le Président de la République :

Le Président du Conseil,
Ministre des Affaires étrangères,
C. DE FREYCINET.

Par décret en date du 30 avril 1882, MM. Milne-Edwards, membre de l'Institut, vice-président de la Commission des missions scientifiques, et Duveyrier, membre de la Commission des missions scientifiques et de la Société de géographie, ont été nommés membres de la Commission supérieure pour l'examen du projet de mer intérieure en Algérie et en Tunisie, comme représentants du département de l'Instruction publique.

Par arrêté en date du 2 mai 1882, M. Paléologue, attaché au cabinet du Ministre des Affaires étrangères, a été nommé secrétaire-adjoint de la Commission supérieure.

COMMISSION SUPÉRIEURE

PREMIÈRE SÉANCE PLÉNIÈRE.
(5 MAI 1882.)

PRÉSIDENCE DE M. DE FREYCINET,
PRÉSIDENT DU CONSEIL, MINISTRE DES AFFAIRES ÉTRANGÈRES.

La séance est ouverte à neuf heures.

M. LE MINISTRE, *Président*. Je commence, Messieurs, par vous remercier de l'empressement avec lequel vous avez bien voulu vous rendre à mon appel; je suis aussi reconnaissant qu'honoré d'un concours aussi éminent que le vôtre.

Je n'ai pas besoin d'entrer dans de longues explications sur l'objet de notre réunion; vous connaissez parfaitement la question. Elle a été exposée à diverses reprises et plusieurs d'entre vous, je le sais, ont déjà pris part à des discussions importantes au sein de l'Académie des sciences. Je crois donc que vous avez tous une idée suffisamment définie de l'étude à laquelle nous allons nous livrer.

S'il ne s'était agi que d'examiner les conditions techniques de l'entreprise, j'aurais prié une commission composée spécialement d'ingénieurs des ponts et chaussées de faire cette étude; mais notre programme est beaucoup plus complexe et beaucoup plus large que celui-là. Il ne s'agit pas seulement de savoir dans quelles conditions un canal pourrait être établi et quelles sont les dépressions naturelles existant en Afrique qui pourraient être remplies par l'eau de la Méditerranée, mais, ce qui est beaucoup plus délicat, de rechercher les phénomènes qui se produiraient à la suite d'un travail de ce genre.

J'ai entendu émettre, à ce sujet, des opinions très diverses. Les uns pensent qu'on pourra avoir une mer qui se comportera comme toute étendue d'eau salée; d'autres, au contraire, estiment qu'il en résulterait une immense saline artificielle. Cette saline ne tarderait pas à se combler, elle arriverait par suite à contre-balancer les résultats qu'on aurait en vue, et la salubrité publique pourrait s'en ressentir. En un mot, tandis que les uns considèrent cette entreprise comme devant apporter un élément utile à l'hygiène publique dans ces contrées, d'autres au contraire croient que, si l'on remplissait d'eau salée ces dépressions dont la profondeur n'est pas très grande, il se formerait des marais salants produisant des émanations paludéennes et le but diamétralement opposé à celui qu'on poursuit serait atteint.

Il y a donc là des questions climatologiques et hygiéniques qui viennent s'ajouter au côté technique de l'entreprise.

Il y en a aussi d'un autre genre: ce sont les considérations politiques, qui sont plus faciles à discerner, et j'entends par là celles qui touchent à la question militaire et maritime, à la sécurité de nos possessions. On est à peu près d'accord pour reconnaître que, si un pareil travail s'exécutait, la situation de nos possessions en Algérie et en Tunisie serait améliorée, parce qu'il y aurait une sorte de barrière naturelle établie ainsi entre les populations tranquilles de l'Algérie et de la Tunisie et la population nomade qui vient du désert et qui les inquiète continuellement.

C'est à ce point de vue que j'ai prié un certain nombre de représentants des départements ministériels, des ministères de la guerre, de la marine et des affaires étrangères en particulier, de vouloir bien se joindre à nous pour donner leur avis dans cette question.

Nous avons donc, Messieurs, à nous livrer à une étude très vaste et, en même temps, très complexe. Je crois que nous ne pourrions pas, aussi nombreux que nous le sommes, aborder d'une façon directe la totalité de ces questions, et qu'il serait désirable qu'elles fussent au préalable étudiées par des Sous-Commissions composées en vue des objets spéciaux qu'elles se préoccuperaient d'examiner.

Je crois qu'il serait bon d'avoir, tout d'abord, une Sous-Commission essentiellement technique, pour étudier la possibilité pratique de l'entreprise au point de vue du travail d'art, pour examiner dans quelles conditions le canal pourrait être établi, de quelle façon les dépressions seraient remplies par les eaux, quel serait le coût probable de l'entreprise. Cette première Sous-Commission aurait ainsi un programme très net, très tranché, sur lequel elle pourrait s'édifier au bout d'un temps assez court, et dont la Commission générale serait saisie. A côté d'elle, il serait intéressant d'instituer une ou même deux autres Sous-Commissions composées de savants de différents ordres qui auraient à se préoccuper des faits généraux que j'indiquais tout à l'heure en termes très succincts.

La première de ces Sous-Commissions s'occuperait plus particulièrement des considérations physiques, c'est-à-dire des effets météorologiques, des résultats chimiques au sein des eaux par suite des dépôts qui pourraient se former dans cette mer, enfin des conséquences hygiéniques. La seconde étudierait le côté politique de la question, c'est-à-dire les résultats que la création d'une telle mer pourrait avoir au point de vue des relations commerciales, au point de vue de la marine qui pourrait y trouver un asile pour des flottes ou pour des bâtiments de commerce, au point de vue militaire par l'établissement d'une séparation entre le territoire pacifique et le territoire habité par les tribus indépendantes.

Nous aurions donc dès à présent la possibilité de créer trois Sous-Commissions : la première chargée d'examiner les conditions techniques du travail, ce serait une Commission plus particulièrement composée d'ingénieurs; la seconde chargée d'étudier les conséquences probables de l'établissement d'une telle mer intérieure au point de vue de ses effets physiques; enfin la troisième s'occupant des résultats probables de l'entreprise au point de vue politique. Plus tard, quand ces travaux seraient assez avancés pour qu'il pût s'en dégager une opinion, on instituerait une dernière Sous-Commission, dans le cas où les premières concluraient à la poursuite de l'entreprise. Cette quatrième Sous-Commission serait chargée de voir dans quelles conditions l'opération pourrait être poursuivie au point de vue financier, et s'il conviendrait que ce fût l'État qui s'en chargeât, ou, comme l'ont demandé les inventeurs, que ce fût une compagnie privée, et, dans ce cas, comment cette compagnie devrait se constituer, quelles seraient les clauses du cahier des charges pour que les intérêts de l'État fussent sauvegardés et les effets qu'on espère suffisamment garantis. Si, au contraire, les trois premières Sous-Commissions étaient amenées à déclarer qu'il n'y a pas lieu de donner suite à l'entreprise, la quatrième n'aurait pas de raison d'être.

Je propose donc à la Commission, si ce que je viens de dire lui paraît en harmonie avec les conditions d'un bon travail, de procéder à la constitution de trois Sous-Commissions; mais je dois lui demander d'abord si elle croit désirable de se livrer à une sorte de débat préliminaire, de revue d'ensemble dans laquelle un certain nombre de membres présenteraient les idées qu'ils ont pu recueillir. Ce serait une sorte de discussion générale qui précéderait la formation des Sous-Commissions, et je n'y vois, pour ma part, aucun inconvénient. Cela dépend des données que chacun des membres a pu recueillir sur la question et dont il nous ferait profiter avant la constitution des Sous-Commissions.

M. DE LESSEPS. Je crois inutile de se livrer en ce moment à une discussion générale. La question est connue depuis longtemps; elle l'est surtout après l'exposé si clair et si net que vient d'en faire M. le Président.

M. le Ministre, *Président.* Je consulte la Commission sur le point de savoir s'il lui convient d'ouvrir une discussion générale, ou si elle entend procéder immédiatement à la nomination des Sous-Commissions.

M. Lalanne. Une discussion générale sur un projet qu'un certain nombre de membres de la Commission ne connaissent encore qu'imparfaitement pourrait évidemment être prématurée. Mais plusieurs de nos collègues ont suivi les diverses phases de ce projet ou en ont fait une étude spéciale. Il semble donc très désirable qu'avant de nous partager entre les trois Sous-Commissions indiquées par M. le Ministre, nous soyons à même d'entendre les explications que ces collègues voudront bien nous communiquer, et de connaître par eux les principaux points sur lesquels doit se porter notre attention.

M. le Ministre, *Président.* J'ai prié précisément ceux des membres de la Commission qui pourraient avoir recueilli des renseignements de vouloir bien nous les communiquer.

M. le général Favé. Je ne suis pas préparé à prendre la parole, cependant je peux, si la Commission le désire, indiquer comment la question s'est posée et quels sont les points douteux. (Assentiment.)

M. le commandant Roudaire est arrivé avec des travaux de géodésie et de topographie établissant, d'une façon absolument certaine, ce qui n'avait été que soupçonné et contesté jusque-là, qu'il existe au sud de l'Algérie et de la Tunisie des dépressions du sol très considérables, qui se trouvent au-dessous du niveau de la mer et d'une étendue telle qu'on peut essayer d'en tirer parti en les submergeant.

La première question qui s'est présentée a été celle de la submersion des chotts dans les temps historiques, c'est-à-dire à l'époque des Romains, alors que le climat du nord de l'Afrique était beaucoup plus favorable à la végétation : le bassin des chotts ne serait autre que l'ancien golfe de Triton, dont parlent les géographes de l'antiquité. A côté du problème historique, il y avait là une question géologique à résoudre, car il s'agissait de savoir si cette interprétation n'était pas contredite par la nature des saillies du sol qui séparent aujourd'hui la région des chotts de la Méditerranée.

Le commandant Roudaire a pris soin lui-même d'éclairer ce point, sur lequel il ne maintient plus sa première opinion. On paraît admettre aujourd'hui que la mer n'a pas occupé la région des chotts dans les temps historiques, mais cela ne préjuge rien au point de vue de la question, qui nous est actuellement soumise, d'une inondation de ces dépressions sahariennes.

Les chotts sont au nombre de trois. Le plus vaste, je crois, ou du moins le plus rapproché de la mer, a le fond de son bassin au-dessus du niveau de la Méditerranée; on ne peut donc pas l'inonder directement. M. Roudaire avait admis dans son premier travail que ce ne serait pas un obstacle à la submersion de ce chott, parce que les premières observations qu'il avait faites lui donnaient lieu de penser qu'il y avait une croûte très peu épaisse de terre qui recouvrait un vaste lac dont on ne connaissait pas bien la profondeur.

Cette supposition ne se trouve pas absolument confirmée par les nouveaux travaux qu'il a faits; mais il a tiré encore de l'étude qu'il a faite cette conséquence que rien ne s'oppose à ce qu'il y ait un canal à travers ce chott, que j'appelle supérieur, et il indique les moyens de le faire, même à peu de frais, en utilisant le courant d'eau qu'on établira pour atteindre le premier chott dont le fond est à 20 mètres au-dessous du niveau de la mer.

Si l'on parvenait à inonder tous les chotts et à avoir au sud de l'Algérie et de la Tunisie une vaste surface liquide, il est probable que les terrains redeviendraient aussi fertiles que dans l'antiquité. Mais si l'on ne peut submerger le chott El-Djerid, l'influence bienfaisante de l'évaporation des eaux, qui faisait jadis la fertilité des provinces romaines d'Afrique, en serait diminuée d'autant, c'est-à-dire du tiers ou peut-être même de la moitié.

Les autres points du problème, les questions de salubrité, de mouvement des eaux, etc., n'ont point été traités à l'Académie des sciences, et l'on s'est borné à conclure que de nouveaux travaux de nivellement étaient nécessaires. Quant à la question de végétation, que l'Académie a été appelée à discuter, elle ne lui a pas paru aussi simple que je viens de la présenter.

Il y a, dans ces terrains surtout, des palmiers qui produisent, paraît-il, de riches récoltes de dattes; ce régime serait changé s'il y avait beaucoup plus de vapeur d'eau dans l'atmosphère; on a même prétendu que, comme ils sont placés dans des espèces d'excavations faites exprès pour les protéger et qui sont nécessaires à leur croissance ou à leur production, dès que l'eau serait élevée, elle pénétrerait dans ces cavités et que, par conséquent, la culture du palmier, c'est-à-dire la richesse du pays, serait complètement détruite. Je ne crois pas qu'en examinant la question de très près on trouve cette objection fondée, mais c'est à peu près la seule sur laquelle on ait insisté; les botanistes y sont revenus avec insistance et, par conséquent, elle devra faire l'objet des préoccupations des personnes qui traiteront la question, sinon dans son ensemble, du moins dans les détails.

M. LE MINISTRE, *Président.* Je remercie M. le général Favé des intéressantes explications qu'il vient de nous donner.

M. DE LESSEPS. M. le général Favé vient de parler des oasis de palmiers.

On a fait le calcul du nombre des palmiers du Djerid qui seraient inondés; il se réduit à 4,000, soit, à 100 francs l'un, 400,000 francs.

On remboursera les propriétaires et l'on replantera les palmiers plus loin, d'autant plus avantageusement qu'ils dépérissent et que leurs fruits sont peu abondants : j'en ai reçu l'assurance des chefs du pays, dans un voyage que j'ai ait à Gabès.

M. Duveyrier. Le premier chott, qui est le plus près de la mer, le chott Djerid, a environ 200 kilomètres de longueur. Les sondages exécutés par la dernière mission envoyée par le Ministre de l'instruction publique ne se sont avancés, je crois, que de quelques kilomètres dans le chott; par conséquent, on ne pourrait pas inférer des résultats acquis, c'est-à-dire de la non-existence d'un terrain de vase et de sel sous la première croûte, qu'on ne trouverait pas ces conditions en poursuivant les sondages plus avant dans ce chott. Au xive siècle environ, les géographes arabes, qui connaissaient parfaitement le sud de la Tunisie et qui ont donné des renseignements précis sur cette contrée, considéraient ce chott comme un endroit excessivement dangereux à traverser; des caravanes y ont complètement disparu; il faut donc qu'il y ait des fondrières très profondes et très dangereuses; on les rencontrerait, je pense, encore si l'on prolongeait les sondages vers l'ouest. Je crois aussi que la croûte de sel, à 100 kilomètres par exemple du rivage de la mer, couvre une espèce d'abîme dont le fond se trouverait être au niveau de la Méditerranée, peut-être un peu au-dessous.

M. le Ministre, *Président.* Ces observations sont très utiles pour le travail auquel il sera procédé dans les Sous-Commissions.

M. Treille. Je ne crois pas l'opinion de M. Duveyrier fondée. Il est de notoriété dans le Sahara que les chotts ne sont praticables que pendant l'été et que, pendant l'hiver, le mouvement des terrains qui sont détrempés par les eaux, surtout par les eaux de pluie, met les caravanes dans l'impossibilité de passer.

Il me paraît inadmissible qu'il y ait à la surface des chotts comme un couvercle de sel qu'il suffirait de briser ou de délayer pour tomber dans ces abîmes dont parle M. Duveyrier.

M. Rolland. La submersion de quelques oasis par la nouvelle mer n'est qu'un des côtés de la question ; mais puisqu'il a été soulevé, je ferai observer que la perte qui en résulterait ne serait pas négligeable.

Pour ne parler que d'une région que je connaisse, je citerai, à l'extrémité occidentale du chott Melrir, la grande oasis Mraïer, dont les jardins seraient en grande partie submergés. De même, les vastes espaces qui s'étendent entre Mraïer, Dendouga et Ensira-Ourir, où les recherches d'eaux artésiennes semblent assurées du succès et où les terrains sont susceptibles d'être mis en valeur, seraient inondés.

En ne considérant que les palmiers payant l'impôt, on en comptait, en 1880, dans les oasis indiquées, plus de 60,000, dont l'expropriation, à raison de 100 francs par palmier, coûterait environ 6 millions de francs.

M. DE LESSEPS. M. le commandant Roudaire a tenu compte de tout ce qui serait inondé.

M. LE MINISTRE, *Président*. M. le commandant Roudaire est à Paris. Je n'ai pas cru qu'il dût faire partie de la Commission; certains membres auraient peut-être été gênés pour discuter devant lui. Mais je lui ai dit de ne pas s'absenter, et il est à la disposition de la Commission et des Sous-Commissions. Quand nous serons engagés dans nos travaux, nous pourrons le faire venir et lui demander des renseignements.

M. DE LESSEPS. Je demande la permission de répondre un mot à ce qu'a dit au début de la séance M. le Président au sujet des phénomènes de saturation qui pourraient se produire. Je puis citer un exemple, que personne ne conteste, celui du remplissage des bassins des lacs Amers. J'ai fait beaucoup d'études sur la question de la mer Rouge, et, lorsqu'on a commencé à s'occuper du percement de l'isthme de Suez, j'ai chargé un ingénieur des ponts et chaussées de me rédiger un mémoire sur la saturation possible des lacs Amers. La mer Rouge est une mer fermée, exposée aux rayons d'un soleil tropical, de 500 lieues de parcours, et dont le courant vient de l'Océan Indien; par conséquent, si un grain de sel pouvait se déposer, ce serait là, sans contredit. Or les phénomènes de saturation que l'on redoutait ne se sont pas produits; on peut donc affirmer qu'il ne s'en produira pas ailleurs. De plus, les expériences faites par le capitaine Maury depuis près de vingt-cinq ans démontrent qu'il y a des courants sous-marins et latéraux. La Méditerranée, qui est presque un lac, reçoit les eaux de l'Océan qui viennent constamment renouveler les nappes du fond, et la preuve, c'est qu'on a retrouvé dans l'Océan un bâtiment qui avait fait naufrage dans la Méditerranée. Il y a donc un équilibre des eaux aujourd'hui parfaitement reconnu, bien qu'on en ignore encore la cause; mais le fait est qu'il n'y a jamais de saline là où il y a seulement un mètre d'eau.

M. LE MINISTRE, *Président*. Si personne ne demande plus la parole, je vais consulter la Commission sur la question de savoir si elle entend passer à la nomination des Sous-Commissions.

M. LE COLONEL PERRIER. Je désirerais dire quelques mots sur la partie scientifique du travail, et je demande la permission de résumer ce qui s'est passé à l'Académie des sciences.

On savait que le chott Melrir était au-dessous du niveau de la mer. Les nivellements barométriques exécutés par le capitaine Vuillemot et par plusieurs ingénieurs avaient révélé l'existence d'une dépression considérable au Sud de Biskra. M. le commandant Roudaire, en partant de notre triangulation algérienne, a exécuté d'abord une chaine de triangles aboutissant au chott Melrir; ce travail a été l'objet d'un rapport fait à l'Académie des sciences; il est exécuté d'une manière satisfaisante : j'aurais eu cependant quelques réserves à faire si j'avais été à cette époque membre de l'Académie; mais tel qu'il est, il prouve d'une manière indubitable que le chott Melrir est au-dessous du niveau de la mer, et que la dépression de ce chott est voisine de 27 mètres.

Ce résultat acquis, un premier nivellement a été exécuté à partir du chott Melrir et dans la région qui s'étend vers l'Est. La mission chargée de ce nivellement était encore organisée sous la direction du ministère de la guerre. M. Duveyrier, notre collègue, était présent; il a suivi tous les travaux de cette mission, et il pourra vous renseigner sur les opérations de nivellement qui ont été exécutées à cette époque. Elles n'ont rien de comparable à celles qu'on peut exécuter en France, en ce qui concerne la précision; telles qu'elles sont cependant, avec une erreur très acceptable, étant donné le pays dans lequel on opérait, elles donnent très suffisamment les cotes, l'altitude relative des lignes nivelées autour du chott Melrir.

Ce sont ces deux travaux, triangulation et nivellement autour du lac Melrir et un peu au delà, qui ont fait l'objet du premier rapport de l'Académie des sciences.

Il y a ensuite une seconde mission qui a été chargée de faire des sondages pour lever les difficultés qui s'étaient produites et qu'avaient formulées quelques-uns de nos collègues de l'Académie auxquels il faut ajouter M. l'ingénieur Fuchs. Ces sondages n'ont été l'objet d'aucun rapport; par conséquent, ils ne sont pas encore appréciés au point de vue scientifique; je les crois satisfaisants aussi et je pense qu'ils pourront être acceptés; mais, avant de nous engager dans une grande discussion, ne faudrait-il pas les examiner préalablement, de manière à pouvoir en conclure si les opérations exécutées depuis le chott Melrir jusqu'au golfe de Gabès présentent des garanties d'exactitude telles que nous puissions les accepter comme base de nos discussions; en d'autres termes, nous donnent-elles les cotes ou les sondages des divers points intéressants d'une façon suffisamment exacte pour le but que nous nous proposons?

Je crois que ce deuxième travail, le plus important, devrait être soumis à une Commission qui, préalablement, l'examinerait avec attention. Il est intéressant pour cela de consulter les registres minutes pour juger de la valeur du travail lui-même. M. Duveyrier pourra nous renseigner au point de vue météorologique, au point de vue physique, au point de vue même de l'hygiène du pays, puisqu'il a vécu dans ces régions en 1874 avec la mission Roudaire, et antérieurement dans le pays compris entre Ghadamès et Tripoli. Cela fait, la Commission pourra commencer utilement les travaux.

M. le Ministre, *Président.* Ne pensez-vous pas, mon colonel, que cette étude pourrait être faite par la première Sous-Commission, celle qui sera spécialement composée d'ingénieurs?

Ils seront tout naturellement amenés, pour l'évaluation des travaux, pour le calcul des pentes et des dimensions qu'il conviendrait de donner au canal, à se préoccuper des différents niveaux.

La question se présentera donc d'elle-même, et d'ailleurs on pourrait adjoindre à cette Sous-Commission les personnes qui, comme vous, se sont occupées d'opérations géodésiques.

M. le colonel Perrier. La Commission, il me semble, ne peut rien faire avant que les opérations exécutées sur le terrain aient été appréciées et jugées dignes de toute confiance. Le projet dont elles sont la base pourra seulement alors être discuté utilement.

M. le Ministre, *Président.* Il est possible de procéder en effet comme vous le dites, mais il y aurait, je crois, économie de temps si l'on ajoutait aux membres de la Sous-Commission composée d'ingénieurs les personnes qui s'occupent plus spécialement de questions géodésiques; cela permettrait à cette Sous-Commission de terminer plus rapidement ses travaux. Vous proposez, vous, une Commission spéciale, préliminaire à toute autre.

M. Dupuy de Lôme. Je demande la parole.

M. le Ministre, *Président.* La parole est à M. Dupuy de Lôme.

M. Dupuy de Lôme. Je suis très préoccupé de l'intérêt primordial qui vient d'être signalé par notre collègue, M. Perrier; mais il a parlé de deux travaux dont l'un a été communiqué à l'Académie des sciences, et dont le second, qui complète le premier, n'a pas encore été communiqué.

J'appelle l'attention de la Commission qui sera chargée d'étudier la question de nivellement sur ce côté de la question qui ne me paraît pas avoir été abordé, à savoir non seulement quelle est la profondeur au-dessous du niveau de la mer d'un certain nombre de points situés dans les chotts, mais quelles sont les données qu'on a pour définir le tracé; en un mot, s'est-on préoccupé assez de rechercher et de tracer sur la carte la courbe zéro formant le contour des chotts? Je vois bien, sur les cartes qui nous ont été données, les contours figurant les chotts; mais sont-ils dessinés d'après des considérations approximatives, ou bien ont-ils été l'objet d'une mesure scientifique? En un mot, la cote zéro me préoccupe beaucoup. Quel va être le contour de ces chotts supposés mis en communication avec la mer, et quelles seront les pentes du sol sur les bords? La nouvelle mer doit-elle aborder des terrains dont la pente soit suffisante pour qu'au bout de 100 ou 150 mètres on arrive à une profondeur assez grande pour ne pas avoir à craindre des mises à nu par dénivellation sur des surfaces excessives?

Si, au contraire, les bords devaient être en pente très douce, et qu'il fallût parcourir plus de 500 mètres pour passer de la cote 0 mètre à la cote $0^m,50$, on rencontrerait de sérieuses difficultés. Je n'ai rien trouvé sur ce point dans le premier travail, et j'ignore si le second renferme quelque chose sur la question des contours.

Je trouve qu'il y a un grand intérêt à connaître les pentes. Si la mer intérieure devait aborder partout des pentes abruptes, elle aurait une utilité incontestable au point de vue de la facilité des relations; si, au contraire, il n'y a que quelques points où les pentes soient abruptes, l'utilité est moindre.

Je crois aussi qu'au point de vue de la salubrité publique il y a intérêt à savoir quelles sont les pentes des bords et si la dénivellation qui se produira ne découvrira que des terrains de trop grande étendue.

M. DE LESSEPS. Je suis d'avis de soumettre ces questions à une Sous-Commission.

M. DUPUY DE LÔME. Je suis également de cet avis.

M. LE MINISTRE, *Président*. Vous ne demandez pas la nomination d'une Sous-Commission spéciale?

M. DUPUY DE LÔME. Non, Monsieur le Président; je crois que la Commission dont vous avez parlé est parfaitement propre à discuter cette question; je lui signale simplement la nécessité d'étudier ce point et de l'indiquer aux autres Sous-Commissions qui auront des conséquences à en tirer.

M. LE MINISTRE, *Président*. Je crois que nous sommes tous d'accord sur l'importance des considérations présentées par MM. le colonel Perrier et Dupuy de Lôme, et que c'est là en effet la question primordiale de toute l'entreprise. Mais il s'agit de savoir, au point de vue du bon ordre de nos travaux, s'il y a nécessité de constituer une Sous-Commission spéciale qui ne s'occuperait que de cette question de nivellement, ou si, au contraire, on ne pourrait pas confier cette étude à la première Sous-Commission technique que j'avais indiquée et dans laquelle devraient être comprises, dans ma pensée, les personnes qui se sont occupées de la partie géodésique.

M. Dumas. J'appuierais avec empressement la solution que M. le Ministre vient de proposer, c'est-à-dire le renvoi à la première Sous-Commission de l'examen que se proposait de faire l'Académie des sciences, si elle avait été saisie de la question après la nouvelle exploration qu'elle avait provoquée. Il faut bien, en effet, se représenter quel a été son rôle. On lui a posé une question complexe dans laquelle il y avait à examiner les questions de salubrité, de navigation, de commerce, de politique même, et, sous ces divers rapports, la Commission a été divisée.

Dans les usages de l'Académie, les rapports qu'on fait devant elle appartiennent au rapporteur; ils ne sont pas votés par l'Académie; ils appartiennent quelquefois à la Commission, qui fait des observations, mais c'est surtout au rapporteur qu'ils appartiennent. Ce que vote l'Académie, ce sont les conclusions; ce qu'elle a voté dans la circonstance actuelle succédait à une première étude qui avait laissé beaucoup de doute dans l'esprit d'un grand nombre des membres de la Commission et de l'Académie elle-même; aussi l'Académie avait-elle cru nécessaire de procéder à une nouvelle étude; elle a demandé que cette nouvelle étude fût faite; on ne lui en a pas soumis les résultats; elle n'a par conséquent pas eu à se prononcer sur les conséquences qu'ils pouvaient avoir; elle est restée dans la situation où le premier examen l'avait laissée, c'est-à-dire dans le doute sur les résultats et dans la certitude qu'il y avait là une question très importante qui ne pouvait être résolue que par des études approfondies.

Voilà dans quelle situation se trouvait l'Académie. Je tenais essentiellement à établir les réserves qu'elle avait faites : je doute sur beaucoup de points, j'ai quelque certitude sur d'autres, je demande qu'une étude nouvelle soit faite. Cette exploration ayant été faite, on pourrait soit renvoyer l'examen des résultats qu'elle a donnés à l'Académie, soit en saisir la première Sous-Commission dont le travail remplacera parfaitement, à mon avis, celui que l'Académie aurait pu faire elle-même.

M. Sadi-Carnot. Je crois que les deux questions traitées par M. Dupuy de Lôme et par M. le colonel Perrier sont absolument connexes. En effet, en admettant que l'eau soit introduite dans les chotts, il se produira une évaporation et un courant devra s'établir entre la Méditerranée et la mer intérieure pour remplacer l'eau disparue. Or, il y aura, sur une longueur de plus de 200 kilomètres, une pente assez considérable entre le niveau de la Méditerranée et le niveau de l'eau dans les chotts. La question de cette pente doit être examinée par la Sous-Commission technique, et il est certain que la différence de niveau, qui sera de 4 à 5 mètres, suivant les uns, de 18 mètres suivant les autres, modifiera complètement la délimitation même de la mer. Il me paraît donc nécessaire que cette délimitation soit étudiée par la même

Commission qui sera chargée d'examiner dans quelles conditions le remplissage pourra s'effectuer.

M. LE MINISTRE, *Président.* En un mot, j'avais proposé, et je vois que plusieurs membres sont de cet avis, de constituer une première Sous-Commission dont le mandat eût été de déterminer la possibilité pratique de l'entreprise et les conditions dans lesquelles, le cas échéant, elle serait réalisée. Dans mon esprit, cette Commission devait être principalement composée d'ingénieurs des ponts et chaussées, d'ingénieurs hydrographes et des personnes qui se sont spécialement occupées des possibilités pratiques de l'entreprise. Je demande à M. le colonel Perrier si, malgré le désir très légitime qu'il éprouve de voir cette question tranchée, il ne pourrait pas trouver satisfaction dans la constitution de cette première Sous-Commission, à laquelle, je le répète, pourraient être adjointes les personnes qui se sont occupées des éléments géodésiques du projet. J'y verrais, pour ma part, cet avantage que cela n'entraverait pas les autres travaux. Si, au contraire, nous nommons une Commission spécialement chargée de l'étude des nivellements, les ingénieurs qui pourraient être appelés à suivre cette étude et à déterminer parallèlement les conditions mêmes de l'entreprise, la pente du canal, l'étendue de la section, verraient leurs travaux suspendus jusqu'à ce que la Sous-Commission spéciale eût abouti. Si leurs travaux sont menés parallèlement, il en résultera une accélération profitable à tout le monde.

M. LE COLONEL PERRIER. Je me rallie parfaitement à la proposition de M. Dumas et de M. le Président; je n'y vois aucun inconvénient; j'aurais seulement désiré qu'on déblayât un peu le terrain.

M. LE MINISTRE, *Président.* C'est la première Sous-Commission qui confiera à un certain nombre de ses membres le soin de déblayer le terrain.

Je propose à la Commission de choisir, sur la liste de ses membres, ceux qui par leur compétence et leurs aptitudes devraient faire partie de cette Sous-Commission. Elle pourra réunir des compétences assez variées afin d'établir si la constitution de cette mer intérieure est possible et à quelles conditions elle est possible. (Assentiment.) On pourrait en même temps nommer la Sous-Commission chargée d'examiner quelles seraient les conséquences physiques probables qu'aurait une pareille entreprise, si elle se réalisait, et enfin celle qui devrait se préoccuper des conséquences politiques, militaires et commerciales.

Il est procédé à la nomination des trois Sous-Commissions, qui se trouvent composées ainsi qu'il suit :

PREMIÈRE SOUS-COMMISSION.

MM. D'Abbadie.
Baïhaut.
Sadi-Carnot.
Chambrelent.
Chateney.
Cuvinot.
Daubrée.
le Contre-amiral Duburquois.
Dupuy de Lôme.
Duveyrier.
Fournié.
Gros.

MM. Lalanne.
Lavalley.
Le Gros.
de Lesseps.
Général Lévy.
Molinos.
le Colonel Perrier.
Rousseau.
Yvon Villarceau.
Voisin Bey.
le Général Warnet.
Rolland, *secrétaire.*

DEUXIÈME SOUS-COMMISSION.

MM. D'Abbadie.
Becquerel.
Bischoffsheim.
Chambrelent.
Daubrée.
Dumas.
Duveyrier.
Fauvel.
le Général Favé.
Frémy.

MM. Gros.
Jamin.
de Lesseps.
Liouville.
H. Milne-Edwards.
Renou.
Scheurer-Kestner.
Treille.
Paléologue, *secrétaire.*

TROISIÈME SOUS-COMMISSION.

MM. Ch. Brun.
le Général Chanzy.
Clamageran.
Decrais.
le Contre-amiral Duburquois.
Girard.
le Général Gresley.
A. Grévy.
Herbette.

MM. Journault.
Lucet.
Raynal.
Regnault.
Rouget.
Thomson.
Treille.
Villet.
Jusserand, *secrétaire.*

M. le Ministre, *Président.* J'invite chacune des trois Sous-Commissions à se réunir dans les locaux qui seront mis à leur disposition. Elles pourraient se constituer immédiatement, c'est-à-dire nommer leur président et leur vice-président, s'il y a lieu, puis s'ajourner en prenant rendez-vous et convoquer les personnes qu'elles voudraient entendre. Ainsi que je l'ai dit, M. Roudaire se tiendra à la disposition des Sous-Commissions. Un certain nombre d'autres personnes pourront être entendues; je citerai notamment M. Tissot, ingénieur en chef des mines à Constantine, qui a fait une étude particulière de tous ces terrains. Il n'a pas été nommé membre de la Commission parce que cela l'aurait déplacé pendant un temps trop long, mais si la Commission désirait l'entendre, M. le Ministre des travaux publics consent à le faire venir. (Assentiment.) M. Fuchs, ingénieur en chef des mines, qui s'est occupé de cette question et qui a visité ces parages, vient de rentrer de Cochinchine; il sera aussi à la disposition de la Commission. J'ai reçu diverses autres lettres qui seront transmises aux différentes Sous-Commissions; de plus, les personnes que chacun de vous pourrait connaître seront également convoquées si les Sous-Commissions le jugent à propos.

La séance est levée à dix heures un quart.

Le Président,

C. DE FREYCINET.

Les Secrétaires,
J. J. JUSSERAND.
G. ROLLAND.
M. PALÉOLOGUE.

DEUXIÈME PARTIE.

TRAVAUX DES SOUS-COMMISSIONS.

PREMIÈRE SOUS-COMMISSION.

PREMIÈRE SOUS-COMMISSION.

PREMIÈRE SÉANCE.
(5 MAI 1882).

La Sous-Commission procède à l'élection de son bureau.

M. SADI-CARNOT est nommé *président*; M. DE LESSEPS, *vice-président*.

M. ROLLAND remplit les fonctions de *secrétaire*.

Sur la proposition de M. le colonel PERRIER, il est décidé qu'avant tout on procédera à l'examen des carnets de nivellement et des journaux de sondage de M. le commandant Roudaire.

Cet examen est confié par la Sous-Commission à une délégation de ses membres composée de MM. DE LESSEPS, DUPUY DE LÔME, DUVEYRIER, FOURNIÉ, PERRIER et YVON-VILLARCEAU. M. ROLLAND est attaché à la délégation en qualité de *secrétaire*.

Le Président,
SADI-CARNOT.

Le Secrétaire,
G. ROLLAND.

PREMIÈRE SOUS-COMMISSION.

DEUXIÈME SÉANCE.
(17 MAI 1882.)

PRÉSIDENCE DE M. SADI-CARNOT.

La séance est ouverte à neuf heures et demie.

Sont présents :

MM. Sadi-Carnot, *président;* de Lesseps, *vice-président;* Chambrelent, Chatoney, Cuvinot, Daubrée, Dupuy de Lôme, Fournié, Gros, Le Gros, Lalanne, général Lévy, Molinos, colonel Perrier, Rousseau, Rolland, *secrétaire.*

M. Tissot, ingénieur en chef des mines à Constantine, assiste à la séance.

M. Rolland lit le procès-verbal de la séance précédente, qui est adopté.

M. le Président. La Commission désire sans doute entendre tout d'abord le résultat des travaux de sa délégation.

La parole est à M. le colonel Perrier pour la lecture d'un RAPPORT SUR LES TRAVAUX DE GÉODÉSIE, DE NIVELLEMENT ET DE TOPOGRAPHIE EXÉCUTÉS PAR M. Roudaire.

M. le colonel Perrier lit son rapport :

Messieurs,

Les opérations exécutées sur le terrain par M. le commandant Roudaire, ou sous sa direction immédiate, dans la région des chotts, comprennent :

1° Une chaîne géodésique, dite *méridienne* de Biskra ;

2° Deux nivellements, dont l'un, géodésique, s'étend le long de cette méridienne, et l'autre, géométrique, formé de trois tronçons, se rapporte à la région comprise entre la partie australe de la triangulation et le golfe de Gabès ;

3° Enfin des sondages pratiqués au seuil de Gabès, dans les chotts Fejéj et Djerid et au seuil de Mouiat Sultan et Kriz.

La délégation de la première Sous-Commission a pensé qu'il y avait lieu d'examiner séparément, *au point de vue du projet de mer intérieure*, d'un côté, les sondages qui ont pour but de faire connaître la nature du sol et celle des roches sous-jacentes, et, de l'autre, les travaux qui définissent *la forme et le relief du sol*.

Notre collègue, M. Fournié, fera connaître l'opinion de la délégation sur les sondages. Nous venons vous soumettre les résultats de notre examen sur les travaux de géodésie, de nivellement et de topographie.

GÉODÉSIE ET NIVELLEMENT GÉODÉSIQUE.

La mesure de la méridienne de Biskra, exécutée pendant les campagnes de 1872 et 1873, a déjà fait l'objet d'un rapport à l'Académie des sciences (séance du 7 mai 1877, M. Y. Villarceau, rapporteur). Elle comprend quatorze triangles bien conditionnés reliés au Nord par trois points avec la chaine du parallèle algérien et se terminant, au Sud, aux deux signaux de Tahir Rassou et Chegga.

Les angles horizontaux ont été mesurés avec un cercle azimutal du Dépôt de la guerre, par voie de réitération.

Nous avons eu entre les mains les registres d'observation et de calcul et nous avons pu constater et vérifier la précision des résultats obtenus; l'erreur moyenne d'un angle est inférieure à $0'',6$ et la moyenne des valeurs de l'erreur de fermeture des triangles ne dépasse pas $0'',5$.

C'est cette triangulation qui a fourni les bases du nivellement géodésique. M. Roudaire et M. de Villars, son adjoint, ont mesuré simultanément à chaque station, avec deux instruments comparables et suivant les procédés ordinaires de la réitération, les distances zénithales réciproques des divers sommets, en s'astreignant à effectuer ces mesures entre midi et deux heures, aux instants de la journée où les réfractions sont sensiblement constantes dans une même région et d'un jour à l'autre. Les altitudes de chaque point ont été calculées ensuite séparément à l'aide des formules usitées au Dépôt de la guerre, en partant des altitudes connues des trois stations de départ, Schouf Melouk, Zouaoui et Fortas, rapportées *au niveau moyen de la mer à Alger*.

MM. Roudaire et de Villars ont obtenu des résultats très concordants et l'on peut admettre, en considérant que les altitudes de la chaîne orientale du parallèle algérien se vérifient à Bône à 20 centimètres près, que l'erreur probable du signal de Tahir Rassou, situé à l'extrémité de la région montagneuse de l'Aurès, est voisine de 1 mètre.

A partir de Tahir Rassou, M. Roudaire, préoccupé avec juste raison de la nécessité d'éliminer l'influence des réfractions dans les plaines basses et surchauffées, a renoncé au nivellement à longues portées, et a exécuté en double un nivellement géométrique à petites portées, entre le signal de Tahir Rassou et Chegga d'abord, puis entre Chegga et le chott Melrir, et il a trouvé que le bord occidental du chott est situé à 27 mètres au-dessous du niveau moyen de la mer à Alger.

Tels sont les résultats indiscutables obtenus pendant les deux campagnes de 1872 et 1873.

NIVELLEMENT GÉOMÉTRIQUE DE LA RÉGION DES CHOTTS.

1° Nivellement du chott Melrir.

Pendant la campagne de 1874-1875, M. Roudaire, assisté de MM. les capitaines Parisot et Martin et du lieutenant Baudot, a fait déterminer par un nivellement de proche en proche la profondeur et le périmètre du bassin inondable du chott Melrir.

La mission, partie de Chegga, s'est dirigée vers le Nord en contournant le chott et passant par Djeneïn, El Feidh, Bir el Baadjâ, sur les bords du petit chott Sellem. Arrivée à l'extrémité orientale, après avoir traversé le Mouïat Tofelat, elle se porta vers le Sud par Mouïat Tinsi, Guettatra, Bir bou Nab, Mouïat Renadra, Bir el Arab, pour longer ensuite le bord méridional du chott et revenir vers Chegga.

Des profils en travers ont été exécutés à Djeneïn, El Feidh et Bir el Baadjâ vers le chott; à Bir el Arab vers les oasis du Souf; et vers l'Est, à travers le chott El Asloudje et jusqu'à la pointe occidentale du chott Rharsa, où deux repères fixes ont été posés (n°^{s} 1 et 2). Du premier de ces repères part une ligne dirigée vers le Nord sur Negrine.

Le niveau employé est un excellent niveau de Brunner, qui avait déjà servi pour le nivellement du Puy-de-Dôme. Les mires parlantes sont divisées en doubles centimètres; le grossissement de la lunette est de 25. Le réticule est muni de trois fils horizontaux à très peu près équidistants, le fil du milieu servant seul à la détermination des cotes, les deux fils extrêmes étant utilisés soit à la mesure des distances, soit pour éviter les erreurs grossières de lecture sur fil du milieu.

La fiole du niveau se retourne et ses deux positions correspondent aux deux positions du tube de la lunette autour de son axe; la moyenne des lectures faites au fil milieu est ainsi indépendante du défaut de parallélisme de l'axe optique avec l'axe de figure de la lunette; à chaque opération, on amenait le milieu de la bulle dans une position constante au moyen d'une vis de rappel, et, en opérant de même pour les portées d'avant et d'arrière, on obtenait les différences d'altitude, sans correction, si les distances des deux mires à l'instrument étaient égales, par un calcul simple, s'il existait une inégalité de distances quelquefois imposée par la configuration du sol.

Les lectures des mires étaient faites en double séparément par deux observateurs.

La méthode d'observation est irréprochable; les calculs de réduction, exécutés aussi en double, méritent d'inspirer toute confiance.

La longueur des lignes nivelées est de 650 kilomètres, par portées de 120 à 150 mètres; la courbe zéro a été recoupée vingt fois.

L'erreur de fermeture du polygone qui suit le pourtour du chott est de 0^m,72 pour un parcours de 450 kilomètres.

C'est là un résultat d'une précision assurément inférieure à celle qu'on peut obtenir sous des climats tempérés et dans des conditions normales, mais qu'on peut considérer comme satisfaisante si l'on envisage la longueur de la ligne nivelée et les difficultés multiples contre lesquelles ont eu à lutter les observateurs : ondulations extrêmes de l'air, nature et tassement du sol, variation de la longueur des mires sous l'action excessive du soleil, et autres causes parmi lesquelles il faut bien mentionner aussi la fatigue des observateurs et des aides et les fièvres qu'ils ont eu souvent à combattre.

Tous calculs faits, M. Roudaire a trouvé en 1875 pour les altitudes des deux repères posés à l'extrémité occidentale du chott Rharsa, calculées en partant du niveau moyen de la mer à Alger :

Premier repère..............................— 1^m,0165

Deuxième repère............................+ 1^m,2615

2° *Nivellement des chotts tunisiens et du seuil de Gabès.*

A l'origine de ses opérations, M. Roudaire affirmait que la dépression saharienne devait régner sans interruption depuis Chegga jusqu'au seuil de Gabès. Mais la campagne de 1875 lui avait révélé, à l'extrémité de notre territoire algérien, deux rides du sol formées de sables, larges de plusieurs kilomètres et s'élevant de plusieurs mètres au-dessus du niveau de la mer; la dépression du chott Asloudje était peu sensible, de 1 ou 2 mètres au plus; enfin, les travaux de M. Fuchs avaient démontré que le sol du chott Fejej, dans sa partie orientale, était situé à plus de 20 mètres au-dessus du niveau de la mer. Il était donc nécessaire de poursuivre les études jusqu'à la mer à travers les chotts tunisiens; elles furent entreprises et terminées pendant la campagne de 1876.

La nouvelle ligne de nivellement, exécutée cette fois par M. Roudaire, part du niveau de la basse mer observée le 2 mars 1876 à l'embouchure de l'oued Akarit dans le golfe de Gabès, se dirige vers la pointe orientale du chott Fejej qu'elle côtoie jusqu'à Dbabcha, à la pointe de la presqu'île du Nefzaoua, puis, de là, traverse le chott Djerid sur un parcours de 45 kilomètres par

El Mensof, pour atteindre Dgache, la première oasis du Djerid; à partir de Dgache, elle côtoie le rivage Nord du chott, passe à Tozeur, à Nefta, et se dirige ensuite vers le N.-O. pour pénétrer dans le chott Rharsa et atteindre les deux repères posés en 1875. Le circuit du nivellement est ainsi continu entre Alger et Gabès.

La longueur de cette ligne entre la mer et le premier des deux repères de 1875 est de 300 kilomètres environ. C'est une ligne nivelée une seule fois, dont plusieurs segments seulement ont été vérifiés par des opérations en double, notamment ceux qui sont compris entre la pointe du chott Fejej et la mer vers les embouchures de l'oued Akarit et de l'oued Melah, entre la mire 614 et la mire 535, entre le chott Rharsa et le chott Djerid. Des coupes en travers ont été faites sur le chott Djerid à partir de Settimi, vers le Nord, et depuis Dgache jusqu'à Touinim vers le Sud.

Cette grande ligne, quoique non vérifiée, paraît exécutée comme la précédente avec toute la précision possible, dans une opération faite rapidement et au milieu de circonstances difficiles.

Elle révèle toutefois une assez forte discordance avec les cotes obtenues en 1875 pour les deux repères du chott Rharsa. Le tableau suivant met cette discordance en relief:

PREMIER REPÈRE.

Cote en 1875.................................... $-1^m,0165$
———— 1876.................................... $-4^m,8785$

Différence.................... $-3^m,8620$

DEUXIÈME REPÈRE.

Cote en 1875.................................... $+1^m,2615$
———— 1876.................................... $-2^m,6015$

Différence.................... $-3^m,8630$

Ces deux différences, très concordantes du reste, doivent encore être modifiées d'une même quantité. M. Roudaire, en effet, rapporte les cotes calculées de 1876 au niveau de la basse mer à Gabès, tandis que les altitudes de 1875 sont calculées par *rapport au niveau moyen de la mer à Alger*.

Il en résulte que, pour obtenir des résultats comparables, *rapportés à une même surface de niveau moyen de la mer*, il faut abaisser les altitudes de 1876 d'une quantité égale à la demi-différence moyenne de la basse à la haute mer, à Gabès; soit, d'après les observations de M. Roudaire, de 1 mètre environ.

La cote du premier repère de 1875, rapportée ainsi *au niveau moyen de la mer vers Gabès*, est donc égale à $5^m,8785$, dont l'écart avec la cote 1875, rapportée *au niveau moyen de la mer à Alger*, est de

$$4^m,8620.$$

Cet écart peut s'expliquer par les erreurs combinées des nivellements géodésique et géométrique, par une petite dénivellation de la mer entre Alger et Gabès due à la disposition des côtes ou à l'attraction des continents voisins, ou même par la considération des attractions locales, comme l'a montré M. Villarceau. Néanmoins, il nous paraît un peu trop considérable.

Nous n'avons trouvé, dans les mémoires de M. Roudaire, aucun renseignement sur l'étalonnage et l'étude des divisions des mires soit avant, soit après ou même pendant chaque campagne de nivellement. Peut-être pourrait-on attribuer à cette lacune une influence prépondérante dans cette discordance voisine de 5 mètres entre les résultats obtenus en 1875 et ceux de 1876.

DEUXIÈME NIVELLEMENT EN TUNISIE.

Une deuxième ligne de nivellement est parcourue en Tunisie, dans la campagne de 1873, parallèlement à la ligne des sondages.

Cette fois, les opérations sont faites par M. Baronnet.

La ligne nivelée part d'Oudref, côtoie la rive nord du chott Fejej et du chott Djerid en se dirigeant vers le seuil de Kriz; passe ensuite à Tozeur, gagne la crête qui sépare les bassins des deux chotts Djerid et Rharsa, atteint le col de l'oued Kebir, jette à droite et à gauche quelques courts rameaux, traverse le seuil et longe enfin la route méridionale du chott Rharsa, pour aboutir à la pointe orientale de ce chott, où l'on espérait trouver un repère laissé en 1876.

Malheureusement, ce repère avait disparu : fait assurément regrettable, d'où il résulte que la ligne nivelée en 1878 n'est reliée que par un point (Oudref) avec la ligne de 1876; celle-ci même n'est pas vérifiée par une opération double ou par la fermeture d'un polygone.

L'opération eût été complétée de la manière la plus utile et la plus probante par M. l'ingénieur Baronnet, si, du col de l'oued El Kebir, il avait poussé le nivellement vers l'Ouest et avait rejoint les deux repères de 1875; on aurait ainsi obtenu deux grands polygones fermés, dont l'un occidental est comme circonscrit au chott Melrir, et l'autre oriental touche à la mer du côté de Gabès, ces deux polygones étant soudés entre eux à la frontière par les deux repères de 1875.

Nous nous bornons à constater cette lacune, qui n'infirme pas d'une manière sérieuse les conclusions générales de l'auteur du projet, mais qui pourra introduire quelque incertitude dans la superficie du bassin inondable et dans le calcul préalable des déblais aux seuils du chott Asloudje et dans la région du Djerid.

TOPOGRAPHIE.

Pour tracer sur une carte les lignes de nivellements et de sondages, on a opéré sur le terrain par la méthode des cheminements en relevant l'itinéraire au moyen des portées et de la boussole et en recoupant, au fur et à mesure, tous les points saillants du terrain. Les bases de départ ont été fournies par la chaîne de Biskra, dont on a recoupé les divers sommets, tant qu'on est resté en vue des signaux de l'Aurès. Les levés de détail ont été exécutés par MM. Parisot et Baronnet, et encadrés dans le canevas des points principaux déterminés astronomiquement. MM. Duveyrier et Roudaire, chacun de son côté, ont déterminé, dans la région des chotts algériens, les latitudes et les longitudes d'un grand nombre de stations. En Tunisie, M. Roudaire a calculé les positions de 12 points remarquables compris entre le méridien de Chécar et le golfe de Gabès.

La carte topographique de la partie supérieure du seuil de Gabès a été dressée par courbes équidistantes de 1 mètre. Le seuil, qui s'étend entre les deux chotts Djerid et Rharsa, a été levé par courbes équidistantes de 10 mètres.

En combinant entre eux les résultats des mesures sur le terrain et en tirant un parti habile des renseignements fournis par les voyageurs, par les Arabes ou par la carte de Sainte-Marie, M. Roudaire a pu confectionner la carte placée sous les yeux de la Commission, laquelle constitue comme une première étude topographique de la région considérée, donnant les contours approchés des chotts et suffisante pour permettre de discuter les conditions générales du problème qui consiste à faire pénétrer les eaux de la Méditerranée dans les chotts algériens.

La carte et les deux profils qu'elle contient mettent en évidence les formes et le relief du sol depuis le chott Melrir jusqu'à Gabès.

Le bassin inondable se compose, en allant de l'Ouest à l'Est, des trois chotts Melrir, Asloudje et Rharsa, séparés entre eux par deux rides du sol ou dunes de sable dirigées du Nord au Sud, dont le relief, aux points de passage, est de quelques mètres seulement, et au travers desquelles il est facile de pratiquer une large trouée pour établir la communication entre les trois chotts.

La superficie de la région submersible à l'intérieur de la courbe zéro, qui est bien délimitée pour le chott Melrir, mais très incertaine pour le chott Rharsa, peut être fixée entre 6,000 et 7,000 kilomètres carrés.

Dans toute l'étendue de cette cuvette gigantesque, les eaux ne peuvent recouvrir que trois oasis, dont une seulement, celle de Mraier, a quelque importance (50,000 palmiers).

C'est dans cet immense bassin qu'il s'agit de faire pénétrer les eaux de la mer en creusant, à travers le seuil de Kriz, le chott Djerid et le seuil de Gabès, trois bourrelets énormes situés à des altitudes comprises entre 20 mètres et 90 mètres au-dessus du niveau de la mer, un canal navigable de 10 mètres de profondeur et 50 mètres au moins de largeur, sur un parcours de 240 kilomètres environ.

En résumé, votre Commission pense qu'elle peut, en toute confiance, accepter comme authentiques les résultats des travaux de M. le commandant Roudaire et, malgré les lacunes que nous y avons signalées, les prendre pour bases de ses délibérations ultérieures.

Paris, le 16 mai 1882.

Colonel PERRIER.

M. le Président. Il y a un point capital sur lequel je demanderai quelques éclaircissements à la délégation : Quelle est, d'après ses calculs, la superficie de la partie inondable? M. le colonel Perrier nous a dit tout à l'heure qu'elle était de 5,000 ou 6,000 kilomètres carrés.

M. le colonel Perrier. Je l'ai évaluée à ce chiffre, mais il est très difficile de la connaître exactement. On a déterminé la courbe zéro du chott Melrir, mais quant au chott Rharsa, qui a une superficie assez considérable, je n'ai, pour ma part, trouvé aucun renseignement qui me permette de croire que la courbe zéro en soit bien connue : il peut en résulter une erreur de plusieurs centaines de kilomètres carrés.

M. le Président. La délégation a-t-elle des indications suffisantes pour connaître la pente naturelle du terrain sur les bords de la nouvelle mer? Comme il se produira nécessairement une évaporation considérable à la surface de cette mer et qu'elle devra se remplir par un écoulement nécessitant une pente, il paraît certain que son niveau sera inférieur d'un certain nombre de mètres à celui de la Méditerranée. Il serait intéressant de savoir si les profils en travers permettent de réduire, en tenant compte de cette considération, la superficie inondable mesurée à la cote zéro.

M. le colonel Perrier. Ce n'est guère possible avec les quelques profils en travers de M. Roudaire. D'ailleurs, il serait difficile de déterminer exactement les courbes de niveau. Mais pour peu qu'on ait vu les chotts, on sait que ce sont des surfaces planes, avec fond plat, où les parties humides sont séparées çà et là par de petits monticules et des reliefs très peu importants et fort irréguliers.

Le chott Melrir est limité vers l'Ouest par des berges assez élevées; de même vers le Sud; au Sud-Est, il y a des dunes; au Nord, c'est la plaine qui descend de l'Aurès, et s'abaisse par une pente très faible. Cette pente, mesurée par M. le commandant Roudaire, est d'environ un mètre par kilomètre sur le bord de la nouvelle mer.

M. Gros. Je dois m'occuper, de concert avec M. Roudaire, de vérifier la courbe zéro, d'apprécier la surface inondable, d'avoir une donnée sur la puissance de l'évaporation et de calculer le débit nécessaire à l'alimentation.

M. le Président. La différence de niveau entre la mer intérieure et la Méditerranée est d'une importance capitale, par exemple pour le cube des terrassements et la dimension du canal d'amenée; en conséquence il faut que la Sous-Commission envisage cette question dès à présent.

M. le colonel Perrier. Je répète qu'il est très difficile d'avoir des éléments suffisants d'appréciation pour le chott Rharsa. Dans ce chott, il n'y a que deux points de nivellement: l'un vers la partie orientale, l'autre vers la partie occidentale; dans l'intérieur et au Nord, il n'y a rien. C'est, au dire des Arabes, une cuvette étendue et profonde. M. Roudaire n'a pas cru devoir y faire de sondages, et il n'aurait pu en faire qu'en côtoyant le chott, comme il avait procédé le long du chott Melrir. La courbe zéro est donc moins bien déterminée pour le chott Rharsa que pour le chott Melrir, où j'ai dit qu'elle avait été obtenue au moyen de vingt points de relèvement.

M. Lalanne. Quelle est la salure des différents chotts qui sont remplis d'eau?

M. le Président. Si M. Lalanne le veut bien, nous reviendrons plus tard sur cette question. Je désirerais, pour le moment, restreindre notre discussion aux limites du travail de la délégation et aux points qui s'y rapportent directement.

M. Lalanne. Mon observation se rattachait à la question de nivellement qui vient d'être traitée. En effet, l'évaporation peut être telle que l'alimentation de la mer projetée, au moyen d'un apport d'eau à prendre dans la Méditerranée, détermine *ipso facto* une pente, en raison de laquelle la ligne *zéro* ne soit plus qu'une limite idéale, de moins en moins atteinte à mesure qu'on s'éloigne de l'origine du bassin. Si nous avions quelques données relativement à la salure des eaux, nous en tirerions des conclusions relativement à l'évaporation, qui est un élément de première importance pour calculer le débit du canal, et nous pourrions être par là conduits à savoir si réellement nous devons craindre une chute trop considérable, nous enlevant en grande partie l'avantage de la dépression naturelle.

M. le Président. Si vous voulez bien, nous reprendrons plus tard cet examen, mais, pour le moment, nous nous en tiendrons à la question de fait.

La parole est à M. Fournié pour la lecture d'un Rapport sur les résultats des sondages exécutés au cours de la mission Roudaire (1878-1879).

M. Fournié lit son rapport:

Messieurs,

Dans sa première séance, tenue le 5 mai courant, notre Sous-Commission a chargé six de ses membres d'examiner les documents relatifs aux opérations de topographie, de nivellement et de sondage faites sur les lieux par M. le commandant Roudaire ou sous sa direction, au cours de ses trois missions successives.

Du rapport de M. le colonel Perrier, que vous venez d'entendre, il résulte que, malgré un écart de $4^m,86$ entre les nivellements venus de Biskra et ceux venus de Gabès, les opérations de topographie et de nivellement ont une exactitude suffisante pour que la première Sous-Commission puisse aborder avec sécurité l'examen technique du projet.

Le présent rapport a trait aux opérations de sondage effectuées pendant la troisième mission, entre Gabès et le chott Rharsa, du 5 décembre 1878 au 14 mai 1879.

Comme le dit M. Roudaire (1), il fallait un outillage spécial qui, tout en permettant d'atteindre des profondeurs de 50 à 60 mètres, pût facilement se démonter et se diviser par caisses transportables à dos de chameau. Il s'adressa à M. L. Dru, ingénieur civil, directeur d'un établissement spécial très honorablement connu (2), qui construisit :

1° Une sonde légère de $0^m,07$ de diamètre avec chevalet en fer portatif, devant servir jusqu'à 15 mètres ;

2° Une sonde de $0^m,12$ de diamètre pour servir jusqu'à 30 mètres ; une bigue en fer avec treuil fixe sur l'appareil ;

3° Pour les sondages plus profonds, une chèvre en bois composée de quatre montants assemblés par longueurs de 2 mètres afin de faciliter le transport à dos de chameau : les pièces accessoires de cette chèvre se démontent de manière à former des colis de 75 à 80 kilogrammes.

A cet appareil de sondage étaient jointes plusieurs séries de tubages destinés à garantir les trous de sonde des éboulements. Ces tubes, fractionnés par longueurs variables ne dépassant pas 2 mètres, se réunissaient au moyen de manchons à vis.

Un plancher de 30 mètres de surface, assemblé par parties, devait être utilisé pour le travail sur sol compressible.

Chaque outillage était combiné pour fonctionner isolément avec des séries différentes, mais pouvant se réunir et former, si cela était nécessaire, une longueur de sonde de plus de 70 mètres.

M. Jégou, ingénieur civil de la maison Dru, a dirigé les sondages avec le concours du maréchal des logis d'artillerie Derœux, fils d'un agent de la même maison, et de six chasseurs à pied français, servant de contremaîtres des équipes indigènes.

---

(1) Deuxième rapport, p. 8.
(2) Rue Rochechouart, n° 69, à Paris.

M. Roudaire nous a remis deux registres, copie des registres originaux de sondage de M. Jégou, et nous a informés que M. L. Dru possède les échantillons provenant des sondages. Votre rapporteur s'est transporté chez M. Dru, qui a bien voulu lui donner, dans une longue conférence, tous les renseignements désirables. Les échantillons sont classés dans un ordre parfait par numéro de sondage et par ordre de profondeur dans chaque sondage. M. Dru s'est livré sur ces échantillons, avec l'aide des carnets de sondage, à un travail très délicat et nécessairement un peu conjectural, dont le résultat est entre vos mains, à la fin du dernier rapport de M. Roudaire, sous le titre de: « Coupe géologique du golfe de Gabès au chott Rharsa, passant par le seuil de Gabès, les chotts Fejej et Djerid et le seuil de Mouïat Sultan » (échelles $0^m,00375$ par kilomètre pour les distances, $0^m,0005$ par mètre pour les hauteurs), avec deux coupes de détail, l'une suivant la ligne de faite du seuil de Gabès, l'autre en travers du même seuil.

Les sondages exécutés sont au nombre de 22, savoir : 17 cotés de 1 à 17, donnant, autant qu'il a été possible de le faire dans une seule campagne forcément limitée par les chaleurs, la disposition du sol sur le pourtour du chott Djerid et aux seuils qui le limitent, et 5 cotés 1^2, 1^3, 1^4, 1^5, 1^6, destinés à apprécier aussi exactement que possible l'allure du calcaire dur rencontré au-dessus du niveau de la mer au seuil de Gabès.

Les numéros des sondages sont incomplètement reportés sur la carte au $\frac{1}{400000}$ jointe au rapport imprimé distribué à la Commission ; ils sont d'ailleurs assez difficiles à lire sur cette carte. Je crois pouvoir éviter à quelques-uns de mes collègues une recherche assez longue et ingrate à l'aide du tableau récapitulatif ci-dessous.

N° du sondage.	EMPLACEMENT.	ALTITUDE du sol par rapport à la mer basse à Gabès.	PROFONDEUR du sondage.	ALTITUDE du fond.	NATURE DES COUCHES RENCONTRÉES.	ALTITUDE du PLAN D'EAU dans le trou de sonde à la fin du forage.
			A. ISTHME DE GABÈS.			
1	Au seuil, entre le chott Fejej et le chott Hamaïmet.	$+47^m,37$	$39^m,64$	$+7^m,73$	Sables et argiles marneuses. On trouve le calcaire à l'altitude $+13^m,19$; puis calcaires et marnes intercalées; puis calcaire dur.	$+44^m,06$.
2	En face d'Oudref...	$+20^m,75$	$31^m,00$	$-10^m,25$	Sables et marnes argileuses sur toute la profondeur.	$+18^m,92$.
3	Sur le bord de la mer, à l'embouchure de l'oued Melah.	$+2^m,00$	$12^m,00$	$-10^m,00$	Sable marin avec débris de coquilles, poudingue marin coquillier, sable argileux blanchâtre.	Niveau de la marée.

N° du sondage.	EMPLACEMENT.	ALTITUDE DU SOL par rapport à la mer basse à Gabès.	PROFONDEUR du SONDAGE.	ALTITUDE du FOND.	NATURE DES COUCHES RENCONTRÉES.	ALTITUDE du PLAN D'EAU dans le trou de sonde à la fin du forage.
			A. ISTHME DE GABÈS. (Suite.)			
4	2,600ᵐ E. du n° 1 dans le chott Hamaimet, côté ouest.	$+34^m,86$	$41^m,22$	$-6^m,86$	20ᵐ de sable et 21ᵐ de marne gypseuse; on trouve le calcaire à l'altitude ($-6,86$).	$+34^m,16$, salée, amère, peu abondante.
5	1280ᵐ S. du n° 1	$+47^m,31$	$27^m,69$	$+19^m,62$	Sables, puis argile sableuse, cailloux roulés calcaires avec argile; on trouve le calcaire saccharoïde à l'altitude $+20,42$.	$+47^m,31$.
1²	400ᵐ N. E. du n° 1.	$+46^m,85$	$28^m,70$	$+18^m,15$	Sables, puis marnes; on trouve le calcaire à l'altitude $+18,45$.	$+46^m,96$. 0ᵐ,11 au-dessus du sol.
1³	A égale distance des n°ˢ 1 et 5.	$+47^m,50$	$28^m,72$	$+18^m,78$	Sable, argiles marneuses, argile avec rognons calcaires; on trouve le calcaire (?) à l'altitude $+18,99$.	$+46^m,58$.
1⁴	90ᵐ N. du n° 1	$+47^m,24$	$34^m,84$	$+12^m,40$	Sable, argile, argile avec poudingue; on trouve le grès à l'altitude $+12,40$.	$+43^m,74$.
1⁵	160ᵐ N. du n° 1	$+47^m,08$	$35^m,86$	$+11^m,82$	Sable, argile marneuse, argile marneuse avec cailloux, on trouve le grès à l'altitude $+11,94$.	$+33^m,77$.
1⁶	Versant W du seuil, à 400ᵐ de la ligne du faîte.	$+45^m,35$	$38^m,12$	$+7^m,23$	Sable, puis marnes. on trouve le grès à l'altitude $+7,40$.	$+42^m,70$.
			B. CHOTT FEJEJ.			
6	Entrée du chott Fejej.	$+32^m,46$	$41^m,00$	$-8^m,54$	Terrains mous et vaseux jusqu'à l'altitude $+12$; marnes consistantes au-dessous.	$+31^m,78$.
7	Dans le chott Fejej, 10ᵏᵐ W du n° 6. (Côté nord du chott.)	$+27^m,65$	$34^m,52$	$-6^m,87$	Pour la plus grande partie, marnes compactes. Quand on arrêta le forage, rien ne faisait prévoir le voisinage de roches dures.	$+26^m,80$. Eau salée très amère.
8	2ᵏᵐ W du n° 7, en face du point où l'oued el Hamma se perd dans le chott. (côté N. du chott.)	$+26^m,60$	$11^m,82$	$+14^m,78$	Marne et sables alternés, terrain compact.	Eau salée très amère.
9	200 à 300ᵐ W du n° 8. (Côté N. du chott.)	$+26^m,30$	$17^m,50$	$+8^m,80$	Même succession de couches qu'au n° 8; terrain compact.	Eau salée très amère.

N° du sondage.	EMPLACEMENT.	ALTITUDE du sol par rapport à la mer basse à Gabès.	PROFONDEUR du sondage.	ALTITUDE du fond.	NATURE DES COUCHES RENCONTRÉES.	ALTITUDE du PLAN D'EAU dans le trou de sonde à la fin du forage.
	B. CHOTT FEJEJ. (Suite.)					
10	Côté N. du chott...	+21ᵐ,42	30ᵐ,60	—9ᵐ,18	Marne compacte. Terrain indiqué en plusieurs points comme *dur* et *très dur*.	+18ᵐ,97.
17	Rive sud du chott, 3ᵏᵐ N. W de Seftimi.	+23ᵐ,35	28ᵐ,32	—4ᵐ,97	Terrains traversés analogues au n° 10. Indications d'argile gypseuse *dure*; argile compacte.	+23ᵐ,10.
	C. CHOTT DJERID.					
11	Dans le chott, 2ᵏᵐ de la rive N.	+14ᵐ,55	26ᵐ,00	—11ᵐ,45	Sables et vases séparés par de minces couches d'argile. On est descendu de 2ᵐ,70 en 30 minutes, mais à partir de la cote (— 4) le terrain est du sable gypseux plus ou moins argileux, plus résistant.	+13ᵐ,92.
12	Auprès d'une colonne ascendante de la nappe d'eau souterraine. 5ᵏᵐ S. du n° 11.	+13ᵐ,68	26ᵐ,00	—12ᵐ,32	En 2 heures la sonde descend à 17ᵐ de profondeur; le lendemain en 45 minutes on parvient à 22ᵐ, après avoir descendu 14ᵐ de tube. Sable argileux, puis argile verdâtre très tendre.	+14ᵐ,41, Soit 0ᵐ 12 au-dessus du sol.
13	Dans le chott, 1ᵏᵐ du rivage, au S. E. de Kriz.	+15ᵐ,51	33ᵐ,10	—17ᵐ,59	Jusqu'à l'altitude 0, sable plus ou moins argileux. Au-dessous, argile sableuse plus compacte, forée au trépan. A l'altitude (— 10) sable plus dur, enfin vers (— 16) sable plus argileux.	+14ᵐ,80.
14	Dans le chott à 600 ou 700ᵐ du rivage près de Tôzeur.	+17ᵐ,41	28ᵐ,05	—10ᵐ,64	On doit employer le plancher de manœuvre. Sol très vaseux de +17 à +7, sables verts coulants de +7 à (— 10).	+16ᵐ,11.
15	Dans le chott à 1,500ᵐ du rivage, dans la partie dite: *Saline de Nefta*.	+16ᵐ,95	26ᵐ,53	—9ᵐ,58	Terrain extrêmement vaseux : sable et argiles. A partir de l'altitude (— 8) le terrain s'éboule et le tube se remblaye si vite qu'on doit s'arrêter.	+18ᵐ,05 soit 1ᵐ 10 au-dessus du sol.
	D. ISTHME DE NEFTA.					
16	Col de Mouïat Sultan, 12ᵏᵐ W de Nefta.	+34ᵐ,18	44ᵐ,25	—10ᵐ,07	Sables et marnes généralement assez compactes. Certains bancs gypseux très durs.	+29ᵐ,08.

Il y a quelques désaccords dans les cotes entre le profil en long et les documents écrits. Mais ils ne dépassent pas 0ᵐ,40; et ces imperfections échappées à une élaboration forcément rapide n'ont pas d'importance pour l'objet qui nous occupe.

Au seuil de Gabès on a rencontré, aux sondages n°^{s} 1, 4, 5, 1^2, 1^3, 1^4, 1^5, 1^6, des couches de sables d'abord, puis des marnes plus ou moins argileuses; et au-dessus, après une couche d'argiles à rognons calcaires ou à cailloux roulés calcaires, on atteint, à une cote variable entre + 20 mètres et + 7 mètres au-dessus du niveau de la mer basse à Gabès, une couche de calcaire signalé par les auteurs des sondages comme dur, et dont la structure est tantôt saccharoïde, tantôt celle d'un grès. Toutefois, au sondage n° 4, exécuté dans le chott Hamaïmet (côté ouest de l'isthme), le banc de calcaire est au-dessous du niveau de la mer (— 6^m,86). Ce banc, formant barrage entre le chott Fejej et la mer, paraît de plus s'abaisser quand on s'avance du sud au nord le long de l'isthme de Gabès. Il est vraiment regrettable que le temps ait manqué à M. Roudaire pour éclaircir par un ou deux sondages de plus dans la partie nord de l'isthme cet important problème. Cette lacune serait intéressante à combler sans retard en cas de mise à exécution de son projet. Quoi qu'il en soit, les sondages rapprochés faits par lui dans la partie la plus resserrée de l'isthme permettront d'évaluer approximativement, sans crainte de mécompte, la quantité maxima de calcaire compact qu'on rencontrerait en perçant l'isthme.

Les différents rapports de M. Roudaire et la polémique très active qu'ils ont amenée depuis sept ans constituent une masse déjà considérable de documents qu'il peut sembler nécessaire de lire pour aborder l'examen des questions à traiter. J'ai pris cette peine; mais je suis heureux de pouvoir dire qu'il est facile de se dispenser d'aussi longues lectures du moment où l'on se renferme dans le domaine technique de la première Sous-Commission.

En effet, les points douteux de la constitution géologique de cette région sont maintenant éclaircis par les travaux récents de M. Fuchs, de M. Pomel, par les résultats des sondages de la dernière mission Roudaire et par la savante étude dont les documents géologiques et paléontologiques rapportés par cette mission ont été l'objet de la part de M. Léon Dru et de M. Munier-Chalmas. Les mémoires très lucides et très soignés de ces deux savants, groupant avec beaucoup de sagacité les faits acquis, se lisent dans le corps même du dernier rapport de M. Roudaire (pages 33 à 81).

En outre, les explorations récentes de l'oued Rir' et du haut Igharghar, etc. par les missions Flatters et Choisy, ont permis à M. l'Ingénieur des mines G. Rolland, membre de l'une de ces missions, de fixer avec la plus grande précision les traits généraux du Sahara algérien, en reliant aux données obtenues par ces missions les documents importants recueillis antérieurement en divers points par un grand nombre d'observateurs, notamment MM. H. Duveyrier, Vatonne, Pomel, etc. M. G. Rolland a résumé cette description générale d'une manière saisissante dans un mémoire inséré au *Bulletin de la Société géolo-*

gique de France (t. IX, p. 508, séance du 20 juin 1881), et dans la carte qui accompagne ce mémoire.

Je me contenterai donc de reproduire, en ce qui concerne le bassin qui nous intéresse, les conclusions de M. G. Rolland (1).

« Le terrain crétacé forme au sud des provinces de Constantine et de Tuni-
« sie une grande cuvette, laquelle a donné lieu à un bassin fermé dont les prin-
« cipaux thalwegs sont l'oued Mya, l'oued Igharghar, la série des bas-fonds de
« Ouargla et de l'oued Rir', et dont le chott Melrir occupe le point le plus bas.
« Nous pouvons maintenant envisager l'ensemble de cette cuvette.

« Son bord extérieur a été tracé avec une grande netteté par la nature. En
« gros, il dessine un vaste quadrilatère.

« A l'Ouest, une ligne N.-S. de 7° en latitude, à partir de laquelle les cou-
« ches plongent à l'Est, va des environs de Laghouat (altitude d'environ 800
« mètres) en s'abaissant vers El Golea (altitude d'environ 450 mètres à la crête)
« et se poursuit jusqu'à In Salah (altitude probable du point culminant du
« Djebel Tidikelt, 400 mètres).

« Au Sud, une ligne W.-E. de 13° en longitude, à partir de laquelle les
« couches plongent au Nord, va en festonnant, mais sans guère varier de niveau,
« d'In Salah à Timassinin, et au delà, s'élevant légèrement vers l'extrémité W
« du Djebel es Soda (altitude du point culminant de la Hamada el Homra,
« près de 600 mètres).

« A l'Est, une ligne S.-N., de 4° en longitude, à partir de laquelle les cou-
« ches sont d'abord horizontales, puis plongent à l'Ouest, s'élève doucement vers
« Tripoli (altitude maxima, environ 900 mètres).

« Au Nord, le bord de la cuvette est plus complexe. Au N.-E., une ligne à
« partir de laquelle les couches plongent au S.-W., va s'abaissant de Tripoli
« à Gabès, où le bord ébréché se trouve presque au niveau de la mer. Puis,
« c'est de l'Est à l'Ouest la lisière méridionale de l'Atlas, qui va, s'élevant vers
« le N.-W., de Gabès à Biskra (123 mètres), puis vers le S.-W., de Biskra à
« Laghouat (795 mètres), lisière abrupte, le long de laquelle les couches,
« dirigées du S.-W. au N.-E., suivant la direction qui préside systématique-
« ment aux plissements de l'Atlas, plongent sous des angles très forts dans le
« Sahara, de manière à fermer la cuvette. »

Dans cette grande cuvette crétacée s'est déposé, à l'époque quaternaire, ce que M. Pomel appelle le manteau saharien, formation d'eau douce. Si vous voulez bien jeter les yeux sur la belle carte des chemins de fer algériens, publiée par le Ministère des travaux publics (tirage d'avril 1882), sur laquelle

---

(1) Mémoire cité, p. 549.

sont portés dans les limites du cadre les résultats des missions sahariennes, vous reconnaîtrez dans les vallées aujourd'hui sèches de l'oued Mya et de l'oued Igharghar les traces évidentes de deux puissants cours d'eau qui ont donné à cette région son aspect. On peut y ajouter l'oued Souf au même titre, d'après les appréciations *de visu* de notre collègue M. H. Duveyrier. Comment s'est produit le dessèchement de ces oueds? Ce n'est pas le lieu de discuter cette importante question, et heureusement nous n'avons pas ici besoin de la résoudre. Les thalwegs des fleuves dont nous parlons persistent, et donnent certainement lieu à la réunion de courants souterrains non artésiens, particulièrement puissants. En outre, les nappes artésiennes qui proviennent du terrain crétacé formant la cuvette que nous avons définie, donnent naissance aux puits artésiens de l'oued Rir' et du Souf. Les limites de cette nappe artésienne n'ont pas été déterminées à l'Est. Il est probable que des essais bien dirigés donneraient des résultats satisfaisants, sur le bord méridional des chotts Melrir et Rharsa.

Quant au chott Djerid et à son prolongement oriental, le chott Fejej, ils sont compris dans une boutonnière de la Craie : le massif Nord atteint des altitudes de 300 mètres; au Sud le Djebel Tebaga a des altitudes de 350 m. environ; enfin, les calcaires du barrage de Gabès, rencontrés dans les sondages Roudaire et affleurant d'ailleurs en quelques points, sont aussi attribués à la Craie. Les couches de l'isthme qui recouvrent ce calcaire sont quaternaires et contemporaines du grand dépôt saharien, sinon postérieures.

La disposition physique du terrain crétacé autour du chott Djerid donne lieu de penser que des sources de fond doivent se produire en plusieurs points de ce chott, et l'on explique ainsi très naturellement l'existence de ces *griffons* ou puits naturels qui constituent un si grand danger pour les voyageurs parcourant le sol de ce chott. Nous y reviendrons dans un moment, mais nous constaterons d'abord, d'après les résultats des sondages et les travaux de M. Dru, que la nature du sol qui remplit ce chott est assez uniforme, qu'il s'agit d'un dépôt tranquille, postérieur au dépôt saharien, et dont les matériaux ont été pris à ce dernier. Mais un résultat frappant du nivellement de M. Roudaire, c'est que, depuis les environs de Nefta jusqu'à l'extrémité Est du chott Fejej, le niveau du sol du chott s'élève de + 15 en moyenne à + 30, soit 15 mètres de dénivellation sur 150 kilomètres environ, ou une pente de l'Est à l'Ouest de $0^m,10$ par kilomètre. Il est très probable que ce dépôt s'est fait horizontalement, et l'on rendrait compte très simplement de la disposition actuelle en admettant que tout le sol de nos chotts, ainsi que les isthmes qui les séparent, s'est soulevé à une époque récente, *préhistorique* ou même *historique*, suivant un plan incliné tournant par exemple autour de l'oued Rir' supposé immobile. Admettons que l'angle de rotation soit tel que l'exhaussement du seuil de Gabès soit de 40 à 50 mètres au-dessus de sa position ancienne. Ce seuil étant à 500 kilomètres de l'oued Rir', il en résulte que la pente du plan incliné sera de 0^m,08 à 0^m,10 par kilomètre, c'est-à-dire celle de la surface du sol actuel des chotts Djerid et Fejej. C'est tout au moins une manière très simple de se figurer l'état des lieux.

Il résulte de l'examen que nous venons de faire que l'état ancien des lieux *ne saurait être rétabli,* puisque nous n'avons aucun moyen de rabaisser d'ensemble le niveau du sol de toute une région. Si l'on veut améliorer l'état actuel, c'est un problème nouveau et *sui generis* à résoudre.

Pour base à cette étude nous avons maintenant la connaissance suffisante des dispositions topographiques et géologiques. La principale difficulté réside dans la divination du régime des eaux souterraines.

On peut dire déjà cependant, en s'aidant des carnets de sondages, que sur toute l'étendue du chott Fejej, jusques et y compris la pointe de Dbabcha et la station d'El Mensof, les couches constituant le sol du chott sont des sables et des marnes gypsifères, consistantes et fermes (sauf cas particuliers, bien entendu), que sur le chott Djerid, à mesure qu'on descend vers l'aval, c'est-à-dire vers Tôzeur et Nefta, on voit augmenter la puissance des sources de fond et par conséquent l'étendue des parties rendues boueuses par la présence et la force ascensionnelle de ces sources (1). La nature minérale des dépôts ainsi remués incessamment par ces sources étant d'ailleurs la même que celle des dépôts compacts de l'amont, on peut dire que, si par un siphonnement ou une communication quelconque on donnait aux sources de la région aval du Djerid un écoulement vers les cavités inférieures du Rharsa et du Melrir, le sol du Djerid aval se raffermirait rapidement. Je pense même que ce sol, plus argileux que sableux, serait très rebelle à l'action humaine si on l'amenait à un trop haut degré de dessèchement, ainsi qu'il arrive souvent dans le dessèchement des marais, même dans nos climats; et que, soit au point de vue des grands travaux projetés par M. Roudaire, soit au point de vue plus restreint de mise en valeur agricole du Djerid, il conviendrait de se préoccuper de la nécessité de régler par des ouvrages le niveau des eaux de manière à maintenir une suffisante humidité au sol même du Djerid.

CONCLUSIONS.

1° Les sondages effectués par M. Roudaire et discutés par M. L. Dru d'une part, et de l'autre des travaux tout récents de géologues compétents permettent de se faire une idée suffisamment précise de l'état des lieux, au point de vue géologique et hydrologique, pour que la discussion technique du projet de M. Roudaire puisse s'appuyer sur des bases solides.

---

(1) Le sondage dans la saline de Nefta, n° 15, a donné le jour à une nappe jaillissante à 1^m,10 au-dessus du sol.

2° La nature des sols à traverser est donnée d'une manière approximative par les échantillons soigneusement classés qui se trouvent chez M. L. Dru.

3° Le régime des eaux souterraines peut être déduit de la connaissance de la disposition générale du grand bassin dont le chott Melrir occupe le point le plus bas, et peut s'appuyer en outre sur les expériences qui se succèdent de plus en plus nombreuses dans l'oued Rir' à l'occasion de l'ouverture de nouveaux puits artésiens.

4° L'étude technique du projet de M. Roudaire peut être directement entreprise sans entrer dans aucune discussion sur les précédents géologiques et historiques.

Paris, le 16 mai 1882.

V. FOURNIÉ [1].

M. LE PRÉSIDENT. La Sous-Commission remercie la délégation du travail considérable qu'elle a accompli, et qui va servir de base à nos délibérations ultérieures. Il est très important de savoir que les opérations sur lesquelles s'appuie le projet de M. Roudaire constituent un point de départ certain.

La Sous-Commission aura beaucoup d'autres questions à examiner; pour imprimer à nos travaux une direction utile, je crois qu'il conviendrait de tracer un programme, et voici quel serait, selon moi, l'ordre qui devrait être suivi :

Admettant comme base les résultats des nivellements et des sondages, nous

---

[1] La Délégation a entendu le rapport de M. Fournié et en a approuvé les termes dans sa séance du 16 mai. Elle a autorisé le rapporteur à faire suivre ce travail, à titre de renseignement, de la Note suivante, dont le contenu doit être considéré comme exprimant une opinion sur laquelle la Délégation n'a pas entendu se prononcer.

NOTE
SUR L'EXHAUSSEMENT DU SEUIL DE GABÈS ET DU CHOTT DJERID
(16 MAI 1882)

PAR M. V. FOURNIÉ.

Peut-être la représentation géométrique proposée dans le corps du rapport précédent n'est-elle pas purement fictive. MM. Pomel et Fuchs admettent comme établi par l'observation de couches avec coquilles marines actuelles à certaine hauteur à Gabès, que le seuil s'est élevé de 15 mètres environ dans une période très récente; mais ils ne veulent pas que ce soulèvement ait été plus considérable, et M. Pomel a comparé les hypothèses contraires, émises par des hommes très versés dans les études historiques, aux créations d'un romancier célèbre.

L'opposition d'idées sur ce point est demeurée à l'état aigu, et sans abandonner en principe ses conclusions appuyées sur l'histoire et conformes à celles formulées antérieurement, notamment par M. H. Duveyrier et par M. Ch. Tissot, M. Roudaire déclare dans son dernier rapport (p. 83) « qu'en l'absence de preuves géologiques, il ne reprendra pas la thèse de l'identité de la baie de devrions tout d'abord, ainsi qu'on l'indiquait tout à l'heure, essayer de déterminer la superficie inondable. Ensuite, nous devrions nous rendre compte de l'importance de l'évaporation.

M. DE LESSEPS. La seconde Sous-Commission s'est occupée spécialement de ce point.

M. LE PRÉSIDENT. Elle nous fera connaître ses conclusions.

Connaissant approximativement l'importance de la couche d'eau qui pourra s'évaporer dans une année, et l'appliquant à la surface réelle, nous saurons quel est le volume d'eau à remplacer. Dès lors, nous pourrons calculer le débit moyen du canal d'amenée.

Ce débit aura deux facteurs, la section et la pente. Accepterons-nous pour la pente le chiffre proposé par M. le commandant Roudaire? adopterons-nous les coefficients d'écoulement qu'il a indiqués dans son travail, ou bien en déterminerons-nous d'autres, d'après les données de la science? De la pente admise dépendra la largeur de la section; si, au contraire, nous admettons la section que propose M. le commandant Roudaire, nous serons conduits à rechercher la pente nécessaire pour assurer le débit.

D'après les résultats de ces calculs, nous déterminerons l'importance des déblais à effectuer, en nous basant sur les opérations de nivellement et de sondage.

Tout naturellement, nous serons amenés à rechercher les procédés à employer pour opérer ces déblais. M. le commandant Roudaire propose d'effec-

---

« Triton et du bassin des Chotts, qui ne manquerait pas de donner naissance à des controverses « dont le résultat serait de déplacer la question. » M. Roudaire est peut-être trop modeste et un peu découragé; il avait beau jeu à soutenir que la légende et la mythologie elle-même fournissent à l'investigation des faits historiques pour ainsi dire fossilisés, dont l'interprétation, pour être difficile, n'en est pas moins digne de recherches persévérantes. La contradiction entre les deux ordres de documents paraît d'ailleurs disparaître maintenant que la géologie du pays est bien fixée : le soulèvement récent du seuil de Gabès et du chott Djerid est devenu incontestable. Admettons l'hypothèse énoncée plus haut, et replaçons-nous dans l'état antérieur à ce mouvement: nous abaissons de 50 mètres le seuil actuel de Gabès, qui a 46 mètres d'altitude au col; le chott Djerid pourra alors déverser ses eaux dans la mer; en même temps s'abaissera de 25 mètres le seuil entre le Djerid et le Rharsa, à l'ouest de Nefta : il sera alors un peu au-dessous du niveau de la mer. Nous réalisons donc absolument l'état décrit par les plus anciens historiens; plus tard, le soulèvement progressif aura donné lieu aux états transitoires également décrits par les historiens plus rapprochés de nous.

Si l'on insiste et qu'on déclare impossible la communication directe des lacs avec la mer à raison de l'absence de coquilles marines dans les chotts, la réponse est très simple; au lieu de relever de 50 mètres à Gabès, relevons de 40 mètres seulement; faisons le mouvement inverse pour revenir à l'état ancien: le lac Djerid pouvait donc déverser ses eaux dans la mer par des évacuateurs ayant une pente plus ou moins forte (la chute disponible était de 6 mètres); et les mêmes résultats historiques n'en seront pas moins acquis; car, en profitant de la marée et se halant au besoin, les bateaux du type des bâtiments anciens pouvaient pénétrer dans le lac. Il n'y a donc pas nécessité de sacrifier l'histoire à la géologie ou celle-ci à l'histoire. La conciliation est parfaitement possible.

tuer la plus grande partie des terrassements par l'action même de l'eau ; nous examinerons si ce procédé est pratique, jusqu'à quelle limite on pourrait y recourir, et, au cas où il ne pourrait être employé dans la proportion qu'indique M. Roudaire, pour quel cube de terrassements on devrait recourir à la main-d'œuvre.

Nous serons ainsi amenés à évaluer les dépenses et à considérer si le résultat pratique des travaux doit être compensé par les avantages que pourront faire ressortir les autres Sous-Commissions.

Telle est, ce me semble, la marche que nous devons logiquement suivre.

M. Dupuy de Lôme. Je demanderai la permission de présenter une simple observation.

A propos de la question de la pente du canal, nous ne pouvons pas ne pas nous préoccuper de la salure des eaux. Nous aurions un jour des dépôts salins qui rendraient le lac impraticable si, en même temps que nous introduisons des eaux pour compenser l'évaporation, nous ne ménagions pas une sortie aux eaux saturées, de façon que l'état de salure reste stationnaire.

La section du canal doit donc répondre à la condition d'un double courant. Si nous n'avions qu'un seul courant, un courant d'entrée, la conséquence certaine serait une introduction constante de sel, qui aboutirait à des dépôts salins.

Il nous faut donc deux courants : un courant de surface et un courant de fond, et cette condition me paraît devoir influer considérablement sur la section du canal. Il faut qu'il puisse y avoir un écoulement du dedans au dehors, en même temps qu'un écoulement du dehors au dedans ; il faut que la quantité d'eau entrant ne soit pas seulement en rapport avec l'évaporation, mais qu'elle remplace encore l'eau saturée qui sortira. Admettant pour un instant que la saturation de l'eau qui sort soit triple de celle de la mer, si nous introduisons trois mètres cubes d'eau, il faudra en faire sortir un pour que la salure du lac reste stationnaire.

Cette hypothèse d'une salure triple de celle de la mer me paraît excessive ; pour mon compte, j'aimerais mieux une section qui correspondît à une saturation double, par exemple.

On voit qu'en ce qui concerne la section du canal, on fera une œuvre incomplète si, en même temps qu'on s'occupera de la quantité d'eau à introduire pour remplacer le liquide disparu par évaporation, on ne songe pas à la sortie qui devra s'opérer pour éviter les dépôts salins, et qui devra être compensée par une introduction supplémentaire, calculée en raison de la salure maxima qui aura été déterminée.

Et pour que cette sortie ait lieu, on ne peut pas admettre un canal tout en pente, car les eaux saturées ne remonteront pas. Il faut que, du côté de la

Méditerranée, le fond du canal soit au moins de niveau avec le fond du canal du côté de la mer intérieure, de sorte qu'il y ait pente à la surface, mais non au fond.

M. DE LESSEPS. Avant l'opération du remplissage des lacs Amers du canal de Suez, M. Poirée, inspecteur général des ponts et chaussées, avait fait un mémoire pour prouver que jamais on ne pourrait les remplir.

La pratique a démenti la théorie. Le canal entre la mer Rouge et les lacs Amers est tout à fait de niveau; il n'a pas de pente. Les eaux ayant été introduites, l'évaporation ne s'est pas produite dans des conditions qui auraient pu la rendre nuisible, et il n'y a eu aucune espèce de dépôts salins. Du reste, voyez la mer Rouge qui communique avec l'Océan indien; elle est sous les tropiques; pas une rivière qui s'y jette, et cependant elle n'est pas sensiblement plus salée que les autres mers.

Après que l'eau a été introduite dans les lacs Amers, on a vu fondre les couches de sel qui s'y trouvaient depuis l'époque où ces lacs avaient été desséchés sous les premiers Kalifes. Les eaux amenées dans cette cuvette avaient formé une couche de sel; ce grand bassin offrait des bosses, et MM. Lavalley et Voisin m'avaient demandé si je jugeais utile de les faire disparaître avant de faire arriver les eaux: j'ai pensé qu'il valait mieux éviter cette dépense, et, en effet, le sel accumulé a disparu au contact des eaux.

Je le répète, le canal de Suez n'a pas de pente. Dans le cas actuel, je crois également la pente inutile : il y aura toujours un mouvement des eaux, quelle que soit la différence de niveau des marées, petite ou grande, entre les deux mers, et il ne se formera pas de dépôt de sel.

M. DUPUY DE LÔME. Le fond du canal de Suez est de niveau, et c'est justement ce que je demande ici. Il est un point incontestable : si, dans un espace donné, comme autrefois dans les chaudières marines, on introduit de l'eau salée, et que, une vaporisation plus ou moins grande se produisant, on ne fasse jamais sortir l'eau plus saturée, il se forme nécessairement, au bout d'un certain temps, des dépôts salins.

Dans les lacs traversés par le canal de Suez, il n'y a pas eu de dépôts salins, et il n'y en aura jamais, par cette raison qu'il doit nécessairement exister dans la partie basse du canal des courants en sens inverse, emportant à l'état d'eau plus saturée la quantité de sel abandonnée par le liquide évaporé.

Cette expérience prouve que des espaces très grands peuvent, malgré l'évaporation, se maintenir dans un état de salure très peu élevé, par suite des sorties qui se font nécessairement par le fond du canal.

Dans le projet qui nous occupe, le canal n'aura qu'une seule sortie; il faut donc absolument que l'eau saturée s'écoule par les parties basses en même temps que l'eau entrera par les parties hautes. Si le fond du canal était en pente à partir de la Méditerranée, les eaux saturées ne pourraient pas facilement sortir, comme au canal de Suez.

Dans le canal de l'étang de Berre, si vous introduisez une sonde légère, d'une densité peu différente de celle de la mer, vous sentez, à une certaine profondeur, qu'elle est entraînée par l'eau qui sort. Or, l'étang de Berre n'a qu'une communication avec la mer. Mais, quand le vent d'Est souffle un peu fort, la marée monte sur la côte de Provence, si bien qu'à l'étang de Berre, la sortie ne peut se produire et l'eau ne fait qu'entrer ; puis elle sort, quand la mer redescend.

Pour que la saturation soit limitée, il faut avoir un double courant : courant d'introduction à la surface, courant de sortie par le fond. Pour que ce courant de sortie se produise, il est nécessaire que le fond n'ait pas de pente ; si même on pouvait avoir une pente inverse au courant d'introduction, la sortie des eaux saturées n'en serait que plus facile. Quant à la pente de la surface, elle peut être minime ; je crois qu'on l'a beaucoup exagérée.

M. DE LESSEPS. J'appuie ce que vient de dire M. Dupuy de Lôme. Nous avons l'expérience qu'il n'y a aucun danger à avoir une cuvette plus profonde que le chenal qui amène les eaux. Je crois, d'ailleurs, que le canal de l'étang de Berre n'a que deux mètres de profondeur.

M. ROUSSEAU. Le canal des Martigues a maintenant six mètres de profondeur.

M. DE LESSEPS. Nous avons, dans le bassin des lacs Amers, des profondeurs plus grandes que celle du chenal : ce qui n'empêche pas le mouvement nécessaire qui se produit dans toutes les mers.

M. LE COLONEL PERRIER, Le canal de l'étang de Berre n'a que 2 kilomètres de longueur ; mais, pour un canal de 240 kilomètres, se produira-t-il un contre-courant inférieur ?

M. DUPUY DE LÔME. Je le crois.

M. DE LESSEPS. C'est inévitable.

M. LE COLONEL PERRIER. Il se produirait, s'il y avait deux embouchures, comme au canal de Suez, qui est ouvert par les deux bouts. Mais il y a une différence capitale entre le cas de l'isthme de Suez et celui de la mer projetée, laquelle est un cul-de-sac et n'a pas d'issue.

Les considérations qu'on peut faire valoir relativement à ce qui s'est passé à

Suez ne s'appliquent plus ou s'appliquent d'une manière différente à la mer intérieure. Y aura-t-il un courant inférieur et un courant supérieur, et dans quelles conditions ce double courant se produira-t-il? Je ne crois pas, pour ma part, qu'il puisse se produire sur 240 kilomètres.

M. Lalanne. Dans l'Océan, il n'existe jamais de courant de surface sans contre-courant à une profondeur plus ou moins grande : c'est un fait constaté d'une manière certaine.

Je partage entièrement l'avis de M. Dupuy de Lôme sur la différence qui existe entre un canal muni de deux ouvertures, ce qui simplifie beaucoup la question, et un canal qui n'en a qu'une.

Mais il ne me paraît pas douteux que, par le fait que vous aurez un courant d'alimentation à la partie supérieure, vous en ayez un d'évacuation à la partie inférieure, pour une profondeur suffisante.

Dans la mer, ce n'est pas la différence de salure, c'est la différence de température qui est l'élément nécessaire et suffisant pour que, même a égalité de salure, le contre-courant se produise.

M. Dupuy de Lôme. Il y aura peut-être à la fois différence de température et différence de salure; donc, le contre-courant s'établira, et, dans la détermination du profil en travers, il faudra en tenir compte.

M. de Lesseps. Il est certain qu'il existe des courants dans les mers; cela résulte des observations qu'a commencées il y a 25 ans le capitaine Maury. Il est également certain qu'il n'existe jamais de dépôts dans les mers intérieures.

M. le colonel Perrier. Si l'on démontre qu'il y a un courant de fond, je me rallie absolument au projet, ou, du moins, je n'ai plus d'objection à faire que relativement à la dépense.

M. le Président. M. Dru, qui a fait les sondages de la mission Roudaire, est à la disposition de la Sous-Commission pour lui faire part de ses observations quant à l'influence qu'exercerait la mer intérieure sur les eaux artésiennes de la région, et pour répondre aux objections qui ont été récemment soulevées à ce sujet à l'Académie des sciences. Si tel était l'avis de la Sous-Commission, nous pourrions entendre immédiatement M. Dru.

M. Dru est introduit et a la parole,

M. Dru. Les sondages exécutés dans les chotts à la dernière mission de M. le commandant Roudaire ont permis de vérifier la composition des terrains et de constater la présence des niveaux qui existent dans les stratifications des couches. On a reconnu que, sous la surface explorée, il y a des nappes d'infiltrations nombreuses qui suivent à peu près les ondulations du sol, et, en profondeur, des nappes artésiennes abondantes qui se rencontrent quelquefois à une altitude bien supérieure à celle du chott Djerid.

Ainsi, près du Coudiat Hameïmet, au sondage n° 1 du seuil de Gabès, foré à la cote 46,96, on a découvert des eaux jaillissantes de bonne qualité ; le réservoir de ces eaux devait être constitué par les couches sableuses qui recouvrent le seuil et bordent la Sebkha Hameïmet. Sur toute l'étendue du chott Djerid, et à des profondeurs variables, la sonde a permis de constater la position des nappes intercalées dans les couches quaternaires. Celles de la surface étaient toujours salées ; mais à la base des trous de sonde, elles devenaient douces.

Du côté de Nefta et de Tozeur, le sondage n° 15, descendu vers $26^m,53$, découvrit une nappe qui a jailli à $1^m,13$ du sol, malgré les imperfections d'un tubage provisoire établi en vue d'une étude de terrain et non d'un captage d'eau. A Septimi, en face le Djebel Tebaga, la nappe a constamment monté suivant la profondeur du sondage ; elle a atteint le sol, quand on est parvenu à $28^m,32$, et elle aurait coulé à la surface si l'on avait continué le trou de sonde. Il est donc manifeste que, dans l'ensemble de ces formations, il y a des niveaux importants, et que si l'on avait eu le temps de traverser toutes les assises quaternaires et peut-être tertiaires qui peuvent exister en dessous, pour arriver au contact du terrain crétacé, on aurait atteint des nappes plus puissantes. Les grandes sources que l'on voit du côté de Gabès, aux oasis du Nifzaou et dans le Djerid proprement dit, à Nefta, Tozeur et Kriz, sortent des formations crétacées. La température élevée de ces sources et leur composition indiquent bien leur origine. M. Ville, ingénieur des mines, dans ses nombreuses recherches sur l'Algérie, établissait le point de provenance des eaux par l'analyse.

Ce sont les fissures et failles de la Craie qui donnent une issue au régime des sources profondes, et à la naissance de cette formation et des terrains qui sont au-dessus, en raison de la différence qui existe dans la nature des sédiments, on devra trouver des niveaux fort étendus et abondants.

Quant à l'influence de la mer intérieure sur les nappes artésiennes, il a été affirmé bien des fois que le projet de M. le commandant Roudaire porterait un très grand préjudice à ces nappes, que ce serait même la cause principale de la destruction de tous les puits artésiens de la contrée. Je crois que l'on n'a pas suffisamment envisagé à ce sujet les phénomènes qui se passent dans la circulation souterraine des eaux et les effets produits par la pression hydrostatique.

Les eaux de composition, de densité et de température différente ne se mélangent pas, et la pression hydrostatique agit sur elles par contact, sans qu'il y ait diffusion.

Nous en avons un exemple frappant dans le mouvement des marées : les sources qui existent sur les rivages sont refluées par la marée et leur niveau s'élève pendant la propagation de ce mouvement ; quand les eaux marines se mélangent avec les eaux douces, c'est sur un espace souvent très faible à quelques centaines de mètres du rivage.

J'ai bien des fois constaté l'action de la pression hydrostatique sur des eaux douces de même nature, dans le thalweg de la vallée de la Seine.

En 1872, j'ai fait un puits absorbant, rue Taitbout; le niveau statique de la nappe était à $+28^m,88$ et, cette année-là, les crues de la Seine eurent une telle intensité que les caves des propriétés riveraines du fleuve furent submergées et le niveau des puits relevé; les eaux de ce forage absorbant devinrent alors jaillissantes par rapport à leur ancien niveau et se déversèrent dans l'avant-puits qui lui servait de décanteur; la nappe d'infiltration avait donc été refoulée à environ 1,700 mètres, distance qui sépare la rue Taitbout de la Seine. Deux tubages isolaient dans ce puits les alluvions anciennes (diluvium), qui sont en communication directe avec la rivière, des terrains sous-jacent (le calcaire grossier), où l'absorption avait lieu. Le refoulement s'était effectué d'abord sur la nappe d'infiltration superficielle du diluvium et communiqué ensuite à celle du calcaire grossier.

Ces phénomènes de pression hydrostatique, vérifiés par M. Jules François et le docteur Filhol, furent appliqués en France au captage des eaux minérales de Luchon, de la Malou et, il y a plus de quarante ans, à Ussat (Ariège). Dans ce dernier établissement, les sources étaient disséminées à l'intérieur du sol; on les a relevées et rassemblées au moyen d'un barrage de près de 300 mètres, qui a formé une retenue à des eaux douces amenées de l'Ariège et avec lequel on a obtenu une pression hydrostatique sur le régime des eaux minérales chaudes. Le résultat a justifié les espérances que l'on avait pu concevoir de ce procédé, le débit s'est élevé de 135 mètres à 800 mètres cubes, la température et l'agrégat minéral ont augmenté dans une proportion notable. On pouvait craindre qu'à travers les terrains sableux et perméables qui formaient la fondation du barrage, il ne se produisît un mélange des eaux douces et des sources minéralisées, mais l'expérience a démontré que cette diffusion n'avait pas lieu.

Il suffit donc d'une composition ou d'une température différente pour amener la séparation des eaux.

Dans les courants, le même phénomène se produit; la Seine et la Marne se joignent au confluent de Charenton, près Paris, et cependant, malgré un courant assez actif, le mélange ne commence guère qu'à la hauteur du pont de Sèvres.

M. Robinet, qui a fait de si nombreuses analyses sur les eaux de la Seine et de la Marne, a prouvé par des expériences d'hydrotimétrie que dans le parcours de Charenton à Sèvres, ces deux rivières ne se mélangeaient pas.

Si les eaux marines sont amenées suivant le projet de M. le commandant Roudaire dans ces immenses dépressions des chotts et sur une épaisseur de 3o mètres comme dans le centre du chott Melrir, les nappes superficielles, qui sont d'ailleurs actuellement salées, ne subiront aucune atteinte; mais les puits artésiens du voisinage, de la région de Mraïer par exemple, où les nappes jaillissantes existent de 20 à 4o mètres du sol, ne seront pas compromis; la pression des eaux marines exercera au contraire une action salutaire sur l'ensemble du régime, qui sera refoulé et maintenu.

Les eaux cherchent toujours des issues vers les points bas, à la faveur des couches perméables ou des fissures qui existent dans le sol, ce qui amène à la longue le déplacement des sources, ou cause la diminution des nappes.

Les nombreuses ouvertures que l'on rencontre dans le fond des chotts peuvent être une cause d'abaissement du régime de la contrée.

Ce qui aiderait à cette supposition, c'est que dans l'oued Rir' où les puits artésiens sont nombreux et donnent quelquefois un volume d'eau important, environ 4 à 5,000 litres par minute, les Arabes constatent que les puits réputés les meilleurs s'exécutent toujours vers l'Est, qui est la direction des chotts; ils observent aussi depuis nombre d'années que ceux de l'Ouest, à l'opposite, sont moins abondants, qu'ils s'ensablent et disparaissent, et que les oasis se déplacent aussi, suivant de près l'extinction des puits. Ce changement dans la position des puits est lent à se produire, mais il est cependant assez accusé pour avoir donné lieu à cette remarque.

On a soutenu également que la charge qui serait exercée par les eaux de la mer intérieure sur le fond des chotts tendrait à infuser des eaux salées dans les nappes artésiennes par les ouvertures naturelles qu'elles ont à travers les terrains. Nous pensons le contraire d'après les observations fournies par les sondages exécutés près des rivages de la mer, et l'exemple des sources sous-marines qui existent sur presque toutes les côtes et qui ne sont pas autre chose que des puits artésiens naturels. Ces sources sont nombreuses en France, et principalement sur le littoral des départements du Var et des Alpes-Maritimes, on en voit à Toulon et la Ciotat; à la plage de Portissol, il existe un promontoire que l'on désigne sous le nom de Pointe de la Source, et à Port-Miou, il y a une source tellement abondante qu'elle détermine un courant sur le bord de la mer.

Tous ces rivages méditerranéens possèdent d'ailleurs en nombre considérable des sources d'eau douce qui jaillissent au fond de la mer, principalement du prolongement des calcaires fissurés à Chama, du terrain jurassique et de ceux du Muschelkalk. On connaît aussi les magnifiques sources d'eau pure du golfe de la Spezzia, et des voyageurs en ont cité d'analogues dans la Grèce, l'Inde, la Malaisie, etc. etc.

Les sources d'eau douce, en raison de leur pression naturelle, s'élèvent donc sans changement dans leur composition chimique au milieu des eaux marines, qui leur forment pour ainsi dire une paroi, et s'épanchent au niveau de la mer.

Le même phénomène se produirait si, dans l'hypothèse du remplissage des chotts, on pratiquait un sondage profond dans le centre du Melrir ou sur ses rives ; la force ascensionnelle du régime artésien qui serait rencontré ferait jaillir les eaux douces jusqu'à la surface de la mer sans les mélanger avec les eaux marines. En résumé, l'opinion qui a été souvent exprimée, que la présence de la mer intérieure aurait pour effet d'atrophier et même de détruire les puits artésiens de cette contrée, n'est pas fondée, et nous pouvons opposer à cet argument les conclusions tirées de l'expérience ; la pression hydrostatique devra plutôt améliorer la situation et protégera dans l'avenir le régime des eaux jaillissantes ; jamais les puits artésiens ne seront atteints ni compromis.

En ce qui concerne le mélange des niveaux, nous voyons par de nombreux exemples que les sources d'eau douce sous-marines ne sont pas changées par les eaux de la mer ; les puits naturels qui jaillissent dans la région des chotts, malgré la résistance opposée par les terrains et les niveaux supérieurs qui sont salés et d'une densité plus grande, sont actuellement dans le même cas, et à plus forte raison les nappes profondes qui, comme dans l'oued Rir', ont une force ascensionnelle considérable (1). Ce ne seront donc pas les eaux de la mer intérieure qui les dénatureront ou les empêcheront de jaillir. Il y aura évidemment une augmentation de charge sur le fond du bassin des chotts, mais cela n'aura pas de conséquences fâcheuses, car actuellement les niveaux supérieurs saumâtres et salés n'exercent-ils pas cette pression sur les niveaux inférieurs? et cependant ceux-ci donnent des eaux pures, ainsi que cela a été démontré par les sondages de Kriz et de Nefta.

Comme conclusion, on peut sans crainte affirmer que la submersion des chotts par les eaux marines aura pour résultat de maintenir et d'améliorer le régime des nappes d'eau et des puits jaillissants du littoral de la mer intérieure.

M. Fournié. Le fait que les eaux ne se mélangent pas est certain.

M. Gros. Mais la pression se transmet.

M. Lalanne. La pression se transmet, mais pas brusquement, et il y a refoulement. Il n'y a jamais mélange des eaux, bien qu'il existe souvent des communications par des canaux souterrains, si bien qu'on trouve en certains lieux, dans des puits d'eau douce, des poissons de mer jusqu'à deux kilomètres du rivage. D'autre part, par suite du refoulement des eaux salées par

---

(1) A Tougourt, des puits artésiens jaillissent à la cote 65.

des sources d'eau douce, on peut pêcher en mer, à quelques centaines de mètres des rivières, des poissons d'eau douce qui peuvent, il est vrai, supporter accidentellement l'eau de mer, des truites, par exemple.

M. Tissot. La quantité d'eau que l'on peut espérer obtenir des nappes artésiennes du Sahara est, selon moi, fort restreinte; je ne crois pas qu'il faille compter qu'elles pourront servir à diminuer d'une façon notable l'apport du canal.

Il pleut très peu dans le Sahara, par conséquent il ne peut pas y avoir de nappes artésiennes donnant une grande quantité d'eau, on ne peut percer de puits artésiens que sur un espace très limité, dans l'oued Rir et dans la région des oasis. Les couches calcaires des terrains secondaires forment là une espèce de récif souterrain dans lequel les eaux artésiennes peuvent être atteintes par la sonde; mais ce récif n'existe que sous une zone très étroite, laquelle n'a que 2 ou 3 kilomètres de largeur normalement, 4 ou 5 kilomètres au plus. Dès qu'on s'écarte de cette zône vers l'Ouest, on ne trouve plus du tout d'eaux artésiennes; l'expérience en a été faite, depuis 30 ans, un grand nombre de fois. Si l'on s'écarte vers l'Est, en s'approchant des chotts, à des niveaux plus bas encore, on n'en trouve plus du tout non plus.

En un mot, la nappe qui existe sous l'Oued Rir', n'est pas concentrique au sol; elle ne se trouve pas dans les couches de sable du terrain quaternaire, elle est dans un récif souterrain de la formation secondaire. Quant au Sahara pris dans son ensemble, il faudrait y aller chercher les terrains secondaires dans les parties où ils forment cuvette, et faire descendre la sonde jusqu'à 5 ou 600 mètres. Si plus tard on fait le chemin de fer Transsaharien, il faudra aller jusqu'à cette profondeur pour trouver l'eau nécessaire à l'alimentation des stations et des machines; mais ce ne sont plus là des eaux qu'on puisse employer pour l'irrigation, car elles reviendraient trop cher.

M. Rolland. Je pense, avec M. Dru, que la mer intérieure ne saurait nuire au régime des eaux artésiennes de la région.

M. Daubrée. Avant que M. Dru nous quitte, je voudrais lui demander quelle est la consistance des terrains aquifères que les forages ont traversés.

M. Dru. Il n'y a pas de roches dans les terrains du Djerid; toutes les couches sont tendres. Dans les sondages qui ont été faits du côté de Kriz sur les bords du chott, on a pratiqué un trou de sonde dans un griffon ou point d'émergence naturelle de la nappe souterraine; la sonde est descendue en quelques heures à une vingtaine de mètres de profondeur dans une masse sableuse, fluide; le choix de cet emplacement était spécial, il est vrai. En remontant à l'Est, vers le chott El Fejej, les couches acquièrent plus de fermeté.

Dans l'ensemble il n'a été rencontré que des sables gypseux et salifères tendres, accompagnés de marnes. Les gypses sont répandus dans toute la masse des terrains quaternaires à l'état pulvérulent ou en amas, mais peu épais et disséminés dans les couches sableuses et marneuses.

Les sondages n'ont pas démontré la présence de terrains durs ou rocheux : c'est seulement dans l'intérieur du seuil de Gabès, à 12 mètres au-dessus du niveau de la mer, ainsi que je l'ai indiqué dans la coupe géologique, que la sonde a constaté la présence de bancs calcaires, dont les échantillons ressemblent aux calcaires blancs et cristallins avec inocerames (*In. Goldfussi et regularis*) du Coudiat Hameïmet.

M. Dru se retire.

M. LE PRÉSIDENT. Messieurs, nous avons avancé notre œuvre; mais je suis d'avis que notre travail, pour être utile, devrait être divisé. D'une part, il y aurait à étudier les questions scientifiques que nous venons de toucher; d'autre part, à nous rendre compte des procédés techniques d'exécution.

La question de savoir si la section du canal d'amenée doit être calculée en tenant compte de la nécessité d'écouler les eaux saturées par un contre-courant inférieur ou en écartant l'hypothèse de ce contre-courant, et le calcul, dans l'un ou l'autre cas, de la pente superficielle qui devra être assurée à l'eau pour remplir la mer intérieure, afin de remplacer l'eau évaporée, sont des questions générales et scientifiques qui, selon moi, devront être traitées par une première délégation.

Une seconde délégation aurait à s'occuper d'une manière toute particulière des moyens d'exécution, et à examiner si ceux qu'a proposés M. Roudaire sont admissibles, ou s'ils doivent être modifiés dans une mesure plus ou moins considérable.

M. LE COLONEL PERRIER. A propos de la question d'exécution, est-ce que M. Roudaire n'a pas changé son projet de canal?

M. DE LESSEPS. M. Roudaire a dit l'autre jour que pour donner satisfaction à certaines critiques, il était prêt à abandonner son tracé passant par le chott Djerid, et à en proposer un autre qui suivrait une ligne plus directe en franchissant le seuil de Kriz, ce qui abrégerait le trajet d'une cinquantaine de kilomètres.

M. TISSOT. On suivrait, si le projet était modifié, le même tracé qu'auparavant jusqu'en face du seuil de Kriz, et là, au lieu de dévier vers le sud-est pour se diriger vers Mouïat Sultan, on passerait par le col de Kriz. Sur les onze douzièmes du parcours, le tracé reste le même que dans l'autre projet.

— 65 —

M. LE GÉNÉRAL LÉVY. Il y aurait intérêt, je crois, à entendre sur ce point M. le commandant Roudaire.

M. Roudaire est introduit.

M. LE PRÉSIDENT. Monsieur le Commandant, nous désirons avoir quelques indications sur le tracé auquel vous vous êtes arrêté en dernier lieu.

M. LE COMMANDANT ROUDAIRE. Le premier tracé que j'ai proposé est indiqué sur la carte jointe à mon rapport; il traverse le chott Djerid.

Je n'ai pas dit, d'ailleurs, qu'il dût être adopté d'une façon définitive; j'ai ajouté : le projet peut subir des modifications dans ses détails; on peut modifier la pente ou la section du canal ; on peut même changer jusqu'à un certain point le tracé; mais je crois que celui-là est le plus convenable et le plus avantageux.

Si l'on tenait cependant à éviter les vases du chott Djerid, on pourrait aller directement au chott Rharsa, en franchissant le seuil de Kriz; ce seuil est, il est vrai, un peu plus élevé que celui de Mouïat Sultan, mais on aurait l'avantage de réduire à 172 kilomètres la longueur du canal. On suivrait alors le profil n° 2, au lieu du profil n° 1; c'est ce dernier tracé que j'ai proposé, mais à la condition, bien entendu, qu'il soit approuvé par les ingénieurs.

M. Roudaire se retire.

M. LE PRÉSIDENT. Je demanderai à la Sous-Commission de vouloir bien désigner les membres qui feront partie des deux délégations dont j'ai, tout à l'heure, défini le mandat.

Sont désignés pour la première délégation :

MM. DE LESSEPS, *Président*, CHAMBRELENT, CHATONEY, CUVINOT, DAUBRÉE, DUPUY DE LÔME, GROS, LALANNE, TISSOT, ROLLAND, *Secrétaire*.

Sont désignés, en outre, pour la seconde, qui ne fonctionnera qu'après la première :

MM. FOURNIÉ, LE GROS, GÉNÉRAL LÉVY, MOLINOS, ROUSSEAU.

Le Président,
SADI CARNOT.

Le Secrétaire,
G. ROLLAND.

PREMIÈRE SOUS-COMMISSION.

TROISIÈME SÉANCE.
(6 JUIN 1882.)

PRÉSIDENCE DE M. SADI CARNOT.

La séance est ouverte à 9 heures et demie.

Sont présents :

MM. Sadi Carnot, *président;* de Lesseps, *vice-président;* Chatoney, Cuvinot, Daubrée, contre-amiral Duburquois, Duveyrier, Fournié, Gros, Le Gros, Lalanne, général Lévy, Molinos, colonel Perrier, Rousseau, Rolland, *secrétaire.*

MM. Roudaire et Tissot assistent à la séance.

M. Rolland informe la Sous-Commission que le procès-verbal de la dernière séance sera imprimé et distribué à l'état d'épreuves, de façon que chaque membre puisse faire ses corrections.

M. le Président. Messieurs, j'ai réuni la première Sous-Commission aujourd'hui, bien que ce ne soit pas son jour ordinaire, pour répondre à la demande de plusieurs de ses membres qui désirent assister demain à une réunion de la deuxième Sous-Commission.

La Sous-Commission voudra sans doute permettre à M. le commandant Roudaire d'assister à la présente délibération, car nous allons traiter des questions de fait sur lesquelles il pourra nous donner quelques informations ; quand ensuite la Sous-Commission discutera sur les conclusions, M. Roudaire voudra bien nous laisser délibérer seuls.

La première des deux délégations nommées à la fin de la séance précédente a terminé ses travaux et chargé M. Gros d'être son rapporteur.

La parole est à M. Gros pour la lecture d'un Rapport sur les condi-

TIONS DANS LESQUELLES POURRA ÊTRE ÉTABLIE L'ALIMENTATION DE LA MER INTÉ-
RIEURE.

M. Gros lit son rapport :

Messieurs,

La délégation de la première Sous-Commission a examiné dans ses premières séances les conditions dans lesquelles pourrait être établie l'alimentation de la mer intérieure à créer en Algérie dans la région des chotts Melrir et Rharsa situés actuellement à une altitude de — 24 mètres. Cette alimentation serait assurée par la Méditerranée, dont le niveau peut être considéré comme constant, si on le compare à celui de la mer moyenne à Gabès, et qui constitue un bassin d'une puissance illimitée. La nouvelle mer au contraire formera un réservoir d'une capacité restreinte, qui perdra chaque jour, par l'effet de l'évaporation, une quantité d'eau plus ou moins grande, suivant qu'on admettra que son degré de salure s'accroîtra sans cesse, ou qu'il restera invariable. Les deux mers seraient distantes de 227 kilomètres, et il s'agirait de les relier par un canal régulier pour remplir la mer nouvelle et lui maintenir son niveau. Le projet de M. le commandant Roudaire a donné à ce canal une largeur de 49 mètres au plafond avec talus à 45 degrés, et une profondeur de 9 mètres au-dessous de la mer moyenne. Sa section serait de 522 mètres, et son périmètre mouillé de $74^m,45$.

Examinons en premier lieu le cas où la salure de la nouvelle mer irait constamment en croissant, au fur et à mesure de son alimentation, c'est-à-dire où aucune partie des eaux concentrées par l'évaporation ne serait restituée à la Méditerranée par un contre-courant. Dans cette hypothèse, la question est simple et ne présente aucune difficulté.

La formule du mouvement permanent d'un cours d'eau dans un canal régulier à section constante établit une relation entre quatre quantités, savoir : la vitesse du courant, la section du canal, son périmètre mouillé, et la pente de l'eau à la surface. Dans cette relation, la section et le périmètre mouillé sont connus, et il s'agit de déterminer la pente et la vitesse. Or, cette vitesse doit résulter des éléments mêmes de la question, c'est-à-dire du débit que le canal doit écouler dans un temps donné, débit qui n'est autre que la quantité d'eau enlevée dans le même temps à la mer intérieure par l'évaporation, puisque pour lui conserver son niveau il faudra lui restituer à chaque instant ce qu'elle aura perdu par cette cause.

A quel chiffre convient-il d'évaluer l'évaporation? La deuxième Sous-Commission a déjà discuté cette question, mais elle n'a pas encore fixé ses idées à ce sujet, et les opinions de ses membres ont varié dans d'assez grandes limites. Quelques-uns seraient disposés à admettre une évaporation de 3 millimètres en vingt-quatre heures; d'autres, trouvant cette valeur insuffisante, en proposent une beaucoup plus forte. Si cette dernière opinion était reconnue fondée, le volume des eaux à emprunter à la Méditerranée serait si considérable, et les dimensions qu'il serait nécessaire de donner au canal projeté seraient augmentées dans une proportion si grande, qu'il équivaudrait à un grand fleuve, et presque à un bras de mer. Dans ces conditions, la dépense des travaux deviendrait probablement un obstacle insurmontable. Si au contraire l'influence attribuée à l'évaporation était estimée trop bas, la quantité d'eau reçue de la Méditerranée serait moindre que celle qui serait perdue chaque jour par cette influence, le remplissage de la nouvelle mer et le maintien de son niveau deviendraient impossibles, et on aboutirait à une ruineuse déception. On voit donc quelle importance on doit attacher à la détermination du chiffre de l'évaporation; car, si, en admettant une valeur trop grande, on court le risque de donner au canal projeté des dimensions exagérées, et d'arriver ainsi à une dépense supérieure à celle qui serait strictement nécessaire, l'adoption d'une valeur trop faible aurait des conséquences bien autrement graves, car elle conduirait inévitablement à un échec.

Quoi qu'il en soit, en présence de l'incertitude où l'on se trouve sur ce point capital, et en attendant que le chiffre réel de l'évaporation ait pu être arrêté au moins approximativement, la délégation de la première Sous-Commission a supposé qu'en tenant compte de toutes les circonstances accessoires, telles que les apports des pluies et des sources, on admettrait provisoirement l'évaporation de 3 millimètres en vingt-quatre heures, qui a servi de base aux calculs de M. le commandant Roudaire. A ce compte, la superficie de la mer intérieure devant être de 8,000 kilomètres carrés, le volume qu'il faudrait lui amener chaque jour de la Méditerranée serait de 24 millions de mètres cubes, soit de 278 mètres cubes par seconde. Tel serait le débit qui serait admis provisoirement pour l'alimentation de la mer projetée.

Ce débit étant ainsi déterminé, on en déduira la vitesse moyenne que l'eau de la Méditerranée recevra dans le canal; elle sera de $0^m,533$; et la pente correspondante, de $0^m,0134$ par kilomètre. Au point où elle déboucherait dans la mer intérieure, l'eau serait à $3^m,02$ en contre-bas du niveau de la Méditerranée, et elle se maintiendrait à ce niveau avec quelques oscillations en plus ou en moins, suivant les saisons. Pendant l'hiver, lorsqu'au volume d'eau introduit s'ajoutera celui des pluies, des affluents et des sources, le niveau s'élèvera; mais, par le fait même de cet exhaussement, la pente longitudinale du canal étant moindre, son débit sera réduit, et deviendra inférieur à la perte causée par l'évaporation, de sorte que ce niveau tendra à revenir à celui qui vient d'être calculé. Au contraire, pendant la saison sèche, où l'évaporation surpassera celle qui aura été admise, la perte qui en résultera étant plus grande que le débit normal, la pente du canal sera augmentée, et le débit tendra de nouveau à s'accroître. D'où il résulte qu'en définitive la mer intérieure se maintiendra à 3^m,02 en contre-bas de la Méditerranée, en variant dans des limites restreintes au-dessus ou au-dessous de ce niveau.

Ceci suppose, comme on l'a indiqué plus haut, que la salure de la nouvelle mer s'accroîtrait constamment, et que conséquemment, après une durée plus ou moins longue, elle serait comblée par un immense dépôt de sel. Son niveau étant inférieur de 3^m,02 à celui de la Méditerranée, sa profondeur ne serait que de 21 mètres, au lieu de celle de 24 mètres qui marque aujourd'hui l'altitude négative des chotts. De plus, lorsque les dépôts auraient un peu dépassé le fond du canal, son alimentation devenant de plus en plus insuffisante, ce niveau s'abaisserait dans la même proportion. En réalité, la profondeur dont on pourrait disposer pour recevoir ces dépôts qui s'exhausseraient d'une manière incessante ne serait guère que d'une quinzaine de mètres, de sorte que la durée de la mer intérieure serait moins longue qu'on ne serait tenté de le croire au premier abord. Dans tous les cas, ce qu'il importe de prévoir comme devant se réaliser infailliblement, c'est qu'à une époque plus ou moins lointaine, la nouvelle mer ayant cessé d'exister, on aurait, à cette époque, reconstitué les chotts Melrir et Rharsa à une quinzaine de mètres au-dessus de leur niveau actuel, et sur une beaucoup plus vaste étendue.

On a pensé qu'on pourrait prévenir un pareil résultat en restituant à la Méditerranée, par un contre-courant, au fur et à mesure de leur formation, les eaux amenées par l'effet de l'évaporation à un degré déterminé de salure. Ce contre-courant s'établirait, soit dans le canal d'alimentation, soit dans un canal distinct. L'ouverture d'un second canal augmenterait dans une proportion considérable les difficultés et la dépense de l'entreprise; aussi on a admis que la marche des eaux provenant de la Méditerranée, et celle des eaux sursalées qui y retourneraient, s'opéreraient au moyen d'un canal unique, dans lequel circuleraient deux courants superposés et de sens contraire, l'un, supérieur, qui porterait à la nouvelle mer les eaux nécessaires à son alimentation, et l'autre, inférieur, qui ramènerait à la Méditerranée les eaux concentrées par l'évaporation.

Le degré de salure qui aura été adopté devant rester constant, pour assurer la permanence du régime, les vitesses de chacun des deux courants seront nécessairement égales. Comme on doit admettre qu'elles s'atténueront mutuellement, si l'on voulait tenir compte de cette atténuation, il faudrait augmenter les sections correspondantes; mais on a négligé cette influence, qui, en réalité, si elle pouvait être connue, se traduirait par des dimensions plus grandes du canal, c'est-à-dire par un accroissement de la dépense. D'autre part, en raison de l'égalité des vitesses, les sections devront être proportionnelles à leurs débits. Enfin, on supposera que le fond du canal sera dressé horizontalement sur toute son étendue. Pour favoriser la marche du courant inférieur, mieux vaudrait qu'il reçût une pente dirigée vers Gabès; mais, dans ce cas, il faudrait lui donner en ce point une profondeur si grande qu'on a cru devoir y renoncer.

On a supposé d'abord que la salure de la nouvelle mer serait maintenue au double de celle de la Méditerranée, de sorte que le volume d'eau qui en proviendra sera double de celui de l'eau sursalée qui lui sera rendue par un contre-courant. Or, on a établi ci-dessus que, pour restituer à la mer intérieure ce qu'une évaporation évaluée provisoirement à 3 millimètres en vingt-quatre heures lui enlèverait d'une manière continue, il serait nécessaire d'y introduire par seconde un débit de 278 mètres cubes; il en résulte que, pour lui maintenir un degré de salure double de celui de l'eau de mer, on devra porter ce débit à 417 mètres cubes, et celui de l'eau sursalée, qui retournera à la Méditerranée, à la moitié de ce nombre, c'est-à-dire, à 208^{mc},50.

Dans ces conditions, avec un canal qui aurait à la ligne d'eau la largeur de 67 mètres que lui a donnée M. le commandant Roudaire, la section totale serait de 783 mètres carrés; la vitesse des deux courants, abstraction faite de l'atténuation qui résulterait de leur direction en sens contraire, s'élèverait à 0^m,797, et la pente par kilomètre à 0^m,030. La mer intérieure se trouverait donc à 6^m,80 en contre-bas de la Méditerranée. Quant à la profondeur du canal, elle serait de 21^m,89 à son entrée du côté de Gabès, et de 15^m,09 à son autre extrémité. Avec des profondeurs aussi grandes résultant de la largeur qui a été proposée par l'auteur du projet, l'exécution du canal ne serait pas possible, et il serait nécessaire d'augmenter beaucoup cette largeur.

Pour rester dans des dimensions susceptibles de se prêter à une réalisation, et diminuer la profondeur en se rapprochant de celle de 9 mètres admise par M. le commandant Roudaire, c'est jusqu'à 200 mètres à la ligne d'eau qu'il faudrait porter la largeur du canal. Dans ce cas, la section totale serait de 1,746 mètres carrés; la vitesse de 0^m,358, et la pente par kilomètre de 0^m,0074. Il en résulterait pour la mer intérieure un niveau inférieur de 1^m,75 à celui de la Méditerranée. Enfin, le canal aurait une profondeur de 9^m,15 à son entrée dans la nouvelle mer, et de 10^m,90 à son origine du côté de Gabès.

Tels sont les résultats auxquels on est conduit dans l'hypothèse d'un contre-courant et avec une salure constante, double de celle de l'eau de mer.

Si l'on supposait que la salure de la mer intérieure fût portée au triple de celle de la Méditerranée, le volume d'eau amené de Gabès dans un temps donné devrait être aussi trois fois plus grand que celui de l'eau sursalée qui y retournerait dans le même temps. Dans cette hypothèse, le débit des eaux introduites dans la nouvelle mer serait de 371 mètres cubes, et celui des eaux de retour de 123^{mc},67, ou en nombre rond de 124 mètres cubes.

Avec ces débits et une largeur de canal égale à celle du projet, c'est-à-dire de

6,7 mètres au niveau de la ligne d'eau, la mer intérieure ne pourrait être remplie que jusqu'à 5^m,40 en contre-bas de la Méditerranée, et la profondeur du canal, qui serait de près de 13 mètres à son extrémité inférieure, surpasserait 18 mètres à son entrée vers Gabès.

Enfin, en donnant au canal une largeur de 150 mètres à la ligne d'eau, et en restant dans l'hypothèse d'une salure triple, la différence du niveau entre la Méditerranée et la mer intérieure serait évaluée à 2 mètres. En même temps, la profondeur du canal, qui ne dépasserait pas 11 mètres à son origine près de Gabès, resterait fixée à peu près à 9 mètres vers son autre extrémité.

RÉSUMÉ.

Les résultats qui ont été exposés ci-dessus peuvent se résumer ainsi qu'il suit :

1° Si l'on admet que la salure de la nouvelle mer ira constamment en croissant, et que les eaux concentrées par l'évaporation y resteront, on pourra assurer dans des conditions suffisantes son remplissage et le maintien de son niveau par le canal projeté, à la condition de lui donner 90 à 100 mètres de largeur à la ligne d'eau. Mais dans ce cas on devra prévoir que, dans un avenir plus ou moins éloigné, la mer intérieure aura cessé d'exister, et qu'à ce moment les chotts Melrir et Rharsa auront été reconstitués à une plus grande hauteur et sur une beaucoup plus vaste étendue.

2° Si l'on suppose au contraire que la salure de la nouvelle mer restera constante, c'est-à-dire que les eaux arrivées à un degré déterminé de salure feront retour à la Méditerranée par un contre-courant dans un canal commun aux eaux d'alimentation, il faudra, pour éviter de donner au canal des profondeurs irréalisables, porter sa largeur à 200 mètres au moins dans le cas d'une salure double, et à 150 mètres au moins dans celui d'une salure triple.

Il importe d'ailleurs de ne pas perdre de vue que ces résultats qui, bien entendu, ne doivent être considérés que comme des approximations, ont été établis dans l'hypothèse du chiffre de 3 millimètres qui a été admis provisoirement pour la mesure de l'évaporation moyenne en vingt-quatre heures. Si l'on reconnaissait nécessaire d'adopter un chiffre différent, les calculs qui précèdent devraient être modifiés plus ou moins.

Paris, 31 mai 1882.

GROS.

M. Duveyrier. Je n'assistais pas à la dernière séance de la Sous-Commission, et je voudrais savoir si l'on a tenu compte de l'évaporation énorme qui se produit en été au Sahara.

M. LE PRÉSIDENT. D'après le rapport de M. Gros, la délégation a admis une évaporation moyenne de 3 millimètres en vingt-quatre heures.

M. GROS. C'est le chiffre admis provisoirement par la deuxième Sous-Commission.

M. DUVEYRIER. Je pourrais vous donner de mémoire les résultats extrêmes des observations de ce genre que j'ai faites. J'ai trouvé dans le Sahara, en été, entre les indications du thermomètre sec et du thermomètre mouillé, des différences de 17 à 20 degrés, et même davantage. C'est énorme; car, en 1843, M. de Humboldt écrivait dans le *Cosmos* que le maximum de sécheresse de l'air, d'après des observations faites dans la steppe de Platowskaïa, en Sibérie, avait donné un chiffre que je me rappelle être inférieur à celui que je viens de citer.

M. LE COMMANDANT ROUDAIRE. Lorsque la seconde Sous-Commission s'est occupé de l'évaporation, elle a adopté une base provisoire, d'après laquelle il était convenu que l'on ferait les calculs. Elle a admis une évaporation de 3 millimètres par jour, mais on devait en défalquer une hauteur d'eau évaluée à 20 centimètres par an et qui représentait la quantité de pluie tombant annuellement sur les chotts, ce qui réduisait à $2^{mm},4$ par jour le chiffre provisoire de l'eau à restituer.

M. DE LESSEPS. Le chiffre de 3 millimètres d'évaporation par vingt-quatre heures a été adopté à la suite d'une discussion à laquelle assistait M. Lavalley, et d'après l'expérience du remplissage des lacs Amers.

M. GROS. M. Lavalley a dit : entre 3 et 4 millimètres.

M. LE COMMANDANT ROUDAIRE. Même en prenant le chiffre de 4 millimètres, vous aurez à en déduire la pluie. A Biskra, la quantité de pluie tombant pendant un an est en moyenne de 27 centimètres. De plus, il faut observer que, quand il pleut, non seulement l'eau du ciel tombe directement dans les chotts, mais qu'elle y arrive encore après avoir coulé sur les terrains environnants; les rivières de cette région ont un régime torrentiel, et une très grande quantité d'eau va aux chotts par les ravins, qui sont habituellement à sec, mais qui coulent au moment des pluies.

En conséquence, on devrait au moins doubler le chiffre observé pour la pluie tombée directement du ciel; on arriverait ainsi à un total de 54 centimètres par an, qui, défalqué de l'évaporation, réduirait celle-ci à moins de 3 millimètres par jour.

M. LE COLONEL PERRIER. Je voudrais savoir s'il existe en France un météorologiste ou un physicien qui puisse donner, d'une façon positive, un chiffre de l'évaporation annuelle.

M. LE GÉNÉRAL LÉVY. Dans un mémoire présenté en 1855, un ingénieur des ponts et chaussées, M. Vallès, constatait que l'évaporation, dans certains étangs du sud de la Provence, était de 1^m,90 par an.

M. DE LESSEPS. On crée, dans ces étangs, des conditions favorables à la production du sel, c'est-à-dire à l'évaporation.

M. GROS. Cette question de l'évaporation est actuellement discutée par la deuxième Sous-Commission, dont elle relève exclusivement.

M. LE PRÉSIDENT. C'est précisément l'observation que j'allais faire.

Il me semble nécessaire que nous admettions une base, et que nous adoptions avec M. Gros la base qui a été indiquée provisoirement par la deuxième Sous-Commission. D'ailleurs, les résultats ne peuvent être beaucoup changés; que ce soit dans cinq, six ou sept siècles que se fasse le comblement de la mer intérieure, cela ne modifiera pas beaucoup nos conclusions.

M. GROS. J'ai fait part à la deuxième Sous-Commission des renseignements que j'avais recueillis sur la mer Morte, qui est une mer à peu près dans le genre de celle qu'il s'agit de créer en Algérie. Il s'y produit des crues qui vont jusqu'à 4 et 5 mètres; et ces crues, naturellement, ne disparaissent que par l'évaporation, puisque la mer Morte est située à plus de 400 mètres au-dessous du niveau de la Méditerranée.

M. LE COMMANDANT ROUDAIRE. L'évaporation de l'eau salée n'est égale qu'aux $\frac{12}{100}$ de celle de l'eau douce.

M. Angot, qui a présenté à l'Académie des sciences des objections contre mon projet, a cité des observations faites à Biskra pendant cinq ans, d'après lesquelles l'évaporation y serait de 6 millimètres par an en moyenne. On a fait ces observations à l'aide de l'évaporomètre Piche, et par conséquent on a opéré sur de l'eau douce, puisque cet appareil ne peut fonctionner avec de l'eau salée. En réduisant à la proportion voulue pour l'eau salée ce chiffre de 6 millimètres, on arrive à 4 millimètres. Ce chiffre de 4 millimètres doit être lui-même réduit à 3 millimètres environ, car les expériences citées par M. Angot ont été faites sur de petites surfaces avec une hauteur d'eau très faible, tandis que la mer intérieure aurait une surface très grande avec une profondeur d'eau considérable.

M. Gros. M. Rolland nous a communiqué des observations qu'il a faites précisément dans la région des chotts, et dont les résultats sont fort importants. Il a constaté une évaporation moyenne de 8 à 10 millimètres par vingt-quatre heures, et a vu l'évaporation s'élever au delà de 25 millimètres.

M. Rolland. Je suis le premier à convenir que les observations faites, comme les miennes, en petit, à l'aide de l'évaporomètre Piche, ne sauraient donner une idée de l'évaporation qui se produirait en grand à la surface de la mer intérieure. Je ferai seulement remarquer combien, toutes choses égales d'ailleurs, certains vents forts et secs, tels qu'il en souffle au Sahara, activent l'évaporation, qui peut alors être plus que triple de l'évaporation moyenne.

M. le Président. Les chiffres qui sont indiqués de différents côtés paraissent généralement osciller autour de celui de 3 millimètres, comme l'a indiqué la deuxième Sous-Commission, et comme M. Roudaire vient de le montrer lui-même pour Biskra. Le chiffre de l'évaporation étant de 6 pour l'eau douce à Biskra, il doit être de 4 pour l'eau salée, et, par conséquent, pour une étendue aussi considérable que la mer intérieure, de 3 millimètres environ.

Si la Sous-Commission le juge convenable, nous partirons de cette donnée pour continuer nos délibérations, puisque nous ne pouvons nous arrêter en ce moment qu'à un chiffre provisoire. (Assentiment.)

Si M. Roudaire veut bien faire ses objections contre le rapport de M. Gros, je lui donnerai la parole.

M. le commandant Roudaire. Je demande la permission de lire une Note sur le rapport de M. Gros.

M. Roudaire lit sa note :

Je ferai remarquer d'abord que la deuxième Sous-Commission a bien admis provisoirement que l'évaporation journalière pouvait être évaluée à 3 millimètres, mais qu'il y aurait lieu d'en déduire 20 centimètres de pluie par an, chiffre qui est loin d'être exagéré, puisque les observations faites à Biskra pendant plusieurs années donnent une moyenne de 27 à 28 centimètres. En partant de ces données, on ne trouverait plus qu'une pente de $8^m,9$ par kilomètre pour le canal de Mouïat-Sultan, ce qui produirait dans la mer intérieure une dénivellation de 2 mètres au-dessous de la marée moyenne de la Méditerranée.

En calculant sur 3 millimètres par jour, sans tenir compte des pluies, et en appliquant la formule de Bazin pour les canaux à parois en terre, on trouve en effet une pente de $0^m,01332$ par kilomètre, ce qui donnerait une dénivellation de $3^m,025$. Mais il faut remarquer que cette dénivellation se rapporte à la mer moyenne du golfe de Gabès; or, comme la profondeur moyenne de 24 mètres des bassins inondables est rapportée au niveau de la mer basse, il s'ensuit que la profondeur de la mer intérieure ne serait pas de $20^m,86$, comme M. Gros le dit dans son rapport, mais de $21^m,86$, ou, d'après mes calculs, de $21^m,98$.

M. Gros. Il ne faut pas prendre le maximum de hauteur, mais la hauteur moyenne de la mer intérieure. Cette mer s'étendra sur une étendue immense avec des profondeurs de 2 et 3 mètres, et moins encore.

M. le commandant Roudaire. D'après mes nivellements, la profondeur moyenne au-dessous de la couche zéro sera de 24 mètres, et, avec la dénivellation indiquée par M. Gros, la hauteur moyenne des eaux sera de plus de 21 mètres.

M. le colonel Perrier. Existe-t-il un profil de la mer intérieure dans le chott Melrir? Je n'en ai pas vu. Il y en a bien un petit qui se rapporte à la partie nord du chott Melrir, du côté de la farfaria, mais il nous faudrait, pour avoir la profondeur moyenne de la mer, un profil au travers de tout le chott Melrir.

M. le commandant Roudaire. Plusieurs profils arrivent dans le chott, tout près des bords, à des profondeurs supérieures à 28 mètres. Or, la surface des chotts étant complètement aplanie, comme M. le colonel Perrier a pu s'en rendre compte lorsqu'il est allé à Biskra, il n'y avait aucun intérêt à prolonger les profils d'un bord à l'autre.

M. le colonel Perrier. Il n'y a pas 7,000 kilomètres de surface inondable. Il ne faut pas compter, au nord, les surfaces de la farfaria, car de ce côté la pente est extrêmement faible et presque insensible, variant depuis $0^m,50$ jusqu'à 2 et 3 mètres seulement par kilomètre. De plus, le périmètre du chott Rharsa n'est pas déterminé.

Quand M. Gros parle de 8,000 kilomètres de superficie inondable, il est en contradiction avec les conclusions de mon rapport, adoptées par la Sous-Commission, lesquelles fixent la surface submersible à 6 ou 7,000 kilomètres.

M. le commandant Roudaire. Il y aurait une quantité correspondante d'eau à défalquer de l'évaporation à la surface de la mer, et par suite, du débit du canal d'alimentation.

Je continue :

Le rapport ajoute que la mer intérieure serait, dans ces conditions, condamnée à voir son degré de salure augmenter progressivement, puis à être comblée dans un avenir plus ou moins éloigné par les dépôts salins qui commenceraient à se former à partir du moment où elle serait saturée.

« En réalité, dit-il, on ne pourrait disposer pour les dépôts qui se formeraient
« d'une manière incessante que d'une profondeur d'une quinzaine de mètres, de sorte
« que la durée de la mer intérieure serait moins longue qu'on ne serait tenté de le
« croire au premier abord. »

Cherchons quelle serait cette durée *en partant des données mêmes du rapport*. L'eau de la Méditerranée ne contenant que 3,7 p. o/o de sel marin et pouvant en dissoudre 35 p. o/o, une couche d'eau de $21^m,98$ ne serait saturée qu'au bout de $\frac{3,7}{35} \times 21^m,98 = 209$ ans. A partir de ce moment, il se formerait un dépôt de 0,0197 par an, et les 15 mètres dont on dispose seraient comblés en $\frac{15}{0,0197} = 761$ ans. La durée de la mer intérieure serait donc de $209 + 761 = 970$ ans. Or 970 ans pour une entreprise humaine, n'est-ce pas l'équivalent de l'éternité? N'est-il pas évident d'ailleurs que les générations futures disposeront de moyens d'action d'une puissance telle qu'il leur sera facile de porter la section du canal aux dimensions nécessaires pour assurer le maintien indéfini de la mer intérieure?

Il faut remarquer que dans les calculs précédents il n'a été tenu compte ni des eaux ramenées dans la mer intérieure par les torrents et les rivières, ni de l'augmentation des pluies résultant des modifications du climat, ni enfin du ralentissement que subirait l'évaporation au fur et à mesure que la salure augmenterait. Ce ralentissement doit être considérable, puisque l'évaporation qui se produit à la surface de l'eau de mer, laquelle ne contient que 3,7 p. o/o de sel, n'est que les $\frac{93}{100}$ de celle qui se produit à la surface de l'eau douce.

Il ressort des considérations dans lesquelles je viens d'entrer qu'il est complètement superflu de se préoccuper de la section qu'il conviendrait de donner au canal pour éviter les dépôts salins.

Je ferai remarquer enfin qu'une dénivellation de 3 mètres entre le golfe de Gabès et la mer intérieure ne présente aucun inconvénient, une profondeur moyenne de $21^m,98$ étant, à tous les points de vue, équivalente à une profondeur moyenne de 25 mètres. Je dirai même qu'il y aurait avantage. En effet, l'oasis de Mracir n'est guère qu'à 2 ou 3 mètres au-dessous du niveau de la mer et se trouverait ainsi entièrement préservée.

RÉSUMÉ.

1° En admettant que la salure de la nouvelle mer aille constamment en croissant, la mer intérieure aurait, en faisant les hypothèses les plus défavorables, une existence assurée de plus de mille ans.

2° Cet avenir assuré de mille ans d'existence, lesquels, pour une entreprise humaine, équivalent, je le répète, à l'éternité, rend complètement superflus tous les calculs auxquels on pourrait se livrer sur la section à donner au canal pour maintenir les eaux de la mer intérieure à un degré de salure déterminé. Je répéterai encore que les générations futures, avec les moyens puissants dont elles disposeront, ne seront pas embarrassées pour agrandir le canal de manière à assurer le maintien indéfini de la mer que nous aurons créée.

3° En adoptant pour l'évaporation un chiffre supérieur ou inférieur à 3 millimètres, les conclusions que nous venons de poser ne seraient pas modifiées d'une manière appréciable. Il n'en résulterait qu'une augmentation ou une diminution de la dénivellation qui se produirait entre le golfe de Gabès et la mer intérieure, et il importe peu que cette dernière, au lieu d'avoir 22 mètres de profondeur moyenne, en ait 21 ou 23 mètres.

E. ROUDAIRE.

M. LE COMMANDANT ROUDAIRE. Je demanderai maintenant à lire une seconde, NOTE SUR UN NOUVEAU TRACÉ DU CANAL PAR LE SEUIL DE KRIZ.

M. Roudaire lit sa note :

Les critiques qu'a soulevées le drainage de la partie centrale du chott Djerid, une étude plus approfondie de la question m'ont amené à soumettre à la Commission un nouveau tracé du canal destiné à relier le bassin des chotts à la Méditerranée. Dans mon projet primitif, le chenal traversait la partie centrale du chott Djerid et se retournait ensuite à angle droit pour franchir le col de Mouïat-Sultan. Le nouveau tracé que je propose va directement, en suivant une ligne très sensiblement droite, du golfe de Gabès au chott Rharsa en passant par le seuil de Kriz. La longueur du tracé se trouve ainsi réduite de 224 à 173 kilomètres.

J'ai également modifié la section du canal, en portant la profondeur à $12^m,50$ au-dessous de la marée moyenne et en réduisant la largeur au plafond à 25 mètres. En partant des données *provisoirement* admises par la deuxième Sous-Commission, c'est-à-dire 3 millimètres d'évaporation par jour, dont il faut déduire 20 centimètres de pluie par an, on reconnaît que la pente du courant destiné à contre-balancer l'évaporation serait de 1 centimètre par kilomètre, et que par suite le niveau de la mer intérieure ne se trouverait qu'à $1^m,73$ au-dessous du niveau moyen de la Méditerranée.

Les avantages du nouveau tracé sont les suivants :

1° Le trajet serait plus direct et plus facile. Il en résulterait par conséquent une réduction notable du temps nécessaire aux navires pour aller des ports de la mer intérieure au golfe de Gabès ;

2° Toutes les objections fondées sur les difficultés qu'il y aurait à franchir la partie centrale vaseuse du chott Djerid et sur les inconvénients qui pourraient résulter du drainage de ce chott se trouvent ainsi levées ;

3° Le parcours étant moins grand, on pourra donner une pente plus forte aux tranchées destinées à être agrandies par les eaux. On aura la latitude de faire varier cette pente entre 5 et 20 centimètres par kilomètre. On obtiendra ainsi dès le début des vitesses de 50 à 80 centimètres par seconde, avec lesquelles la réussite est certaine.

En adoptant l'ancien tracé, j'avais principalement en vue de drainer le chott Djerid, opération qui me paraissait réunir plusieurs avantages. Mais en face des objections que cette idée a soulevées, il vaut mieux réserver la question. Il sera toujours temps plus tard, si tout le monde tombe d'accord à ce sujet, de faire ce drainage en reliant par un embranchement la partie centrale du chott Djerid au canal de Kriz. On obtiendra le même résultat tout en conservant le bénéfice du trajet plus court pour aller du golfe de Gabès à la mer intérieure.

La totalité des déblais s'élèverait à 340 millions de mètres cubes, mais sur ce volume il n'y aura que 60 millions à exécuter de main d'homme. Le surplus sera entraîné par le courant jusqu'au fond de la dépression du chott Rharsa.

Le seuil de Kriz appartient au terrain crétacé (sénonien supérieur); on aura par conséquent un cube assez important de calcaire à déplacer. Mais on peut considérer cette circonstance comme avantageuse. En effet, la pierre manque absolument sur tout le littoral du chott Melrir. Pour les constructions qui s'élèveront plus tard sur les bords de la nouvelle mer, il faudrait aller en chercher à grands frais dans l'Aurès. En ouvrant la tranchée de Kriz, on exploitera du même coup une carrière placée dans une situation très avantageuse, puisque les matériaux extraits pourront être ensuite transportés par voie d'eau, c'est-à-dire aussi économiquement que possible, sur un point quelconque du rivage.

Les frais seront relativement peu considérables et couverts en grande partie par la valeur des matériaux extraits. Il n'y aura en effet qu'à faire sauter le rocher avec la dynamite, puis à l'aide de la pente à faire descendre, sans aucune dépense de force motrice, les déblais utilisables sur les bords du chott Rharsa, les autres jusqu'au fond de la dépression.

E. ROUDAIRE.

M. LE PRÉSIDENT. Êtes-vous certain de la nature du sol, le long de votre nouveau tracé?

M. LE COMMANDANT ROUDAIRE. Parfaitement, Monsieur le Président. Des sondages ont été faits tout le long du chott Fejej. Le sol est assez consistant pour permettre de construire le canal.

M. FOURNIÉ. Il n'y a pas un seul sondage dans le seuil de Kriz; là, c'est l'inconnu.

M. LE COMMANDANT ROUDAIRE. A Kriz il y a des calcaires qui pourront être utilisés comme matériaux de construction.

M. FOURNIÉ. Vous ne savez pas si vous aurez une quantité notable de calcaire utilisable; la Champagne est toute en calcaire, et l'on n'en peut tirer aucun parti.

M. GROS. Quelle est la hauteur du seuil de Kriz?

M. LE COMMANDANT ROUDAIRE. 90 mètres. M. Tissot croit que ces calcaires seront utilisables.

M. TISSOT. A moins que les calcaires de Tunisie ne soient tout autres que ceux de la province de Constantine, ce qui n'est pas probable.

M. DUVEYRIER. Les constructions de Nefta et de Tozeur sont faites avec ces calcaires; je pourrais citer notamment le palais du bey à Tozeur.

M. le Président. La tranchée serait faite alors dans un seuil de 90 mètres?

M. le commandant Roudaire. Oui, Monsieur le Président; mais, par suite de la présence des calcaires, on pourrait faire des talus beaucoup plus raides.

M. Gros. Ces 90 mètres comprennent-ils la hauteur du canal?

M. le commandant Roudaire. Non.

M. Gros. Cela ferait alors 115 ou 120 mètres.

M. le commandant Roudaire. Cela ferait 102 ou 103 mètres; on a la même hauteur à l'isthme de Panama.

M. de Lesseps. M. Gros considère-t-il la pente comme absolument nécessaire? Nous n'en avons pas dans le canal de Suez.

M. Gros. Il ne sera pas possible d'alimenter la mer intérieure s'il n'y a pas de pente.

M. de Lesseps. Lorsque j'ai commencé les travaux du canal de Suez, on affirmait que je ne remplirais jamais les lacs Amers; d'après des calculs très savants, on établissait que le remplissage était impossible, parce que, au fur et à mesure que l'eau serait poussée dans le canal, l'évaporation qui se produirait en enlèverait une partie. Cependant, je l'ai fait sans obstacle, d'après les calculs de M. Lavalley et de nos ingénieurs.

Je ne crois donc pas la pente nécessaire. D'ailleurs, aucun ingénieur ni personne ne connaît la poussée de la mer. Je crois, quant à moi, que, lorsque la marée arrive à Suez, elle s'avance jusqu'aux lacs Amers. J'ai mis un maréographe à l'entrée du canal; je n'ai rien remarqué à la surface, mais il se produit dans les couches inférieures un mouvement considérable : la marée arrive, et rien ne peut y faire obstacle.

Je ne crois pas, je le répète, la pente nécessaire. Je tiens à faire constater mon opinion, qui n'est pas celle d'un savant, mais d'un homme d'expérience.

M. le commandant Roudaire. Jusqu'au 15 août, le remplissage s'est fait, non par la mer Rouge, mais par la Méditerranée. Il n'y avait pas du tout de pente; on avait établi un déversoir qui réglait l'introduction des eaux. C'était un canal horizontal, et cependant on aurait obtenu des vitesses atteignant jusqu'à 1 mètre ou 1^m,50 si l'on avait laissé tout le déversoir ouvert.

M. Cuvinot. Il y a cependant une chose que nous ne pouvons pas admettre, c'est qu'il ne soit pas nécessaire d'avoir une pente de superficie.

M. le Président. L'observation de M. Roudaire s'appliquait probablement au fond du canal; car, en effet, il faut bien admettre, entre les surfaces des deux mers, une différence de niveau.

M. le commandant Roudaire. J'ai calculé cette différence. On aurait à la surface une pente d'un centimètre par kilomètre, ce qui ferait exactement, pour les $172^k,800$, $1^m,73$ de dénivellation.

M. le Président. Lorsque la Sous-Commission s'occupera des moyens d'exécution, elle devra tenir compte de la modification que M. le commandant Roudaire vient d'introduire dans son tracé. Le système précédent, qui consistait à drainer le chott Djérid dans le chott Rharsa, et à employer des procédés particuliers, semble abandonné. Il ne s'agit plus, avec le nouveau, que de procédés beaucoup plus ordinaires, puisqu'on se trouve d'un bout à l'autre dans un terrain solide.

M. Gros. On manque absolument de données; on fait un canal dans un terrain qu'on ne connaît pas. Il faudrait au moins avoir un profil en long du canal.

M. le commandant Roudaire. Le nivellement du seuil de Kriz a été fait géométriquement, et le relief extérieur du sol y est parfaitement connu. Quant à la nature du terrain, elle est également connue. Dans mon rapport de 1881, vous trouverez la liste des fossiles qu'on a recueillis, ils sont au nombre de 25 ou 30 et caractérisent de la façon la plus nette le sénonien supérieur.

M. le Président. Est-ce que des sondages ont été faits dans le voisinage de ce nouveau tracé?

M. Fournié. Il a été fait une suite de sondages qu'on peut considérer comme donnant une idée du fond entre l'isthme de Gabès et celui de Kriz; mais, au seuil de Kriz même, il n'y a aucun sondage.

M. Molinos. Je demande la permission de présenter, au sujet du rapport de M. Gros, une courte observation qui pourra peut-être aider à la marche de nos travaux. Je suis absolument d'accord sur les conclusions de ce rapport, mais je désire faire remarquer que, si l'on reste dans l'idée d'un canal à deux courants, les sections indiquées par M. Gros sont des *minima*, et qu'il règne une incertitude évidente sur les augmentations qu'il faudrait faire subir à ces sections pour obtenir un canal à deux courants. J'ai une très grande peine à croire qu'il soit possible, sur une telle longueur, d'obtenir un double courant.

M. Gros a calculé les deux sections en les considérant, pour ainsi dire, comme appartenant à deux canaux superposés. Quand on considère un canal unique, la vitesse moyenne va en diminuant depuis V jusqu'à 0^m,80 de V. Mais on ne peut pas considérer le régime de deux vitesses en sens contraire autrement qu'en supposant la vitesse de la surface du canal diminuant graduellement en profondeur et arrivant à être nulle, puis une zone de remous, ensuite une couche d'eau probablement tranquille, enfin une vitesse changeant de sens suivant une courbe dont les ordonnées se réduisent vers le périmètre mouillé.

On voit donc que, pour obtenir le même débit, il faut avoir des sections beaucoup plus grandes avec ce régime, puisque la vitesse varie de V jusqu'à O, au lieu de varier de V jusqu'à 0^m,80 V, et qu'il reste l'incertitude de cette zone de remous qui, suivant moi, est fonction de la longueur du canal.

On a comparé le canal à un détroit; dans un détroit, la largeur et la profondeur sont toujours considérables par rapport à la longueur.

Les sections indiquées par M. Gros sont, je le répète, des minima ; je considère comme certain qu'on n'obtiendrait pas les deux courants avec ces sections.

Si, laissant pour un moment de côté cette question assez controversable, nous prenons le projet de M. Roudaire, et examinons où il conduit d'après les bases que l'auteur a lui-même posées, j'avoue que, quelle que soit ma sympathie pour ce projet, je suis effrayé du chiffre de dépenses auquel on arrive. Pour avancer dans cette discussion et aboutir à des conclusions raisonnées, il nous faut un profil élémentaire qui nous permette de connaître le cube des déblais. Le projet suppose des talus à 45 degrés, mais dans des terrains comme ceux qu'on a décrits, cette pente est bien raide, et je ne sais si nous pourrions l'admettre. J'évalue, quant à moi, que les déblais s'élèveraient approximativement à 550 millions de mètres cubes.

Nous devrions nous mettre d'accord sur ces différents points, car, si nous rencontrions immédiatement de trop grosses difficultés, cela nous éviterait d'épiloguer sur des détails dont l'importance deviendrait secondaire.

M. LE PRÉSIDENT. M. Molinos devance un peu la marche de nos travaux. Jusqu'à présent je les avais dirigés de façon que la Sous-Commission se prononçât sur des principes et admît certaines bases. Une fois ces bases admises, elle abordera l'examen des procédés d'exécution. C'est pourquoi j'avais demandé à la délégation que nous avons nommée, et dont M. Gros a été le rapporteur, de décider si l'on pouvait admettre un contre-courant et de calculer, suivant que ce contre-courant serait admis ou non, les dimensions à donner au canal pour assurer l'alimentation de la mer intérieure ; puis, partant de ces données, nous devrons examiner les moyens d'exécution et la dépense.

Ainsi je voudrais que la Commission se prononçât d'abord sur ce premier point : Est-il admissible qu'on puisse compter sur un contre-courant entre les deux mers ? et quelles dimensions faudrait-il donner au canal dans l'hypothèse d'un contre-courant ? ou bien, au contraire, doit-on écarter d'une manière absolue l'idée d'un contre-courant ? et quelles sont alors les dimensions de canal qu'il faudrait admettre pour un courant unique ?

Voilà les points sur lesquels la délibération doit porter aujourd'hui. Quand ils seront arrêtés, nous aborderons l'examen de la question technique.

M. Tissot. J'ai l'honneur de présenter à la Sous-Commission une Note sur le contre-courant et la sursalure de la mer intérieure.

La connaissance du régime de la mer Caspienne, qui a été étudié en détail par M. de Baër, peut jeter un grand jour sur ce qui se passerait dans la mer intérieure.

On trouvera dans l'ouvrage de M. E. Reclus des détails sur le profil et les divisions naturelles du bassin en lagune septentrionale, bassin moyen et bassin méridional.

Entre la lagune septentrionale, où la salure est de 15 à 16 dix-millièmes, et les régions centrales, où la salure est de 9 millièmes, le rapport des salures est celui de 1 à 6.

Entre les régions centrales et les bords orientaux peu profonds auxquels sont accolées de nombreuses salines, le rapport des salures est analogue.

Entre le bassin moyen et le bassin méridional, il y a aussi une différence de salure notable et persistante, malgré une large communication à travers un seuil de 120 kilomètres de longueur, mais de plus de 200 mètres de profondeur.

Ces faits témoignent de la difficulté que les contre-courants de fond, destinés à maintenir l'homogénéité de salure, ont en général à se produire d'une manière suffisamment efficace. Ils prouvent en outre que quand les distances horizontales atteignent 50 ou 100 kilomètres, ces contre-courants deviennent absolument insuffisants, si les profondeurs ne dépassent pas 16 mètres, comme dans la grande lagune septentrionale, ou même 20 mètres à 25 mètres comme dans les bas-fonds du littoral est du bassin moyen.

Sur le bord oriental de la mer Caspienne, et accolé à son bassin moyen, se trouve un bassin d'évaporation séparé, le Karaboghaz, ou gouffre noir, dont le régime paraît, encore plus que celui de l'ensemble de la mer Caspienne, capable de jeter du jour sur les questions de contre-courant.

Ce bassin, d'une superficie au moins double de celle qu'aurait la mer intérieure, a une profondeur de 4 à 12 mètres. Son eau est presque saturée de sel. Il est relié à la mer Caspienne par un chenal, dont la largeur varie de 150 à 800 mètres et dont la profondeur minimum, au seuil du Karaboghaz, est de $1^m,65$. Sa longueur est de 6 kilomètres seulement.

On s'est assuré, d'une façon certaine, que le chenal du Karaboghaz ne présentait aucun contre-courant et qu'il s'y produisait constamment un courant venant de la mer Caspienne et enlevant à cette dernière, en moyenne, au moins 350,000 tonnes de sel par vingt-quatre heures.

Le canal de la mer Saharienne aura, il est vrai, une profondeur six fois plus grande, mais il aura une longueur trente fois plus grande; de sorte que le contre-courant de fond s'y produira au moins aussi difficilement que dans le chenal du Karaboghaz. On sera encore confirmé dans cette dernière conclusion, si l'on remarque que les eaux presque saturées du Karaboghaz seraient éminemment propres, par leur excès de densité, à donner naissance à une charge capable d'engendrer le contre-courant.

D'après les faits précis observés dans la mer Caspienne, on doit donc penser qu'un contre-courant d'évacuation pour l'eau sursalée ne saurait se produire dans le canal de M. Roudaire avec la profondeur de 10 mètres, que les considérations économiques ne permettraient d'ailleurs pas de dépasser notablement.

Il paraît intéressant de confirmer cette conclusion empirique par des considérations de géométrie et de mécanique d'ailleurs très simples.

Voyons d'abord seulement le point de vue géométrique.

Supposons que le contre-courant existe et qu'il ait l'importance nécessaire pour maintenir la salure à un degré n, la salure du golfe de Gabès étant prise pour unité. Soit, pour l'unité de temps, x la quantité d'eau qui doit être fournie à l'évaporation, y celle qui sera évacuée, et enfin D la somme des débits positif et négatif.

Pour exprimer qu'on est arrivé à l'état de régime permanent, on a :

Au point de vue du mouvement de l'eau, $D = x + 2y$;

Au point de vue du mouvement du sel, $x + y = ny$;

d'où on déduit $x = (n-1)y$ et $D = \dfrac{n+1}{n-1} x$

Pour $n = 2$, on aurait $x = y$ et $D = 3x$;

Pour $n = 3$, on aurait $x = 2y$ et $D = 2x$;

Pour $n = 10$, on aurait $x = 9y$ et $D = \dfrac{11}{9} x = 1,22 x$.

Voyons maintenant quelle devra être la section, et supposons d'abord un canal à section rectangulaire, dont la hauteur soit AB. Si l'on représente les vitesses ou les débits aux diverses profondeurs par des ordonnées perpendiculaires à AB, portées à droite pour l'introduction et à gauche pour l'évacuation, on obtiendra une aire ADmC représentant l'introduction d'eau $x + y$, et une aire CnB représentant l'évacuation d'eau y. Le régime du contre-courant diffère essentiellement du régime du courant direct en ce qu'il a lieu comme dans une conduite fermée.

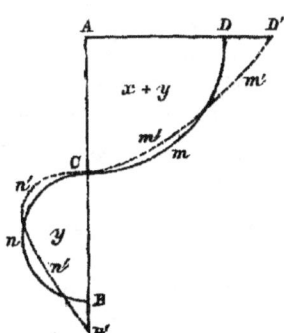

Le rapport des aires $y + x$ et y est égal au degré n de la sursalure de l'eau évacuée, d'après l'équation qui exprime le mouvement du sel. On peut supposer que DmC soit un quart de cercle et que BnC soit un demi-cercle. C'est, si l'on veut, une supposition arbitraire; mais si l'on remarque que nous cherchons seulement à nous rendre compte du sens des phénomènes, cette supposition paraîtra suffisamment approchée. On trouve alors $\dfrac{AC}{CB} = \sqrt{\dfrac{n}{2}}$.

Pour $n=2$, $\frac{AC}{CB}=1$. Dans le canal à section rectangulaire, le contre-courant capable de maintenir la sursalure au double devrait donc occuper moitié de la section. Si une profondeur de 10 mètres et une section de 600 mètres carrés, en nombres ronds, étaient reconnues nécessaires pour fournir la quantité d'eau x à l'évaporation sans contre-courant, une profondeur de 40 mètres et une section de 2,400 mètres carrés seraient nécessaires pour qu'il pût s'établir un contre-courant capable de maintenir la sursalure au degré 2.

Si, au lieu d'un canal rectangulaire, nous avons un canal trapézoïdal, comme cela est indispensable en pratique, l'aire $x+y$, au lieu d'être représentée par une courbe telle que cmD, sera représentée par une courbe telle que $c\,m'\,m'\,D'$; l'aire y, au lieu d'être représentée par une courbe telle que $c\,n\,B$, sera représentée par une courbe telle que $c\,n'\,n'\,B'$.

Passons maintenant des conditions géométriques aux conditions physiques ou mécaniques.

Le contre-courant ne peut se produire qu'en vertu d'une charge due à l'excès de densité résultant de la sursalure; car, en vertu de la moindre profondeur, l'eau de la mer intérieure sera plus chaude et, au point de vue de la production du contre-courant, les différences de température agiraient en sens contraire des différences de salure. Nous négligerons dans ce qui va suivre l'influence de la température.

M. Gros a calculé que la charge nécessaire pour produire le courant direct x pouvait, suivant différentes hypothèses sur les valeurs de x, varier de 2 à 4 et 6 mètres. Le chiffre de 2 mètres correspondrait à une évaporation quotidienne moyenne de $2^{mm},45$ seulement; il ne serait pas prudent de calculer sur une évaporation aussi faible; il semble qu'on doit admettre au moins 3 millimètres pour l'évaporation quotidienne moyenne, et au moins $2^m,50$ pour la charge nécessaire à la production du courant direct correspondant. On comprend que pour produire le contre-courant y, il faudra une charge comparable ou même supérieure.

Avec la profondeur de 10 mètres à Gabès, la hauteur d'eau ne sera plus que de $7^m,50$ à l'extrémité ouest du canal; et, pour la production de la charge génératrice du contre-courant, il ne faut évidemment compter que sur la hauteur au-dessus du fil moyen du contre-courant. Avec la salure double, cela ferait $3/4\;7^m,50=5^m,62$; avec la salure triple, cela ferait $\frac{11}{21}\,7^m,50 = 5^m,80$; avec une salure neuf fois plus grande, qui nous conduit sensiblement au point de saturation, cela ferait $7^m,50 \times \frac{17}{41}=6^m,31$.

Ces chiffres, qui sont déduits de la formule $\frac{AC}{C}=\sqrt{\frac{n}{2}}$, montrent que la hauteur contribuant à produire la charge génératrice du contre-courant variera suivant la salure de $5^m,60$ à $6^m,50$ tout au plus.

Avec la sursalure au double, la charge pouvant engendrer le contre-courant serait $0,035 \times 5,62 = 0^m,1967$; avec la sursalure au triple, elle deviendrait $0,075 \times 5,8 = 0^m,406$; enfin avec la sursalure au neuvième degré, elle deviendrait $0,280 \times 6^m,31 = 1^m,77$. Ce dernier chiffre est encore notablement inférieur à celui qui serait nécessaire pour produire un contre-courant complètement efficace au point de vue du maintien de la salure et de l'empêchement des dépôts salins.

On pourrait, au lieu de faire varier la salure jusqu'à la saturation comme ci-dessus, se demander quelle est la profondeur qui serait nécessaire avec une salure déterminée pour que le contre-courant capable de maintenir l'équilibre de salure s'établît; mais cela n'a pas grand intérêt, parce qu'on ne peut guère pratiquement dépasser une profondeur de 10 à 12 mètres à Gabès. Avec la profondeur de 12 mètres à Gabès, et la mer intérieure supposée saturée, les calculs ci-dessus conduiraient sensiblement à une charge capable d'engendrer le contre-courant nécessaire au maintien de la salure.

Jusqu'à présent nous n'avons parlé que d'un contre-courant d'évacuation simultané du courant d'introduction. Il resterait à examiner l'hypothèse d'un contre-courant d'évacuation alternant avec le courant d'introduction.

En prenant pour unité de temps la durée d'une période complète, comprenant les courants d'évacuation et d'introduction qui se compensent, les calculs précédents restent complètement applicables, en ce qui concerne le point de vue géométrique ; seulement ici les rapports entre x, y et D, au lieu de se réaliser par des portions différentes de la section occupées simultanément, se réaliseront par les temps différents pendant lesquels la totalité de la section sera occupée par les divers mouvements.

Le contre-courant ne fonctionnant plus ici comme dans une conduite fermée, il n'y aura plus besoin de l'excès de section qui résultait de cette circonstance. Ainsi, si une profondeur de 10 mètres et une section de 600 mètres carrés, en nombres ronds, étaient nécessaires pour introduire la quantité d'eau à évaporer sans contre-courant, on peut dire, en s'en tenant au point de vue géométrique, que pour maintenir la salure au double par un contre-courant alternant, il faudrait une profondeur de 30 mètres et une section de 1,800 mètres carrés, et non plus une profondeur de 40 mètres et une section de 2,400 mètres carrés, comme dans le cas du contre-courant simultané et de la section rectangulaire.

Au point de vue des conditions physiques ou mécaniques, on peut remarquer que, d'après le régime météorologique du pied sud de l'Aurès, il tendra naturellement à se produire une période de basses eaux pendant l'été et surtout à la fin de l'été, et une période de hautes eaux pendant l'hiver et surtout à la fin de l'hiver, ce qui constitue une condition éminemment favorable à l'établissement d'un régime alternant de courant d'introduction et de contre-courant d'évacuation.

Dans le Sahara, la période des hautes eaux pourrait tout au plus durer le tiers de l'année. En supposant que le contre-courant eût, pendant ce tiers d'année, la vitesse même que le courant d'introduction a pendant les deux autres tiers, les conditions du maintien de la salure double seraient remplies. Mais pour cela, il faudrait qu'il fût engendré par une charge due à la sursalure et atteignant au moins $2^m,50$ comme valeur moyenne.

Il faut remarquer que les charges propres à produire le contre-courant alternant s'établiront en vertu de la profondeur totale du canal et non plus en vertu de cette hauteur réduite de $2^m,50$, comme dans le cas du contre-courant simultané. Ainsi, sur le fond, la charge propre à déterminer le contre-courant pendant la période des hautes eaux pourrait atteindre, avec l'eau saturée, $1^m,35 - 1^m,035 \times 10 = 3^m,15$. A 2 mètres plus haut, elle aurait encore une valeur de $2^m,50$ à peu près. Comme la charge diminue régulièrement avec la hauteur, pour devenir nulle à la surface, on n'aurait pas ainsi un contre-courant complètement efficace; mais le contre-courant se produirait dans une certaine mesure dès que le degré de concentration aurait atteint une valeur suffisamment élevée.

Au point de vue mécanique, comme au point de vue géométrique, on voit, par ce qui précède, que le contre-courant alternant se réalisera plus facilement et dans une proportion plus notable que le contre-courant simultané. Toutefois, ce ne saurait être encore que dans des proportions tout à fait insuffisantes pour maintenir indéfiniment la salure à des degrés aussi faibles que le double ou le triple; à ces derniers degrés de sursalure, la charge sur le fond, pouvant agir dans le sens du contre-courant, ne serait en effet que de 35 centimètres dans le premier cas, et de 70 centimètres dans le second, valeurs complètement insuffisantes d'après tout ce qu'on a vu ci-dessus.

On a parlé de l'influence que pourraient avoir les eaux météoriques revenant à la mer intérieure directement ou indirectement. Il est certain que les eaux météoriques dans le Sahara, même pourvu de sa petite mer intérieure, ne seront jamais assez importantes pour changer le signe des quantités x, y et d; elles ne sauraient non plus changer la nature des relations que nous avons reconnu exister entre ces quantités. Le phénomène sera donc simplement ralenti, sans changer de sens; et, même, en tenant compte des eaux météoriques, on peut continuer à dire que, après un laps de temps plus ou moins grand, la mer intérieure arrivera infailliblement à la saturation et même à l'oblitération, à moins cependant qu'une modification complète du climat n'ait été produite par une autre cause que nous allons indiquer tout à l'heure.

Mais il est facile de voir que, même en mettant les choses au pis, il se passerait des siècles avant que la saturation, et surtout l'oblitération, soient réalisées.

En négligeant d'abord toutes les causes de ralentissement qui interviendront nécessairement, on voit facilement qu'il faudrait 227 ans pour arriver à la saturation, et ensuite 823 ans pour arriver à ce que le bassin fût oblitéré sur une hauteur de 14 mètres, laissant encore 10 mètres de profondeur d'eau. Même dans ces hypothèses, qui mettent tout au pis, on aurait donc encore 1,050 années pendant lesquelles les ports de l'Oued Rir' pourraient rester la tête de ligne du Trans-Saharien.

Mais il est à remarquer que les causes qui ralentiront le phénomène sont loin d'être négligeables. Il y a d'abord les salines qui se formeront nécessairement sur les bords peu profonds, comme dans la mer Caspienne, et même avec bien plus d'intensité ou d'activité, parce que les parties plates et peu profondes des bords seront relativement bien plus étendues que dans la mer Caspienne, et qu'en outre la salure moyenne sera beaucoup plus élevée. En second lieu, il y aura les eaux météoriques directes ou indirectes; et enfin les contre-courants simultanés et surtout alternants, qui ne sauraient manquer de se produire plus ou moins, dès que la sursalure sera devenue importante.

On peut donc espérer, en restant très modéré, que les 1,050 ans dont il a été question ci-dessus seront portés à plus de 1,200 ans et peut-être à 1,500. Mais, au point de vue de notre industrie, ou de l'emploi de nos capitaux, 1,200 à 1,500 ans, n'est-ce pas, pour ainsi dire, l'éternité? Combien peu d'œuvres humaines peuvent compter sur une pareille durée!

Remarquons enfin, pour épuiser la série des éventualités possibles, que le climat du nord de l'Afrique pourra subir une transformation plus ou moins complète, par l'exécution de forages allant chercher les vapeurs du magma aquifère infragranitique, ainsi que je l'expose dans une brochure qui vient d'être distribuée aux membres de la Commission supérieure. (Voir notamment p. 113 et suivantes de cette brochure.) Dans ce cas, il est possible que les phénomènes mécaniques changent complètement de sens dans le canal, et que, dès lors, on n'ait plus du tout à craindre un excès de salure dans la mer intérieure.

TISSOT.

M. LE PRÉSIDENT. Dans les hypothèses du contre-courant simultané ou des courants alternant de l'hiver à l'été, le plafond du canal serait horizontal?

M. GROS. C'est ce que j'ai supposé dans l'hypothèse d'un contre-courant de retour vers la Méditerranée. Je regrette que M. Dupuy de Lôme soit absent : il est convaincu de la nécessité d'un contre-courant, et aurait pu discuter aujourd'hui cette question sur laquelle je déclare ne savoir absolument rien.

M. LE PRÉSIDENT. M. Dupuy de Lôme paraissait, à la dernière séance, persuadé de la nécessité d'un contre-courant, mais semblait douter de son existence.

M. TISSOT. Je crois savoir que depuis lors il a reconnu que le contre-courant était impossible.

M. GROS. J'ai fait mon travail en me conformant à la mission qui m'était confiée, c'est-à-dire en examinant deux hypothèses : celle où la salure croîtra constamment, et celle, au contraire, ou la sursalure ira dans la Méditerranée. Je me suis renfermé dans ces données sans me prononcer ni pour ni contre.

M. DE LESSEPS. La mer Noire, qui reçoit des fleuves considérables, est moins salée que la Méditerranée; le contre-courant qui vient de la Méditerranée pour donner la salure à la mer Noire se produit à 3 mètres seulement de profondeur dans le Bosphore. Au contraire, à Gibraltar, le contre-courant de retour se dirige de la Méditerranée vers l'Océan. Mais dans tous les cas il y a contre-courant.

M. LE PRÉSIDENT. Ces faits ont trait à des mers d'une vaste étendue, et à des détroits relativement courts eu égard à leur largeur.

M. L'AMIRAL DUBURQUOIS. La profondeur du détroit de Gibraltar est de 500 mètres au minimum, et atteint 1,000 mètres en certains endroits.

M. CUVINOT. J'ai fait un calcul extrêmement simple sur les conditions dans lesquelles pourrait se produire le contre-courant, en admettant qu'il ait lieu, ce que je suis loin d'affirmer. J'ai considéré une largeur au plafond de 50 mètres, comme le projette M. Roudaire, et j'ai supposé que le courant supérieur, le courant d'alimentation des chotts, se produirait au-dessus de cette ligne ; pour simplifier le calcul, j'ai imaginé qu'au-dessous de cette ligne on creuserait le canal de façon à faire place à un contre-courant.

En partant d'une évaporation de 3 millimètres par jour et d'un apport annuel de 20 centimètres d'eau de pluie, et en admettant pour la mer intérieure une salure égale à deux fois et demie celle de la Méditerranée, je suis arrivé, avec les formules de Bazin, à trouver qu'il faudrait, au-dessus du plan de 50 mètres, une épaisseur d'eau de 15 mètres pour le courant d'alimentation, et, au-dessous, une épaisseur de 10 mètres ; de sorte que, pour que le courant de retour pût se produire, la profondeur totale du canal devrait être de 25 mètres, la largeur au plafond se trouvant réduite à 30 mètres.

Je crois m'être placé dans les conditions les plus favorables à la thèse de ceux qui soutiennent l'existence probable d'un contre-courant ; et cependant j'arrive à ce résultat qu'il faudrait une profondeur de 25 mètres pour un coefficient de salure égal à 2 et 1/2.

Il y aura évidemment des remous dont je n'ai pas tenu compte, j'ai simplement supposé les deux courants se produisant l'un au-dessus de l'autre.

M. LE PRÉSIDENT. Très probablement les coefficients de frottement devront être augmentés, car la régularité du canal ne sera pas absolue.

M. ROUSSEAU. On ne peut pas admettre que les deux courants soient séparés par une ligne mathématique ; il y aura évidemment une zone neutre.

M. CUVINOT. Je suis absolument d'accord avec M. Rousseau sur ce point. En négligeant les remous et en prenant comme point de départ de mes calculs l'hypothèse de deux canaux superposés, je n'ai eu pour objet que la recherche des conditions en dehors desquelles le contre-courant ne pourrait pas se produire.

M. GROS. J'étais arrivé à peu près aux mêmes chiffres, une profondeur de 22 mètres pour une salure double ; mais en présence de cette profondeur énorme, j'ai songé à augmenter la largeur. C'est le seul moyen d'obvier à la difficulté ; avec une largeur de 200 mètres au minimum, on peut se contenter à Gabès d'une profondeur d'environ 11 mètres.

M. CUVINOT. Je crois que le courant de retour ne peut se produire qu'avec de grandes profondeurs ; qu'on ne peut pas substituer la largeur à la profondeur.

M. GROS. Je vous ferai une objection extrêmement grave : si votre canal a

25 mètres de profondeur, il faudra qu'il débouche à une distance considérable de la côte dans le golfe de Gabès.

M. Cuvinot. Je ne cherche pas à justifier le contre-courant; je dis qu'il ne pourra exister que si le canal a 25 mètres de profondeur.

M. Rousseau. Je crois que, sur cette question de contre-courant, la Sous-Commission est assez éclairée pour se prononcer dès à présent. D'après les calculs qui ont été faits, pour avoir un contre-courant, il faudrait arriver à des profondeurs énormes, car je ne puis admettre dans la pratique la conception théorique de M. Cuvinot. Les observations de M. Molinos sont frappantes : il existerait une zone neutre, dont il faudrait absolument tenir compte dans la pratique, entre le courant d'aller et le courant de retour. Par conséquent, ce n'est pas à 25 mètres, mais à 50 et peut-être davantage, que la profondeur du canal devrait être portée. On a parlé de ce qui se passe dans les détroits de Gibraltar, des Dardanelles ou de Bab-el-Mandeb; les conditions y sont absolument différentes, et, d'ailleurs, les profondeurs de ces détroits sont très grandes. Si nous voulons poursuivre notre examen, décidons qu'on ne recherchera pas le contre-courant, et admettons, avec M. Roudaire lui-même, que la mer intérieure se saturera dans la suite des siècles.

M. le Président. L'opinion de la Sous-Commission me paraît fixée sur ce point : ne pas admettre l'hypothèse d'un contre-courant.

En partant de là, nous pouvons discuter sur les dimensions que devrait avoir le canal pour assurer le remplissage permanent de la mer intérieure.

M. Lalanne. Je demande à présenter une observation de forme. Je crois, en effet, que pas un membre de la Sous-Commission ne pourrait affirmer l'existence d'un contre-courant dans le canal, mais il me semblerait prudent, au lieu d'une négation absolue, de dire que rien dans l'établissement du canal ne permet d'affirmer l'existence de ce contre-courant. Les conclusions pratiques ne seront pas changées. Faites attention qu'il pourra y avoir des différences de température susceptibles de déterminer ce contre-courant.

M. le Président. Si l'on adopte l'hypothèse d'un contre-courant, il faut admettre un plafond horizontal, et alors les conditions d'exécution changent complètement. Si nous établissons le calcul de la dépense sur la donnée d'une largeur de 90 mètres et d'une pente au plafond, il est évident que par là même nous aurons exclu d'une manière définitive l'hypothèse d'un contre-courant.

M. Lalanne. Je ne vois pas la nécessité d'une pente au fond du canal; avec une chute à la surface, l'alimentation aura lieu.

M. le commandant Roudaire. Dans le canal que j'ai proposé tout à l'heure, et qui aurait une profondeur de 12^m,50, il n'est pas question de pente au plafond.

M. Lalanne. Il ne paraît pas utile d'introduire cette donnée.

M. Tissot. On a parlé tout à l'heure de la température; comme la température de la mer intérieure sera certainement supérieure à celle de la Méditerranée, elle agira en sens contraire de la salure; on ne doit donc pas compter là-dessus pour produire un contre-courant.

M. Gros. Je ne me rends pas bien compte de l'avantage qu'on trouverait à donner au plafond du canal une surface horizontale : ce serait augmenter la dépense dans des proportions considérables, et sans utilité. Les formules s'appliquent à un canal de section constante; or, pour que la section soit constante, il faut que le fond soit parallèle à la surface.

M. le Président. En effet, avec un plafond horizontal, on serait obligé d'ajouter à la profondeur admise au débouché dans la mer intérieure la dénivellation résultant de la pente de la surface entre les deux mers.

M. Cuvinot. L'hypothèse du plafond horizontal était acceptable quand on admettait l'existence d'un contre-courant; le contre-courant étant supposé ne pas exister, il vaut mieux avoir une pente au plafond.

M. Lalanne. Je le reconnais, du moment qu'on nie absolument l'existence du contre-courant.

M. le Président. Je proposerai à la Sous-Commission, pour le bon ordre de ses travaux, de conclure que « dans l'examen qui lui reste à faire du projet, elle ne tiendra pas compte de l'hypothèse d'un contre-courant. »

(Cette conclusion est adoptée.)

Nous allons examiner maintenant la question de remplissage de la mer intérieure par le canal, sans tenir compte du contre-courant. Les chiffres indiqués dans le rapport de M. Gros sont : 90 mètres de largeur à la ligne d'eau, 9 mètres de profondeur, et 72 mètres de largeur au plafond.

M. le commandant Roudaire. Sur quoi se base M. Gros pour établir ces chiffres?

M. Gros. Il y a intérêt à donner au canal une largeur plus grande que celle que vous avez calculée.

Est-ce que tous les fleuves ne charrient pas les sables qui encombrent leurs lits? Savez-vous si, à la traversée du chott Djérid, il ne se produira pas également des dépôts de sable?

M. LE COMMANDANT ROUDAIRE. Nous n'avons plus à nous occuper du chott Djérid ; je demande en ce moment l'examen du tracé par le seuil de Kriz.

M. CUVINOT. Quelles sont les dimensions définitives que M. le commandant Roudaire donne à la section du canal?

M. LE COMMANDANT ROUDAIRE. 12 mètres 50 cent. de profondeur, 25 mètres de largeur au plafond et 50 mètres à la ligne d'eau.

Il y aura, pour l'alimentation, une pente d'un centimètre par kilomètre, ce qui fera une dénivellation de $1^m,73$ seulement, puisque la longueur du canal ne sera plus que de 172 kilomètres 800 mètres.

M. GROS. Il ne me paraît pas possible d'exécuter un canal qui débitera peut-être 280 mètres cubes par seconde avec une largeur de 25 mètres au plafond.

M. LEGROS. C'est une question à soumettre à la seconde délégation. Je demanderai à M. Roudaire de nous donner un profil en long de son nouveau projet.

M. LALANNE. Je demanderai également un profil en travers pour le passage des seuils.

M. Molinos l'a fait justement observer (c'est une thèse que j'ai soutenue longtemps et que l'expérience, je crois, sanctionne tous les jours), les talus à 45 degrés, même pour l'établissement d'une route, d'un chemin de fer, ne tiennent que dans les terrains auxquels on pourrait donner une inclinaison plus forte : c'est la formule à laquelle des ingénieurs ayant exécuté de grands terrassements, MM. de Sazilly, Delrue et Morandière, étaient arrivés depuis longtemps. Pour un cours d'eau qui aura une certaine vitesse, et qui passera dans une tranchée de 90 mètres de largeur, vous voulez donner au talus une inclinaison de 45 degrés? C'est impossible. Si l'on se trouvait dans le roc pur, comme à l'isthme de Corinthe, comme ce sera, je crois, le cas de la grande tranchée de Panama, je comprendrais très bien que, quelle que fût la profondeur, on pût donner au talus une inclinaison d'une raideur extrême. Mais ici nous ne connaissons pas la nature des terrains qu'il faudra traverser; on n'a pas fait de sondages.

Lorsque nous avons eu à examiner le projet de M. Duclerc, d'un canal entre l'Océan et la Méditerranée, qui offre, de loin, certaines analogies avec le projet que nous discutons en ce moment, nous trouvant dans la nécessité d'augmenter la profondeur afin de réduire le nombre des écluses, nous avons fait procéder à des sondages qui nous ont montré que ce n'est pas en approfondissant qu'on trouve les roches les plus dures.

Lorsque les autres Sous-Commissions auront donné leur avis sur l'utilité du projet de M. Roudaire, et dit s'il leur paraît désirable que ce projet soit exécuté, nous devrons, de notre côté, nous présenter à la Commission supérieure avec des données précises, lesquelles aujourd'hui nous font absolument défaut. Je suis loin d'en imputer la faute à M. Roudaire qui a tant fait pour éclairer la question, et aux travaux duquel on ne peut que rendre un complet hommage. Mais les études si méritantes, si complètes en leur genre de M. Roudaire ne me paraissent pas suffire à résoudre en ce moment, d'une manière même approximative, un problème qui est si complexe et entouré de tant de difficultés inhérentes au sol, au climat, aux moyens d'action, et qui, en France même, devrait être l'objet de l'examen le plus approfondi.

M. le commandant Roudaire. Quelles sont les données qui vous manquent?

M. Lalanne. Il nous faut les profils en long et en travers : c'est la base de toutes nos estimations de dépenses. Nous ne procédons jamais à l'exécution d'un travail de terrassement, si petit qu'il soit, sans avoir les profils en long et en travers, à une grande échelle, indiquant exactement la nature des terrains; et lorsque nous avons formulé nos évaluations avec une approximation aussi grande que possible, il arrive qu'à l'exécution nous trouvons toujours des mécomptes.

M. le commandant Roudaire. Vous avez le profil en long.

M. Lalanne. Pas par le seuil de Kriz?

M. le commandant Roudaire. Par le seuil de Kriz également.

M. Lalanne. Avec l'indication de la nature des terrains?

M. le commandant Roudaire. Nous savons que ce sont des terrains crétacés, sénonien supérieur, mais nous n'avons pas pu y faire des sondages à une profondeur de 90 mètres.

M. Rousseau. Pour les profils en long, je crois que les indications données par M. Roudaire peuvent suffire; mais le profil en travers ne me paraît pas acceptable pour des ingénieurs : 25 mètres au plafond, 50 mètres à la ligne d'eau, 12^m,50 de profondeur, dans des terrains qui doivent être, du moins en partie, plus ou moins fluents.

M. le commandant Roudaire. On n'aura pas de terrains fluents.

M. Rousseau. Vous admettez, pour une partie de vos déblais, que les terrains seront si peu consistants que l'eau pourra les balayer elle-même.

M. le commandant Roudaire. J'ai dit que le courant entraînerait les argiles et les sables, mais préalablement désagrégés au moyen d'excavateurs.

M. le Président. Je pense, Messieurs, que nous pouvons aborder la dernière partie de notre travail, et confier à la délégation qui devait être chargée de l'examen des moyens d'exécution le soin de fixer le profil en travers, en écartant l'hypothèse du contre-courant, et de calculer en conséquence le cube des terrassements, puis d'étudier les procédés d'exécution proprement dits, en examinant si ceux que M. Roudaire a indiqués sont ou non acceptables, et de tabler sur ces conditions pour évaluer approximativement la dépense totale. Dès lors, nous pourrions avoir, dans la prochaine séance, une conclusion définitive à donner aux travaux de la Sous-Commission.

Je rappellerai à MM. Fournié, Le Gros, général Lévy, Molinos et Rousseau qu'ils ont bien voulu consentir à se joindre pour cette nouvelle délégation aux membres de la Sous-Commission qui ont déjà fait partie de la délégation précédente.

La délégation nous apporterait le résultat de ses travaux sur les points que j'ai indiqués et, après en avoir délibéré, nous aurons accompli notre tâche.

La séance est levée à 11 heures.

Le Président,
SADI-CARNOT.

Le Secrétaire,
G. ROLLAND.

PREMIÈRE SOUS-COMMISSION.

QUATRIÈME SÉANCE.
(21 JUIN 1882.)

PRÉSIDENCE DE M. SADI-CARNOT.

La séance est ouverte à neuf heures et demie.

Sont présents :

MM. Sadi-Carnot, *président;* de Lesseps, *vice-président;* Chambrelent, Chatoney, Dupuy de Lôme, Fournié, Gros, Le Gros, Lalanne, le général Lévy, le colonel Perrier, le général Warnet, Rolland, *secrétaire.*

M. le commandant Roudaire assiste à la séance.

M. Rolland informe la Sous-Commission que le procès-verbal de la dernière séance sera imprimé et distribué à l'état d'épreuves, de façon que chaque membre puisse faire ses corrections.

M. le Président. Messieurs, la Sous-Commission, dans sa dernière séance, a donné mission à une nouvelle délégation d'examiner les moyens pratiques d'exécution du canal, de calculer le cube des terrassements suivant le tracé par le seuil de Kriz, et d'en conclure la dépense totale.

La délégation, après avoir étudié les procédés d'exécution proprement dits et établi approximativement le prix de revient du mètre cube de déblai (1), a chargé M. Chambrelent de faire un devis en partant des bases ainsi établies.

La parole est à M. Chambrelent pour la lecture d'un Rapport sur l'évaluation des terrassements du canal allant de la Méditerranée aux chotts Rharsa et Melrir, en passant par les seuils de Kriz et d'Asloudj.

---

(1) Voir annexe, page 126, l'extrait de la séance de la délégation en date du 10 juin.

M. Chambrelent lit son rapport :

Messieurs,

La délégation technique de la première Sous-Commission, dans sa séance du 10 juin courant, a décidé que, pour établir l'estimation des terrassements du canal allant de la Méditerranée à la mer intérieure, il convenait d'adopter les bases suivantes :

« 1° Le prix du mètre cube de terre ordinaire ne pourra, dans aucun cas,
« descendre au-dessous de 1 franc, et atteindra probablement, s'il ne dépasse,
« 1 fr. 50 cent.

« 2° Pour les déblais dans le rocher, ces deux prix de 1 fr. et 1 fr. 50 cent.
« seront remplacés par ceux de 3 et 4 francs. »

Nous avons été chargé d'établir l'évaluation des terrassements du canal sur ces bases.

D'un autre côté, la deuxième Sous-Commission, dans sa séance du 12 juin dernier, a admis que la hauteur d'eau évaporée par jour sur la mer intérieure pouvait être considérée comme variant entre 3 et 4 millimètres. Cela donne un total par an de $1^m,277$, soit $1^m,28$.

Il a été admis, en second lieu, que la hauteur d'eau tombée directement sur la surface du sol dans la région des chotts était de $0,27$, chiffre observé à Biskra.

Le niveau de la mer intérieure sera ainsi exhaussé de $0,27$, par l'effet de ces pluies tombées directement sur sa surface.

La Sous-Commission pense en outre que, pour tenir compte de l'eau qui arriverait des terres dans la mer, il conviendrait de doubler ce chiffre, c'est-à-dire d'admettre que la hauteur d'eau totale que recevrait la mer intérieure serait de.. $0^m,54$

En déduisant ce chiffre de celui de...................... $1^m,28$

représentant l'abaissement dû à l'évaporation, il reste........... $0^m,74$

pour l'abaissement réel du niveau.

Il faudra restituer à la mer intérieure, chaque année, le volume d'eau nécessaire pour compenser cet abaissement annuel.

La surface des chotts étant de 8,000 kilomètres, le volume correspondant à un abaissement de $0^m,74$ sera de 59,200,000 mètres cubes, ce qui donnera un cube par seconde de $187^{mc},77$.

Le canal doit pouvoir écouler au moins ce volume de $187^{mc},77$, et c'est d'après ce chiffre que nous avons eu à établir le débit du canal.

Dans l'examen auquel s'était livrée la délégation, dans sa séance du 10 juin, il avait été d'ailleurs reconnu que les talus des déblais en terre devaient être établis à 3 de base sur 2 de hauteur et que ceux dans le rocher devraient avoir une inclinaison de 1/5 au lieu de celle de 1/10 portée par M. Roudaire.

Nous avons adopté ces chiffres.

Nous avons projeté en outre dans ce talus une banquette de 1 mètre de largeur à 1 mètre au-dessus du plan d'eau.

Pour des déblais aussi élevés que ceux que nécessitera ce canal, nous avons examiné s'il n'y aurait pas lieu de répéter ces banquettes à différentes hauteurs.

Mais, en prenant nos renseignements sur les profils admis par le Conseil général des ponts et chaussées pour des travaux de ce genre, il nous a été dit qu'un récent avis du Conseil général des ponts et chaussées du 25 mai dernier signalait ces banquettes comme plutôt nuisibles qu'utiles à la stabilité des talus.

Nous n'avons compris dans le profil de nos talus que la banquette placée à 1 mètre au-dessus du plan d'eau.

Après avoir communiqué tous ces chiffres à M. le commandant Roudaire, nous avons arrêté avec lui, pour les sections du canal, les dispositions indiquées sur les profils joints à notre rapport et qui sont les suivantes :

1re section dans la terre ordinaire.

Largeur au plafond . . . . 20^m
Profondeur d'eau . . . . 11^m

Talus à 3 de base pour 2 de hauteur avec banquettes de 1 mètre établies à 1 mètre au-dessus du plan d'eau.

Largeur en gueule . . . . $53^m,00$
Surface de la section . . . . $401^m,05$

La pente du plafond est de $0^m,011$ par kilomètre.

2e section dans le terrain en rocher.

Largeur au plafond . . . . 20^m
Profondeur d'eau . . . . 11^m

Talus à 1 de base pour 5 de hauteur avec banquettes de 1 mètre établies à 1 mètre au-dessus du plan d'eau.

Largeur en gueule . . . . $24^m,40$
Surface de la section . . . . $244^m,02$

La pente du plafond est de $0^m,027$.

Le débit calculé avec ces deux sections, en prenant les formules des parois en terre pour le premier profil et celle des parois peu unies pour le second profil, est de $189^{mc},9$, ce qui correspond au volume à restituer aux chotts.

Le profil en long qui nous a été remis par M. Roudaire pour la partie du canal entre la Méditerranée et l'entrée du chott Rharsa présente une longueur totale de 172,800 mètres en terre ordinaire et 10,000 mètres dans le rocher.

Le fond du canal part de la Méditerranée à 11 mètres au-dessous du niveau de la mer moyenne, avec une pente de $0^m,011$ par kilomètre pour les parties ouvertes dans la terre et $0^m,027$ pour les parties en rocher. La pente totale du canal sera de $2^m,06$.

En calculant les déblais d'après les profils de M. Roudaire et les sections que nous avons arrêtées ensemble, en suivant les seuils de Kriz et d'Asloudj, nous arrivons, d'après les calculs indiqués ci-après, à un volume de déblai en terre de 397,267,150 mètres cubes, et pour les déblais dans le rocher à un volume de 18,597,918 mètres cubes.

En estimant au minimum de 1 franc le prix du mètre cube de terre ordinaire, et à 3 francs celui du rocher, on arriverait ainsi à une

dépense de...	397,267,150^f
pour les déblais de terre, et de......................	55,793,754
pour les déblais de rocher.	
Total................	453,060,904

Si nous appliquons au contraire à nos chiffres de terrassements le prix de 1 fr. 50 cent. pour la terre et de 4 francs pour le rocher, nous arrivons à une

dépense de déblais en terre de	595,900,725^f
et de déblais en rocher de...........................	74,391,672
Total...	670,292,397

En prenant la moyenne des chiffres fixés par la Sous-Commission, soit 1 fr. 25 cent. pour les déblais de terre et 3 fr. 50 cent. pour les déblais de rocher, nous trouvons :

pour les déblais en terre	496,583,937^f 50
pour les déblais en rocher	65,092,718 00
Total...	561,676,650^f 50

Paris, le 15 juin 1882.

J. CHAMBRELENT.

ANNEXE.

CALCUL DES DÉBLAIS
DU CANAL ALLANT DU GOLFE DE GABÈS AU CHOTT MELRIR.

DÉSIGNATION DES SECTIONS.	SURFACES par SECTIONS.	MOYENNES des SURFACES de deux sections consécutives.	LONGUEURS entre LES SECTIONS.	CUBES PARTIELS.	CUBES TOTAUX DES DÉBLAIS	
					dans la terre ordinaire.	dans le rocher calcaire.
	m. s.	m. s.	mètres.	m. c.	m. c.	m. c.
DU GOLFE DE GABÈS AU CHOTT RHARSA.						
Section A............	370					
— B............	551 8	460 7	2,350	1,082,645		
— C............	576 6	569 2	500	284,600		
— D............	1,496	1,036 3	1,430	1,480,909		
— E............	1,217 7	1,306 8	580	757,944		
— F............	2,100 6	1,659 1	2,000	3,318,200		
— G............	3,251 7	2,676 1	3,340	8,938,174		
— G'...........	3,810 7	3,531 2	3,280	11,582,336		
TOTAL.........				2,744,908		
A DÉDUIRE......	24 × 13,480			323,520		
RESTE.........					27,121,488	
CALCAIRE DU SEUIL DE GABÈS...	$\frac{4,640 \times 22}{2}$	$\left(\frac{2 \times 22 + 30\,40}{3}\right)$		1,265,792	"	1,265,792
Section G'...........	3,810 7					
— I............	2,958 7	3,384 7	3,000	10,154,100		
— I'...........	5,129	4,043 8	1,640	6,631,832		
— J............	3,074 3	4,401 6	4,560	20,071,296		
— K............	2,827 7	3,251	12,800	41,612,800		
— L............	2,644	2,735 8	16,120	44,101,096		
— M............	2,250	2,447 2	12,830	31,397,576		
— N............	2,482	2,366 1	11,780	27,872,658		
— N'...........	1,507	1,994 5	61,000	121,644,500		
— O............	1,702 7	1,604 8	21,820	35,016,736		
— P............	1,763	1,737 8	1,100	1,911,580		
— Q............	3,380	2,571 5	3,000	7,714,500		
— R'...........	6,089	4,734 5	770	3,645,565		
TOTAL.........				351,794,239		
A DÉDUIRE......	24 × 150,420			3,610,080		
RESTE.........					348,184,159	
CALCAIRE DU SEUIL DE KRIZ.						
Section R'...........	1,894 8					
— S"...........	3,237	2,515 9	1,850	4,654,415		
— O............	4,387	3,810 7	650	2,476,955		
— O"...........	1,994	3,190 9	3,240	10,338,516		
TOTAL.........				17,469,886		
A DÉDUIRE......	24 × 5,740			137,760		
RESTE.........					"	17,332,126
Section A"..........	6,539 4					
— M............	468 5	3,503 9	3,170	11,107,363		
— L............	444 86	222 43	6,000	1,334,580		
TOTAL.........				12,441,943		
A DÉDUIRE......	24 × 3,170			76,080		
RESTE.........					12,365,863	
A reporter........					387,671,510	18,597,918

DÉSIGNATION DES SECTIONS.	SURFACES par SECTIONS.	MOYENNES des SURFACES de deux sections consécutives.	LONGUEURS entre LES SECTIONS.	CUBES PARTIELS.	CUBES TOTAUX DES DÉBLAIS	
					dans la terre ordinaire.	dans le rocher ordinaire.
	m. s.	m. s.	mètres.	m. c.	m. c.	m. c.
DU CHOTT RHARSA AU CHOTT MELRIR.						
Report.........					387,671,510	18,597,918
Section K........	″	″	″	″		
—— J........	156 47	78 2	4,000	112,800		
—— I........	304 9	230 7	9,200	2,122,440		
—— H........	822 2	563 5	800	450,800		
—— G........	304 9	563 5	800	450,800		
—— I........	334 3	319 6	10,000	3,196,000		
—— E........	1,064 7	699 5	2,800	1,958,600		
—— D........	249 4	657	1,200	788,400		
—— B........	″	124 7	10,000	1,247,000		
TOTAL........				10,326,840		
A DÉDUIRE.....	24 × 38,800			931,200		
RESTE........					9,595,640	
TOTAUX.......					397,267,150	18,597,918

RÉCAPITULATION.

Déblais dans la terre ordinaire................................. 397,267,150 mc

Déblais dans le rocher calcaire................................. 18,597,918

CUBE TOTAL DES DÉBLAIS................. 415,865,068

M. LE PRÉSIDENT. La Sous-Commission procédera tout à l'heure à l'examen des différents points traités dans le rapport. Mais, auparavant, je donne la parole à M. Roudaire, pour la lecture d'une NOTE SUR LE SYSTÈME D'ENTRAÎNEMENT DES DÉBLAIS PAR LES EAUX ET SUR L'ESTIMATION DU PRIX DE REVIENT DU MÈTRE CUBE DE DÉBLAIS.

M. LE COMMANDANT ROUDAIRE lit sa note :

Dans sa dernière séance, la délégation de la première Sous-Commission a traité deux questions au sujet desquelles je demande l'autorisation de présenter quelques observations. Ces deux questions sont : 1° le système d'entraînement des déblais par les eaux ; 2° l'estimation du prix de revient du mètre cube de déblais.

ENTRAÎNEMENT DES DÉBLAIS PAR LES EAUX.

Dans mon rapport de 1881 je proposais de creuser dans le chott Fejej une tranchée supérieure dont le plafond, incliné vers le chott Rharsa, eût été à une hauteur moyenne de 12 mètres au-dessus du niveau de la mer. Au moyen des eaux de l'oued El-Hamma et de celles de la mer élevées à l'aide de machines, on eût obtenu un courant qui l'eût successivement approfondie de manière à amener son plafond au-dessous du niveau de la Méditerranée. A partir de ce moment les eaux de la mer, pénétrant directement dans la tranchée, auraient été chargées de la porter à ses dimensions normales. On m'a objecté que le volume d'eau dont on disposerait pour l'approfondissement de la tranchée supérieure serait bien faible en comparaison du déblayement à obtenir. Pour éviter une discussion qui entraînerait à de trop longs développements, je me contenterai de faire remarquer que cette objection n'existe plus si, renonçant à la tranchée supérieure du chott Fejej, on creuse directement à travers le lit de ce chott un chenal dont le plafond serait au-dessous du niveau de la Méditerranée. On se trouvera alors en effet en face d'un réservoir inépuisable à niveau constant, et le volume d'eau débité ira sans cesse en augmentant au fur et à mesure que ce chenal s'élargira et s'approfondira.

Supposons que nous ayons creusé, dans toutes les parties où il n'y a pas de calcaire, une tranchée ayant 13 mètres de largeur au plafond, 3 mètres de profondeur au-dessous de la mer moyenne et une pente de 3 centimètres par kilomètre vers le chott Rharsa. Il nous suffira d'avoir des talus de 45 degrés, puisque les berges seront destinées à être rongées et entraînées par le courant. Les déblais à exécuter s'élèveront à 130 millions de mètres cubes; les déblais du canal complet dans les mêmes parties étant de 472 millions de mètres cubes, il nous restera 242 millions de mètres cubes de déblais à faire entraîner par les eaux.

La vitesse au début de l'opération, en tenant compte de la charge produite par les eaux de la mer, réservoir à niveau constant, sera, au moins, de $0^m,50$ dans la tranchée initiale. La section étant de 48 mètres carrés, la dépense sera de 24 mètres cubes par seconde. Cette dépense augmentera au fur et à mesure que la tranchée s'élargira ou s'approfondira jusqu'à atteindre 190 mètres cubes lorsque le canal aura atteint ses dimensions normales. Le débit moyen pendant la durée de l'opération sera donc de 107 mètres cubes par seconde, ce qui donne 9,244,800 mètres cubes par jour. En admettant que cette masse d'eau tienne en suspension 1/50 de son volume de sable et d'argile, proportion qui est loin d'être exagérée puisqu'elle a été observée dans des rivières où l'action du courant n'était pas secondée par celle d'appareils fouillants, on obtiendrait un déblayement moyen de 184,896 mètres cubes par jour et l'opération durerait trois ans et sept mois.

L'objection principale faite contre ce système consiste dans la difficulté qu'il y aurait à obtenir l'entraînement des déblais sur une plus grande longueur que celle du canal destiné à relier le chott Rharsa au golfe de Gabès. J'invoquerai à ce sujet ce que dit M. Dupuit dans ses *Études théoriques et pratiques sur le mouvement des eaux* (page 221): « Supposons que la section et la pente d'un grand cours d'eau à fond mobile soient régulières. Le liquide, vers la source, s'est saturé d'une certaine quantité de sable, de graviers et de cailloux qu'il transporte avec lui; toutes ces couches étant saturées, la section et la pente constantes, il ne déposera ni ne prendra rien en route et portera directement à l'embouchure ce qu'il aura pris dans les parties supérieures. »

Ainsi donc le courant qui s'établira dans la tranchée initiale à section et à pente régulières transportera directement, quelle que soit la longueur de cette tranchée, les sables et les argiles dont il se sera saturé, jusqu'au fond de la dépression du chott Rharsa.

Déjà, dans mon rapport de 1881 (page 159), je m'appuyais sur l'opinion de M. Dauzats, ingénieur de la compagnie de Suez, qui se prononce très catégoriquement en faveur du système de déblayement par les eaux. Je me bornerai ici à reproduire ses conclusions : « Je ne vois donc pas, en résumé, qu'aucune objection sérieuse puisse être opposée à ce système aussi simple qu'économique de relier les chotts à la mer et d'obtenir un chenal suffisant pour la navigation. »

Tout récemment j'ai tenu à consulter encore M. Caland, qui a obtenu au moyen du seul travail des eaux un élargissement de 80 mètres et un approfondissement de 10 mètres dans la rectification du cours de la Meuse à Hock von Holland. Voilà ce qu'a bien voulu me répondre, il y a cinq jours, le célèbre ingénieur hollandais, dont la compétence en pareille matière ne saurait être mise en doute :

« Vous aurez, dites-vous, dans le canal à creuser, une vitesse de 50 à 70 centimètres par seconde, et vous me demandez si le courant sera assez puissant pour tenir en suspension des argiles ou des sables ténus, préalablement désagrégés et soulevés par des excavations.

« Mais, suivant les expériences faites par votre compatriote M. Dubuat, l'argile et le sable sont enlevés par des courants ayant la vitesse de $0^m,081$ à $0^m,217$ par seconde; suivant les mêmes épreuves, la Seine charrierait même des galets de la grosseur de grandes fèves par un courant de $0^m,325$ par seconde.

« Dès lors, il me semble qu'il n'y ait plus de doute à répondre affirmativement à votre question.

« A mon avis, le sable sera facilement enlevé par des courants de la vitesse de 50 à 70 centimètres par seconde, même sans être préalablement désagrégé; l'argile cependant, pour peu qu'elle soit comprimée, exigera d'être remuée auparavant.

« Je ne suis pas de l'avis de donner aux tranchées initiales une très grande profondeur au préjudice de la largeur, et la section que vous décrivez dans votre lettre me semble très bien choisie (1). Une certaine largeur est nécessaire pour prévenir les obstructions qui pourraient être la conséquence du charriage des sables, et je pense que, si vous pouvez maintenir dans votre canal la vitesse mentionnée sur tous les points, il s'élargira et s'approfondira sensiblement dans les sables et dans l'argile. »

En présentant ces observations, je n'ai pas l'intention de provoquer une nouvelle discussion, mais je ne pouvais me dispenser d'exposer succinctement à la première Sous-Commission les arguments qui plaident en faveur d'un système dans la réussite duquel je persiste à avoir la plus grande confiance.

ESTIMATION DU PRIX DE REVIENT DU MÈTRE CUBE DE DÉBLAIS.

Dans sa dernière séance, la délégation de la première Sous-Commission a évalué

---

(1) 7 mètres de largeur au plafond et 3 mètres de profondeur.

à 1 franc ou 1 fr. 50 cent. le mètre cube de déblais en terrain ordinaire. Ne m'attendant pas à ce que cette question fût abordée, je n'ai présenté aucune observation. Je n'avais pas encore entre les mains, d'ailleurs, les documents nécessaires. J'avais chargé un ingénieur très compétent dans la matière de faire une étude consciencieuse et approfondie du devis des dépenses. Aujourd'hui j'ai ce devis entre les mains, et j'ai l'honneur de le présenter à la Sous-Commission. Il a été dressé par M. Lion, ingénieur civil, directeur de la société le *Matériel de l'Entreprise*.

M. Lion a supposé que les déblais seraient exécutés au moyen d'excavateurs, appareils dont le prix d'achat, le prix d'entretien, la dépense en charbon et le rendement sont parfaitement connus. Il a supposé, en outre, que les déblais seraient remontés sur les berges par le moyen le plus simple, celui pour lequel l'appréciation de la dépense n'est sujette à aucun *alea*, c'est-à-dire par des locomotives de 20 tonnes remorquant 20 wagons chargés chacun de 4 mètres cubes de déblais, sur une rampe de 12 millimètres par mètre. Je ne donnerai pas la lecture de ce devis très long et très minutieux, mais je le dépose entre les mains de M. le Président en le priant de vouloir bien en autoriser l'insertion au procès-verbal. Je me bornerai à dire qu'aucun détail n'a été omis. Il a été tenu compte de l'amortissement du matériel, de son usure et de son entretien, de la fouille et de la charge, du transport, de la décharge, des frais de réinstallation, des frais généraux, du service sanitaire, des accidents, des fausses manœuvres, etc., et enfin du bénéfice de l'entrepreneur, qui a été porté à 10 p. o/o. Le prix du mètre cube ressort à 50 centimes.

« On peut être surpris au premier abord, dit M. Lion en terminant son devis, de ce chiffre de 50 centimes plus réduit qu'aucun de ceux auxquels on est arrivé jusqu'à ce jour dans les terrassements; mais on comprend bien vite l'économie qu'amène un cube aussi considérable à enlever avec des installations une fois faites.

« Les formules ordinaires, tant pour la fouille et la charge que pour le transport, contiennent en effet, implicitement ou explicitement, une constante due à l'amortissement du matériel et des installations.

« Cette constante diminue au fur et à mesure que s'élève le nombre de mètres cubes. Jamais jusqu'à ce jour elle n'aura été réduite comme dans le cas présent, et c'est la principale cause de prix auquel nous sommes arrivé, prix que nous avons établi avec grand soin et en toute sincérité. »

En appliquant le devis aux déblais calculés par M. le Rapporteur, on arriverait à 198,633,575 francs pour les terrains faciles et à 55,793,754 francs pour le calcaire, en tout 254,427,329 francs, ce qui conduit déjà bien loin du chiffre moyen de 561,676,650 francs résultant des prix adoptés par la délégation. Mais j'ajouterai que ce chiffre de 254 millions sera, sans aucun doute, notablement réduit dans la pratique. On ne courra, en effet, aucun risque en cherchant à utiliser l'action des eaux. Il suffira d'avoir établi, près de la Méditerranée, dans la partie calcaire par exemple, où l'on n'a pas d'affouillements à redouter, un déversoir qui permettra d'interrompre à volonté la communication entre le chenal et la mer. Si, après avoir creusé une tranchée ayant 13 mètres de largeur au plafond et 3 mètres au-dessous du niveau de la mer et y avoir introduit les eaux de la Méditerranée, on voit que l'opération ne réussit pas, on en sera quitte pour fermer le déversoir et continuer les déblais de main d'homme.

Pour moi, j'ai la foi la plus complète dans le succès. On réalisera ainsi une économie considérable sur les déblais à exécuter directement, dont le volume serait réduit à 150 millions de mètres cubes, qui, à 50 centimes, n'occasionneraient plus qu'une dépense de 75 millions de francs; en y ajoutant 55,500,000 francs pour le calcaire, on arriverait au chiffre de 130 millions et demi.

Le devis de M. Lion a été examiné avec le plus grand soin par MM. Gellerat et Gaillot, entrepreneurs, qui l'ont approuvé et qui, après avoir examiné les échantillons de terrains, s'engagent par lettres à se charger des travaux à raison de 50 centimes le mètre cube.

Voici les lettres de MM. Gaillot et Gellerat :

Paris, le 20 juin 1882.

Monsieur le Commandant,

J'ai examiné avec soin le devis estimatif dressé par M. Lion pour l'extraction et la mise en dépôt des déblais ordinaires du canal projeté du golfe de Gabès à la mer intérieure.

J'ai vu aussi chez M. Dru les résultats des sondages exécutés et qui démontrent la nature sablonneuse du terrain à extraire.

J'approuve entièrement les prévisions de M. Lion et je vous déclare que, le cas échéant, je serais prêt à entreprendre ces travaux au prix fixé de 50 centimes par mètre cube, sous réserve du prix à établir pour les terrains de rocher et qui ne pourraient pas s'extraire au moyen de l'excavateur.

Recevez, Monsieur le Commandant, l'assurance de ma parfaite considération.

GAILLOT.

Paris, le 20 juin 1882.

Monsieur le Commandant,

J'ai l'honneur de vous retourner, ci-inclus, le travail de M. Lion, que vous avez bien voulu me communiquer.

Après avoir été examiner chez M. l'ingénieur Dru les échantillons provenant des sondages faits par lui sur le parcours du canal des chotts destiné à mettre en communication la mer Méditerranée et la mer intérieure que vous proposez de créer au sud de l'Algérie, j'ai étudié avec soin les évaluations de M. Lion.

J'ai, en outre, fait une estimation dans des conditions de classement autres que celles adoptées par M. Lion, et suis arrivé au même résultat, ainsi que vous pouvez vous en convaincre en prenant connaissance de mon travail, que je joins aussi à la présente.

De cette étude il résulte pour moi que ses prix sont bien établis, et je n'hésiterais pas, si les moyens pécuniaires étaient créés, à me charger de l'exécution à ces conditions.

Les chiffres pour frais généraux, bénéfice et imprévu, peuvent paraître faibles, mais, eu égard à l'énormité du cube de déblai, ils représentent des sommes tellement importantes qu'elles pourront faire face à toutes les éventualités.

Le mode d'exécution prévu par M. Lion est bien celui qu'il fallait admettre pour se rendre un compte exact des dépenses probables, mais je crois qu'il sera facile d'apporter certaines modifications qui auront pour résultat de diminuer les dépenses ou tout au moins de couvrir celles qui pourraient être occasionnées par des éventualités dont l'esprit peut se préoccuper en présence d'une œuvre aussi grandiose.

Veuillez agréer, Monsieur le Commandant, l'assurance de mes sentiments respectueux.

E. Gellerat.

E. Roudaire.

Annexe I.

ESTIMATION DU PRIX DE REVIENT PAR M. LION.

Les cubes totaux sont évalués, savoir:

Terrains faciles : sables, marnes sablonneuses, argiles sablonneuses, argiles, à un cube total de 400 millions de mètres cubes;

Roches calcaires, à 16 millions de mètres cubes.

Nous ne nous occuperons, pour le moment, que des terrains faciles, pour lesquels l'emploi des excavateurs est tout indiqué, ainsi que le montre l'examen des résultats des sondages qui ont été opérés sur le parcours.

Ces terrains peuvent être classés comme suit :

Première partie. — Terrains sablonneux, quatre cinquièmes.

Deuxième partie. — Argiles, un cinquième.

PREMIÈRE PARTIE.

TERRAINS SABLONNEUX.

A. — Amortissement du matériel.

Pour évaluer le matériel nécessaire, nous supposerons que le travail devra être exécuté en six années et que l'on emploiera, pour la fouille et la charge, des excavateurs et, pour le transport, des locomotives et des wagons.

Nous croyons qu'effectivement ces outils seront employés pour la plus forte partie du cube à extraire et qu'on pourra, au moyen de dragues et d'élévateurs directs, amener des économies nouvelles; mais nous avons cru devoir rester dans l'hypothèse ci-dessus, afin d'éviter toute objection sur notre estimation.

Nous sommes donc conduit à supposer l'emploi de 100 excavateurs d'un modèle un peu supérieur à celui employé actuellement en France par divers entrepreneurs pour les travaux ordinaires.

Ces excavateurs, pouvant extraire 3,000 mètres cubes par jour, en donneront effectivement 2,500 à transporter.

Si nous supposons 65 jours d'arrêt, nous aurons, par excavateur et par an, 750,000 mètres cubes, soit pour 100 excavateurs 75 millions, ce qui, pour six ans, donnerait 450 millions de mètres. Le nombre de 100 excavateurs est donc plus que suffisant.

Pour le service de chaque excavateur il faut compter :

Prix de l'excavateur..	90,000^f
Locomotive de 20 tonnes.......................................	45,000
Locomotive de 10 tonnes pour la manœuvre des wagons.........	25,000
50 wagons à bascule, grand modèle, à 1,200 francs............	60,000
300 mètres de voie à trois rails, à 40 francs.................	12,000
1,600 mètres de voie ordinaire pour le transport, à 25 francs.....	40,000
Installations accessoires.......................................	4,000
Outillage divers...	14,000
Matériel de rechange..	30,000
Total............	320,000^f

Si nous comptons cent installations semblables, nous aurons un chiffre total de... 32,000,000^f

Nous devons encore y ajouter :

1° Pour les installations générales (ateliers, bureaux, cantines, etc.)... 4,000,000

2° Pour la confection d'une voie de service sur toute la longueur du canal, pour le transport du matériel, les approvisionnements, etc., 170 kilomètres à 35,000 francs, ce qui donne 5,950,000 francs, soit........... 6,000,000

Nous aurons donc pour le montant total du matériel à employer..... 42,000,000^f

Après l'achèvement des travaux, ce matériel n'aura plus qu'une valeur que l'on peut fixer à 25 p. 0/0; nous devons donc compter pour amortissement 75 p. 0/0 de 42 millions, soit 31,500,000 francs, ce qui, pour 400 millions de mètres cubes, donne pour le prix à affecter à l'amortissement du matériel par mètre cube, 0^f,0788, soit *huit centimes*.

B. — Fouille et charge.

Pour un excavateur produisant 2,500 mètres cubes par jour, on emploiera :

12 hommes à la voie et aux manœuvres, à 5 francs l'un	60^f
3 hommes à l'excavateur (ouvriers spéciaux), à 10 francs	30
Charbon, 1,200 kilogrammes à 40 francs les 100 kilogrammes.	48
Huile, essuyages, divers...........................	12
Ensemble............ 150	150^f

Pour la machine de manœuvre :

2 hommes.................................	15^f
Charbon..................................	22
Huile.....................................	8
Ensemble............ 45	45

Préparation du sol et imprévu........................	32
Total..............	227^f
Ce qui, pour 2,500 mètres cubes, donne par mètre.........	0^f 091
A ajouter pour faux frais un dixième...................	0 009
Total..............	0 10

Pour chaque mètre cube fouillé et chargé, *dix centimes.*

C. — Transport.

Nous supposerons les déblais transportés au moyen de locomotives de 20 tonnes à vide, sur rampe de 0^m,012.

La longueur moyenne à parcourir sera de 1 kilomètre, puisque nous avons 12 mètres de hauteur à franchir.

En effet, la différence de hauteur entre les centres de gravité est de 14^m,50 ; mais, comme l'excavateur charge les déblais sur une voie établie à 5 et 6 mètres au-dessus du fond de fouille, il y a lieu de tenir compte de ce fait et de réduire à 12 mètres seulement la hauteur moyenne à faire franchir aux véhicules.

Les locomotives de 20 tonnes remorqueront, sur la rampe de 0^m,012, 20 wagons chargés chacun de 4 mètres cubes de déblais non foisonnés ; elles n'auront donc à opérer pour le service de l'excavateur que 32 voyages à 1 kilomètre de distance, ce qui est un travail très réduit.

Les dépenses seront les suivantes.

Pour la locomotive :

Mécanicien et chauffeur..................................	20^f	
Charbon (1,000 kilogrammes).........................	40	
Huile, divers...	10	
ENSEMBLE.............	70	70^f

Pour les wagons :

2 serre-freins..	12^f	
Graissage...	10	
ENSEMBLE.............	22	22

Ripages et entretien des voies de transport (6 hommes à 5 francs)...		30
Imprévu..		12
ENSEMBLE.............		134

Ce qui, pour 2,500 mètres, donne par mètre....................	0^f 054
A ajouter pour faux frais un dixième.........................	0 006
TOTAL................	0^f 060

On a donc, pour prix du mètre cube transporté à 1 kilomètre, *six centimes*.

D. — DÉCHARGE.

Nous supposerons 8 ouvriers à la décharge des wagons, ce qui, avec les 6 hommes déjà comptés à l'entretien de la voie, constituera un atelier plus que suffisant.

Nous aurons donc :

8 hommes à 5 francs l'un...........................	40^f
Imprévu...	4
ENSEMBLE.............	44

Ce qui, pour 2,500 mètres cubes, donne par mètre...............	0^f 018
A ajouter pour faux frais un dixième.........................	0 002
TOTAL................	0^f 02

Par mètre cube déchargé, *deux centimes*.

E. — FRAIS DE RÉINSTALLATIONS.

Après le déblayement de chaque couche de 5 à 6 mètres de hauteur, il faudra transporter

— 108 —

tout le matériel sur un nouvel emplacement, y disposer les voies et établir la rampe nécessaire au passage des wagons.

Nous estimons à 4,000 francs la dépense nécessaire; or la moyenne du cube enlevé à chaque installation, en supposant 300 mètres de longueur d'attaque, est d'environ 100,000 mètres cubes.

On aura donc de ce chef, par mètre cube, *quatre centimes*.

F. — Usure et entretien du matériel.

Les applications nombreuses qui ont été faites de l'excavateur permettent d'évaluer au maximum à 3 centimes l'usure spéciale de cet outil dans les conditions les plus mauvaises. Nous adopterons ce chiffre et compterons une somme égale pour l'entretien du reste du matériel.

On aura ainsi, par mètre cube, *six centimes*.

Établissement du prix de revient.

A. — Amortissement du matériel....................	0^f 08	
B. — Fouille et charge...........................	0 10	
C. — Transport.................................	0 06	
D. — Décharge.................................	0 02	
E. — Frais de réinstallation......................	0 04	
F. — Usure et entretien du matériel...............	0 06	
Ensemble..................	0 36	0^f 36

Il faut ajouter :

G. — Frais généraux, service sanitaire, accidents, fausses manœuvres, etc., que nous évaluons à 15 p. 0/0...	0 054	
H. — Le bénéfice de l'entrepreneur, 10 p. 0/0..........	0 036	
Ensemble..................	0 090	0 09
Total..................		0^f 45

On a donc pour prix de revient d'un mètre cube de *terrain sablonneux*, fouillé, chargé, transporté et mis en place, *quarante-cinq centimes*.

2e PARTIE.

ARGILES.

Les argiles seront encore enlevées à l'excavateur, l'inconvénient possible du collage dans les godets étant supprimé par l'emploi de la pelle usitée à cet effet.

Nous devons pour ce cas réduire notablement le rendement des excavateurs; on ne saurait cependant l'évaluer à moins de *la moitié* du cube produit dans les terrains sablonneux.

Nous réunirons deux excavateurs pour le service du matériel affecté à chacun d'eux dans la première hypothèse; nous majorerons aussi dans la proportion nécessaire les prix divers.

Établissement du prix de revient.

Amortissement du matériel (comme ci-dessus)............		0f 08	
Fouille et charge (prix doublé).....................		0 20	
Transport. { Prix ci-dessus................ 0 06		0 08	
{ Frais supplémentaires........... 0 02			
Décharge.. { Prix précédent............... 0 02		0 03	
{ Frais supplémentaires........... 0 01			
Frais de réinstallations (comme ci-dessus)..............		0 04	
Usure du matériel, prix précédent............. 0 06		0 09	
A ajouter, usure par l'excavateur supplémentaire.. 0 03			
Ensemble......................		0f 52	0f 52

A ajouter :

Frais généraux, etc. 15 p. 0/0.......................	0f 078	
Bénéfice, 10 p. 0/0.............................	0 052	
Ensemble......................	0 130	0 13
Total...................		0 65

On a donc pour prix d'un mètre cube d'argile fouillée, chargée, transportée et mise en place, *soixante-cinq centimes*.

Pour établir le prix moyen des terrains que nous avons envisagés sous la dénomination de terrains faciles, nous prendrons :

4 parties de terrains sablonneux à 45 centimes...........	1f 80
1 partie d'argile à 65 centimes......................	0 65
Ensemble	2 45
Dont le cinquième est de.........................	0f 49
Si l'on ajoute pour oubli........................	0 01
on a pour prix moyen des terrains faciles................	0 50

On peut être surpris au premier abord par le chiffre ci-dessus, plus réduit qu'aucun de ceux auxquels on est arrivé jusqu'à ce jour dans les terrassements; mais on comprend vite l'économie qu'amène un cube aussi considérable à enlever avec des installations une fois faites.

Les formules ordinaires, tant pour la fouille et la charge que pour le transport, contiennent, en effet, implicitement ou explicitement, une constante due à l'amortissement du matériel et des installations.

Cette constante diminue à mesure que s'élève le nombre de mètres cubes.

Jamais jusqu'à ce jour cette constante n'a eu à être réduite comme dans le cas présent, et c'est la principale cause du prix réduit auquel nous sommes arrivé, prix que nous avons établi avec grand soin et en toute sincérité.

Paris, le 15 juin 1882.

A. LION,
Directeur de la Société le Matériel de l'Entreprise.

Annexe II.

ESTIMATION DU PRIX DE REVIENT PAR M. GELLERAT.

ESTIMATION DU MATÉRIEL.

POUR UN ATELIER.

Un excavateur pouvant déblayer et charger 2,500 mètres par jour.....	100,000f 00
Une locomotive de 10 tonnes pour manœuvres....................	25,000 00
Une locomotive de 20 tonnes pour transport de déblais............	45,000 00
50 wagons à bascule pouvant contenir 3^{mc},50 de déblai, à 1,200 francs.	60,000 00
500 mètres de voie à trois rails avec grandes traverses, à 40 francs....	20,000 00
2,000 mètres de voie pour effectuer le transport des déblais, à 30 francs.	60,000 00
Outillages divers, forges, réservoirs pour prise d'eau, pompes, etc.....	20,000 00
Pièces de rechange pour l'excavateur et les locomotives............	30,000 00
TOTAL........................	360,000 00

Soit pour les cent ateliers : 36 millions de francs.

Le cube à exécuter étant de 400 millions de mètres cubes, l'amortissement de ce matériel grèvera chaque mètre cube de $\frac{36,000,000}{400,000,000} =$ 0f 09

MAIN-D'ŒUVRE POUR FOUILLE ET CHARGE.

Pour un excavateur on emploiera :

12 hommes à la voie et aux manœuvres, à 5 francs...............		60f 00
4 hommes spéciaux à l'excavateur, à 15 francs..................		60 00
Charbon, 1,200 kilogrammes à 40 francs.......................		48 00
Huile et essuyage..		12 00
		180 00
La machine de manœuvre, mécaniciens et chauffeurs......	30f 00	
Charbon, une tonne..................................	40 00	80 00
Huile et essuyage...................................	10 00	
		260 00
260 francs pour 2,500 mètres faits par jour, soit par mètre.........		0 104

TRANSPORTS.

Pour la locomotive, mécaniciens et chauffeurs............	30f 00	
Charbon, une tonne..................................	40 00	
Huile et graissage...................................	10 00	
Pour les wagons, 2 terrassiers.........................	10 00	125 00
Graissage...	10 00	
Entretien de la voie, 5 hommes à 5 francs...............	25 00	
Soit par mètre.......................................		0 05

DÉCHARGE.

10 hommes à 5 francs, 50 francs pour 2,500 mètres..............	0f 02

CHANGEMENTS D'ATELIERS.

Pose de voie, déblai pour leur établissement, déplacements de l'excavateur évalués au nombre de 30, dépose et repose de voie, etc.

Ensemble pour l'exécution de 4 millions de mètres, 200,000 francs soit par mètre.. 0f 05

ENTRETIEN DU MATÉRIEL.

Par mètre cube..	0 04

Soit, pour 400 millions de mètres cubes, 16 millions de francs.

PRIX DE REVIENT DE DÉBLAI DE SABLE.

Amortissement du matériel.................................	0f 090
Fouille et charge...	0 104
Transport..	0 050
Décharge...	0 020
Pose de voie, installation et changements successifs.............	0 050
Entretien du matériel......................................	0 040
	0 354

SERVICE SANITAIRE.

4 millions, soit par mètre..................................	0 010
	0 364
Faux frais, 1/10...	0 036
	0 400
Bénéfice, 1/10...	0 040
	0 440

PRIX DE REVIENT DU DÉBLAI ARGILEUX.

Pour 1,250 mètres :

Amortissement..	0f 090
Fouille et charge, double du sable...........................	0 200
Transport..	0 100
Décharge..	0 040
Pose de voie, etc...	0 050
Entretien du matériel......................................	0 048
	0 520
Service sanitaire...	0 010
	0 530
Faux frais...	0 053
	0 583
Bénéfice...	0 058
	0 641

PRIX MOYEN.

4 parties à 0^f 440........................	1^f 760
1 partie à 0^f 641.........................	0 641
	2 401
1/5..	0 480
Imprévu (ce qui représente, pour 400 millions de mètres cubes, une somme de 8 millions de francs)......................	0 020
Soit..	0 500

Dressé par l'Entrepreneur soussigné.

Paris, le 20 juin 1882.

E. GELLERAT.

M. Chatoney. La note que vient de lire M. Roudaire est une protestation contre les conclusions de la délégation. M. Roudaire ne nous dit pas s'il veut rentrer dans la discussion sur le sujet en question : je n'y rentrerai donc pas. Mais je crois absolument nécessaire d'établir qu'il y a eu un vote à la fin de la séance de la délégation et d'indiquer nettement à la Sous-Commission quel a été ce vote.

La délégation a décidé à l'unanimité moins une voix que le mode d'exécution des déblais du canal qui a servi de base à l'estimation de M. Roudaire (1) est inapplicable et qu'il faudra avoir recours à des moyens analogues à ceux qui sont en usage, mais en les perfectionnant par l'emploi des machines puissantes auxquelles l'importance du travail permet d'avoir recours sur une grande échelle. Dans ces conditions, la délégation technique a décidé qu'il convenait d'adopter les bases suivantes : de 1 franc à 1 fr. 50 cent., pour le prix de revient du mètre cube de déblai dans les terrains ordinaires, et de 3 à 4 francs dans le rocher.

M. Chambrelent. Les termes de la résolution que je cite en tête de mon rapport m'ont été communiqués par M. le Secrétaire. Ils sont, du reste, conformes à ce que j'ai compris.

M. Rolland. Ce sont les termes mêmes qui ont été votés par la délégation.

M. de Lesseps. Je tiens à constater que j'ai été le seul, parmi les membres

---

(1) Ce procédé consiste à creuser dans l'emplacement du canal, partout où il n'y a pas de rocher, une tranchée que le courant des eaux qu'on introduira devra, avec l'aide d'excavateurs, élargir et approfondir, de manière à lui donner son profil normal.

de la délégation, qui ait trouvé que les ingénieurs dépassaient la mesure applicable à ces terrains. Je les respecte beaucoup et je crois qu'ils ne pouvaient pas faire autrement; leurs antécédents, leurs études, leurs travaux les amenaient à considérer ce chiffre de 1 franc comme un minimum. Ils ont cependant reconnu que, depuis quelque temps, on avait fait de grands progrès dans la question des terrassements. Quant à moi, j'ai quelque expérience, et je crois que le chiffre de 50 centimes pourra être obtenu.

A Suez, M. Lavalley avait 44 kilomètres de déblais à faire dans des terrains boueux et difficiles; il a donné les travaux à des traitants qui ont travaillé pour 50 centimes.

En ce moment, nous faisons travailler, à l'isthme de Panama, des ouvriers nègres qui sont très robustes; on leur donne 1 franc par mètre cube; et ils gagnent 7 francs par jour. Les ingénieurs chargés de faire les devis des travaux à Panama avaient adopté le chiffre de 2 fr. 50 cent. pour des terrains où nous avons aujourd'hui des entrepreneurs américains qui se chargent des travaux moyennant 1 fr. 50 cent., et où nous espérons encore descendre au-dessous de ce prix.

Permettez-moi d'ajouter, Messieurs, que si nous sommes réunis ici, sur l'invitation de M. le Président du Conseil, pour examiner le projet de M. Roudaire, il faut néanmoins partir de ce principe que le Ministre n'a pas l'intention de demander des fonds aux Chambres, ni de mettre la dépense à la charge de l'État. C'est un particulier, M. Roudaire, qui demande une concession; il n'est pas homme de finances, et nous devons laisser de côté la question financière. J'ai entendu discuter le projet au point de vue militaire et maritime; des généraux et des amiraux nous ont dit, les uns que la mer intérieure serait utile, les autres qu'elle ne le serait point; mais du moment qu'elle ne nuira pas, qu'elle ne fera tort ni à l'État ni à l'Algérie, la question regardera exclusivement les capitalistes qui apporteront leurs fonds à l'entreprise. Puisqu'il ne s'agit pas, je le répète, de demander de l'argent aux Chambres, nous n'avons pas à discuter l'entreprise au point de vue pécuniaire.

Il est à désirer seulement que, le jour où la Commission aura terminé son travail, on ne fasse pas de difficultés à M. Roudaire au sujet des terrains et des autres concessions qu'il demande.

M. LE PRÉSIDENT. Je demande à M. de Lesseps la permission de lui répondre que, selon moi, le rôle de la Commission est plus élevé, et que je croirais le diminuer si j'acceptais purement et simplement ce point de vue. M. le Ministre a composé cette Commission d'un élément technique considérable, précisément pour être éclairé sur les conditions d'exécution de l'entreprise. La Commission ne peut donc pas se borner à signaler les inconvénients ou les dangers d'un travail à exécuter par un demandeur en concession qui ne solliciterait aucune subvention de l'État, mais elle a un rôle à remplir comme conseil du Gouvernement, ayant à dire au Gouvernement : « Voilà quels sont les résultats de l'étude à laquelle j'ai procédé, aussi bien sous le rapport des dépenses que des possibilités d'exécution ; maintenant, c'est à vous de déduire les conclusions de nos travaux et de prendre une résolution. »

M. Gros. Cela est d'autant plus certain que le Ministre a dit qu'il se réservait le droit de faire exécuter le projet soit par le Gouvernement, soit par une compagnie concessionnaire.

M. le Président. Par conséquent la Commission peut et doit, à tous égards, formuler son opinion avec la plus entière indépendance.

M. Lalanne. Je demande à faire observer, en outre, que s'il ne dépend pas du Gouvernement d'empêcher les capitaux français de s'en aller à l'étranger pour s'engager dans des entreprises, lesquelles sont parfois bien inconsidérées et consomment souvent sans fruit des sommes importantes, il lui appartient, le jour où il est consulté sur une entreprise dans laquelle il devra intervenir, au moins pour concéder soit des terrains, soit d'autres droits ou avantages dont il est maître de disposer, il lui appartient, dis-je, d'examiner, avec une attention toute particulière, quelles peuvent être, au point de vue de l'opinion comme des intérêts du pays, les conséquences de cette entreprise, qu'il aurait, au moins moralement, autorisée. Je crois être tout à fait dans l'ordre d'idées où vient de se placer M. le Président, et, sous ce rapport, je pense avec lui que la Commission a été composée de telle sorte qu'elle ne peut en aucune façon se désintéresser de ces considérations.

M. de Lesseps. J'admets parfaitement ces considérations, d'autant plus que ce n'est pas une entreprise comme celles qui, d'ordinaire, sont poursuivies à l'étranger. Elle doit être accomplie en France, en Algérie, sur le sol français, car je considère Tunis comme étant aujourd'hui un territoire français. Par conséquent, ce n'est pas à l'étranger, en vue d'un intérêt étranger, que les capitaux en question seront appelés ; c'est dans l'intérêt de la France même, comme l'ont été, quoique dans un pays étranger, les capitaux employés à la création du canal de Suez, pour lequel les Français ont donné 120 millions, en retour desquels ils reçoivent maintenant, chaque année, 120 autres millions.

M. le général Lévy. L'évaluation qui a été faite, quant à la dépense des travaux, dans la dernière séance, a été arrêtée par la délégation de la première Sous-Commission ; bien que je n'aie pas fait d'objection contre le minimum adopté, il me semble que les indications que vient de nous donner M. le commandant Roudaire, relativement au prix des déblais, pourraient être prises en considération par la Sous-Commission. J'avoue, quant à moi, que ces termes votés par la délégation : « Le prix atteindra probablement, s'il ne dépasse pas, 1 fr. 50 cent., » me semblent aller au delà de ce qui avait été indiqué par la plupart des membres de la délégation même. On avait admis comme possible le prix de 1 franc ; quant à moi, je le crois parfaitement suffisant. Je pense donc que la Sous-Commission dépasserait la juste mesure en indiquant que le prix des déblais atteindra probablement, s'il ne dépasse, 1 fr. 50 cent. par mètre cube. D'après les explications de M. le commandant Roudaire et les indications de M. de Lesseps, je suis d'avis que le prix de 1 franc par mètre cube pourrait être indiqué comme chiffre de la dépense probable.

M. LE PRÉSIDENT. La Sous-Commission a naturellement qualité pour déclarer que son appréciation ne va pas aussi loin que celle de sa délégation sur tel point ou sur tel autre.

M. LE GÉNÉRAL WARNET. Il ressort de ce qui vient d'être dit que la possibilité de la création de la mer intérieure est acquise ; ce n'est plus maintenant qu'une question de prix.

Les conclusions de la Commission doivent consister, selon moi, à dire au public, si c'est lui qui doit se charger de l'opération : On peut exécuter le projet, mais dans telles et telles conditions ; de façon que les actionnaires puissent juger s'il y aura rémunération, ou non, pour les capitaux qu'ils mettront dans l'entreprise.

M. LE PRÉSIDENT. La question ne se pose pas encore sur ce terrain ; c'est à la Commission plénière qu'il appartiendra d'arrêter les conclusions définitives ; nous avons, nous, à préparer simplement les bases de sa décision.

Il y a encore un point qui n'a pas été examiné dans la Sous-Commission et qu'il lui faudra examiner tout à l'heure : ce sont les conditions du remplissage des chotts par la mer. Je n'ai pas vu cette question traitée dans le rapport de M. Chambrelent.

M. CHAMBRELENT. Je n'avais pas à m'en occuper.

M. LE PRÉSIDENT. Mais nous devons l'étudier. C'est là un des points dont nous avons à nous occuper et dont l'examen nous permettra de juger, avant tout, si l'opération est possible.

M. GROS. Dans le rapport que j'ai présenté précédemment à la Sous-Commission, j'ai démontré qu'en écartant le contre-courant, et en supposant une salure croissante, l'alimentation pourrait se faire dans des conditions suffisantes en donnant au canal 90 à 100 mètres de largeur et 9 mètres environ de profondeur. La profondeur est portée maintenant à 11 mètres. A ce propos, je crois qu'il aurait mieux valu, au point de vue de la dépense, ne pas augmenter la profondeur, mais plutôt la largeur, parce que les déblais sont d'un coût plus élevé en profondeur qu'en largeur.

M. Chambrelent. Je demande à dire un mot des conditions dans lesquelles a été fait mon rapport.

Il avait été décidé qu'on attendrait la décision de la deuxième Sous-Commission au sujet de l'évaporation, avant d'attribuer au canal les dimensions nécessaires à l'alimentation de la mer intérieure. Les conclusions de la deuxième Sous-Commission ayant été posées, j'en ai déduit un chiffre de $187^m,77$ par seconde pour le débit du canal d'alimentation. J'ai fait part à M. Roudaire de ce résultat, et c'est d'accord avec lui que j'ai arrêté les conditions de section et de pente qui sont indiquées dans mon rapport et correspondent au débit précédent. Il ne me restait plus qu'à calculer le cube des terrassements, et, prenant comme base les prix de déblais adoptés par la délégation, à estimer les dépenses.

M. le Président. Il n'existe en réalité aucune espèce de désaccord entre les divers résultats qui nous ont été fournis; les deux délégations n'ont pas travaillé sur les mêmes bases, le chiffre définitif de la hauteur d'eau à restituer annuellement à la mer intérieure n'ayant pas encore été fixé par la deuxième Sous-Commission, lors du rapport de M. Gros.

M. Chambrelent. Il reste à examiner la question du remplissage, dont je n'ai pas parlé dans mon rapport. En prenant pour base les chiffres de M. Roudaire, j'ai trouvé que le volume d'eau nécessaire pour remplir la mer intérieure serait de 176 milliards de mètres cubes. Dans ces conditions, avec le débit normal du canal d'alimentation, il faudrait une trentaine d'années pour remplir la mer. Mais il semble qu'on aura un débit plus fort quand le canal sera ouvert et que les eaux de la Méditerranée s'y précipiteront. J'ai calculé que, pour remplir la mer intérieure dans un délai de trois ans, il faudrait une vitesse de 4 mètres par seconde, et je me demande si le canal pourrait y résister. Si la vitesse n'est que de 2 mètres, il faudrait six ans pour le remplissage, et ainsi de suite. Ces conditions me paraissent presque impossibles à réaliser avec la section que nous avons adoptée simplement pour alimenter la mer intérieure, de manière à maintenir le niveau constant.

M. le Président. Il me semble qu'il faudrait procéder en sens inverse, prendre la vitesse que pourrait avoir l'eau pour ne pas emporter les berges, et, partant de cette donnée, calculer le temps nécessaire pour le remplissage, ou, mieux, assigner une durée au remplissage et calculer la section à donner au canal pour qu'il fournisse un débit suffisant sans exagérer la vitesse.

M. de Lesseps. J'ai déjà dit plusieurs fois que l'expérience m'avait démontré que les ingénieurs, si célèbres qu'ils soient, ne pouvaient pas connaître la poussée de la mer. On avait déclaré que jamais je ne pourrais remplir les lacs Amers avec la section du canal de Suez, que la quantité d'eau amenée serait absorbée dans les vingt-quatre heures, etc., et les lacs Amers ont été remplis en six mois, suivant les calculs établis par M. Lavalley.

M. Chambrelent. Les lacs Amers ont une contenance de 3 milliards de mètres cubes, tandis que la mer intérieure aurait une capacité de 176 milliards.

M. le Président. Je voudrais que la Sous-Commission examinât l'objection tirée de la détérioration des rives du canal, résultant d'une vitesse trop grande; cette vitesse, due à la poussée de la mer, comme l'a indiqué parfaitement M. de Lesseps, deviendra excessive si l'on veut opérer le remplissage dans un délai trop court.

M. de Lesseps. Tant mieux! Le canal sera élargi sans qu'il en coûte!

M. le commandant Roudaire. On en revient toujours au système d'entraînement par les eaux. Les berges prendront la pente naturelle des terres et seront emportées au fond du chott Rharsa; au fur et à mesure que la section s'agrandira, la vitesse diminuera jusqu'à ce qu'il ne se produise plus de dégradation. En quoi cet entraînement par les eaux sera-t-il nuisible? Tous ces déblais viendront s'échouer au fond de la dépression, qui, au lieu d'avoir 30 mètres dans la partie la plus profonde, n'aura que 27 ou 28 mètres, ce qui est une différence tout à fait insignifiante. Il se fera là un travail analogue à celui qui s'est fait en Hollande, à l'embouchure de la Meuse, dont le lit s'est creusé de 12 mètres et élargi de 80; seulement le travail des eaux de la Meuse était contrarié par la mer, qui, même à marée basse, recouvrait le plafond du canal. Lorsque les eaux de la Meuse rencontraient celles de la mer, il y avait diminution de la vitesse, épanouissement du courant, et le lit se trouvait obstrué par les dépôts qui se formaient alors nécessairement.

M. Gros. Il importerait d'autant plus d'adopter pour le canal proposé des dimensions supérieures à celles qui seront strictement nécessaires lorsque le remplissage aura été effectué, que le chiffre d'évaporation qui a été admis n'est que de 2 millimètres par jour, soit 74 centimètres par an, en tenant compte des 54 centimètres d'eau tombés directement ou amenés dans le bassin des chotts. Aussi je considère comme tout à fait insuffisantes les dimensions indiquées pour le canal dans le rapport de M. Chambrelent.

M. Chambrelent. La question de l'évaporation a été tranchée par la deuxième

Sous-Commission; il a été décidé que l'évaporation proprement dite pouvait être considérée comme variant de 3 à 4 millimètres.

M. Gros. « Au moins », a-t-on ajouté.

M. Chambrelent. J'ai lu cette partie de mon rapport à la deuxième Sous-Commission, qui en a approuvé les termes à l'unanimité.

M. Gros. Les mots « au moins » figurent dans la délibération de la deuxième Sous-Commission.

M. le Président. Il faut nécessairement prendre un chiffre ferme pour faire les calculs. J'ajouterai que la préoccupation de M. Gros trouve satisfaction dans ce fait, qu'on a pris pour base des calculs une surface de 8,000 kilomètres carrés, tandis que le rapport de M. le colonel Perrier évaluait la surface de la mer intérieure à 6,000 kilomètres carrés seulement.

M. le colonel Perrier. Entre 6 et 7,000. Il n'est pas possible de calculer cette surface à quelques centaines de kilomètres près. Les limites du chott Rharsa ne sont pas exactement connues.

M. le Président. Il y a incertitude aussi bien sur le chiffre de la surface que sur le chiffre de l'évaporation.

M. Chatoney. Je signalerai dans le rapport de M. Chambrelent un passage qui a besoin d'explication. On lit dans ce rapport les paragraphes suivants:

« Pour des déblais aussi élevés que ceux que nécessitera ce canal, nous avons examiné s'il n'y aurait pas lieu de répéter ces banquettes à différentes hauteurs.

« Mais en prenant nos renseignements sur les profils admis par le Conseil général des ponts et chaussées pour des travaux de ce genre, il nous a été dit qu'un récent avis du Conseil général des ponts et chaussées du 25 mai dernier signalait ces banquettes comme plutôt nuisibles qu'utiles à la stabilité des talus. »

Ce passage du rapport pourrait faire donner à l'avis du Conseil une interprétation inexacte.

Il s'agissait, dans l'espèce, d'une tranchée ouverte au milieu de sables fins et mobiles. Dans les talus inclinés à 45 degrés on avait projeté des banquettes de 1 mètre de largeur. Le Conseil général des ponts et chaussées a été d'avis « d'inviter les ingénieurs à examiner si, en raison de la nature des sables dans lesquels doit être ouverte la tranchée, il ne serait pas plus prudent de supprimer les banquettes projetées et de réduire l'inclinaison des talus de 45 degrés à 3 de base pour 2 de hauteur. »

M. Lalanne. Il est évident, en effet, que le Conseil général des ponts et chaussées n'a voulu dire qu'une chose : c'est que, si l'on fait un terrassement plus considérable, il vaut mieux faire profiter les talus d'un adoucissement général que d'y établir des banquettes qui ont le grave inconvénient de permettre aux eaux de séjourner, et peuvent déterminer dans les talus des éboulis dont on n'est plus maître.

M. Chambrelent. Cette opinion n'est pas en contradiction avec le rapport.

M. Chatoney. Non, mais une explication était nécessaire.

M. le Président. Elle sera mentionnée au procès-verbal de la séance.

Messieurs, nous avons à peu près terminé l'étude des questions qui nous étaient soumises, et dont nous avons à rendre compte à la Commission supérieure. Je vous demanderai, par conséquent, de vouloir bien formuler d'une manière précise vos dernières conclusions.

Il est un point sur lequel la Sous-Commission n'a pas encore donné son avis, c'est le prix probable des déblais. Les bases de prix indiquées par la délégation sont-elles adoptées par la Sous-Commission?

M. Lalanne. Les renseignements nouveaux que nous a apportés aujourd'hui M. Roudaire ne me font pas changer d'opinion sur les prix que la délégation de la Sous-Commission avait arrêtés. Je connais le talent des entrepreneurs dont M. Roudaire a obtenu une consultation écrite et une sorte d'engagement moral, mais nous devons nous demander si ces messieurs se sont rendu un compte exact de l'opération qu'ils déclarent pouvoir entreprendre à des prix aussi restreints.

Des sondages ont été faits; mais c'est un fait notoire, — et il y a ici des ingénieurs des mines qui peuvent le déclarer, — que la dureté des roches ne se reconnaît guère qu'au moment même où on fait le sondage, d'après la résistance qu'on éprouve, et que les parties désagrégées par le trépan, et retirées ensuite à l'aide de la soupape, donnent une indication minéralogique, mais ne fournissent aucun renseignement sur la consistance des terrains traversés, qui peuvent être très résistants ou, au contraire, très friables.

M. Rolland. Il se présente fréquemment ce fait, dans les forages de l'Oued Rir', que les terrains sont tellement tendres qu'on peut les enlever tout de suite à la cuiller, sans recourir au trépan pour les désagréger.

A certains niveaux, on rencontre des sables fluides et ébouleux.

M. Lalanne. A-t-on pénétré à une grande profondeur dans la région des chotts?

M. le commandant Roudaire. Jusqu'à 17 mètres au-dessous du niveau de la mer.

M. Fournié. D'après les cahiers de sondages de M. Roudaire, on a fait souvent usage du trépan, au moins une fois sur trois.

M. Lalanne. D'autre part, en ce qui concerne la main-d'œuvre, les conditions paraissent bien moins favorables ici qu'autrefois à Suez, et qu'actuellement même à Panama.

M. le commandant Roudaire. A 2 piastres, c'est-à-dire à 1 fr. 20 cent. par jour, j'aurais eu autant d'ouvriers arabes que cela eût été nécessaire.

M. Rolland. Les populations sédentaires et laborieuses des oasis du Djerid, du Souf et de l'Oued Rir' pourraient fournir un contingent important de travailleurs.

Le prix de la journée dans l'Oued Rir' varie actuellement de 1 franc à 1 fr. 50 cent. Mais les travaux du canal élèveraient sans doute le coût de la main-d'œuvre.

M. Lalanne. C'est un fait notoire, dans les différents pays, que le prix des déblais n'est jamais en fonction du prix de la main-d'œuvre. J'ai déjà cité les terrassiers belges, qui gagnent 7 francs par jour et travaillent plus économiquement que les ouvriers qui gagnent 1 fr. 50 cent. dans le centre de la France.

M. le commandant Roudaire. Les devis de MM. Gaillot et Gellerat sont basés sur l'emploi de 100 excavateurs. Il n'y aurait pas de déblais faits à la main. On arrive, avec 100 excavateurs fonctionnant ensemble, à un maximum de 2,500 ouvriers, en y comprenant les serre-freins, les graisseurs, etc.

M. le colonel Perrier. Le prix de 50 centimes par mètre cube est votre chiffre par les procédés ordinaires, sans l'emploi du système d'entraînement des déblais par les eaux?

M. le commandant Roudaire. Oui, mon colonel.

M. le colonel Perrier. Dans ces conditions, je ne crois pas le prix de 1 franc trop exagéré.

M. le général Lévy. Ce qu'il y a de plus frappant dans ce que nous dit M. Roudaire, c'est qu'il nous présente des propositions parfaitement nettes et définies d'entrepreneurs. Ces propositions peuvent être discutées, mais la Sous-Commission doit les prendre en considération.

J'ajouterai que les calculs faits dans la délégation, pour l'élévation des déblais, viennent d'être repris par M. Fournié et moi, que ces calculs nous font croire qu'on pourrait réduire le prix de 1 fr. 50 cent., indiqué par la délégation comme probable et même comme pouvant être dépassé.

A mon sens, il résulte de la discussion que le prix de 1 franc serait suffisant, qu'il aurait chance de ne pas être dépassé et ferait une part assez large à l'imprévu.

Je proposerai donc à la Sous-Commission de déclarer simplement que le prix du mètre cube de déblais atteindra environ 1 franc, sans qu'on en puisse conclure que ce prix sera forcément plus élevé.

M. LE COMMANDANT ROUDAIRE. Dans les calculs faits au sein de la délégation, on avait compté que les déblais auraient à être élevés d'une hauteur de 20 mètres. Or, la tranchée a une hauteur moyenne de 33 mètres; mais, comme elle est évasée à la gueule, son centre de gravité se trouve à $11^m,20$ seulement au-dessous du sol. L'élévation moyenne des déblais ne sera donc que de $11^m,20$, auxquels on peut ajouter 2 ou 3 mètres, à cause des cavaliers.

M. LALANNE. En revanche, on avait négligé la différence entre le cheval-vapeur dépensé et le travail utile réellement accompli.

M. LE PRÉSIDENT. Je mets aux voix l'amendement du général Lévy, savoir : que la Sous-Commission estime au chiffre d'environ 1 franc le prix du mètre cube de déblais dans le terrain ordinaire.

(L'amendement est adopté.)

M. LE PRÉSIDENT. Et le prix des déblais dans le rocher?

M. LE GÉNÉRAL LÉVY. Il serait évalué à 3 francs.

(Ce chiffre est adopté.)

M. LE PRÉSIDENT. Je demanderai maintenant à la Sous-Commission si elle admet que les dimensions du canal, telles qu'elles sont indiquées dans le rapport de M. Chambrelent, seraient suffisantes pour entretenir le niveau de la mer intérieure supposée remplie.

M. GROS. Je maintiens ma réserve. Les dimensions déduites du débit de 187 mètres sont insuffisantes, parce que le chiffre d'évaporation ayant servi de point de départ au calcul de ce débit est lui-même insuffisant.

M. LE PRÉSIDENT. La question pourrait être posée ainsi : La section du canal étant calculée en prenant pour base les indications de la seconde Sous-Commission, en ce qui touche l'évaporation, les dimensions indiquées au rapport sont celles admises par la première Sous-Commission comme suffisantes pour le maintien du niveau de la mer intérieure, une fois le remplissage accompli, sous réserve de la valeur des formules et des erreurs matérielles qui auraient pu se glisser dans les calculs.

(La question est résolue affirmativement.)

M. le Président. Reste cette autre question : Le canal, avec les dimensions indiquées, peut-il suffire pour le remplissage de la mer intérieure, et en combien de temps se ferait ce remplissage?

M. Gros. Tant que le remplissage ne sera pas terminé, le débit sera supérieur au débit normal, parce que la pente sera plus forte, et, par suite, supérieur à la perte causée par l'évaporation.

La possibilité du remplissage ne fait donc pas de doute pour moi.

M. le Président. La question sera posée; elle est capitale.
Nous devons chercher à l'élucider dans la mesure du possible.

M. le commandant Roudaire. Il y a un élément que l'on ne peut pas faire entrer en ligne de compte : c'est la charge produite par les eaux de la Méditerranée, qui exerceront une pression constante sur celles qui se seront déjà engagées dans le canal. On sait ce qui est arrivé au remplissage des lacs Amers; on avait là un canal horizontal, à l'extrémité duquel était établi un déversoir; et cependant il suffisait d'ouvrir quelques aiguilles pour obtenir des vitesses de 40, 50, 60 centimètres à la seconde.

M. Chambrelent. Nous manquons malheureusement de base précise pour apprécier le temps nécessaire au remplissage.
M. Collignon, que j'ai consulté et qui fait autorité en ces matières, m'a déclaré ne pouvoir appliquer ici une formule quelconque, tant que l'eau n'aura pas pris un cours régulier dans le canal.

Avec une vitesse moyenne de 50 centimètres par seconde, comme aux lacs Amers, il faudrait environ vingt-cinq ans pour le remplissage de la mer intérieure.

M. le commandant Roudaire. On aurait pu, aux lacs Amers, avoir une vitesse beaucoup plus considérable.

M. le Président. La science offre sans aucun doute des ressources suffisantes pour permettre de faire un calcul approximatif du temps nécessaire au remplissage. La Sous-Commission pourrait prier M. Chambrelent de rechercher, de concert avec M. Collignon, s'il ne serait pas possible d'obtenir quelques indications à ce sujet. (Assentiment.)

M. Chambrelent voudra bien consigner le résultat de ses recherches dans une note qui sera distribuée avant la prochaine réunion de la Commission supérieure.

M. Chatoney. Le rapport de M. Chambrelent ne s'occupe que des terrassements du canal, et il arrive, en admettant les prix de 1 franc et de 3 francs qui viennent d'être adoptés, à une dépense de 453 millions pour les déblais.

Or, le chiffre de 75 millions, indiqué précédemment par M. Roudaire pour la dépense totale de l'opération, comprenait une somme de 55 millions pour les travaux de la tranchée, le prix des machines, etc., et une somme de 20 millions pour les dépenses imprévues, soit 36 p. o/o de somme à valoir.

Si l'on ajoute une somme à valoir proportionnelle au chiffre de M. Chambrelent, on trouve un total de 615 millions.

M. le commandant Roudaire. Mon chiffre de 75 millions supposait le système d'entraînement des déblais par les eaux, que vous repoussez.

M. Chatoney. Je ferai une autre observation relativement au débouché du canal. Celui-ci aboutira au fond du golfe de Gabès, qui n'a aucune espèce d'abri; son axe prolongé ira rencontrer la terre vers l'archipel, à une distance de Gabès bien supérieure à celle qui sépare Marseille de la côte nord de l'Afrique. Sur la côte d'Afrique et en particulier à Gabès, la mer est très mauvaise. Il est certain que ce canal, qui débouchera sans abri dans une plage de sable vaseux, devra être protégé par des digues, si l'on veut éviter qu'il s'ensable.

De plus, le canal étant aussi fait pour la navigation, on devra créer un port à son débouché.

Aucune dépense n'a été prévue pour cette question du débouché du canal, et cependant je crois indispensable de s'en préoccuper.

M. le commandant Roudaire. Le canal de Suez n'est pas protégé du côté de la mer Rouge. Or, il y a là $3^m,20$ de marée, tandis qu'à Gabès nous n'avons que 2 mètres. Cependant, à Suez, même par les gros vents du sud, le canal se maintient parfaitement. D'ailleurs, les vents d'est, qui seuls pourraient pousser les vagues dans le canal de la mer intérieure, ne soufflent que très rarement sur la côte de Gabès.

M. Dupuy de Lôme. Je partage l'opinion de M. Chatoney sur la nécessité de faire un travail en mer au point de vue de la conservation du canal. D'un autre côté, si l'on fait ce canal, c'est pour qu'il serve aussi à la navigation, et, au point de vue de son usage, la création d'un avant-port me paraît indispensable.

M. de Lesseps. C'est au gouvernement local qu'il appartiendra de faire ce port.

M. le général Warnet. Il faudrait y faire aussi des ouvrages de défense.

M. de Lesseps. On craint la formation d'une barre au débouché du chenal. Je répondrai que les pêcheurs d'éponges du pays nous ont dit qu'au débouché de l'oued Melah il existe dans la mer un chenal très profond, qui n'a jamais été encombré par les sables.

M. le colonel Perrier. Il est certain qu'il faudra un avant-port, et, si le canal appartient à une compagnie concessionnaire, ce n'est pas le Gouvernement qui fera cet avant-port.

M. de Lesseps. Pardon! La compagnie n'aura pas à s'occuper des intérêts politiques, et, dans la Commission politique, il a été décidé que ce serait le Gouvernement qui aurait à s'occuper des conditions d'entrée des navires.

M. le Président. Ce que doit faire en ce moment la Sous-Commission, c'est, comme l'indiquait M. Chatoney, de majorer d'une somme à valoir le chiffre résultant des calculs faits en vue des terrassements.

Quant à la seconde observation, qui concerne les débouquements, elle doit être également signalée à la Commission supérieure, mais nous n'avons pas à faire une évaluation qui dépend de considérations étrangères à notre mission.

M. Lalanne. Il est très important que l'on sache que, si l'on veut faire un canal et si l'on veut qu'il serve, il faudra que quelqu'un fasse les frais considérables des débouquements.

M. le Président. La même question a été soulevée à propos du canal projeté de l'Océan à la Méditerranée; on a évalué, en dehors de la dépense du canal proprement dit, la somme nécessaire à la création des débouquements.

M. Chambrelent. Le débouquement sur la Gironde a été évalué à 300 millions et celui sur la Méditerranée à 75 millions.

M. de Lesseps. Le débouquement de Port-Saïd n'a coûté que 25 millions.

A Suez, il n'y a pas autre chose qu'une rade.

M. Chatoney. On ajouterait une somme à valoir de 36 p. o/o, par exemple, et on signalerait la nécessité de dépenses supplémentaires pour le débouquement.

M. Fournié. De plus, il est bien entendu que rien n'a été prévu pour l'intérêt des capitaux pendant la construction; or, si les travaux durent dix ans et le remplissage dix ans, il faudra doubler les chiffres auxquels on sera arrivé.

M. LE PRÉSIDENT. Ces éléments complémentaires seront nécessaires pour permettre à la Commission plénière d'apprécier l'œuvre entreprise. Les membres de la Sous-Commission voudront bien compléter verbalement dans la séance générale les documents qu'ils nous apporteront.

La séance est levée à midi moins un quart.

Le Président,
SADI CARNOT.

Le Secrétaire,
G. ROLLAND.

ANNEXE

AU PROCÈS-VERBAL DE LA QUATRIÈME SÉANCE DE LA PREMIERE SOUS-COMMISSION.

DÉLÉGATION DE LA PREMIÈRE SOUS-COMMISSION.

SÉANCE DU 10 JUIN 1882.

PRÉSIDENCE DE M. DE LESSEPS.

EXTRAIT.

. . . .
. . . .

M. LE COMMANDANT ROUDAIRE. J'ai fait le calcul des déblais de tout le canal suivant le tracé de Kriz, et je suis arrivé aux chiffres de 547,895,000 mètres cubes dans le terrain ordinaire et de 25,000,000 mètres cubes dans le rocher, en tout.

Toute la partie du canal qui traverserait les chotts Fejej et Djerid se trouverait dans des terrains ordinaires et serait creusée en utilisant le travail mécanique des eaux. Au point où le calcaire cesse, dans le seuil de Gabès, on ferait une tranchée supérieure, à laquelle on donnerait une pente de 5 centimètres. On pourrait aller jusqu'à 15 et 18 centimètres par kilomètre; on obtiendrait une vitesse qui serait au début de 50 à 60 centimètres par seconde; le courant creuserait de plus en plus la tranchée, et tous les déblais se trouveraient entraînés jusqu'au fond du chott Rharsa.

En opérant de cette façon, le cube des déblais à exécuter de main d'homme serait réduit à 73 millions de mètres cubes.

M. ROUSSEAU. Ce procédé d'exécution par l'eau est nouveau; on ne peut pas dire qu'il ait été consacré par l'expérience, et, à ce propos, je voudrais avoir quelques détails. M. Roudaire ne compte-t-il pas recueillir et utiliser, pour exécuter ces déblais, un cours d'eau voisin ?

M. LE COMMANDANT ROUDAIRE. C'est l'Oued el Hamma, qui représente un cube d'eau de 8 mètres à la seconde, et qui débite ce volume même au moment de la plus grande sécheresse.

M. ROUSSEAU. A quelle hauteur se trouve-t-il au-dessus du niveau de la mer ?

M. LE COMMANDANT ROUDAIRE. Il arrive dans le chott Fejej à 30 mètres au-dessus du niveau de la Méditerranée.

Cette rivière est alimentée par des sources thermales très puissantes. Ce sont les fameux bains *Aquæ Tacapitanæ* des Romains, dont la température est de 44 degrés.

M. GROS. Vous comptez sur le travail des eaux pour exécuter la tranchée sur toute sa longueur ?

M. LE COMMANDANT ROUDAIRE. Sur une longueur de 140 kilomètres environ, où la rigole sera dans les terrains ordinaires. Dupuit, dans son ouvrage intitulé: *Études sur les mouvements des eaux*, suppose qu'un fleuve se charge d'une quantité de matériaux telle que ses différentes couches en soient saturées. Si la section et la pente sont constantes, ce cours d'eau, eût-il une longueur de 500 kilomètres, continuera sa marche jusqu'à son embouchure, sans déposer, dans tout le reste du trajet, un seul grain de sable, sans en prendre un seul au lit dans lequel il coule. Une fois en mouvement, étant chargé de la quantité de matières qu'il peut tenir en suspension, il ne déposera rien, tant que sa vitesse ne décroîtra pas; si, au contraire, la vitesse augmente, il pourra se charger d'une quantité plus grande de matières, qu'il enlèvera au lit ou aux berges.

Nous aurons ici une tranchée en ligne droite, à section absolument constante, à pente uniforme; par conséquent, le travail des eaux se fera aussi bien sur une longueur de 155 kilomètres que sur une longueur de 5 kilomètres.

Les eaux emporteront une quantité de terres qui sera en rapport avec leur puissance de suspension, laquelle dépend de la vitesse du courant et de sa profondeur.

M. ROUSSEAU. Quelle quantité de matières solides supposez-vous que l'eau puisse tenir en suspension pour faire le travail dont vous parlez? Votre calcul a-t-il porté sur le temps qu'il faudrait à ce volume de 8 mètres cubes pour opérer un déblai aussi formidable ?

M. LE COMMANDANT ROUDAIRE. J'ai admis, dans mon rapport, que les eaux pourraient charrier une quantité de déblais égale au vingt-cinquième de leur volume. Leur action serait secondée par des excavateurs, de sorte qu'elles se trouveraient toujours à peu près saturées.

M. Lalanne. Je ne sache pas d'exemple de rivières roulant les substances les plus légères, les plus limoneuses, les plus faciles à porter par les eaux, qui se chargent de plus de un cinquantième de matières en suspension ; c'est là un maximum.

Je citerai la rivière la Dimbowitza, qui descend des Carpathes et coule à Bucarest ; à la hauteur de cette ville, elle charrie des détritus réduits en sable, d'une ténuité telle que c'est un véritable limon. Ce limon est en suspension, car l'eau une fois filtrée est très bonne à boire ; or, le maximum de matières constatées dans cette rivière est de un cinquantième.

M. le commandant Roudaire. M. Sciama, autrefois ingénieur en chef du canal de Suez, a bien voulu me donner des renseignements sur la manière dont il pense que les excavateurs doivent fonctionner et sur leur prix de revient.

M. Chatoney. Qu'entendez-vous par des excavateurs ?

M. le commandant Roudaire. Ce seraient des coques de bateaux, qui flotteraient sur la tranchée, munies d'une espèce de herse qui diviserait le sol et l'émietterait de façon à favoriser l'action de l'entraînement des eaux.

M. Chatoney. L'idée de M. Sciama n'a pas été appliquée à Suez.

M. le commandant Roudaire. Plusieurs raisons rendaient pour ainsi dire impossible l'application de cette idée à Suez.

La dépression des lacs Amers ne pouvait pas être utilisée pour obtenir le creusement du canal de Suez par les eaux, entre cette dépression et la Méditerranée. La profondeur moyenne des lacs Amers n'est que de $7^m,20$, leur profondeur maxima de 9 mètres. La distance qui les sépare de la Méditerranée est d'environ 100 kilomètres. Une tranchée initiale, ayant 1 mètre de tirant d'eau à Port-Saïd et une pente de 3 centimètres par kilomètre, serait venue déboucher dans les lacs à la profondeur de 4 mètres, et par conséquent à $3^m,20$ seulement au-dessous de leur lit moyen. C'est à peine si, dans ces conditions, on aurait pu obtenir un approfondissement de 2 à 3 mètres; mais il aurait fallu ensuite, pour donner au canal la profondeur nécessaire, recourir aux dragages, toujours plus coûteux dans les terrains vierges que les terrassements à sec.

Pour la partie du canal comprise entre la mer Rouge et les lacs, laquelle n'a que 18 kilomètres environ, on se serait trouvé dans de meilleures conditions. Un canal initial de 1 mètre de profondeur n'aurait débouché dans les lacs, avec une pente de 3 centimètres par kilomètre, qu'à la profondeur de $1^m,54$, c'est-à-dire à $5^m,66$ au-dessous de leur lit moyen. Aussi M. Sciama, ingénieur en chef des travaux, avait-il proposé de recourir au procédé d'entraînement par les eaux. Mais il est à remarquer qu'on était encore bien loin de se trouver dans des conditions analogues à celles que présente la dépression des chotts. En effet, le plafond du canal à faire creuser par les eaux devait (en ne lui donnant que 7 mètres de profondeur) déboucher dans les lacs après l'opération à la profondeur de $7^m,54$, c'est-à-dire à 34 centimètres *au-dessous* de leur lit moyen, tandis que le canal de la mer intérieure (en lui donnant 8 mètres de profondeur) débouchera dans le chott Rharsa à 10 mètres environ *au-dessus* du lit moyen de ce chott.

Du reste, une des raisons qui ont fait abandonner le système proposé d'entraînement par les eaux, c'est que le seuil de Chalouf, situé entre la mer Rouge et les lacs Amers, renfermait des bancs de roche dont on a reconnu l'existence. On se trouvait là, par conséquent, dans des conditions analogues à celles que nous rencontrerons au seuil de Gabès.

Aux seuils de Gabès et de Kriz, à la traversée des calcaires, on donnera de suite au canal ses dimensions définitives. Dans les chotts, la tranchée amorce aura, à son origine, une altitude de 17 mètres au-dessus de la marée basse et une profondeur de 24 mètres au-dessous de la surface du sol ; elle aura une pente de 5 centimètres par kilomètre ; ses dimensions seront de 47 mètres de largeur au plafond, avec des talus à 1/1. Ce sont, en effet, des talus que les eaux doivent emporter, et il est complètement inutile de chercher ici la stabilité. La même tranchée amorce serait reprise de l'autre côté du seuil de Kriz pour la partie comprise entre les calcaires de Kriz et le chott Rharsa.

Une objection que l'on peut faire, c'est que le courant déposera dans les parties du canal creusées au seuil du Kriz les matériaux et les terres entraînés par lui ; mais ce dépôt ne sera que provisoire. La profondeur et la largeur de la rigole augmenteront sans cesse, et il arrivera un moment où les matériaux déposés seront à leur tour emportés dans le chott Rharsa.

J'ai proposé, pour la partie du canal comprise entre la Méditerranée et les calcaires du seuil de Gabès, un procédé analogue. On ferait là une tranchée amorce qui se trouverait à 2 mètres au-dessous du niveau de la mer et qui aurait 15 mètres de largeur ; cette tranchée, en terrain ordinaire, serait également agrandie par les eaux. On pourrait y employer des dragues, car elle serait assez large pour que deux dragues passent l'une à côté de l'autre. (La largeur d'une grande drague est d'environ 7 mètres.)

Quant au volume de matières qui peuvent être entraînées par les eaux, j'ai fait des recherches dans les ouvrages de Dupuit et de Lagrenée ; je n'y ai trouvé aucun renseignement. Je sais que le Chelif entraîne à certains moments jusqu'à 1/40 de son volume de matières terreuses ; mais ce n'est pas habituel : c'est seulement quand il se produit des crues. En temps ordinaire, le Chelif a une vitesse insignifiante, et même, en été, son cours est interrompu.

Dans mes calculs j'ai admis que le volume des matières entraînées par le courant serait de un vingt-cinquième. Si l'on prend pour base un cinquantième seulement, le temps nécessaire à l'opération sera évidemment doublé.

M. LE PRÉSIDENT. L'un de vous, Messieurs, a-t-il des observations à présenter sur la communication de M. le commandant Roudaire?

M. MOLINOS. Il me semble que nous sommes complètement éclairés maintenant sur le procédé de M. Roudaire, et que nous pouvons passer à la discussion.

M. ROUSSEAU. Je ne crois pas à la possibilité des déblais au moyen de l'eau. C'est un procédé nouveau, qui n'est pas consacré par l'expérience et qui soulève des difficultés de toute espèce. D'abord, en admettant que tout fonctionnât comme le dit

M. Roudaire, il ne serait pas possible, à mon sens, de faire les déblais avec l'eau dans les conditions de pente dont on disposerait. Puis, avec un volume de 8 mètres cubes par seconde, il faudrait une centaine d'années pour creuser le canal. Mon sentiment est qu'il faut écarter absolument ce procédé de déblais par l'eau et s'en tenir aux procédés courants, c'est-à-dire retrousser les déblais en cavaliers.

Nous devrions donc calculer approximativement le cube du déblai du canal et évaluer le prix de revient du mètre cube de terrassement d'après les procédés ordinaires. Nous pourrions alors présenter des conclusions fermes à la Sous-Commission.

Quel sera le prix de revient du mètre cube? Avec des hauteurs de déblais de 30 à 40 mètres, retroussés en cavalier des deux côtés, il ne me semble pas qu'il puisse être inférieur à 1 franc ou 1 fr. 50 cent.

M. le Président. Alors, vous calculez le prix de revient uniquement d'après les procédés connus de déblais?

M. Rousseau. Oui, Monsieur le Président. Je ne crois pas qu'avec la pente adoptée par M. Roudaire et dans les conditions indiquées par lui, on puisse faire exécuter les déblais du canal par les eaux.

Si nous voulons arriver à des solutions qui s'imposent, il ne faut pas nous jeter dans des conjectures, il faut, au contraire, partir des faits sanctionnés par l'expérience. Or, je ne vois rien, dans ce qui a été fait jusqu'à ce jour, qui soit comparable à ce dont parle M. Roudaire, surtout dans les proportions qu'il donne à son projet.

M. le commandant Roudaire. Alors, on ne ferait jamais rien de nouveau!

M. Rousseau. On ne fait pas d'essais sur une pareille échelle.

Le moindre éboulement qui se produirait dans la tranchée de conduite des eaux arrêterait complètement celles-ci et ferait disparaître la pente, qui est absolument insignifiante. La plupart de nos cours d'eau naturels ont des pentes analogues, parfois même beaucoup plus fortes, et cependant ils ne détruisent pas les terrains de leurs rives.

Pour remuer les terrains, pour enlever les obstructions qui se produiraient dans votre tranchée, vous auriez une main-d'œuvre considérable.

M. le commandant Roudaire. Voici l'opinion de M. Sciama, qui m'écrit en ces termes :

« Il est clair que, si les appareils fouilleurs peuvent réussir, et cela dépend uniquement de la contexture du sol, le prix de revient du mètre cube de déblais transporté ne reviendra pas à 5 centimes. »

M. Lalanne. A l'embouchure de la Vilaine, il se produit une barre, comme à l'embouchure de tous les fleuves. Le cours d'eau, à sa partie supérieure et moyenne, a été canalisé, et on a réussi parfaitement, jusqu'à l'endroit où commence le régime des marées et où elles se font sentir avec une certaine intensité, à obtenir, à l'aide de barrages et d'écluses, un excellent tirant d'eau, que l'on portera à deux mètres quand on le voudra. Mais là où la mer lutte avec le courant, il s'est formé des dépôts de vases. L'envasement vient de la mer bien plutôt que de la rivière, et il se produit dans des proportions considérables.

On désire bien vivement faire disparaître cette barre. En usant d'un outil analogue à celui que décrivait tout à l'heure M. Roudaire, outil qui a son nom dans l'art de l'ingénieur, le bac à râteau, on est arrivé à des résultats merveilleux; on a enlevé jusqu'à 50 et 60 centimètres d'épaisseur de vase dans une seule année, rien que par l'impulsion due à l'eau; on a déblayé ainsi des dizaines de milliers de mètres cubes, ce qui est considérable dans une petite rivière. Le prix pour la première tranche de 25 à 30 centimètres d'épaisseur, mais seulement pour celle-là, est revenu, comme le dit M. Roudaire, à 5 centimes; mais ce prix a plus que décuplé quand on est arrivé à 50 ou 60 centimètres d'épaisseur.

Je parlais tout à l'heure des matières en suspension charriées par la Dimbovitza; mais il s'agit là de matières limoneuses d'une ténuité telle que, quand on en prend une poignée et qu'on la verse dans un verre rempli d'eau, la masse tout entière devient louche, et cela d'une manière homogène. Je comparerais volontiers ce phénomène à une dissolution, s'il n'y avait pas absence de transparence et seulement une simple translucidité. Voilà dans quelles conditions vous obtiendrez un entraînement par les eaux au prix de 5 centimes; mais, dans les conditions où vous êtes, vous n'obtiendrez pas de résultat sans une dépense décuple.

L'expérience n'a été faite sur une certaine échelle qu'en Hongrie, dans la vallée de la Theisz, il y a un demi-siècle, par le magnat Sjéchenyi, qui a été le bienfaiteur de cette contrée. Il s'agissait de creuser une dérivation de la rivière. On l'a obtenue au moyen d'une chute d'eau, due à la puissance de concentration de la Theisz, maintenue momentanément en amont par un barrage; mais on a dirigé cette opération dans un terrain qui est ce qu'il y a de plus ténu, de plus limoneux et de plus facile à corroder; de plus, on n'a opéré que sur une petite échelle et avec des soins tels que la dépense s'est finalement élevée à un prix que je ne connais pas exactement, mais qui a dépassé certainement 5 centimes.

M. Gros. En fermant l'ancien lit et en lançant toutes les eaux de la rivière dans le nouveau, on n'a obtenu que 2 ou 3 p. 0/0 de la largeur et de la profondeur qu'on désirait, il a toujours fallu avoir recours à des dragues. L'action des eaux ne suffit pas à donner aux dérivations la profondeur voulue; il faut les achever avec des dragues.

M. le commandant Roudaire. Ce n'est pas le seul exemple de rectification du lit d'une rivière qu'on puisse invoquer. Ainsi, un ingénieur hollandais d'un grand mérite, M. Caland, a creusé ainsi un nouveau lit à la Meuse; il a obtenu un approfondissement d'environ 8 à 10 mètres et un élargissement de 80 à 100 mètres.

M. Lalanne. Sur quelle longueur?

M. le commandant Roudaire. Sur une longueur de 5 kilomètres seulement; mais il est reconnu que lorsque l'on a une certaine force d'entraînement, cette force subsiste tant que la vitesse ne diminue pas.

Le nouveau canal ouvert à la Meuse se trouvait au-dessous du niveau de la marée basse. Voici, à ce sujet, une lettre de M. Caland lui-même à qui j'avais demandé des renseignements. Le travail dont il est question a été exécuté sous les eaux de la mer; les eaux de la Meuse étaient obligées de refouler celles de la mer, et, par conséquent, leur force était considérablement diminuée ; et cependant le chenal a bientôt atteint une profondeur de 12 mètres au-dessous de la marée basse et une largeur de 200 mètres.

M. Lalanne. C'est l'histoire de l'approfondissement des rivières entre les digues.

M. Rousseau. C'est l'histoire de la Basse-Seine.

M. Lalanne. Et même, pour la Loire, nous n'avons pu réussir que partiellement.

M. Chatoney. Pour la Meuse, quand la marée montait, il y avait un refoulement d'eau.

M. Gros. Et pourtant son débit atteignait 1,500 mètres cubes.

M. Rousseau. Je ne crois pas qu'il y ait d'assimilation possible entre le cas qui nous occupe et ceux qu'on a cités. Dans ceux-ci, on disposait d'un cube énorme d'eau, d'une chute considérable; il s'agissait, en outre, de terrains d'alluvion aussi ténus que possible. Nous ne disposons ici ni de ce cube, ni de cette chute ; quant au terrain, nous devons raisonner comme si c'était un terrain ordinaire, mélangé de gravier et de pierraille.

M. Rolland. Je ne connais pas exactement la nature des terrains de cette région; mais je crois pouvoir m'en rendre compte, d'après la connaissance des terrains quaternaires du Sahara en général. La coupe géologique qui accompagne le deuxième rapport de M. Roudaire indique principalement des sables à fins grains, des sables marneux, des marnes sableuses, des marnes et argiles, etc. Il n'y a pas de poudingue à gros éléments, sauf à la base de la formation, au contact des couches crétacées ; il n'y a pas de gravier, et, s'il y en avait, il serait à petits éléments; quant aux grains de sable, leur diamètre ne doit guère dépasser 1 à 2 millimètres.

M. le commandant Roudaire. Ce sont des sables pulvérulents. J'ai rapporté à Paris 265 échantillons de terrains rencontrés dans les sondages, et l'on peut aller les examiner chez M. Dru, 69, rue Rochechouart.

M. Rolland. Les terrains quaternaires du Sahara présentent une grande uniformité, et je crois volontiers qu'il s'agit ici de sables à fins grains.

M. Rousseau. En combien de temps M. Roudaire compte-t-il exécuter le creusement du canal par les eaux?

M. LE COMMANDANT ROUDAIRE. J'ai établi, dans mon rapport de 1881, que l'opération, telle que je le proposais, durerait en tout six ans et deux mois environ.

M. ROUSSEAU. Avec un débit de 8 mètres cubes d'eau ?

M. GROS. Et une masse de plus de 500 millions de mètres cubes de terres à déblayer ?

M. CUVINOT. En supposant que l'eau puisse contenir un cinquantième de son volume de déblais, les 8 mètres cubes de l'Oued el Hamma entraîneraient par seconde $0^{mc},16$ de déblais, soit par jour 14,000 mètres cubes, et par an 5 millions de mètres cubes. Pour 474 millions de mètres cubes à enlever par les eaux, il faudrait 97 ans !

Je crois d'ailleurs qu'on n'obtiendrait même pas ce résultat; car si je prends les chiffres que cite M. Roudaire et qu'il emprunte à M. Caland, je trouve que, à la rectification de la Meuse, dans des conditions incomparablement plus favorables de force et de vitesse, on n'a enlevé que 5 millions de mètres cubes en deux ans, soit 2,500,000 mètres cubes par an.

M. LE COMMANDANT ROUDAIRE. L'action des eaux n'était pas secondée par des excavateurs. J'ai supposé, d'ailleurs, un apport de 12 mètres cubes au lieu de 8; j'ai proposé, en effet, d'élever 4 mètres cubes d'eau de la mer par seconde, au moyen de machines; au fur et à mesure que le plafond de la tranchée supérieure s'abaissera, la hauteur à laquelle il faudra élever l'eau sera moindre et les machines élèveront une plus grande quantité d'eau. Je suis arrivé ainsi(1), en supposant un entraînement par les eaux de un vingt-cinquième de leur volume, à estimer à 876 jours, soit environ deux ans et cinq mois, le temps nécessaire pour amener, dans mon projet primitif, le plafond de la tranchée supérieure au niveau de la mer basse. A partir de ce moment, les eaux de la mer entreraient directement dans le chenal, le débit et, par conséquent, l'entraînement augmenteraient au fur et à mesure que la tranchée s'agrandirait.

M. CUVINOT. Il semble qu'emprunter des machines pour jeter de l'eau dans la rigole à creuser est un procédé qui ressemble à celui qui consisterait à employer une machine à vapeur pour élever de l'eau à faire tomber sur les roues d'un moulin.

M. ROUSSEAU. Pour ma part, je ne prendrais pas la responsabilité d'indiquer le procédé d'entraînement des déblais par les eaux comme pouvant servir de base à une opération.

M. LALANNE. Nous disons que les exemples sur lesquels M. Roudaire s'est appuyé ne sont pas comparables à ce qui doit se passer dans le cas qui nous occupe; nous ajoutons que s'il y a une différence dans les lieux et dans les données sur lesquels on opérerait, elle est au désavantage de l'opération des

---

(1) Voir le rapport de 1881, page 150.

chotts. Voilà notre opinion bien sincère. Il ne faut pas en conclure que nous voulions repousser une idée parce qu'elle est nouvelle; c'est une pensée qui est bien loin de nous. Mais nous représentons ici les intérêts de l'État. M. Roudaire, personne ne le conteste, s'est placé lui aussi à ce point de vue; et il a certainement cru qu'il y aurait pour l'État un intérêt de premier ordre à la réalisation de son projet. C'est cette pensée généreuse qui l'a fait agir, qui n'a cessé de le soutenir au milieu des dangers qu'il a courus, des fatigues qu'il a supportées; c'est à cette pensée qu'il a consacré une partie notable de son existence et des travaux de sa carrière.

Il est certainement très pénible pour nous de ne pas pouvoir accepter le fruit du travail d'un homme de conscience et de talent, d'un patriote qui nous apporte une étude d'ensemble aussi bien faite que le permettaient les éléments dont il disposait. Mais, même en présence du résultat, très beau peut-être, que produirait l'œuvre, les procédés d'exécution nous paraissent tellement insuffisants et surtout d'un prix tel que, non seulement nous hésitons, mais nous disons qu'il serait véritablement imprudent au Gouvernement de hasarder les fonds du Trésor pour une opération pareille.

Voilà ce qui, pour moi, résulte d'une discussion à laquelle je n'étais pas préparé et que j'ai abordée sans parti pris.

M. LE PRÉSIDENT. Puisqu'on vous a consulté, vous devez dire ce que vous pensez. Je n'ai, pour ma part, qu'une certaine pratique et quelque expérience; quant à la science, je vous la laisse, et c'est vous qui êtes nos maîtres.

M. ROUSSEAU. M. Lalanne vient, très éloquemment et dans des termes auxquels je m'associe complètement, de rendre hommage aux travaux de M. Roudaire. Mais je trouve qu'il a un peu anticipé sur les conclusions; notre rôle est plus modeste. Nous avons simplement à apprécier dans quelles conditions pourrait se faire le canal et à dire ce qu'il coûterait. Quand nous aurons fixé des chiffres, la Commission supérieure arrivera à une solution. Nous n'avons pas à nous prononcer, quant à présent, sur la suite qui sera donnée au projet. Nous aurons assez avancé la question si nous arrivons, en ce qui concerne les procédés d'exécution, à tomber d'accord sur cette conclusion que, si le canal doit se faire, il faut qu'il se fasse par les moyens ordinaires. Je crois que la délégation pourrait voter sur ce point.

M. CUVINOT. Je crois, quant à moi, qu'on pourrait obtenir un peu d'entraînement par les eaux. Mais, pour reprendre l'exemple auquel se réfère M. Roudaire, je citerai encore deux chiffres indiqués par l'ingénieur hollandais. Celui-ci exécute de main d'homme 1,500,000 mètres cubes de déblais, et au moyen des eaux 5 millions de mètres cubes, ce qui fait un coefficient d'un peu plus de trois. M. Roudaire arrive par la main de l'homme à 73 millions de mètres cubes et il en fait entraîner plus de 547 millions par les eaux, soit un coefficient de neuf, c'est-à-dire trois fois plus grand.

Ainsi, les conditions sont infiniment moins favorables au point de vue de l'entraînement, et le coefficient est triplé. Il faudrait au contraire le diminuer notablement.

M. MOLINOS. M. Roudaire a, pour alimenter sa tranchée amorce, un volume d'eau constant de 8 mètres cubes par seconde. Or, à mesure que par l'action de l'eau, action que je suppose, on obtiendra des déblais, la section de la tranchée ira en augmentant et, par conséquent, la vitesse de l'eau ira en diminuant.

M. LE COMMANDANT ROUDAIRE. Non, car mon intention est d'approfondir la tranchée avec une section constante, de façon à rester autant que possible dans les mêmes conditions, jusqu'à ce qu'on soit arrivé au niveau de la mer.

Mais, admettons qu'on ne puisse pas compter sur cette tranchée supérieure et sur les eaux de l'Oued el Hamma pour l'agrandir. Je propose alors une autre solution contre laquelle on n'aura plus les mêmes objections à élever. On ferait une tranchée amorce dont le plafond serait creusé jusqu'au-dessous du niveau de la mer, mais qui n'aurait que des dimensions restreintes. Cette tranchée serait alimentée par un réservoir inépuisable, à niveau constant, et l'on pourrait lui donner une pente suffisante pour obtenir un entraînement rapide. A mesure qu'elle se trouverait agrandie par les eaux, le débit et l'entraînement augmenteraient également.

M. ROUSSEAU. C'est plus admissible, mais nous n'avons pas de données assez précises sur la consistance des terrains.

M. MOLINOS. Alors on ferait à la main une tranchée venant jusqu'au niveau de la mer?

M. LE COMMANDANT ROUDAIRE. Cette tranchée amorce aurait son plafond à 3 mètres, par exemple, de profondeur au-dessous du niveau de la mer basse à Gabès.

M. ROUSSEAU. Avec la faible pente dont vous disposez, j'entrevois encore des difficultés énormes. Il se produira sans cesse des éboulements; c'est la base même de votre opération. Il faudra donc remanier les déblais et déboucher à chaque instant le canal, pour restituer à l'eau son cours.

M. LE COMMANDANT ROUDAIRE. Voici ce que dit M. Dauzats au sujet de la tranchée amorce dont le plafond serait creusé jusqu'au-dessous du niveau de la mer et qui serait ainsi alimentée par un réservoir inépuisable.

« Que se passera-t-il dans la tranchée? Évidemment des éboulements importants se produiront au fur et à mesure que le pied des talus sera rongé et excavé par le courant. Ces éboulements pourront même avoir parfois une grande importance. Qu'arrivera-t-il alors?

« Les eaux s'accumuleront derrière ce barrage accidentel, jusqu'à ce que leur poussée soit suffisante pour le culbuter; cette poussée sera d'autant plus puissante que, les eaux continuant à couler en aval, la différence du niveau augmentera la charge d'entraînement. La veine liquide ne pourra pas tourner l'obstacle, puisqu'elle rencontrerait latéralement une résistance plus grande dans les terrains vierges; l'obstacle sera donc nécessairement emporté; si, par extraordinaire, au début de l'opération, la masse éboulée résistait à la poussée des eaux, on en serait quitte pour l'exécution de quelques terrassements qui viendraient l'aider.

« Je ne vois donc pas, en résumé, qu'aucune objection sérieuse puisse être opposée à ce système aussi simple qu'économique. »

M. Lalanne. Le phénomène est très bien analysé ; mais M. Dauzats fait intervenir nécessairement la main de l'homme ou les machines. Ce sera le cas normal.

M. le commandant Roudaire. Ce n'est qu'une question de direction à donner au travail des eaux. Il s'agit de savoir si l'on ne réalisera pas de cette façon une économie considérable.

M. Chatoney. S'il se produit des éboulements dans votre petite rigole, le courant tournera l'obstacle, et le déblayement ne se fera pas aussi facilement que vous le supposez.

M. le commandant Roudaire. On pourra donner à la tranchée une quinzaine de mètres de largeur.

M. Gros. Si les éboulements s'élèvent à une hauteur plus grande que le niveau de la Méditerranée, voilà votre canal barré.

M. Molinos. Les choses ne se passeront pas comme dans une rivière, où le niveau en amont pourrait s'élever, pour ainsi dire, indéfiniment. La charge qui pèsera ici sur les éboulements sera limitée à la différence de niveau avec la Méditerranée.

M. le Président. Il est certain que la science de l'ingénieur ne peut pas raisonner sur des procédés qu'elle ne connaît pas et dont on ignore l'avenir.

M. Cuvinot. Non seulement on ne les connaît pas, mais toutes les prévisions sont contraires à leur admission.

M. Chatoney. La seconde proposition de M. Roudaire n'est pas plus admissible que la première.

M. de Lesseps. Puisque personne ne prend la parole en faveur du système de M. Roudaire, c'est un fait acquis qu'il est écarté par la délégation. On peut donc immédiatement passer à l'examen des autres procédés.

M. Chambrelent. On fera les calculs en prenant pour base les procédés ordinaires.
. . . .
. . . .

M. Rousseau. Si nous pouvions évaluer le prix de revient des terrassements, notre travail serait en quelque sorte terminé. Avons-nous des éléments suffisants pour établir, d'après des précédents, le prix moyen des déblais qu'il faudra retrousser en cavaliers le long du canal ?

M. le Président. Depuis les travaux du canal de Suez, on a trouvé des procédés beaucoup plus économiques. Les ingénieurs que nous avons réunis pour faire les devis du canal de Panama avaient, en faisant des calculs très justes et très sages, estimé le mètre cube de déblai à 2 fr. 5o cent. Or, nous faisons actuellement des traités avec des entrepreneurs américains qui viennent exécuter, dans des parties difficiles, le même travail à 1 fr. 5o cent., et nous avons tout lieu d'espérer que, dans quelque temps, d'autres entrepreneurs se présentant, nous pourrons arriver à un prix inférieur à 1 fr. 5o cent. Je suis convaincu, pour ma part, qu'on fera tous les travaux pour une moyenne de un franc.

M. Cuvinot. Les transports se font à la descente, et cela fait une différence assez considérable. Ici il y a une ascension verticale moyenne de 25 ou 3o mètres, puisqu'il faut relever encore les déblais au-dessus du cavalier de dépôt.

M. Rousseau. Il y a des procédés économiques lorsqu'on dispose de l'eau.

M. le Président. Avec les dragues de M. Lavalley, certains travaux de Suez sont revenus à 20 centimes. Un de nos simples chefs de chantiers, qui était payé à raison de 2 fr. 5o cent. ou 3 francs le mètre cube, a gagné, pour sa part, 100,000 francs, et cela grâce à l'emploi des moyens mécaniques. Du reste, l'entrepreneur se serait ruiné s'il n'avait pas inventé ces dragues; il avait un forfait de 170 millions de francs, sur lequel, tout compte fait, il a gagné 14 millions.

M. Lalanne. Le prix de 2 francs est une moyenne autour de laquelle oscillent les résultats obtenus depuis l'origine des grands travaux. Là où les travaux ont été le plus faciles, aux chemins de fer d'Orléans et de Rouen, par exemple, les terrassements se sont faits en général à 2 francs par mètre cube. La moyenne des transports, combinée avec la moyenne des natures des déblais, a donné ce chiffre.
Je ne crois pas qu'il soit prudent de compter, avec des procédés ordinaires, sur un chiffre moindre dans un pays déshérité ne présentant aucune ressource.

M. le Président. Je crois que la nature des terrains permet de fixer un chiffre moindre.

M. Rolland. La consistance des terrains intervient évidemment dans le prix de revient des déblais. Or, ces terrains sont généralement tendres. On peut en juger par les forages de l'Oued Rir'; la plupart du temps, on n'a pas besoin de recourir au trépan, et on s'approfondit simplement en enlevant des carottes à la cuiller.

M. Rousseau. Cela n'influe que sur la fouille, mais il y a toujours le relèvement.

M. de Lesseps. Je crois, d'après les discussions que j'ai entendues, que vous arriverez à faire le travail pour 5o centimes.

M. Chatoney. Je crois, pour ma part, qu'il faut compter, avec l'élévation et le transport, sur 2 francs au minimum.

M. le Président. Il y aura des mètres cubes qui coûteront 25 centimes et même moins. Nous en avons eu qui ne nous ont pas coûté plus de 15 centimes.

M. Rousseau. J'admets qu'ici on soit dans les meilleures conditions à cause du cube énorme des déblais, de leur nature très homogène, etc., mais je ne pense pas qu'on puisse descendre au-dessous de un franc.

M. le général Lévy. C'est un minimum, en effet, mais on pourrait l'admettre dans ces terrains extrêmement meubles, où le travail doit présenter de grandes facilités.

M. Rolland. Le prix de la main-d'œuvre est un élément intéressant du prix de revient que l'on cherche à évaluer. Je puis dire qu'actuellement, dans l'Oued Rir', la journée d'ouvrier coûte de 1 franc à 1 fr. 50 cent.

M. Lalanne. Le mètre cube revient toujours à peu près au même. Si la main-d'œuvre est très basse, les hommes travaillent moins; c'est là un fait reconnu par l'expérience. Les terrassiers belges qui gagnent 6 à 7 francs par jour travaillent plus économiquement que ceux qui, dans le centre de la France, gagnent 1 fr. 50 cent.

M. Rolland. Les Rouara et les Souafa, que l'on emploierait aux travaux du canal, sont des ouvriers très robustes, très travailleurs et très dociles. Ce sont des oasiens sédentaires, berbères comme origine, mais devenus presque nègres.

M. le Président. A Panama, les hommes reçoivent 1 franc par mètre cube et gagnent 7 francs par jour. Ce sont des nègres de la Jamaïque, très robustes et très travailleurs.

M. Molinos. En laissant de côté les 25 millions de mètres cubes de calcaire, nous pouvons admettre que le reste des déblais se fera dans des terrains homogènes, se prêtant, par conséquent, très bien à une installation mécanique. Ce qu'il y a de plus fâcheux pour les installations mécaniques, ce sont les variations de conditions; lorsqu'on a toujours le même problème à résoudre depuis le commencement jusqu'à la fin, il est certain qu'on peut imaginer des dispositions qui, s'appliquant à de très grandes quantités, comme dans l'espèce, réalisent des économies considérables.

On peut donc sans crainte adopter un chiffre relativement bas; j'avoue cependant que le chiffre de 1 franc me semble très faible, si l'on considère que la tranchée aura une profondeur de 27 mètres, et qu'il faudra encore monter les terres au-dessus des cavaliers. Or, on aura beau prendre toutes les précautions pour établir les cavaliers, soit au moyen de l'eau, comme l'a fait M. Lavalley au canal de Suez, soit par tout autre procédé, il faudra toujours élever les déblais à une hauteur de 30 mètres au moins, ce qui est considérable.

M. Lalanne. Et les transporter à 3 kilomètres!

M. Molinos. Si l'on se sert de wagons, on arrive à un prix de 2 francs à 2 fr. 50 cent. le mètre cube.

M. le Président. M. Lavalley se servait d'élévateurs qui ont coûté cher, mais on peut les perfectionner.

M. Molinos. L'eau est le procédé que l'on met actuellement en œuvre.

M. Le Gros. Vous n'aurez pas d'eau ici.

M. Molinos. On aura l'eau de la mer.

M. Le Gros. Et quand on sera au-dessus du niveau de la mer?

M. le commandant Roudaire. On aura toujours l'eau de l'Oued el Hamma.

M. Le Gros. Un débit de 8 mètres cubes, c'est peu de chose.

Plusieurs Membres. On pourrait admettre le prix de 1 franc comme chiffre minimum.

M. Chatoney. Vous aurez un canal de 50 ou 60 mètres d'ouverture, débouchant en pleine mer ; or, en face de Gabès, la mer s'étend jusqu'aux côtes de Syrie, et les vents doivent produire une grande agitation. Lorsque la vague entrera dans le canal, elle s'y prolongera indéfiniment, et je me demande s'il n'en résultera pas des dégradations, si les rives tiendront sans défense ; il me paraît certain que non, et qu'il faudrait prévoir de ce chef une augmentation de dépense.

M. Cuvinot. Un élément assez important de la dépense, c'est le coût des machines. Quand il s'agit d'un terrassement d'une importance relativement minime, on peut admettre que l'amortissement de la machine pèsera, non seulement sur le travail en cours d'exécution, mais sur d'autres travaux auxquels la machine pourra être employée ultérieurement. Ici, le travail devra être fait assez rapidement ; il faudra une quantité assez considérable de machines qui n'auront pas leur emploi ailleurs ; je ne dis pas qu'il faille pour cela surélever le prix de un franc, mais même en utilisant les machines, il faut prévoir, du fait de la construction de ces engins qui ne serviront pas facilement sur d'autres chantiers, une dépense assez considérable.

M. le Président. A l'isthme de Suez, M. Lavalley avait traité avec nous moyennant un prix de tant par mètre cube ; il avait environ pour 50 millions de machines, que nous lui avons payés en acompte sur le prix de déblai ; il nous a abandonné ensuite ces machines que nous avons vendues comme ferraille.

Les économies que M. Lavalley a faites sont dues à ces machines, dont il n'avait pas compté recueillir le capital, et qui lui ont permis quelquefois d'exécuter des déblais à 25 centimes le mètre cube.

M. Cuvinot. Si l'on veut aller vite, on arrivera facilement à une dépense de 100 à 150 millions en machines.

. . . .
. . . .

M. Molinos. Je crois que la fouille peut coûter moins de 50 centimes.

M. Cuvinot. Oui, mais il y a le transport latéral, qui n'est pas compris dans l'élévation, et qui exigerait soit l'emploi d'une certaine force additionnelle, pour l'écoulement des déblais si l'on avait recours à l'eau, soit l'enlèvement de ces déblais à main d'homme.

M. Chatoney. Le prix ne pourra, dans aucun cas, descendre au-dessous de 1 fr. 50 cent. et atteindra probablement, s'il ne le dépasse, ce chiffre.

M. Rousseau. Je propose de dire :

Le prix du mètre cube de terre ordinaire ne pourra, dans aucun cas, descendre au-dessous de 1 franc, et atteindra probablement, s'il ne dépasse, 1 fr. 50 centimes.

(Cette rédaction est adoptée.)

M. Rousseau. Quant au déblai des 25 millions de mètres cubes de calcaire, qu'on ne pourra pas relever au moyen de l'eau, et pour lesquels il faudra se servir de wagons, un autre prix devra être admis.

M. Molinos. De quelle nature est ce calcaire ? Est-il dur ?

M. le commamdant Roudaire. Il est très dur.

M. Rousseau. M. Roudaire admet qu'il pourrait servir aux constructions.

M. Rolland. Les calcaires crétacés de l'Atlas et du Sahara algérien sont généralement compacts, parfois saccharoïdes, le plus souvent très durs.

M. Molinos. Il faudra alors se servir de la mine pour les faire sauter.

M. Chatoney. Le déblai dans le rocher coûtera peut-être 5 francs par mètre cube.

M. Cuvinot. C'est beaucoup ; vous pouvez le mettre à 3 fr. 50 centimes.

M. Lalanne. Et même à 3 francs.

M. Cuvinot. J'estime que, pour le rocher, l'on pourrait adopter un minimum de 3 francs et un maximum de 4 francs.

(Ces chiffres sont adoptés.)

Le Président,
F. DE LESSEPS.

Le Secrétaire,
G. ROLLAND.

PREMIÈRE SOUS-COMMISSION.

CINQUIÈME SÉANCE.
(30 JUIN 1882.)

PRÉSIDENCE DE M. SADI-CARNOT.

La séance est ouverte à onze heures et demie.

Sont présents :

MM. Sadi-Carnot, *président;* d'Abbadie, Chambrelent, Chatoney, Daubrée, contre-amiral Duburquois, Dupuy de Lôme, Fournié, Gros, Lalanne, général Lévy, Rousseau, Rolland, *secrétaire.*

M. Rolland. Le procès-verbal de la dernière séance sera imprimé et distribué à l'état d'épreuve aux membres qui ont pris part à la discussion et qui pourront faire leurs corrections avant le tirage.

M. le Président. Messieurs, nous n'aurons besoin que de quelques minutes pour nous entendre sur le complément à donner à nos travaux.

La Commission supérieure a semblé admettre la nécessité de remplir la mer intérieure en une dizaine d'années; sinon, il faudrait renoncer à l'entreprise. Nous devons donc changer le point de départ de nos calculs, et abandonner les dimensions auxquelles nous étions arrivés pour le canal, en vue de l'alimentation de la mer supposée déjà remplie, et avec lesquelles nous n'obtiendrions pas le résultat voulu. Nous devons rechercher quelles seraient les dimensions et la pente à donner au canal pour pouvoir remplir la mer intérieure en dix ans.

M. Chambrelent doit avoir entre les mains les éléments de ce nouveau calcul.

M. Chambrelent. Voici la marche que j'ai déjà proposé de suivre pour arriver à la seconde solution qu'on nous demande.

Jusqu'ici, j'ai tenu à marcher avec M. Roudaire; c'est de concert avec lui que j'ai arrêté la section du canal; cette section ne donne qu'un débit de 187 mètres cubes, et ne permet de remplir la mer intérieure, sans tenir compte de l'évaporation, qu'en vingt-neuf ans environ. Mais, comme il y aura évaporation et comme, à un moment donné, la mer intérieure sera assez remplie pour que sa surface soit à peu près ce qu'elle doit être définitivement, cette évaporation étant à peu près égale au débit, la mer intérieure ne pourrait pas se remplir.

Si nous donnions au canal un débit triple, elle se remplirait en dix ans, toujours dans l'hypothèse qu'il n'y aurait pas d'évaporation. Il faudrait y ajouter une augmentation de débit nécessaire pour compenser l'évaporation. Cette augmentation ne sera pas tout à fait de 187 mètres cubes par seconde, parce que, pendant le remplissage, il y aura une surface moindre d'évaporation.

Ainsi, si on donne au canal une section quatre fois plus grande, on est sûr que, en tenant compte de l'évaporation, la mer intérieure se remplira dans un délai qui ne dépassera pas dix années, et qui sera même un peu moindre. Avec la section triplée seulement, la mer intérieure ne se remplira pas en dix ans. C'est donc entre une section triple et une section quadruple qu'il faut chercher.

Si l'on veut augmenter la pente du canal, la section nécessaire diminuera un peu; je suis tout disposé à étudier la diminution de section qui en résultera.

Il faut considérer qu'avec cette longueur de 172 kilomètres, si on augmente un peu la pente, on arrivera à un chiffre de déblai beaucoup plus élevé.

M. LE PRÉSIDENT. Ne pourrait-on pas admettre que le canal, — quelles qu'en soient les dimensions, — donnerait, pendant le temps que durera le remplissage de la mer intérieure, le débit qu'il donnera après que cette mer sera remplie?

M. DUPUY DE LÔME. Et même davantage.

M. CHAMBRELENT. Vous ne dépasserez ce chiffre dans aucun cas, parce que la section diminuera plus rapidement que ne s'accroîtra la pente.

M. DUPUY DE LÔME. Je ne suis pas d'avis d'insérer dans nos conclusions que la section du canal et son débit diminueront si l'on augmente la pente; nous ne pouvons pas émettre cette assertion que, le niveau de l'eau dans les chotts étant plus bas, le débit du canal sera moindre que quand ces mêmes chotts seront pleins. J'ai rappelé à ce sujet la théorie des vases communiquants.

M. GROS. Cela me paraît évident.

M. le Président. La considération invoquée par M. Chambrelent n'est pas nécessaire au raisonnement; il me semble qu'on peut en faire abstraction.

M. Chatoney. Il le faut.

M. Dupuy de Lôme. Non seulement ce n'est pas nécessaire au raisonnement, mais c'est impossible à démontrer.

M. le Président. Nous pouvons très bien admettre, pour le raisonnement, que le débit, pendant le remplissage, sera le même qu'après la mer remplie. — Partons donc de cette hypothèse, et cherchons, en conséquence, quelles doivent être la section et la pente à donner au canal pour assurer le remplissage de la mer intérieure en une dizaine d'années. Nous en déduirons ensuite le cube des terrassements et nous en conclurons la dépense à faire, soit en partant du prix de 1 franc par mètre cube admis par la Sous-Commission, soit en acceptant le prix de 50 centimes indiqué par M. Roudaire. Enfin nous y ajouterons une certaine somme à valoir, l'intérêt du capital pendant la construction, etc., et c'est d'après le total obtenu ainsi que statuera la Commission supérieure.

M. Dupuy de Lôme. Je suis convaincu que le chiffre de 50 centimes, donné par M. Roudaire, serait accepté bien difficilement, et que la Sous-Commission s'est montrée très modérée quand elle a admis le prix de 1 franc. Mais je voudrais que, dans nos conclusions, nous n'émissions pas d'affirmation sans réserve. Je voudrais que nous disions : La Commission pense que le prix des déblais ne descendra pas au-dessous de 1 franc par mètre cube; M. Roudaire soutient qu'il ne sera que de 50 centimes; eh bien, en admettant même, — ce que nous croyons impossible, — que les entrepreneurs qui seront chargés du travail soient assez habiles pour ne pas dépasser ce chiffre de 50 centimes, voici à quelle dépense totale on arriverait. Cette dépense totale serait naturellement doublée, d'après l'évaluation de la Sous-Commission.

M. le Président. Il y a une dépense qui n'a pas été visée dans nos délibérations, c'est celle qui serait nécessaire pour rendre le canal propre à la navigation de grands bâtiments.

M. l'amiral Duburquois. La section du canal, dans le terrain ordinaire, est suffisante; mais, dans le rocher, elle ne l'est pas. Il faudrait qu'elle fût portée aux dimensions qu'a reçues la section du canal de Suez, au seuil d'El-Guirs et au seuil de Sérapéum, soit 58 mètres de largeur à la ligne d'eau et 22 mètres au plafond.

Il faudrait aussi des parties du canal élargies, pour servir de garages, et permettre le croisement de navires allant en sens contraires.

M. Gros. Est-ce que, au point de vue de la navigation, on pourrait réduire la profondeur?

M. l'amiral Duburquois. Sans inconvénient jusqu'à 8 mètres.

M. Chatoney. Je répète qu'il n'est pas possible que, dans des travaux de cette nature, il n'y ait pas de somme à valoir, même en admettant le prix de 1 franc. Il y aura, par exemple, à pourvoir à la défense des berges. Il faudra des digues allant jusqu'à 3 kilomètres en mer.

M. Lalanne. On a objecté qu'à Suez il n'y a pas d'ouvrages du côté de la mer Rouge; on a répondu que Suez est une rade, comme Trieste. Mais à Gabès la situation n'est pas la même, et l'on n'a pas une rade où l'on puisse trouver un abri sûr et constant.

M. l'amiral Duburquois. A Suez, le canal est prolongé dans la rade, et il y a deux jetées qui conduisent le chenal jusqu'aux profondeurs de 10 mètres.

M. Chatoney. J'ai examiné les deux cartes marines de Suez et de Gabès. Avant d'arriver à Suez, la mer Rouge se divise en deux branches : à l'entrée de celle de Suez, il n'y a qu'un petit chenal de 5 à 6 kilomètres qui ait de la profondeur, et au delà jusqu'à ce port, les rives, parsemées d'îles et très découpées, forment, pour ainsi dire, un brise-lames continu. Le port de Suez est donc très abrité, et il n'y a jamais d'agitation sérieuse.

Cette situation ne saurait être assimilée à celle de Gabès, qui, situé au fond d'un golfe ouvert en plein vers le nord-est, n'est nullement abrité. Dans cette direction, on ne rencontre la terre que du côté de l'Archipel, c'est-à-dire à une distance bien plus considérable que celle qui sépare le nord de l'Algérie des côtes de France. La mer doit donc être plus mauvaise à Gabès que sur la côte nord de nos possessions africaines, et ce n'est pas peu dire.

M. Dupuy de Lôme. L'entrée du canal dans le golfe de Gabès sera plus mauvaise qu'à Port-Saïd. A Port-Saïd, pour maintenir les sables et empêcher le canal de se combler, on a dû faire deux jetées, et on prolonge aujourd'hui celle qui est du côté de l'ouest.

A Gabès, il n'est pas possible de ne pas prolonger le canal dans la mer, au moins jusqu'à ce qu'on rencontre un fond de 9 à 10 mètres; il faudra donc deux jetées de chaque côté du canal, pour empêcher que ce canal ne soit encombré par les sables.

M. Chatoney. En définitive, il s'agit d'une dépense supérieure à celle qu'on a dû faire à Port-Saïd.

M. le Président. Cette dépense était sinon chiffrée, du moins indiquée dans le rapport général qui résume les travaux de la Sous-Commission.

M. Dupuy de Lôme. Je demande qu'on l'évalue et qu'on le comprenne dans le total.

M. Lalanne. M. Roudaire a dit : c'est l'affaire du Gouvernement; la Sous-Commission ne doit s'occuper que d'évaluer les travaux pour la mer intérieure telle que je l'ai conçue, les accessoires ne me regardent pas. Je réponds qu'il nous appartient, à nous qui avons à émettre un avis au point de vue économique et financier, de dire quel sera le chiffre total de la dépense. Aux 4, 5 ou 600 millions auxquels nous évaluons, au minimum, les travaux nécessaires à l'exécution de la mer, devons-nous ajouter une somme de 20, 25 ou 50 millions pour des ouvrages destinés à l'utilisation de cette mer? M. de Lesseps nous a dit qu'à Suez les travaux du port avaient coûté 25 millions.

M. Dupuy de Lôme. Nous devons nous placer dans les conditions les plus favorables au projet, pour ne donner prise à aucune critique.

M. le Président. Nous sommes tous d'accord sur la manière dont le travail de M. Chambrelent devra être compris.

M. Chatoney. Il est impossible de ne pas indiquer de somme à valoir.

M. le général Lévy. Nous pourrions accepter les chiffres indiqués par M. Roudaire, et nous arriverions à une somme déjà tellement forte qu'il ne serait pas nécessaire de prévoir une somme à valoir, ni la dépense de jetées à construire en mer.

M. le Président. Nous devons établir d'une façon aussi consciencieuse que possible, et sans aucun parti pris, la dépense de cette opération. Si, sur les données que nous aurons indiquées, une société venait à se constituer et à échouer, notre responsabilité serait lourde. Ne forçons pas les chiffres, mais disons ce que nous pensons avec toute la netteté possible.

M. le général Lévy. La dépense pour les jetées ne rentrait pas dans les prévisions de M. Roudaire, qui en laissait le soin au Gouvernement.

M. Chatoney. Il est indispensable de dire que le canal ne peut pas se faire sans ces ouvrages. Peut-on, dans une plage de sable, ouvrir un chenal qui ne soit pas exposé à se boucher?

M. Gros. Cette défense est inhérente à l'existence du canal.

M. Chambrelent. Je crois qu'une somme à valoir de 36 p. o/o est excessive, on pourrait mettre 10 p. o/o.

M. Lalanne. Mettons tout au minimum.

M. Chambrelent. Faut-il tenir compte des frais d'administration ?

M. Chatoney. Certainement, puisqu'il s'agit d'une société particulière.

M. Rousseau. L'intérêt du capital pendant la construction représentera un très gros chiffre. Il faudra en tenir compte.

M. Lalanne. M. Roudaire prétend que, la concession une fois obtenue, il tirera immédiatement parti de ce domaine.

M. Rousseau. Nous ne chiffrons pas les recettes, mais les dépenses. M. Roudaire fera ensuite toutes les déductions voulues.

M. le Président. Les éléments me paraissent suffisamment établis.
D'après ces bases, M. Chambrelent voudra bien dresser une évaluation des terrassements du canal et de la dépense totale de l'entreprise.

a séance est levée à midi.

Le Président,
SADI-CARNOT.

Le Secrétaire,
G. ROLLAND.

PREMIÈRE SOUS-COMMISSION.

SIXIÈME SÉANCE.
(5 JUILLET 1882.)

PRÉSIDENCE DE M. SADI-CARNOT.

La séance est ouverte à neuf heures et demie.

Sont présents :

MM. Sadi-Carnot, *président;* de Lesseps, *vice-président,* d'Abbadie, Chambrelent, Chatoney, Cuvinot, Dupuy de Lôme, Duveyrier, Gros, colonel Perrier, Rolland, *secrétaire.*

M. le commandant Roudaire assiste à la séance.

M. Rolland. Le procès-verbal de la dernière séance sera imprimé et distribué à l'état d'épreuves aux membres qui ont pris part à la discussion et qui pourront faire leurs corrections avant le tirage.

M. le Président. Je dois informer la Sous-Commission que M. l'ingénieur en chef Ritter a adressé à M. le Ministre des travaux publics, qui l'a transmis à M. le Ministre des affaires étrangères, un travail considérable sur les résultats probables et les difficultés d'exécution du projet de mer intérieure.

Ce travail traite plus particulièrement des questions soumises aux deux autres Sous-Commissions. Une partie cependant est relative à la question technique.

Les conclusions de M. l'ingénieur en chef Ritter sont analogues à celles auxquelles arrive la première Sous-Commission.

Son mémoire sera communiqué aux autres Sous-Commissions.

M. d'Abbadie. Je demande à dire un mot au sujet de ce que j'ai lu dans le rapport général résumant les travaux de la première Sous-Commission.

Comme il avait été question accidentellement, à la deuxième Sous-Commssion, du contre-courant dans le canal projeté, j'avais cru bien faire en consultant un spécialiste sur cette matière. Je me suis adressé à M. Bouquet de la Grye, ingénieur hydrographe. Il m'a écrit une lettre que j'ai remise à la Sous Commission.

M. Bouquet de la Grye est d'avis qu'avec les dimensions indiquées par M. Roudaire, les deux courants doivent nécessairement s'établir et que, par conséquent, il doit y avoir un équilibre de salure entre les eaux du chott Melrir et celles de la Méditerranée. Je n'ai, pour mon compte, aucune opinion sur la matière.

Mais l'opinion de M. Bouquet de la Grye est d'autant plus remarquable que, pour des considérations étrangères à sa spécialité, il est opposé à la création de la mer intérieure.

M. Chambrelent. Nous n'admettons pas de contre-courant, mais il est évident que, si nous voulions l'admettre, les chiffres auxquels nous arrivons dans le rapport dont je vais donner connaissance sur l'estimation de la mer intérieure, devraient être considérablement augmentés. En effet, nous avons calculé le débit nécessaire pour remplir le canal en dix ans. Si nous admettions, avec la section acceptée et reconnue ainsi nécessaire, un contre-courant, le débit serait beaucoup plus faible, car une partie de cette section serait consacrée au refoulement de l'eau concentrée par l'évaporation.

M. Dupuy de Lôme. J'étais, pour ma part, partisan d'un contre-courant, et j'éprouve un certain regret de voir parler d'une salure toujours croissante. Mais, la salure pendant le remplissage ne devant croître que d'une quantité infiniment petite, ce n'est pas pendant ces dix premières années que le contre-courant pourrait s'établir.

Ainsi donc, quelle que soit la solution de cette question du contre-courant pour l'avenir, il n'y a pas lieu de s'en préoccuper pour la période du remplissage.

M. Duveyrier. Les creux les plus profonds de la dépression sont remplis actuellement de masses de sel considérables. L'eau de la mer, arrivant dans ces bas-fonds, se surchargerait encore.

M. le colonel Perrier. Il n'y a pas tant de sel dans les chotts que vous semblez le croire.

M. le Président. La question du contre-courant a été examinée d'une manière complète par la Sous-Commission, qui a écarté cette hypothèse. Il semble qu'il y ait une raison de plus aujourd'hui pour ne pas en tenir compte. En effet, pour que avec des dimensions admissibles le canal suffise au remplissage, on a été amené à lui donner une pente considérable qui implique une différence de niveau de près de 6^m,50 entre les deux mers.

M. Dupuy de Lôme. La question du contre-courant est aujourd'hui, selon moi, modifiée. Étant donné que le canal serait fait aussi grand qu'on l'a jugé nécessaire pour le remplissage, je crois que le contre-courant s'établirait de lui-même une fois la salure arrivée à un degré assez élevé, et qu'il resterait encore un courant d'entrée suffisant pour faire face à la vaporisation.

M. Gros. Vous remarquerez que les dimensions du canal reposent sur l'hypothèse d'une évaporation de 74 centimètres par an, déduction faite de toutes les causes accessoires. Si le chiffre admis était trop faible, comme je le crois, le canal n'aurait pas les dimensions suffisantes pour l'existence d'un contre-courant.

M. Chambrelent. J'ai eu ces jours derniers une conversation avec M. Voisin Bey, qui n'est pas favorable à l'œuvre. Il est convaincu que le chiffre adopté pour l'évaporation est raisonnable, plutôt trop fort. Quoi qu'il en soit, ce chiffre a été arrêté par la deuxième Sous-Commission.

M. Gros. C'est un minimum.

M. le Président. La parole est à M. Chambrelent pour la lecture d'un Rapport sur l'estimation générale des travaux de la mer intérieure avec condition de remplissage en dix ans.

M. Chambrelent lit son rapport (1).

M. le colonel Perrier. J'estime qu'il est absolument impossible de déterminer d'une manière exacte la superficie inondable des chotts, notamment en ce qui concerne le chott Rharsa; on ne peut avoir là qu'une approximation. J'évalue la surface submersible à un chiffre variant entre 6 et 7,000 kilomètres carrés. Mais je ne crois pas qu'il y en ait 8,000. D'après les dessins de M. Parisot, dont j'ai vu les originaux au dépôt de la Guerre, le chiffre de 7,000 kilomètres me parait très acceptable.

M. Chambrelent. Il avait été convenu que, pour faire l'estimation des

---

(1) Voir page 173.

dépenses, on accepterait le chiffre de 8,000 kilomètres indiqué dans le rapport de M. Roudaire.

M. LE COMMANDANT ROUDAIRE. En ce qui concerne le chott Melrir, on sait que la courbe zéro a été recoupée environ vingt fois; la superficie inondable de ce chott est donc connue dans des limites de probabilité très grandes.

Pour le chott Rharsa, il n'y a pas de coupe en travers du nord au sud, mais on connaît la longueur de la dépression, puisqu'il y a des nivellements à l'est et à l'ouest. Il n'y a donc que la largeur du nord au sud qui ne soit pas bien précisée. Je reconnais qu'il y a de ce fait une certaine indétermination dans le tracé de la courbe zéro, mais je dois ajouter que j'ai fait des levés topographiques le long de ce chott.

En fin de compte, je crois que je ne me suis pas beaucoup écarté de la vérité et que le chiffre que j'ai donné est le probable.

M. LE COLONEL PERRIER. L'indécision provient également d'une discordance de près de 5 mètres dans les nivellements mêmes. Les cotes obtenues en partant du niveau de la mer moyenne à Alger ne concordent pas avec celles auxquelles on est arrivé en partant de Gabès. Celles-ci sont inférieures de $4^m,86$. Si l'on admettait ces dernières, il faudrait donc abaisser les cotes du chott Melrir de près de 5 mètres, ce qui modifierait considérablement la surface inondable.

M. LE COMMANDANT ROUDAIRE. J'ai adopté les résultats des nivellements géométriques qui viennent de Gabès. La cote obtenue au chenal de Chegga résultait d'opérations géodésiques. Avec celles-ci, les visées se font à grandes distances et la réfraction produit des causes d'erreur assez importantes, qui sont éliminées dans les observations faites à une petite distance, comme les nivellements géométriques, que nous avons exécutés par portées de 80 mètres dans la dernière campagne. Le nivellement géodésique présentait un écart de 3 ou 4 mètres; nous devions le rejeter, puisqu'il comporte des causes d'erreur beaucoup plus grandes que les nivellements géométriques.

M. LE COLONEL PERRIER. Il y a toujours l'erreur de 1 mètre que j'ai signalée, et qui tient à ce que vos cotes sont rapportées à la mer basse, tandis qu'il faut considérer le niveau moyen, le niveau d'équilibre entre la haute et la basse mer.

M. LE COMMANDANT ROUDAIRE. Toutes mes cotes sont rapportées, en effet, au niveau de la basse mer. Mais cela ne constitue pas une erreur. Il n'y a qu'à les réduire de 1 mètre, puisque la marée est de 2 mètres, pour les ramener au niveau moyen de la Méditerranée.

M. Cuvinot. On n'a pas tenu compte de l'abaissement résultant de la pente nécessaire au remplissage. Le périmètre inondable sera sensiblement réduit de ce fait.

M. le commandant Roudaire. La dénivellation de 6^m,5o résulte de la pente destinée au remplissage ; mais, lorsque les chotts seront remplis, la pente à la surface s'établira uniquement en raison du débit de 187 mètres par seconde, destinés à compenser l'évaporation: on n'aura plus alors qu'une faible dénivellation.

M. Cuvinot. Alors cela allongera la durée du remplissage, car la tranche d'eau supérieure sera beaucoup plus longue à remplir que les précédentes, en raison de la diminution de pente.

M. le Président. Je crois que la question n'a pas aujourd'hui une très grande portée et que cela ne peut pas changer notablement le résultat.

M. Gros. Je voudrais demander un renseignement au sujet des intérêts d'argent pendant l'exécution des travaux et pendant le remplissage. M. Chambrelent a calculé les intérêts pendant sept ans et demi ; or, le remplissage seul durera dix ans. Combien dureront les travaux ?

M. Chambrelent. Cinq ans; cela ferait l'intérêt des capitaux à 5 p. o/o pendant deux ans et demi. Il faudrait y ajouter l'intérêt pendant les dix ans de remplissage; mais M. Roudaire m'a fait observer que quand les chotts seraient à moitié pleins, il espérait voir se produire des bénéfices, soit par la navigation, soit par la culture. Alors j'ai pris sept ans et demi à 5 p. o/o.

M. le commandant Roudaire. Calculer les intérêts pendant sept ans et demi, est très exagéré. Dès le début, la compagnie aura, si elle est chargée des travaux, les concessions des terrains et des forêts qu'elle demande. Elle n'attendra pas cinq ans pour mettre ces concessions en exploitation, elle le fera immédiatement.

Les bienfaits qui résulteraient du changement de climat se produiront presque de suite, puisque vous comptez que l'évaporation sera déjà de 5 milliards de mètres cubes pendant le remplissage, alors qu'elle n'atteindra, lorsque les chotts seront pleins, que 5 milliards 900 millions. D'autre part, le chott Rharsa sera rempli dès la première année, puisque c'est un bassin indépendant; dès lors, il pourra produire des revenus par ses pêcheries. D'ailleurs, si l'on tient compte des intérêts de l'argent pendant sept ans et demi, il faut tenir compte aussi de ce que rapporteront les concessions pendant ce temps. Je crois pour ma part, et j'établirais s'il le fallait, que le revenu sera beaucoup plus considérable que l'intérêt de l'argent. J'ajoute que le capital sera appelé successivement et non pas tout entier dès la première année.

En ce qui concerne les garages et les ponts, il faudrait préciser. Je ferai remarquer d'abord que les garages sont à peu près inutiles avec un canal ayant une largeur moyenne de plus de 80 mètres à la ligne d'eau. Mettons-en 5 ou 6 pour permettre aux grands navires d'évoluer, on arrivera à peine à une dépense de 1 million. D'un autre côté, 4 ou 5 ponts de bateaux, établis aux points de passage les plus importants, seront largement suffisants. Ces ponts seront munis de portières permettant d'ouvrir le passage à la navigation et, au besoin, d'interrompre la circulation. Les dépenses de ce chef n'atteindront pas 400,000 ou 500,000 francs.

Quant aux travaux à faire en mer, on dit qu'ils ont coûté 25 millions à Suez. Or, j'ai fait des recherches à ce sujet, et voici ce que j'ai trouvé dans le grand ouvrage de M. Monteil, intitulé : *Le percement de l'Isthme de Suez.*

Les principaux travaux nécessités pour la construction du canal à son débouché dans la mer Rouge, sont :

1° Une digue en terre, côté Afrique de la sortie ;

2° Un bassin intérieur, dit *de l'Arsenal*, destiné au stationnement du matériel ;

3° Un terre-plein à l'extrémité du canal ;

4° Une jetée en brise-lames pour défendre l'entrée du canal.

Ces ouvrages sont défendus à la base par des digues et des enrochements.

Voici le détail du prix de revient :

	LONGUEUR.	PRIX du MÈTRE COURANT.	DÉPENSE.
	mèt. c.	fr. c.	fr.
1° Digue de la sortie...............................	1,400 00	42 75	44,650
2° Bassin de l'Arsenal............................	400 00	229 00	91,600
3° Terre-plein du chenal et digue du large.. { Nord .... Sud	500 00 1,200 00	590 00	1,003,000
4° Brise-lames et musoir de brise-lames...............	877 50	396 00	329,292
5° Endiguements et enrochements....................	....	....	1,254,000
Total.................	....	....	2,722,542

La somme de tous ces chiffres nous conduit à 2,722,000 francs et non pas à 25 millions. Il y aurait donc, en admettant qu'on fît des travaux aussi considérables à l'entrée du chenal de Gabès, lequel se trouve dans de très bonnes conditions, une dépense de 2,700,000 francs, en chiffres ronds.

Maintenant je n'admets pas que la compagnie ait à faire un port ; elle sera une compagnie agricole et industrielle plutôt que commerciale ; elle n'aura qu'à défendre l'entrée de son canal contre la mer.

Plus tard, elle jugera peut-être nécessaire de s'occuper de l'établissement par là d'un port à Gabès, mais il est probable que l'État prendrait les devants. C'est à lui également que reviendraient les frais pour garder l'entrée du canal.

M. Chambrelent. C'est M. Voisin Bey qui m'a dit qu'on avait dépensé 25 millions pour les travaux en mer à Suez.

M. Chatoney. M. Voisin voulait sans doute parler de Port-Saïd.

M. de Lesseps. A Suez, nous avons fait simplement, en draguant, un passage entre la rade et l'entrée du canal. Nous n'avons pas fait de port.

M. Chambrelent. Gabès est dans des conditions plus mauvaises que Port-Saïd.

M. le commandant Roudaire. Port-Saïd est mauvais à cause du voisinage du Nil et des courants littoraux qui amènent le limon à l'embouchure du canal.

M. de Lesseps. Il s'était produit, depuis quelques années, sous l'action et le mouvement des vents ordinaires, un dépôt de sables qui comblait, sur une étendue de deux ou trois cents mètres, l'angle formé par la jetée de l'ouest et le rivage. Nous avons, d'accord avec M. Dupuy de Lôme, commencé par enfoncer des blocs de pierre pour allonger la jetée; mais nous nous sommes aperçus qu'il aurait fallu ainsi aller jusqu'à Chypre. Alors nous nous sommes dit qu'on pouvait balayer le fond de la mer, à la condition d'employer des dragues qui supportent le mouvement de la mer et aient une quille profonde; il faut en outre des bateaux qui puissent les accoster en pleine mer. Aujourd'hui nous avons des dragues très bien confectionnées, et nous enlevons, moyennant 30 ou 40 centimes le mètre cube, toutes les boues, tous les sables, qui sont poussés par le vent du nord-ouest et par les tempêtes. Nous travaillons pendant cinq mois d'été, c'est-à-dire à une époque de calme, et nous enlevons ce que la mer a apporté pendant l'hiver.

M. Dupuy de Lôme. Les jetées étaient, selon moi, nécessaires à Port-Saïd, mais les jetées telles qu'elles sont, allant dans des profondeurs suffisantes; j'ajoutais en même temps qu'on entretiendrait l'entrée de ces jetées par des dragages.

La question qui se posait était celle-ci : Il y a des sables qui arrivent en abondance, ces sables s'accumulent du côté ouest où ils arrivent. Quand ils auront rempli le triangle qui existe entre l'extrémité de la jetée et le littoral, le déversoir se fera à l'extrémité de la jetée. Malgré ce remplissage très rapide entre le rivage et l'extrémité de la jetée, j'affirmais qu'à certaines profondeurs le courant qui apporte le sable contribuerait en même temps à l'enlever en partie, et qu'il suffirait du curage pour l'entretien de l'entrée du chenal.

Les jetées étaient donc nécessaires à Port-Saïd. On n'aurait pas pu faire l'entrée du port sur le littoral sans ces deux jetées, et même si on n'avait pas fait plus longue la jetée du côté où le sable arrive.

Pour le canal projeté, je compare Gabès à Port-Saïd, et les chotts à la mer Rouge. De même que dans la mer Rouge, il n'y aura presque rien à faire du côté des chotts, mais, du côté de Gabès, il faudra, de même qu'à Port-Saïd, des jetées d'une certaine longueur, jusqu'à des profondeurs de 9 à 10 mètres, et des dragages suffiront ensuite pour l'entretien.

Le chiffre des dépenses pour l'embouchure de la mer intérieure doit donc être comparable au chiffre des dépenses faites à Port-Saïd pour le canal de Suez.

M. DE LESSEPS. Il s'agit d'une société ne demandant ni subvention ni garantie d'intérêt, mais une simple concession ; elle n'a pas à s'occuper d'un port ni de l'entrée de ce port, pas plus que des fortifications à y construire.

M. LE PRÉSIDENT. Je voudrais bien préciser le rôle de la Sous-Commission. Il ne nous est pas possible d'admettre que, parce que la compagnie dont on prévoit la formation ne demandera rien à l'État, la Commission ne doit pas se préoccuper de la conservation du canal. Il me paraît indispensable, au contraire, de faire entrer dans nos calculs les travaux que nous jugeons absolument nécessaires pour ouvrir le canal et pour le conserver. En ce qui concerne la construction et l'établissement ultérieurs d'un port avec des quais, des jetées, etc., je comprends qu'on n'en tienne pas compte dans l'évaluation à laquelle nous procédons en ce moment. Mais nous ne pouvons pas laisser de côté tout ce qui se rattache à l'exécution du canal lui-même et à son entretien. Je crois que c'est dans ces limites qu'il faut nous maintenir. (Approbation.)

M. LE COMMANDANT ROUDAIRE. Je suis de l'avis de M. le Président ; mais il m'est impossible de ne pas protester contre l'assimilation que l'on veut faire entre Port-Saïd et Gabès. Ces deux localités sont dans des conditions tout à fait différentes. A Port-Saïd, le Nil amène des quantités considérables de limon ; des courants littoraux, allant de l'ouest à l'est, poussent ce limon à l'embouchure du canal ; ce sont là des circonstances toutes particulières qui ont rendu les jetées nécessaires.

Dans la mer Rouge, il n'y a pas de courants littoraux semblables, il n'y a pas de sables, et on n'a pas eu besoin de jetées. On se trouvera dans les mêmes conditions à Gabès. Le chenal naturel qui existe à l'embouchure de l'Oued Melah est profond et tend plutôt à s'approfondir davantage qu'à s'ensabler. Par conséquent, tout nous permet d'assimiler les travaux à exécuter à Gabès à ceux que l'on a faits à Suez.

M. Chatoney. Je voudrais bien distinguer ce qui semble devoir incomber à l'État, le cas échéant, et ce qui serait à la charge de la compagnie concessionnaire.

A son débouché dans la Méditerranée, le fond du canal doit se trouver à 14 mètres au-dessous du niveau moyen de la mer, profondeur que, d'après les cartes marines, on ne trouve, en face de l'embouchure de l'Oued Melah dont parle M. Roudaire, qu'à 4 kilomètres au moins du rivage. Un canal sous-marin, prolongeant jusqu'à cette distance, et au milieu d'une plage de sable, celui qui est projeté à travers le seuil de Gabès, se comblerait inévitablement.

Il est vrai que pour pouvoir simplement remplir les chotts, sans se préoccuper de la question de navigation, il ne serait pas nécessaire de pousser le canal aussi loin; mais des jetées plus ou moins longues seront toujours nécessaires pour empêcher les sables soulevés par les vagues et entraînés par les courants de se déposer dans le canal et de l'encombrer. Le maintien en mer de l'embouchure du canal l'exige impérieusement.

Les vents de nord-est produisent au fond du golfe de Gabès une mer très forte, et les jetées qu'on y construira doivent être très solides.

Il faut aussi remarquer que les vagues qui pénétreraient entre deux digues parallèles se propageraient au loin dans le canal, en en détruisant les rives. Pour y remédier, il faudra que les digues, laissant entre elles, à l'entrée, une passe d'une largeur comparable à celle du canal, aillent en s'écartant en approchant du rivage, de manière à enfermer entre elles des portions de plage sur lesquelles les lames viendront déferler. En adoptant cette disposition, qui est nécessaire pour empêcher la houle de se propager dans le canal, on se trouve ainsi conduit à faire, au seul point de vue de son alimentation, des ouvrages assez comparables à ceux d'un véritable port, et dont la dépense doit nécessairement être à la charge de l'entreprise.

J'ajouterai que déjà, dans la dernière séance, où on a parlé de Port-Saïd et de Suez, j'ai dit que Suez n'était en aucune manière comparable à Gabès. On m'a objecté que la mer Rouge a 2,000 kilomètres de longueur, et que dès lors la mer doit y être forte. A cela je réponds qu'au fond de cette mer, la branche aboutissant à Suez est parsemée d'îles qui brisent les lames, et qu'on n'y pénètre que par un goulet étroit. Dans ces conditions, l'agitation de la mer n'est pas redoutable.

M. de Lesseps. La première île que l'on trouve dans la mer Rouge est à 25 lieues de Suez, le calme est complet dans toute la rade de Suez et en pleine mer.

M. Chatoney. L'observation de M. de Lesseps corrobore ce que je viens de dire, et je ne comprends pas que l'on compare la situation de Suez à celle de Gabès. Cette dernière localité est au fond d'un golfe d'une centaine de kilomètres de largeur, ouvert dans la direction de l'île de Candie, qui se trouve à une distance de plus de 3,000 kilomètres; c'est un point sur lequel il y a des mers évidemment très fortes, plus fortes qu'à Port-Saïd.

Il est vrai qu'à Gabès il n'y a pas le Nil, mais il s'y trouve une plage de sable; il n'est pas nécessaire d'avoir de la vase pour combler un chenal; et celui de Gabès s'ensablera forcément, si on ne le protège pas par des jetées.

M. LE COMMANDANT ROUDAIRE. La plage de l'Oued Melah n'est pas tellement sablonneuse, et, par suite de dispositions particulières de courants que je n'ai pu étudier, la mer tend toujours à l'approfondir plutôt qu'à y apporter des sables.

M. DE LESSEPS. J'ai fait un voyage à Gabès, et je suis allé à l'entrée de l'Oued Melah, avec le vice-consul de France à Sfax, qui est négociant en éponges, et qui possède des bateaux faisant toute l'année la pêche des éponges. Il m'a dit qu'en face de l'endroit où l'on veut faire déboucher le chenal, il y avait une profondeur naturelle qui a toujours existé, et que ses pêcheurs y trouvaient toujours un abri et du calme, quand il y avait de l'agitation sur la haute mer.

Cette profondeur est considérable; c'est un chenal naturel, plus large qu'aucun autre de cette côte, et même que le débouché du petit oued de Gabès.

Si l'on veut remonter jusqu'aux traditions de l'antiquité, on trouvera que, d'après la fable du voyage des Argonautes, c'est un dauphin qui, passant par là, y a entraîné la barque de Jason; je ne réponds pas de la vérité de cette histoire, mais elle montre que les traditions anciennes sont d'accord avec la situation des lieux à l'époque actuelle.

M. LE PRÉSIDENT. D'après une carte hydrographique que j'ai sous les yeux, la profondeur de la mer, en face de l'Oued Melah et des deux côtés de son embouchure, serait de $4^m,06$ au maximum et de $2^m,03$ au minimum.

A une distance de 4 kilomètres de la côte, on arrive à une profondeur de $6^m,08$.

M. CHATONEY. J'insiste sur ce que la plage de Gabès est composée presque exclusivement de sable. M. Duveyrier, qui connait la localité, confirme le fait.

M. DE LESSEPS. Oui, à Gabès même, la plage est sablonneuse et entièrement basse: je la connais; mais elle est tout à fait différente à l'embouchure de l'Oued Melah où doit déboucher le canal.

M. CUVINOT. Monsieur le Président, si la discussion est épuisée sur ce point, je demanderai à faire une observation relative aux estimations. Il ne me paraît pas que M Chambrelent ait tenu compte d'un élément qui pourtant me paraît indispensable : c'est l'établissement d'un chemin de fer. On ne peut organiser de chantiers considérables sans pourvoir à l'alimentation des ouvriers et à l'apport du matériel ; et cela ne peut se faire que par chemin de fer.

M. Chambrelent. C'est compris dans le prix de 1 franc par mètre cube.

M. le commandant Roudaire. Et même dans le prix de 0 fr. 50 cent. que j'ai présenté ; il y aura une voie de service tout le long du canal. On peut s'en assurer en se reportant aux devis.

M. de Lesseps. D'après l'expérience de ce qui se fait tous les jours, de ce qui s'est fait au canal de Suez et de ce qui se fait maintenant en Amérique, je puis dire que les déblais ne reviendront pas à 50 centimes. Tous les jours l'industrie crée et acquiert des ressources nouvelles. Par exemple, voici le tunnel sous la Manche, que M. le colonel Perrier vient de voir avec moi : ce tunnel avance d'un pouce par minute, avec un appareil qui arrondit les parois du tunnel aussi exactement que pourrait le faire le meilleur des gâcheurs de plâtre ou de ciment.

On trouvera d'autres instruments encore plus perfectionnés, et le progrès marchera toujours.

M. Chatoney. Il y a d'autres travaux de défense dont on n'a pas tenu compte : je veux parler de la défense des rives. Dans un canal comme celui-là, pratiqué dans des terrains sablonneux, et avec la vitesse du courant, ces travaux seront indispensables ; j'ai été effrayé de la vitesse du courant de remplissage qu'indiquait tout à l'heure M. Chambrelent dans son rapport : elle serait presque de 1 mètre. En outre, il faut compter avec le clapotis, avec l'agitation des eaux, etc. Les rives ne tiendront pas, si on ne les protège pas.

M. Chambrelent. J'allais précisément répondre à M. Roudaire, qui a trouvé excessif le chiffre de 25 millions que j'ai porté pour les garages et pour les ponts, que j'y comprenais la dépense des ouvrages accessoires, nécessaires pour défendre l'embouchure des cours d'eau dans le canal, et celle des autres travaux du même genre.

Les 25 millions que j'ai comptés s'appliquent aussi à la défense des rives dont vient de parler M. Chatoney.

M. le commandant Roudaire. Il n'y a pas de rivière qui débouche dans le canal. Il n'y a pas plus à s'occuper de la défense des rives qu'on ne l'a fait au canal de Suez.

M. le Président. Maintenant, Messieurs, il s'agit de conclure d'une manière ferme.

Le travail dont M. Chambrelent vient de nous donner lecture tout à l'heure détermine un certain nombre de chiffres pour les dépenses de diverses natures. Il faudrait que la Sous-Commission se prononçât sur ces différents éléments.

Nous ferons alors deux estimations, la première avec les prix de terrassement arrêtés par la Sous-Commission, la seconde avec les prix de M. Roudaire, et nous présenterons ces deux estimations à la Commission supérieure.

M. le commandant Roudaire. Mon avis ne saurait être d'accord avec celui de la Sous-Commission, même si elle prenait le chiffre de 50 centimes par mètre cube de déblais, parce que je compte absolument sur l'entraînement par les eaux.

M. Chatoney vous disait tout à l'heure, Messieurs, que le courant aurait une vitesse très grande pendant le remplissage; c'est précisément cette vitesse sur laquelle nous comptons pour faire le travail. Nous avons 222 milliards de mètres cubes à jeter dans des bassins vides; il semble inadmissible qu'à l'époque où nous sommes, on n'utilise pas une force semblable, quand tous les jours la puissance de l'entraînement des eaux est employée.

A Honfleur, l'ingénieur en chef, M. Leblanc, vient d'en faire usage pour déblayer le port.

Nous pourrons d'autant mieux l'utiliser que nous aurons dans la mer un réservoir inépuisable qui nous fournira un débit d'eau s'accroissant sans cesse et qui nous laissera la possibilité de régler, au moyen de déversoirs, l'introduction des eaux. Je crois que jamais on ne pourrait employer ce moyen dans de meilleures conditions.

M. le Président. Il ne faudrait pas rentrer dans le débat.

M. le commandant Roudaire. Je ne voudrais pas que l'on fît, en prenant mon chiffre de 50 centimes par mètre cube, un devis s'élevant à 700 millions, et qu'on eût l'air de le présenter en mon nom.

M. le Président. Il est bien entendu qu'on ne présentera rien au nom de M. Roudaire, dont les réserves seront insérées dans les procès-verbaux.

Comme je le disais, il y a deux évaluations à faire : la première d'après les bases que la Sous-Commission accepte, la seconde à laquelle on procèderait en partant du prix de terrassement indiqué par M. Roudaire et appuyé par des propositions d'entrepreneurs; on mentionnera également la réserve qu'il vient d'ajouter, et à laquelle la Sous-Commission n'a pas cru pouvoir s'associer.

M. Chambrelent. La réserve dont vient de parler M. Roudaire est exprimée dans le rapport, où il est dit :

« Ce dernier chiffre 723 millions résulte de l'application des prix que le « commandant Roudaire a donnés à la Sous-Commission en y joignant des « offres d'entrepreneurs qui acceptent ses prix.

« Mais s'il parvient, comme il n'en doute pas, d'après ce qu'il nous a dit, à « utiliser la puissance de l'énorme quantité d'eau qu'il doit mettre dans le « canal, la dépense des déblais serait considérablement diminuée. »

M. le Président. Je voudrais arriver à bien fixer, au nom de la Sous-Commission tout entière, les bases de notre travail, car le total auquel parvient M. Chambrelent résulte d'un certain nombre de quantités sur lesquelles il peut ne pas y avoir accord.

Il comprend d'abord 655 millions pour les terrassements, sur la base de 1 franc le mètre cube pour le déblai dans la terre, et de 3 francs dans le rocher. Sur ce point, il n'y a pas de contestation.

M. Cuvinot. C'est un minimum.

M. Chatoney. Pour moi, tous ces chiffres sont des minima ; on a cherché à faire des évaluations très faibles.

M. le Président. La lecture même des documents émanant de la Sous-Commission prouvera qu'elle désirait aboutir à une conclusion favorable au projet, et qu'elle l'a étudié avec une bienveillance incontestable.

Vient ensuite l'estimation des jetées ; la discussion qui vient de se produire pourrait conduire à modifier le chiffre de 50 millions qu'a indiqué M. Chambrelent.

M. Chatoney. Il s'agit de savoir si l'on établira une distinction entre les travaux indispensables et ceux qu'entraînerait l'établissement d'un grand port. Si l'on était obligé de construire des jetées qui s'avanceraient jusqu'à 4 ou 5 kilomètres en mer, il suffirait de les évaser pour que ce travail pût servir à l'établissement d'un port complet.

M. de Lesseps. Nos jetées de Port-Saïd, qui sont dans des conditions aussi mauvaises que possible, ont seulement l'une 1,500 mètres, l'autre 3 kilomètres de longueur.

M. le Président. Les travaux prévus par M. Chambrelent au débouché du canal comprenaient l'établissement d'un port tout entier. La Sous-Commission a paru d'avis de ne tenir compte que des travaux nécessaires à la défense et à la conservation du canal.

M. de Lesseps. A Port-Saïd, les deux jetées ont, l'une 1,500 mètres, et l'autre 3,000 mètres.

M. Chatoney. Je répète que la plage est beaucoup plus plate à Gabès, et que, pour atteindre une profondeur de 14 mètres, il faudra s'avancer de 4 ou 5 kilomètres en mer.

M. le Président. Il me semble que si l'on ne veut pas faire servir le canal à la marine militaire, il n'est pas nécessaire d'avoir une profondeur de 14 mètres.

M. Chatoney. Mais pour le remplissage?

M. le Président. Il suffirait, pour le remplissage, d'avoir à la sortie du canal un évasement donnant une section beaucoup plus grande; de la sorte, les jetées pourraient être considérablement réduites.

M. Cuvinot. Même en admettant l'hypothèse que M. le Président vient d'émettre, il serait nécessaire que les jetées eussent une certaine longueur, 1 ou 2 kilomètres au moins, car autrement, à raison du peu de profondeur de l'intervalle compris entre les jetées, il y aura un entraînement de sable continu.

M. de Lesseps. Je crois que les jetées sont inutiles, à cause de la profondeur naturelle qui existe à cet endroit.

M. le Président. Il faudra nécessairement établir des jetées dont je ne puis déterminer la longueur, — 400 ou 500 mètres peut-être, — car si l'on ne crée pas un chenal endigué, il y aura un seuil, et l'eau ne viendra pas dans le canal.

M. de Lesseps. Il n'y a pas de jetées à Suez; on a creusé un passage, et les bâtiments marchent. Et là, il n'y a pas un courant comme celui qui se produira à Gabès, où la marée atteint 2 mètres et demi.

M. le colonel Perrier. Adoptons un chiffre très bas, de 2 millions, par exemple, afin d'affirmer seulement la nécessité des jetées.

M. Gros. Il faut agir avec précaution, et ne pas admettre un chiffre qui aurait lieu de surprendre ceux qui connaissent ces sortes de travaux.

M. Chatoney. Ce chiffre serait certainement insuffisant. L'observation de M. Cuvinot est très fondée : il se produirait des entraînements de sable.

M. le commandant Roudaire. Il y a du sable à Gabès, mais peu dans l'Oued Melah.

M. DE LESSEPS. Ce n'est pas du sable qui se trouve à l'entrée du futur canal. Nous avons parcouru, avec M. Roudaire et une vingtaine de personnes, l'espace qui sépare le chenal naturel de l'endroit où coule la rivière : on voyait se tenir naturellement les parois de cette rivière, dans laquelle la mer entre à chaque marée. C'est ainsi que nous avons reconnu qu'il y avait $2^m,50$ de marée, ce qui facilite considérablement l'exécution du projet de M. Roudaire. Jusque-là on croyait qu'il n'y avait pas de marée dans la Méditerranée et que Venise seule faisait exception.

M. LE PRÉSIDENT. Je désirerais cependant que la Sous-Commission pût donner à la Commission générale une indication précise à ce sujet.

M. CHATONEY. Nous ne pouvons guère descendre au-dessous de 5 millions.

M. DUPUY DE LÔME. J'appuie cette indication, tout en la considérant comme inférieure à la réalité.

M. LE PRÉSIDENT. Il n'y a pas d'opposition?...
(Le chiffre de 5 millions est adopté.)

M. LE PRÉSIDENT. On indiquera en même temps que cette dépense s'appliquerait à des ouvrages destinés à protéger l'entrée du canal, et non à recevoir des navires de haut-bord qui pourraient naviguer sur le canal.

M. CUVINOT. Les travaux en question seraient prolongés jusqu'au point où la profondeur assurerait l'introduction des eaux.

M. LE PRÉSIDENT. C'est ainsi entendu.
Le rapport de M. Chambrelent évalue ensuite à 25 millions les travaux accessoires, comprenant les garages, ponts, défense des rives, etc.

M. DUPUY DE LÔME. C'est toujours un minimum.

M. CUVINOT. Les rives devront être défendues sur une assez grande hauteur, à cause de la variation du plan d'eau pendant le remplissage.

M. LE COMMANDANT ROUDAIRE. Les rives du canal de Suez n'ont jamais été défendues. Je n'accepte pas ces 25 millions qui, comme je l'ai exposé tout à l'heure, se réduiront à quelques centaines de mille francs.

M. LE PRÉSIDENT. Il n'y a pas d'opposition au chiffre de 25 millions?

M. DE LESSEPS. Je ne l'admets pas.

M. le Président. Sous réserve de l'observation de M. de Lesseps, le chiffre de 25 millions est adopté.

M. Chambrelent propose 10 p. o/o de somme à valoir; c'est la proportion généralement admise.

M. Chatoney. C'est encore un minimum. Quand je songe que dans nos travaux d'Europe, avec des projets autrement étudiés, on compte 15 p: o/o comme somme à valoir!

M. le Président. Frais généraux, 8 p. o/o.

M. Chatoney. Le chiffre de 8 p. o/o est peut-être un peu élevé.

M. le Président. Nous pourrions réduire à 5 p. o/o.

M. Cuvinot. Je trouve que le chiffre de 8 p. o/o n'est pas excessif; dans les projets présentés au Parlement, on admet 12 et 15 p. o/o pour les frais généraux, tout compris.

M. le Président. Je mets aux voix le chiffre de 5 p. o/o.
(Il est adopté.)

M. le Président. Nous passons à la question des intérêts pendant la construction.
Ici nous devons mentionner la réserve de M. Roudaire. M. Roudaire prétend que, pendant la construction, les intérêts seront compensés par les bénéfices que réalisera la société. Il me paraît nécessaire que, dans l'évaluation à laquelle nous nous livrons en ce moment, nous fassions le calcul complet des dépenses, sauf, ensuite, à mettre en regard le chiffre des recettes.

M. Cuvinot. Nous n'avons absolument aucune base de recettes; nous n'avons pas à en tenir compte.

M. Rolland. Je croirais volontiers que les recettes seront considérables; la concession demandée en terre et en forêts est magnifique, et je me chargerais bien d'en tirer parti indépendamment de la mer intérieure.

M. le Président. Nous pouvons dire seulement : M. le commandant Roudaire pense que la compagnie bénéficiera de recettes qui compenseront les dépenses. L'intérêt a été calculé par M. Chambrelent à 5 p. o/o pendant sept ans et demi.

M. Cuvinot. Si l'on ne tient pas compte des recettes qu'on pourra faire pendant le remplissage, il faut calculer les intérêts, non pas sur sept ans et demi, mais sur douze ans et demi. Les travaux durant cinq ans, lorsqu'ils seront terminés, on aura payé deux ans et demi d'intérêts sur la valeur totale; et ensuite, les intérêts courront pendant les dix ans du remplissage. La compagnie peut avoir l'espoir de réaliser des recettes pendant cette période, mais nous n'avons pas à en tenir compte.

M. Chambrelent. J'avais admis qu'au bout de cinq ans, les chotts étant à moitié remplis, on pourrait considérer les revenus comme suffisants pour compenser l'intérêt. Je crois qu'il serait excessif de calculer sur douze ans et demi. En pareil cas, lorsqu'il s'agit d'un canal, par exemple, on admet qu'il y a des recettes dès que l'eau y arrive.

M. le commandant Roudaire. Remarquez que le chott Rharsa sera rempli au bout d'un an.

M. le Président. Il est probable que les chotts pourront être utilisés avant que le remplissage soit complet, mais, quant à présent, nous n'avons qu'à chiffrer les dépenses.

La Sous-Commission pense-t-elle qu'il faille calculer les intérêts sur douze ans et demi, ou qu'on doive considérer l'opération comme pouvant donner des produits quand les chotts seront remplis, par exemple, aux deux tiers ou aux trois quarts?

M. Gros. On ne pourra pas utiliser la mer avant que le remplissage soit complet.

M. Dupuy de Lôme. Les communications ne seront pas possibles.

M. le commandant Roudaire. Ce n'est pas seulement sur le produit du canal comme voie de communication que compte la compagnie, c'est surtout sur les terrains.

M. Dupuy de Lôme. Si le canal n'est pas un élément de recette, il faut concéder les terrains à la compagnie sans faire le canal.

M. le commandant Roudaire. Le canal servira à remplir et à alimenter la mer intérieure, laquelle aura une influence sur les conditions climatériques; celles-ci se trouveront modifiées presque autant quand les chotts contiendront 10 mètres d'eau que quand ils en contiendront 20.

M. Cuvinot. Nous ne pouvons pas prendre la responsabilité d'indiquer un chiffre de recettes.

M. Dupuy de Lôme. S'il s'agit de recettes étrangères au canal, de produits de concession de terrain, elles existeront aussi bien avant que les chotts soient remplis, et je ne vois pas pourquoi on ne les compterait pas dès la première année.

Mais ce n'est pas à nous à évaluer les recettes; nous n'avons pas à en parler.

M. Chatoney. Je pense qu'il faut calculer les intérêts sur douze ans et demi.

M. Cuvinot. D'autant plus qu'il n'y a pas de somme à valoir pour les retards sur les délais d'exécution.

M. de Lesseps. MM. les ingénieurs, que je respecte et que j'aime beaucoup, dont je me sers toujours, ont calculé qu'il faudrait de dix à douze ans pour ouvrir le canal de Panama; or, il sera certainement terminé en 1888; il est construit par des Américains, et le prix du mètre cube de déblai est moitié moindre que celui que les ingénieurs avaient annoncé. Cela se comprend : les ingénieurs raisonnent d'après les travaux qu'ils ont faits; mais tous les jours on invente des machines, on y apporte des perfectionnements qui permettent de réduire le temps et la dépense. Je suis convaincu que l'entreprise que nous discutons ici ne coûtera pas le quart de la somme que vous indiquez.

M. le Président. Je ferai remarquer à la Sous-Commission qu'en calculant les intérêts sur douze ans et demi, on augmente le capital de 62,5 p. o/o. Ce chiffre ne paraîtra-t-il pas un peu excessif ?

M. Cuvinot. C'est un fait matériel.

M. Rolland. Alors on devra spécifier qu'on ne tient pas compte des recettes ?

M. Chatoney. On pourra dire que les recettes viendront en déduction.

M. Cuvinot. Mais que la Sous-Commission n'a pas compétence pour les apprécier.

(La Sous-Commission décide qu'on comptera les intérêts pendant la construction et le remplissage, à 5 p. o/o, pendant douze ans et demi.)

M. le Président. Je prie Monsieur Chambrelent de vouloir bien compléter et modifier sur quelques points son rapport, d'après les résolutions prises par la Sous-Commission. Ce rapport, ainsi complété, sera présenté à la Commission supérieure pour servir de base à sa délibération.

La séance est levée à onze heures.

Le Président,
SADI-CARNOT.

Le Secrétaire,
G. ROLLAND.

RAPPORT GÉNÉRAL

RÉSUMANT

LES TRAVAUX DE LA PREMIÈRE SOUS-COMMISSION,

PAR M. ROLLAND, SECRÉTAIRE (1).

Les travaux de la première Sous-Commission, présidée par M. Sadi-Carnot (2), peuvent se résumer ainsi : 1° vérification des opérations faites sur le terrain par M. Roudaire ; 2° examen des conditions d'alimentation de la mer intérieure ; 3° recherche des procédés d'exécution du canal et estimation des dépenses de l'entreprise.

Avant tout, la Sous-Commission avait à vérifier si les opérations sur lesquelles s'appuie le projet de M. Roudaire constituent un point de départ certain. Une première délégation (3) fut chargée de ce soin; elle eut à juger, d'un côté, la valeur des travaux qui définissent la forme et le relief de la région considérée, et, de l'autre, les résultats des sondages qui font connaître la nature de son sol et de son sous-sol.

M. le colonel Perrier a examiné les travaux de géodésie, de nivellement et de topographie exécutés par M. Roudaire. Sa conclusion est qu'on peut, en toute confiance, accepter leurs résultats comme authentiques. La mesure de la chaîne géodésique, dite méridienne de Biskra, laquelle se relie au nord à la chaîne du parallèle algérien et se termine au sud à l'extrémité occidentale du chott Melrir, constitue, ainsi que le nivellement géodésique qui l'accompagne, une œuvre d'une précision indiscutable. Le nivellement géométrique, qui s'appuie sur le précédent et suit le pourtour du chott Melrir, en formant un polygone fermé, peut être considéré comme satisfaisant, si l'on envisage la longueur de la ligne nivelée et les difficultés multiples contre lesquelles ont

---

(1) Ce rapport est antérieur comme date à la deuxième séance plénière de la Commission supérieure (V. p. 469).

(2) MM. Sadi Carnot, *président;* de Lesseps, *vice-président;* d'Abbadie, Baïhaut, Chambrelent, Chatoney, Cuvinot, Daubrée, contre-amiral Duburquois, Dupuy de Lôme, Duveyrier, Fournié, Gros, Le Gros, Lalanne, Lavalley, général Levy, Molinos, colonel Perrier, Rousseau, Yvon Villarceau. Voisin Bey, général Warnet; Rolland, *secrétaire.*

M. Tissot a assisté aux séances de la Sous-Commission.

(3) MM. de Lesseps, *président;* Fournié et colonel Perrier, *rapporteurs;* Dupuy de Lôme, Duveyrier, Yvon Villarceau; Rolland, *secrétaire.*

eu à lutter les observateurs. De même les deux nivellements géométriques, dont l'un traverse la partie centrale et l'autre longe le bord septentrional du chott Djerid, et qui pénètrent tous deux au sud du chott Rharsa : malheureusement ce ne sont là que deux lignes nivelées chacune une seule fois, n'ayant qu'un point commun à l'est, et n'ayant pu être raccordées à l'ouest, de façon qu'elles ne forment pas un second polygone fermé ; la première de ces lignes part, à l'est, de la Méditerranée à Gabès, et se relie, à l'ouest, au nivellement du Melrir et, par lui, au réseau algérien et à la Méditerranée à Alger. Enfin, la carte topographique de la région des Chotts, dressée par M. Roudaire, est suffisante pour permettre de discuter les conditions du problème.

Le bassin inondable comprend les chotts Melrir et Rharsa, ainsi que le petit chott intermédiaire d'Asloudj. La superficie submersible, à l'intérieur de la courbe zéro, bien déterminée pour le chott Melrir, mais très incertaine pour le chott Rharsa, est estimée par M. le colonel Perrier à 6,000 ou 7,000 kilomètres carrés. La profondeur moyenne, difficile à évaluer avec quelques profils en travers relevés seulement sur les bords, serait, d'après M. Roudaire, de 24 mètres, — d'où il faudrait déduire, pour avoir la hauteur moyenne d'eau, la dénivellation entre la mer intérieure et la Méditerranée.

Le canal destiné à amener les eaux de la Méditerranée dans cette cuvette gigantesque devait, dans le projet primitif de M. Roudaire, après avoir franchi le seuil de Gabès, traverser la partie centrale des chotts Fejej et Djerid, puis, se retournant à angle droit, franchir au col de Mouïat-Sultan le relief qui sépare le chott Djerid du chott Rharsa : ce tracé avait une longueur de 224 kilomètres. Mais, en présence des critiques soulevées par le drainage projeté de la partie centrale du chott Djerid dans le chott Rharsa, M. Roudaire fut amené à soumettre à la Sous-Commission un nouveau tracé, qui fut, dès lors, seul mis à l'étude : celui-ci longe le bord septentrional du chott Djerid et franchit au col de Kriz le relief qui s'élève en avant du chott Rharsa ; il va ainsi directement, en suivant une ligne sensiblement droite, du golfe de Gabès au chott Rharsa ; il n'a plus que 173 kilomètres de longueur. En outre, il y aurait à faire communiquer les chotts Rharsa et Melrir, en perçant les deux petits seuils d'Asloudj.

La nature des déblais le long du canal a fait l'objet d'un rapport spécial, dû à M. Fournié. Le rapporteur examine les résultats des sondages exécutés par la mission Roudaire. Les échantillons de ces sondages, soigneusement classés, se trouvent chez M. Dru, ingénieur civil, et montrent d'une manière approximative quels sols on aurait à traverser. Ce sont des terrains quaternaires, généralement tendres, sables à fins grains, sables marneux, marnes sableuses, marnes et argiles, etc. Il n'y aura de rocher à faire sauter qu'aux seuils de Gabès et de Kriz ; à Gabès, une série de sondages, faits dans la partie la plus resserrée de l'isthme, ont atteint, à des cotes variables entre + 20 et + 7 au-dessus du niveau de la basse mer, un calcaire dur appartenant au terrain crétacé et formant l'ossature du relief; il est regrettable que l'absence de sondage au col de Kriz, lequel paraît entièrement constitué par les couches crétacées, et dont la cote est supérieure à 90 mètres, laisse incertaine la quantité de calcaire compact qu'on rencontrerait en perçant ce seuil élevé.

En somme, M. Fournié conclut que les sondages forés par M. Roudaire et discutés par M. Dru, d'une part, et des travaux tout récents de géologie, d'autre part, permettent de se faire une idée suffisamment précise de l'état des lieux aux points de vue géologique et hydrologique. Quant aux eaux souterraines, leur régime peut être déduit de la disposition générale du grand bassin dont le chott Melrir occupe le point le plus bas, et, en outre, des expériences qui se succèdent dans l'oued Rir' à l'occasion de l'ouverture de nouveaux puits artésiens: les nappes artésiennes de cette région ne semblent pas, du reste, devoir être influencées d'une manière fâcheuse par l'introduction des eaux de la mer dans les chotts.

Les conclusions des rapports de MM. Perrier et Fournié ayant été adoptées et prises comme bases des délibérations ultérieures, la Sous-Commission a de suite entamé l'étude des conditions dans lesquelles pouvait être établie l'alimentation de la mer intérieure. Cette étude fut confiée à une seconde délégation (1), dont M. Gros a été le rapporteur.

Le canal d'alimentation aurait d'abord à remplir les chotts Rharsa et Melrir, puis à maintenir le niveau de la mer intérieure supposée remplie, et, pour cela, à lui restituer la différence entre la perte résultant de l'évaporation à sa surface et l'apport dû aux eaux météoriques. L'abaissement définitif, qu'il s'agirait de compenser, avait été évalué en premier lieu et provisoirement par la deuxième Sous-Commission au chiffre moyen de 3 millimètres en vingt-quatre heures. M. Gros partit de cette donnée pour calculer les dimensions du canal d'alimentation, et il se plaça dans deux hypothèses: la première où aucune partie des eaux concentrées par l'évaporation ne serait restituée à la Méditerranée, et où, par suite, la mer étant fermée, sa salure irait constamment en augmentant; la seconde où, au bout d'un temps plus ou moins long, il se produirait dans le canal, outre le courant supérieur d'amenée, — écoulant les eaux de la Méditerranée dans le bassin des chotts, — un contre-courant inférieur de retour, — évacuant les eaux concentrées jusqu'à un degré déterminé de salure. La profondeur du canal étant maintenue à des chiffres modérés, voisins de 10 mètres, M. Gros trouva que sa largeur à la ligne d'eau devrait être, dans l'hypothèse d'un courant unique et d'une salure progressi-

---

(1) MM. de Lesseps, *président*; Gros, *rapporteur*; Chambrelent, Chatoney, Cuvinot, Daubrée, Dupuy de Lôme, Lalanne, Tissot; Rolland, *secrétaire*.

vement croissante, de 90 à 100 mètres; et que, dans l'hypothèse de deux courants inverses et superposés, elle devrait être portée à 150 mètres au moins, si l'on voulait que la concentration s'arrêtât à une salure triple, et à 200 mètres au moins pour une salure double.

La question du contre-courant a été longuement agitée au sein de la Sous-Commission. Les arguments invoqués en sa faveur n'ont pas été trouvés concluants. Les exemples de contre-courants d'une mer à l'autre par tel ou tel détroit n'ont pas semblé s'appliquer au cas actuel. Des calculs ont été faits, d'après lesquels, pour être assuré d'un contre-courant de la mer intérieure à la Méditerranée, on devrait donner au canal des profondeurs vraiment énormes et tout à fait inadmissibles. En fin de compte, la Sous-Commission devait constater que rien ne permettait d'affirmer l'existence d'un contre-courant dans un canal d'une telle longueur et d'une profondeur relativement aussi faible: la conséquence pratique de cette conclusion négative était que, dans l'examen ultérieur du projet de M. Roudaire, on ne tiendrait plus compte de cette hypothèse de deux courants inverses et simultanés.

L'hypothèse de courants inverses et alternatifs a également été écartée.

D'ailleurs, la concentration progressive de la mer intérieure étant désormais admise, on démontra que, même en supposant les circonstances les plus défavorables, il se passerait plus de deux siècles avant la saturation de ses eaux, et plus de mille ans avant l'oblitération de son bassin. Et M. Roudaire a pu dire qu'un avenir de cette durée équivalait, pour une entreprise humaine, à l'éternité.

Ces diverses questions résolues, la Sous-Commission aborda la dernière partie de sa tâche, savoir la discussion des procédés d'exécution du canal et l'estimation des déblais à effectuer et des dépenses à prévoir. Une troisième délégation (1) reçut mission de faire ces recherches, et remit à M. Chambrelent le soin d'évaluer les terrassements du canal.

Les dimensions du canal d'alimentation ont été définitivement arrêtées. Avec un courant unique d'amenée, la question se simplifiait. Du moment qu'on écartait l'hypothèse de courants de retour, il devenait inutile de faire le plafond horizontal, et il était préférable de lui donner une pente. Il ne restait plus qu'à fixer le débit.

Or, la deuxième Sous-Commission, dans sa séance du 12 juin, avait admis, d'une part, que la hauteur d'eau devant s'évaporer à la surface de la mer intérieure serait considérée comme variant entre 3 et 4 millimètres en moyenne par vingt-quatre heures, ce qui ferait $1^m,28$ d'évaporation totale par an. Elle

---

(1) MM. de Lesseps, *président*; Chambrelent, *rapporteur*; Chatoney, Cuvinot, Daubrée, Dupuy de Lôme, Fournié, Gros, Le Gros, Lalanne, général Lévy, Molinos, Rousseau, Tissot; Rolland, *secrétaire*.

avait admis, d'autre part, que la hauteur de pluie tombée directement serait en moyenne de 27 centimètres par an, et que, de plus, une hauteur d'eau équivalente serait fournie annuellement à la mer intérieure par les crues de ses affluents, par les sources, etc., ce qui ferait 54 centimètres pour l'apport total des eaux météoriques en un an. Cet apport, retranché de la perte par évaporation, laisse 74 centimètres pour l'abaissement réel du niveau, qu'il s'agit de compenser par l'apport du canal.

M. Chambrelent a calculé que le débit correspondant du canal devrait être de $187^{mc},77$ par seconde.

En conséquence, M. Chambrelent a donné au canal les dimensions suivantes :

1° Dans la terre ordinaire :

Largeur au plafond..	20^m
Profondeur d'eau..	11^m
Talus..	3/2
Largeur à la ligne d'eau..................................	$53^m,00$
Pente du plafond..	$11^{m/m}$ p. kil.

2° Dans le rocher calcaire :

Largeur au plafond..	20^m
Profondeur d'eau..	11^m
Talus..	1/5
Largeur à la ligne d'eau..................................	$24^m,40$
Pente du plafond..	$27^{m/m}$ p. kil.

Dans ces conditions, le niveau de la mer intérieure serait de $2^m,06$ en contre-bas du niveau moyen de la Méditerranée à Gabès.

Les profils en travers de la tranchée ayant été déterminés, le profil en long présenté par M. Roudaire permettait de calculer approximativement le cube des terrassements. Les chiffres auxquels M. Chambrelent est arrivé, pour le canal entier, allant de la Méditerranée aux chotts Rharsa et Melrir, en passant par les seuils de Gabès, de Kriz et d'Asloudj, sont :

Déblais en terre...........................	397,267,150 mètres cubes.
Déblais dans le rocher.....................	18,597,918

Quels moyens pratiques d'exécution appliquera-t-on pour réaliser économiquement un pareil cube de déblais ?

M. Roudaire compte utiliser, pour la plus grande partie, le travail naturel des eaux. On se bornerait à creuser de main d'homme une tranchée initiale, qui traverserait les chotts Fejej et Djerid et aurait une pente suffisante vers le chott Rharsa ; puis on y amènerait des eaux, et ce serait le courant ainsi obtenu qui élargirait et approfondirait la tranchée, — partout où il n'y aurait pas de rocher, — jusqu'à l'amener à ses dimensions normales; l'action du courant serait secondée par des excavateurs ou bacs à râteau, aidant à la désagrégation des sables et argiles; les matières en suspension seraient entraînées et transportées tout le long du chenal jusqu'au fond du chott Rharsa. M. Roudaire propose une tranchée initiale dont le plafond se trouverait à 3 mètres au-dessous de la mer moyenne à Gabès et aurait une pente de 3 centimètres par kilomètre vers l'ouest; les eaux à mettre en œuvre seraient ainsi fournies par un réservoir inépuisable à niveau constant, et leur volume s'accroîtrait sans cesse au fur et à mesure de l'agrandissement de la tranchée; on n'aurait qu'un tiers environ des déblais à exécuter par les procédés ordinaires, et le reste serait effectué par les eaux en moins de quatre années.

Le système de l'entraînement des déblais par les eaux a soulevé de nombreuses et graves objections. Ce procédé ne saurait être considéré comme consacré par l'expérience. Les rares exemples de rectification de rivières où l'on a fait creuser aux cours d'eau eux-mêmes leurs nouveaux lits n'ont pas semblé assimilables à l'opération qu'il s'agirait de tenter ici, dans des conditions relativement peu favorables et sur une échelle aussi colossale. Le travail des eaux pourra aider au creusement du canal, mais on ne saurait s'en rapporter normalement et exclusivement à lui. En conséquence, la Sous-Commission est d'avis de ne tenir compte que des procédés courants de déblais, ou de procédés perfectionnés, mais analogues.

Les déblais seront donc relevés, en général, de chaque côté de la tranchée. S'il est vrai que la hauteur dont on devra les élever soit considérable, puisque la tranchée aura en moyenne 33 mètres de profondeur, il faut remarquer qu'en revanche la faible consistance des terrains ordinaires rendra, toutes choses égales d'ailleurs, la fouille peu coûteuse, que leur homogénéité permettra l'emploi sur une très grande échelle des moyens mécaniques, et qu'en raison du chiffre inusité des terrassements à effectuer, le prix de revient du mètre cube de déblais sera notablement réduit.

Après avoir pesé ces diverses considérations et entendu M. Roudaire, la Sous-Commission a estimé à un franc environ le prix de revient du mètre cube de déblais dans la terre ordinaire et à trois francs celui du mètre cube dans le rocher calcaire.

On arrive ainsi, avec les cubes de terre et de rocher indiqués plus haut, à une dépense totale de 453,060,904 francs, pour les terrassements du canal entier de la Méditerranée au chott Melrir.

A cette dépense prévue, il faut ajouter une certaine somme à valoir, dont M. Roudaire avait, dans son travail, fixé la proportion à 36 p. o/o.

Rappelons que les évaluations qui précèdent s'appliquent à un canal dont la section a été calculée uniquement en vue de l'alimentation de la mer intérieure supposée remplie. La question du remplissage lui-même a fait l'objet des préoccupations de la Sous-Commission, qui a chargé M. Chambrelent de l'étudier d'une manière spéciale, en s'entourant de tous les avis autorisés. Le résultat de cette étude est consigné dans une note annexée aux procès-verbaux des séances.

Enfin, la Sous-Commission a reconnu qu'il serait indispensable d'exécuter des ouvrages en mer à l'entrée du canal, soit pour en assurer la conservation, soit pour en rendre l'accès possible à la marine. Elle ne possédait pas les documents nécessaires pour faire une évaluation des travaux de défense du canal, et n'avait pas qualité pour juger si la création d'un avant-port serait à la charge de l'État ou de la compagnie concessionnaire : elle s'est bornée à signaler ce point à l'attention de la commission supérieure.

Paris, le 23 juin 1882.

G. ROLLAND.

Vu :

Le Président,

SADI CARNOT.

RAPPORT

SUR

L'ESTIMATION GÉNÉRALE DES TRAVAUX NÉCESSAIRES

POUR LA CRÉATION DE LA MER INTÉRIEURE,

AVEC CONDITION DE REMPLISSAGE EN DIX ANS,

PAR M. CHAMBRELENT.

La délégation technique de la première Sous-Commission a établi, dans son rapport du 15 juin dernier, d'après les bases des prix arrêtés dans la séance précédente, la dépense des terrassements du canal de la mer intérieure, en adoptant pour la section du canal celle qui correspondait à un débit de $187^{mc},77$ par seconde, soit $5,920\,000,000^{mc}$ par an. Ce débit est celui qui a été reconnu nécessaire, par la deuxième Sous-Commission, pour compenser les pertes par évaporation et maintenir ainsi à une hauteur constante le niveau de la mer intérieure.

L'estimation ainsi établie a donné un chiffre de $453,060,904$ francs pour le montant des terrassements, en adoptant le prix de 1 franc par mètre cube de déblai en terrain ordinaire transporté en cavalier en dehors du canal, et de 3 francs par mètre cube de rocher également transporté en dehors du canal.

Mais, en calculant d'après ce débit de $187^{mc},77$, reconnu suffisant pour compenser l'évaporation, le temps nécessaire pour le remplissage des chotts, dont le volume, d'après les déclarations de M. Roudaire, est de 172 milliards de mètres cubes, il a été établi qu'il faudrait un délai de plus de vingt-neuf ans pour donner ce volume, en ne tenant pas compte de l'évaporation qui aurait lieu pendant le remplissage.

La première Sous-Commission a pensé qu'il ne fallait pas dépasser un délai de plus de dix ans pour assurer le remplissage de la mer à créer; le débit de $187^{mc},77$ du canal destiné à l'alimentation doit donc être triplé pour l'eau à fournir aux chotts pendant les dix ans.

Il faut en outre ajouter à ce débit triple celui de l'évaporation pendant le remplissage.

La surface de l'évaporation, pendant les premiers temps du remplissage, sera naturellement moindre qu'après le remplissage ; si l'on remarque d'abord que, pendant ces premiers temps, l'eau n'arrivera que dans le chott Rharda, dont la surface d'évaporation n'est qu'environ le dixième de la surface totale, on reconnaîtra que pendant cette première période l'évaporation ne sera que le dixième de l'évaporation totale ; elle ira ensuite en augmentant dans une proportion qu'il ne nous est pas possible de déterminer avec précision, puisque nous n'avons pas les profils exacts des bassins ; mais en admettant que l'évaporation moyenne pendant les dix ans sera les cinq sixièmes de l'évaporation totale, on peut être sûr d'avoir un chiffre d'évaporation maximum, dont le volume devra être ajouté aux 172 milliards de mètres cubes à fournir pendant les dix ans du remplissage.

L'évaporation totale de la mer intérieure a été reconnue, comme nous l'avons dit, devoir être par an de.................. $5,920,000,000^{mc}$
les cinq sixièmes représentant l'évaporation moyenne pendant le remplissage seront par an de........... $5,000,000,000$
et pour dix ans........................... $50,000,000,000$
Le volume d'eau à mettre dans les chotts étant de. $172,000,000,000$
le total à fournir pendant les dix ans du remplissage sera de................................ $222,000,000,000$
soit par an $22,200,000,000$.

Pour avoir ce volume annuel de $22,200,000,000$ le canal devra débiter par seconde un volume de 704 mètres cubes.

Le débit du premier canal destiné à l'évaporation étant de $187^{mc},77$, le débit du nouveau canal se trouve ainsi devoir être augmenté dans la proportion de $\frac{704}{187}$, c'est-à-dire plus que triplé, ainsi que nous l'avions annoncé précédemment.

Par conséquent, si les conditions de pente et de profondeur étaient conservées, il faudrait agrandir la section du canal dans la même proportion de 704 à 187.

Mais, en présence de ces chiffres, calculés avec lui, M. Roudaire nous a déclaré renoncer aux premiers chiffres de pente et de profondeur proposés par lui pour son premier canal ; il nous a donné les nouvelles dispositions suivantes, qui sont indiquées exactement dans les dessins produits à la suite de ce rapport.

1° *Section dans le terrain ordinaire.*

Largeur au plafond........................... 30^{m}
Profondeur d'eau............................. 14^{m}

Talus à 3 mètres de base pour 2 de hauteur avec banquettes d'un mètre établies à un mètre au-dessus du plan d'eau.

Largeur en gueule.................................... 72^m
Surface de la section................................. 714^{mc}

La pente du plafond est de $0^m,035$ par kilomètre.

La vitesse sera de.................................... $0^m 986$

2° Section dans le terrain en roches.

Largeur au plafond................................... 30^m
Profondeur d'eau..................................... 14^m

Talus à un mètre de base pour 5 de hauteur avec banquettes d'un mètre établies à un mètre au-dessus du plan d'eau.

Largeur en gueule.................................... $35^m,60$
Surface de la section................................. $459^m,20$

La pente du plafond est de $0^m,0742$ par kilomètre.
La vitesse sera de $1^m,534$.

Le débit calculé avec ces deux sections au moyen des formules de Bazin, en admettant la pente de l'eau parallèle au plafond, avec parois en terre pour le premier profil et parois peu unies pour le second profil, donne un volume de 704 mètres cubes par seconde, ce qui correspond au volume à fournir aux chotts.

Il convient de remarquer d'ailleurs qu'avec ces profils la vitesse de l'eau dans les parties en terre sera de $0^m,986$, c'est-à-dire près d'un mètre, ce qui est une vitesse considérable pour des terrains de cette nature.

En calculant les terrassements d'après ces nouvelles dispositions, nous sommes arrivés, d'après les calculs détaillés ci-après, aux résultats suivants :

Volume total des déblais en terre................. $575,717,745^{mc}$
Volume des déblais en rocher..................... $26,606,901$

TOTAL........,............ $602,324,646$.

Il faut remarquer encore ici que, d'après ces dispositions, la profondeur du canal étant plus grande, la hauteur de rebroussement des déblais sera plus considérable et devra motiver une augmentation du prix moyen adopté pour ces déblais.

Nous n'avons pas cru toutefois devoir modifier ce prix pour une augmentation de hauteur relativement faible en raison de celle qui existe déjà pour le rebroussement de ces déblais, voulant d'ailleurs toujours rester dans des limites inférieures pour l'estimation.

En appliquant les prix arrêtés d'un franc pour les déblais en terre et de

3 francs pour les déblais de rocher aux cubes que nous venons d'indiquer, nous arrivons aux chiffres suivants d'estimation :

1° Déblais en terre	575,717,745^f
2° Déblais en rocher.........................	79,820,703
Total...................	655,538,448

Telle sera la dépense minimum des terrassements du canal qui devra remplir la mer intérieure dans un délai de dix ans.

Mais ces terrassements ne sont pas les seuls travaux que nécessitera le canal.

Il faudra d'abord exécuter à son embouchure dans la Méditerranée les travaux nécessaires pour fixer la prise d'eau et en assurer l'alimentation.

Il conviendrait aussi d'y exécuter les travaux plus considérables nécessaires à la navigation et assurant l'entrée et la sortie des navires dans le canal.

Toutefois, la Commission a pensé que les travaux à faire pour la navigation ne devaient pas figurer dans l'estimation du canal proprement dit, et qu'il suffisait de comprendre dans cette estimation la dépense nécessaire pour assurer le bon fonctionnement du canal en dehors de la navigation.

Elle a évalué par suite la dépense des travaux à faire dans la Méditerranée à l'embouchure du canal à....................... 5 millions

Il convient, en outre, de prévoir, pour tout le parcours du canal, les dépenses à faire pour arrêter et réparer les corrosions des berges et les éboulements des talus; les travaux nécessaires sur les points où les eaux de l'intérieur se jettent dans le canal; les ponts à construire pour rétablir les communications les plus importantes.

Les travaux supplémentaires que nécessiteront les corrosions des berges et des talus supérieurs seront d'autant plus considérables que la vitesse de l'eau dans le canal sera de $0^m,986$, c'est-à-dire supérieure aux vitesses admises pour les canaux ouverts dans ces terrains.

La Commission a fixé l'ensemble de toutes ces dépenses prévues ou à prévoir à...............................	25 millions
cela nous donne un total de......................	685,538,448^f
Il faut y ajouter une somme à valoir qui ne saurait être moindre d'un dixième, soit......................	68,553,844
Total............	754,092,292
Frais généraux, 5 p. 0/0	37,704,614
Total................	791,796,906

En ce qui touche les intérêts des capitaux, la majorité

A reporter................	791,796,906

Report..................	791,796,906ᶠ

de la Commission a pensé qu'il fallait les faire courir jusqu'après le remplissage de la mer intérieure, et admettant que les travaux seraient terminés dans les cinq premières années, ce qui donnerait déjà l'intérêt des capitaux à 5 p. o/o pendant deux ans et demi, elle a cru devoir faire courir cet intérêt pendant les dix années de la durée du remplissage, sauf à en déduire, s'il y a lieu, les revenus qu'on pourrait obtenir avant l'achèvement du remplissage.

On arrive ainsi à compter douze ans et demi d'intérêt à 5 p. o/o, soit 6 2, 5 p. o/o. — Cela nous donne un chiffre de   494,873,066

TOTAL GÉNÉRAL........	1,286,669,972
Soit..................	1,300,000,000

Tel serait le chiffre minimum de l'estimation des travaux de la mer intérieure en adoptant les prix fixés par la première Sous-Commission pour les terrassements.

Si l'on appliquait aux mêmes travaux le prix de 5o centimes de déblais dans le terrain ordinaire, que M. le commandant Roudaire considère comme suffisant, si l'on fait les déblais par les moyens ordinaires, les calculs devraient être établis ainsi :

Déblais en terre..........................	287,858,873ᶠ
Déblais en rocher.........................	79,820,703
TOTAL..............	367,679,576
Travaux à faire à l'embouchure du canal............	5,000,000
Dépenses diverses.........................	25,000,000
Somme à valoir, un dixième...................	39,767,958
TOTAL DES TRAVAUX....	437,447,534
Frais généraux estimés à 5 p. o/o................	21,872,377
TOTAL..............	459,319,911
Intérêts pendant la construction et le remplissage, à 5 p. o/o, pendant douze ans et demi................	287,074,945
TOTAL GÉNÉRAL........	746,394,856
Soit..............	746,400,000

Ce dernier chiffre résulte de l'application des prix que M. le commandant Roudaire a donnés à la Commission en y joignant des offres d'entrepreneurs qui acceptent ces prix.

Mais s'il parvient, comme il n'en doute pas, d'après ce qu'il nous a dit, à utiliser la puissance de l'énorme quantité d'eau qu'il doit mettre dans le canal, la dépense de ces déblais serait considérablement diminuée.

Il faut remarquer, enfin, qu'en admettant les chiffres de M. le colonel Périer, qui réduiraient la surface de la mer intérieure à une superficie de 6,000 à 7,000 kilomètres carrés, il en résulterait une nouvelle réduction dans les dépenses des travaux.

Paris, le 5 juillet 1882.

CHAMBRELENT.

Mer intérieure.

Section dans le terrain ordinaire.

Formule de Bazin $\frac{RI}{u^2}$ 0,00028 $\left(1 + \frac{1,25}{R}\right)$
Pente de 0,000035 p^r 1^m.
$\Omega = 714^{m^2}$ — $u = 0^m,986$.
$Q = 704^{m.c.}$

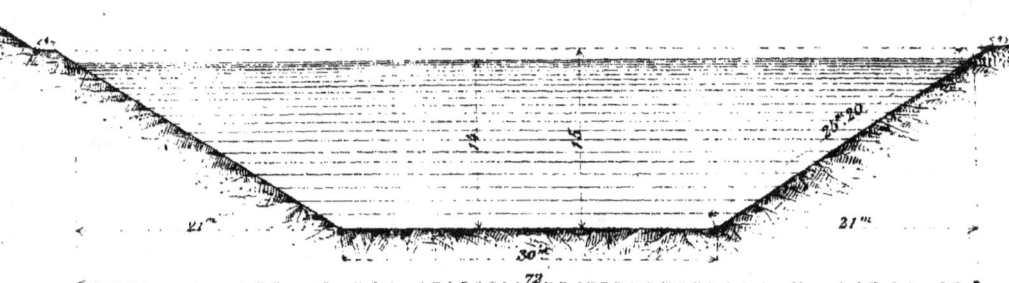

Section dans le rocher.

Formule de Bazin $\frac{RI}{u^2} = 0,00024\left(1 + \frac{0,25}{R}\right)$.
Pente de 0,0000742 p^r 1^m.
$\Omega = 459^{m^2},2$ — $u = 1,534$
$Q = 704^{mc},4$.

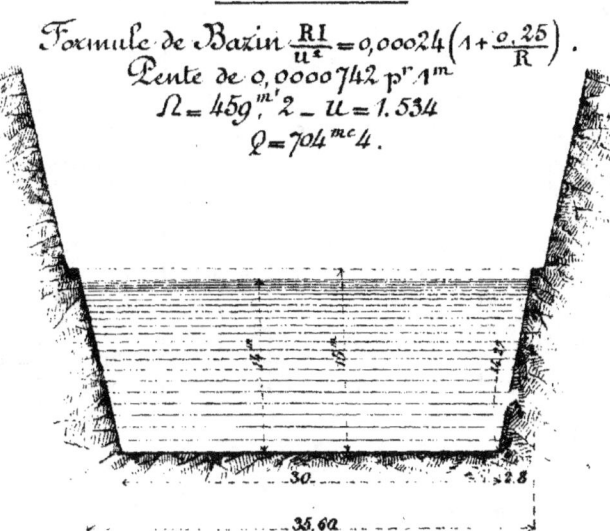

ANNEXE.

CALCUL DES DÉBLAIS
DU CANAL ALLANT DU GOLFE DE GABÈS AU CHOTT MELRIR.

DÉSIGNATION des sections.	SURFACES par sections.	MOYENNES des SURFACES de deux sections consécutives.	LONGUEURS entre les sections.	CUBES PARTIELS.	CUBES TOTAUX DES DÉBLAIS	
					dans la terre ordinaire.	dans le rocher calcaire.
	m. s.	m. s.	mètres.	m. c.	m. c.	m. c.
DU GOLFE DE GABÈS AU CHOTT RHARSA.						
Section A............	669 5	791 1	2,350	1,859,085		
—— B............	912 8	932 4	500	466,200		
—— C............	952	1,238 7	1,430	1,771,341		
—— D............	1,525 5	1,512 5	580	877,250		
—— E............	1,500	2,156 5	2,000	4,313,000		
—— F............	2,813	3,489 8	3,340	11,655,932		
—— G............	4,165 7	4,487 8	3,280	14,719,984		
—— G'...........	4,810					
Total............				35,662,792		
A déduire.........	30×13,480			404,400		
Reste............					35,258,392	
Calcaire du seuil de Gabès.	$\frac{4,640 \times 25}{2} \left(\frac{2 \times 30 + 40}{3}\right)$					1,933,333
Section G'...........	4,810	4,050 6	3,000	12,151,800		
—— I............	3,291 2	4,870	1,640	7,986,800		
—— I'...........	6,348 8	5,534 9	4,560	25,239,144		
—— J............	4,721 1	4,259 4	12,800	54,520,320		
—— K............	3,797 7	3,722 1	16,120	60,000,252		
—— L............	3,646 6	3,434 8	12,830	44,068,484		
—— M............	3,223	3,381 3	11,780	39,831,714		
—— N............	3,539 7	3,023 3	61,000	184,421,300		
—— N'...........	2,507	2,684 6	21,820	58,777,972		
—— O............	2,862 3	2,908 6	1,100	3,199,460		
—— P............	2,955	3,973 3	3,000	11,919,900		
—— Y'...........	4,991 7	6,596	770	5,078,920		
—— Z'...........	8,200 3					
Total............				506,996,066		
A déduire.........	30×150,420			4,512,600		
Reste............					502,483,466	
Calcaire du seuil de Kriz.						
Section R'...........	2,871 7	3,719 9	1,850	6,881,815		
—— S"...........	4,568 2	5,264 9	650	3,422,185		
—— O............	5,961 6	4,488 2	3,240	14,541,768		
—— A"...........	3,014 8					
Total............				24,845,768		
A déduire.........	30 × 5,740			172,200		
Reste............						24,673,568
Section A"...........	8,805 7	4,983 1	3,170	15,796,427		
—— M............	1,161 5	773 7	6,000	4,642,200		
—— L............	386					
Total............				20,438,627		
A déduire.........	30 × 3,170			95,100		
Reste............					20,343,527	
A reporter...........					558,085,385	26,606,901

DU CHOTT RHARSA AU CHOTT MELRIR.

DÉSIGNATION DES SECTIONS.	SURFACES par SECTIONS.	MOYENNES des SURFACES de deux sections consécutives.	LONGUEURS entre LES SECTIONS.	CUBES PARTIELS.	CUBES TOTAUX DES DÉBLAIS dans la terre ordinaire.	dans le rocher calcaire.
	m. s.	m. s.	mètres.	m. c.	m. c.	m. c.
Report............	....	....	....	....	558,085,385	26,606,901
Section K............	"	176 7	4,000	706,800		
——— J............	34 34	443 4	9,200	4,079,280		
——— I............	543 4	871 9	800	697,520		
——— H............	1,200	828	800	662,400		
——— G............	456 1	516	10,000	5,160,000		
——— I'............	576	1,029 5	2,800	2,882,600		
——— E............	1,483 5	969 8	1,200	1,163,760		
——— D............	456 1	228	10,000	2,280,000		
——— B............	"	"	"	"		
TOTAL........					17,632,360	
TOTAUX........					575,717,745	26,606,901

RÉCAPITULATION.

Déblais dans le terrain ordinaire... 575,717,745

Déblais dans le rocher calcaire... 26,606,901

CUBE TOTAL DES DÉBLAIS..................... 602,324,646

ANNEXES AUX TRAVAUX DE LA PREMIÈRE SOUS-COMMISSION.

I.

OBSERVATIONS

PRÉSENTÉES PAR M. LE COMMANDANT ROUDAIRE,

EN RÉPONSE

AU RAPPORT GÉNÉRAL DE M. ROLLAND,

SUR LES TRAVAUX DE LA PREMIÈRE SOUS-COMMISSION.

Je ne présenterai d'observations que sur les deux points principaux traités dans le rapport de la première Sous-Commission :

1° Le système d'entraînement par les eaux ;

2° Le devis des dépenses.

SYSTÈME D'ENTRAÎNEMENT PAR LES EAUX.

Voici comment s'exprime le rapport : « Le système de l'entraînement des déblais par les eaux a soulevé de nombreuses et graves objections. Ce procédé ne saurait être considéré comme consacré par l'expérience. Les rares exemples de rectification de rivières où l'on a fait creuser aux cours d'eau eux-mêmes leurs nouveaux lits n'ont pas semblé assimilables à l'opération qu'il s'agirait de tenter ici, *dans des conditions relativement peu favorables* et sur une échelle aussi colossale. Le travail des eaux pourra aider au creusement du canal, mais on ne saurait s'en rapporter normalement et exclusivement à lui. En conséquence, la Sous-Commission est d'avis de ne tenir compte que des procédés courants de déblais ou de procédés perfectionnés mais analogues. »

Dans aucun des cas où le système d'entraînement par les eaux a été pratiqué avec succès on ne s'est trouvé dans des conditions aussi favorables que dans le cas qui nous occupe. D'un côté une tranchée en ligne droite à section et à pente régulières, creusée en terrain homogène; de l'autre un réservoir inépuisable à niveau constant, fournissant un volume d'eau de plus en plus grand au fur et à mesure que le chenal s'élargirait et s'approfondirait. Avec cela la faculté de régler le débit au moyen d'un déversoir établi à l'entrée de la Méditerranée, la possibilité, en fermant ce réservoir et en l'ouvrant ensuite tout à coup, de produire au besoin des chasses puissantes; à l'extrémité du chenal enfin une immense dépression au fond de laquelle les déblais, par suite de l'augmentation de pente, seraient précipités avec une vitesse de 3 mètres par seconde. Où trouvera-t-on sur le cours d'une rivière des conditions analogues, à moins d'établir un immense réservoir en amont de la partie à creuser?

J'ai expliqué dans ma note IV (1), en m'appuyant sur l'autorité de M. Dupuit, comment le succès de l'opération était complètement indépendant de la longueur du chenal. J'ai cité dans la même note l'opinion favorable de MM. Dauzats, Sciama et Caland (2), qui considèrent la réussite comme certaine. J'ai démontré enfin qu'on obtiendrait en moins de quatre ans un déblayement de 240 millions de mètres cubes. On réalisera ainsi une économie considérable, puisque les déblais à exécuter directement seront réduits à 150 millions de mètres cubes.

DEVIS DES DÉPENSES.

Le rapport, quoique reconnaissant que le travail des eaux pourra aider au creusement du canal, part de ce principe que les déblais seront tous exécutés de main d'homme et relevés de chaque côté de la tranchée. Je ferai remarquer à ce sujet que si la profondeur moyenne de cette tranchée est bien en effet de 33 mètres, la hauteur moyenne à laquelle les déblais devront être relevés ne serait que de $11^m,20$ par suite de l'évasement en gueule de la section du canal.

La Commission a fixé à *1 franc environ* le prix du mètre cube de déblais en terre ordinaire et à 3 francs le prix du mètre cube de rocher. Partant de ces chiffres on arrive à une dépense de 453 millions. Puis, après avoir reconnu plus haut que le travail des eaux pourrait aider au creusement du canal, le rapport, comme conséquence de l'atténuation de dépense qui en résultera nécessairement, propose d'ajouter à ces 453 millions une somme à valoir *dont j'aurais fixé moi-même la proportion à 36 p. 0/0*.

En 1881, en effet, j'avais proposé de ne creuser dans le chott Fejej qu'une tranchée supérieure dont le plafond eût été au-dessus du niveau de la mer. On aurait approfondi cette tranchée au moyen des eaux de l'Oued el Hamma et de celles de la mer élevées à l'aide de machines ; on ne se trouvait plus là en face d'un réservoir inépuisable. La quantité d'eau dont on disposait était limitée. L'opération comportait dès lors un certain aléa pour lequel j'avais cru prudent d'ajouter une somme de 20 millions aux 55 millions prévus. Ces 20 millions n'étaient pas un tant pour cent, mais une réserve destinée à augmenter au besoin le nombre des machines élévatoires et à subvenir aux frais nécessités par le captage des eaux de l'Oued el Hamma. Dans le cas actuel, n'est-il pas évident que du moment où l'on reconnaît que le travail des eaux pourra aider au creusement du canal et où l'on ne tient aucun compte de cette aide, l'imprévu ne saurait être que favorable et par conséquent donner lieu non à une augmentation, mais à une diminution de dépense?

---

(1) Voir également le procès-verbal de la séance du 14 juin de la première Sous-Commission.

(2) Ingénieur hollandais qui a exécuté au moyen du travail des eaux les travaux si remarquables de Hoek Von Holland à l'embouchure de la Meuse ?

Je ne puis d'ailleurs accepter le chiffre approximatif de 1 franc adopté par la Sous-Commission. J'ai présenté, dans la séance du 21 juin, des devis très minutieusement étudiés d'après lesquels le prix du mètre cube, en raison de la masse des déblais à exécuter ainsi que de la facilité et de l'homogénéité des terrains, ne ressort qu'à 50 centimes. Deux entrepreneurs dont la compétence et l'honorabilité sont incontestables, MM. Gellerat et Gaillot, après avoir contrôlé les devis avec le plus grand soin et avoir examiné les échantillons de terrain déposés chez M. Dru, les ont approuvés et ont pris, par lettre, l'engagement de se charger des travaux au prix de 50 centimes. Lettres et devis sont annexés au procès-verbal de la séance du 21 juin et, en outre, publiés dans ma note VI.

J'ai donc le droit de me croire absolument dans la vérité en calculant les déblais sur le prix de 50 centimes le mètre cube. Par conséquent, même en se plaçant dans le cas le plus défavorable, c'est-à-dire en ne tenant absolument aucun compte du travail des eaux, les terrassements reviendraient en tout à 254 millions, auxquels il n'y aurait rien à ajouter pour l'imprévu, car il en a été largement tenu compte dans le prix de 50 centimes le mètre cube, comme on pourra s'en assurer en se reportant aux devis. L'imprévu, je le répète, ne pourrait être que favorable et se traduire par une diminution de dépenses.

Mais d'après ce que j'ai exposé plus haut, en s'appuyant sur l'opinion d'ingénieurs tels que MM. Sciama, Dauzats, Caland, en se fondant sur les déductions logiques de faits pratiques indiscutables, on ne doit calculer que sur 150 millions de mètres cubes de déblais en terrain facile et 18 millions de mètres cubes de rocher. Les dépenses se réduisent alors à 130 millions et demi. Le travail durerait six ans, et, en tenant compte de l'intérêt de l'argent calculé sur des appels successifs, on arriverait à peine à 160 millions. Ce chiffre doit être considéré comme un maximum.

Je ne connais pas encore le résultat de l'étude faite par M. Chambrelent au sujet du remplissage. J'attendrai la publication de la note annoncée pour soumettre mes observations.

Au sujet des ouvrages à construire à l'entrée du canal pour en assurer la conservation, je me contenterai de répéter ce que j'ai déjà dit à la Sous-Commission. Il résulte de l'examen des lieux que cette précaution serait aussi inutile qu'à Suez, où aucun ouvrage n'a été construit, quoique la marée y soit plus forte qu'à Gabès. Quant aux travaux de défense, une société privée n'aurait pas à s'en préoccuper. Une fois le canal créé, l'État, s'il veut l'approprier à ses besoins, devra naturellement se charger d'en défendre ou d'en masquer l'entrée à ses frais.

Paris, le 29 juin 1882.

E. ROUDAIRE.

II.

NOTE DU COMMANDANT ROUDAIRE

SUR LA QUESTION DE SAVOIR SI LA MER INTÉRIEURE POURRAIT SE TRANSFORMER EN MARAIS SALANTS.

On a objecté que la mer intérieure, perdant chaque jour une énorme quantité d'eau par suite de l'évaporation et ne recevant pas une égale quantité d'eau douce, finirait par se transformer en une immense saline. J'ai répondu en invoquant divers exemples, entre autres celui des lacs Amers, que l'excès de sel serait ramené à la Méditerranée par un contre-courant inférieur (1); mais, afin de serrer l'objection de plus près, il y a lieu d'examiner ce qui se passerait en admettant que ce contre-courant ne se produisît pas.

Un mètre cube d'eau de la Méditerranée contient :

Eau	990^{k}674
Chlorure de sodium	30 182
Chlorure de magnésium, de calcium et sulfate de soude	8 444
Total	1,029^{k}300

La quantité de sels contenue dans les eaux de la Méditerranée est donc de 3,7 p. 0/0. Le point de saturation sera atteint dans la mer intérieure lorsque la proportion se sera élevée à 35 p. 0/0. En calculant sur une évaporation annuelle de 1 mètre, il faudrait $\frac{35}{3,7}$ = 9,5 ans pour qu'une couche d'eau de 1 mètre fût saturée, et comme la profondeur moyenne des bassins inondables est de 24 mètres, la mer intérieure ne serait saturée qu'au bout de 9 1/2 × 24 = 228 ans.

La densité du chlorure de sodium est de 2,207 (Grassi), celle des chlorures de magnésium, de calcium et de sulfate de chaux est en moyenne d'environ 2,5. Le résidu sec laissé par un mètre cube d'eau serait donc de 13 litres 675 de chlorure de sodium et de 3 litres 377 d'autres sels, en tout 17 litres 052, et aurait une épaisseur de 0^m,017,052, ce qui produirait en 100 ans un enhaussement de 1^m,70; en 400 ans, un enhaussement de 6^m,80; ainsi au bout de 628 ans la profondeur de la mer intérieure serait encore de 17^m,20.

Mais nous n'avons tenu aucun compte de l'eau douce qui sera restituée à la mer intérieure par les pluies et les rivières. Les rivières permanentes, qui sont l'oued Djeddi, l'oued Biskra, l'oued-el-Arab, l'oued-el-Hamma, et les sources des oasis de Tozeur, de Nefta, de Kriz peuvent fournir ensemble environ 60 mètres cubes par seconde, ce qui produit un total de 1,892 millions de mètres cubes par an. Quant aux

---

(1) Rapport de 1877, pages 88-94.

pluies, elles sont loin d'être régulières. A des hivers exceptionnellement secs, tels que celui de 1878-1879, en succèdent d'autres accompagnés de pluies torrentielles. On peut estimer que la moyenne est de 30 centimètres par an. Mais au moment des pluies, tous les lits des rivières qui aboutissent aux chotts et qui, en temps ordinaire, sont à sec se changent en de véritable torrents, et l'on doit évaluer que l'eau douce tombée directement sur la mer intérieure, jointe à celle qui sera amenée par les torrents, formera une couche de $0^m,60$ de hauteur. En multipliant ce chiffre par la surface des bassins inondables qui est égale à 8,090 millions de mètres carrés, on obtient 4,854 millions de mètres cubes qui, ajoutés aux 1,892 millions fournis par les rivières permanentes, donnent un total de 6,746 millions de mètres cubes. Le volume d'eau enlevé annuellement par l'évaporation étant de 8,090 millions de mètres cubes, la Méditerranée n'aurait donc à fournir à la mer intérieure que $8,090 - 6,746 = 1,343$ millions de mètres cubes, et les eaux de cette dernière mer ne seraient pas saturées ; il ne commencera par conséquent à s'y former des dépôts salins qu'au bout de $228 \times \frac{8,090}{1,343} = 1,304$ ans.

Un mètre cube d'eau de la Méditerranée laisse en s'évaporant un résidu de $38^k 60$. Dans les lacs Amers la salure est presque double par suite de la dissolution de l'énorme banc de sel qui en occupe le fond. Le résidu laissé par un mètre cube varie de 70 à 74 kilogrammes. (Comptes rendus de l'Académie des sciences, 1er semestre 1874, page 1755.) En partant des données précédentes, on trouverait que le même degré de salure ne sera atteint dans la mer intérieure qu'au bout de 145 ans. Ce point est très important pour les pêcheries, car les lacs Amers sont très poissonneux ; et, fait très significatif, non seulement le degré de salure de ces lacs ne nuit en rien à la propagation des poissons, mais il semble au contraire lui être très favorable. En effet, ceux-ci abandonnent aujourd'hui le lac Timsah, qui reçoit le trop-plein du canal d'eau douce, et qui par conséquent est moins salé, pour se porter dans les lacs Amers.

E. ROUDAIRE.

III.

NOTE DU COMMANDANT ROUDAIRE

SUR LE DEGRÉ DE SALURE QUE LA MER INTÉRIEURE NE POURRA DÉPASSER AVEC LA SECTION DEMANDÉE PAR LA PREMIÈRE SOUS-COMMISSION.

D'après les derniers travaux de la première Sous-Commission, le canal, pour que le remplissage ait lieu en moins de dix ans, devra fournir un débit de 704 mètres cubes à la seconde.

Une fois les bassins remplis, le canal n'aura plus à fournir que les 187 mètres cubes par seconde nécessaires pour contre-balancer l'évaporation. Il en résultera une pente à la surface de l'eau de 2^{mm},4 par kilomètre, ce qui produira dans la mer intérieure une dénivellation de 0^m,42. Le canal ayant 14 mètres de profondeur au golfe de Gabès, la hauteur de la section sera encore de 13^m,58 au débouché dans le chott Rharsa.

Examinons si la section de ce canal serait suffisante pour maintenir la salure au 3e degré dans la mer intérieure.

Soit, pour l'unité de temps, x la quantité d'eau qui doit être fournie à l'évaporation, y celle qui serait évacuée par un contre-courant inférieur, et enfin Ω la section du canal qui doit être au moins égale à la somme des débits positif et négatif; on a:

Au point de vue du mouvement de l'eau [1], $\Omega = x + 2y$;

Au point de vue du mouvement du sel, $x + y = 3y$, d'où l'on déduit: $x = 2y$ et $\Omega = 2x$, condition satisfaite et au delà par le canal, puisque $704 > 187 \times 2$.

Le rapport des aires $x + y$, courant supérieur, et y, contre-courant inférieur, est égal à 3. En supposant le canal rectangulaire et le contre-courant inférieur comme se mouvant dans une conduite fermée, on trouve pour le rapport des hauteurs de ces deux courants:

$$\frac{h}{h'} = \sqrt{\frac{3}{2}} = 1.255;$$

d'où l'on tire:

$h = 7^m,48$ (courant supérieur),
$h' = 6^m,10$ (contre-courant).

Total.... 13^m,58

La hauteur de la charge pouvant engendrer le contre-courant sera, en considérant le filet moyen:

$$7,48 + \frac{6.10}{2} = 10,53.$$

---

[1] Ces formules sont empruntées au travail présenté à la Commission par M. Tissot, ingénieur des mines. Voir page 83.

Avec la salure triple la charge sera :

$$10^m,53 \times 0,07 = 0^m,77.$$

La charge nécessaire n'étant que de $0^m,42$, il en résulte que la salure triple ne sera jamais atteinte. C'est à peine si la salure double elle-même sera légèrement dépassée, et encore ce résultat ne sera-t-il atteint que dans un nombre considérable d'années. L'existence indéfinie de la mer intérieure est donc assurée avec la largeur de 30 mètres au plafond et la profondeur de 14 mètres.

E. ROUDAIRE.

DEUXIÈME SOUS-COMMISSION.

DEUXIÈME SOUS-COMMISSION.

PREMIÈRE SÉANCE.
(5 MAI 1882.)

La Commission procède à l'élection d'un président et d'un vice-président.

M. DUMAS est nommé *président;* M. le général FAVÉ, *vice-président.*

La Commission décide de n'aborder la discussion des questions qui lui sont soumises que lorsqu'elle aura arrêté le programme de ses travaux.

L'ordre du jour de la prochaine séance, qui aura lieu le 8 mai, à neuf heures et demie du matin, est ainsi fixé :

Rédaction d'un programme pour l'étude des questions réservées à la deuxième Sous-Commission.

Le Président,
J.-B. DUMAS.

Le Secrétaire,
M. PALÉOLOGUE.

DEUXIÈME SOUS-COMMISSION.

DEUXIÈME SÉANCE.
(8 MAI 1882.)

La séance est ouverte à neuf heures et demie, sous la présidence de M. J.-B. Dumas.

Le procès-verbal de la séance du 5 mai est adopté.

M. LE PRÉSIDENT. Pour la rédaction du programme de ses travaux, la Commission peut se placer à deux points de vue : elle peut ou bien envisager les opérations mêmes du remplissage et les effets qu'elles sont susceptibles de produire, ou bien étudier directement les conséquences de la submersion de la région des chotts en supposant le fait accompli et le remplissage terminé.

M. JAMIN se prononce en faveur de la première méthode.

M. FRÉMY demande à la Commission de n'émettre un avis qu'après avoir entendu le commandant Roudaire.

M. LE COMMANDANT ROUDAIRE présente quelques observations sur le bassin des chotts, dont le fond est toujours à sec, car les quelques fleuves qui se jettent dans cette dépression saharienne s'infiltrent dans le sable. Seule la région des Farfaria est marécageuse, et l'eau qui y séjourne détermine un état d'insalubrité dont les effets se font sentir jusqu'à Biskra. L'opération du remplissage ne modifierait guère, à ce qu'il semble, le régime hygiénique du pays.

M. MILNE-EDWARDS ne croit pas non plus que l'insalubrité des chotts Melrir et Rharsa soit augmentée par l'opération du remplissage ; mais en ce qui concerne le chott Djerid, il en est tout autrement, car pour les premiers il y aura submersion, pour le dernier il y aura drainage par le canal d'inondation. Quel sera donc l'effet de la tranchée sur les parties avoisinantes, du côté sud, bien entendu, car là ce sont des eaux fraîches qui alimentent les puits, et non des eaux thermales comme dans la partie située au nord? Le drainage n'amènera-t-il pas un desséchement du sud?

M. LE COMMANDANT ROUDAIRE. Je ne le pense pas, car ces eaux viennent des collines du sud, qui continueront à les y déverser, avant comme après l'opération.

M. JAMIN. Le terrain du chott Djerid est très mêlé d'eau, dans la proportion des deux tiers sur certains points. Je poserai au commandant Roudaire deux questions:

1° Jusqu'à quelle profondeur existe la nappe d'eau?

2° Pendant le drainage, il se produira sans doute un affaissement du sol; qu'adviendra-t-il du tas de boue ainsi formé?

M. LE COMMANDANT ROUDAIRE. Il est de fait que l'eau salée ne peut causer l'insalubrité; or, les eaux souterraines sont, dans la région des Chotts, très fortement chargées de sel. Je peux citer, comme preuve de l'innocuité de la dessiccation de terrains trempés d'eau de mer, l'état parfaitement sain de la plage de Sfax, où la marée est de 2 mètres.

M. JAMIN. On ne peut comparer la mise à nu d'une plage qui est périodiquement recouverte d'eau avec la dessiccation continue de toute une région.

M. DE LESSEPS. A l'appui de l'assertion du commandant Roudaire, je puis rappeler que nous avons creusé, près de Port-Saïd, 44 kilomètres de boue salée, et qu'aucun cas de fièvre n'a été constaté; je puis dire encore que les habitants des bords du lac Menzaleh sont les plus robustes de l'Égypte.

M. LE COMMANDANT ROUDAIRE. Pour répondre à la première question que m'adressait M. Jamin, je ne crois pas pouvoir affirmer que le sol du chott Djerid s'abaissera au-dessous du niveau de la mer.

M. LE GÉNÉRAL FAVÉ. Je constate que les vues du commandant Roudaire se sont modifiées; il n'affirme plus que le fond du chott s'affaissera.

M. FAUVEL. Il avait été convenu qu'on présenterait un programme d'études. Nous ne pouvons étudier dès maintenant les conséquences que pourrait avoir, au point de vue hygiénique (le seul auquel je me place), la création d'une mer intérieure. Ces conséquences sont en effet absolument subordonnées aux résolutions de la première Sous-Commission, car, pour ne prendre qu'un exemple, les boues formées par l'opération du drainage seront susceptibles de modifier la salubrité du pays; or, la qualité de ces boues, les conditions dans lesquelles elles seront formées, leur composition chimique, c'est là précisément ce qu'il faudrait connaître. Ce que nous pouvons et devons étudier, c'est l'état actuel du pays; or cette étude est fort délicate, car la région est à peine habitée et les observations qui y ont été faites ne sont que peu nombreuses.

Quelles sont donc les conditions actuelles de la salubrité dans la région des Chotts? c'est un premier point à éclaircir, ce sera la base de nos appréciations ultérieures.

En supposant ensuite que la question technique ait été résolue affirmativement, nous aurons alors à déterminer les conséquences hygiéniques des modifications apportées aux conditions physiques et météorologiques de cette contrée par l'inondation des chotts; il nous faudra tenir compte : 1° de la quantité et de la composition des eaux; 2° de la délimitation de la mer (niveau constant ou niveau variable); 3° de l'état de l'atmosphère; 4° des modifications opérées dans le sol et de leur influence sur la végétation. Resteraient à déterminer des règles prophylactiques pour la période d'exécution des travaux et pour la période subséquente.

M. LE COMMANDANT ROUDAIRE. L'état actuel de la région des Chotts, à l'exception des Farfaria, est excellent; on n'y constate parmi les habitants que quelques maux d'yeux et des fièvres intermittentes.

M. FAUVEL. Cette intermittence indique que l'intoxication palustre n'y existe pas au plus haut degré.

M. DAUBRÉE. Il a été dit, au début de cette discussion, qu'on pouvait assimiler le régime des chotts supposés inondés à celui des lacs Amers. Le contre-courant que M. de Lesseps a constaté dans ceux-ci se représentera-t-il ici? je ne le pense pas, car il faut se rappeler que le canal qui reliera les chotts à la mer n'aura pas moins de 220 kilomètres de longueur et au plus 10 mètres de profondeur; un contre-courant serait arrêté par les frottements considérables qu'il rencontrerait sur les parois du canal.

M. LE COMMANDANT ROUDAIRE. Les lois de l'équilibre seraient plus fortes; il se produirait le même phénomène que dans le Bosphore, où l'on a constaté, à 3 mètres au-dessous du niveau de la mer, un contre-courant ramenant du sud au nord les eaux salées de la Méditerranée dans la mer Noire, qui reçoit par le Danube, le Dniester, le Dniéper et le Don une quantité trop considérable d'eau douce. Il se produit ainsi une compensation qui s'établirait de même entre les eaux de la mer intérieure et celles du golfe de Gabès.

J'ai, du reste, calculé le temps qu'il faudrait pour qu'il y eût saturation dans la mer Saharienne, en supposant qu'il n'y ait pas de contre-courant dans le canal de communication : il faudrait 1304 ans.

M. JAMIN. J'estime qu'il faut s'en tenir à ce chiffre et abandonner l'argument du contre-courant.

M. Renou. Le commandant Roudaire s'est fondé, pour établir ce résultat, sur les phénomènes de l'évaporation; or, sur la Méditerranée, l'évaporation est beaucoup plus grande que la quantité d'eau qui tombe annuellement, et, dans le Sahara, la pluie ne résiste jamais plus de trois mois; 3o centimètres d'eau sont évaporés en trente jours à peine, et au mois d'avril.

M. le commandant Roudaire. Je crois devoir faire remarquer qu'on n'a jamais fait d'expériences sérieuses d'évaporation sur une vaste surface d'eau salée, à l'exception toutefois de celles qui ont été entreprises sur les lacs Amers. Dans ce dernier cas, on a pu mesurer jour par jour, avec une très grande exactitude, la quantité d'eau introduite dans le bassin des lacs, et le résultat obtenu, en plein mois de juillet, a été de $3^{m/m},4$.

M. Renou. $3^{m/m},4$? c'est-à-dire moins qu'à Paris, cela n'est pas croyable.

M. d'Abbadie. J'ai fait en Éthiopie, au milieu d'un fleuve dans lequel je m'étais plongé, quelques expériences sur l'évaporation : j'ai constaté qu'à un mètre au-dessus du niveau de l'eau, la sécheresse était absolue. L'évaporation étant activée par le moindre souffle d'air, il importe que les expériences soient faites dans des vases dont les bords soient assez bas pour ne pas arrêter le vent; il importe aussi qu'elles soient faites dans des conditions qui se rapprochent autant que possible de celles qui se reproduisent dans la mer intérieure.

M. Gros. Cette question de l'évaporation étant de la plus haute importance, je demande qu'elle soit tranchée avant de passer outre aux autres points de notre programme.

M. Jamin. On pourrait prier M. de Lesseps de faire renouveler sur les lacs Amers les expériences qui ont été faites autrefois; on isolerait, dans un vase dont les bords ne dépasseraient pas la surface du lac, une quantité d'eau pesée à l'avance; les conditions de l'expérience seraient, du reste, déterminées par la Sous-Commission elle-même ou par quelques-uns de ses membres délégués à cet effet.

M. le Président. Je suis d'avis qu'il faut multiplier les expériences. Les conclusions que nous aurons à formuler et dont pourra dépendre la mise à exécution d'une œuvre qui n'exigera pas moins de neuf ans de travail sont trop graves pour que nous puissions nous prononcer avant d'être pleinement éclairés. Je propose donc à la Commission de nommer une délégation chargée de déterminer les conditions des expériences à entreprendre sur les phénomènes d'évaporation.

MM. le général Favé, Fauvel, Frémy, Jamin et Renou sont nommés membres de cette délégation.

La prochaine séance de la Sous-Commission est fixée au lundi 15 mai, à neuf heures et demie du matin.

La séance est levée à onze heures et quart.

Le Président,
J.-B. DUMAS.

Le Secrétaire,
M. PALÉOLOGUE.

DEUXIÈME SOUS-COMMISSION.

TROISIÈME SÉANCE.
(15 MAI 1882.)

PRÉSIDENCE DE M. DUMAS.

La séance est ouverte à dix heures moins un quart.

M. PALÉOLOGUE, *secrétaire*, donne lecture du procès-verbal de la séance du 8 mai.

M. LE PRÉSIDENT. Quelqu'un de vous, Messieurs, a-t-il des observations à présenter sur le procès-verbal?

M. JAMIN. En traitant, à la dernière séance, la question du contre-courant, je ne me suis pas contenté de dire que je me ralliais à l'opinion de M. Roudaire. J'ai expliqué comment je comprenais que la salure de la mer intérieure n'augmenterait pas; j'ai dit que ce ne serait pas par l'effet d'un contre-courant inférieur, mais par deux actions successives, à savoir : l'entrée, à marée haute, des eaux de la Méditerranée dans le golfe de Gabès, et la sortie, à marée basse, des eaux plus chargées en sel qui proviendront de la partie inférieure des bassins inondés.

M. BECQUEREL. J'ai présenté aussi quelques observations que je tiens à voir figurer au procès-verbal. J'ai dit qu'il était douteux, selon moi, que, par le seul effet d'un canal creusé au milieu du premier chott et sur des distances aussi grandes, il se produisît un drainage aussi considérable que celui que prévoit M. Roudaire.

En second lieu, à propos de la question d'évaporation, j'ai fait remarquer que, d'après des expériences assez nombreuses faites à Versailles sur la demande de M. de Gasparin, nous n'avions pas été conduits à des conséquences assez rigoureuses, quant au rapport entre l'évaporation et la surface. Dans des vases de différentes dimensions, on avait trouvé que l'évaporation était d'autant moindre que la surface était plus considérable. Cela pouvait provenir d'abord de ce que dans les vases à petite surface l'étendue des parois mouillées près des bords était comparativement plus grande par rapport à l'étendue totale, et en outre de ce que, quand les vases étaient un peu grands, il se formait au-dessus d'eux, en l'absence de vent, une couche de vapeur qui ralentissait l'évaporation ; il serait, dès lors, possible que, dans de grandes masses d'eau, dans une mer, l'évaporation fût moindre que celle que l'on observerait dans des vases placés sur le rivage.

Voilà quelques-unes des observations que j'ai faites, et qui ne figurent pas au procès-verbal.

M. le Président. Les observations de M. Jamin et de M. Becquerel seront insérées au procès-verbal de la présente séance.

M. d'Abbadie. Je ne sais pas comment les choses se passent dans la région relativement basse des chotts ; mais, dans les contrées basses de l'Éthiopie, j'ai constaté plus d'une fois, par les temps de calme, que, dans l'espace d'un quart d'heure, la brise, extrêmement faible, a successivement parcouru tout l'horizon ; j'appelle cela des brises folles, qui n'ont pas de direction fixe ; il était même très souvent impossible de sentir la moindre brise.

Or, nous savons tous que, quand il n'y a pas de vent, il n'y a pas d'évaporation. Ceci corrobore ce que disait M. Becquerel sur la possibilité de la formation d'une couche de vapeur, immédiatement au-dessus de l'eau, couche de vapeur qui, n'étant pas écartée par le vent, empêche que l'évaporation continue.

Je désirais ajouter cette observation à celle de M. Becquerel.

M. Chambrelent. Je désire rappeler que le procédé qui a été employé sur les lacs Amers pour mesurer l'évaporation est le plus exact dont on se soit servi jusqu'à présent. Il a été fait des expériences de ce genre dans le département de la Gironde, et l'on n'est arrivé à des résultats précis que par ce moyen, qui consiste à mesurer la quantité d'eau qui s'échappe du réservoir où elle était contenue, et à la remplacer pour obtenir le même niveau.

Les résultats qu'on obtient en faisant des expériences sur des vases, et nous en avons fait un grand nombre dans ces conditions, ne peuvent donner aucune certitude.

M. le Président. Il n'y a pas d'autres observations sur le procès-verbal ?

Le procès-verbal est adopté.

M. le Président. Depuis la dernière séance, et sur cette question de l'évaporation qui vient d'être traitée encore, nous avons reçu quelques informations dont je dois donner communication à la Sous-Commission.

Nous avions pensé qu'on pouvait trouver, dans le régime des marais salants, des indications qui nous permettraient de connaître les conditions dans lesquelles se produit l'évaporation.

M. Chambrelent a bien voulu s'informer des renseignements qu'on pouvait obtenir dans les marais salants de l'Ouest.

Je lui donne la parole.

M. Chambrelent. J'ai écrit à plusieurs de mes collègues, et voici la réponse que j'ai reçue de M. Beaucé, ingénieur en chef des travaux maritimes à la Rochelle; la Sous-Commission verra qu'elle laisse subsister encore toutes nos incertitudes.

« La Rochelle, le 14 mai 1882.

« Monsieur l'Inspecteur général,

« J'ai le regret de vous annoncer que je ne peux vous fournir aucun des renseignements que vous cherchez sur l'évaporation de l'eau de mer. Je crois qu'on n'a rien de précis, dans notre région, sur cette question, et les seules indications que j'aie trouvées me sont fournies par un ouvrage publié à Rochefort en 1826 et portant le titre de *Règlement général et Notice sur les marais de l'arrondissement de Marennes.*

« Cet ouvrage, publié par M. Le Terme, sous-préfet de Marennes, indique que, pendant les trois ou quatre mois les plus chauds de l'année, l'épaisseur de l'évaporation ne dépasse pas 2 pouces. L'auteur en conclut d'ailleurs que l'organisation des salines de l'Ouest, au lieu d'employer les moyens les plus propres à favoriser l'évaporation, ne fait, au contraire, que la contrarier et la diminuer. Il admet que, dans la région qu'il envisage, il tombe annuellement 24 pouces d'eau qui sont entraînés par l'évaporation.

« Veuillez, etc. »

L'évaporation serait extrêmement forte, comme vous le voyez, mais il s'agit de marais salants.

M. le Président. M. Scheurer-Kestner a bien voulu recueillir, de son côté, des informations dans la région du Sud-Est; il s'est adressé à M. Péchiney, directeur de la fabrique de produits chimiques de Salindres, dans le département du Gard.

Voici la réponse qu'il en a reçue :

« Paris, le 8 mai 1882.

« Cher Monsieur,

« Je n'ai pas ici sous les yeux les notes qu'il me faudrait pour répondre avec précision à la question que vous voulez bien me poser.

« L'évaporation en Camargue est très variable. Pendant la période salinière, — soit les deux mois du 15 juin au 15 août, — nous admettons une évaporation moyenne de 10 millimètres par jour. Parfois, par des mistrals très forts, elle arrive à 13 et même à 15 millimètres.

« Quant au régime annuel de la Camargue, nous l'exprimons en disant que pendant l'année l'évaporation totale y est de $1^m,50$ à $1^m,70$, tandis que la pluie totale n'est que de $0^m,50$ à $0^m,70$.

« Ces chiffres ne sont pas absolument exacts, mais vous pouvez les tenir comme très rapprochés de la vérité. Je serais heureux qu'ils pussent vous être utiles. J'ignore tout à fait dans quelle mesure ils pourraient être modifiés pour s'appliquer aux régions qui intéressent le projet Roudaire.

« Veuillez agréer, etc. »

M. CHAMBRELENT. Nous avons fait l'an dernier, et nous continuerons cette année, des travaux d'irrigation de la Camargue, et nous avons reçu de la part des propriétaires de l'étang de Valcarès, MM. Péchiney et Cie, des observations très vives au sujet des eaux de colature, qui, cependant, ne représentent que le quart des eaux d'irrigation.

Ces messieurs nous ont dit que les eaux d'irrigation allaient exhausser le niveau dans le Valcarès, et par conséquent compromettre le dessèchement des marais.

C'est alors que nous avons demandé qu'on voulût bien nous donner des chiffres sur lesquels nous pourrions baser nos calculs en ce qui concerne les eaux de colature; on n'a pu nous donner rien de précis au point de vue des évaporations, qui sont extrêmement irrégulières, mais néanmoins très fortes à cause du mistral.

M. LE PRÉSIDENT. Il suffit de connaître la surface des marais et la quantité de sel qu'on en retire chaque année pour savoir le volume d'eau qui y est entré, et, par conséquent, le chiffre de l'évaporation.

M. BECQUEREL. L'évaporation constatée, en ne tenant pas compte des eaux de pluie, n'est que de $1^m,60$ par an, soit une moyenne d'environ 4 millimètres par jour.

M. LE COMMANDANT ROUDAIRE. La surface des marais salants est relativement petite, et l'eau, y étant peu profonde, s'échauffe très rapidement. Et puis il faut noter que, sur la partie centrale des grandes nappes d'eau, règne toujours une atmosphère plus ou moins chargée de vapeurs, qui modère l'évaporation. Dans tous les cas, je ne crois pas qu'on puisse jamais faire d'expériences plus concluantes que celles qu'on a faites au moment du remplissage des lacs Amers : pendant quinze jours on a pu calculer exactement le volume d'eau entré, et puisque le niveau restait constamment le même, c'est que ce volume correspondait à l'évaporation.

M. Gros. J'ai réfléchi à cette mesure de l'évaporation aux lacs Amers, et voici un paragraphe que j'ai retrouvé dans le mémoire présenté en 1877 par M. Roudaire :

« Au moment du remplissage des lacs Amers situés sur le parcours du canal
« de Suez, on construisait un déversoir destiné à régler l'introduction des eaux de
« la Méditerranée. Du 7 au 15 juillet le déversoir n'avait fonctionné qu'avec un
« très petit nombre d'aiguilles levées, et le niveau était resté stationnaire dans
« les lacs. L'introduction avait été déterminée par le calcul à 3,540,942 mètres
« cubes, soit, en chiffres ronds, à 4 millions de mètres cubes par jour. Ce dernier
« chiffre donne donc la quantité d'eau absorbée par l'évaporation, qui, d'après
« la surface correspondante, produisait $0^m,003$ à $0^m,0035$ de dénivellement
« pendant vingt-quatre heures, et cela pendant le mois le plus chaud de l'année.

« Ce résultat justifiait les prévisions des ingénieurs, qui avaient déclaré que
« le chiffre de $0^m,020$, admis comme chiffre moyen de l'évaporation en Égypte,
« ne serait jamais atteint, vu la couche d'air humide qui devait recouvrir la
« surface des lacs Amers, ainsi que le degré de salure des eaux. »

Je ne considère ce chiffre que comme une approximation. Il n'y avait qu'un certain nombre d'aiguilles levées; or, vous savez que dans les barrages à aiguilles il s'écoule un volume d'eau assez notable entre les aiguilles restées en place. D'un autre côté, on a constaté que le niveau des lacs restait stationnaire. Il s'agit là d'une observation très délicate : suivant l'action des vents, le niveau peut baisser plus ou moins.

Je ne considérerais donc, je le répète, ce chiffre de $0^m,003$ d'évaporation par jour que comme une approximation qui aurait besoin d'être vérifiée, et c'est pourquoi j'insistais l'autre jour sur la nécessité d'observations précises.

M. LE COMMANDANT ROUDAIRE. Il faudrait avoir le compte rendu de l'expérience.

M. Gros. Ce qui m'a frappé, c'est qu'on a dit que le niveau des lacs était resté stationnaire; mais à ce moment on ne cherchait pas à mesurer l'évaporation, ce n'était qu'une constatation accessoire, et je ne sais pas si on l'a faite de manière à être bien certain que le niveau diminuait de $0^m,003$ ou $0^m,004$.

M. DE LESSEPS. L'observation de M. Gros est très juste. J'ai moi-même assisté au remplissage des lacs Amers; les aiguilles laissaient passer très peu d'eau. Dans tous les cas, comme les personnes qui ont exécuté ce travail, M. Lavalley et M. Cotard, sont à Paris, je pourrai les inviter à me donner des indications à ce sujet.

M. le Président. On pourrait même prier ces messieurs de se rendre dans le sein de la Commission.

Nous allons reprendre la suite de la discussion.

M. Jamin. J'avais été chargé de préparer un programme de discussion; je suis prêt à communiquer mon travail.

M. le Président. Vous avez la parole.

M. Jamin. Voici le programme que la délégation soumet à la Sous-Commission :

« Commencer par se rendre un compte exact de la météorologie actuelle de l'Algérie et de la Tunisie, d'après les voyageurs et les missions.

« 1° La température au nord et au sud des chotts; moyennes mensuelles et annuelles.

« 2° Vents. — Leur direction dominante à Tougourth, à Biskra, dans le Sahara. — Direction des dunes. — Inclinaison des végétaux. — Siroco. — Vents du nord. — Courants ascendants, etc.

« 3° Hygrométrie. — État hygrométrique de l'air, constaté en divers points de l'Algérie, du Sahara et de la Tunisie, aux divers mois de l'année pour diverses directions de vents. — Quantité de pluie pendant quatre mois de l'année.

« 4° Évaporation. — Elle dépend à la fois de la température, des vents, de l'état hygrométrique, des saisons, des localités. Peut-on fixer une moyenne pour l'évaporation de l'eau pure dans la région des chotts?

« 5° Quantité d'eau apportée chaque année dans les chotts par les pluies, les rivières, les sources, etc.

« C'est seulement après avoir recueilli des données certaines sur ces différents points qu'on pourra aborder les questions suivantes :

« 1° Quel sera le refroidissement de l'air par la création de la mer intérieure?

« 2° Quelle sera la quantité de vapeur d'eau introduite dans l'air par l'évaporation de la mer intérieure, en tenant compte de celle qui se produit aujourd'hui dans les chotts?

« 3° Comparer la quantité d'eau fournie par cette évaporation à celle qui tombe en moyenne par l'effet des pluies.

« 4° Influence probable ou possible de la mer intérieure sur le climat, la végétation, la culture et, en particulier, sur les oasis, en tenant compte du vent dominant et de la situation des localités, par rapport aux chotts.

« 5° Progrès probables de la salure dans les eaux de la mer intérieure.

« 6° Quels seront les effets, sur les chotts Djerid et Fedjej, du déversement de leurs eaux dans le chott Rharsa, soit pendant, soit après l'évaporation?

« 7° Conditions hygiéniques pendant et après le travail. »

M. LE PRÉSIDENT. Propose-t-on d'ajouter quelques questions au programme qui vient de nous être soumis?

M. GROS. Il faudra beaucoup de temps pour recueillir tous les renseignements dont il est question.

M. JAMIN. Il est cependant difficile, en l'absence de ces renseignements, d'émettre un avis sur l'effet que produira la mer intérieure. Les vents, la température auront certainement une influence très grande. On pourrait demander à M. le Ministre de la guerre communication des documents qu'il doit posséder sur l'Algérie.

M. LE COMMANDANT ROUDAIRE. J'ai chez moi des cahiers complets d'observations faites à toute heure du jour; je les mettrai à la disposition de la Commission. En dehors de ces documents, je ne crois pas qu'on puisse trouver n'importe où des indications tant soit peu sérieuses.

M. JAMIN. Il existe un travail de M. Rolland, qui a fait des observations pendant une partie de l'année, de janvier à avril 1880.

M. LE COMMANDANT ROUDAIRE. A quel endroit?

M. ROLLAND. Dans le Sahara algérien; entre Laghouat, El Golea, Ouargla et Biskra.

M. MILNE-EDWARDS. On a parlé de Laghouat et de Biskra; il me semble qu'il serait utile d'indiquer d'autres localités, car les influences locales sont très considérables, et les conditions ne sont pas partout les mêmes.
Des observations recueillies par M. Duveyrier il semble résulter que la direction dominante des vents n'est pas la même entre Ghadamès et le chott Melrir que dans la partie occidentale de cette région, du côté de Laghouat ou même de l'oued Rir'; les vents que j'appellerai utiles domineraient du côté des chotts de l'Est, tandis qu'il en serait tout autrement pour la portion de la région qui avoisine l'oued Rir'. Il me semble qu'il faudrait avoir une station dans le voisinage du seuil de Kriz.

M. RENOU. Je ne suis pas tout à fait de cet avis. Le régime des vents dans le Sahara, d'après des renseignements recueillis depuis 45 ans, est à peu près uniforme; seulement il y a des différences très considérables suivant les années. Malgré ces variations annuelles, en général c'est le vent du nord-ouest et le vent du sud-est qui dominent, celui du nord-ouest avec un peu plus d'intensité; le vent du nord-ouest règne en hiver, le vent du sud-est en été. En résumé, ces influences locales vont toujours en disparaissant. On peut comparer le régime des vents dans cette région au régime des vents en Asie, au centre de la Chine, aux environs de Tchang-Fou, Pékin, Shanghaï; il n'y a presque pas de différence, seulement le résultat n'est pas le même, parce qu'au sud-est de la Chine se trouve l'immensité de l'océan Pacifique, de sorte que, en été, le vent du sud-est amène des orages auxquels la Chine doit sa fertilité; en hiver, en Chine, le temps est excessivement froid et clair.

M. JAMIN. Nous avons seulement voulu appeler l'attention des membres de la Sous-Commission sur l'utilité qu'il y aurait à s'entourer de tous les documents possibles pour aborder la discussion avec fruit. Suivant les indications que vous avez bien voulu lui donner, la délégation s'est demandé quel serait le meilleur ordre à suivre pour la discussion; c'est le résultat de son travail, c'est-à-dire un programme, que j'ai l'honneur d'apporter ici.

M. LE PRÉSIDENT. On pourrait examiner d'abord si le programme qui nous est communiqué renferme toutes les questions que la Commission serait disposée à traiter, ou s'il ne pourrait pas y en être ajouté d'autres.

M. FREMY. Nous avons échangé nos idées dans la délégation; je crois qu'il serait indispensable que le programme fût imprimé et distribué, afin que, d'ici à la prochaine séance, chacun de nous pût l'étudier et voir s'il ne conviendrait pas d'en retrancher quelques questions et d'y ajouter certaines autres.

M. MILNE-EDWARDS. Il y aurait certainement plusieurs questions à ajouter au point de vue agricole.

M. JAMIN. Ce sujet est indiqué.

M. MILNE-EDWARDS. Oui, mais seulement d'une manière vague et générale, et je pense qu'il aurait fallu préciser davantage.

M. LIOUVILLE. Si le programme nous était distribué, nous pourrions y réfléchir, et, dans la prochaine séance, l'établir définitivement; je crois que nous devrons le faire d'une manière très complète.

M. LE PRÉSIDENT. Le programme sera imprimé, distribué et soumis à la discussion dans la prochaine séance.

M. d'Abbadie. Messieurs, au cours de la dernière séance, je m'étais rallié sans réserve à l'opinion des membres de la Commission qui estimaient qu'il ne pourrait y avoir de contre-courant dans un canal de 300 kilomètres de longueur. Cependant, j'ai tenu à consulter un spécialiste, et j'ai écrit à ce sujet à un ingénieur hydrographe de la marine, M. Bouquet de la Grye. M. Bouquet de la Grye m'a répondu que, selon lui, dans le canal de 20 kilomètres qui relierait le chott Djerid à la mer, il y aurait évidemment un courant supérieur et un courant inférieur en sens inverse ; il suppose d'ailleurs que le chott Djerid est au-dessous du niveau de la mer.

J'ai répondu à M. Bouquet de la Grye que je voulais savoir s'il y aurait un contre-courant, en supposant que le canal ait une longueur de 270 kilomètres ; j'ajoutais que cela me semblait impossible. Je demande la permission de lire la note que M. Bouquet de la Grye m'a envoyée :

« J'ai essayé d'aborder le problème que vous m'avez posé en tenant compte de toutes les circonstances, c'est-à-dire des frottements des deux courants l'un sur l'autre. On est amené à une équation bien compliquée et d'un degré qui la rend difficile à résoudre. D'autre part, en réduisant le problème à plus de simplicité, en faisant quelques hypothèses conformes à la réalité de ce qui se passe aux embouchures des fleuves, on arrive à trouver que le jeu seul de la pesanteur permettrait à un canal de 222 kilomètres de long d'apporter chaque seconde 360 mètres cubes d'eau et d'en faire sortir 120 mètres cubes d'eau trois fois plus salée....

« .... Si l'on fait intervenir le jeu des marées de Gabès, c'est-à-dire des marées de 2 mètres, l'alimentation des chotts à 272 kilomètres me semble encore possible. J'admets un canal de 50 mètres de largeur au plafond et de 12 mètres de profondeur.

« Je manque d'ailleurs de quelques chiffres, notamment de la surface des chotts intérieurs, que j'ai supposée de 6,000 kilomètres carrés, avec une évaporation moyenne de $0^m,004$ par jour.

« M. Roudaire devrait indiquer d'une façon précise le profil et les coupes de ses émissaires au moment où le régime sera établi, c'est-à-dire lorsque le niveau intérieur sera rendu à peu près au niveau de la Méditerranée. Il y aurait matière à un intéressant problème pour les analystes pratiques comme M. de Saint-Venant, qui s'est fort occupé de l'écoulement des eaux. »

Je crois que cette lettre répond en partie à la question qui nous occupe.

M. le Président. Je donne la parole à M. Tissot, ingénieur en chef des mines, mandé par la Sous-Commission.

M. Tissot. A propos de la différence du régime des vents en été et en hiver, M. Renou a dit à peu près ce que j'avais à dire, à savoir que si tous les voyageurs ont remarqué la prédominance des vents du nord en hiver, c'est tout le contraire qui a lieu en été. Les Européens viennent surtout en hiver en Algérie, de sorte qu'ils constatent la prédominance des vents du nord ; mais les habitants du pays savent très bien qu'il n'en est pas de même en été ; or c'est évidemment le régime d'été qui réglera l'influence météorologique de la mer intérieure.

Le chott Melrir a 6,700 kilomètres carrés, et le chott Rharsa 1,300 ; c'est donc le chott Melrir qui est le point important. L'Aurès, qui se trouve immédiatement sous le vent du Melrir, en ressentira une influence directe et notable; sur le reste de la contrée, la mer intérieure n'aura que des effets indirects et de moindre importance.

J'envisagerais surtout cette mer intérieure comme formant une frontière qui empêcherait de se produire, en Tunisie et dans la province de Constantine, des événements tels que ceux qui se passent aujourd'hui dans la province d'Oran. Si cette opération ne devait pas coûter plus de 200 millions, je crois que l'État aurait avantage à en faire la dépense. On sait ce qu'ont coûté depuis cinquante ans les insurrections dans la province d'Oran, et ce n'est pas fini, car récemment encore se produisait l'événement du chott Tigri. Nous ne tiendrons pas les Arabes, tant que nous n'aurons pas une frontière qu'ils ne puissent pas traverser.

M. Fremy. Je demanderai à M. Roudaire s'il ne serait pas possible d'établir un canal partant de la mer et suivant une voie directe, en négligeant la question si compliquée du desséchement du chott Djerid.

M. le commandant Roudaire. J'ai fait des études pour un second tracé qui passerait au seuil de Kriz en traversant le chott Fedjej, où il n'y a pas de desséchement à faire, car il n'y a pas de boue. Comme je crois qu'il y a intérêt à desséchér la partie centrale du chott Djerid, et que les frais ne seront pas considérables, à cause du peu d'élévation du seuil de Mouïat-Sultan, c'est par là que j'ai fait passer le canal.

Du reste, on peut très bien le faire passer également par le seuil de Kriz ; il n'aurait plus que 170 kilomètres environ au lieu de 220 ; seulement, le seuil de Kriz est un peu plus élevé : il a 90 mètres à son point culminant; mais le pic étant excessivement aigu, la partie élevée serait bien vite franchie.

M. Fremy. Je verrais, pour ma part, un très grand avantage à choisir un terrain dans lequel on ne trouvera pas de boue; l'écoulement et le desséchement de la boue présenteront, selon moi, les plus grandes difficultés et soulèveront des objections sérieuses, tant au point de vue pratique que sous le rapport de la salubrité : je crois donc que le chott Djerid devrait être laissé de côté.

M. Jamin. Je ne partage pas l'opinion de M. Fremy, et voici pourquoi : dans son premier rapport, M. Roudaire a évalué à 13,000 kilomètres la surface de la mer intérieure ; il a ensuite été obligé de la réduire à 8,000. Je pense qu'en desséchant autant que possible le chott Djerid, vous abaisseriez son niveau, surtout dans la partie moyenne; ce serait un moyen de plus d'avoir, là encore, une surface inondée.

M. le commandant Roudaire. C'est la considération qui m'a décidé.

M. Jamin. Si l'on ajoute à cette considération celles qui ont été exposées par M. Tissot, l'avantage est plus grand encore.

Remarquez, en effet, que la possibilité du dessèchement des chotts tient à celle de l'affaissement de la couche. Supposez que vous enleviez l'eau, il se produira un affaissement, et cet affaissement sera proportionnel à la profondeur réelle.

Si vous avez une grande profondeur de boue, lorsque cette boue sera enlevée, le niveau s'abaissera d'une quantité extrêmement notable.

M. le commandant Roudaire. Je demande la permission de répondre quelques mots aux observations que vient de présenter M. Tissot. J'ai rédigé précisément une note dans laquelle je fais ressortir l'importance, au point de vue militaire, de cette frontière qui sera un obstacle infranchissable et qui nous servira de base d'opérations. Aujourd'hui, les Arabes traversent les chotts où ils veulent ; ils en connaissent les endroits dangereux; nous, nous n'osons pas nous y lancer, nous ne pouvons pas les suivre. Une fois la mer faite, ce sont eux qui ne pourront plus passer, alors que nous traverserons les chotts à volonté. Il y a donc, au point de vue militaire, une grande importance à créer une frontière de ce genre.

M. Ferdinand de Lesseps. On a parlé l'autre jour d'un chemin de fer qui relierait Constantine et Biskra, chemin de fer qui, disait-on, serait suffisant pour assurer la défense de notre frontière au sud de la province de Constantine.

Je ne crois pas, pour ma part, qu'un chemin de fer vaille ce que sera la mer intérieure. S'il y avait une insurrection, on serait obligé d'envoyer des troupes de France ; par mer, la route serait plus sûre, et il serait aisé de prendre l'insurrection à revers.

M. le commandant Roudaire. Les Arabes coupent les routes, ils couperont également les voies ferrées; ni une route, ni un chemin de fer ne constituent d'ailleurs une frontière.

M. Tissot. Je crois que le point important est d'empêcher les Arabes de passer; ils ne pourront plus espérer se sauver avec leurs femmes et leurs troupeaux ; ils savent parfaitement qu'une surface d'eau de 8 mètres de profondeur et de 60 mètres de largeur est infranchissable pour une tribu, pour une caravane, et, le sachant, ils ne se révolteront pas.

En ce qui concerne le chott Djérid, je ne crois pas que le percement du canal puisse jamais avoir pour conséquence d'en abaisser le fond au-dessous du niveau de la mer, et je considère le desséchement qui serait le résultat du drainage comme un fâcheux résultat, car le problème que nous avons à résoudre est précisément d'augmenter les surfaces humides ou submergées et non de les réduire.

J'estime donc que, pour le moment, il faudrait laisser le chott Djérid de côté; si l'on veut y revenir plus tard, il sera aisé de faire partir du seuil do Kriz un canal en plein chott.

M. Ferdinand de Lesseps. Je crois que c'est la meilleure manière de trancher la question.

M. le commandant Roudaire. J'ai fait le tracé par le seuil de Kriz; on n'a plus alors que 170 kilomètres de canal.

M. Tissot. Il y a 1 degré et 50 minutes, ce qui fait 203 kilomètres, à moins que la carte ne soit pas exacte.

M. le commandant Roudaire. Il faut multiplier les degrés de longitude par le cosinus de la latitude, qui est de 34°. D'ailleurs, la carte détaillée est entre les mains du colonel Perrier; je l'ai dressée au 20,000^e, par conséquent je suis certain de l'exactitude du chiffre que je cite.

M. Gros. N'avez-vous pas dit, dans vos observations, que le bord nord du chott était très escarpé?

M. le commandant Roudaire. J'ai dit que, sur une longueur de quelques kilomètres seulement, il y avait une berge de 5 à 6 mètres.

M. le Président. La discussion est close.

M. Fremy. Ne pourrait-on pas fixer invariablement le jour et l'heure de nos réunions ?

M. Ferdinand de Lesseps. Je me suis entendu avec MM. les Secrétaires pour fixer ainsi les séances:

Le lundi, deuxième Sous-Commission ;
Le mercredi, première Sous-Commission;
Le vendredi, troisième Sous-Commission.
Les délégations pourraient se réunir les autres jours.

M. LE Président. D'ici à lundi, les membres de la Sous-Commission auront reçu le programme rédigé par M. Jamin; s'ils ont des observations à faire, ils pourront les présenter, et nous verrons quelles sont les questions qu'on y pourrait ajouter pour le compléter.

M. Fauvel. Je me suis adressé à un médecin militaire qui pourra probablement nous donner des renseignements utiles sur l'état actuel de la salubrité dans le voisinage des chotts et dans les oasis qui les environnent.

A propos de la végétation, je crois qu'il faut distinguer deux conditions essentiellement différentes au point de vue sanitaire : 1° la végétation qui résultera spontanément de l'état climatérique ou météorologique, après le remplissage des chotts; 2° la végétation résultant de la culture.

Autant la première peut être insalubre, autant la seconde peut contribuer à la salubrité de cette région. C'est une question secondaire, mais il me semble qu'elle ne manque pas d'importance au point de vue hygiénique.

M. Chambrelent. Au sujet du rôle de la vapeur d'eau dans les variations de la température, variations qui influent d'une manière si considérable sur la végétation, je demande la permission de rappeler les expériences qu'on a faites dans les vignobles du Bordelais et dans ceux des Landes.

Les vignes sont exposées, chaque printemps, à des gelées qui causent de véritables désastres. Pour combattre ces gelées, on emploie depuis assez longtemps ce qu'on appelle les nuages artificiels, destinés à empêcher le refroidissement produit par le rayonnement nocturne; on faisait ces nuages d'abord avec des essences et des huiles minérales; on y a substitué, surtout dans les Landes, de la fumée produite avec des broussailles et des herbes mouillées : l'effet a été meilleur. Mais il arrivait souvent que les vignes, qui, le matin, semblaient avoir échappé aux conséquences désastreuses du refroidissement produit par le rayonnement nocturne, se flétrissaient aux premiers rayons du soleil; les vignerons disaient : C'est le soleil qui vient éclairer le mal. Ce n'était pas exact; c'est le soleil qui créait le mal. On était arrivé à empêcher le refroidissement trop rapide, mais les rayons solaires qui venaient ensuite chauffer brusquement les plants, en les faisant passer du refroidissement à une température élevée, brûlaient les vignes. Nous avons alors prolongé la durée de ces nuages artificiels, c'est-à-dire qu'après avoir empêché le refroidissement nous avons empêché le réchauffement, et nous avons obtenu des résultats beaucoup plus complets. Indépendamment du rôle que joue la vapeur d'eau pour empêcher le rayonnement, on observe un effet physique qui contribue encore plus à empêcher l'écart de la température : tant que le refroidissement se produit, la vapeur d'eau se condense et donne une certaine quantité de calorique; lorsque, au contraire, le réchauffement a lieu, il y a une absorption de calorique que produit la formation de la vapeur. Dans les vignobles pour lesquels on craint les effets de la gelée, on met le feu aux matières destinées à produire ces nuages vers minuit ou une heure du matin ; ils durent jusqu'à huit heures.

Il y a là un phénomène semblable à celui qui pourra se produire dans la région des chotts, au point de vue de la végétation.

M. le Président. S'il n'y a pas d'autres observations, la Commission s'ajourne à lundi prochain.

La séance est levée à dix heures cinquante minutes.

Le Président,
J.-B. DUMAS.

Le Secrétaire,
M. PALÉOLOGUE.

DEUXIÈME SOUS-COMMISSION.

QUATRIÈME SÉANCE.
(22 MAI 1882.)

PRÉSIDENCE DE M. DUMAS.

La séance est ouverte à neuf heures trois quarts.

Le procès-verbal de la séance du 15 mai 1882 est lu et adopté.

M. LE PRÉSIDENT. Je donne la parole à M. Gros.

M. GROS. Je demande la permission de faire à la Sous-Commission une communication qui me paraît avoir son importance au point de vue de l'évaporation.

J'avais lu, il y a quelque temps, une relation de voyage de M. le docteur Lortet, doyen de la Faculté des sciences de Lyon, qui avait été chargé d'une mission en Syrie; je me suis rappelé un détail intéressant en ce qui concerne la mer Morte, qui a une superficie de 800 à 900 kilomètres carrés, à peu près le dixième de la mer à créer, et dont la salure est très prononcée. J'ai pensé que l'on pourrait établir une comparaison.

Voici ce que dit M. Lortet :

« La longueur de la mer Morte est à peu près de 40 milles, et la largeur de 9 milles; l'extrémité sud, très marécageuse, est occupée par une plaine basse, inondée lorsque le niveau s'élève pendant la saison des pluies.

« Les sondages du capitaine Lynch, en 1848, et ceux exécutés par les compagnons du duc de Luynes en 1864, ont montré que la cuvette de la mer Morte est profonde de 180 brasses ou 1,080 pieds dans sa partie médiane, tandis que sur une ligne située entre Aïn-Terabèh et l'embouchure du fleuve Zerka-Main, elle atteint à plusieurs endroits 218 brasses ou 1,308 pieds; au sud de la presqu'île, on ne trouve que 2 brasses d'eau ou 12 pieds. Le niveau de la mer Morte est très variable suivant les différentes époques de l'année, et peut varier de 10 à 15 pieds, ce qui est très facilement prouvé par les amas considérables de bois flottés qui sont déposés sur les bords. En hiver, les pluies fréquentes, très fortes sur les plateaux supérieurs, mais très variables d'une année à l'autre, amènent de tous les côtés une masse d'eau considérable, aussi bien du nord, par la vallée du Jourdain, que par les wadys du sud. »

La salure de la mer Morte est très considérable; la densité de l'eau y est de 1,25. Cette mer est alimentée constamment par les eaux du Jourdain, et, au moment de la fonte des neiges, la crue est telle que le niveau de la mer Morte varie de 10 à 15 pieds.

J'ai pensé qu'il pouvait y avoir là un élément de comparaison avec la mer intérieure, dont la surface sera dix fois plus grande; il y aurait peut-être lieu d'utiliser ce document pour le calcul du chiffre de l'évaporation, que la Sous-Commission attend avec impatience pour poursuivre ses travaux.

M. Milne-Edwards. La Sous-Commission pourra trouver aussi des renseignements sur le régime de la mer Morte dans un ouvrage de M. Louis Lortet, professeur de géologie à Toulouse, qui a accompagné le duc de Luynes, il y a quelques années, dans son voyage en Palestine.

M. Gros. Il serait très précieux d'avoir ces documents, car le régime de la mer intérieure devra être peu différent du régime de la mer Morte, sauf que celle-ci a son alimentation assurée par le Jourdain. En outre, la mer Morte est de 412 mètres en contre-bas de la Méditerranée, de sorte que les eaux ne se perdent pas par infiltration, tandis que les chotts sont au niveau de la Méditerranée; il y a là, au point de vue de l'apport des eaux, une différence importante dont il faut tenir compte.

M. Renou. Ces observations sont très intéressantes; puisque le niveau varie, par année, de 10 à 15 pieds, il en résulte que, dans l'année, l'évaporation de l'eau douce s'élève à ce chiffre.

M. Gros. Pendant que cette évaporation a lieu, le Jourdain et les pluies fournissent de l'eau.

Maintenant, à un autre point de vue, il faut faire une observation très importante: c'est que, malgré cette évaporation considérable, le bassin de la mer Morte est désolé, il n'y a aucune végétation; je ne parle pas de la vallée du haut Jourdain, qui est boisée, et très fertile.

Je proposerai d'ajouter au programme la question de la variation du niveau des chotts Rharsa et Melrir, afin de pouvoir déterminer approximativement les apports des sources et des pluies.

M. de Lesseps. J'ai fait faire par M. Dauzat, ingénieur en chef des canaux de Suez et de Panama, des recherches sur les expériences qui ont eu lieu au sujet de l'évaporation aux lacs Amers; M. Lavalley, ici présent, pourra confirmer les résultats auxquels M. Dauzat a abouti.

Mais avant d'en donner communication, je demande la permission de lire une note que j'ai présentée sur ce sujet à l'Académie des sciences :

« J'ai entretenu l'Académie, à diverses reprises, de la question des courants qui sont produits dans le canal maritime de Suez par l'action des marées de la mer Rouge et de la Méditerranée, par celle des vents et par l'évaporation à la surface des grands lacs que traverse le canal.

« Cette question, outre l'intérêt qu'elle comportait pour l'exploitation du canal, pouvait offrir aux études de projets d'autres canaux à grande section des renseignements précieux.

« Afin d'obtenir ces données avec toutes les garanties d'exactitude désirables, la compagnie du canal de Suez a fait procéder, par les agents de son personnel d'Égypte, en diverses stations installées à Port-Saïd, à Suez et à toutes les gares situées le long de la ligne du canal, à des observations maréométriques, qui ont été continuées depuis le mois de mai 1871 jusqu'à ce jour.

« Les feuilles quotidiennes d'observations ont été consciencieusement et patiemment relevées et revues par les ingénieurs du service technique; le travail entier a été coordonné et résumé par l'ingénieur en chef des travaux, M. Lemasson. C'est ce travail savant et consciencieux que j'ai l'honneur de présenter à l'Académie. Il traite en détail les points suivants :

« 1° L'étude des marées et des courants de la Méditerranée à Port-Saïd ;

« 2° L'étude des marées et des courants de la mer Rouge à Suez ;

« 3° La propagation des marées de la Méditerranée et de la mer Rouge dans les principaux postes d'observation du canal maritime.

« Les données multiples recueillies sur le régime des vents dominants, sur les variations périodiques des niveaux moyens des deux mers, sur celles des niveaux des lacs Timsah et Amers, sur les amplitudes et les vitesses de propagation des marées, et enfin sur les courants dans les deux branches du canal, ne peuvent être résumées dans cet exposé.

« Je me bornerai à dire que le lac Timsah et le grand bassin des lacs Amers forment, le premier, au milieu de la ligne de navigation, le second, à peu près au milieu de la branche sud du canal, deux grands régulateurs où les courants de marées, dus aux oscillations des deux mers, viennent expirer.

« Cependant les deux branches du canal sud et nord ne sont pas indépendantes l'une de l'autre au point de vue du régime de leurs eaux.

« Les vents dominants dans cette région soufflent du mois de mai au mois d'octobre dans les directions nord et nord-ouest, élèvent le niveau moyen des eaux à Port-Saïd, tandis qu'ils abaissent le niveau moyen à Suez. Sous l'action de cette différence de niveau, laquelle atteint en septembre près de 40 centimètres, il s'établit en été, de la Méditerranée vers la mer Rouge, un courant interrompu par les marées, mais qui, finalement, chasse du nord au sud un volume d'eau considérable.

« Pendant l'hiver, au contraire, les vents du sud soufflent avec beaucoup de violence et les feuilles d'observations ont établi que le niveau moyen de la mer Rouge est alors plus élevé que celui de la Méditerranée; la différence atteint en janvier son maximum : $0^m,30$.

« La direction dominante du courant dans le canal est alors renversée et chasse ses eaux de la mer Rouge vers la Méditerranée.

Les fluctuations, pratiquement démontrées, qui font alternativement couler par le canal d'une mer à l'autre, chaque année, un volume d'environ 400 millions de mètres cubes d'eau, contribuent avec les marées à annihiler les effets de l'évaporation à la surface des lacs et aident à la dissolution du banc de sel des lacs Amers, dont j'ai déjà eu l'honneur d'expliquer la formation à l'Académie.

« Les courants locaux, produits par les marées respectives dans chacune des branches sud et nord du canal, ont, entre Port-Saïd et le lac Timsah, des vitesses variant de $0^m,15$ à $0^m,45$ à la seconde; ils atteignent quelquefois $0^m,50$ à $0^m,60$.

« Entre Suez et les lacs Amers, l'amplitude étant plus considérable, les courants ont, suivant les saisons, des vitesses variant de $0^m,60$ à $1^m,10$ à la seconde, et peuvent atteindre $1^m,30$.

« Ces courants ne gênent en rien la navigation.

« A la suite des observations de marées sur toute la ligne du canal maritime, nous avons fait exécuter des sondages sur le parcours du bassin des lacs Amers. Il a été reconnu que le banc de sel dont j'avais présenté un bloc à l'Académie, et qui avait 10 mètres d'épaisseur, est aujourd'hui en dissolution, principalement sous le passage des navires; en conséquence, la profondeur d'eau a augmenté depuis que le bassin des lacs Amers a été rempli en 1869. Ce fait détruit certaines objections, que j'avais d'ailleurs combattues, au sujet du remplissage des chotts africains, avant d'avoir en ma faveur le résultat de l'expérience. On m'avait menacé, pour le canal de Suez, d'une continuité de dépôts de sel dans le bassin des lacs Amers, qui, sur une contenance de 2 milliards de mètres cubes d'eau, subit, en été, une évaporation de 7 millions de mètres cubes en vingt-quatre heures. Il n'en a rien été, et il en sera de même lorsque l'on introduira la mer dans les chotts tunisiens et algériens. A propos du projet du commandant Roudaire, on prétendait qu'on ne réussirait tout au plus qu'à former une immense saline. L'exemple des lacs Amers fait justice de cette opinion. Ceux qui y persistent encore disent que la situation est différente pour les lacs Amers, qui ont une entrée et une sortie dans les deux mers, et que le résultat ne serait pas le même pour la mer intérieure africaine n'ayant qu'une seule entrée par le golfe de Gabès. La Méditerranée elle-même, qui n'a qu'une seule entrée maritime par le détroit de Gibraltar avec un courant apparent et constant de l'ouest à l'est, a des contre-courants latéraux et sous-marins qui rétablissent l'équilibre lorsque le courant supérieur a suffi pour remplacer l'évaporation. C'est ce qui a lieu dans le golfe Adriatique, dans la mer Noire, et ce qui existait dans la mer Rouge avant le canal. Le capitaine américain Maury, dans ses belles études sur le mouvement des mers, avait calculé que la mer Rouge, ayant 500 lieues de longueur, des côtes brûlées par le soleil des tropiques, et étant privée de tout affluent, éprouvait une telle évaporation, qu'elle serait convertie en sel dans l'espace de mille ans avec son courant supérieur toujours constant, venant de l'océan Indien, s'il ne se produisait pas à Bab-el-Mandeb le même phénomène qu'au détroit de Gibraltar. »

Voici maintenant le résultat des études que j'ai fait faire, depuis que la Commission est réunie, par M. Dauzat :

NOTE
SUR L'ÉVAPORATION À LA SURFACE DES LACS AMERS.

Les expériences, observations et recherches faites en Égypte par les ingénieurs du canal de Suez amènent à conclure que l'évaporation à la surface des lacs Amers et Timsah atteint annuellement $1^m,13$, soit une moyenne quotidienne de $3^{m/m},1$.

1° Cette évaporation a pu être mesurée directement, d'une manière assez exacte, en 1869, pendant que s'opérait le remplissage des lacs Amers.

Les agents préposés à l'observation quotidienne de la hauteur d'ascension de la surface des lacs sur des échelles graduées notèrent que pendant huit jours, du 7 au 15 juillet, le niveau de la nappe liquide était resté stationnaire.

Cela provenait de ce que le déversoir n'avait fonctionné qu'avec un très petit nombre d'aiguilles levées et que la quantité d'eau introduite chaque jour avait juste compensé, pendant cette période, la perte due à l'évaporation.

Or, cette masse d'eau, calculée d'après la vitesse d'écoulement et l'orifice du déversoir, a été trouvée, pour les huit jours, égale à 3,540,942 mètres cubes.

La division, $\dfrac{3,540,942^{m3}}{126,000,000^{m2}}$

donne 3 millimètres et demi d'évaporation par jour. C'est là un maximum, car cette expérience s'est produite pendant l'un des mois les plus chauds de l'année.

On peut la considérer comme concluante; les observations quotidiennes aux échelles étaient faites avec soin, et le remplissage, qui se poursuivait depuis le mois de mars précédent, devait avoir suffisamment imbibé les terrains de la cuvette pour que l'on puisse imputer la perte totale de l'évaporation.

Nous ne croyons pas qu'aucune autre expérience de cette nature ait été faite sur une aussi vaste surface. Les observations faites en Égypte, avant le remplissage des lacs, sur des masses d'eau contenues dans des récipients, caisses et vases imperméables, avaient fourni des chiffres d'évaporation beaucoup plus élevés.

Il est facile de comprendre que de tels essais, sur des surfaces trop restreintes, ne peuvent donner des résultats comparables avec ceux qui se produisent à la surface des mers, lacs ou lagunes, au-dessus desquelles les vapeurs ne peuvent être mues par les vents qu'en masses compactes formant écran contre l'action des rayons solaires, tandis que la masse même de ces vastes nappes d'eau résiste à l'élévation de température qui se produit inévitablement pour les étangs ou bassins de faible étendue et de peu de profondeur, et à plus forte raison pour les eaux soumises à des essais d'évaporation dans des récipients.

2° L'évaporation qui se produit à la surface des lacs Amers et du lac Timsah a pu

— 216 —

être évaluée d'une autre manière, par un calcul très approché dont nous allons exposer les données.

Le régime des marées dans les deux ports de Port-Saïd et de Suez, les variations quotidiennes de niveau dans le canal et dans les lacs, l'intensité et la durée des courants, en un mot le régime complet des eaux ayant fait l'objet d'observations suivies pendant une période de six ans (du 1er mai 1871 au 31 décembre 1876), ces observations ont été dépouillées, résumées et groupées par M. Lemasson, ingénieur en chef des travaux du canal, qui en a déduit avec une grande certitude les conditions principales du mouvement des eaux dans les deux ports d'extrémités, dans les lacs Amers et Timsah et en chacune des dix-sept stations maréographiques de la ligne du canal qui avaient fourni les observations.

Ce travail consciencieux a été présenté à l'Académie des sciences dans sa séance du 22 juillet 1878, par M. Ferdinand de Lesseps.

Nous en extrayons les résultats suivants, relatifs à la question qui nous occupe :

Pendant l'été, du mois de mai au mois de novembre, le niveau moyen de la mer Méditerranée est plus élevé de $0^m,40$ que le niveau moyen de la mer Rouge; et, pendant cette saison, la direction du courant dominant dans le canal va de Port-Saïd vers Suez.

Pendant l'hiver, au contraire, le niveau moyen de la mer Rouge est plus élevé que celui de la Méditerranée de $0^m,30$, et le courant dominant des eaux porte de Suez vers Port-Saïd.

Ces oscillations remarquables, périodiques, des niveaux moyens des deux mers aux extrémités du canal sont dues au régime très régulier des vents, lesquels de mai à novembre soufflent de la région nord, et de novembre à mai de la région sud.

Après avoir déterminé la durée et l'intensité des courants de flot et de jusant, pour chaque saison, dans la branche de Port-Saïd, au nord du lac Timsah, et dans celle de Suez au sud des lacs Amers, M. Lemasson a déduit d'un calcul très simple le volume des eaux qui passent d'une mer à l'autre, dans chaque sens, pendant chaque saison.

Pendant l'été, de mai à novembre, le volume d'eau qui passe au seuil d'El-Guisr pour entrer dans les lacs est plus considérable que celui qui, venant des lacs, passe au seuil de Chalouf pour sortir du canal et se jeter dans la mer Rouge. La différence entre ces deux volumes représente évidemment la perte de débit subie entre les orifices d'El-Guisr et de Chalouf, c'est-à-dire la quantité d'eau évaporée à la surface des lacs Amers et Timsah pendant cette saison.

Pendant l'hiver, de novembre à mai, la quantité d'eau qui passe à Chalouf, se dirigeant de la mer Rouge vers les lacs, est plus considérable que celle qui, pendant la même saison, passe au seuil d'El-Guisr pour se jeter dans la Méditerranée.

La différence entre ces deux volumes représente l'évaporation à la surface des lacs pendant l'hiver.

Il faut ajouter à ces deux différences le volume d'eau douce que le canal Ismaïlieh, dérivé du Nil, jette dans le lac Timsah.

Voici les volumes dont il s'agit :

ÉTÉ (DE MAI À NOVEMBRE).

Courant dominant de Port-Saïd vers Suez.

Volume entrant dans les lacs par le seuil d'El-Guisr....................	575,769,600 m³
Volume sortant par Chalouf et allant à la mer Rouge......................	403,660,800
Différence évaporée dans les lacs, en été....	172,108,800 m³ 172,108,800 m³

HIVER (DE NOVEMBRE A MAI).

Courant dominant de Suez vers Port-Saïd.

Volume entrant dans les lacs par le seuil de Chalouf........................	510,105,600 m³
Volume sortant par El-Guisr et allant à la Méditerranée	398,882,400
Différence évaporée dans les lacs en hiver....	111,223,200 m³ 111,223,200 m³
A ajouter débit du canal d'eau douce dans le lac Timsah, pour un an	9,618,000
Volume total évaporé en un an.........................	292,950,000 m³

La surface totale produisant cette évaporation entre El-Guisr et Chalouf s'établit comme suit

Surface des petits lacs Amers...........................	42,500,000 m²
Surface des grands lacs Amers..........................	196,000,000
Surface du lac Timsah.................................	20,000,000
Surface des tronçons du canal.........................	1,000,000
Surface totale......................	259,500,000 m²

La hauteur d'eau évaporée en un an est par suite égale à

$$\frac{292,950,000^3}{259,500,000} = 1^m,130$$

et, en un jour, à $\frac{1{,}130}{365} = 0^m,0031$

Il y a lieu de remarquer que cette moyenne quotidienne de 3 m/m se rapproche sensiblement du chiffre maximum de $3^{mm},5$ obtenu par l'expérience directe durant le remplissage pendant l'été.

Nous avons tout lieu de la croire exacte.

Nous ajouterons, en terminant cet exposé, que les analyses faites au laboratoire de l'École des ponts et chaussées, d'un grand nombre d'échantillons d'eaux du canal et des lacs recueillies à deux reprises, en 1872 et 1874, les unes à la surface, les autres près du plafond du canal et dans les lacs, ont démontré plusieurs faits intéressants.

Bien que le banc de sel qui est au fond des lacs Amers continue à se dissoudre, ce qui est constaté par nos sondages, le degré de salure de l'eau des lacs, malgré cette cause de concentration ajoutée à l'évaporation, ne varie pas sensiblement et tend plutôt à s'abaisser qu'à s'élever. On peut en conclure que c'est à la présence du banc de sel et non à l'évaporation qu'est dû le degré de salure actuel des lacs Amers (68 kilogrammes par mètre cube), supérieur à celui de la mer Rouge (43 kilogrammes).

Les échantillons recueillis sur le plafond du canal, entre Suez et les lacs Amers, ont donné des eaux plus salées et plus lourdes qu'à la surface. Cette constatation est favorable à l'hypothèse de l'existence d'un courant inférieur aidant à la décharge des eaux mères et facilitant le renouvellement de la masse liquide des lacs.

Paris, le 21 mai 1882.

V. DAUZAT

Ingénieur des canaux de Suez et de Panama.

M. BECQUEREL. Je demande à faire une observation relativement aux dénivellations de la mer Morte. Il se passe, dans les lacs de Suisse, dans le lac de Genève, par exemple, des faits de dénivellation dont l'explication n'est pas encore complètement connue; il pourrait se faire que des phénomènes de ce genre se produisissent dans la mer Morte, en donnant lieu à des variations de niveau, sans que l'on pût en conclure à une évaporation d'égale importance.

M. LE GÉNÉRAL FAVÉ. Les documents qu'on nous a fournis, et qui sont un peu vagues, peuvent très bien se rapporter à une période de plusieurs années. Parfois, le produit de la fonte des neiges est très faible, et, par conséquent, le niveau du lac tend à baisser; d'autres fois, il est plus considérable, et les eaux s'élèvent. Ce genre d'observations ne me paraît pas motiver une conclusion comme celle qui vient d'être énoncée, relativement à l'évaporation.

M. LE PRÉSIDENT. L'ouvrage de M. Lortet donnera à ce sujet des renseignements.

M. LAVALLEY. En entendant M. Gros parler d'une évaporation de 10 à

15 pieds par an dans la mer Morte, je me demandais comment nous avions pu constater dans les lacs Amers une évaporation bi en moindre, 1 mètre à 1^m,30, et où pouvait s'être glissée dans nos calculs une erreur assez grosse pour amener une telle différence.

Je crois cependant, Messieurs, que les observations faites au moment du remplissage des lacs Amers ne contiennent que des erreurs absolument inappréciables, et je vous demande la permission d'entrer dans quelques détails à ce sujet.

J'ai été chargé de l'exécution complète du canal de Suez. L'opération du remplissage des lacs Amers devait se faire en même temps que les travaux, car elle exigeait plusieurs mois, et on ne pouvait pas retarder l'ouverture du canal. La Compagnie crut devoir me charger de cette opération assez délicate.

Entre les lacs Amers et Suez, à part 4 kilomètres qui touchaient à Suez, le travail d'excavation du canal se faisait à bras, à sec; nous avions trouvé en différents endroits des bancs de rochers qui rendaient le dragage impossible. Je ne pouvais commencer le remplissage des lacs Amers par la mer Rouge avant que le canal fût complètement achevé au sud des lacs Amers; au nord, l'opération pouvait commencer dès que la section du canal serait assez grande pour permettre, sans gêner le travail, de verser dans les lacs Amers une quantité d'eau de quelque importance.

Pour faire entrer l'eau de la Méditerranée dans les lacs Amers, il ne pouvait suffire de rompre le barrage qui fermait le canal à son entrée dans cette vaste dépression. Il était nécessaire d'y placer un ouvrage permettant de régler à chaque instant l'entrée de l'eau, de l'augmenter, de la modérer, de l'arrêter même en cas d'accident, et cela afin de régler le courant.

Certaines parties du canal étaient encore assez peu avancées, la section mouillée y était faible, le débit devait être réglé de façon à ne pas produire dans ces parties une vitesse capable de corroder les berges ou de gêner la circulation des nombreuses barques de porteurs de déblais qui allaient vider dans les lacs les déblais des dragues. J'établis, à cet effet, un déversoir de 100 mètres de long divisé en vingt sections de 5 mètres de long fermées par des aiguilles.

Pour déterminer les dimensions à donner à cet ouvrage, j'ai dû chercher quelle quantité totale d'eau on aurait à y verser.

La Compagnie avait fait lever des profils en travers en assez grand nombre et suffisamment rapprochés, eu égard surtout aux formes régulières du terrain, pour permettre d'évaluer très approximativement la capacité des lacs Amers.

Je donne tous ces détails, Messieurs, pour vous permettre de juger de la confiance que vous pouvez avoir dans notre calcul de l'évaporation pendant le remplissage.

La capacité des lacs Amers a été calculée à 1,333 millions de mètres cubes.

Il fallait, pour avoir la quantité totale d'eau à introduire, ajouter à ce chiffre la perte par l'imbibition du terrain et par l'évaporation pendant le remplissage.

Pour supputer cette perte, je dus faire des hypothèses, et des hypothèses maxima afin de ne pas avoir de mécompte sur le délai du remplissage. Nous savions qu'on trouvait l'eau sous le fond des lacs Amers à une profondeur de 10 mètres au-dessous du niveau moyen de la mer. La nappe d'eau devait se relever avec les bords de la cuvette ; mais, n'ayant aucune donnée exacte sur ce relèvement, je n'en tins pas compte et j'admis que l'on aurait à imbiber tout le terrain au-dessus de la cote 10 mètres, à raison de un quart de mètre cube d'eau par mètre cube de terre.

J'arrivai ainsi au chiffre de 125 millions de mètres cubes.

Pour l'évaporation, à défaut de données précises, je pris l'hypothèse fort exagérée de 20 millimètres par vingt-quatre heures.

Ayant donc établi le déversoir dont j'ai parlé, on commença à laisser passer de l'eau en assez petite quantité, parce qu'il existait encore certains étranglements qui ne permettaient pas un grand débit. Cette quantité fut augmentée au fur et à mesure que le creusement du canal avançait.

On notait avec soin et plusieurs fois par jour le nombre d'aiguilles enlevées, la charge d'eau sur le déversoir et aussi la hauteur d'eau sur l'échelle placée dans le lac.

Nous pouvions savoir ainsi chaque jour la quantité d'eau que nous introduisions.

Je remarquai dès les premiers jours que l'eau montait plus vite qu'elle n'aurait dû le faire d'après les calculs et la quantité introduite. Cette différence ne pouvait venir d'une erreur dans la superficie des différentes courbes de niveau, car cette erreur eût sans doute été tantôt dans un sens, tantôt dans un autre.

La différence s'expliquait par une exagération des hypothèses sur l'imbibition et l'évaporation. On trouva même que, en supposant l'imbibition nulle, l'évaporation était loin d'atteindre 20 millimètres par vingt-quatre heures.

De plus il arriva, comme vous l'a dit M. de Lesseps, que pendant une huitaine de jours le débit du déversoir ne fit que maintenir le niveau atteint, sans l'élever et sans le laisser redescendre. Pendant ces huit jours, l'évaporation fut donc au plus égale à la quantité d'eau introduite. Elle correspondait à 3 millimètres et demi par vingt-quatre heures, un mètre par an.

Les observations furent poursuivies pendant les quatre mois que dura le remplissage, jusqu'au moment où l'eau de la mer Rouge fut introduite et où le déversoir commença à se noyer, elles confirmèrent le chiffre ci-dessus de 3 millimètres et demi. Et il est à noter que les observations ont été faites du mois d'avril au mois d'août, c'est-à-dire pendant les mois les plus chauds de l'année.

Je me posais encore, pendant que M. Gros donnait tout à l'heure certains renseignements sur la mer Morte, la question de savoir comment on aurait pu constater 3 ou 4 mètres d'évaporation dans cette mer. Il n'y a pas, en effet, de décroissance de niveau constatée; de sorte qu'il est possible que ces 3, 4 ou 5 mètres d'eau qui se serait évaporée constituent le total de plusieurs années, 7, 8, 9 ou 10 années peut-être.

J'ai vu le canal deux fois depuis son achèvement; la première fois en 1874, la seconde en 1878. J'étais assez incrédule quant au fait du transport de l'eau vaporisée sur les bords; mais j'avoue qu'en parcourant le canal, j'ai été extrêmement frappé de trouver autant de végétation, non seulement du côté Afrique, mais encore du côté Asie; il n'y a pas, de ce dernier côté, de canal d'eau douce : l'évaporation qui a ainsi activé la végétation ne peut être que celle de l'eau salée.

Par exemple, au seuil d'El-Guisr, assez loin du lac Timsah, j'ai observé avec surprise que la végétation s'était beaucoup développée; cela vient évidemment du canal, qui n'a cependant là que 50 mètres de largeur; il est incontestable qu'il se fait un certain transport de l'humidité de la nappe d'eau sur ces bords. Je ne puis rien affirmer quant aux causes, mais je déclare ce que j'ai vu. Encore une fois, auparavant, j'étais un peu incrédule.

M. LE PRÉSIDENT. A quelle distance était la végétation?

M. LAVALLEY. A une distance assez rapprochée; je ne puis dire exactement jusqu'où elle s'étendait, car je voyais cela du haut de la passerelle du navire, au seuil d'El-Guisr. J'avais assez souvent parcouru le pays à cheval auparavant; il n'y poussait absolument rien.

M. MILNE-EDWARDS. Vous ne pensez pas que l'imbibition ait pu influer sur l'humidité du sol et par suite sur la végétation?

M. LAVALLEY, Je suis bien aise que l'on me fasse cette objection; je me l'étais faite à moi-même. Mais, au seuil d'El-Guisr, où je constatais ce reverdissement sur le côté Asie, le terrain est à 8 ou 10 mètres au-dessus du niveau de l'eau; et il est difficile d'admettre que, par capillarité, l'eau ait remonté assez haut pour humecter les racines des tamarix. Le sol est là très élevé au-dessus du niveau de la mer.

M. CHAMBRELENT. Je désire, si M. le Président me le permet, présenter quelques observations à M. Lavalley.

On a contesté et prétendu réfuter, dans la première Sous-Commission, des résultats très significatifs que je trouvais dans les expériences faites aux lacs Amers; on a demandé comment avait été mesurée, pendant les huit jours qu'elles ont duré, la quantité d'eau qui compensait l'évaporation, et comment on avait constaté le niveau des lacs Amers.

On a dit que, sans doute, — car on avait objecté que l'expérience n'avait pas du tout été faite en vue de mesurer l'évaporation, — vous n'aviez mesuré ce niveau que sur un seul point. Vous pouvez vous rappeler aussi cette objection qui est regardée comme capitale, qu'il avait été très difficile, pour ne pas dire impossible, de constater ce niveau exactement pendant les huit jours consacrés au remplissage des lacs Amers.

Vous avez sans doute fait les observations sur un seul point.

M. Lavalley. Oui, et voici comment : Comme je le disais tout à l'heure, quand on a commencé à introduire l'eau dans les lacs Amers, on n'arrivait pas à une régularité absolue; suivant que le vent soufflait du nord ou du sud, le niveau variait irrégulièrement, l'eau montait plus ou moins sur les échelles.

Je dois dire que ce phénomène ne se produisait que rarement.

Nous faisions nos observations le matin; or, vous savez qu'en Égypte les nuits sont absolument calmes; aussitôt que le soleil est couché, le vent tombe. A Port-Saïd, le vent s'élève vers 9 heures ou 9 heures et demie du matin, et il n'arrive par conséquent aux lacs Amers que vers 2 heures après midi. Après un calme de huit à douze heures, le niveau s'était établi. A 6 ou 7 heures, le vent est tout à fait tombé. Le lendemain, quand on regardait l'échelle à 8 ou 9 heures du matin, on observait le plan d'eau après dix, douze, parfois quatorze heures de calme absolu.

M. Chambrelent. Cette objection a été très fortement exposée devant la première Sous-Commission; on n'a même pas voulu admettre que ces expériences eussent un degré de probabilité quelconque; et c'est justement pour cela qu'il serait à désirer, selon moi, que M. Lavalley fût entendu par la première Sous-Commission.

M. le général Favé. Qu'il me soit permis de dire quelques mots, toujours sur la même question, pour que ce point soit bien constaté au procès-verbal. Je pense qu'il est utile de demander à M. Lavalley si l'on peut énoncer ses conclusions de la manière suivante :

Le résultat de l'évaporation évalué à plus d'un mètre n'est pas seulement le résultat obtenu, comme je l'avais cru jusque-là, pendant huit jours d'expérimentation; il provient de calculs qui se sont étendus sur plusieurs mois.

M. Lavalley. Ils ont duré depuis la fin de mars jusqu'en août; c'est le 15 de ce dernier mois qu'a eu lieu l'ouverture du canal de la mer Rouge;

à partir de ce moment, il est venu, de ce côté, jusqu'à 5oo mètres cubes d'eau à la seconde.

M. d'Abbadie. Je m'associe absolument à ce qu'a dit si bien M. Renou à la dernière séance. Dans l'état actuel de nos connaissances, il est impossible de donner une opinion bien motivée, bien certaine, sur ce qui se passerait dans la mer intérieure en Tunisie, par rapport à l'évaporation. Je ne saurais dire si mes opinions ont été changées par les renseignements que nous ont donnés MM. de Lesseps et Lavalley, mais je tiens à répéter ce qui me semble la question essentielle : Quelle a été la différence de l'évaporation à Suez par le régime des vents du nord et du sud? Est-ce qu'on a distingué l'évaporation dans ces deux cas? La question me semble très importante. Peu nous importe qu'il y ait ou non évaporation pendant la durée des vents du nord-est; mais, s'il n'y avait pas d'évaporation pendant les vents du sud, et surtout pendant le siroco, il n'y aurait pas de précipitation de vapeur sur les pentes des montagnes de l'Aurès. Il est très important d'obtenir une réponse à cette question. Jusqu'ici, je n'ai que de légères données à cet égard; d'abord, un passage du livre du docteur Sériziat; il dit que quand le vent de siroco souffle, il n'y a pas de rosée. J'ai fait la même observation au pied des Pyrénées sur un vent qui, d'après sa direction, devait avoir traversé toute l'Espagne, où il semble qu'il aurait dû recueillir quelque humidité.

J'étais au milieu d'une prairie très touffue et j'ai constaté, en appuyant à plusieurs reprises le thermomètre sur l'herbe, fort haute alors, qu'elle était refroidie; c'était tout simple, c'était prévu puisque le ciel était serein. J'ai promené ensuite un papier buvard sur l'herbe et je n'ai pas pu constater la moindre trace d'humidité. Voilà donc une assertion et une observation qui prouveraient que le siroco ne porte pas d'humidité avec lui. Je viens demander à M. Roudaire s'il a fait la même observation et s'il peut confirmer ce fait.

M. le commandant Roudaire. Je demande la parole.

M. d'Abbadie. J'ajoute qu'il ne nous est pas possible, selon moi, de statuer sur la question qui nous occupe avant d'avoir une dizaine d'années d'observations, car, dans le Sahara, les pluies ne reviennent, dit-on, que tous les dix ans.

D'un autre côté, tout tend à nous prouver que le Sahara était autrefois humide et fertile; on a trouvé des troncs d'arbres même au sommet des grandes dunes de sable, et l'on rencontre encore des ruines de villes évidemment habitées par une population nombreuse. Les Romains, en racontant l'histoire de ce pays, parlent de son étonnante fertilité. Aujourd'hui, cette fertilité a complètement disparu.

M. LE COMMANDANT ROUDAIRE. Je n'ai jamais remarqué de rosée par les vents du sud, mais il y a une raison qui me semble l'expliquer : c'est que le vent du sud est actuellement excessivement sec et que, par conséquent, il lui serait assez difficile de déposer de l'humidité sur le sol. Il faut remarquer d'ailleurs que, même en France, les nuits de rosée ne sont pas les nuits où il fait du vent; ce sont les nuits calmes, où l'air qui se trouve en contact avec la surface du sol y reste un temps suffisant pour que sa température s'abaisse au-dessous du point de saturation. Comme je l'ai dit dans mon rapport, on ne peut pas considérer les observations faites avec des évaporomètres Piche comme représentant l'évaporation qui a lieu sur de grandes surfaces d'eau salée, mais on peut en déduire quelle est l'activité plus ou moins grande de l'évaporation dans telles ou telles circonstances atmosphériques. C'est ainsi que j'ai constaté, par exemple, que l'évaporation était plus forte par les vents du sud que par les vents du nord.

Les observations que j'ai recueillies ont été faites avec quatre évaporomètres pendant six mois de suite.

M. D'ABBADIE. Est-ce que les quatre instruments étaient du même genre?

M. LE COMMANDANT ROUDAIRE. Les observations ont été faites avec des instruments différents : trois évaporomètres Piche d'abord et un évaporomètre cylindrique à bassin métallique dont la paroi était munie intérieurement d'une tige terminée par une aiguille recourbée de bas en haut qu'on amenait, au moyen d'une vis, en contact avec la surface du liquide; les déplacements de la tige étaient mesurés par un vernier.

Cet évaporomètre fonctionnait avec une grande précision; il nous a donné des résultats très sensiblement semblables à ceux de l'évaporomètre Piche; mais il avait ce grand avantage de nous permettre de faire des observations sur l'eau de mer, tandis que l'évaporomètre Piche ne donnait aucun résultat, parce que les pores de la rondelle de carton qui termine l'instrument se remplissent assez vite de sel et qu'au bout d'un certain temps l'appareil ne fonctionne plus.

Alors que l'évaporomètre que j'ai fait construire d'après les indications de M. d'Abbadie donnait une moyenne par mois de $5^{m/m},49$ pour l'eau de mer, l'évaporomètre Piche ne donnait que $3^{m/m},09$; il y avait donc une différence de $2^{m/m},40$.

Un autre évaporomètre Piche, garni également d'eau de mer, donnait en même temps une moyenne de $3^{m/m},11$; l'évaporomètre garni d'eau douce donnait, lui, $8^{m/m},86$. J'avais donc quatre évaporomètres qui fonctionnaient, trois avec l'eau de mer, un avec l'eau douce. Dans d'autres circonstances, j'en ai eu deux fonctionnant avec l'eau de mer et deux avec l'eau douce.

Les observations étaient faites deux fois par jour, le matin à 7 heures, le soir à 5 heures, et l'on prenait pour évaporation totale la somme des évaporations observées à ces deux moments. Les observations ont été faites avec beaucoup de régularité.

M. LE GÉNÉRAL FAVÉ. Je voudrais demander à M. Roudaire s'il ne pourrait pas nous donner tout de suite l'indication de la différence maximum entre les évaporations constatées pendant les vents de sud et pendant les vents du nord.

M. LE COMMANDANT ROUDAIRE. Je n'ai pas encore fait ce relevé.

M. ROLLAND. Les observations que j'ai faites dans le Sahara prouvent combien le vent peut activer l'évaporation. Je n'ai pu mesurer l'évaporation que pendant trente-trois jours, répartis sur une période d'expériences de trois mois. La moyenne que j'ai obtenue par vingt-quatre heures est environ 9 millimètres, mais j'ai constaté, par un fort vent d'est, jusqu'à 25 millimètres, c'est-à-dire près du triple. Je crois donc que, lorsqu'on aura établi une moyenne d'évaporation à la surface de la mer intérieure, il faudra prévoir une évaporation au moins trois fois plus forte à certains moments.

Je me permettrai, comme secrétaire de la première Sous-Commission, de faire observer qu'elle est complètement arrêtée par la question de l'évaporation; elle attend, pour continuer ses travaux, que la deuxième Sous-Commission ait fixé un chiffre.

M. JAMIN. Nous ne pouvons pas traiter la question de l'évaporation sans avoir étudié celles de la direction des vents et de la température. Tout le monde reconnaît qu'elle dépend de ces deux éléments, aussi bien que de l'état hygrométrique de l'atmosphère.

M. LE PRÉSIDENT. L'observation de M. Jamin est très juste. L'évaporation occupant la quatrième place dans les questions que nous avons à traiter, les trois précédentes sont absolument nécessaires pour évaluer le chiffre de l'évaporation d'une manière à la fois théorique et pratique.

M. TISSOT. Je demande la permission d'ajouter une mesure d'évaporation à celles dont on a déjà parlé. Elle est relative au bassin du Karaboghaz, qui se trouve sur les bords orientaux de la mer Caspienne. La superficie de ce bassin est d'environ 16,000 kilomètres carrés, c'est-à-dire environ le double de celle de la mer intérieure; il est donc permis de comparer les conditions de dimension. Les observations de M. de Baër, dont il est rendu compte dans l'ouvrage de M. Élisée Reclus, ont duré plusieurs années. M. de Baër arrive à ce résultat que le courant qui se produit dans le chenal de Karaboghaz, et qui vient de la mer Caspienne, enlève à cette dernière, en moyenne, 350,000 tonnes de sel par vingt-quatre heures. On trouve que cela correspondrait à 22 grammes de sel déposé par mètre carré de la surface du Karaboghaz. D'autre part, la salure de la mer Caspienne est très variable: dans le nord, elle est de $\frac{1}{10}$ de celle de l'Océan; dans la partie centrale, elle serait en moyenne de 9 millièmes, mais elle va en augmentant un peu vers les bords, de sorte que l'alimentation du Karaboghaz se fait avec de l'eau qui serait saturée à plus de 9 millièmes; 22 grammes par mètre carré correspondraient, avec l'eau de la mer à 11 grammes, à 2 millimètres d'évaporation. Comme ce chiffre de 9 est à peu près la moyenne et qu'on sait que sur les bords la salure est plus forte, on pourrait en conclure que l'évaporation dans le Karaboghaz n'atteint pas 2 millimètres par jour. Dans le Karaboghaz, l'eau est presque saturée, et c'est probablement à cette circonstance qu'il faut attribuer la faiblesse du chiffre qui représente l'évaporation.

M. BECQUEREL. Je demande la permission de présenter quelques considérations sur l'évaporation. Sans doute la température a une influence, mais il faut prendre une moyenne; or, les expériences très nombreuses qu'on a faites jusqu'à présent indiquent une moyenne qui ne s'éloigne pas beaucoup des chiffres qu'ont cités M. Lavalley et certains membres de la Commission. Ainsi, je vois dans le second rapport de M. Roudaire que les observations rapportées par M. Angot ont donné une moyenne d'un peu plus de 6 millimètres d'évaporation d'eau douce par jour. Quant à la comparaison entre l'évaporation de l'eau douce et celle de l'eau de mer, en prenant le nombre 0,6 pour le rapport, nombre qui résulte des expériences de M. Roudaire, on arrive à une évaporation moyenne diurne comprise entre 3 et 4 millimètres, soit 3 millimètres et demi d'évaporation à Biskra; c'est la moyenne, d'après les observations faites dans tous les mois de l'année. Les divers observateurs qui se sont occupés de la question dans la région dont il s'agit sont arrivés à des résultats peu différents.

M. LE COMMANDANT ROUDAIRE. Je ferai remarquer que c'est une petite surface.

M. BECQUEREL. Dans les grandes surfaces, en admettant ce chiffre, on serait au-dessus de la vérité.

M. LE PRÉSIDENT. Nous allons, si vous le voulez bien, Messieurs, reprendre l'examen du questionnaire. Les différentes considérations qui viennent d'être exposées trouveront leur place dans la question de l'évaporation. Je crois être l'interprète de la Commission en remerciant M. Lavalley d'avoir bien voulu se déranger pour venir nous apporter les renseignements que nous venons d'entendre.

(M. Lavalley se retire.)

M. LE Président. La première question que nous ayons à traiter est celle-ci:

« Température au nord et au sud des chotts; moyenne mensuelle, annuelle ».

M. Roudaire a-t-il à communiquer à la Commission quelques observations?

M. LE COMMANDANT ROUDAIRE. J'ai donné dans mon rapport les moyennes mensuelles calculées d'après les observations faites trois fois par jour, à 7 heures du matin, à midi et à 5 heures du soir. Ces observations sont consignées sur un registre

J'ai fait également des observations sur la pression barométrique et l'hygrométrie. Vous trouverez dans ce rapport de 1881, page 27, les chiffres de la température de l'air pendant les mois de décembre, janvier, février, mars et avril; à la suite, se trouvent les températures extrêmes maxima et minima, et la moyenne de ces températures.

M. Milne-Edwards. Dans quelle station?

M. LE COMMANDANT ROUDAIRE. Dans toutes les stations.

M. Milne-Edwards. Vos stations étaient-elles au nord ou au sud des chotts?

M. LE COMMANDANT ROUDAIRE. Nous avons fait des observations partout où nous campions.

M. d'Abbadie. Quelle est la moyenne annuelle?

M. LE COMMANDANT ROUDAIRE. La moyenne ne porte que sur six mois: décembre, janvier, février, mars, avril et mai.

M. Becquerel. Les observations de M. Sériziat vous donnent la moyenne à 9 heures du matin; mais je crois qu'on a fait encore d'autres observations.

M. Rolland. J'ai entre les mains les observations faites par M. Colombo pendant les années 1875, 1876 et 1877: la moyenne des températures à 7 heures du matin, 1 heure du soir et 7 heures du soir est de près de 22 degrés.

M. Becquerel. M. Sériziat trouve 21 degrés trois quarts.

M. Jamin. Il y a des observations faites par M. Roudaire, par M. Rolland; il y en a dans le livre de M. Sériziat; M. Renou en a d'autres; il serait peut-être bon de les comparer.

M. LE PRÉSIDENT. Il est clair, Messieurs, que la température est suffisamment connue par les observations qui ont été faites pour ôbtenir une moyenne mensuelle d'où l'on déduira la moyenne annuelle.

Je crois donc que nous devons regarder cette question comme résolue et passer à la seconde question :

Vents, leur direction dominante à Tougourt, Biskra, au Sahara; leur force;

Direction des dunes;

Inclinaison des végétaux;

Siroco, vents du nord, courants ascendants.

M. MILNE-EDWARDS. On demande quelle est la direction dominante des vents à Tougourt, à Biskra et dans le Sahara ? Tougourt et Biskra sont des stations; quant au Sahara, c'est une immense région comprenant Tougourt et Biskra; je crois donc qu'il serait bon de substituer au mot « Sahara » l'indication de certaines localités dont la position est très différente, par exemple Nefta ou Tozeur, à l'est du chott Rharsa, près de Kriz. Cela nous permettrait d'avoir des termes de comparaison intéressants.

L'ouvrage de M. Duveyrier, sur « les Touaregs » contient un nombre considérable d'observations sur la direction des vents entre Ghadamès, plus à l'est, et Biskra, plus à l'ouest. Or, les résultats indiqués par M. Duveyrier ne concordent pas du tout, — si l'on suppose la direction constante pour toutes ces localités, — avec les observations recueillies à Biskra par M. Angot.

M. BECQUEREL. Biskra se trouve dans une position spéciale.

M. MILNE-EDWARDS. Tandis que la situation topographique de la région des chotts est tout à fait différente.

M. MILNE-EDWARDS. Il résulte d'un tableau très détaillé, publié dans le livre de M. Duveyrier, que, pendant les trois ou quatre mois d'été, des vents que j'appelle utiles, c'est-à-dire les vents d'est ou du sud, ceux qui balayeraient la région des chotts, pour arriver ensuite soit aux monts Aurès, soit à Biskra, soit à l'oued Rhir, c'est-à-dire à des parties cultivables, sont les vents qui dominent. En hiver, au contraire, le régime est tout à fait différent.

M. LE PRÉSIDENT. D'après l'ouvrage de M. Duveyrier, les vents d'est seraient les vents dominants.

M. Milne-Edwards. Ce sont précisément les vents d'est qui balayeraient toute la région des chotts pour arriver vers l'oued Rhir et vers Biskra, c'est-à-dire vers les régions cultivables, dans la direction du Djebel-Amour.

D'après les observations que j'ai pu faire, soit en Sicile, soit en Algérie, il me semble que la rapidité avec laquelle le siroco passe sur la Méditerranée est telle qu'il n'a pas le temps de se charger de beaucoup d'humidité. Je n'ai pas fait d'observations précises, mais les différences sont très considérables. Sur les côtes de la Sicile, par exemple, à Syracuse et en d'autres points, lorsque le siroco souffle, on a la peau des lèvres gercée; c'est un vent très sec et très chaud, malgré son passage sur la Méditerranée.

M. le Président. Nous arrivons à la question de la direction des dunes.

M. Rolland. Les grandes dunes du Sahara étant des accumulations de sables dues au vent, leur étude ne peut manquer d'être instructive relativement au régime de ces vents, dont elles constituent pour ainsi dire un appareil enregistreur. Elles enregistrent, tout au moins, ceux qui sont assez forts pour rouler les sables à la surface.

Sous l'action des vents qui se succèdent alternativement, un va-et-vient de pulvérulin sableux balaye sans cesse le désert. Mais ces échanges ne s'équivalent pas, et, en fin de compte, il y a transport vers l'est et le sud, ainsi que le prouvent les dispositions des grandes dunes par rapport aux régions en désagrégation qui les alimentent.

Les grandes dunes sont en relation avec les terrains quaternaires, grès, sables et graviers quartzeux. L'Erg occidental et l'Erg oriental se trouvent respectivement situés dans les bassins quaternaires de l'oued Guir, à l'ouest, et du chott Melrir, à l'est : ces deux massifs de sables sont distincts, et la zone intermédiaire correspond à l'interposition d'une bande saillante et nord-sud de terrain crétacé qui sépare les deux bassins. Or, l'Erg occidental empiète à l'est sur le crétacé, ensable sa lisière et lance des ramifications importantes le long des escarpements et des vallées. De même, l'Erg oriental se montre nettement reporté vers l'est et le sud du bassin quaternaire du chott Melrir, et se poursuit sur le crétacé de la Tripolitaine (dont les grès lui fournissent, il est vrai, un certain appoint); c'est au sud-est, du côté de Rhadamès, que les grandes dunes de ce massif atteignent leur hauteur maxima; enfin, dans l'oued Rir et à Ouargla, c'est à l'ouest et au nord que les oasis sont envahies par les sables. On peut donc dire que dans le Sahara algérien la résultante mécanique des vents, en tenant compte à la fois de leur force et de leur direction, vient du nord-ouest.

Cette conclusion, tirée de l'emplacement des grandes dunes, est confirmée par leur orientation.

Les grandes dunes comprennent des chaînes allongées et distinctes, offrant des pics, des cols, etc. Ces chaînes sont généralement en relation avec des lignes sous-jacentes du relief, contre lesquelles les sables roulés par le vent se sont arrêtés et accumulés : leur direction est donc fixe. Mais la direction d'une chaîne n'a rien de commun avec l'orientation des dunes qui font saillie à sa surface.

On connaît la forme type de la dune de sable : un monticule dissymétrique, avec une croupe allongée et inclinée en pente douce du côté d'où vient le vent, un talus raide et légèrement concave du côté opposé, et, à l'intersection des deux surfaces, une arête vive, transversale et courbée en croissant ; on sait que le sable, poussé par le vent, gravit la pente antérieure, s'élève jusqu'au sommet, et de là tombe sur le talus postérieur. Les dunes élémentaires se groupent et leurs groupements constituent des mamelons dont les formes sont moins définies, mais rappellent plus ou moins la dune-type. Dans les grands massifs eux-mêmes, on distingue en général un versant doux et un versant raide.

Le vent, variant avec les saisons, n'a pour ainsi dire que le temps d'orienter les dunes élémentaires ; puis il change les crêtes, retourne le pic, les modèle à nouveau. Pour les dunes plus importantes et pour les groupes de dunes, l'orientation peut varier suivant l'époque, d'autant moins d'ailleurs qu'il s'agit d'un amas plus considérable ; pour les grandes dunes proprement dites, elle ne fait qu'osciller plus ou moins autour de la résultante des vents ; enfin, pour les grands massifs, elle est à peu près constante, le versant raide du même côté et dans la même direction. Or, d'après les observations des missions Flatters et Choisy, c'est vers le sud-sud-est en moyenne que regarde le versant raide des grandes dunes de l'Erg oriental : ce qui indique le nord-nord-ouest comme résultante mécanique des vents.

Enfin j'ajouterai qu'en dehors des chaînes proprement dites, le vent dépose à la surface de certaines plaines des rides de sables plus ou moins perpendiculaires à sa direction. Les vallées qui séparent les grandes chaînes sont fréquemment barrées par des veines semblables, transversales et parallèles. Ainsi, dans l'Erg oriental, en outre des chaînes principales qui courent en moyenne du nord-ouest au sud-est, on observe un système de veines transversales allant du nord-est au sud-ouest : ces chaînes secondaires ont une importance relativement croissante vers le nord, et, dans la région avoisinant les chotts et nous intéressant spécialement ici, elles sembleraient indiquer que la résultante mécanique des vents vient plutôt de l'ouest-nord-ouest.

M. le Président. Nous passons à la question de l'inclinaison des végétaux.

M. Jamin. Certains observateurs, M. Martins entre autres, ont remarqué que tous les végétaux étaient inclinés dans une direction déterminée; il y a certainement un rapport entre l'inclinaison des végétaux et la direction des vents: c'est une question à examiner, et c'est pourquoi nous l'avons inscrite dans le programme.

M. Tissot. Je connais les observations de M. Martins; elles concordent avec les considérations que M. Rolland vient de présenter à propos des dunes. Le siroco doit être regardé comme soufflant accidentellement, mais quelques jours de ce vent suffisent à tout détruire; sans nous occuper du régime général des vents, nous devons considérer que le rôle de la mer intérieure serait de constituer une sorte d'assurance contre le siroco, qui, bien que son action ne dure que quelques jours, est le véritable vice du climat algérien.

M. Jamin. Il ne s'agit pas en ce moment de savoir quelle peut être l'influence de tel ou tel vent sur la mer intérieure, mais de chercher des renseignements, d'arriver à connaître ce qui se passe. Lorsqu'on sera éclairé, on pourra aborder cette autre question, de savoir si la mer intérieure améliorera ou non la situation actuelle.

M. Rolland. Il est intéressant d'observer que ce n'est pas le siroco qui imprime aux grandes dunes leur progression lente ni leur orientation, lesquelles sont toutes deux opposées à sa direction. Mais, les prenant à rebours et les écrêtant, il soulève de grandes quantités de poussières et de sables fins.

M. Renou. Il les dissémine beaucoup plus que les autres vents; il est accompagné d'un courant ascendant excessivement énergique et soulève les sables à une hauteur considérable, en poussière très fine. On se trouve quelquefois au milieu d'un brouillard brun formé par cette poussière, et, au bout de la journée, on a le cou tout rouge, scié par le sable fin.

M. le commandant Roudaire. Dans ces circonstances-là, si l'on perd son chemin, on n'a plus qu'à se blottir; il y a des gens qui ont péri enfouis sous le sable.

M. le Président. Nous passons maintenant à l'étude des troisième, quatrième et cinquième questions ainsi conçues :

« 3° Hygrométrie, état hygrométrique de l'air constaté en divers points de l'Algérie, du Sahara et de la Tunisie, aux divers mois de l'année, par les diverses directions du vent; quantité de pluie pendant chaque mois de l'année ;

« 4° Évaporation; elle dépend à la fois de la température, des vents, de l'état hygrométrique, des saisons, des localités, etc.

« Peut-on fixer une moyenne pour l'évaporation de l'eau pure et de l'eau de mer dans la région des chotts ?

« 5° Quantité d'eau apportée chaque année dans les chotts par la pluie, les rivières, les torrents, les sources, etc. »

M. le général Favé. Je voudrais revenir encore brièvement sur la question de l'évaporation. Je crois que la Commission n'est pas arrivée à la conclusion dont nous avons besoin. Je lui demanderai de prendre des conclusions sur le rapport de M. Lavalley, ou, pour mieux dire, sur les détails qu'il vient de nous donner; et je suis d'avis que nous devons admettre que, dans les pays dont le régime, au point de vue de l'évaporation des eaux, se rapproche de l'Égypte, on peut compter, d'après les seules expériences en grand dont on puisse invoquer les résultats, que la moyenne de l'évaporation est de 3 ou 4 millimètres par vingt-quatre heures, c'est-à-dire 1 mètre ou $1^m,20$ par an.

Je ne crois pas que toutes les théories que l'on pourra faire sur la question nous fournissent des données qui soient supérieures, ni même à beaucoup près équivalentes, à celles que l'on vient de nous apporter; par conséquent, au point de vue d'une question pratique comme celle dont nous nous occupons, nous ne pouvons faire mieux ni autrement que d'accepter les résultats des grandes expériences faites sur les lacs Amers, puisque la première Sous-Commission attend notre décision pour prendre un parti quelconque.

M. de Lesseps. Puisqu'en effet la première Sous-Commission attend que nous lui fournissions un renseignement à cet égard, nous pouvons lui proposer la moyenne indiquée par M. le général Favé, sans la lui présenter pourtant comme définitive; mais nous arrivons à lui donner ainsi, dès aujourd'hui, une approximation suffisante pour lui permettre de commencer ses travaux, sans lui imposer pour cela aucune conviction.

M. le Président. Il me paraît très difficile, en effet, que la Sous-Commission donne une réponse absolue sur la question qu'on lui a soumise, sans l'avoir étudiée complètement, et sans que celui de ses membres qui aura été plus spécialement chargé de cette étude ait fait un rapport, dans lequel seraient exposés les arguments pour et contre tels et tels chiffres.

Ce n'est donc pas en ce moment que nous pourrions prendre une décision; je ne me sentirais pas, quant à moi, suffisamment éclairé pour émettre un avis définitif sur la question d'évaporation.

M. le général Favé. D'après les documents qui nous ont été présentés, nous pourrions prendre une moyenne.

M. le Président. Alors, il faudrait formuler à peu près ainsi notre opinion: sauf examen ultérieur, la Commission considère comme probable une évaporation de 3 ou 4 millimètres par jour.

M. Renou. Nous présenterons ce chiffre comme un *minimum*, car évidemment, dans le Sahara algérien, il fait infiniment plus sec qu'en Égypte et la température y est beaucoup plus élevée. La température moyenne de Biskra et de Tougourt, pendant les six mois de l'année où les fruits du dattier mûrissent, est, je crois, de 30 degrés.

M. de Lesseps. En Égypte, nous avons, pendant l'été, 36 degrés en moyenne.

M. Renou. Oui, mais le chiffre que j'indique pour ces points du Sahara est celui de la température moyenne de jour et de nuit.

M. d'Abbadie. J'ai fait des observations à 7 kilomètres de la mer Rouge, là où la température moyenne est 31 degrés, c'est-à-dire la plus forte qu'on ait encore constatée. Le vent, qui venait de la mer, était d'une sécheresse presque absolue. Selon les idées ordinaires, on ne s'explique pas aisément comment un vent qui vient de la mer n'apporte pas d'humidité avec lui.

M. Jamin. Je vous demande pardon; c'est un fait qui peut fort bien s'expliquer, théoriquement, sans difficultés sérieuses. Je puis invoquer à cet égard l'autorité de tous les physiciens. Cela dépend de la rapidité du vent, de la hauteur à laquelle il passe au-dessus de la mer, et par conséquent du temps qui a été laissé à l'évaporation pour s'accomplir. C'est extrêmement facile à comprendre.

M. le général Favé. Je crois pouvoir ajouter quelques mots sur ce sujet. C'est précisément parce que le vent passe très vite au-dessus de la mer qu'il n'a pas le temps de lui emprunter, pour l'emporter avec lui, beaucoup d'humidité, et, par conséquent, il n'en est pas saturé quand il arrive.

M. Jamin. Cela dépend de sa rapidité et aussi de la largeur de la nappe d'eau qu'il a eu à traverser. Il est clair que si le vent passe rapidement sur un fleuve, il se chargera de peu d'humidité; mais supposez que la largeur du fleuve soit doublée; je ne dis pas que le vent emportera deux fois plus d'humidité, mais il en prendra davantage. S'il traverse la Méditerranée, il en prendra beaucoup plus encore, parce que son trajet sur la surface humide durera plus longtemps. Par conséquent, la quantité d'humidité dont le vent se charge dépend de ces deux causes; elle dépend d'autres causes encore, par exemple l'état hygrométrique de l'air, ou la salure de la nappe d'eau traversée; mais enfin, les principaux éléments sont la force du vent et l'étendue du trajet au-dessus de la surface humide.

M. d'Abbadie. Le vent dont je parle avait traversé obliquement toute la largeur de la mer Rouge.

M. le Président. Peut-être avait-il passé au-dessus à une très grande hauteur. Un courant de vent qui passerait, par exemple, à 200 mètres au-dessus de la surface d'une mer, arriverait sans apporter avec lui aucune vapeur provenant de cette mer; et, cependant, quand il aurait atteint une région quelconque où on l'observerait, on dirait : il doit être humide; il vient de la mer! Mais, ayant passé à une hauteur de 200 mètres au-dessus d'elle, il ne lui aurait rien pris.

M. d'Abbadie. Que le fait s'explique ou non de cette manière, je le signale, parce que les choses peuvent également se passer de cette façon dans le Sahara.

M. Jamin. M. Roudaire n'a-t-il pas donné une évaluation de la quantité d'eau qui serait vaporisée sur la mer intérieure?

M. le commandant Roudaire. Oui, je l'ai donnée dans une de mes notes.

M. le Président. M. Jamin veut-il se charger de rédiger un rapport sur la question de l'évaporation? On pourrait confier à M. Renou le soin de traiter la question de la température, de la direction des vents et de l'hygrométrie, et à M. le docteur Fauvel celle de l'état hygiénique de la région des chotts.

Ces propositions sont adoptées.

M. Milne-Edwards. Je voudrais ajouter, au point de vue agricole, quelques questions relatives à l'influence que pourrait exercer sur les oasis du sud et du nord la création de la mer intérieure; je parle des oasis qui avoisinent le chott Djerid, et je crois nécessaire de les distinguer selon leur situation relativement à ce chott, parce que le régime de la nappe souterraine qui alimente les puits et les sources paraît être différent dans ces deux régions. Peut-être M. Roudaire pourrait-il nous donner des éclaircissements à cet égard. J'ai vu, par les ouvrages de divers voyageurs, que du côté du nord, dans le Djerid proprement dit, ce sont des sources chaudes, qui doivent venir, par conséquent, d'une profondeur considérable, et qui probablement ne subiraient aucune modification par suite de l'établissement du canal latéral ou du drainage du chott Djerid.

Je n'en dirais pas autant du régime des eaux qui se trouvent au sud, dans le Nefzâwa, et qui descendent du Djebel-Tebaga, chott à peu de profondeur, dans un sol meuble.

Par conséquent, les deux questions que je désirerais voir traiter porteraient sur l'influence de l'exécution du projet de M. Roudaire et du creusement du canal : 1° sur les oasis du nord du Djerid, et 2° sur la région située au sud de ce chott.

M. le Président. Quand nous aurons pris connaissance des rapports de

MM. Renou, Jamin et Fauvel, je crois que nous aurons une image aussi fidèle que nous pouvons l'espérer de l'état actuel de la région des chotts; et alors nous pourrons aborder la seconde partie de notre tâche, qui est relative aux conséquences qu'une modification apportée au régime présent du pays serait de nature à faire subir aux conditions dans lesquelles il se trouve actuellement.

Mais c'est seulement la seconde partie du problème, et elle ne peut être abordée que quand nous serons d'accord sur les bases que nous avons aujourd'hui essayé de poser ou du moins de préparer.

M. MILNE-EDWARDS. Je serais désireux d'obtenir aussi des renseignements plus précis sur la végétation du Farfaria : c'est une question qui se rattache à celle de l'état actuel des chotts. M. Cosson pense, ce me semble, que maintenant entre le Farfaria et la région du Zab, et même dans le Farfaria proprement dit, la fertilité est très grande.

Cela me semble être en opposition avec ce qu'il dit ailleurs sur la nature des végétaux qui s'y trouvent et qui sont des tamarix, des talsoza, etc.

Il a avancé notamment que, il y a peu d'années encore, on trouvait dans cette contrée des localités très fertiles. Il serait bon, selon moi, d'examiner la question et de savoir positivement à quoi s'en tenir.

M. LE COMMANDANT ROUDAIRE. On ne peut pas dire que les Farfarias soient fertiles; les bergers même ne peuvent y conduire leurs moutons en hiver, de crainte de les voir s'embourber. En été, c'est un pays très malsain et complètement désert. Il n'en est pas de même de la région située au nord des Farfarias en dehors du bassin inondable; mais la terre, quoique d'excellente qualité, y reste stérile par suite du manque d'eau.

M. LE GÉNÉRAL FAVÉ. Il existe un rapport de M. Le Chatelier, ingénieur des mines, qui traite de cette question; il serait peut-être utile que la Commission essayât de se le procurer. M. Le Chatelier établit que la terre est de très bonne qualité, que c'est de la terre végétale, et que cependant elle ne produit rien.

M. LE COMMANDANT ROUDAIRE. Voici un extrait du rapport de M. Le Chatelier, qui a été publié dans *la Revue scientifique* du 6 janvier 1877 :

« La grande plaine d'alluvions qui longe le pied des monts Aurès et les sépare du lit des chotts répond assez bien à l'idée que l'on peut se faire du désert avant de l'avoir jamais vu. Elle forme une immense surface plane complètement nue et désolée. Aucun accident de terrain, aucune végétation ne vient couper la ligne d'horizon; la vue s'étend librement dans tous les sens sans rencontrer aucun objet capable d'attirer un instant les regards, et le voyageur, dans sa marche, n'aperçoit jamais autre chose que cette grande plaine uniforme, toujours identique à elle-même. Pourtant ce sol aride n'est pas absolument infertile. Pendant la saison des pluies, les Arabes l'ensemencent et y récoltent des moissons splendides. La terre, en effet, est excellente et ne reste stérile que par le manque d'eau. L'analyse chimique montre qu'elle est formée par un mélange de sable, d'argile, de calcaire et de gypse. Elle ressemble donc, au point de vue de la composition, aux terres de nos pays et ne leur est inférieure que parce qu'elle se trouve sous un climat où elle ne reçoit de pluie que pendant deux mois de l'année. »

M. Tissot. C'est, en effet, un pays très riche au point de vue agricole, mais seulement quand il pleut. C'est un fait connu, et l'on a pu s'en assurer à toutes les époques où l'on a fait des expositions à Paris. Les années où il pleut, chaque grain de semence donne une véritable gerbe formant un énorme paquet de tiges et d'épis; mais, d'ordinaire, le terrain est tellement sec que les grains peuvent rester un ou deux ans sans pousser.

Ainsi, l'année de la famine de 1867, rien n'avait poussé. Au printemps de 1868, je suis allé en tournée dans cette contrée, et j'ai vu des blés et des orges splendides. Rien n'avait pourtant été semé; les semences remontaient à une année ou deux.

M. Milne-Edwards. La région dont vous parlez se trouve-t-elle dans le périmètre de la zone submersible?

M. Tissot. Elle est située au nord de la zone submersible, et s'étend sur un espace considérable.

M. Milne-Edwards. J'avais entendu dire qu'on perdrait cette partie.

M. Rolland. On perdra les Farfarias, mais, au nord, il resterait encore, entre le rivage et les terrasses du pied de l'Aurès, une bande fort vaste des mêmes terres.

M. le Président. Il n'y a pas d'autres observations?

La séance est levée à onze heures et demie.

Le Président,
J.-B. DUMAS.

Le Secrétaire,
M. PALÉOLOGUE.

DEUXIÈME SOUS-COMMISSION.

CINQUIÈME SÉANCE.
(29 MAI 1882.)

PRÉSIDENCE DE M. DUMAS.

La séance est ouverte à neuf heures et demie.

Le procès-verbal de la séance du 22 mai est lu et approuvé.

M. LE PRÉSIDENT. Je donne la parole à M. Duveyrier.

M. DUVEYRIER. Messieurs, j'ai pensé qu'il pouvait être intéressant, pour l'objet de nos études, de consulter mes carnets de voyage; j'ai parcouru, en effet, pendant des parties plus ou moins considérables de quatre années, la région ou plutôt le bassin des chotts, qui s'étend depuis la ligne des montagnes qui limitent au sud la province de Constantine et la Tunisie, jusqu'au 30e degré de latitude, à Ghadâmès; à l'ouest, le cadre de mon travail s'étend jusqu'à Tougourt, et à l'est il s'arrête à la mer. J'ai relevé sur mes carnets toutes les observations relatives à la direction des vents. J'ai reconnu que les vents de l'est, c'est-à-dire de l'E.-S.-E., d'une part, et, d'autre part, les vents de l'O.-N.-O., du N.-N.-O., et surtout du N.-O., sont très fréquents.

J'ai dressé le tableau de ces observations, en y consignant le nombre de ces observations pour chaque mois. En résumé, j'ai fait 1,167 observations sur la direction des vents, pendant 389 jours. Il y a un mois pour lequel ces observations doivent être considérées comme nulles, parce que je n'en ai fait que trois; mais le mois qui en a le moins ensuite est celui d'avril, où je trouve 73 observations réparties sur 19 jours.

D'après mon tableau, les sables qui existent au sud du bassin des chotts seraient repoussés dans la direction du N.-E. pendant un sixième ou un septième de l'année à peu près.

Le vent a soufflé 190 fois de l'O., de l'O.-S.-O. et du S.-O.; et il a soufflé 162 fois de l'E., de l'E.-N.-E. et du N.-E. Ce sont deux grandes directions dominantes du vent dans toutes ces régions.

J'en conclus que le vent du S.-O. chassera les sables de la région des dunes

N.-N.-E., et que ces sables pourront, par conséquent, envahir le lit de la mer intérieure. Maintenant il est vrai de dire aussi que le vent du N.-E. pousse et refoule ces dunes vers le S.-O.

Je n'étais pas préparé à donner à la Sous-Commission ces explications verbales aujourd'hui, je dois l'avouer; et elle a dû s'en apercevoir.

M. LE PRÉSIDENT. Vous pourrez, Monsieur, compléter ultérieurement les détails que vous avez bien voulu nous donner.

M. DUVEYRIER. Je n'ai rien rédigé; je ne puis que mettre sous les yeux de la Sous-Commission le tableau de mes observations, qui donne une moyenne; je n'ai pas encore établi de tableau pour les différentes directions.

M. MILNE-EDWARDS. D'après les renseignements que j'ai recueillis, les vents se partagent entre deux directions différentes, selon que l'on est en été ou en hiver. Les vents qui soufflent de l'est vers l'ouest dominent en été, tandis qu'au contraire ce sont les vents qui viennent du nord ou de l'ouest, et les vents intermédiaires, qui dominent en hiver. Les vents de l'est seraient donc tout à fait dominants en été, et, comme il s'agit de transporter les vapeurs qui s'élèveraient de la mer à créer, cette direction serait tout à fait favorable au projet, parce que ces vapeurs seraient chassées de la région des chotts vers l'oued Rir, c'est-à-dire vers le pays qui est au sud de la province de Constantine.

M. DUVEYRIER. C'est très exact.

M. LE COMMANDANT ROUDAIRE. D'après les observations qui ont été faites à Biskra pendant quatre ans, et qui ont été relevées et publiées par M. le docteur Sériziat dans son ouvrage, voici, en négligeant les vents intermédiaires, comment se répartiraient les courants aériens dans la région de Biskra. Les vents du S.-E. souffleraient pendant 210 jours; ceux du N.-E. souffleraient pendant 155 jours. C'est à peu près la même chose que ce que vient de dire M. Duveyrier, qui a observé les vents du S.-O. 190 fois, et les vents du N.-E. 162 fois.

M. DUVEYRIER. Par conséquent, le climat de Biskra, au point de vue des vents, serait à peu près le même que celui du bassin des chotts.

M. LE COMMANDANT ROUDAIRE. Ces observations sont consignées à la page 47 du livre du docteur Sériziat.

M. LE PRÉSIDENT. M. Fauvel n'étant pas prêt aujourd'hui à nous entretenir de l'état sanitaire actuel de la région des chotts, je donne la parole à M. Renou sur la question de la température.

M. RENOU. Depuis 1845 on a fait des observations presque continues soit à l'hôpital militaire, soit à la Direction du génie, soit à l'École arabe française. Dans l'Annuaire de la Société météorologique de France, tome II, 1854, j'ai publié des résumés d'observations faites pendant sept ans, trois fois par jour, de 1845 à 1848 et de 1852 à 1853. Le docteur Sériziat, dans ses *Études sur l'Oasis de Biskra*, a donné aussi des résumés de quatre années d'observations faites dans ce lieu à 9 heures du matin, sans dire à quelle source il les emprunte; c'est sans doute la série de l'hôpital militaire; elles comprennent les années 1862 à 1865.

On sait combien il est difficile de garantir les thermomètres des réflexions solaires, surtout dans les pays comme l'Afrique. Il est donc probable que les chiffres recueillis jusqu'ici sont un peu trop élevés; ils ne le sont sans doute pas de beaucoup; les observations faites et continuées jusqu'ici par M. Colombo, directeur de l'École arabe française, homme instruit et zélé météorologiste, les comparaisons faites sur place par M. Angot, celles que j'y ai faites moi-même en 1853, ne laissent guère de doute à cet égard. D'ailleurs la température des puits indique également que la température moyenne de Biskra ne diffère pas beaucoup de 21 degrés.

Voici, dans le même tableau, les résumés mensuels et de saison des observations thermométriques faites pendant sept ans à l'hôpital militaire et pendant quatre ans d'après M. Sériziat.

Températures moyennes à Biskra.

MOIS.	1re SÉRIE.		2e SÉRIE.	
	MOIS.	SAISONS.	MOIS.	SAISONS.
	Degrés.	Degrés.	Degrés.	Degrés.
Décembre..............................	11,1		10,0	
Janvier................................	10,8	11,5	8,1	10,0
Février...............................	12,5		11,8	
Mars.................................	15,6		13,8	
Avril................................	21,0	20,7	18,9	19,7
Mai..................................	25,5		24,3	
Juin.................................	30,2		33,3	
Juillet...............................	34,6	32,9	34,1	33,5
Août.................................	33,9		33,0	
Septembre............................	27,8		28,1	
Octobre...............................	20,7	21,4	22,9	21,8
Novembre............................	15,6		14,5	
MOYENNE................	21,6		21,2	

Il y a des différences notables d'une série à l'autre; la principale paraît tenir à ce que le thermomètre, dans la seconde, subissait mieux les influences extérieures que dans la première où il était trop garanti. C'est ce que j'avais déjà remarqué d'ailleurs en mai 1853; mes chiffres, pris au thermomètrefronde, en plein air, étaient plus bas le matin que ceux de l'hôpital, et plus hauts dans la journée.

La pluie annuelle n'est que de 27 à 28 centimètres.

Le régime des vents, dans la première série, est indiqué dans le tableau ci-dessous.

Vents par mois à Biskra. (7 années.)

MOIS.	N.	N.-E.	E.	S.-E.	S.	S.-W.	W.	N.-W.
Janvier	77	10	3	39	13	9	9	150
Février	55	10	6	59	17	3	15	115
Mars	61	11	11	54	23	9	19	120
Avril	26	6	17	77	20	15	19	120
Mai	11	21	11	142	14	15	11	85
Juin	16	8	18	131	16	19	20	72
Juillet	00	13	6	147	31	29	21	63
Août	00	11	6	121	34	39	15	84
Septembre	18	20	4	95	24	22	18	99
Octobre	22	28	11	82	14	14	9	130
Novembre	36	19	6	51	19	8	18	143
Décembre	30	3	14	56	13	6	15	173
MOYENNE	35,2	16,0	11,3	105,4	23,8	18,8	18,9	135,6

Une autre série de sept années a été recueillie par M. Colombo de 1875 à 1880; elle m'a été communiquée au bureau central météorologique; il y a malheureusement beaucoup de lacunes. J'ai ramené les moyennes au nombre de jours moyens de l'année.

Vents à Biskra d'après M. Colombo. (3 observations par jour.)

ANNÉES.	N.	N.-E.	E.	S.-E	S.	S.-W.	W.	N.-W.	CALME.
1875	8	1	7	302	42	5	12	566	96
1876	83	5	20	295	37	8	9	578	51
1877	38	6	24	287	59	15	24	558	20
1878	68	40	125	262	72	13	17	397	92
1879	69	8	22	323	40	20	37	486	86
1880	64	23	53	328	74	9	24	431	44
1881	41	5	10	354	29	9	17	468	59
MOYENNE	18,4	4,4	12,9	106,6	17,5	3,9	7,0	172,8	21,7

On peut faire sur ces tableaux les remarques suivantes :

Les vents à Biskra soufflent presque uniquement N.-W. ou S.-E., le premier étant dominant. Le vent de N.-W. est très dominant en hiver, et le vent de S.-E. en été.

Le massif de l'Aouras, qui se termine au sud, vers les plaines du Sahara, par une ligne presque droite orientée W.-N., W.-E., S.-E., influence évidemment la direction des vents, de manière à rendre presque impossible ceux du nord et du N.-E. et à renvoyer ceux de la région du sud parallèlement à la direction de la chaîne. C'est ce que les autres observations faites dans la région des chotts tunisiens, en dehors de l'abri des hautes montagnes, montrent clairement et ce qui ressort surtout des observations qu'a bien voulu me communiquer M. Duveyrier; les vents de N.-E. et de S.-W. sont assez fréquents; les vents de N.-W. sont encore dominants, mais ceux de N.-W. et de S.-E. ne règnent plus exclusivement comme à Biskra.

Il ne faut pourtant pas exagérer ces influences locales, car, ainsi que j'ai déjà eu l'occasion de le dire, les directions N.-W. et S.-E. transversales à celles des vents dominants de l'Europe et à celle unique des vents alizés de N.-E. qu'on rencontre plus près de l'équateur, se remarquent sur toute la circonférence du globe dans une zone relativement étroite, entre 30 degrés et 40 degrés de latitude. Elle est très tranchée du côté de la Chine.

Le climat de Biskra et de toute cette région, si extraordinaire qu'il paraisse par sa sécheresse et la température de son été, n'est pourtant pas unique dans le monde.

Les plaines de la Mésopotamie ont un climat absolument pareil. Cotte a publié, il y a un siècle, une série d'observations faites en 1783 et 1784 par Beauchamp, série qui, à cette époque, a excité l'étonnement des savants par l'élévation de ses températures estivales. Cotte ne pouvait se persuader que l'homme pût vivre dans une atmosphère à une température plus élevée que celle de son sang. C'est vers cette époque, en effet, que Franklin a fait voir que le refroidissement produit par l'évaporation permet à l'homme, au moyen de la sueur, de résister à des températures atmosphériques supérieures de plusieurs degrés à celle de son sang.

Les thermomètres de cette époque n'étant pas réglés comme les nôtres et marquant souvent des chiffres trop élevés, surtout dans les hautes températures, il était utile, pour se faire une idée précise du climat de la Mésopotamie, d'avoir des observations modernes. Schœlffi, voyageur suisse, m'a envoyé, il y a une quinzaine d'années et peu de temps avant sa mort, les résumés d'observations qu'il avait faites à Bagdad et qui confirment celles de Beauchamp. Le climat de cette région est, comme je l'ai dit tout à l'heure, celui de Biskra; il y gèle à quelques degrés en hiver; en été la température moyenne est de 33 ou 34 degrés, et le ciel sans nuages. Le régime des vents est un peu différent : le vent est N.-W. en hiver et S.-W. en été, W. dans les saisons intermédiaires.

La sécheresse est excessive à Biskra et dans toute cette région, ainsi que tous les voyageurs le savent et que le montrent les observations de M. Duveyrier. Celles rapportées par M. Roudaire montrent le même fait : d'un maximum de 53 en janvier, l'humidité relative est tombée à 26 dès le mois de mai et doit arriver à 10 ou 15 en juillet et août.

Il résulte de ce régime une évaporation énorme et sans exemple dans la plupart des autres régions du globe.

Nous trouvons dans les chiffres mêmes de M. Roudaire la preuve que cette évaporation est énorme même pour l'eau salée, puisqu'elle atteint $5^{mm},5$ en février et mars; elle serait nécessairement beaucoup plus grande en été.

M. Roudaire pense que les petits bassins d'évaporation de 30 centimètres de diamètre ne donnent point, d'une manière concluante, l'évaporation qui a lieu sur les surfaces naturelles. L'objection est fondée, mais la différence peut très bien n'être pas dans le sens d'une moindre évaporation dans les lacs naturels. Dans les expériences que nous venons de citer on garantissait les bassins d'évaporation contre le trop grand échauffement. C'est précisément là une circonstance capitale.

J'ai fait voir il y a trente ans que la température des rivières est en moyenne de 2 degrés plus élevée que celle de l'air, et cela en toute saison. Ces observations ont été faites d'abord sur le Loir à Vendôme, puis sur la Loire à Tours, deux rivières de régime très différent; elles ont attiré l'attention de plusieurs savants et ont été répétées sur l'Isar à Munich, par Lamont, et sur le Léman à Genève, par M. Plantamour. L'Isar, rivière torrentielle, a donné le même résultat; le Léman, avec sa profondeur de 300 à 400 mètres, suit absolument la même loi. De plus, le docteur Borius a fait faire à Saint-Louis des expériences sur la température du Sénégal; là, dans les mois chauds, le fleuve offre souvent des températures de 28 à 30 degrés, dépassant en moyenne de 2 degrés au moins la température de l'air.

Ces expériences faites dans des conditions si variées ne laissent aucun doute sur l'application à en faire aux chotts algériens et tunisiens et à la mer intérieure; au mois de juillet, la température de l'air à la surface, la seule d'où dépende l'évaporation, sera de 36 degrés environ, c'est-à-dire celle de nos bains chauds, et telle que beaucoup de personnes ne peuvent la supporter.

A la surface d'un pareil bain d'eau chaude, l'évaporation sera nécessairement énorme.

Tous les voyageurs savent la rapidité extraordinaire avec laquelle disparait l'eau des plus grandes sebkha du Sahara qui se remplissent dans les hivers pluvieux : jamais l'eau ne persiste plus de trois mois, le mois de mai suffit pour faire disparaître 30 centimètres d'eau, et jamais on n'en trouve plus tard.

M. Dumas nous a dit dans la dernière séance que dans les salines du Midi on compte sur une évaporation de $1^m,30$ à $1^m,50$ dans la saison chaude. J'ai reçu de mon côté, de M. Viguier, professeur à la Faculté des sciences de Montpellier, à qui je m'étais adressé, des renseignements sur les salines de l'Hérault. M. Viguier me répond que l'on compte sur une évaporation de 5 millimètres par jour pendant les mois d'été. Or la saison chaude à Montpellier offre à fort peu près la même température que toute l'année à Biskra. Il me semble donc impossible que dans la région des chotts, à 10 degrés de latitude au sud de Montpellier, avec une insolation beaucoup plus grande, une sécheresse presque absolue, l'évaporation ne soit pas beaucoup plus grande que 5 millimètres par jour.

M. LE COMMANDANT ROUDAIRE. Nous venons de voir, d'après les observations résumées par M. Renou, que la température moyenne de Biskra est de 21 degrés; c'est à peu près la même que celle de l'Égypte; celle-ci est même plus élevée : la température est en moyenne, à Alger, de 21°,60.

M. RENOU. Pardon!

M. LE COMMANDANT ROUDAIRE. C'est un chiffre que j'ai pris dans l'ouvrage de Charles Martins.

M. RENOU. Elle n'est que de 17 degrés et une fraction.

M. LE COMMANDANT ROUDAIRE. Et la température d'Égypte, d'Ismaïlia, par exemple?

M. RENOU. Elle est de 21 degrés.

M. LE COMMANDANT ROUDAIRE. La même que celle de Biskra; par conséquent, les conditions sont les mêmes.

M. RENOU. Sauf l'humidité de l'air. Il y a là des courants ascendants qui mêlent les couches d'air et qui disséminent chaque mètre cube sur un espace de 1,500 mètres.

M. LE COMMANDANT ROUDAIRE. A plus forte raison cela doit-il exister en Égypte où il n'y a pas de chaîne de montagnes pour empêcher cette dispersion de se produire.

De plus, la surface des lacs Amers est environ cinquante fois plus petite que celle de la mer intérieure. Dans ces conditions, et avec la même température moyenne, on a constaté, d'après les observations de M. Lavalley qui ont duré du mois de mars au mois de juillet, que l'évaporation ne dépassait pas 3 ou 4 millimètres, et que la moyenne était de 3 et une fraction.

Nous devons donc supposer que, les lacs Amers étant dans des conditions aussi favorables à l'évaporation, ce chiffre de 3 millimètres, déduit d'observations faites pendant la période la plus chaude de l'année, doit s'appliquer à la mer intérieure, et que ce serait même une évaluation exagérée.

M. BECQUEREL. Avez-vous eu l'occasion de mesurer la température, dans la région des chotts, à des endroits où l'eau se rencontrait d'une manière permanente ?

M. LE COMMANDANT ROUDAIRE. Nous l'avons constatée dans les sondages.

M. BECQUEREL. Ce n'est pas tout à fait la même chose.

M. DUVEYRIER. Il n'y a pas d'eau à la surface des chotts.

M. BECQUEREL. Je croyais qu'on y trouverait des puits.

M. TISSOT. Il y en a quelques-uns. M. Renou lui-même dit en avoir trouvé.

M. LE COMMANDANT ROUDAIRE. Dans tous les sondages les observations que nous avons faites sur la température nous ont donné de 21°,5 à 22 degrés au maximum.

M CHAMBRELENT. J'ai demandé de nouveaux renseignements à M. l'ingénieur en chef des Sables-d'Olonne, au sujet du rapport qui existe entre l'évaporation et la profondeur des eaux ; voici sa réponse :

« Les renseignements que demande M. l'Inspecteur général Chambrelent sont sans doute des renseignements recueillis sur les lieux mêmes et résultant d'expériences directes ou, au moins, d'observations faites par les habitants du pays. Car s'il s'agissait d'émettre une opinion générale sur les questions qui touchent à l'évaporation des eaux de mer, nous ne pourrions fournir que des renseignements de seconde main, qu'il faudrait longtemps pour réunir et dont nous ne pourrions contrôler suffisamment l'exactitude.

« Dans les salines des Sables, il n'a jamais été fait d'observations régulières de la quantité d'eau évaporée dans un temps déterminé. Voici les données que des sauniers intelligents nous ont procurées :

« Les aires salantes ont 20 mètres carrés (4 mètres sur 5 mètres). Le matin, on y met une hauteur d'eau salée de $0^m,03$, qui est déjà très concentrée. Le soir, après une journée d'été, dans des conditions moyennes, la hauteur d'eau est réduite à $0^m,015$.

« Cette évaporation est énorme.

« Au contraire, dans les marais à poisson, où la profondeur est d'au moins $0^m,25$, on a constaté que pendant un intervalle de 10 jours l'eau ne baissait en moyenne que de $0^m,05$, soit le tiers du chiffre précédent.

« J'ai lu dans certains ouvrages que l'évaporation augmentait à mesure que la profondeur et l'étendue de la surface d'eau diminuaient, sans doute parce que l'échauffement du fond et des berges élève alors davantage la température de l'eau. Cette hypothèse paraît concorder avec les données qui précèdent.

« L'évaporation n'a jamais été constatée ici sur une grande surface. La surface d'eau du bassin des chasses des Sables est de 80 hectares, mais les pertes d'eau par les écluses sont énormes comparativement aux pertes par l'évaporation, de sorte qu'il est impossible de se rendre compte de l'importance de ces dernières.

« Les Sables-d'Olonne, le 15 mai 1882.

« *L'Ingénieur ordinaire*,
« RIBIÈRE.

« Vu par l'Ingénieur en chef soussigné.

« La Roche-sur-Yon, le 16 mai 1882.

« . . . . »

M. LE PRÉSIDENT. Quelqu'un demande-t-il la parole au sujet du rapport de M. Renou? Nous laissons de côté celles des questions suivantes que nous avons déjà traitées, et nous passons à celle-ci :

« Comparer la quantité d'eau qui serait fournie par l'évaporation sur la mer intérieure à celle qui tombe en moyenne par l'effet des pluies. »

M. RENOU. A Biskra, la pluie ne donne que 27 ou 28 centimètres par an ; ce sont les chiffres que m'a donnés récemment M. Colombo. Ils deviennent de moins en moins forts à mesure qu'on arrive vers le Sud, mais ils augmentent dans le pays des Touaregs.

M. DUVEYRIER. Dans le pays des Touaregs, on reste quelquefois quinze ans sans voir tomber une goutte d'eau.

M. MILNE-EDWARDS. On y cite même une période de sécheresse qui a duré 19 ans.

M. BECQUEREL. M. Renou indiquait tout à l'heure une différence de 2 degrés environ entre la température de l'eau et celle de l'atmosphère. Cette différence porte-t-elle sur la moyenne diurne, et reste-t-elle toujours à peu près la même dans les mois chauds et froids?

M. RENOU. La différence que j'ai signalée porte, en effet, sur une moyenne. Il y a des divergences dans le détail des faits que j'ai classés; mais, sur une période de 10, 15 ou 20 ans d'observations, l'excès est à peu près le même en toutes saisons. Je peux donc dire que la température moyenne de la mer intérieure serait de 36 degrés, au moins, au mois de juillet.

M. LE GÉNÉRAL FAVÉ. Il me semble qu'il y a une certaine contradiction dans l'assertion de M. Renou. Il dit qu'il y aura à la fois une évaporation considérable et une quantité immense de chaleur. Il ne parle évidemment que de la surface; or il est impossible d'admettre en même temps une grande chaleur à la surface et une évaporation considérable. L'évaporation est, en effet, la cause de l'enlèvement direct d'une très grande quantité de chaleur. Les deux choses ne sauraient aller ensemble.

M. LE PRÉSIDENT. S'il n'y avait pas d'évaporation, cela s'échaufferait bien davantage.

M. LE GÉNÉRAL FAVÉ. Cela n'est pas douteux; mais ce que je voudrais faire entrer en ligne de compte, c'est que l'évaporation vient contrarier cette cause d'échauffement. Il y a là une cause tout à fait contraire à celle qu'a fait valoir M. Renou.

M. RENOU. C'est le soleil qui fournit cette chaleur; au lieu de produire un échauffement de 65 ou 70 degrés, comme cela aurait lieu sans l'évaporation, il n'échauffera qu'à 36 degrés au total; à la fin de l'année, il y a une différence considérable et la température de l'eau est plus élevée de 2 degrés que celle de l'air.

M. LE PRÉSIDENT. Ce ne peut être qu'une résultante complexe des diverses actions exercées par le soleil et l'air sur l'eau.

M. LE GÉNÉRAL FAVÉ. Ce que je combats, ce n'est pas le résultat, c'est la conclusion qu'en tire M. Renou au sujet de la mer intérieure. Il admet qu'il y aura un accroissement de température dans la mer intérieure et un très grand développement d'évaporation. C'est parce qu'il attribue à l'évaporation une valeur tout à fait exceptionnelle, qui ne paraît constatée par aucun fait, que je viens dire, en y attachant une certaine importance, que, si cette évaporation est considérable, elle refroidira beaucoup la couche superficielle à laquelle M. Renou admet qu'elle s'arrête.

M. BECQUEREL. Je crois très juste l'explication donnée par M. Dumas et par M. Renou. Il s'agit d'une résultante. C'est le soleil qui échauffe, mais il échaufferait le sol à une température bien autrement élevée sans l'évaporation; c'est parce que l'eau s'évapore que la chaleur ne dépassera pas le degré qu'indique M. Renou.

Je ne sais si l'on peut assimiler l'eau de la mer à l'eau des rivières. L'eau des rivières provient de ruisseaux et de sources qui ont la température des couches de terre d'où elles sortent; les couches d'eau se renouvellent continuellement, avec une température qui suit à peu près la température des saisons où la pluie est tombée. On observe donc là, avec le thermomètre, la température de l'eau qui est toujours en mouvement et qui est amenée de loin, température qui n'est pas due uniquement à l'action solaire exercée sur l'endroit où on la constate. Dans la mer, au contraire, cet effet ne se produit pas et l'on n'observe que l'action directe des rayons solaires; celle-ci peut être assez forte, mais je ne sais pas si, même dans toute son intensité, elle produira toujours une différence de 2 degrés entre la température moyenne extérieure et la température moyenne des eaux de la mer.

Par conséquent, ce n'est pas par les mêmes motifs que M. le général Favé que je conçois les doutes que j'exprime en ce moment à M. Renou; ces doutes portent sur l'assimilation entre l'eau des rivières, qui se renouvelle et qui provient de sources différentes, et l'eau d'une mer librement exposée aux rayons solaires.

M. RENOU. S'il en était ainsi, on devrait trouver de grandes différences entre les rivières, selon leur situation et leurs conditions respectives; mais, des rivières que je viens de citer, l'une a de l'eau très courante, comme l'Isar à Munich; l'autre, presque stagnante, comme la Loire à Tours; enfin le Léman, à Genève, est dans d'autres conditions encore que les précédentes. Pourtant les résultats sont les mêmes pour ces trois rivières, et absolument les mêmes encore pour le Sénégal. Les rivières, dans l'intérieur de la France, coulent sur des terrains qui n'ont pas des pentes très considérables, et, entre les différentes sections de leurs parcours, il n'y a pas non plus des divergences d'inclinaison bien grandes.

M. LE COMMANDANT ROUDAIRE. Il y a, à ce point de vue, de très grandes différences entre des cours d'eau comme les rivières et de grandes nappes d'eau comme les mers.

La température des rivières suit à peu près celle de l'air; elles sont très froides en hiver et très chaudes en été.

Les mers, au contraire, à cause des énormes masses d'eau qu'elles renferment, sont dans des conditions tout à fait différentes; elles remplissent le rôle de réservoirs qui emmagasinent la chaleur pendant l'été, et qui la restituent pendant l'hiver; et elles tempèrent le climat des terres qui les bordent, ce que ne font pas du tout les rivières.

M. RENOU. La mer est continuellement en mouvement; mais, dans celles où il n'y a pas beaucoup de mouvement, comme le golfe du Mexique par exemple, l'eau atteint un degré moyen de température extraordinaire; elle y est à 28 ou 29 degrés.

M. Milne-Edwards. Le régime des autres mers n'est pas celui de la Méditerranée; elle est d'une faible profondeur en général, et, dans les grands fonds, l'eau n'y dépasse guère 13 degrés.

M. le commandant Roudaire. Les lacs Amers se trouvent dans les mêmes conditions que la mer intérieure à créer, car, jusqu'à preuve contraire, on doit admettre que la température de l'Égypte est à peu près la même que celle du bassin des chotts; et M. Lavalley nous a exposé, dans de précédentes séances, les observations qui l'ont amené à conclure que l'évaporation ne dépassait pas 3 millimètres sur les lacs Amers; ces observations, M. Lavalley l'a démontré, ont été faites avec le plus grand soin et ne comportent aucune cause d'erreur.

M. le Président. Les questions qui viennent d'être traitées me paraissent épuisées.

Je propose de passer à la question suivante: « Comment se comporteront les sables apportés par le vent, et quelle action pourront-ils exercer sur les chotts, en les supposant inondés?

« Ces sables, emportés par le vent aujourd'hui, traversent peut-être les chotts sans s'y arrêter. En sera-t-il de même lorsqu'ils seront remplis d'eau? »

M. le commandant Roudaire. M. Le Chatelier a voyagé dans ces contrées; d'après lui, les dunes ne se déplaceraient pas, et resteraient toujours, pour ainsi dire, en place. Ainsi je lis, dans un article qu'il a publié dans la *Revue scientifique,* ce qui suit:

« Les deux vents dominants dans cette contrée sont le N.-O. en hiver, et l'E.-S. en été. Ils agissent en sens inverse pour déplacer le sable, et finissent par se neutraliser à peu près complètement; au bout d'une année, les dunes se retrouvent presque à la même place, après avoir exécuté une oscillation qui peut avoir une amplitude de plusieurs mètres. Souvent aussi ces dunes se fixent; pour les rendre complètement immobiles, il suffit qu'une végétation, même très clairsemée, parvienne à s'installer sur elles. Les plus petites branches, les herbes, produisent dans le vent des remous qui empêchent tout transport de sable; celui-ci s'accumule derrière chaque touffe, et tourne autour quand le vent change, sans pouvoir s'écarter du cercle où il est enfermé. Ces phénomènes de formation et de fixation des dunes sont donc contemporains, et ne peuvent fournir aucun renseignement sur l'histoire géologique de ce pays. »

J'ajoute, à l'observation que vient de faire M. Dumas, que, à supposer que la mer intérieure dût être envahie, rien ne serait plus facile que de fixer les dunes. On ferait, par exemple, ce qui a été fait dans les Landes pour arrêter les sables.

M. CHAMBRELENT. Ce dont parle M. Roudaire, c'est ce que nous appelons la dune littorale.

Brémontier a indiqué, en effet, le moyen d'arrêter les dunes déjà formées et de les immobiliser au moyen de la végétation. Ces dunes marchaient vers l'intérieur des terres, en raison même de la forme qu'elles prenaient; il se formait un talus très doux du côté de la mer, sur lequel le vent faisait monter le sable qui passait au-dessus; de l'autre côté, elles retombaient en talus raide.

Brémontier, je le répète, a indiqué le moyen de rendre les dunes immobiles; mais elles n'en étaient pas moins sans cesse envahies par de nouveaux sables qui les surélevaient encore et les auraient dépassées.

Il fallait arrêter ce mouvement des sables, et c'était un problème que Brémontier n'avait pas du tout abordé; il s'agissait, en d'autres termes, d'empêcher le sable de venir recouvrir les dunes fixées par la végétation qu'on y avait développée. Avant Brémontier, il y avait déjà des dunes qui avaient été recouvertes. Ainsi, vous vous rappelez, Monsieur le Président, que, dans l'une de celles que j'ai eu l'honneur de visiter avec vous, nous marchions sur les têtes d'anciens pins.

Il fallait donc chercher dans la création de nouvelles dunes un moyen de préserver les autres, qui étaient déjà immobilisées. Voici ce que nous avons fait sur le littoral. Nous y avons formé une dune, mais nous l'avons renversée, ou, comme disent les paysans, nous l'avons tournée *tête sur queue*.

Nous avons planté en ligne, sur le rivage, des planches séparées les unes des autres par des espaces de 2 ou 3 centimètres.

A la marée basse, le sable de la plage, poussé par le vent, venait frapper ces planches; mais, comme il en passait une certaine quantité par les interstices, il venait former derrière elles une dune très douce. Dans l'espace de quatre ou cinq jours, les planches étaient couvertes; elles avaient 2 mètres de hauteur, et étaient enfoncées de 1 mètre dans le sable; à l'aide d'un instrument très simple, une espèce de levier, nous élevions alors les planches de 1 mètre hors du sable, et la dune continuait à se former ainsi, toujours avec un talus raide du côté de la mer, par suite de la chute du sable. Nous avions ainsi une dune dont la pente douce était du côté de la terre, la pente élevée et raide du côté de la mer; c'est ce que nous avons appelé les dunes du littoral, et ce qui nous a préservé contre l'envahissement de l'intérieur des terres.

Je crois que l'on pourra employer ce moyen au bord des chotts, si c'est nécessaire; dans notre pays il a donné des résultats très complets. De temps en temps, environ une fois par mois, il venait un vent d'est qui enlevait le sable de la plage et le reportait à la mer.

M. le commandant Roudaire. Je fais observer que l'invasion du sable dans les Landes est beaucoup plus considérable que ne pourrait l'être celle des dunes qui existent auprès des chotts.

M. Lechatelier, voyageant en 1874 et 1875 dans le bassin des chotts, a constaté que les dunes ne bougent pour ainsi dire pas.

M. Rolland. Les situations ne sont pas comparables dans le Sahara et sur le littoral.

Sur le littoral, le vent de mer domine; dans le Sahara, les vents alternent et contre-balancent en grande partie leur action; de sorte que les dunes du Sahara se déplacent bien moins que celles du bord de la mer. Si elles ont une progression, cette progression, qui est très lente, a lieu vers le S.-E., et non vers les chotts.

La mer intérieure ne serait nullement menacée d'être envahie par les grandes dunes de l'Erg oriental. Mais je crois qu'il se produirait des atterrissements sur les bords, par suite du dépôt des sables qui vont et viennent sans cesse en roulant à la surface du désert.

M. Duveyrier. En dehors de la question du danger dont la mer intérieure pourrait être menacée par le mouvement des sables, je crois qu'il est incontestable, au point de vue météorologique, que les sables marchent, qu'ils se transportent, et que les dunes se déplacent. Peut-être quelques mois ne suffisent-ils pas pour nous révéler des phénomènes assez marqués pour que nous en saisissions les phases, et pour nous créer une conviction à cet égard. Mais il y a l'histoire, il y a les traditions.

L'Ouâd Soûf, par exemple, est une vallée située dans les sables, à peu près sous le méridien de Négrîne. Les traditions rapportent que, lorsque les premiers habitants sont venus s'établir dans cette vallée, — il n'y a de cela pas plus de 450 ou 500 ans, — elle n'était pas envahie par les sables. Il n'y avait que peu de sables à Ezgoum, et, anciennement, il y avait une rivière d'eau courante dans le Soûf. Cela remonte à plusieurs siècles. Maintenant, il y a dans ce pays plusieurs villages; et je me rappelle que les indigènes que j'ai questionnés sur l'état et l'histoire de leur pays me disaient qu'à une certaine époque, quand on avait fondé les villages d'Ezgoum et d'El-Ouâd, on voyait les feux d'une de ces bourgades à l'autre. Aujourd'hui les dunes se sont formées et elles ont grandi entre ces deux localités, et il est impossible d'apercevoir ces feux. De même, on voyait d'Ezgoum une femme portant un bouchon de paille allumé, de Taghzoût à Gomár, villages qui se trouvent à 10 kilomètres plus à l'est; on ne pourrait voir cela aujourd'hui.

M. LE PRÉSIDENT. Messieurs, je vous ferai observer que, bien que cette question se rapporte d'une façon très expresse à la situation du pays dont il s'agit, cependant ce n'est pas tout à fait le point sur lequel je désirais appeler l'attention de la Sous-Commission.

Les vents emportent le sable en quantité quelconque, et quelquefois très difficile à apprécier et à mesurer; on ne peut méconnaître pourtant que ce sable, avec le temps, puisse former des couches d'une épaisseur considérable.

Je prends comme exemple ce qui s'est passé au sommet du Puy de Dôme depuis l'époque de Néron jusqu'à l'époque actuelle. A une hauteur qui est déjà considérable, les vents ont apporté du sable en telle quantité, que le sommet du Puy de Dôme s'est couvert d'une épaisseur de sable qui a environ deux fois la hauteur de la salle où nous sommes.

Ces sables auraient passé si rien ne les avait arrêtés; mais ils ont été retenus par la végétation qui s'était formée sur la première couche; sur cette première couche est venue s'en superposer une autre, et ainsi de suite, l'action de la végétation formant crible, arrêtant le sable qui s'est élevé chaque année de quelques millimètres, de telle sorte qu'avec les siècles la couche a atteint l'épaisseur qu'on vient d'indiquer. C'est ainsi que le temple de Minerve, situé dans cette contrée, a été enfoui de telle manière qu'il y a quarante-cinq ou cinquante ans on ne soupçonnait même pas son existence.

Ce phénomène, qui se produit par l'effet de la végétation, se produit sur les nappes d'eau par l'effet de la vapeur d'eau. Tout le monde a pu observer dans les pays de montagnes que, quand l'air est sec, on ne voit pas les montagnes, et que, lorsqu'il devient humide, elles apparaissent très claires et semblent se rapprocher. Cela tient à ce que la vapeur d'eau qui se trouve en contact avec les poussières se condense avec elles et les alourdit; alors elles tombent. Donc, si vous faites traverser une nappe d'eau par un vent chargé de sable, ce vent chargé de sable produira cet effet naturel et nécessaire que les poussières mises en suspension dans l'air s'alourdiront et tomberont dans la nappe d'eau. S'il n'y avait pas de nappe d'eau, ces poussières auraient passé, le vent les aurait emportées, elles seraient restées dans l'atmosphère.

Pour prouver que les choses se passent bien ainsi, il y a une expérience très simple à faire. Il suffit de se placer dans le voisinage d'une usine à feu et de mettre au milieu d'une grande feuille de papier blanc une assiette remplie d'eau; le lendemain, la feuille de papier se trouve couverte de poussières, mais surtout de mouches de charbon provenant du foyer avoisinant et qui, étant alourdies par la vapeur d'eau que l'assiette dégage, tombent autour de cette assiette. Si l'on met à quelque distance une feuille de papier identique, mais sans assiette, elle restera blanche.

Je dis donc que l'existence d'une nappe d'eau dans les chotts sera très probablement l'occasion d'une chute de sable permanente et continuelle, venant tantôt d'un point, tantôt de l'autre. Le vent arrive toujours chargé de poussières; ces poussières tomberont nécessairement; quelle en sera la quantité, quels en seront les effets, je ne suis pas en mesure de l'apprécier, mais cette quantité sera de nature à être notable. Il est impossible de méconnaître que, partout où il y a des vents portant des poussières, ces poussières arrivent à former avec le temps des couches importantes; je crois donc qu'on doit tenir compte, dans une certaine mesure, de ce phénomène.

M. LE GÉNÉRAL FAVÉ. Le phénomène que signale M. le Président a dû se produire autrefois, puisque les chotts ont été remplis d'eau. Il suffit de consulter le passé pour voir ce qui se passera dans l'avenir. La question se réduit donc à savoir si l'on trouve au fond des chotts une quantité considérable de ces sables très fins, provenant des dunes, qu'y aurait amenés l'action des vents.

M. LE COMMANDANT ROUDAIRE. D'après le docteur Sériziat, les crues faibles et moyennes de l'oued Biskra donnent de 10 à 150 mètres cubes par seconde; mais lorsque les pluies deviennent plus considérables, il est impossible de mesurer la masse de ses eaux. Il devient alors un véritable torrent qui roule à grand fracas des rochers et des troncs d'arbres.

Il en résulte que les Farfarias sont toujours humides en hiver. Les vapeurs qui dans cette saison s'élèvent au-dessus des Farfarias devraient donc arrêter le sable que ces vents transportent; il n'en est rien : on ne trouve pas de sable dans les Farfarias; c'est cependant une surface considérable, puisqu'elle mesure environ 30 à 40,000 hectares.

M. DUVEYRIER. Je ne me rappelle pas, en effet, d'autre exemple de ce que disait M. le général Favé que le chott El-Asloûdj et un autre chott allongé qui se trouve à côté de celui-ci; nous avons vu des dunes de sable accidentelles dans le lit de ces chotts, mais ce n'est pas une réponse à la demande de M. le général Favé. La surface des chotts est presque toujours dépourvue de sable.

M. LE PRÉSIDENT. Je crois nécessaire de poser la question; elle sera l'objet des réflexions que chacun pourra faire, mais le résultat de l'expérience que j'ai signalée est tellement précis qu'il n'y a pas lieu de douter. Toute poussière qui arrive sur une nappe d'eau devient lourde et tombe, à moins qu'elle n'ait été apportée par un vent très impétueux.

M. LE COMMANDANT ROUDAIRE. Voici ce que dit le docteur Sériziat :

« Les crues faibles et moyennes peuvent être jaugées, et donnent de 10 à

150 mètres cubes par seconde; mais quand l'oued Biskra coule à pleins bords dans son lit immense, il est impossible d'évaluer, même approximativement, la masse de ses eaux. »

Ce sont ces crues de l'oued Biskra et de l'oued Djeddi qui entretiennent pendant l'hiver dans les Farfarias une humidité telle que les roseaux y poussent et atteignent des hauteurs de 5 et 6 mètres. Il doit se produire là une évaporation considérable; la vapeur d'eau qui se forme ainsi devrait précipiter les poussières, et l'on devrait trouver une couche de sable sur les Farfarias; or, il n'y en a pas.

M. Fremy. Ne pourrait-on pas aborder maintenant, au point de vue de la mer intérieure, les conséquences qui résulteraient des faits constatés?

M. le Président. Nous avons à examiner, en suivant l'ordre du programme, la question suivante :

« Influence probable ou possible de la mer intérieure sur le climat, la végétation, et en particulier sur les oasis, en tenant compte des vents dominants et de la situation des localités par rapport aux chotts. »

M. Milne-Edwards. Je crois que nous n'avons pas encore les renseignements nécessaires pour juger l'influence que pourra avoir la création de la mer intérieure sur les oasis qui entourent à peu de distance les chotts, notamment le chott Djerid; il y aura là des conditions qui me semblent très différentes.

Sur le bord sud, ces oasis me paraissent être entretenues par une nappe souterraine mais peu profonde. Il en résulte que c'est un déversement qui se fait vers les chotts. La température de ces eaux est peu élevée : elle varie entre 21 et 22 degrés environ. Du côté nord, au contraire, ce sont, comme on l'a fait remarquer, des eaux thermales, ce sont des eaux dont la température est souvent de 30 ou 32 degrés, et même davantage; par conséquent, ces eaux thermales viennent d'une profondeur beaucoup plus considérable et la tranchée en question n'aura sur elles aucune influence fâcheuse. Généralement, elles sont plus ou moins chargées de matières sulfureuses.

M. Duveyrier. Je n'ai pas fait cette observation.

M. Milne-Edwards. Dans beaucoup de cas, cela arrive.

Dans ma pensée, il ne s'agit pas tant de l'action que pourra exercer la mer intérieure sur l'humidité atmosphérique que de l'influence qu'elle pourra avoir sur certaines oasis par le drainage de leurs eaux. Or, si vous faites une tranchée très profonde dans le chott qui avoisine le Nefzàwa, c'est-à-dire le chott Fejej, vous aurez, à une petite distance des oasis de cette région, une saignée. Il s'agira de savoir si, de l'exécution du premier projet de M. Roudaire, c'est-à-dire de la traversée du chott Djerid par un canal très profond qui amènerait un abaissement d'environ 30 mètres, puisque le terrain sur lequel sont situées ces oasis est à 20 mètres environ au-dessus du niveau de la mer et que, par conséquent, il faut descendre de 10 mètres au-dessous de ce niveau, il ne résultera pas, étant donné un dénivellement de 30 mètres sur un très petit espace, un écoulement beaucoup plus considérable, et, par conséquent, un asséchement de ces oasis. Il faudrait, je crois, avoir quelques renseignements de plus sur la profondeur à laquelle se trouve la nappe qui alimente les Ritans, les Behour, les puits, et examiner si l'établissement de cette saignée n'amènerait pas un drainage nuisible à toutes ces oasis du Sud qui ont une importance considérable.

Quant aux oasis qui se trouvent sur le bord opposé, du côté de Kriz, de Nafta, de Tozeur, précisément en raison de la circonstance que je signalais tout à l'heure, je crois que la provenance des eaux qui les alimentent ne permet pas de supposer qu'elles seront drainées par le canal; je suis disposé à croire que, quelle que soit la profondeur qu'on donne au canal, on n'atteindra pas la couche imperméable qui maintient sous pression toutes ces eaux profondes qui ne sourdent que là où l'on a fait des trous ou bien où des orifices naturels se sont produits; ce sont des puits artésiens, pour ainsi dire, des sources jaillissantes, si je ne me trompe, qui alimentent les oasis de Kriz, de Nafta, de Tozeur et de toute cette région. Or, d'après la coupe géologique qui accompagne la carte de M. Roudaire, je vois que ces eaux sont retenues par la couche argileuse bleuâtre ou rougeâtre qui, dans les terrains quaternaires de toute cette région, recouvre la nappe souterraine. Eh bien, on a rencontré, je crois, cette couche à environ 8 ou 9 mètres au-dessus du niveau de la mer vers le seuil de Kriz. Il s'agit de savoir si le creusement du canal en question entamerait cette couche imperméable qui maintient sous pression les eaux qui alimentent les oasis et si, en la coupant sur une étendue énorme, on n'amènerait pas une dérivation fâcheuse. Je n'ai pas les éléments nécessaires pour résoudre la question; je ne crois pas qu'on sache quelle est l'épaisseur de la couche imperméable qui, dans cette région, maintient les eaux sous pression, je parle des eaux des puits artésiens. On le sait pour l'oued Rhir, mais je crois qu'on n'en sait absolument rien pour toute la région des chotts tunisiens.

La température des sources ne suffirait pas pour résoudre la question, parce que la température de ces eaux peut être maintenue élevée pendant un cours souterrain très long; il se peut aussi que ce ne soit que la dernière couche imperméable qui les ait retenues et que, par conséquent, dès qu'on percera cette couche imperméable, on troublera peut-être leur régime.

Je crois qu'il serait très utile de savoir à quelle altitude se trouve cette couche imperméable qui, suivant toute probabilité, retient sous pression les eaux qui alimentent les oasis de Tozeur, de Nafta, etc. Ce sont, je crois, des sources ordinaires, qui ont le même régime que les sources artésiennes. Je n'appelle pas seulement sources artésiennes, au point de vue théorique, celles qui ont été obtenues par la main de l'homme, mais toutes les sources qui sont alimentées par des nappes d'eau qui, étant retenues entre deux couches imperméables, reprennent leur niveau quand on perce ou que la nature a percé d'un orifice quelconque la couche imperméable supérieure.

M. Tissot. Ces eaux-là viennent du nord, tandis que le canal sera au sud. Les terrains crétacés qui les fournissent ne peuvent recevoir les eaux pluviales que dans les plateaux de la Tunisie, du côté de Gafsa, Kairouan, etc.

M. Milne-Edwards. Vous aurez à peu de distance du canal projeté les oasis de Nafta, de El-Kriss, de Tozeur, et de Hamma. Or je me demande si, dans l'hypothèse où cette couche serait entamée par le creusement de cette grande tranchée, vous n'auriez pas là un drainage nuisible aux oasis.

C'est probablement à la surface des terrains crétacés que ces nappes se meuvent et sont retenues par une couche imperméable, riche en argile ; c'est cette couche qu'on perce. On n'arrive pas au terrain secondaire quand on perce un puits dans l'oued Rhir ; on traverse cette couche quaternaire qui est imperméable, mais qui est d'origine beaucoup plus récente et qui se trouve composée, je crois, en majeure partie d'argile. Il y a beaucoup de ressemblance entre ce terrain et celui auquel les sondages de M. Roudaire sont arrivés.

M. le commandant Roudaire. Le sondage 13, qui se trouve précisément en face des oasis dont vient de parler M. Milne-Edwards, est arrivé à la profondeur de 17^m,59 au-dessous du niveau de la mer, sans avoir rencontré la couche d'argile imperméable.

M. Milne-Edwards. Alors, la question me semble résolue pour les oasis du Nord ; restent toujours les oasis du Nefzaoua.

M. le général Favé. Cette objection, quelque importante qu'elle semble, me paraît en définitive être résolue à la seule condition de revêtir le canal dans toutes les parties où il sera envahi par les eaux.

Je crois que l'hypothèse des invasions possibles d'eau est inhérente à tout projet de creusement de canal ; on est arrivé à en venir à bout par des moyens que les praticiens connaissent ; on ne peut donc pas regarder cela comme une objection. Il suffit, je le répète, de revêtir le canal partout où il sera envahi par l'eau, et c'est ce qui se fait très habituellement par la raison qu'on ne travaille pas facilement quand on est envahi. Comme dans tous les autres travaux, les précautions auxquelles les praticiens sont habitués dans la construction des canaux suffisent pour mettre à l'abri de l'objection que vous avez signalée ; en effet, par le fait qu'on empêchera l'eau d'entrer dans le canal, quelque moyen qu'on emploie, on ne mettra pas obstacle au jaillissement des sources dans les oasis.

M. Milne-Edwards. Il faudrait alors faire un canal étanche.

M. le général Favé. En prenant ces précautions, je laisse de côté la considération des frais que cela pourra coûter ; l'inconvénient ne saurait exister.

M. le commandant Roudaire. Les sources de cette région sont à la même température que celles de l'oued Rhir : elles ont 24 degrés.

M. Milne-Edwards. Elles ont, je crois, dans le Nefzaoua, 21 ou 22 degrés.

M. le commandant Roudaire. D'après l'ouvrage de M. Juste, la température des sources artésiennes de l'oued Rhir est de 24 degrés au minimum et de 25°,80 au maximum. Les sources dont vous parlez ont une température de 24°,5, par conséquent analogue à celle de l'oued Rhir. Elles se trouvent dans les sables et sont séparées du bassin des chotts par des sables en assez grande quantité. Or, l'expérience de ce qui s'est passé dans les Landes prouve que les sables opposent aux eaux un obstacle absolument infranchissable. Ainsi, dans tous les terrains des Landes qui étaient en pente vers la mer, et qui se trouvaient superposés à une couche imperméable qu'on appelle l'alios, l'eau s'écoulait jusqu'aux dunes qui s'opposaient à son passage. Ces sables étaient imperméables.

M. Fremy. Je voudrais demander au commandant Roudaire si, dans ses projets, il a l'intention de tenir compte d'une observation que j'ai faite, et qui a une certaine importance à cause de l'appui qu'elle a reçu de M. Tissot. J'avais demandé dans une séance précédente si, dans la construction du canal, il ne serait pas possible de laisser de côté le chott Djérid : or M. Tissot, avec toute son expérience, est venu nous dire qu'il pensait que le canal pourrait effectivement suivre une ligne droite.

M. le commandant Roudaire. C'est-à-dire suivre la rive nord du chott Fejèj et franchir le seuil de Kriz.

M. Fremy. Le commandant Roudaire nous a dit qu'il avait examiné cette question : je désire sur ce point connaître son opinion ainsi que celle de

M. Tissot; le canal en ligne droite pourrait répondre à beaucoup d'objections qui se présenteraient plus tard sur le passage à travers le chott Djerid.

M. LE COMMANDANT ROUDAIRE. Le travail serait absolument le même, avec cette seule différence que le canal serait un peu plus court; il aurait 172 kilomètres, au lieu de 220; seulement les déblais seraient assez considérables au seuil de Kriz. C'est une question à étudier.

Au point de vue de l'alimentation, la section du canal n'aurait pas besoin d'être aussi considérable, parce qu'il y aurait moins de dénivellation en raison de la moins grande longueur du canal.

Voici quelles sont les longueurs du canal dans les deux tracés. D'un côté, le canal aurait $172^k 810^m$; de l'autre, il aurait $223^k 154^m$. Je suis en train de faire le calcul des déblais. C'est la question que doit étudier la première Sous-Commission.

M. FREMY. M. Tissot n'aurait-il pas quelques mots à nous dire sur ce sujet?

M. TISSOT. Je puis donner de courtes explications, pour répondre au désir exprimé par M. Fremy.

Ce tracé nouveau serait placé, non pas dans la chaîne septentrionale, mais dans le chott. Il serait assez loin des oasis de Nefzaoua pour ne pas pouvoir influer sur leur régime hydrologique. Ce sont des eaux de nappes superficielles qui viennent du sud; le canal serait au moins à 12 kilomètres au nord, et séparé de ces eaux par toute la largeur du chott.

Quant aux eaux du nord, elles sortent de terrains crétacés à des profondeurs indiquées par leur température comme analogues à celles des eaux de l'oued Rhir, c'est-à-dire d'une soixantaine de mètres; et les sondages de M. Roudaire ont dépassé le niveau du fond du canal sans sortir de la couche imperméable. Une autre considération, c'est que partout où la nappe de l'oued Rhir se trouve relativement près de la surface du sol, c'est-à-dire à 60 ou 80 mètres du sol, elle est arrivée à se faire jour à elle-même sur un certain nombre de points; de là ces puits naturels qu'on appelle des *behours*. Dans le chott Fejèj, il n'y a pas de *behours*, par conséquent la nappe d'eau n'est pas à 60 ni même à 80 mètres de profondeur, mais plus bas; elle ne peut donc pas être atteinte par le canal.

M. MILNE-EDWARDS. Je me borne à dire que, *a priori*, je conclurais plutôt en faveur du second canal, dont le tracé aurait pour effet d'éloigner cette grande tranchée le plus possible des oasis du Nefzaoua.

M. LE COMMANDANT ROUDAIRE. Au point de vue politique, il y a une considération à faire valoir. Avec le second projet, nous laissons au sud le Djerid, tandis qu'avec le premier il tombe au nord, c'est-à-dire que nous l'incorporons — c'est un pays qui en vaut la peine — dans la région nord, défendue au sud par le canal. Ce pays est assez riche, assez important pour qu'on cherche à le laisser au nord du canal.

Il y a deux tracés possibles ; je suis tout prêt à accepter celui qui sera jugé le meilleur.

M. le Président. Je crois, Messieurs, que nous avons traité à peu près toutes les questions comprises dans le programme : celle de la végétation, celle du progrès probable de la salure des eaux, et celle-ci a déjà été discutée.

M. le commandant Roudaire. C'est la première Sous-Commission qui s'en occupe, Monsieur le Président.

M. le Président. Je passe aux derniers articles :

« Quels seront les effets, sur les chotts Djerid et El-Fejêj, du déversement de leurs eaux dans le chott Rharsa, soit pendant, soit après l'évaporation ?

« Conditions hygiéniques avant, pendant et après le travail. »

C'est la dernière question.

M. Fauvel. Il faudrait, selon moi, traiter d'abord celle de l'état sanitaire actuel, car c'est, pour nos travaux, le point de départ indispensable pour savoir si les modifications qui résulteront de la mer intérieure s'étendront aux conditions hygiéniques d'aujourd'hui.

Aussi une première note que je présenterai à la prochaine séance portera-t-elle sur cette question : état sanitaire actuel dans la région des chotts.

Cependant je dois vous avertir, Messieurs, qu'ici nous sommes en quelque sorte contraints de ne procéder que par induction, parce que la plupart de nos renseignements portent sur la ligne qui va de Biskra à Tougourt.

Toutefois les conditions paraissent suffisamment analogues pour qu'on puisse en tirer des inductions probables.

M. Fremy. Qu'il me soit permis de demander à nos collègues, qui sont si compétents sur les questions qui s'agitent en ce moment, s'ils ont quelques renseignements à nous donner sur la composition chimique du sol. Quelle est à peu près cette composition ? Est-ce un sol sablonneux, argileux ? y existe-t-il de la potasse, de la chaux et de l'acide phosphorique ? Avez-vous, Messieurs, quelques notions à nous fournir sur la constitution de ce sol ? est-il vrai qu'il n'y manque que de l'eau ?

M. le général Favé. C'est M. Le Chatelier qui a étudié cette question.

M. Tissot. Toutes les fois qu'il pleut, il y a des récoltes énormes.

M. Fremy. Par conséquent, c'est l'eau seule qui manque.

M. Duveyrier. Dans la plaine d'El-Faïd, par exemple, on a fait des sondages; on est arrivé à la profondeur la plus grande que l'on pût atteindre, sans trouver autre chose que de la terre végétale; mais c'est, je dois le dire, une exception.

M. le commandant Roudaire. Je demande à faire une observation.

Dans le Souf, il n'y a absolument que du sable: eh bien, aux endroits où ils veulent planter des palmiers, les indigènes font dans la terre de grands trous, assez profonds pour atteindre la couche de sable humide. Ce n'est donc absolument que dans le sable que les palmiers sont plantés. Eh bien, ils croissent, ils prospèrent, ils donnent des produits admirables, parce qu'ils ont de l'eau, qu'ils ont le pied dans l'eau ou dans le sable humide. C'est un sable menu, dont je pourrais apporter ici un échantillon.

M. Fremy. Ce sol est, pour les palmiers, un support perméable.

M. le commandant Roudaire. Du moment où les indigènes peuvent arroser, le coton, l'orge, le froment, tout ce qu'ils ensemencent, pousse dans ce sable.

M. Duveyrier. Au Souf, quand on plante un palmier, on creuse un trou jusqu'à la couche humide du sol, et on lui donne du fumier. J'ai vu mettre dans les trous jusqu'à quatre charges de chameau de crottin du même animal. On plante là-dessus un petit palmier; il n'a pas besoin d'être arrosé; cela suffit pour sa vie.

M. Fauvel. Ainsi, il n'a pas besoin d'être arrosé dans ces conditions-là?

M. Duveyrier. Non, il a ainsi tout ce qu'il lui faut.

M. Fremy. Est-ce que l'on trouve beaucoup de chlorure de sodium dans l'eau des chotts? On m'a dit que ce sel se cristallisait à la surface du sol.

M. Rolland. On en récolte en effet.

M. Fremy. Le trouve-t-on en couches importantes?

M. Duveyrier. Quelquefois à l'état de couches, quelquefois à l'état d'efflorescences mêlées à du sable.

M. Fremy. Vous allez me trouver bien exigeant sur ces questions chimiques; mais je vous demanderai encore si, dans ce sol, se trouvent les éléments qui existent dans les eaux de la mer.

M. Duveyrier. Je ne puis le dire.

M. Fremy. J'ai entendu parler de magnésie.

M. Renou. Il y a du sulfate de soude et du sulfate de magnésie.

M. Fremy. On pourrait croire que ces sels ont été produits par l'eau de mer qui s'est vaporisée.

M. Renou. Ce sel contient une proportion de soude et de magnésie beaucoup plus forte que celle qu'on trouve dans l'eau de mer.

M. Tissot. Il existe dans la région des chotts, à toutes les altitudes, des terrains salins; ce sont eux qui forment toutes les chaînes secondaires. Les eaux pluviales apportent les sels de ces terrains dans les chotts, qui fonctionnent comme des bassins d'évaporation.

M. Milne-Edwards. Il y a par là sur divers points des masses de sel très considérables, dont le lavage détermine certainement la salure des terrains circonvoisins; c'est ce qui a été bien constaté dans le Hodna par M. Ville, l'ingénieur. Des masses analogues se trouvent dans la Tunisie, au nord de la région des chotts, et à une petite distance; de façon qu'on peut se rendre compte parfaitement bien de la salure de tous ces terrains sans l'intervention actuelle — j'entends dire par là : dans les temps historiques — de l'eau de la mer. Je ne veux pas dire qu'elle n'ait pas contribué à la formation de ces dépôts, mais à une époque beaucoup plus ancienne, et qui paraît géologiquement antérieure à la formation des terrains crétacés de la région des chotts.

M. Fremy. Je voudrais savoir si cette quantité de sel ne deviendrait pas un obstacle à la végétation.

M. Duveyrier. Dans le lit des chotts, le sel met obstacle à la végétation; sur les bords, elle affecte un caractère tout à fait spécial.

M. Fremy. C'est quelque chose comme une flore maritime?

M. Duveyrier. Oui.

M. Liouville. Je voudrais demander à M. Duveyrier si, dans la communication qu'il nous fera à la prochaine séance, il ne pourra pas nous apporter quelques détails concernant la question sanitaire et les observations sur ce sujet qu'il a pu recueillir dans ses différents voyages et peut-être dans celui qu'il a fait avec M. le commandant Roudaire. Nous ne pouvons plus avoir les renseignements personnels qu'aurait pu nous donner le compagnon de M. Roudaire, M. le docteur André; nous n'avons que ses notes; M. Duveyrier a-t-il dans les siennes des observations concernant l'état sanitaire du pays?

M. Duveyrier. J'ai en effet quelques observations, qui datent, non pas du voyage et de la mission de M. Roudaire, mais du voyage que j'ai fait en 1859 et 1860 sur l'Ouâd-Rîgh et dans les oasis du Djérid.

Ainsi que je le faisais observer à M. Renou, n'ayant pas été prévenu, je n'ai pu apporter aujourd'hui ces notes.

Il y a des oasis qui sont réputées avoir un climat très bon, et d'autres, qui n'en sont séparées que par 10 ou 12 kilomètres, où il passe pour très mauvais.

M. Liouville. Nous vous demanderons, Monsieur, de vouloir bien nous communiquer ces renseignements, qui viendront se joindre à ceux de la mission du commandant Roudaire que nous avons déjà; ils seraient pour nous très intéressants à connaître, si vous consentez à nous les fournir.

M. le Président. Il demeure entendu que toutes les questions indiquées dans le programme ont été examinées, sauf une, qui est précisément la question hygiénique, à laquelle nous consacrerons la séance prochaine.

Mais je pense qu'elle ne suffirait pas pour la remplir, et je proposerai à la Sous-Commission d'essayer, dans notre première réunion, de formuler un avis résumant toutes nos discussions.

M. Liouville. M. Jamin lui-même sera peut-être en mesure de nous donner les renseignements attendus sur ce point si important.

M. Fauvel. Je fais observer que M. Jamin s'est précisément engagé à nous fournir un rapport sur toute une partie importante de notre programme. M. Renou s'est chargé de la partie météorologique, et M. Jamin de toutes les autres questions; pour ma part, j'ai été chargé de la question sanitaire, et, en ce qui me concerne, je serai prêt à la prochaine séance.

M. le Président. Je désirerais que tous les rapporteurs fussent prêts, pour terminer nos opérations lundi.

Personne ne demande plus la parole?... La séance est levée.

La séance est levée à onze heures un quart.

Le Président,
J.-B. DUMAS.

Le Secrétaire,
M. PALÉOLOGUE.

DEUXIÈME SOUS-COMMISSION.

SIXIÈME SÉANCE.
(7 JUIN 1882.)

PRÉSIDENCE DE M. DUMAS.

La séance est ouverte à neuf heures et demie.

M. LE PRÉSIDENT. M. Milne-Edwards, retenu par une commission au Ministère de l'instruction publique, me prie d'exprimer à la Commission ses regrets de ne pouvoir assister à la séance et de lui communiquer la lettre suivante, qu'il a reçue de M. Richet, au sujet de l'état actuel, au point de vue sanitaire, de la partie de l'Algérie qui nous occupe :

« Mon cher maître,

« Voici les quelques renseignements que j'ai pu recueillir dans l'Ouâd Rhigh sur la salubrité des régions voisines :

« A Biskra, le climat est bon; il n'y a pas de fièvre. La diarrhée en été est fréquente et un peu aussi l'anémie, — ce qu'on attribue aux eaux qui sont chargées de chlorure de sodium et de sulfate de magnésie.

« Entre Biskra et Tougourt, le pays est sain. Toutefois, à l'extrémité tout à fait occidentale du chott Melrigh, dans une petite localité où il y a une source et où en général passent les caravanes, il y a des fièvres, — cette localité est près d'Oum-el-Thiour (la mère des oiseaux), — elle est située dans un marécage qui est à la frontière ouest extrême (et un peu au nord) du chott Melrir. Les Arabes appellent cette source, où il y a des marécages, Kaff-el-Dor. Elle est un peu à l'est d'Oum-el-Thiour. La source prend naissance, pour ainsi dire, dans le chott.

« Ourir est un pays sain, tandis qu'à Kaff-el-Dor il y a des fièvres, et on ne peut y rester ni en automne ni au printemps (tandis qu'au mois de février nous y avons vu un campement d'Arabes).

« Les environs de Tougourt sont sains en hiver. En été, malgré la chaleur torride, il n'y a pas de fièvres. Il y en a au mois de mai et surtout au mois de septembre ; c'est ce que les Arabes appellent le *Tem*. Il paraît que le tem affecte souvent la forme d'une fièvre pernicieuse grave. Aussi les Européens ne peuvent-ils guère rester à Tougourt dans cette saison. On attribue la fièvre au marais qui est au sud de l'oasis de Tougourt.

« Voici, mon cher maître, tous les renseignements *sanitaires* que m'a fourni ma courte expédition. Il me semble que ce qu'on dit de la *Farfaria* peut s'appliquer à la source de Kaff-el-Dor. Là, en effet, il y a des marécages, des roseaux où viennent de nombreux oiseaux ; et, comme conséquence de cette végétation marécageuse, il y a là des fièvres.

« Agréez, etc.

« Signé : Ch. Richet. »

Cette lettre sera insérée au procès-verbal.

M. Duveyrier. Je demande la parole.

M. le Président. La parole est à M. Duveyrier.

M. Duveyrier. Cette note donnerait une idée fausse, absolument fausse, du climat du pays en question. L'Ouâd Rîgh, de Tougourt à Merhayyer, est un pays malsain ; seulement, il n'est malsain qu'au mois de mai et au mois d'octobre ; c'est à ces deux époques que sévit le tehem, cette fièvre pernicieuse dont parle l'auteur de la lettre. Il est probable qu'il aura traversé ce pays en dehors des deux mois dangereux de l'année. Voilà comment on pourrait expliquer que ses observations ne sont pas tout à fait concluantes.

M. Fauvel. Les observations que j'ai recueillies ne sont pas non plus d'accord avec l'opinion exprimée dans la lettre que M. le Président vient de lire. Ces observations ont été recueillies par des médecins et pendant un temps assez long.

Quant à l'époque à laquelle l'insalubrité sévit particulièrement dans l'Ouâd Rîgh, ce n'est uniquement ni au mois de mai, ni au mois de septembre ou d'octobre ; c'est, avec plus ou moins d'intensité, dans l'intervalle qui sépare ces deux mois, c'est entre le mois de mai et le mois de novembre. Ceci est d'ailleurs indiqué dans le rapport que j'ai préparé de concert avec M. Liouville.

M. le Président. Je crois le moment venu d'en entendre la lecture. (Assentiment.)

La parole est à M. Fauvel pour donner lecture de son rapport.

Quelle sera ou serait, au point de vue de la salubrité, l'influence exercée par la mer intérieure dans la région des chotts ?

Cette question, que la deuxième Commission a dans son programme d'études, ne saurait être abordée avec fruit que quand la Commission aura répondu aux questions concernant les conséquences physiques, météorologiques et climatériques de l'entreprise.

Cependant, dès aujourd'hui, il y a une étude préliminaire et vraiment indispensable qui peut être faite, étude que M. Liouville et moi avons été chargés de préparer et que nous venons soumettre à la Commission.

Quel est l'état actuel de la salubrité dans la région des chotts ? Quelles y sont les maladies endémiques, soit parmi les indigènes, soit parmi les Européens ?

Les informations précises sur cette question ne sont pas nombreuses, et encore ne portent-elles, pour la plupart, que sur la région qui depuis Biskra s'étend au sud jusqu'à Tougourt, en contournant l'extrémité ouest du chott Melrigh, et suivant la direction de l'Ouâd Righ.

Cependant les rapports de M. le commandant Roudaire nous fournissent quelques renseignements importants sur la région même des chotts; mais il est à regretter que la mort du médecin militaire qui l'accompagnait, M. le docteur André, nous ait privés d'un complément d'informations sur la question sanitaire proprement dite.

Nos sources d'informations ont été d'abord l'ouvrage du docteur Sériziat, intitulé : *Études sur l'oasis de Biskra*, publié pour la première fois en 1866 dans la *Gazette médicale de l'Algérie*, et pour la seconde fois en 1875 sous forme de brochure.

C'est ce que nous avons trouvé de plus complet sur la question.

Ensuite un mémoire manuscrit envoyé par M. le docteur Audet, médecin-major, qui a fait un séjour de neuf mois dans la même région, où il accompagnait Charles Sainte-Claire-Deville. Ce mémoire est venu compléter sur plusieurs points les observations de M. Sériziat.

Puis les observations importantes faites *de visu* ou recueillies par M. l'ingénieur Rolland dans le cours de sa mission au Sahara en 1880, et consignées dans plusieurs publications qu'il a bien voulu nous remettre.

Nous avons également lu avec grand intérêt les aperçus que M. l'ingénieur en chef Tissot a consignés dans sa remarquable brochure sur la carte géologique du département de Constantine.

Enfin M. Duveyrier, sur notre demande, nous a fait parvenir ces jours-ci une note extrêmement intéressante sur la salubrité des oasis situées autour des chotts algériens et tunisiens.

Ce document a d'autant plus d'importance qu'il nous renseigne sur les régions que nous avons le plus d'intérêt à connaître au point de vue sanitaire, et à propos desquelles les autres documents ne nous permettraient de conclure que par analogie.

Grâce à ces diverses sources d'informations, nous avons pu arriver à une appréciation suffisamment exacte de l'état actuel de la salubrité dans la région des chotts qui doivent former la mer intérieure, c'est-à-dire dans les parties qui les avoisinent.

La région des chotts dont nous nous occupons, considérée dans son ensemble, représente une suite de dépressions plus ou moins profondes, dirigées de l'est à l'ouest, depuis le seuil de Gabès jusqu'au chott Melrîgh. La surface de ces dépressions est généralement sèche en été, et couverte d'une couche saline, d'une épaisseur variable et souvent considérable, au-dessous de laquelle existe une nappe d'eau qui provient des régions voisines. Aucune trace de végétation n'y apparaît. En hiver, la surface des chotts est humide et offre même dans les parties déclives des flaques d'eau plus ou moins profondes par le fait des pluies et des eaux superficielles qui, de toutes les régions voisines, viennent y aboutir.

Au nord, ce sont, pour le chott Melrîgh, les eaux des monts Aurès et de toute la pente intermédiaire entre eux et le chott; il en est de même plus à l'est, par rapport aux hauteurs qui avoisinent les autres chotts.

A l'ouest, le chott Melrîgh reçoit les eaux de la région de Biskra, plus au sud, celles de l'Oued-Itel et de l'Oued Nésira, enfin, à l'angle sud-ouest, les eaux de l'Ouâd-Rîgh. Dans toute la région sud du chott Melrîgh et des autres chotts jusqu'à Gabès, l'apport des eaux superficielles est mal accusé par le caractère généralement sablonneux de toute cette région.

Quand vient la saison chaude, c'est-à-dire vers le mois d'avril, grâce à une évaporation très active, l'eau disparaît complètement de la surface des chotts et des affluents qui l'y amènent, et fait place à une couche saline qui ne permet aucune végétation. Cette couche saline se retrouve plus ou moins accusée à certaine distance de leurs bords, surtout pour la partie nord du chott Melrîgh.

Si, des hauteurs de l'Aurès au nord de Biskra, on jette la vue sur la vaste région qui environne le chott Melrîgh, on n'aperçoit qu'un désert pour ainsi dire sans aspérité, qui se prolonge dans le sud, désert tacheté par des oasis, réunies çà et là par groupes.

Cependant, ce désert qui présente à l'œil une surface à peu près plane est profondément raviné au sud et à l'ouest. Ces ravins creusés par les eaux sont les affluents de lits d'érosion qui forment comme de larges rivières offrant des bords plus ou moins escarpés et qui viennent aboutir au chott Melrîgh, comme on l'a vu plus haut; la principale de ces rivières sèches en été porte le nom de Ouâdrîgh, et remonte au delà de Tougourt.

Aux conséquences probables de ce premier aspect du pays, si nous ajoutons la circonstance d'un climat brûlant excessif pendant sept mois de l'année, où le thermomètre atteint parfois, en juillet, 48 degrés à l'ombre, où la moyenne de chaque mois, d'avril à octobre, oscille à 9 heures du matin (minimum de la température) entre 18 degrés 9 et 22 degrés 91, la moyenne de juillet étant 34 degrés 10, et celle de toute l'année de 22 degrés 06; alors que, pendant la nuit, à la surface du désert, un refroidissement considérable se produit, qui, en hiver, peut aller jusqu'à plusieurs degrés au-dessous de zéro.

Si nous considérons de plus que toutes les eaux du pays sont plus ou moins saumâtres et douées, pour les étrangers, de propriétés laxatives, nous sommes déjà conduits à admettre que le pays des chotts algéro-tunisiens réunit dans l'état actuel bien des causes d'insalubrité.

Voyons maintenant ce que les observateurs que nous avons consultés nous ont appris de positif à ce sujet, et dans quelles conditions particulières se produit l'insalubrité qu'ils dénoncent.

A cet égard, il importe, dit avec raison M. Duveyrier, de diviser les oasis du bassin des chotts algéro-tunisiens en trois catégories :

1° Les oasis arrosées plus ou moins constamment par des eaux courantes, provenant de ruisseaux descendus directement des montagnes ou de sources prenant jour en amont desdites oasis et qui vont se perdre dans les chotts à une distance plus ou moins grande d'elles.

Dans cette catégorie se trouve l'oasis de Biskra, si bien décrite par le docteur Sériziat, et plusieurs autres situées au nord des chotts sur les pentes qui séparent les montagnes de ceux-ci.

A Biskra particulièrement, l'insalubrité résulte surtout de la grande chaleur qui règne pendant les sept mois d'été, chaleur combinée à l'action d'eaux de mauvaise qualité qui troublent les voies digestives. Ces causes réunies produisent un effet débilitant qui, indépendamment de toute influence palustre, amènent un état anémique redoutable pour les Européens.

Ces mêmes influences se montrent à divers degrés dans la plupart des oasis au nord des chotts; mais comme celles-ci sont peu visitées par les Européens, il s'ensuit que leurs effets y sont moins sensibles. Il arrive même qu'en parcourant ces régions, les explorateurs, atteints ou non de diarrhée par le fait des eaux saumâtres dont ils faisaient usage, sont frappés d'accès de fièvre dans des localités où n'existe aucune trace d'influence paludéenne dans le voisinage. C'est que dans ce cas, comme le fait remarquer M. Duveyrier, l'intoxication palustre n'a pas été contractée dans le lieu où les accès ont éclaté, mais dans des stations visitées précédemment.

Il existe au nord-ouest du chott Melrigh une zone de terrains marécageux, une sorte de delta où viennent aboutir une foule de cours d'eau descendant des montagnes et qui porte le nom de *Farfaria*. En hiver, quand l'eau y abonde, cette zone est semée d'îlots d'une végétation palustre très active signalée par M. Roudaire; mais sous l'influence des chaleurs de l'été, quand l'eau disparaît et les plantes se flétrissent, il se forme sur ce point un vaste foyer palustre dont l'action toxique se fait sentir au voisinage. Nul doute que ce foyer ne soit l'origine de fièvres pernicieuses qui éclatent ailleurs.

Nous pouvons dire dès à présent que ce foyer morbigène sera submergé par la mer intérieure et conséquemment détruit.

Plus à l'est, dans la région nord des chotts, M. Duveyrier a éprouvé des accès intermittents dans l'oasis de Négrine et dans celle de Zéribet-el-Oued. Sur la frontière tunisienne la fièvre intermittente sévit à Midas et à Chebika, villages situés l'un sur la montagne, l'autre à sa base, circonstances qui n'ont rien d'insolite.

En Tunisie, la ville de Gafça, située à 46 kilomètres au nord du chott El Djerid et à 356 mètres d'altitude, d'après les mesures barométriques de M. Duveyrier, jouit d'un bon climat.

Il en est de même de l'oasis de Tozeur, placée entre les chotts Rharsa et Djérid et presque à leur niveau, tandis qu'à petite distance, et en apparence dans les mêmes conditions, les oasis de Kritz, de Hamma, de Sédada sont souvent en proie à des fièvres intermittentes graves. Ces différences tiennent assurément à des circonstances locales particulières qui ont échappé.

Une autre catégorie d'oasis existent, principalement dans la longue dépression formée par le lit de l'Ouâd-Rîgh, où, à une certaine profondeur, se trouve une nappe d'eau souterraine venant du sud et de l'ouest. Grâce à des sondages pratiqués dès la plus haute antiquité par les indigènes et aux puits artésiens forés récemment par l'autorité française, l'eau de la nappe souterraine a été amenée à la surface de l'Ouâd-Rîgh et a déterminé la création de nombreuses oasis propres à la culture du palmier et d'autres produits agricoles.

Chaque oasis de cette région est constituée par une enceinte formée par un fossé qui sert à la fois de moyen de défense contre l'ennemi et de déversoir pour l'eau qui a servi aux irrigations.

L'eau saumâtre provenant des puits est amenée au pied de chaque palmier et l'excédent de ce qui est absorbé se rend par des rigoles dans le fossé de l'enceinte, où viennent également aboutir tous les détritus de l'oasis. Cette eau accumulée sans écoulement au dehors forme pendant l'été de véritables cloaques infects d'où se dégagent des miasmes pernicieux. Il en est à peu près ainsi pour toutes les oasis qui s'étendent de la partie sud-ouest du chott Melrîgh jusqu'à Tougourt. C'est la partie la plus malsaine du Sahara, mais cette région n'est heureusement pas celle qui nous intéresse le plus par rapport à la mer intérieure projetée.

La population de ces oasis est formée de deux races bien distinctes : l'une sédentaire, l'autre nomade.

La première, se rapprochant du type nègre, porte le nom de *Rouâghas*. C'est une race mélangée où le sang nègre domine, ce sont les *Rouâghas* qui cultivent les oasis. Ils habitent des cabanes basses, construites avec des débris de palmier cimentés par de la boue. La malpropreté y règne au suprême degré.

Les véritables maîtres du pays sont des Arabes qui, pendant l'hiver, viennent camper soit à l'intérieur soit au voisinage de l'oasis, et s'en éloignent pour gagner les hauts plateaux dès que l'été arrive.

La principale raison de cette émigration est la crainte de la fièvre à laquelle ils n'offrent pas de résistance et qui sévit sur eux avec une grande intensité. Ce témoignage est important à noter.

Les *Rouâghas*, au contraire, bien que soumis aux conditions hygiéniques les plus mauvaises et à des maladies particulières, résistent mieux à l'action toxique du méphitisme au milieu duquel ils vivent. Chez eux les fièvres palustres sont rarement pernicieuses. Les maladies qui les éprouvent le plus, à notre connaissance, sont les ophthalmies et les affections cutanées. Nous ignorons dans quelle mesure ils souffrent de la dyssenterie et des affections du foie.

Quant aux Européens, il va sans dire qu'ils ne s'attardent pas dans les oasis dont il est question pendant l'été.

Les hôpitaux militaires de Biskra et de Tougourt ne donnent pas en réalité l'état sanitaire des habitants.

Ainsi, quand nous voyons le docteur Audet déclarer qu'à Tougourt les troupes françaises qui y séjournent sont atteintes de maladies dans une proportion de 90 p. o/o, tandis que les troupes indigènes le sont dans une moindre proportion; quand il attribue la principale action nocive du pays sur nos troupes à la mauvaise qualité de l'eau, à l'excès de la chaleur, et aux miasmes toxiques, conditions produisant la fièvre palustre, la dyssenterie et des maladies du foie, on n'en saurait conclure qu'il en soit de même et surtout au même degré chez les indigènes.

Les conditions actuelles d'insalubrité des oasis de l'Ouâd-Righ ne sont pas d'ailleurs irrémédiables; tous ceux qui les ont visitées reconnaissent qu'il suffirait de donner un écoulement convenable aux eaux croupissantes qui les entourent pour y améliorer immédiatement la situation sanitaire.

La preuve en est à Tougourt, naguère aussi insalubre que les autres oasis, et où les travaux d'assainissement opérés par l'Administration française ont amené une amélioration sanitaire telle que des Européens peuvent y séjourner impunément et que nos troupes y souffrent beaucoup moins qu'autrefois.

Dans une troisième catégorie, nous devons placer surtout les oasis situées au milieu des sables mouvants de l'Ouâd-Soûf, où les dattiers, après qu'on a écarté du sol le sable qui le recouvre, plongent leurs racines dans une couche aquifère, et où les autres cultures diverses sont arrosées au moyen de puits à bascule et de rigoles qui vont porter l'eau nécessaire.

Ces oasis se rencontrent au sud des chotts dans la région sablonneuse, dite *des Dunes*, qui, limitée à l'ouest par l'Ouâd-Rîgh, s'étend au sud et au sud-ouest à grande distance. « Cette région, dit M. Duveyrier, ne participe pas à l'insalubrité des contrées plus au nord et à l'ouest. Elle est pourtant aussi chaude et aussi riche que les autres en eaux souterraines, douces et salées, mais on n'y trouve ni sources, ni puits artésiens, ni flaques d'eau à fleur de sol, et par conséquent pas de marais, ni de ces millions de végétaux et d'animaux aquatiques des classes inférieures qui trouvent leur vie dans les marais de l'Ouâd-Rîgh. Les eaux des parties habitées de la région des sables sont généralement douces.

« Les oasis du Soûf en Algérie, de Doûz et de Çabrîya en Tunisie appartiennent à cette troisième catégorie. »

C'est donc aux eaux croupissantes des oasis irriguées dans l'Ouâd-Rîgh par des puits artésiens qu'est due l'insalubrité si grande qu'on y observe.

En dehors des oasis qui occupent les régions où l'eau se rencontre à la surface du sol ou profondément, vient le *désert* proprement dit formant des plateaux plus ou moins élevés et plus ou moins étendus, dont le sol dur et pierreux ne produit qu'une végétation chétive. Ces plateaux, qui se prolongent au loin dans le sud, sont entrecoupés de ravins par où les eaux s'écoulent pour aller former les lits d'érosions dont nous avons parlé : ces plateaux jouissent d'une réputation de salubrité relative, malgré la chaleur et la sécheresse qui y règnent. Ils servent de refuge aux nomades qui fuient les oasis pendant l'été. Faute de renseignements suffisants, nous ne saurions dire au juste quelle y est leur manière de vivre, ni à quelles maladies graves ils y sont sujets ; mais nous ne pouvons admettre qu'en l'absence de l'intoxication palustre, la chaleur et la sécheresse prolongées, l'eau saumâtre dont ils s'abreuvent à grand'peine, n'exercent sur ces nomades une action nocive portant particulièrement sur les voies digestives et le foie.

Mais cette question, d'un grand intérêt scientifique, ne touche que de loin à celle qui nous occupe en ce moment, et nous n'y insistons pas.

En résumé, le résultat de cette étude nous montre que, dans l'état actuel, les régions qui avoisinent les chotts sont loin d'être salubres ; que, considérées en général, par le fait d'un climat excessif et variable sous le rapport de la chaleur, du froid, de la sécheresse extrême, de l'humidité, et par l'usage d'eau de mauvaise qualité, elles sont difficilement habitables pour les Européens, qui s'y étiolent à la longue et finissent par succomber.

Outre ces causes climatériques, il en est une autre qu'on y rencontre à des degrés divers et qui, combinée avec elles, constitue le plus grand fléau de ces contrées : nous voulons parler de l'intoxication palustre à laquelle les habitants du pays eux-mêmes ne résistent pas complètement, et qui à plus forte raison est pernicieuse pour les Européens.

Cette influence toxique existe au maximum d'intensité, avons-nous vu, dans la vallée de l'Ouâd-Rîgh, et elle y est si redoutée que les Arabes abandonnent le pays pendant la saison chaude pour n'y revenir qu'au commencement de l'hiver pour la récolte des dattes. De sorte que, s'il est vrai de dire que l'eau est une source de fécondité pour l'Ouâd-Rîgh, elle y est en même temps une grande cause d'insalubrité. Les *Roudghas* seuls, race d'origine nègre, peuvent y résister. Toutefois, nous nous sommes hâtés d'ajouter que cette terrible endémie, due à un mode particulier de culture, n'était heureusement pas irrémédiable.

Cette même endémie, à un plus faible degré, se rencontre d'ailleurs à peu près dans toutes les oasis, c'est-à-dire partout où la culture du sol laisse des détritus végétaux. On la trouve à Biskra et jusque sur les pentes de l'Aurès; on la constate à un haut degré dans la Farfaria, dans la région déprimée de Kerîz et de Hâmma, et même au sud des chotts dans l'Ouâd-Soûf, région des sables réputée la plus salubre de toutes.

Dans la région des chotts, comme en tout pays, l'action palustre emprunte sa gravité à l'influence du climat et des dispositions individuelles. Les fièvres y affectent surtout les types quotidiens et rémittents avec leurs variétés. Les formes pernicieuses y sont communes.

Tout ce que nous avons dit de l'action nocive du climat des chotts s'applique exclusivement à la saison chaude. L'hiver, dans cette partie du Sahara, est doux, et cette saison y est relativement salubre.

Les manifestations morbides qui, en dehors de l'influence palustre, ont particulièrement appelé notre attention sont les troubles du côté des voies digestives dus à la mauvaise qualité des eaux, la dyssenterie et les affections du foie.

Ces maladies y sont très fréquentes parmi nos soldats; mais jusqu'à quel point les indigènes en souffrent-ils? nous ne le savons pas. M. Audet, dans un séjour de neuf mois à Tougourt, n'a constaté que deux cas d'abcès du foie sur des militaires, ce qui est une faible proportion qui tendrait à faire admettre que les indigènes n'y sont pas très sujets. Il est en outre une lacune importante dans nos informations que nous regrettons de n'avoir pu combler: c'est le rôle que l'élément typhique joue dans les fièvres des oasis. Il est à supposer que les fièvres rémittentes typhiques n'y sont pas rares.

Quant aux affections cutanées, si communes chez les Arabes, au bouton de Biskra, qui n'est pas propre à la contrée, et aux ophthalmies qui affligent les indigènes, nous n'avons pas cru devoir nous y arrêter comme n'ayant pas de relation bien évidente avec notre sujet.

Cela dit, il reste maintenant à savoir quelle serait l'influence de la mer intérieure projetée sur les conditions actuelles de la salubrité dans la région des chotts. C'est ce qu'une nouvelle étude nous permettra de rechercher quand les modifications climatériques résultant de la mer intérieure auront été plus ou moins déterminées.

M. le Président. Le rapport sera imprimé et distribué.
La parole est à M. Treille.

M. Treille. Je regrette d'être arrivé trop tard pour entendre la lecture entière du rapport que vient de faire M. Fauvel.

La dernière partie de ce rapport contient des assertions que je ne saurais admettre, et je suis obligé de faire des réserves très formelles sur la description qu'il fait de l'Ouâd-Rîgh et des conditions sanitaires de cette partie du Sahara.

Je crois qu'on a beaucoup exagéré, dans le public et dans le monde médical, les conditions d'insalubrité de l'Ouâd-Rîgh.

Nous voyons, par exemple, aujourd'hui qu'à Tougourt, le rapport lui-même le constate, la garnison ne souffre plus comme elle souffrait autrefois. Ainsi que l'a rappelé M. le Rapporteur, on a exécuté certains travaux; on a comblé des fossés qui se trouvaient aux abords de la ville, on a fait disparaître des eaux croupissantes, et, grâce à ces travaux d'assainissement, les conditions sanitaires sont aujourd'hui bien meilleures pour les Européens.

Je suis allé à Tougourt il y a un an et demi, et j'ai pu constater que l'état sanitaire de la garnison était satisfaisant; qu'une famille européenne, qui y avait passé l'été, n'en avait été nullement incommodée, et que des israélites indigènes s'y trouvaient très bien. On y souffre de la chaleur, mais on n'y est pas exposé, comme précédemment, à l'intoxication palustre ou paludéenne, comme on voudra l'appeler.

Quant aux oasis situées au nord de Tougourt, il est certain qu'on y trouve des fièvres intermittentes. Mais les nomades eux-mêmes ont contribué à exagérer le renom d'insalubrité.

Nous savons tous qu'ils se rendent pendant l'hiver dans le Sahara et que, lorsque vient l'été, ils se réfugient dans le Tell, où ils trouvent encore des pâturages pour leurs troupeaux, avec de l'eau excellente, et où l'on souffre moins de la chaleur, ce que les indigènes apprécient tout aussi bien que nous autres Européens.

En ce qui concerne les oasis des Zibâns, je suis obligé de contester très énergiquement les appréciations de M. le Rapporteur et celles des médecins militaires qui y ont fait des observations, au moins en ce qui concerne la population européenne. Ainsi je professe l'opinion qu'il n'y a pas de fièvres intermittentes à Biskra. Biskra n'a pas d'eaux croupissantes; le climat y est extrêmement sec. J'ai des relations suivies avec la population civile de ce centre, et je puis affirmer de la manière la plus catégorique que jamais elle ne souffre de fièvres à *quinquina*, de fièvres intermittentes.

Dans les autres oasis du Zab Chergui, du Zab Guebli, du Zab Dahraoui, il y a certainement des fièvres telluriques, mais il faut distinguer soigneusement entre la population indigène et la population européenne, dont les conditions d'existence ne sont pas du tout les mêmes. N'oublions pas que la plupart des indigènes passent les nuits dans leurs jardins, et que c'est là qu'ils sont frappés par l'intoxication tellurique.

Je ne pense pas que, par le fait du tellurisme, l'insalubrité soit, dans l'Oued Rhir, beaucoup plus grande que dans d'autres régions de l'Algérie.

M. LE PRÉSIDENT. Les observations de M. Treille seront consignées au procès-verbal.

M. FAUVEL, *rapporteur*. Mes conclusions sont celles des personnes qui ont observé le pays, et particulièrement des médecins militaires; et je renvoie le préopinant au travail de M. Sériziat et à celui de M. le docteur Audet dont j'ai parlé, ainsi qu'à toutes les personnes qui nous ont fourni des renseignements. Au reste, tout ce qui vient d'être dit est consigné dans mon rapport. Les améliorations obtenues à Tougourt y sont parfaitement indiquées, de même que la possibilité d'obtenir des améliorations dans les oasis de l'Ouâd-Righ; de sorte que je n'ai pas conclu du tout que les oasis en question seraient à perpétuité des sources et des foyers de fièvres intermittentes.

Quant à Biskra qui, comme je l'ai dit dans le rapport, n'est pas un foyer de fièvres palustres, il est certain pourtant que ces fièvres y existent, et je me permettrai d'invoquer l'opinion du docteur Sériziat qui a fait de cette oasis une description extrêmement intéressante, et qui a traité aussi la question des fièvres.

Mais, je l'ai dit, ce n'est pas la principale cause d'insalubrité à Biskra; elle est dans la chaleur du climat et dans la mauvaise eau dont on fait usage.

M. DUVEYRIER. Pour Biskra, où, je dois le dire, je suis resté peu de temps, j'y ai vu des Européens qui y habitaient depuis six, sept et huit ans, et dont la santé était extrêmement éprouvée. Je puis citer un des Européens que j'ai rencontrés à Biskra et qui a laissé un nom très avantageusement connu, M. Colombo, directeur de l'école; il y a perdu la santé; et j'ai vu des Européens attaqués de fièvre à Biskra. Quant aux oasis des Zîbân, je puis citer mon exemple personnel; j'ai été attaqué de la fièvre à Negrin, j'en ai souffert à Zeribet-El-Ouâd. Dans la région même de l'Ouâd-Righ, les quelques rares officiers français qui y ont séjourné, qui y ont commandé la garnison indigène arabe, ou même de couleur noire, de Tougourt, en 1860, ont vu leur santé se délabrer; ils y ont très fréquemment souffert de la fièvre.

Cette situation a pu se modifier; je ne parle que de ce qu'était Tougourt en 1860. Quant aux autres oasis de l'Ouâd-Righ, où les Européens ne s'arrêtent pas ordinairement, je maintiens les observations que j'ai présentées au commencement de la séance, et je suis persuadé que toute enquête poursuivie dans le Sahara ne ferait que confirmer mes allégations.

M. Treille. Je ne voudrais pas introduire ici de discussions médicales ; cependant je dois faire remarquer que les affirmations que j'ai produites sont fondées sur une pratique et une observation très suivies pendant treize années en Algérie. Je m'élève de toutes mes forces contre une tendance qui est celle d'une certaine école médicale, et particulièrement de l'école militaire, — à laquelle j'ai appartenu, moi aussi, puisque, avant d'être médecin civil, j'ai été médecin militaire, — tendance qui consiste à voir dans toutes les maladies d'Algérie la fièvre intermittente. On n'éprouve pas le moindre malaise, qu'immédiatement on ne dise qu'on a la fièvre intermittente, et le remède est tout indiqué! C'est le sulfate de quinine.

Pour moi, il n'y a de fièvre intermittente que celle qui est dûment constatée et contrôlée au moyen du thermomètre. Eh bien, les observations faites à Biskra et dans les Zibâns manquent absolument de la rigueur scientifique voulue. On a confondu avec les fièvres intermittentes des fièvres rémittentes qui, le plus ordinairement, sont d'origine typhique ; on a confondu des fièvres typhoïdes avec des fièvres intermittentes ; et à Biskra, je le répète, la population européenne, que je connais presque tout entière, ne présente pas de cas de ces dernières fièvres ; on n'y observe jamais de cachexie. Ce sont ordinairement des malades venus de l'intérieur de l'Algérie, venus du Tell, qui apportent la fièvre intermittente à Biskra, où évidemment ils ont beaucoup de peine à s'en débarrasser, à cause du climat qui les débilite et des mauvaises conditions hygiéniques où ils sont placés.

M. le Président. La parole est à M. Jamin, qui a des observations à présenter sur la question de l'évaporation.

M. Jamin. Je tiens à dire en commençant que, selon moi, nous manquons de renseignements pour déterminer un chiffre, un coefficient d'évaporation applicable à la région des chotts.

Voici sur quoi j'appuie mon opinion.

On sait que les premières expériences faites sur l'évaporation remontent à Dalton ; il a formulé une loi parfaitement plausible et qui a été admise pendant longtemps : c'est que la quantité d'eau évaporée est proportionnelle à un coefficient fixe, proportionnelle à la surface d'évaporation, et proportionnelle enfin à la différence qui existe entre la force élastique maximum de la vapeur au moment où l'on fait l'expérience, et la force élastique réellement existante dans l'air à ce moment.

En un mot, si l'on veut me permettre de citer la formule, je dirai:

A, un coefficient constant, multiplié par la surface S multiplié par $F. - f$. et divisé par la pression H.

$$\frac{A \times S \times (F - f)}{H} =$$

Eh bien, pour discuter cette formule, nous pouvons d'abord dire que, dans les conditions actuelles, la pression atmosphérique change si peu qu'il n'y a pas à en tenir compte; les variations de cette pression ne sont pas considérables à la surface, et il s'ensuit que la loi de Dalton n'était pas vraie relativement à la surface; en effet, si un vent modéré vient lécher la surface d'un liquide, il est évident qu'il arrive d'abord à un état de sécheresse assez considérable, et que peu à peu sa sécheresse diminue, à mesure qu'il chemine sur la surface de ce liquide; au moment où il l'abandonne, il est chargé d'humidité. Donc, sa puissance évaporatrice va en diminuant à mesure qu'il marche sur la surface du liquide, et par conséquent elle diminue quand cette surface augmente; on ne peut donc pas dire que la puissance d'évaporation soit proportionnelle à la surface.

D'autre part, les expériences, faites par diverses personnes, qui ont été rappelées dernièrement par M. Edmond Becquerel, prouvent qu'en fait l'évaporation n'est pas proportionnelle à la surface.

L'évaporation varie beaucoup avec le vent, et, en effet, si le vent est assez violent, la quantité d'air qui vient lécher la surface liquide va en augmentant; cet air conserve beaucoup plus de sa sécheresse, et par conséquent de sa puissance évaporatrice, que quand le vent est modéré, et par conséquent l'évaporation s'accroît beaucoup.

Voilà donc déjà deux points acquis :

1° Que la quantité d'eau vaporisée sur une surface liquide augmente sans doute avec cette surface, mais n'augmente pas proportionnellement à cette surface;

2° Que la quantité d'eau vaporisée augmente avec le vent dans des conditions qui, scientifiquement, sont absolument inconnues; cela dépend de la rapidité du vent.

Mais ce qui est surtout à remarquer, c'est que la quantité d'eau évaporée est proportionnelle à l'état de sécheresse de l'atmosphère, c'est-à-dire à la différence entre la force élastique maximum de la vapeur qui pourrait exister dans l'air, et celle qui s'y trouve réellement au moment de l'expérience.

Ici, Messieurs, il se produit des variations extraordinaires.

A la température o, la force élastique maximum est de 4 millimètres. Mais, dans le climat dont il est question, la force élastique est beaucoup plus considérable puisque la température y est beaucoup plus haute. On vient de rappeler qu'elle s'élève jusqu'à 45 degrés à l'ombre; au soleil, et en été, elle doit atteindre des proportions extraordinaires : 50 ,et peut-être davantage.

M. Duveyrier. Le maximum de la température de l'air à l'ombre que j'ai observé dans le Sahara algérien est de 47 degrés + o.

M. D'Abbadie. On a constaté dans ce pays, au soleil, 52 degrés + o.

M. Jamin. L'élévation de la température est donc très considérable. Eh bien, la force élastique de la vapeur d'eau va en augmentant dans une proportion également très considérable. Ainsi, elle est de 9 millimètres à la température de 10 degrés, à 40 degrés elle est de 55 millimètres, à 50 degrés elle sera de 91 millimètres.

Toujours est-il que la force élastique de la vapeur d'eau va en augmentant dans des proportions extraordinaires, depuis les températures basses jusqu'aux températures élevées qu'on trouve dans ces pays. Il en résulte que la quantité d'eau évaporée varie d'un moment à l'autre, surtout si l'on tient compte de l'action du siroco, dont la sécheresse est extrême. Il y a de très grandes différences entre la température indiquée par le thermomètre sec et la température indiquée par le thermomètre humide, entre la température de l'hiver et la température de l'été. Nous avons donc affaire à un phénomène qui dépend de causes extrêmement diverses, de l'étendue des surfaces, du vent, de la température, de l'état hygrométrique.

Dans ces conditions, la science ne peut pas répondre ; elle ne peut pas dire : il y a un coefficient moyen d'évaporation.

Maintenant, il s'agit de savoir si l'expérience a indiqué des résultats. Sous ce rapport, je crois qu'on n'est pas plus instruit. On a parlé des lacs de la Suisse; on ne sait pas bien comment l'évaporation s'y fait. On a parlé des salines; je crois que M. Chambrelent ne nous a pas donné de renseignements bien positifs à cet égard.

On a parlé aussi de la mer Morte, qui a donné lieu à quelques observations. Le renseignement le plus positif qui nous ait été fourni, et sur lequel on se fonde en ce moment, est celui qui concerne l'évaporation qui s'est manifestée à la surface des lacs Amers. On a dit : la mer intérieure qu'on se propose de créer sera dans des conditions à peu près identiques aux lacs Amers, l'évaporation y sera sensiblement la même; or, l'évaporation a été mesurée aux lacs Amers; elle est de 3 millimètres par jour, 1^m,10 par an.

Je crois que cette expérience n'est pas tout à fait concluante. Comme j'avais l'honneur de le dire tout à l'heure, l'évaporation varie dans des proportions extraordinaires, d'un jour à l'autre de l'année. Si l'on nous apportait des observations faites dans des conditions diverses de température, de vent,

35.

d'hygrométrie, nous pourrions prendre une moyenne; mais ici nous n'avons qu'une seule observation, faite à un jour donné, sans savoir dans quelles conditions, sans qu'il ait été tenu compte de l'étendue des surfaces.

Dans ces circonstances, je crois qu'il serait un peu prématuré d'appliquer à la mer intérieure les conclusions que cette expérience permettrait de tirer. Quand même, d'ailleurs, l'expérience aurait été prolongée, quand même on aurait tenu compte de toutes les circonstances que je viens de signaler, il me semblerait difficile d'en appliquer les conclusions aux chotts algériens.

En effet, l'Égypte n'est pas un pays sec; c'est un pays généralement humide; les lacs Amers se trouvent situés entre la Méditerranée, d'un côté, la mer Rouge de l'autre; les vents qui soufflent du nord et du sud sont par conséquent des vents humides; il n'y a pas de chaîne de montagnes pour condenser la vapeur et donner aux vents une sécheresse particulière.

La situation des chotts algériens n'est pas du tout la même; là, les vents du sud dépassent en sécheresse et en température tout ce qu'on peut rencontrer dans les autres pays du monde; ils produiront par conséquent une évaporation extraordinaire. J'en dirai autant des vents du nord. Les vents du nord, qui viennent de la Méditerranée, traversent la chaîne de l'Aurès, dont l'altitude va jusqu'à 2,000 mètres; ils se condensent sur les sommets, et sont en partie desséchés lorsqu'ils ont traversé la région montagneuse. C'est ce qui se passe en Suisse : le vent qui a traversé le sommet des montagnes s'y est desséché et a une température élevée lorsqu'il redescend dans la vallée; ce phénomène porte le nom de « fœhn ».

Les conditions de la région des chotts sont donc tout à fait différentes de celles qu'on a signalées en Égypte.

Pour tous ces motifs, en raison de la variabilité extraordinaire des phénomènes; en raison du peu de connaissances théoriques que nous possédons sur ce sujet; en raison du peu d'expériences qui ont été faites; en raison des différences qui existent entre ce qui se produit aux lacs Amers et ce qui se produit dans les chotts, je crois qu'il serait prématuré de dire que l'évaporation, sur les chotts, sera en moyenne de 3 millimètres par jour; je suis porté à penser que cette évaporation sera beaucoup plus considérable, étant données les conditions particulières dans lesquelles se trouvent ces contrées. Je ne crois pas qu'on puisse dès à présent fixer un chiffre; quant à moi, je me déclare absolument incapable de dire ce qui va se passer.

M. LE COMMANDANT ROUDAIRE. Je demande la permission de présenter quelques observations au sujet de ce que vient de dire M. Jamin.

Je crois que le climat de l'isthme de Suez est très sensiblement le même que celui de la région des chotts; les lignes isothermes qui passent par l'isthme de Suez traversent la région des chotts, d'après M. Élisée Reclus.

Mais, en laissant de côté la question des lacs Amers, nous trouvons des renseignements précis dans les observations qui ont été faites pendant trois années à Biskra, et qui ont été l'objet d'une communication présentée à l'Académie des sciences le 13 août 1877 par M. Angot, qui en tirait des objections contre le projet de mer intérieure.

La moyenne de l'évaporation constatée est de $6^{mm},3$, mais il s'agit là d'eau douce; or, le rapport de l'évaporation entre l'eau douce et l'eau de mer est de $6^{mm},2$ à 10 millimètres, de sorte qu'en prenant cette moyenne d'observations faites régulièrement pendant trois ans, nous arrivons à un chiffre de 4 millimètres pour l'évaporation de l'eau de mer, se rapportant à une surface égale à celle d'une pièce de cinq francs. Si l'on tient compte de ce que disait tout à l'heure M. Jamin, à savoir que la proportion d'eau évaporée diminue lorsque la surface augmente, je crois que l'on sera amené au chiffre de 3 millimètres par jour, et cela, je le répète, en s'appuyant sur les expériences faites à l'observatoire de Biskra, où la température et les conditions hygrométriques sont absolument les mêmes que celles de la région des chotts.

M. Jamin. Je n'ai dit qu'une chose : c'est que je ne crois pas que nous puissions fixer un chiffre. Vous prétendez qu'il a été fait à Biskra des observations qui ont conduit à un chiffre de 6 millimètres, qu'on pourrait, d'une certaine façon, réduire à 3 millimètres; je dis que pour opérer cette réduction vous vous fondez sur des considérations un peu vagues.

M. le commandant Roudaire. Il n'y a là rien de vague, en ce sens que l'on peut prendre de l'eau douce et de l'eau de mer, et faire la comparaison des hauteurs évaporées; on verra que, lorsque pour l'eau de mer l'évaporation est de 6,2, pour l'eau douce elle est de 10.

M. Jamin. L'évaporation sera toujours proportionnelle à la différence entre la force élastique de la vapeur d'eau pure et la force élastique de la vapeur d'eau dans l'air; de même pour l'eau de mer. Vous ne pouvez pas établir de rapport, car ces différences ne sont pas constantes.

Vous ne pouvez pas conclure des expériences faites sur l'eau pure à ce qui se produira pour l'eau de mer, en multipliant par un *simple* coefficient, car ce coefficient varie suivant la température.

M. le commandant Roudaire. J'ai fait des observations pendant deux ou trois mois de suite, et j'ai trouvé ce coefficient de 6,2.

M. le général Favé. Il me semble que M. Jamin a dit que l'expérience faite aux lacs Amers n'avait porté que sur un temps très court; j'aurais une observation à faire à ce sujet.

L'autorité de l'expérience dépend précisément de sa durée. M. Lavalley nous a exposé la série de ces expériences, qui ont porté sur plusieurs mois; or, à mon avis, il n'y a pas d'observation scientifique qui puisse avoir l'importance de la pratique que nous rencontrons fort heureusement dans cette circonstance, où les conditions se rapprochent autant qu'il est possible, et d'une façon inattendue, de celles en face desquelles nous nous trouvons.

M. DE LESSEPS. L'expérience a duré six mois, en été; elle n'avait pas pour but de mesurer l'évaporation, elle avait en vue la question du remplissage.

M. LE GÉNÉRAL FAVÉ. Je crois qu'en ce qui concerne le problème que nous avons à résoudre, nous devons nous trouver très heureux de posséder un résultat aussi approximatif que l'est celui-là. J'insiste beaucoup sur ce point, qu'il ne s'agit pas d'une expérience isolée, dont on ne pourrait tirer aucune conclusion, mais, ainsi qu'il résulte des explications de M. Lavalley, confirmées par M. de Lesseps, d'observations faites tous les jours pendant six mois.

M. LE PRÉSIDENT. M. Jamin a insisté surtout, ce me semble, sur la différence existant entre l'état hygrométrique de l'air qui passe sur les lacs Amers et l'état hygrométrique de l'air qui passerait sur les chotts dans le cas où ils seraient inondés; d'un côté, d'après lui, l'air arriverait presque saturé d'humidité, et de l'autre, au contraire, il serait presque constamment sec et à une température très élevée. Par conséquent, les résultats des expériences faites sur les lacs Amers ne pourraient s'appliquer à la région des chotts; il faudrait tenir compte de la différence qui existe entre les qualités hygrométriques de l'air apporté par les vents dans ces deux régions.

M. LE GÉNÉRAL FAVÉ. Il faudrait, en effet, pour avoir le droit de conclure, au moins scientifiquement, connaître la différence qui existe entre les deux hygrométricités. J'insiste néanmoins sur ce point : nous avons le résultat d'expériences faites tous les jours, pendant six mois, d'où l'on peut facilement conclure à ce qui se produit dans une année; et je dis qu'il y a là autre chose qu'une expérience de laboratoire.

M. LE PRÉSIDENT. D'après M. Jamin, le chiffre de 3 millimètres serait un minimum.

M. JAMIN. C'est un minimum, bien certainement, mais je me déclare incapable de fixer un chiffre.

M. GROS. M. Lavalley a parlé de 3 à 4 millimètres, il y a déjà là une incertitude qui peut influer notablement sur les dimensions à donner au canal.

M. d'Abbadie. Je voudrais bien savoir si, aux lacs Amers, on a pu constater une différence d'évaporation par les vents du nord et par les vents du sud. Dans tous les cas, même à l'heure qu'il est, on pourrait s'assurer s'il y a une différence dans l'état hygrométrique de ces deux vents.

M. Angot, dont M. Roudaire, dans un esprit d'impartialité très grand, a cité l'opinion dans son dernier rapport, parle de l'extrême humidité qui existe dans la mer Rouge. J'ai passé deux ans de ma vie dans ces parages, et je n'ai rien vu de pareil; lors des rares pluies qui y tombent, les rivages de la mer Rouge sont très fertiles, et cependant leur état ordinaire est celui d'une aridité complète.

M. de Lesseps. Parfaitement! Les objets en fer rouillent à Port-Saïd, et pas à Suez.

M. le Président. M. Duveyrier a rédigé un rapport sur les sables et les vents du Sahara, du département de Constantine et du Sahara tunisien; je lui donne la parole pour la lecture de ce rapport.

M. Duveyrier. La question de l'origine des sables du Sahara et celle de la fixité ou de la mobilité des dunes ont été récemment traitées par plusieurs voyageurs et savants. Je me propose d'apporter dans le débat ma part d'observations et l'opinion qu'elles m'ont servi à me former sur ces sujets.

La région des dunes de sable dans la partie nord-ouest du Sahara couvre une étendue énorme de pays. Commençant, à l'est, dans le sud du Nefzâwa (Tunisie), elle se prolonge au sud de l'Algérie et, avec quelques interruptions, au sud du Maroc jusqu'à l'océan Atlantique. Je ne m'occuperai ici que de l'extrémité orientale de cette région, qui a là une largeur de 340 à 510 kilomètres, dont j'ai parcouru dans différentes directions la partie nord en 1860, 1874 et 1875, et que j'ai traversée obliquement, du massif de dunes d'Amdhia' Rôha à Ghadâmès, sur une distance de 670 kilomètres.

Toutes mes observations, que je résumerai plus loin, s'accordent avec les observations des indigènes et avec la tradition historique pour démontrer les déplacements des dunes, leur formation et leur transformation incessantes, procédés lents, qui sont dus uniquement à l'action des vents.

Abordons d'abord les données de la tradition et voyons ce qu'elles indiquent pour l'Ouâd Soûf, petit pays du Sahara algérien, aujourd'hui couvert de dunes et de nappes de sables meubles jusqu'à 70 kilomètres dans le nord, le nord-est et le nord-ouest. Lorsque les Berbères Zenâta s'établirent les premiers dans le Soûf, à une date malheureusement inconnue, le Soûf était encore un pays au sol de roche et de terre, arrosé par une rivière d'eau courante, dont la source était à 'Amich, à quelques kilomètres sud-est d'El-Oûad, et qui, passant à Gomâr et à Chegga, où l'on trouve actuellement de l'eau à 40 centimètres sous le sol, allait se perdre dans le chott Boû Chekoua. En parlant de 'Amich, les habitants du Soûf disent toujours : *râs el-ouâd* (la tête de la rivière), en souvenir de l'ancien état du régime hydrologique de leur pays. La rivière arrosait les premières plantations de dattiers, créées par les Zenâta, et un cheïkh de Kouïnîn, village situé entre El-Ouâd et Gomâr, m'a raconté que lorsque ses aïeux montaient dans leurs dattiers pour faire la récolte, ils surplombaient la rivière d'eau courante, absolument comme cela a lieu maintenant dans l'oasis tunisienne de Nafta.

Entre le village de Sîdi 'Aoûn, situé un peu au nord-est de Debîla, et le plus oriental des deux puits de Mouïa El-Toûnsi, on trouve aujourd'hui une vallée, l'Ouâd Jardânîya, à sol de *sebkha* (lit de marais salant), entourée de dunes de sable. Sur la terre sableuse et saline de l'Ouâd Jardânîya on distingue encore des traces de canaux d'irrigation. La tradition du temps où il y avait des sources, et où on labourait dans l'Ouâd Jardânîya, est encore très vivace. Le fait en question n'est certainement pas à beaucoup près aussi ancien que la date où, suivant une autre tradition conservée jusqu'à nos jours, le chott El-Gharsa était couvert d'une nappe d'eau lorsque les conquérants arabes de l'Afrique y arrivèrent, entre le milieu et la fin du VIIe siècle.

Plus tard, les sables commencèrent à envahir le Soûf, d'abord en nappes formées par les grains de sable chassés par le vent d'est, puis en dunes qui s'exhaussèrent d'année en année.

Une date établie à quelques années près, celle de la fondation des villes d'Ezgoum et de Gomâr, en 1398 (1), est très utile quand il s'agit d'étudier la question des sables dans le Soûf; car, à l'époque où l'on commença à bâtir ces deux villes, il n'y avait là, suivant la tradition, que peu de sables, et assurément pas les hautes dunes qu'on trouve maintenant partout. D'Ezgoum à El-Ouâd la distance est de 12 kilomètres et demi; d'Ezgoum à Gomâr, ou à Taghzoût, la distance est de 9 kilomètres, d'après la carte du commandant Roudaire. En 1814 (2), on construisit le minaret de la mosquée d'Ezgoum, haut de 9 mètres. Dans les premières années qui suivirent l'achèvement de ce monument, quand le moueddin montait pour faire l'appel de la prière du soir, il apercevait les feux dans les cours des maisons de la ville d'El-Ouâd, et les bouchons de paille de drîn (*Arthratherum pangens*) enflammés que des ménagères économes transportaient de Taghzoût au centre contigu de Gomâr. En 1860, il était impossible de distinguer ni les uns ni les autres de ces feux à cause de l'accroissement des dunes dans un court laps de quarante-six ans.

---

(1) Ezgoum avait vu, en 1860, quatorze générations se succéder depuis sa fondation. — Gomâr, fondée huit siècles après l'hégire, et 476 années lunaires avant l'année solaire 1860.

(2) C'est-à-dire 1229 de l'hégire. D'après une autre donnée concordante, le minaret existait depuis quarante-sept années lunaires en 1880.

Mais ce n'est pas seulement dans l'Ouâd Soûf que le phénomène de l'envahissement des sables est démontré par l'histoire et par la tradition. Anciennement l'Ouâd Rîgh était, dans sa totalité, ce qu'il est aujourd'hui sur la majeure partie de son développement, une terre d'alluvions fertiles. Sa première capitale fut une ville de Tâla, appelée aussi Tougourt El-Qedima, située sur la rive ouest de l'Ouâd Rîgh, au nord-ouest de Tougourt, et au sud-est et près de Ghamra. Les sables, venus de l'est, ont peu à peu empiété sur les plantations de Tâla, et les habitants, incapables de lutter contre le fléau, ont abandonné leur ville et leurs plantations, dont l'emplacement n'est plus indiqué que par de vastes fourrés de broussailles de palmiers sauvages. Maintenant c'est, plus au nord, l'oasis de Ghamra, plus à l'est, celle de Megarin, et, même de Tougourt, les jardins du village de Tebesbest, qui sont menacés.

Il nous manque une chronologie sûre pour établir la date de l'abandon de Tâla. On peut pourtant donner une idée de l'époque où le fait s'est produit, en disant que le vingtième prédécesseur du cheïkh Selmân Ben Djellâb, prince dans l'oasis de Tougourt, détrôné par nous en 1852, s'empara de Tâla par surprise.

S'en tient-on aux données rétrospectives que je viens de grouper, il est impossible de nier et l'envahissement de surfaces de sol résistant par les sables mouvants dans le bassin des chotts, et la formation de dunes dans une durée de peu de siècles, et enfin l'augmentation constante, se continuant dans l'ère contemporaine, des dunes existantes.

Voyons maintenant dans quelle mesure concordent avec ces données les observations que j'ai faites pendant les 389 jours que j'ai passés dans la partie du Sahara où se trouvent les chotts et les sables du sud du département de Constantine et de la Tunisie. Comme je l'indiquais en commençant, les sables se meuvent et s'amoncellent sous l'action du vent. Il est donc intéressant d'étudier la fréquence des vents suivant chaque direction, et je vais grouper dans un tableau toutes mes observations de ce genre, faites entre Biskra et Gafça au nord, Gâbès et le Djebel Nefoûsa à l'est, Ghadâmès au sud, et Tougourt et Warglâ à l'ouest, dans les années 1859, 1860, 1874 et 1875. Le cadre géographique de ce tableau est donc, en prenant les points extrêmes, de 30° à 35° de latitude nord et de 3° à 9°30′ de longitude est de Paris (1).

---

(1) J'ai pourtant dépassé le cadre indiqué : à l'ouest, en prenant, parmi mes observations de Ghardâya et de Methlili (Sahara algérien), trois observations du mois de juin, vingt observations du mois de juillet, et seize observations du mois d'août (chaque observation représentant un jour), et parmi mes observations dans la Djefâra, au nord-est de Djâdo (Tell tripolitain), trois ou quatre observations.

Point d'origine du vent.

MOIS ET ANNÉES.	JOURS d'observations.	NOMBRE d'observations.	NORD.	N.-N.-E.	N.-E.	E.-N.-E.	EST.	E.-S.-E.	S.-E.	S.-S.-E.	SUD.	S.-S.-O.	S.-O.	O.-S.-O.	OUEST.	O.-N.-O.	N.-O.	N.-N.-O.	CALME.
Janvier (1860 et 1875).....	35	164	3	0	3	6	8	17	8	7	4	0	5	11	18	23	10	2	24
Février (1860 et 1875).....	42	222	4	4	3	4	4	8	3	6	11	26	25	22	19	20	24	17	22
Mars (1860 et 1875)........	53	195	1	0	6	7	10	24	14	6	4	9	5	8	12	20	16	10	34
Avril (1860 et 1875)........	19	73	9	10	0	4	7	7	2	1	1	0	2	0	0	4	10	13	3
Mai (1860)................	3	3	0	0	0	0	0	0	2	0	0	0	0	0	0	1	0	0	0
Juin (1859 et 1860)........	27	37	0	1	2	0	0	1	7	1	0	3	2	1	4	0	6	0	9
Juillet (1859 et 1860)......	42	67	3	2	3	9	7	4	9	7	1	2	2	1	4	1	4	0	2
Août (1859 et 1860)........	34	64	6	0	0	3	7	0	4	12	6	5	0	1	1	0	0	1	18
Septembre (1859 et 1860)...	35	63	2	0	5	3	14	2	4	3	3	1	8	0	1	0	0	3	14
Octobre (1860 et 1874).....	20	37	3	0	3	1	15	3	2	0	1	0	0	0	0	0	0	2	7
Novembre (1860 et 1874)...	39	81	8	0	5	2	6	2	5	2	10	2	2	1	5	0	5	7	19
Décembre (1860 et 1874)...	40	161	7	8	5	3	7	12	9	3	1	5	8	11	11	18	17	18	18
TOTAUX............	389	1167	46	40	35	42	85	80	69	48	42	62	59	56	75	87	92	79	170

D'où il résulte que les vents des quatre directions ouest, ouest-nord-ouest, nord-ouest et nord-nord-ouest sont les plus fréquents (ils ont soufflé 333 fois), et que les vents des quatre directions opposées, est, est-sud-est, sud-est et sud-sud-est, quoique étant les plus fréquents après ceux du groupe précédent, sont loin d'établir une compensation (ils ont soufflé 282 fois). — Il résulte aussi de ce tableau que les vents des trois directions ouest, ouest-nord-ouest et ouest-sud-ouest (observés 218 fois) sont à peine un peu plus fréquents que les vents d'est, est-nord-est et est-sud-est (observés 207 fois).

Il est enfin une donnée, celle de la force des courants atmosphériques, qu'il ne faut pas négliger ici, car elle a dans la question qui nous occupe une importance capitale. Les vents de l'est et du nord-est rachètent par leur impétuosité l'infériorité que leur donnerait leur fréquence moins grande relativement aux vents de l'ouest et du sud-ouest. Leur action modifie en un ou deux jours, souvent même en quelques heures, la forme des arêtes des grandes dunes et celle des petites dunes au point de mettre dans l'embarras les guides et les chameliers qui, arrivant à un passage entre deux dunes maintes fois frayé par eux, le trouvent barré et impraticable pour les chameaux. De là cette exclamation des chameliers, qui retentit souvent aux oreilles du voyageur dans ces parages : *el-bahri wa'ar!* (le vent de la mer est mauvais!).

Avant de considérer de plus près les effets des vents sur les dunes et sur les nappes de sables plans, je crois utile de parler des différentes espèces de dunes et, à défaut de termes spéciaux qui manquent dans les langues européennes, je me servirai des noms arabes des dunes de chaque espèce.

Les Arabes appellent عرق 'ERG ou 'AREG (*nerf, veine, dune*), au diminutif ᴀʀɪɢ (*petite dune*), non seulement une dune quelconque, mais aussi toute surface recouverte par des sables, aux formes accidentées, et la grande région des dunes elle-même. Dans cette région, les surfaces sablonneuses planes sont une rare exception, et leur étendue est toujours très limitée. Presque partout on voit la surface du sable veinée et bosselée de dunes de formes et de hauteur différentes. Quand les sables reposent sur un sol contenant de l'eau, ils absorbent cette eau par un phénomène comparable à la capillarité, et grâce à leur présence l'eau contenue dans la couche dense du sol inférieur monte à un niveau supérieur, où les racines des plantes qui ont poussé sur ce sable peuvent l'absorber. On appelle *toloûa'* (طلوع : *qui s'élève*) les sables dont il est question, et *ghers toloûa'* (غرس طلوع, *plantation* (où l'eau) *s'élève*) les plantations créées sur un sol de cette espèce, où le travail de l'homme n'a pas à intervenir pour arroser les palmiers dattiers. Telle est la règle générale dans les oasis du Soûf. On creuse jusqu'à une couche de sable mêlé de cristaux de chaux qui, à Debila, repose sur l'eau à 3^m,28 au-dessous du niveau du sol. A partir du niveau du sol jusqu'à la profondeur de 2^m,90, on a traversé d'abord une autre masse de sable mêlée de cristaux de chaux et stratifiée appelée *el-tercha*. On nomme *tâfza* les pierres contenues dans les bancs stratifiés, et *loûs* les cristaux lenticulaires rayonnés ou pyramidaux. Le creux, appelé *ghaoût* ou *ghoût* (غوط), au pluriel *ghîtân* (غيطان), a la forme d'un parallélogramme allongé dont les plus grands côtés ont jusqu'à 9 mètres de longueur. Les talus ('*admmi* علمي, au pluriel '*awâmmi* عوامي) qui le bordent forment un remblai dont la pente est de 45 degrés. Ils sont composés des sables et des cristaux extraits de l'excavation, et des sables meubles que le vent y apporte et répand aussi à l'intérieur du creux. Ces talus ont plusieurs mètres d'élévation. A Debila, j'ai mesuré la longueur de la pente intérieure du talus d'un *ghaoût*, du sol du jardin au sommet, et l'ai trouvée de 8^m,84.

Chaque nuit, deux ou trois heures après le crépuscule, les cultivateurs descendent dans leurs plantations et commencent à enlever le sable que le vent y a apporté pendant le jour. Ceux-ci procèdent à ce travail au moyen d'un sac muni de deux bretelles et porté comme les havresacs. Une fois la besace remplie, le cultivateur gravit le remblai de clôture par des sentiers à pente douce qui courent obliquement sur la face du remblai; arrivé au sommet, il vide son sac vers la pente extérieure. Ce pénible travail dure une partie de la nuit......

Dans beaucoup de *ghîtân* on garnit la crête des talus d'une haie en palmes destinée à intercepter le passage des sables charriés par le vent.

Si, à Debila, j'ai mesuré moi-même la profondeur des creux où sont plantés les dattiers et la longueur des talus, à El-Ouâd je n'ai pas pris la même précaution. Mais mon journal de voyage de 1860 contient une observation qui supplée à cette lacune. J'y trouve que, passant à cheval entre des *ghîtân*, le faîte de dattiers hauts de 15 à 20 mètres arrivait, tantôt à la hauteur de mon épaule, tantôt à la hauteur des pieds de mon cheval. Par conséquent certains *ghîtân* d'El-Ouâd ont jusqu'à $12^m,50$, quelques-uns même peut-être jusqu'à 20 mètres de profondeur.

Les sables *toloûa'* m'ont entraîné quelque peu hors du sujet qu'il faut traiter d'abord, la classification et la nomenclature des dunes. Avant d'y rentrer, je ferai remarquer que les dunes elles-mêmes, c'est-à-dire les amas de sables surmontant le sol, participent à cette propriété d'absorber l'élément humide de bas en haut qu'ont les sables *toloûa'*. Mais, s'agit-il d'une dune un peu forte, il arrive extrêmement rarement que les pluies d'hiver soient assez abondantes pour que l'humidité qu'elles donnent à la surface d'une telle dune pénètre jusqu'aux couches de sable qui empruntent au sol même une humidité constante. L'hiver de 1874 à 1875 fut assez pluvieux dans le Sahara du département de Constantine. Le 5 février 1875, le sable du fond de la dépression où est creusé le puits de Mouïa El-Toûnsi était humide de la surface à 35 centimètres de profondeur; sur les bosses voisines l'humidité avait pénétré jusqu'à 70 centimètres de profondeur. Au sommet des dunes le sable était humide jusqu'à 10 et 13 centimètres sous la surface, et sur les côtés des dunes jusqu'à 12 ou 15 centimètres. Le 11 février la crête de la dune appelée 'Areg Sîdi Khalîfa n'était humide que jusqu'à 5 millimètres de profondeur. Tous les membres de la première mission des chotts se rappellent les reflets argentés et la surprenante beauté des dunes humides sous l'effet de la gelée.

La dune type est celle que les Arabes désignent par le nom de *sîf* (épée, sabre, cimeterre), pluriel *sioûf*, parce que le profil en long du *sîf* rappelle en effet généralement la forme d'un sabre renversé sur le dos, le tranchant en l'air; la coupe en largeur n'est pas sans ressemblance avec un cimeterre ou un tranchet qu'on aurait profondément enfoncé en terre (V. page 314, Pl. II, fig. 1 et 2). La largeur des dunes de cette espèce est d'environ un sixième de leur longueur, et cette longueur dépasse le plus souvent 100 mètres, sans qu'il y ait de limite absolue à lui assigner. Le *sîf* du type le plus répandu (V. page 314, Pl. II, fig. 1) a une pente douce (A-E) du côté d'où vient le vent dominant soit par la violence, soit par la fréquence; cette pente culmine en un point E, qui est le sommet de la dune, et où commence la bosse de la dune. La bosse est une surface légèrement inclinée (E-G) couverte de veines de sable formées par les remous du vent qui ne frappe plus directement la surface de la dune, et dont il sera question plus loin; cette surface se prolonge jusqu'à l'arête (G). De l'arête à la base (I) on observe la pente la plus raide. La dune que j'ai mesurée près de Bîr Sefârîya peut servir de modèle pour le genre de *sîf* que je décris. Tandis que la bosse de cette dune a une inclinaison de 12° 18′, et la pente raide une de 36° 12′, en haut, et de 33° 54″, en bas, la pente douce présente, à partir du sommet, des pentes de seulement 12°, 16° 54′, et enfin 17° 54′.

— 285 —

Quelquefois la pente raide d'un *sif* de ce même type commence par être de 32 degrés au sommet, puis l'inclinaison n'est plus que de 30° 3' et elle augmente légèrement (30° 30') en approchant du sol (V. page 313, Pl. I. fig. 2).

Il est encore un autre genre de *sif,* dont la coupe en profil (V. page 314, Pl. II, fig. 3) rappelle la forme d'un couperet profondément enfoncé en terre. Dans l'exemple du sif El-'Alendâwi, près d'El-Ba'adja, la pente raide (F-G) est de 51° 30', la bosse manque absolument, et la pente douce, commençant à l'arête même, donne successivement des inclinaisons de 14°, 10°, 13° 30', 25° et 5°45'.

C'est par la mesure de la direction de l'arête des *sioûf* qu'on peut le plus sûrement déterminer l'orientation des dunes. Je donne ci-après la liste de mes mesures de ce genre, et des faits de notoriété publique qui peuvent concourir au même but.

DÉSIGNATION DU POINT.	DATE.	ANNÉE	ORIENTATION DE L'ARÊTE DES DUNES.		POINT D'ORIGINE de la dune.	DIRECTION de SA PENTE RAIDE.
			Magnétique.	Vraie.		
Sif El-'Alendâwi, dune près d'El-Ba'adja..................	27 décembre	1874.	322° à 164°	N. 25° E. à S. 3° E.	(60°) N. 75° O.	(220°) O. 37° S.
'Erg Boû Delâl, dune sur le chemin de Merhayyer à Gomâr....	5 février...	1860.	147°	N. 20° E. à S. 20 °O.	N. 70° O.	S. 70° E.
Mezâ Bent Meiloû; une dune en vue des hauteurs de ce nom..	6 février...	1860.	160°	N. 7° E. à S. 7° O.	N. 83° O.	S. 83° E.
Amdhîa' Rôha, massif de dunes; une dune..................	6 février...	1860.	150°	N. 17° E. à S. 17° O.	N. 73° O.	S. 73° E.
Amdhîa' Rôha, massif de dunes; une autre dune.............	6 février...	1860.	120°	N. 47° E. à S. 47° O.	N. 43° O.	S. 43° E.
Amdhîa' Rôha, massif de dunes; une autre dune.............	6 février...	1860.	150°	N. 17° E. à S. 17° O.	N. 73° O.	S. 73° E.
Amdhîa' Rôha, massif de dunes; une autre dune.............	6 février...	1860.	112°	N. 57° E. à S. 57° O.	N. 33° O.	S. 33° E.
Amdhîa' Rôha, massif de dunes; une autre dune.............	6 février...	1860.	150°	N. 17° E. à S. 17° O.	N. 73° O.	S. 73° E.
Amdhîa' Rôha, massif de dunes; une autre dune.............	6 février...	1860.	123°	N. 44° E. à S. 44° O.	N. 26° O.	S. 26° E.
Messelmi, massif de dunes; une très longue dune...........	6 février...	1860.	115°	N. 52° E. à S. 52° O.	N. 38° O.	S. 38° E.
Messelmi, massif de dunes; une autre très longue dune......	6 février...	1860.	130°	N. 37° E. à S. 37° O.	N. 53° O.	S. 53° E.
'Areg Sidi Khalifa, dune près Guettâr El-Guetâtie' au nord du Soûf.	11 février..	1875.	....	N. 3° E. à S. 3° O.	Ouest.	Est.
Dunes entre Debila et El-Ouâd...	25 février..	1875.	....	N.-E. à S.-O.	N.-O.	S.-E.
Sahan Berri, creux du chemin d'El-Ouâd à Nafta; la ligne de dunes qui est au sud.........	6 mars....	1860.	....	N. 7° O. à S. 7° E.	....	....
Bîr Sefârîya; un sif, près de ce puits.................	6 mars....	1875.	334° à 154°	N. 3° E. à S. 13° O.	....	(235°) S. 68° E.
Bîr Sefârîya; un autre sif, près de ce puits...............	6 mars....	1875.	0° à 180°	N. 13° O. à S. 13° E.	....	(235°) S. 68° E.
El-Ouâd; les dunes près de la ville...................	17 juin....	1860.	....	N. à S.	Est.	Ouest.
Mouïa El-Qâïd; dunes entre ce puits et 'Erg Sa'îd.............	15 juillet...	1860.	....	....	E.-N.-E. ou N.-E.	O.-S.-O ou S. O.

DÉSIGNATION DU POINT.	DATE.	ANNÉE	ORIENTATION DE L'ARÊTE DES DUNES.		POINT D'ORIGINE de la dune.	DIRECTION de SA PENTE RAIDE.
			Magnétique.	Vraie.		
Hawwâd El-Azoûl, lieu sur le chemin d'El-Ouâd à Berreçof; les dunes au nord de ce point.....	27 juillet..	1860.	150°	....	Est.	Ouest.
Mouï Bel-Rhit, puits sur le chemin d'El-Ouâd à Berreçof: une dune près de ce puits............	28 juillet...	1860.	150°	N. 17° E. à S. 17° O.	Est.	Ouest.
L'Ouâd Soûf était une rivière, qui fut comblée par les dunes....	....	....	....	....	Est et N.-E.	Ouest et S.-O.
Les progrès des sables dans le Soûf continuent................	....	....	....	....	Est.	Ouest.
A Debila, les dunes envahissent les jardins......................	....	....	....	....	N. 83° E. et O. 13° S.	S. 83. O. et E. 13° N.
A El-Behima, les sables s'amoncellent contre le mur d'enceinte, intérieurement................ (Mais là il s'agit évidemment de l'effet de l'obstacle de la muraille.)	....	....	....	....	S. 5° O.	....

Il ne faudrait pas chercher à déduire une moyenne de ces mesures trop rares et faites presque toutes dans la saison froide, où dominent les vents du nord-ouest. Or, on a vu qu'en été les vents les plus fréquents sont les vents de la région est qui, plus violents que les autres, opèrent sur toute cette région les changements les plus marqués dans la forme et dans la position des dunes. Le 2 mars 1860, j'arrivais à Ourmâs venant de Mouïa El-Ferdjàn. Ourmâs est un groupe de *ghîtân* (jardins de dattiers creusés dans les sables), dans lesquels il y a bon nombre de maisons. Au moment de sortir d'Ourmâs, par l'est, pour gagner Kouïnîn en franchissant une ligne de dunes, Ahmed Ben-Zerma, mon domestique, natif du Soûf, âgé alors de vingt-cinq à trente ans au plus, me fit remarquer trois petits dômes en maçonnerie émergeant des sables. C'était la partie la plus élevée de la toiture d'une maison qu'Ahmed lui-même se rappelait avoir vue tout à fait dégagée des sables et dans l'état où on l'avait primitivement construite. Le vent d'est, passant sur la ligne de dunes qui sépare Ourmâs de Kouïnîn, l'avait ensablée.

De là une coutume répandue chez tous les habitants de la région des dunes, dans le Sahara algérien, celle de protéger l'orifice des puits, soit par une petite muraille circulaire, soit au moyen d'un couvercle en plâtre. Ce dernier cas est de beaucoup le plus commun.

Je reviens à l'énumération des différentes formes du relief de la région des sables :

Le *mesíf*, au pluriel *mesioûf*, est un lieu où l'on trouve réunies, et formant une chaîne, beaucoup de dunes de l'espèce *sif*;

La *zemla*, au pluriel *zemoúl*, c'est-à-dire « charge posée en croupe », est une dune ressemblant au *sîf* par sa forme générale, mais où l'on n'observe pas l'arête, ni cette différence absolue entre les angles des pentes des deux côtés. La *zemla* est aussi beaucoup plus considérable que le *sîf*;

Le *toneb*, au pluriel *atnâb*, c'est-à-dire « tendon », est un *sîf* très allongé;

La *samdîya*, c'est-à-dire « gonflée, enflée », est une autre espèce de dune allongée, et au sommet tantôt plat, tantôt arrondi;

La *souâfa*, au pluriel *souâfât*, est une petite élévation de sables, sans formes bien définies. Son nom dérive de *sâfi*, un des termes locaux par lesquels les habitants de l'Ouâd Soûf désignent le sable, et en particulier le beau sable fin et blanc. Le nom même de l'Ouâd Soûf, qui dérive de la même racine arabe, aurait donc le sens de : vallée du sable;

Le *semmâch*, au pluriel *semâmech*, est une autre variété de dunes;

La *'adla*, c'est-à-dire « muscle, morceau de chair ferme et compacte », est une bosse de sables solidifiés, de forme régulière, allongée;

Le *guelb*, c'est-à-dire « cœur », au diminutif *guelîb* « petit cœur », est une dune pointue au sommet, en forme d'un cœur posé la pointe en l'air;

La *choûcha*, c'est-à-dire « calotte du crâne », est une dune en forme de petite élévation allongée, sans arête, ni pans réguliers, en un mot une bosse de sable peu apparente;

La *châchîya*, au pluriel *choûâchî*, c'est-à-dire « fez, tarboûch », est un dôme de sables tassés et solides;

Le *hawwâd*, c'est-à-dire « faisant la bosse de chameau », est tantôt un groupe de dunes basses, tantôt une étendue de sables mamelonnés ou simplement ondulés;

Le *ghourd*, c'est-à-dire « champignon », au pluriel *aghrâd*, est de toutes les formes du relief de la région des sables la plus importante, celle dont l'aspect est le plus imposant. On ne saurait mieux comparer le *ghourd* qu'à une montagne de sables meubles, terminée par un ou plusieurs sommets, aigus ou arrondis, dont la hauteur dépasse souvent 100 mètres au-dessus du sol. Exceptionnellement, le *ghourd* a une carcasse de roc qui a prêté un point d'appui aux sables qui se sont amoncelés, ou bien on y voit des couches horizontales de roc baignant dans la masse du sable mouvant; mais, dans la règle, il n'y a aucune trace visible de roches dures, et l'on est autorisé à admettre que le *ghourd* est entièrement composé de sables. J'expliquerai la formation des *ghourd* par la jonction et la fusion de deux ou plusieurs *sioûf*, dont les arêtes seraient inclinées sur l'horizon avec une différence de quelques degrés et qui, progressant avec des vitesses inégales dans la même direction, ont fini par se rencontrer et par chevaucher les uns sur les autres. L'examen de phénomènes analogues qu'on observe dans les vénules les plus déliées de la surface des sables me paraît justifier cette explication de la formation des ghourd. Je reviendrai tout à l'heure sur ce point.

Les creux qui séparent entre elles les dunes prennent aussi différents noms : *sahan* « assiette », quand ils sont circulaires et plats ; *haoûd*, ou *hôd* (auge, bassin), quand ils ont une forme ronde ou ovale et qu'ils sont assez profonds ; *oudd* (vallée, rivière), et *châra'* (route frayée) quand ils sont allongés, et *cheguiet* quand il s'agit d'une petite dépression allongée.

Enfin, aux abords de la région des dunes, du côté du nord, là même où le sable meuble est l'exception, on trouve certains autres accidents de terrain qui ont des noms spéciaux :

Le *dhera'* est une colline longue, au sommet plat, horizontal, régulier, formée tantôt de rochers durs, tantôt de terres. Les Arabes appliquent aussi ce nom à une ligne de terrain ferme coupant les sables, et même à une arête bombée de sables ;

La *hazwa* et le *nezâ* sont deux espèces de bosses allongées d'un terrain à peu près ferme ; en somme, difficiles à distinguer de celles de l'espèce précédente ;

Le *'eulb*, ou *'alb*, au pluriel *'eullâb*, est soit une ligne de relief peu accentuée, composée de sable ou de terre, soit une plaine à la surface bosselée, soit enfin une bosse insensible ou une butte de sable au milieu d'une plaine ;

Le *zebâr*, ou *zebâra* (V. page 313, Pl. I. fig. 1.), est une butte de sable terreux, tassé, stratifié, surmontée d'un arbuste ligneux, au milieu d'une plaine de gravier tassé, ou d'un chott. Quand on a vu dans le Sahara les touffes d'une simple graminée appelée *Arthratherum pungens* par les botanistes, et *derîn* par les Arabes, toutes poussées au faîte d'un petit monticule sableux, on est porté à attribuer la formation des *zebâr* non à un phénomène de dénudation, mais à l'apport continuel prolongé de sables au pied d'un végétal doué d'une existence plus longue que les graminées. L'arbuste luttant pour la vie doit élever ses tiges ou son tronc au fur et à mesure que de nouvelles couches de sable se superposent à celles dans lesquelles il a engagé ses racines. On peut voir (V. page 313, Pl. I. fig. 2) l'amas de sable occasionné par la présence d'un pied de *goreïna* à la surface du chott El-'Asloûdj.

Telles sont les différentes formes du relief de la région des dunes. L'origine du sable qui en constitue la matière a été expliquée de différentes manières. On a voulu voir dans les affleurements de roches solides qui percent çà et là la nappe de ces sables leur source même, et on en a conclu à leur formation sur place. Mes observations ne me permettent pas de me rallier à cette opinion.

A El-Ouâd, M. le capitaine Roudaire et moi avons bien trouvé à la base d'une dune une mince couche de grès lustré, mais, si mes souvenirs sont exacts (1), le fragment que j'en détachai ne présentait aucun système de désagrégation ni d'usure sur sa face extérieure; d'où je conclus à l'impossibilité d'admettre que nous eussions là sous les yeux le procédé de formation de la dune.

Ce fait ne s'est présenté d'ailleurs qu'une seule fois, à ma connaissance, dans la première mission des chotts.

Par contre, tant au nord qu'au sud, les sables d'El-'Erg reposent sur des terrains à roches calcaires ou dolomitiques, qu'ils usent par un frottement presque continuel et qu'ils sculptent et polissent à la longue jusqu'à produire des effets bizarres et en même temps assez agréables à l'œil pour que quelques Français aient songé à placer de telles pierres sur leur cheminée. Au sud de Ghourd El-Liyya, sur le chemin de Berreçof à Ghadâmès, c'est-à-dire au cœur de la région des dunes, j'ai vu quelques affleurements de dolomies noires et grises, identiques à la roche qui constitue le plateau des Cha'anba et aussi le plateau de Tinghert, sur lequel est bâti Ghadâmès. Or, en se décomposant, les calcaires et les dolomies ne peuvent pas se transformer en sable quartzeux ou siliceux.

A diverses reprises, au cours de cet exposé, j'ai mentionné le transport du sable par les vents et les effets historiques et contemporains du vent sur les dunes déjà formées. J'ai souvent été témoin de ces phénomènes, et j'en ai noté quelques-uns. Peut-être ne sera-t-il pas inutile de grouper ici un choix de ces observations afin d'amener les incrédules à partager ma conviction dans l'importance du transport du sable par le vent. Au lieu de me circonscrire dans le cadre de la région d'El-'Erg, je n'hésite pas à emprunter aussi à d'autres parties de mes voyages telles constatations qui ont contribué à former cette conviction. Je citerai les exemples de la violence du vent que j'ai notés, même hors de la région des sables, et les observations de l'obscurcissement de l'air par les sables et les poussières soulevés par le vent. Il est évident que, dans un pays dont le climat est *le plus sec* du globe, on ne saurait, sauf en de rares occasions, attribuer à la vapeur d'eau contenue dans l'air des apparences de brouillard qui se montrent le plus souvent près de l'horizon, mais quelquefois aussi dans toute l'atmosphère.

L'expérience inconsciente, à plus forte raison l'observation réfléchie, apprend bientôt que cet obscurcissement de l'air tient à une masse de grains de sable fin et de poussière terreuse en suspension dans l'air. C'est de ce phénomène qu'il s'agit lorsque dans les extraits suivants de mes journaux je parlerai d'air, de ciel ou d'horizon *voilés*.

---

(1) L'échantillon, placé dans une fonte de la selle de mon cheval, en est sorti à mon insu pendant un temps de trot.

JOUR ET MOIS	ANNÉE	LIEU.	OBSERVATIONS.
17 janvier...	1875.	Bîr El-Hachchâna.	Le vent soufflant, à 3 heures du soir, de O. 8° N., avec une force de 4 (1), l'horizon est voilé au N. O., et les crêtes des dunes lancent une fumée de sable qui aveugle.
6 février....	1860.	Chemin de Merhayyer à Gomâr.	A midi, le vent soufflant de N. 72° O., avec une force de 3 à 4; il soulève en masses le sable le plus fin.
9 février....	1860.	Soûf.........	Le matin, le vent soufflant de E. 1/4 S., avec une force de 1 à 2; l'horizon du côté est vaporeux, voilé.
10 février....	1860.	Soûf.........	A midi se déchaîne un ouragan, le vent sautant de l'O. à l'O.-S.-O. par bouffées. Le ciel couvert et voilé confond sa teinte avec celle de l'horizon de dunes.
12 février....	1875.	'Areg Sîdi Khalifa.	A minuit se lève un vent très fort de N. 73° O. A 8 heures du matin, le vent souffle de N. 73° E., avec une force de 4; à 1ʰ 50ᵐ après midi, il vient du nord avec une force de 7; à 3 heures de N. 17° E.; à 8ʰ 45ᵐ du soir, le vent arrive par tourbillons sautant sur le cadran, mais principalement de N. 43° O.
18 février....	1875.	Bîr El-'Aârâf....	A 11ʰ 30ᵐ du matin, le vent soufflant de S. 63° E. avec une force de 3; le ciel est tout couvert de cumulus et de nimbus, sauf une petite place encore azurée au zénith. A 1ʰ 30ᵐ du soir, le vent souffle du Sud avec une force de 2 à 3; le ciel est entièrement couvert sans qu'on y puisse distinguer de nuages séparés. A 1ʰ 50ᵐ, le ciel et l'atmosphère se sont obscurcis sous l'influence du siroco. A 2 heures du soir, le vent oscillant de S.-O. à S.-S.-O. 5° S. arrive par sauts avec la force de 4 à 6; le ciel est uniformément d'une couleur gris de plomb. A 2ʰ 30ᵐ, le vent continue de S. 5° S.-S.-E., variant à chaque seconde entre les forces 1 et 5. L'aspect du ciel n'a pas changé. Pas de nuages et pourtant il est facile de fixer le soleil tant il est voilé. On ne s'aperçoit pas que l'air des couches inférieures soit chargé de sable, mais lorsqu'on ouvre et ferme ses mâchoires on sent des grains de quartz qui font craquer les dents. A 3ʰ 30ᵐ, le vent souffle de S. 13° E.; on observe sur le ciel deux petites raies bleues à 5 degrés au-dessus de l'horizon au S.-S.-E. Malgré l'abondante rosée du matin qui a mouillé le sable, sa surface maintenant est tout à fait sèche jusqu'à 0ᵐ,02 de profondeur. A 5 heures du soir, le vent soufflant du sud, le ciel toujours très chargé au nord, au N.-E. et au N.-O., se dégage par places dans les autres directions.
19 février....	1875.	Bîr El-'Aârâf...	A 9ʰ 30ᵐ du matin, ouragan de O. 33° S. par saccades, le vent ayant tantôt la force de 6, tantôt celle de 7. Après une accalmie, à 1ʰ 20ᵐ du soir, coup de vent terrible de N. 53° O. à N. 58° O.; à 1ʰ 45ᵐ, par un vent d'ouragan de N. 33° O., le sable arrive en nuages, *malgré la pluie*, et il se colle autour des paupières.
19 février....	1860.	Près de Wargla.	A 1ʰ 5ᵐ du soir, coup de vent terrible de N. 30° O., transportant le sable, qui arrive en nuages et qui aveugle. Le sable pénétrant par le col de ma chemise et par les manches forme des dépôts à ma ceinture, entre la chemise et la peau.
24 février....	1875.	Debila.......	Dans l'après-midi, par un siroco terrible de O. 43° S., je vois, sur plusieurs points du sol du *sahan* (dépression à fond plat) où est bâtie Debila, de minces couches de sables courant au ras du sol, comme si l'on y aurait promené rapidement une gaze blanche.
14 mars.....	1875.	Bîr El-Ghabi...	A 4 heures du soir, voulant prendre des hauteurs du soleil, un vent de N. 88° O. de la force de 6 à 7, chasse le sable dans mes yeux et fait même pénétrer dans le bain de mercure qu'abrite une glace; à 7ʰ 50ᵐ du soir, le vent de S. 87° O., de la force 7, fait filer avec une rapidité surprenant eles grains de sable à la surface du sol. Ces grains de sable s'entre-choquant font une musique comparable à celle d'une robe, en étoffe épaisse de soie, frôlant un parquet. A 9 heures du soir, le vent d'ouest menace de renverser les tentes.

(1) La force du vent est estimée, au juger, de 0, calme absolu, à 10, ouragan au maximum de sa force.

JOUR ET MOIS.	ANNÉE	LIEU.	OBSERVATIONS.
15 mars	1875.	Bir El-Ghabi	A 4ʰ 30ᵐ du matin, ce vent tombe. A 6ʰ 45ᵐ se lève un vent de S. 87° O., qui tourne au N.-N.-E., à 8ʰ 10ᵐ, avec une force de 4. A 9 heures du matin, non seulement le vent chasse le sable très fort, mais il est assez violent pour secouer les bras d'un homme qui se tient debout et qui ne se raidit pas pour lui résister. A midi un quart, le vent tombe.
27 mars	1875.	Negrin	A 6ʰ 15ᵐ du matin, le ciel est entièrement couvert et d'une couleur plus foncée à l'horizon, du côté S.-E.; le vent souffle de S. 12° E., avec la force de 2. A 10ʰ 10ᵐ, la pluie commence à tomber, le ciel restant couvert. Elle a une interruption, puis reprend à 12ʰ 15ᵐ plus régulière et plus forte. A 12ʰ 30ᵐ, la pluie continue toujours, tantôt plus faible, tantôt plus forte, le vent souffle de S. 8° E.; le ciel, tout couvert, est moucheté de nimbus se détachant sur un champ de couleur foncée. A 2ʰ 30ᵐ du soir, ciel gris; il pleut; vent de E.-S.-E., force de 1 à 2. A 3ʰ 30ᵐ du soir, ciel couvert, pluie; vent intermittent de l'est. A 5ʰ 30ᵐ du soir, pluie forte, ciel légèrement couvert, vent de E.-N.-E., force 1. A 6ʰ 5ᵐ du soir, la pluie reprend après un temps d'arrêt. A 6ʰ 55ᵐ, elle reprend encore et devient assez forte. A 8ʰ 25ᵐ du soir, le ciel est entièrement couvert; vent d'est par rafales de la force 2. A 8ʰ 45ᵐ du soir, pluie. A 9ʰ 30ᵐ, la pluie n'arrive plus que par instants; un vent terrible d'entre est et E.-S.-E. s'est levé, il gémit sur la montagne et arrive à nous un peu affaibli avec la force de 7. A minuit, sous l'effet de ce vent violent, le ciel s'éclaircit.
11 avril	1875.	Signal géodésique dit de Chegga.	A 10ʰ 30ᵐ du matin, se déchaîne un ouragan épouvantable de N. 7° O. A 2ʰ 30ᵐ du soir, toutes les tentes de la mission sont abattues ou déchirées de haut en bas par la violence du vent. Le grand théodolite du dépôt de la guerre, tout pesant qu'il est, et malgré le peu de prise qu'il offre au courant atmosphérique, est renversé à terre.
21 juin	1860.	Choûchet'Ali Ben Hâmed.	A 1ʰ 20ᵐ du soir, des coups de vent terribles du sud renversent par deux fois ma tente. A 2ʰ 10ᵐ du soir, un violent ouragan du N.-O. chasse le sable de manière à produire une impression douloureuse sur mes mollets nus. Un peu plus tard, orage et tonnerre.
1ᵉʳ juillet	1859.	Ghardâya	Par un vent du sud le ciel est voilé. Ghardâya est située sur la berge de l'Ouâd Mezâb, loin de la région des sables mouvants, et pourtant il y a beaucoup de sable dans la cour de la maison que j'habite.
1ᵉʳ juillet	1860.	Tougourt	Ouragan violent du N.-O. avec éclairs et tonnerre.
12 juillet	1859.	Ghardâya	Le vent du N.-E. soulève sur le lit de l'Ouâd Mezâb des nuages de sable qui obscurcissent l'atmosphère comme en temps du siroco.
15 juillet	1860.	Entre Mouîa El-Qâid et El-Ouâd.	L'arête des dunes appelées 'Erg Sa'id a été rebroussée par le vent du N.-E. Mon guide est obligé de frayer avec ses bras un passage dans les dunes, pour les chameaux, sur le chemin même qu'il a parcouru sans difficulté il y a peu de temps. Les dunes de 'Erg Sa'id ont leur pente raide du côté ouest.
26 juillet	1860.	Chemin d'El-Ouâd à Ghadâmès.	A 4 heures du soir, par un siroco de S. 65° O., le ciel est voilé. Plus tard le vent tourne à l'est redoublant de force.
27 juillet	1860.	Dhera' El-Khezîn.	A 4ʰ 30ᵐ du soir, par un vent faible de N. 83° O., le ciel est très voilé. Pendant la marche de nuit il souffle très fort de N. 52° E.
28 juillet	1859.	Ghardâya	Coups de vent du N.-E. qui soulèvent le sable de la vallée de l'Ouâd Mezâb de manière à obscurcir l'air.
28 juillet	1860.	Chemin d'El-Ouâd à Ghadâmès.	A 4ʰ 55ᵐ du soir, ciel voilé.

JOUR ET MOIS.	ANNÉE	LIEU.	OBSERVATIONS.
31 juillet....	1860.	Moui Er-Rebah..	Le matin, vent d'est. Dans la nuit des nuages arrivent du nord, lançant des éclairs.
6 août......	1859.	Ghardâya......	Vent violent de S. 38° E. et ciel voilé.
7 août......	1859.	Ghardâya......	Vent de S. 55° E., et horizon sud obscurci.
14 août.....	1859.	Ghardâya......	Le vent du nord chasse avec violence le sable et la poussière.
24 août.....	1859.	Ghardâya......	Vent du S.-E.; la ligne de l'horizon est voilée.
3 septembre..	1859.	Près El-Goléa'a.	A $3^h 15^m$ du soir passe un tourbillon de sable, rudiment de trombe.
19 septembre.	1860.	Chemin de Ghadâmès à Tripoli.	A midi 16^m, le vent du S.-E. fait passer devant notre ligne de marche une trombe qui projette la poussière à 15 mètres de hauteur. A midi 20^m une autre trombe, plus petite, suit les traces de la première.
28 septembre.	1859.	Ghardâya......	Vent d'est. Horizon voilé du côté est.
1er novembre.	1859.	Laghouât......	Vent du Nord soulevant des nuages de poussière et de sable.
4 décembre..	1874.	Caravansérail de Chegga.	Après une nuit pluvieuse, à $6^h 15^m$ du matin, la pluie recommence par un vent de S.-O. 8° S. de la force de 4. A 9 heures du matin, ciel couvert et vent de O.-S.-O. force 4. A $9^h 12^m$ du matin, pluie. A $9^h 30^m$, coup de vent d'ouest, force 6 à 7, qui continue. A $12^h 30^m$, le vent souffle de O. 8° N., avec une force de 6 à 7; il a déjà couvert de sable mes papiers placés sur une table, haute de 70 centimètres, dans ma tente. A $1^h 50^m$ du soir, le vent vient de O.-S.-O., avec la force de 3.
10 décembre.	1874.	'Aïn Ma'âch....	Par un vent de N. 17° O., de la force de 8, le ciel est obscurci par des poussières de terre.
12 décembre.	1874.	Près 'Aïn Ma'âch.	A $10^h 50^m$ du matin, le vent de N. 73° O., de la force de 5, renverse, heureusement sur ma cuisse, le niveau servant au nivellement. A $10^h 55^m$ du matin, une trombe de sable, poussée par un fort coup de vent de N. 63° O. assez fort pour renverser un homme, passe à 4 ou 5 kilomètres dans l'est. La masse des particules de terre et de sable que ce vent soulève cache entièrement la ligne des montagnes de l'Ahmar Khaddhou, etc., parfaitement visible en temps ordinaire.
28 décembre..	1874.	El-Ba'adja.....	L'arête du Sif El-'Alendâwi est rebroussée (V. Pl. V, fig. 1) par suite de l'action du vent de E.-S.-E. qui a soufflé la veille.
30 décembre.	1874.	El-Ba'adja.....	A $1^h 10^m$ du soir, par un vent de N.-O. de la force de 3 à 4, le ciel est serein dans sa partie haute, et légèrement voilé près de la ligne de l'horizon. A $1^h 40^m$, le vent souffle du N.-O. avec la force de 4; l'air est obscurci au loin par des particules salines que ce vent soulève. Un peu plus tard ce vent prend la force de 7. A $5^h 30^m$ du soir, vent d'entre ouest et O.-N.-O., force 3. A 8 heures du soir, vent N.-N.-O. 5° N., force 3. A $5^h 30^m$ et à 8 heures, au moment de lire l'indication de mon baromètre anéroïde, posé sur la table, sous ma tente, je suis obligé de nettoyer le verre qui est entièrement caché sous de la poussière de terre.
31 décembre.	1874.	El-Ba'adja.....	A $7^h 15^m$ du matin, le verre du baromètre anéroïde est couvert de sable apporté par le vent de N. 17° O. qui a soufflé pendant la nuit. Je le nettoie. Le vent vient de N. 73° O., avec une force de 0 à 1. Il souffle ensuite plus fort, par sauts, de N. 2° O. à S. 67° O., force de 1 à 3, et à $9^h 15^m$ du soir, le verre du baromètre anéroïde est encore caché par le sable.

On comprend que le transport du sable par le vent indiqué par les observations précédentes finisse par modifier la forme des dunes et les déplace dans la direction opposée à celle d'où vient le vent le plus impétueux pendant toute l'année. C'est sur la bosse des *sioûf*, et sur les sables légèrement tassés des dépressions en forme d'assiette qu'on peut assister à un phénomène qui, en petit, représente bien ce qui a dû se passer lorsque les premières dunes se sont formées. La surface de la bosse des *sioûf* est zébrée de veines ayant tout à fait la forme des *sioûf* (V. page 316, Pl. IV) et, en général, la même orientation. Mais, en raison de leurs dimensions réduites, les veines dont je parle obéissent plus rapidement à l'action du vent. Elles se déplacent, tantôt diminuant de volume, tantôt, au contraire, augmentant par le fait de la superposition de deux veines qui se sont rejointes et fondues en une seule. Fouettées par les remous du vent, dont rien ne les garantit, elles se rapprochent petit à petit de l'arête de la dune, tout en diminuant de la quantité de grains de sable que le vent leur enlève et qu'il entraîne et répand comme une fumée sur la pente raide de la dune. La planche IV, dessinée d'après nature près de Bîr Ez-Zenînim, montre, en D, l'entre-croisement de veines de sable sur la bosse d'une dune. Agrandissons considérablement par la pensée les proportions de ces veines, elles nous représenteront des *sioûf*, et il ne sera pas difficile d'admettre que, trois lignes de *sioûf* arrivant à se joindre en D, il se forme sur ce point un *ghourd*, c'est-à-dire une véritable montagne de sable, sans qu'il soit besoin pour cela de la présence d'un rocher qui lui serve de charpente ou de point d'appui.

Pour apporter une preuve du procédé lent de progression des dunes, j'ai saisi la nature sur le fait près de Cheguiguet Ouled El-Ghoûli (Soûf). Il s'agit d'une dune à double sommet; les deux dômes allongés qui la surmontent sont séparés par un col. Au moment de l'observation, le vent soufflait de N. 55° O. Il chassait un courant de sable qui, gravissant la pente N.-O. à peu près du nord au sud, passait par le col, entre les deux dômes allongés (V. page 317, Pl. V, fig. 2 en AA), et se répandait en irradiant sur la pente S.-E. de la dune.

Un obstacle quelconque placé dans la région d'El-'Erg produit naturellement une déviation plus ou moins prononcée dans l'orientation et dans la forme des amas de sable qui l'environnent. Ici encore, je choisirai un exemple parmi les faits de détail, parce que, dans la région des dunes, les faits de détail traduisent exactement la loi générale, et l'observation qu'on peut en faire est facilement complète. Le 17 janvier 1875, je remarquai la présence d'une crotte de chameau sur la bosse du Sîf El-Hachchâna (V. page 318, Pl. VI); le vent soufflait de S. 87° O. et les veines sur la bosse de cette dune s'alignaient du N.-N.-E. au S.-S.-O. A l'ouest, et immédiatement sous cet obstacle, qui pouvait avoir 3 centimètres de long sur 10 à 15 millimètres de large, le vent avait creusé un petit trou oval, en forme d'entonnoir, et le sable extrait de cette cavité et entraîné à l'est avait servi à former une assez forte veine parasite qui se dessinait dans l'angle E. 17° S., comme si le sable avait obéi là à l'action d'un vent direct de S. 17° O.

Un autre exemple de l'effet des obstacles sur la marche des sables est donné par la muraille d'enceinte du village d'El-Behîma (Soûf), qui est constamment envahie, *à l'intérieur*, par des sables du S. 5° O., tandis que les creux des jardins de Debîla, qui représentent mieux les conditions normales de la contrée, sont envahis à la fois de l'E. 7° N. et de l'O. 13° S.

Je crois enfin devoir mentionner deux faits, qui, à mes yeux, suffiraient pour démontrer l'exactitude des déplacements considérables des sables dans le Sahara. A la surface de plusieurs chotts, on trouve de petites nappes de sable, et même des dunes de sable, parfois de fortes dimensions. Dans des vallées du plateau appelé Chebka des Cha'anba, telles que l'Ouâd Methlîli, l'Ouâd El-Gâ'a, l'Ouâd Sebseb, l'Ouâd Teghîr, etc., on voit des sables ondulés et formant de petites dunes; bien plus, dans l'Ouâd Methlîli, l'Ouâd Sebseb, l'Ouâd Teghîr, l'Ouâd Djedîd, etc., les ondulations de sable et les petites dunes montent, par places, le long des berges de ces vallées jusqu'au ras du plateau. Or, il est bon de considérer que, pour ce qui est des chotts, leur surface propre ne renferme pas de sables meubles qui puissent avoir servi à former les dunes, et, pour ce qui est de la Chebka des Cha'anba, on n'y trouve pas le grès comme roche dominante. Il faut donc que les sables qui s'y trouvent par taches sporadiques, et les sables qui encombrent le fond de ses larges vallées, y aient été apportés de la zone d'El-'Erg, qui ne commence qu'à 40 et 90 kilomètres dans l'ouest, et à 215, 230 ou 260 kilomètres dans l'est. Le vent est le seul agent qui puisse avoir réalisé le transport du sable à de pareilles distances, et le tracé de la lisière nord de la zone d'El-'Erg indique, dans les *selâsel* (chaînes de dunes) qui s'en détachent, se dirigeant vers l'ouest en appuyant légèrement vers le nord, que le point probable d'origine des sables de la Chebka des Cha'anba doit être l'est.

En résumé, il ressort de toutes les observations et de toutes les données historiques que je viens de passer en revue, que, dans le Sahara, entre 30 et 35 degrés de latitude nord et 3° et 9° 30' de longitude est de Paris, et même plus à l'ouest, c'est surtout entre deux points de l'horizon, l'est et l'ouest, que le vent se partage, et que les vents d'ouest, quoique un peu plus fréquents que les vents d'est, sont en moyenne plus faibles que ces derniers, qui renversent et modèlent les dunes, obstruent des vallées et comblent des puits, en quelques heures, et couvrent de dunes, en quatre ou cinq siècles, un pays où il n'y avait auparavant que des sables plans. Les observations sur les vents et sur les dunes faites en hiver, saison où les vents d'ouest dominent, conduiraient donc à des conclusions fausses si l'on devait se limiter à celles-ci; et pour bien connaître et les vents et le régime des sables du Sahara, il est indispensable d'avoir à sa disposition des observations d'été, où dominent, au contraire, les vents d'est.

Or, ce régime des vents du Sahara algérien et du Sahara tunisien se retrouve à peu près le même dans les deux îles de Fuertaventura et de Lancerota (archipel des Canaries), situées à une latitude (entre 27° 30′ et 30° N.) un peu inférieure à celle de Ghadâmès.

Voici, en effet, comment s'exprime Georges Glass, chapelain du consulat anglais aux îles Canaries, où il résida longtemps en cette qualité.

« Du milieu ou de la fin du mois d'avril jusqu'au commencement ou au milieu du mois d'octobre, le vent souffle avec violence et sans interruption, du nord et du nord-nord-est, quelquefois il tourne un peu à l'est.....

« Les vents du nord et du nord-nord-est soufflent sur ces îles assez fort et d'une manière assez continue pour y empêcher la croissance des arbres de toute espèce, et cela surtout à Lancerota, qui est le plus exposée à leur violence (1). »

Il y a donc là une longue zone soumise aux mêmes influences météorologiques, où nous trouvons les vents alizés inférieurs, imprimant leur cachet non seulement sur la région des dunes d'El-'Erg, mais encore sur un archipel de l'océan Atlantique.

Supposons-nous accompli le fait de la submersion du chott Melrigh et du chott El-Gharsa, la mer intérieure n'aurait presque rien à redouter du fait de la moitié des vents d'est, c'est-à-dire des vents d'est à nord-nord-est, qui balayent des terres sans sables mouvants; mais il faudrait prévoir un ensablement lent du fait des vents de est à sud, sans parler des vents de sud à sud-ouest, qui tous passent sur des parties du Sahara où les sables mouvants couvrent la totalité ou de vastes étendues du sol. En tous cas, il est évident que ce danger est de ceux que l'on peut négliger comme ne regardant ni notre génération, ni plusieurs de celles qui lui succéderont.

M. ROLLAND. Je ne voudrais pas abuser des instants de la Sous-Commission en l'entretenant de nouveau de la question des dunes de sable du Sahara, d'autant plus que mes observations et mes idées à ce sujet sont exposées dans une brochure qui a été distribuée. Je demanderai seulement à faire une réserve quant à l'expression de sables *mouvants*, qui a été employée par M. Duveyrier.

Les faits si nombreux et si intéressants que M. Duveyrier vient de nous signaler prouvent, entre autres choses, que les dunes, qui sont de formation contemporaine au point de vue géologique, sont, même historiquement par-

---

(1) Georges Glass, *The history of the discovery and conquest of the Canary island*. Londres, in-4° 1764. p. 194 et 195.

lant, de formation très récente, et que le phénomène se poursuit aujourd'hui dans toute son activité : telles régions se sont ensablées de mémoire d'homme. Mais il ne faudrait pas conclure de ces faits que les grandes dunes, une fois formées, soient mouvantes sous l'action brusque du vent, qui les a élevées grain par grain au cours des siècles.

L'ouragan le plus violent ne saurait déplacer une montagne de sable, et ne remue les grandes dunes que sur une bien faible épaisseur. Seule la couverte est mobile sous les actions alternatives des vents qui se succèdent au désert, mais non la masse. L'emplacement et même l'orographie des grandes chaînes de dunes ne varient guère.

On peut citer comme preuve : la permanence des pistes de caravanes suivant la lisière des gassi; l'existence de points d'eau connus de longue date au milieu même des sables; les noms attribués aux chaînes et à leurs intervalles, à tel sommet et à tel col, et même à de grandes dunes isolées; les vieux troncs d'arbres que l'on rencontre dans les dunes et souvent sur leurs sommets, etc.

Il est vrai que cette absence de mobilité des grandes dunes n'exclut pas une circulation active des sables à la surface du désert. Elle n'est elle-même pas absolue : les matériaux sableux, que la désagrégation rend libres incessamment, vont au sud-est, où leur masse augmente de plus en plus, et c'est ainsi qu'on peut dire que les grandes dunes marchent, mais très lentement, dans cette direction.

M. Duveyrier. En général, les grandes dunes ne changent pas de place d'une manière appréciable; mais personne ne peut préciser d'une manière exacte où elles se trouvaient il y a un certain temps; par conséquent, les observations contemporaines ne peuvent pas permettre de se former une opinion.

Permettez-moi de revenir sur un fait que j'ai vu de mes yeux. J'allais un jour de Tougourt à El-Ouâd. Dans le talus qui sépare les plantations d'Ourmâs du village de Gomâr, mon domestique, natif du Soûf, me montra par terre des coupoles qui se trouvaient autrefois sur la terrasse d'une maison; cet homme, qui pouvait avoir au plus 30 ans, m'affirma qu'il avait vu la maison entièrement dégagée de sable. Voilà donc une preuve de déplacement considérable des sables. Mais je suis tout à fait de l'avis de M. Rolland; un ouragan, si terrible qu'il soit, ne transporte pas une montagne de sable. Il produit ce phénomène qu'un homme, couché sur un matelas sous la tente et tournant le dos au vent pour éviter que le sable lui entre dans les yeux, dans le nez et dans les oreilles, se trouve avoir le lendemain un talus de sable derrière le dos.

M. Rolland. J'avais craint que l'expression de sables mouvants ne pût laisser supposer que les grandes dunes elles-mêmes fussent mouvantes, tandis qu'elles n'avancent que très lentement, sauf des exceptions locales, et sont pratiquement fixes. Ce point est important à établir en prévision de l'établissement d'un chemin de fer trans-saharien. On sait, en effet, que les missions ont reconnu que les sables ne formaient pas une ceinture continue au sud du Sahara algérien, et que, soit au centre, soit à l'est, on pouvait passer sans rencontrer de sables, ou à peu près : en particulier, un large passage, libre de sables, traverse de part en part la zone des dunes le long de l'Oued Igharghar. Or, l'état de choses constaté aujourd'hui ne menace pas de se modifier notablement dans la durée d'une génération.

M. ROLLAND. L'orientation des dunes, ce qui, je l'ai déjà fait remarquer, est tout différent de la direction des chaînes de sable, ne peut manquer de donner des indications sur les vents. Il est vrai que cette orientation varie dans une certaine mesure avec les vents, mais d'autant moins qu'il s'agit de dunes plus importantes, et presque plus pour les grands massifs de 100 et 200 mètres.

L'orientation à peu près constante de ces grands massifs semble indiquer que la résultante mécanique des vents vient plus ou moins du nord-ouest.

Mais les indications tirées de l'emplacement des grandes dunes sont plus concluantes et ne sauraient être contestées. Le fait est que les grandes dunes que nous connaissons sont situées au sud-est des régions où elles s'alimentent. Le fait est que c'est par le nord et l'ouest que les oasis de l'Ouâd Rîgh et de Ouargla s'ensablent. Donc le transport des sables sous l'action des vents a lieu finalement du nord-ouest au sud-est.

M. JAMIN. Je voudrais qu'il y eût une conclusion de cette discussion. Je crois avoir lu que MM. Martin et Desor ont tiré de la direction des dunes des conséquences relatives à l'action des vents ; ils affirment que ces dunes sont orientées de façon à indiquer que les vents dominants vont du nord au sud.

M. ROLLAND. J'arrive à peu près à la même conclusion, et je conclus formellement que la résultante mécanique des vents, en tenant compte à la fois de leur force et de leur direction, est dirigée du nord-ouest au sud-est. Cela est indiqué surtout par la considération de l'emplacement des dunes. On y est également amené, quoique d'une manière moins certaine, en envisageant l'orientation.

Quant à la direction des chaînes de sables, elle ne saurait donner, selon moi, aucune indication précise au sujet des vents. Je crois qu'elle dépend principalement du relief du sol sous-jacent. J'ai démontré cette relation dans la région d'El Golea, sur les plateaux crétacés, qui offrent des lignes de relief accusées : là, les grandes chaînes de dunes sont bien distinctes et nettement limitées aux accidents topographiques, dont elles épousent les directions et dont dépend même leur orographie.

M. Jamin. Je voudrais que M. Duveyrier eût l'obligeance de nous dire ce qu'il pense sur ce sujet et si, d'après lui, on peut conclure de l'orientation des dunes la direction des vents les plus fréquents et les plus forts. C'est un témoignage, une espèce d'hiéroglyphe dont il faut trouver la signification.

M. Duveyrier, La réponse à la question de M. Jamin se trouve précisément dans le mémoire que je viens de lire. L'orientation des dunes est généralement, en hiver, de ouest à est, à cause de la direction des vents; en été, au contraire, la crête des dunes se retourne, et les sables progressent de l'est à l'ouest. C'est un fait que j'ai pu constater un jour par un vent très violent.

M. Jamin. Pendant l'été, l'orientation des dunes est dirigée de l'est à l'ouest; par conséquent, le vent est perpendiculaire à leur direction?

M. Duveyrier. Le vent vient de l'est et pousse devant lui les sables vers l'ouest.

M. Jamin. Mais la direction des crêtes est perpendiculaire au vent?

M. Duveyrier. Elle est un peu inclinée sur les méridiens.

M. Jamin. Y a-t-il des dunes orientées de façon à indiquer les vents venant du nord au sud, ou du sud au nord?

M. Duveyrier. Il y en a, mais ce sont des exceptions. On rencontre des dunes qui ont des reliefs considérables, quelquefois 150 mètres de hauteur. Dans ces conditions, elles produisent à un certain endroit une espèce d'écran qui empêche les vents d'arriver directement dans les dépressions. Néanmoins, ces vents y arrivent par un remous, en faisant un détour, et forment des dunes secondaires dont la direction jure avec l'orientation générale.

M. le général Favé. J'ai vu dans une des brochures qui nous ont été distribuées, celle de M. Rolland, je crois, qu'il ne fallait pas entendre par vents dominants les vents les plus fréquents, mais les vents les plus forts, qui peuvent être des vents exceptionnels. Voilà, je crois, ce que M. Rolland établit.

M. Duveyrier. Et nos observations le confirment entièrement. La forme des dunes, en hiver et pendant la plus grande partie de l'année, se trouve orientée vers l'est; cependant le moindre vent d'est les bouleverse et change leur orientation.

M. Jamin. Je demande la permission d'insister : il est très important de connaître la direction des vents afin de savoir de quel côté l'évaporation se produira.

M. le Président. Vous considérez la dune comme un anémoscope.

M. le commandant Roudaire. Je ne pensais pas que cette question fût discutée aujourd'hui; elle a d'ailleurs été déjà examinée et il a été admis que pendant l'étéles vents qui régnaient le plus fréquemment dans la région étaient les vents de sud-est, et pendant l'hiver, de nord-ouest. M. Renou a été d'accord avec moi sur ce point qui résulte des observations de MM. Duveyrier et Sériziat, ainsi que des miennes. Je ne puis citer de mémoire des chiffres précis, mais, je le répète, la deuxième Sous-Commission a admis d'une façon absolue qu'il y avait deux directions principales des vents : nord-ouest pendant l'hiver, et sud-est pendant l'été.

Quant aux dunes, leur direction, leur situation n'indique pas la fréquence des vents, mais seulement leur résultante au point de vue de la force mécanique. Tel vent peut souffler très rarement, mais avec une puissance telle qu'il aura plus d'action sur les dunes que l'autre vent qui soufflera deux ou trois cents jours de l'année.

M. Milne-Edwards. Il me semble que la question est beaucoup plus complexe qu'on ne le suppose quelquefois. Il faut bien distinguer pour les dunes la direction principale, qui ne paraît pas être due à l'action des vents, mais qui résulterait des reliefs du terrain crétacé ou d'autres terrains situés plus profondément et qui ont servi de barrière pour arrêter le mouvement des sables : il faut, dis-je, distinguer la direction générale d'une ligne de dunes de ces mouvements, de cette variation dans le relief et dans la forme qui résulte de l'action des vents. Il y a donc là des changements qui s'opèrent sur place et qui sont dus aux vents.

La direction principale me paraît tenir à la configuration du sous-sol, probablement du terrain crétacé; et, si l'on voulait faire une application de ces données à la question qui nous occupe principalement, je crois qu'on rencontrerait des difficultés considérables et qu'il y a encore tant d'inconnu à cet égard qu'il serait bien difficile d'arriver à une conclusion un peu certaine.

M. Chambrelent. Dans le golfe de Gascogne, l'élément dont parle M. Milne-Edwards n'existe pas; nous n'avons pas de relief, mais une plage unie. C'est pour cela que l'orientation des dunes indique moins la force des vents que leur fréquence. Les dunes sont parallèles au rivage, mais on ne voit pas se produire le phénomène dont M. Milne-Edwards vient de parler avec beaucoup de raison, et qui tient aux reliefs. Je crois néanmoins que, malgré ces reliefs, en étudiant l'ensemble des terrains, l'ensemble des dunes, sans avoir une solution aussi précise qu'on l'a pour les vents de la côte de Gascogne, on pourrait arriver à avoir l'indication des vents les plus violents, sinon d'une manière absolument exacte, du moins très approximative. Sur la côte de Gascogne, on sait que les vents les plus violents ne sont pas ceux qui viennent du nord, mais ceux qui viennent du large.

M. Milne-Edwards. Dans l'étude de cette question, il ne faut pas confondre la direction générale des chaînes avec le relief de ces chaînes, qui varie avec les vents, tandis qu'au contraire la direction générale paraît être, en grande partie du moins, subordonnée à la configuration du sous-sol des dépôts des terrains crétacés.

M. Rolland. L'emplacement des dunes montre d'une manière incontestable que les vents les plus forts sont ceux du nord et de l'ouest.

La relation dont parle M. Milne-Edwards, entre les chaînes de dunes et les lignes de relief, est très nette sur les plateaux crétacés du Sahara algérien, où la direction des chaînes n'a certainement rien de commun avec la direction des vents. Une relation analogue doit se retrouver à la surface des alluvions anciennes et modernes; je crois que les grandes chaînes de l'Erg oriental jalonnent d'anciens affluents du chott Melrigh, les reliefs dus aux érosions étant intervenus dans la répartition des sables et ayant ensuite été amplifiés par eux. Il est vrai que le vent intervient d'autant plus dans l'arrangement des dunes que leur sous-sol est moins accidenté et que leur masse est plus considérable : il peut y avoir à la fois relation avec le relief et le vent. Quoi qu'il en soit, la direction des chaînes ne doit pas être consultée pour connaître la direction des vents.

Les veines transversales qui barrent les vallées entre les grandes chaînes de dunes et dont j'ai déjà parlé, peuvent seules donner des indications sur la direction des vents, et j'ai dit que ces indications semblent concorder avec celles que donnent l'emplacement et l'orientation des dunes.

Cette étude des dunes est certainement instructive par rapport à la direction des vents. Peut-être, comme le disait M. Roudaire, met-elle trop en évidence les vents forts, qui ne seraient que l'exception. Cependant les dunes enregistrent tous les vents, même assez faibles, capables de rouler les grains de sable, mais il est certain que le travail des vents forts est prédominant. La considération des dunes, si intéressante qu'elle soit, ne permet pas, en tout cas, d'apprécier la proportion des temps calmes, lesquels seront les plus utiles pour la chute à l'état de pluie des eaux évaporées à la surface de la mer intérieure.

M. LE PRÉSIDENT. La question me paraît épuisée. Je donne la parole à M. Gros.

M. GROS. Je ne sais pas si l'opinion de la Sous-Commission est assez avancée pour fixer un chiffre d'évaporation; il serait nécessaire, pour arriver à déterminer les dimensions qu'on devra donner au canal, de dire si l'on accepte le chiffre de 3 millimètres.

M. MILNE-EDWARDS. Il n'est pas possible de fixer une moyenne qui serait applicable à tel ou tel cas particulier; nous ne pouvons indiquer qu'un minimum.

M. GROS. La première Sous-Commission désire savoir quel est le chiffre qui pourra servir de base, que ce soit, 3, 3 1/2 ou 4.

M. JAMIN. Un minimum ne prouve rien du tout; il faut que ce minimum serre le phénomène de façon à ce que ce soit réellement la limite.

M. GROS. Je crois que la deuxième Sous-Commission est plus en mesure de fixer un chiffre que la première, qui n'a pas à s'occuper de cette question, mais qui, pour ses calculs, a besoin de connaître le résultat auquel nous serons arrivés.

Nous avons adopté provisoirement le chiffre de 3 millimètres ; ce provisoire doit-il devenir définitif? C'est ce que je demande à la Sous-Commission de déterminer.

M. LE GÉNÉRAL FAVÉ. Pour discuter cette question, il faudrait peut-être un peu plus de temps que nous n'en avons jusqu'à la fin de la séance.

M. BECQUEREL. Le rapport de M. Renou contient tous les éléments de cette question; il indique les chiffres qui résultent des observations, et, d'après ces calculs, nous pouvons fixer un minimum; c'est tout ce que nous pouvons faire. Nous disons que le chiffre que nous donnons est celui qui résulte des observations faites. Nous ne nous avançons pas beaucoup en disant que ces observations indiquent un minimum de 3 à 4 millimètres.

M. LE GÉNÉRAL FAVÉ. Je n'hésiterais pas, pour mon compte, à conclure de tous les documents que nous possédons qu'il faut prendre comme un minimum les résultats obtenus en Égypte aux lacs Amers; par conséquent, pour moi, ce ne serait pas du tout un doute, mais je serais au contraire influencé surtout par cette considération: ce minimum sera-t-il beaucoup dépassé? Il y aura, selon moi, d'autant plus d'avantage à l'existence d'une mer intérieure que l'évaporation sera plus considérable. Au lieu d'en faire une objection, j'y verrais un motif d'adoption. J'admets parfaitement toutes les raisons qu'a données M. Jamin au sujet de toutes les difficultés que peut présenter, au point de vue scientifique, la détermination de l'évaporation; j'admets que le climat d'Égypte contient probablement plus d'humidité et que les vents y enlèvent plus de vapeur qu'ils n'en enlèveraient à la mer intérieure. Mais je crois qu'au point de vue pratique on a dans les résultats des lacs Amers une base plus solide qu'on ne pourrait l'avoir ailleurs et que, par conséquent, on peut partir de là pour l'entreprise de la mer intérieure; je pense que s'il y a une augmentation d'évaporation, ce ne sera qu'une affaire de prévoyance et de travaux à exécuter après coup; mais, en définitive, je serais déterminé par cette considération que, comme à mon point de vue le grand avantage qui peut résulter de la création de la mer intérieure est de mettre de la vapeur dans l'air, plus l'évaporation sera active et plus, par conséquent, les avantages positifs que vous pourrez en retirer seront considérables.

M. Gros. Je crois qu'il y a un très grand danger à adopter un minimum qu'on supposerait inférieur à la réalité en ce qui concerne l'évaporation; ce serait un échec complet. Vous arriveriez à ce résultat de faire pénétrer dans la mer intérieure moins d'eau qu'elle n'en dépenserait par l'évaporation, et vous ne pourriez jamais la remplir.

M. le général Favé. Permettez-moi de vous répondre que vous la supposez remplie.

M. Gros. Non; vous ne pourriez pas la remplir.

M. de Lesseps. Pourquoi?

M. Gros. Parce que l'eau que vous amèneriez ne suffirait pas à réparer les pertes causées par l'évaporation.

M. le général Favé. Nous voulons arriver à la réalisation d'un projet, s'il est possible et avantageux; or l'esprit humain ne peut se servir que des données qu'il possède. Nous n'avons pas ici des données absolues et précises; c'est d'ailleurs ce qui arrive presque toujours aux gens qui manient la matière. Il faut nous contenter de ce que nous pouvons avoir, en y mettant toute la réserve possible.

Ensuite, nous verrons si ce minimum doit subir une augmentation; s'il peut entraîner des inconvénients, nous chercherons à les prévoir et à augmenter la faculté de remplissage de cette mer intérieure en dressant un projet pratique. Ce n'est pas un obstacle invincible; cela peut bien entraîner des difficultés avec lesquelles il faudra compter, mais non pas empêcher la concession, ni même le projet d'exécution.

M. DE LESSEPS. Que M. le général Favé me permette de compléter en quelques mots sa pensée : si l'on suit l'idée qu'il combat, le canal ne serait jamais rempli parce que les eaux n'y arriveraient pas. Je dis, moi, que personne ne connaît et ne peut connaître la poussée de la marée. Elle est tellement considérable qu'on ne peut l'observer, ni en haut, ni en bas; quelle que soit l'ouverture que vous ferez à l'entrée, du côté de Gabès, l'eau arrivera toujours, parce qu'il y a 2 mètres de marée.

Quand j'ai fait le projet du canal de Suez, un grand ingénieur, M. Poiret, a fait un mémoire pour le combattre, et il y déclarait que je ne remplirais jamais les lacs Amers, parce que l'eau que j'y déverserais disparaîtrait par l'évaporation; que l'eau que j'y aurais mise la veille n'y serait plus le lendemain. Or, les lacs Amers se sont remplis tout naturellement, par l'effet d'une cause que l'on ne comprend pas, que l'on ne connaît pas, que Dieu seul connaît : le mouvement de la mer.

M. LE COMMANDANT ROUDAIRE. M. de Lesseps me permettra d'ajouter que ce n'est pas par la mer Rouge que le remplissage des lacs Amers a eu lieu, mais par la Méditerranée, et, par conséquent, au moyen d'un canal de plus de 100 kilomètres de longueur, absolument horizontal; qu'en outre, on a été obligé d'établir un déversoir pour régler l'introduction des eaux, et l'on n'a versé dans les lacs qu'une partie de l'eau qui y serait entrée, si l'on n'avait pas établi de déversoir. Cependant l'opération s'est faite en six mois.

M. GROS. Je demande à présenter encore une observation sur l'inconvénient qu'il y aurait à adopter pour l'évaporation une valeur inférieure à sa valeur réelle; on disait tout à l'heure que, au cas où l'on aurait supposé une valeur trop faible, on y remédierait plus tard, après l'exécution des travaux. Mais, une fois le canal exécuté, on ne pourra plus l'agrandir : il y a un seuil de roche, à Gabès, où l'on ne pourra plus élargir la tranchée, une fois que les eaux y auront été introduites.

M. LE COMMANDANT ROUDAIRE. Je réponds qu'il se produirait une pente plus grande, une vitesse plus grande dans la partie calcaire où le canal serait plus resserré, mais que l'eau reprendrait son cours après l'avoir franchie. Je fais observer, en outre, que l'industrie, heureusement, a trouvé le moyen de faire des déblais rocheux sous l'eau; on a fait des travaux de ce genre dans différents ports.

M. Gros. Ces questions regardent la première Sous-Commission, et mon observation tendait à ce que l'on conseillât à cette Sous-Commission d'adopter un chiffre, celui qu'on voudra, peu m'importe.

M. le général Favé. Je propose celui de 1,^{m}20.

M. Chambrelent. Le travail a été fait sur une base que nous avons admise comme provisoire, celle de 3 à 4 millimètres d'évaporation par jour. Je suis de l'avis de M. Jamin; le problème est complexe, et il est impossible d'obtenir une solution mathématique; mais, si nous devions attendre une solution mathématique pour avoir une base quelconque, nous n'arriverions à rien.

Je considère le chiffre de 4 millimètres à peu près comme maximum. Je sais bien que les expériences qui ont eu lieu en France n'ont pas été faites dans les conditions climatériques où sera placée la mer intérieure, mais dans des conditions qui, à mon avis, sont plus favorables encore à l'évaporation de l'eau que celles qui existeront dans cette mer.

Je puis citer encore les expériences d'un homme qui est on ne peut plus compétent en ces matières, c'est M. Bazin, qui est chez nous une autorité classique. Il m'écrit qu'il a fait des observations en 1881, aux mois de juin, juillet et août, dans différentes stations et sur le canal de la Bourgogne :

« Sur notre canal, les pertes par évaporation sont tellement peu de chose, comparativement aux pertes par infiltration, qu'il est absolument impossible de les déterminer. Nous avons bien, sur plusieurs points, de petits bassins revêtus en zinc dans lesquels on observe l'abaissement progressif du niveau de l'eau; ces bassins ont 4 mètres carrés de superficie, et 0^m,30 à 0^m,40 de profondeur. Ces observations qui se font depuis longtemps dans le service ont fourni, par l'été si chaud de 1881, les résultats suivants :

DÉSIGNATION DES POSTES.	ÉVAPORATION PENDANT LES MOIS DE		
	Juin.	Juillet.	Août.
Saint-Jean-de-Losne.............................	0.092	0.153	0.073
Dijon...	0.089	0.137	"
Pont-d'Ouche.....................................	0.073	0.128	0.080
Pouilly..	0.067	0.092	0.084
Grosbois...	0.080	0.128	0.086
Montbars...	0.098	0.140	0.081
Tonnerre...	0.098	0.134	0.177
Laroche...	0.092	0.127	0.089

Ces résultats équivalent à 5 millimètres par jour dans un été sec. Je sais bien qu'en Bourgogne la température n'est pas aussi élevée que dans le

Sahara; mais nous savons aussi fort bien qu'il y règne des vents assez violents; quoi qu'il en soit, je soutiens que l'évaporation en Bourgogne, et constatée dans des appareils comme ceux-là, de 30 à 40 centimètres de profondeur, me paraît devoir être plus forte que dans la mer intérieure.

M. LE COMMANDANT ROUDAIRE. Et il s'agit d'eau douce!

M. CHAMBRELENT. Oui, bien entendu.

Maintenant, M. Bazin ajoute : « Il est vrai que l'eau contenue dans ces petits bassins s'échauffe plus que ne le ferait celle d'un grand canal. On doit par suite considérer les chiffres ci-dessus comme un peu exagérés.

« Il s'agit là de l'évaporation dans un canal; mais les expériences sont faites sur des surfaces peu étendues. Je crois que les chiffres que l'on obtient en Bourgogne, sur un canal et avec de l'eau douce, sont beaucoup plus élevés que ne le sera celui de l'évaporation de l'eau salée dans les chotts, quand ils seront inondés. »

M. Bazin poursuit : « Espérant trouver un résultat plus conforme à la réalité, j'ai recherché quels avaient été les abaissements de nos grands réservoirs aux époques où l'on n'en tirait pas d'eau pour l'alimentation. Malheureusement, diverses influences secondaires, qu'il est difficile d'éliminer complètement, viennent encore compliquer la question; cependant, l'un de nos réservoirs, établis sur sous-sol imperméable, a perdu par évaporation, du 19 au 25 août 1881, une tranche d'eau d'environ $0^m,12$, soit, par jour, $0^m,004$, ce qui concorderait assez avec le résultat fourni par les petits bassins d'expérimentation.

« Quoi qu'il en soit, je pense qu'une évaporation de 4 millimètres par jour doit être considérée comme un maximum pour notre climat. Quant à l'évaporation de l'eau de mer, je n'en possède aucune donnée. »

Je maintiens qu'avec des données comme celles-là, auxquelles, d'ailleurs, je n'entends nullement attribuer une exactitude mathématique, avec l'expérience si importante des *lacs Amers*, avec tous les autres renseignements que nous avons reçus, nous pouvons penser, ce qui, du reste, a déjà été admis, puisque les calculs de M. Gros ont été établis sur cette base, que l'évaporation dans la mer intérieure sera de 3 ou 4 millimètres; c'est le chiffre le plus probable que l'on puisse adopter.

M. GROS. Je voudrais que la seconde Sous-Commission, sans se prononcer d'une manière formelle et sans s'exposer à être démentie par des observations ultérieures, déclarât que l'évaporation lui paraît pouvoir être fixée à tel chiffre au minimum.

M. BECQUEREL. Je suis tout à fait de cet avis; j'avais moi-même émis cette opinion d'après les résultats qui avaient été cités.

M. Renou. Je proteste, par les mêmes raisons que j'ai déjà données et qui me font croire que l'évaporation dans le Sahara est beaucoup plus considérable qu'en Europe et qu'en France sur les bords du canal de Bourgogne, avec une humidité relative de 80 et une température de 18 + o.

M. Chambrelent. Je ne dis pas que ces expériences nous fournissent un résultat absolument précis, puisqu'elles sont faites avec des bassins d'une très faible profondeur et dans des circonstances qui paraissent favoriser l'évaporation beaucoup plus qu'elle ne le sera dans la mer intérieure; mais je dis que les conditions où sera placée cette mer ne seront pas plus favorables à l'évaporation que celles qu'on a constatées en France.

J'ai donné communication, à l'une des précédentes séances, d'une note dressée par M. l'ingénieur des Sables-d'Olonne sur des renseignements que lui avaient fournis les sauniers. Il en résultait que, dans un bassin dont la profondeur n'était que de 15 centimètres, l'évaporation avait été de trois fois plus grande que dans un bassin où la profondeur était de 25 centimètres.

Or, les bassins métalliques qui ont servi aux expériences faites en Bourgogne avaient au maximum 4 mètres de largeur sur 40 centimètres de profondeur. Il est évident, pour moi, que l'évaporation a été beaucoup plus forte dans ces conditions, au mois de juillet, qu'elle ne l'aurait été sur une grande masse d'eau salée.

M. d'Abbadie. Je suis porté à attribuer la différence bien moins à la profondeur relative de l'eau qu'à l'échauffement qu'elle subit dans des réservoirs métalliques. Des récipients en bois, s'il était possible d'en employer, vaudraient beaucoup mieux pour faire des expériences.

M. Chambrelent. Mais l'expérience dont je viens de parler, celle des sauniers, a été faite directement sur le sol, dans des marais salants. C'est l'expérience de Bourgogne qui a été faite dans des vases en zinc.

Je maintiens que cette dernière a eu lieu dans des circonstances plus favorables à l'évaporation que ne le seront celles où se trouvera la mer intérieure.

M. Jamin. C'est peut-être contestable : il y a de telles différences de température entre les deux pays!

M. le Président. Tout en tenant compte des réserves faites par M. Renou, au sujet de la différence qui existe entre les conditions dans lesquelles se trouveront placés les chotts une fois inondés, et celles dans lesquelles ont été constatés les résultats divers qui nous ont été apportés, il me semble que la conclusion de la Sous-Commission doit être que, d'après les expériences dont elle a eu connaissance, l'évaporation peut être évaluée à une quantité variant entre 3 et 4 millimètres par jour.

M. le général Favé. Voulez-vous me permettre d'ajouter, Monsieur le Président, qu'en faisant les calculs sur une évaporation de $1^m,20$ par an, dans la future mer intérieure, on aura observé les règles de la prudence?

M. Jamin. Pourquoi $1^m,20$?

M. le général Favé. $1^m,20$ par an, c'est un peu plus que 3 millimètres par jour; ce chiffre va un peu au delà de ce qui nous a été indiqué jusqu'à présent comme quantité probable de l'évaporation; en l'adoptant, nous dépasserions un peu ce que commande strictement la prudence.

M. Jamin. C'est un chiffre qui ne me paraît pas justifié; pourquoi dire $1^m,20$ plutôt que $1^m,30$?

M. le général Favé. Parce que le chiffre de $1^m,20$ dépasse un peu, mais pas beaucoup, ceux qui résultent des divers renseignements que nous possédons. On a cité, par exemple, celui de $1^m,15$ pour l'évaporation annuelle dans les lacs Amers. La prudence paraît demander qu'on dépasse un peu cette évaluation : si je propose $1^m,20$, ce n'est pas que je tienne à ce chiffre, c'est qu'il me paraît, je le répète, prudent de nous donner cette marge.

M. le Président. J'essayais tout à l'heure de bien établir la situation où se trouve la Commission.

Ce qu'elle sait, c'est que l'un de ses membres, M. Renou, suppose, par des raisons qu'il lui appartient de développer et qu'il a développées, que les comparaisons que nous faisons entre les expériences faites dans nos climats ou même aux lacs Amers et les faits qui se produiraient lorsque les chotts seraient remplis sont des comparaisons inexactes, et qu'il est exagéré d'appliquer aux chotts les conditions qu'on a observées et reproduites ailleurs; il y aurait, d'après notre collègue, des différences considérables.

Nous réservons, en conséquence, l'opinion de M. Renou; mais, cette réserve faite, je demande à la Commission de vouloir bien déclarer que, d'après les expériences qui lui ont été soumises, l'évaporation, dans les conditions où l'on a pu l'observer, dans les conditions connues, s'est maintenue dans la proportion de 3 à 4 millimètres par jour. Eh bien, nous ne disons pas ce qui arrivera dans les chotts; nous ne le savons pas; mais nous disons que ce qui est arrivé dans les diverses expériences dont nous avons connaissance et dont nous avons pu discuter les résultats, c'est que l'évaporation s'est maintenue entre 3 et 4 millimètres. Je ne pense pas que la Commission puisse aller plus loin.

M. le général Favé. Je crois cependant, Monsieur le Président, que si nous ne disions rien qui se rapportât à la question en vue d'une application pratique, ce ne serait pas assez. Il faut bien que l'on puisse conclure, de la déclaration que nous ferons, que l'opinion de la Commission est, en définitive, que les éléments qu'elle relève peuvent servir au point de vue de la création de la mer intérieure; sans quoi, nous n'aurions rien dit du tout.

Nous donnons ces éléments, nous, comme des résultats.

M. LE PRÉSIDENT. Oui, ce sont des résultats constatés que nous donnons; mais prédire ce qui se passera dans la mer intérieure, ce serait aller au delà de ce que nous pouvons émettre en fait d'opinion.

M. LE GÉNÉRAL FAVÉ. Mais si nous ne donnons pas du tout notre opinion au sujet de la quantité d'eau qui sera vraisemblablement évaporée dans la mer intérieure, ce que nous dirions ne pourra servir à peu près à rien. Il faut toujours que les conclusions que nous aurons formulées paraissent pouvoir être utiles au point de vue de la création de la mer intérieure.

Nous n'avons pas de donnée qui établisse que l'évaporation moyenne, pendant le cours de l'année, sera supérieure à 3 ou 4 millimètres. M. le Président propose de laisser la donnée à l'écart de toute application ; je crois que nous n'atteindrions pas notre but, si nous ne disions pas que cette donnée nous parait applicable à la construction de la mer intérieure.

M. LE PRÉSIDENT. Je crois que nous ferions bien de séparer les deux questions.

Nous sommes d'accord sur ce point que d'après les expériences effectuées en France, en Europe et aux lacs Amers, l'évaporation est de 3 à 4 millimètres par jour.

Il n'y a pas d'opposition ?...

Ce point est acquis.

Maintenant, ce chiffre de 3 à 4 millimètres sera-t-il applicable à la mer intérieure ? C'est sur cette question que la Sous-Commission pourra être appelée à délibérer de nouveau. Les avis peuvent être partagés, et quant à moi, je ne voudrais pas affirmer que l'application de ce chiffre pourra être faite sans correction, à la mer intérieure une fois qu'elle aura été remplie d'eau.

M. LE GÉNÉRAL FAVÉ. Le premier vote ne nous donne absolument aucun point d'appui pour l'établissement de la mer intérieure. Il faudrait pouvoir dire que, dans l'état des connaissances humaines, on ne peut pas trouver de meilleure base pour le projet d'inondation de la mer intérieure que les renseignements qui nous sont fournis, non par la science, mais par la pratique.

M. LE PRÉSIDENT. Il me parait que la Sous-Commission doit examiner d'une façon très sérieuse les opinions émises par M. Renou et par M. Jamin. La question de savoir si l'évaporation de 3 à 4 millimètres par jour, qui s'est produite dans certaines conditions, sera ou non applicable à la mer intérieure, demande à être débattue.

M. Jamin. M. le Président a raison; nous pourrons réfléchir à ce second point d'ici à la prochaine séance.

M. le général Favé. Qu'il me soit permis d'insister. Si nous étions une académie, nous pourrions nous en tenir à la constatation des faits; mais en agissant ainsi, nous sortons de notre rôle de commission pratique, instituée pour dire s'il est possible et avantageux d'introduire l'eau de la mer dans les chotts d'Afrique. Nos obligations, à mon avis, sont autres; l'étude que nous avons faite ne nous conduit pas, comme dans toutes les questions pratiques, à une conclusion positive et fixe; cependant, si nous ne voulons pas être une entrave, une pierre d'achoppement dans ce sujet, il faut bien que nous arrivions à dire sur quel chiffre il y a lieu de se fonder et si, à notre point de vue, la réalisation de ce projet peut être regardée comme facile ou simplement possible.

M. le Président. Je suppose pour un moment que la Sous-Commission technique nous dise : « Si vous affirmez que l'évaporation sera au minimum de 3 millimètres par jour, le projet ne peut être réalisé »; si nous disons que l'évaporation sera de 3 millimètres, le problème sera résolu. Si, au contraire, elle nous dit : « Avec 3 ou 4 millimètres d'évaporation par jour, l'application technique, le remplissage de la mer intérieure est possible, mais si l'on devait aller jusqu'à un chiffre de 6 à 7 millimètres, le problème ne serait pas soluble; techniquement parlant, nous serions obligés d'y renoncer. Dites-moi si l'évaporation peut atteindre 6 ou 7 millimètres, et nous examinerons si la question peut être résolue, en ce cas, par les moyens que nous possédons. »

Pour mon compte, avant de donner une solution — et je crois que la Sous-Commission sera de mon avis — je serais disposé à y regarder de très près; si nous pouvons, pour certains pays, nous fonder sur l'expérience pour indiquer le chiffre de 3 ou 4 millimètres, je ne voudrais pas que l'avis de la Sous-Commission fût donné à la légère, lorsqu'il s'agit d'éventualités qui reposent sur d'autres conditions locales qu'il est nécessaire d'examiner une à une, avec la plus grande attention.

M. le général Favé. Je suis d'un avis tout à fait opposé. En procédant de cette façon nous perdons beaucoup de temps et nous retardons indéfiniment la solution. Nous sommes une Sous-Commission chargée d'examiner la question au point de vue pratique, et nous devons faire entrer dans notre décision tous les éléments que la science peut fournir ; pourquoi donc n'irons-nous pas jusqu'à donner une indication pratique ? Je ne prétends pas que l'évaporation sur la mer intérieure ne doive pas être supérieure au chiffre qu'a indiqué l'expérience des lacs Amers ou que nous indiquerons nous-mêmes ; je dis seulement : Nous sommes en présence d'une grande entreprise nouvelle, et il faut forcément faire la part de l'imprévu. Quand Christophe Colomb est allé en Amérique, Dieu sait si la part de l'inconnu était grande ; quand M. Chambrelent a entrepris l'amélioration des Landes, n'y avait-il pas un inconnu, et cet inconnu n'a-t-il pas donné naissance à des oppositions sans limite ? Ceux qui discutaient, qui faisaient des objections, avaient raison à un certain point de vue rationnel; mais quand il s'agit d'arriver, en définitive, à faire quelque chose d'extraordinaire et de grand, dans des conditions qui ne peuvent pas être toutes analysées dans leurs détails, voici, à mon sens, comment on doit procéder. Il faut dire : Il y a une part à faire à l'inconnu ; mais après avoir examiné la question de notre mieux, avec toutes les données possibles, nous déclarons que l'on peut fonder prudemment un projet sur la vraisemblance que l'évaporation, dans l'espèce, ne dépassera pas telle moyenne annuelle.

Quand nous aurons fait cela, je croirai que la Sous-Commission à laquelle j'ai l'honneur d'appartenir a fait son devoir, s'est rendue utile dans la mesure de ses forces. Et si plus tard une évaporation plus grande se produit, nous aurons encore bien fait de ne pas arrêter complètement, par un excès d'indécision, un projet qui a sa grandeur.

M. le Président. Je crois que l'on fait une confusion entre les obligations des diverses Sous-Commissions. Celle qui est réunie en ce moment est appelée à donner son avis sur la probabilité de l'évaporation moyenne; nous disons : L'évaporation constatée par les expériences est de 3 à 4 millimètres par jour. Maintenant, l'évaporation sera-t-elle plus considérable sur la mer intérieure ? Je suppose que nous répondions : oui, elle peut être plus considérable ; nous ne sommes pas chargés de tirer la conclusion relative à la possibilité ou à la convenance de l'exécution du projet. Une autre Sous-Commission dira : Nous sommes avisés que l'évaporation sera au minimum de 3 à 4 millimètres; c'est à nous d'apprécier si les avantages de l'opération sont en rapport avec les dépenses résultant de cette éventualité d'un surcroît d'évaporation.

M. de Lesseps. Toutes nos discussions ont eu pour objet le projet de mer intérieure; nous ne serions pas ici si ce projet n'existait pas.

M. Fremy. Précisément. Nous ne sommes ici que pour répondre aux questions qui intéressent la mer intérieure. Dire que l'évaporation est de tant à tel endroit, sur telle surface, ce n'est pas véritablement répondre à la question qui nous est posée; il faut que nous ayons le courage d'aller plus loin et de dire : Voilà ce qu'indique la science ; ces indications s'appliquent ou ne s'appliquent pas à la mer intérieure.

La Commission a encore été nommée, selon moi, pour répondre à une question qui n'a pas été jusqu'à présent traitée ici : en admettant une évaporation considérable, quels en seront les avantages et quels en seront les inconvénients? Nous devons là-dessus dire nettement notre avis, faisant part de nos doutes, si nous en avons.

M. Chambrelent. Étant admis que l'évaporation constatée par les expériences faites en Europe et aux lacs Amers est de 3 à 4 millimètres par jour, j'avais compris que nous réfléchirions, d'ici à la prochaine séance, à la seconde question qui vient d'être développée par M. le général Favé.

M. le Président. Je ne pense pas que cette question puisse être résolue aujourd'hui sans examen.

Il reste donc entendu que, dans la prochaine séance, on examinera la question de savoir si les chiffres qui résultent des expériences devront subir quelques modifications pour être appliqués à la mer intérieure.

M. Fremy. Ne pourrait-on pas, dans la prochaine séance, discuter la question que j'indiquais tout à l'heure : Des avantages et des inconvénients qui résulteront de l'évaporation? Je crois que cette question rentre dans le domaine de nos études.

M. Gros. Ce qu'il y a de plus urgent, c'est de déterminer la mesure de l'évaporation dont la première Sous-Commission a besoin.

M. Fremy. Je ne crois pas que nous puissions nous séparer avant d'avoir traité cette question, qui est capitale : quelles seront les conséquences de l'évaporation?

M. Jamin. C'est entendu; la question est réservée.

M. le Président. La question du chiffre de l'évaporation intéresse d'une manière très directe la construction du canal, ses dimensions; c'est pour cela qu'elle nous est posée. Nous avons déjà répondu que l'évaporation serait probablement de 3 à 4 millimètres par jour, et qu'elle pourrait être plus grande. C'est la question de savoir si elle sera plus considérable, et dans quelle proportion, qui sera examinée dans la prochaine séance. Les ingénieurs chargés d'examiner les conditions d'établissement du canal auront alors une base pour leurs calculs, dans la mesure de certitude où elle peut être donnée.

Quant aux conséquences que pourrait avoir l'évaporation au point de vue agricole et sanitaire, c'est une question qui sera examinée ultérieurement, et qui ne se lie pas d'une façon nécessaire à la première.

M. Fremy. Pour ma part, je suis tout à fait de l'avis de M. le général Favé : un des grands avantages de la mer intérieure reposera précisément sur l'évaporation; la mer sera d'autant plus utile que l'évaporation sera plus considérable.

M. le Président. Je propose à la Sous-Commission de se réunir lundi matin, à neuf heures et demie. (Assentiment.)

La séance est levée à onze heures cinquante minutes.

Le Président,
J.-B. DUMAS.

Le Secrétaire,
M. PALÉO LOGUE.

PLANCHE 1.

EFFETS DES OBSTACLES FIXES, EN PLAINE, SUR LES SABLES TRANSPORTÉS PAR LE VENT.

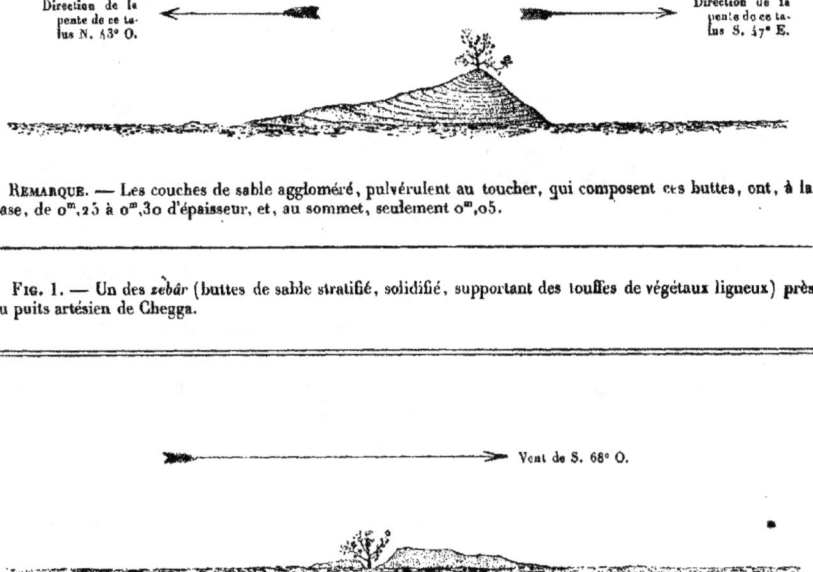

REMARQUE. — Les couches de sable aggloméré, pulvérulent au toucher, qui composent ces buttes, ont, à la base, de 0ᵐ,25 à 0ᵐ,30 d'épaisseur, et, au sommet, seulement 0ᵐ,05.

Fig. 1. — Un des *zebâr* (buttes de sable stratifié, solidifié, supportant des touffes de végétaux ligneux) près du puits artésien de Chegga.

Fig. 2 — Petit amas de sable mouvant au pied d'une touffe de *goreïna* (Salsolacée) sur le lit du chott El-'Asloûdj (23 janvier 1875).

PLANCHE II.

SECTIONS EN LARGEUR DE DUNES DE L'ESPÈCE SÎF (au pluriel, SIOÛF).

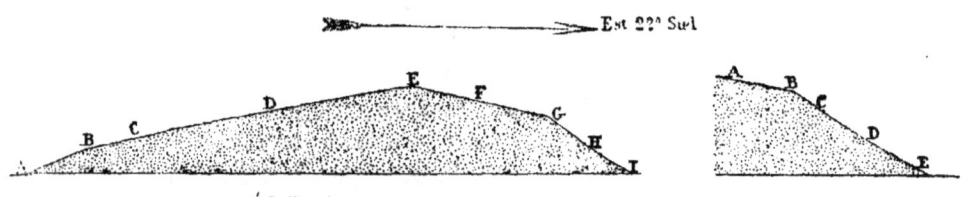

Échelle 1/500.

Fig. 1. — Une dune à l'O. de Bîr Sefâriya.
B-A. Inclinaison 17°54′.
C-B. Inclinaison 16°54′.
D. Inclinaison 12°
E. Sommet; petite place horizontale.
F. Bosse de la dune, à surface veinée; inclinaison 12°18′.
G. Arête de la dune.
H. Pente raide, inclinaison 36°12′, et en bas 33°54′.

Fig. 2. — La pente raide d'une dune à 300 mètres O. S. O. de Bîr Sefâriya.
A. Amorce de la bosse de la dune.
B. Arête de la dune.
C. Commencement de la pente raide, inclinaison 32°.
D. Inclinaison 30°3′.
E. Inclinaison 30°30′.

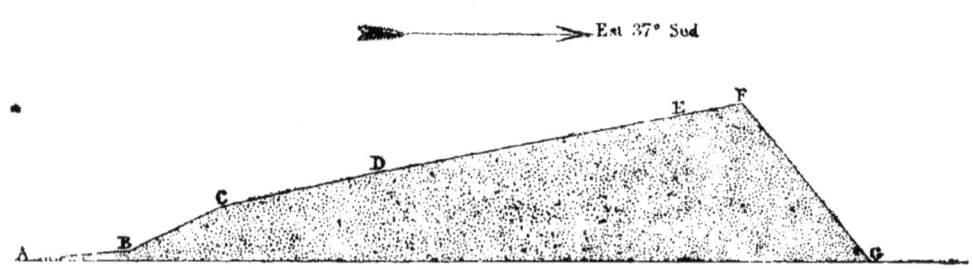

Fig. 3. — Le Sîf El-'Alendâwi, près d'El-Ba'adja.

B-A. Inclinaison 5°45′
C-B. Inclinaison 25°
D-C. Inclinaison 13°30′
E-D. Inclinaison 10°
F-E. Inclinaison 14°
F . Arête aiguë.
F G. Inclinaison 51°30′

PLANCHE III.

ORIENTATION DE L'ARÊTE DES DUNES.

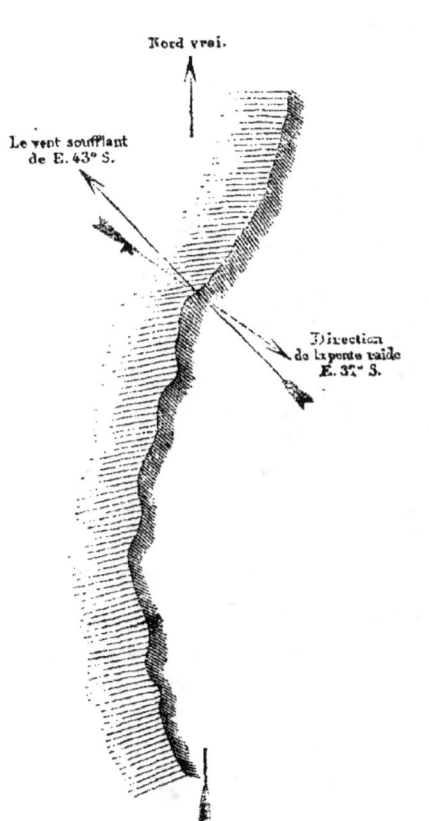

Fig. 1. — Tracé de l'arête du Sif El-'Alendâwi (27 décembre 1874, 5ʰ du soir).

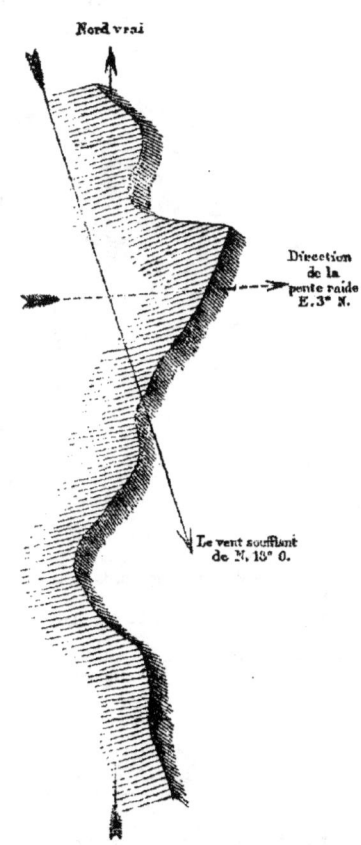

Fig. 2. — Tracé de l'arête de la plus haute dune du 'Areg Sidi Khalifa (11 février 1875, 3ʰ30ᵐ du soir.)

PLANCHE IV.

PETITES VEINES SUR LA BOSSE DES DUNES DE L'ESPÈCE SÎF ET SUR LA SURFACE DES DUNES PLATES.

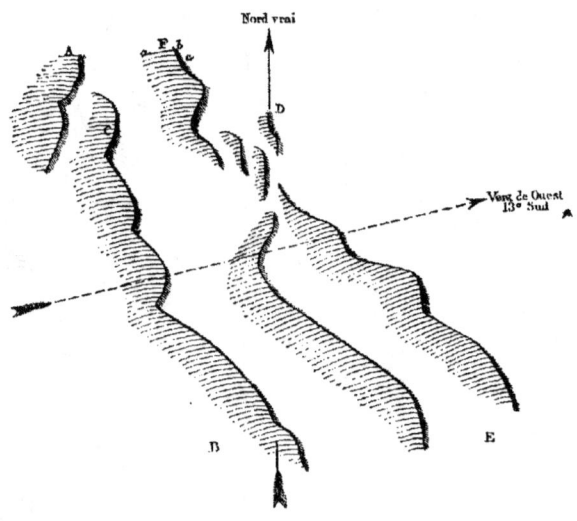

Fig. 1. — Plan de veines sur la surface de la bosse d'une dune; Bir Ez-Zeninim, 19 janvier 1875, 3 h. 1/2 soir.

A-B. Longueur: $1^m,15$. — C-D. Longueur: $0^m,18$. — B-E. Longueur: $0^m,50$.

Fig. 2. — Sections de veines sur la surface de la bosse d'une dune; Bir Ez-Zeninim, 19 janvier, 3 h. 1/2 à 5 h. soir.

A. Section de la veine F de la fig. 1; a origine, à l'ouest, de cette veine; b son sommet; c fin de sa pente raide sur le sol de la dune.

B. Section d'une autre veine sur la même dune.

$a - b = a - d = 0^m,060$ (60 millimètres);
$b - c = 0^m,030$ (30 millimètres);
$b - d =$ hauteur de la bosse de la veine $= 0^m,005$ (5 millimètres).

PLANCHE V.

EFFETS SECONDAIRES DU VENT SUR LES DUNES DE SABLE.

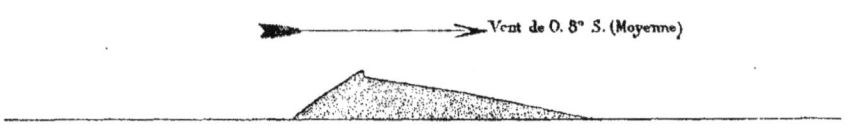

Fig. 1. — Renversement de l'arête du Sîf El-'Alendâwi, après trois heures environ d'un vent de O. 13° S. à O. 3° S., le 28 décembre 1874.

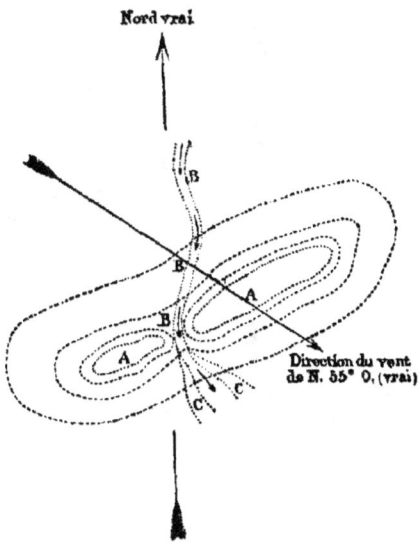

Fig. 2. — Courant de sable chassé sur le faîte d'une dune près de Cheguiguet Ouled El-Ghoûli (Soûf), le 25 février 1875, à 7ʰ40ᵐ du matin.
A-A. Deux bosses du sommet de la dune.
B. Courant de sable remontant la pente N.-O. de la dune, et chassé comme une fumée sur le flanc S.-E.
C-C. Les grains de sable se dispersant en éventail....

PLANCHE VI.

EFFET PRODUIT PAR LA PRÉSENCE D'UN OBSTACLE SUR LE TRANSPORT DES SABLES À LA SURFACE D'UNE DUNE.

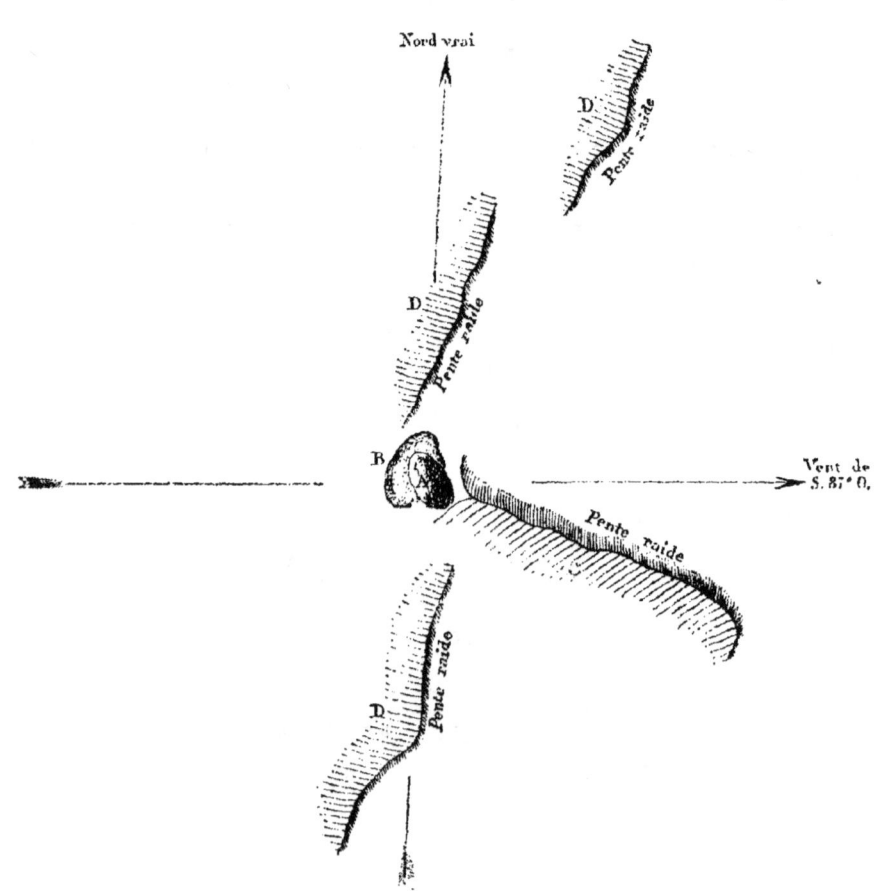

Bosse du Sîf El-Hachchâna, 17 janvier 1875 à 2 h. du soir.

A. Crotte de chameau apportée par le vent.
B. Petit gouffre créé par le choc du vent sur l'obstacle et le remous que cause cet obstacle.
C. Veine parasite formée par le sable extrait de la cavité B, et entraîné par le vent.
D-D-D. Trois des veines régulières à la surface de la bosse de la dune.

DEUXIÈME SOUS-COMMISSION.

SEPTIÈME SÉANCE.
(DU 12 JUIN 1882.)

PRÉSIDENCE DE M. DUMAS.

La séance est ouverte à neuf heures trente-cinq minutes.

M. PALÉOLOGUE, *secrétaire*. J'ai reçu de M. Scheurer-Kestner la lettre suivante :

« Monsieur le Secrétaire,

« Veuillez avoir l'obligeance de communiquer et de remettre à la Commission Roudaire (deuxième Sous-Commission) la lettre et la note ci-jointes, qui viennent rectifier et compléter une lettre que je lui ai remise dans une séance précédente. Mon absence de Paris m'empêche d'assister aux séances.

« Recevez, etc »

Voici maintenant la lettre de M. Péchinet :

« Cher Monsieur,

« Au commencement du mois dernier, je répondais à une lettre que vous aviez bien voulu faire parvenir à mon hôtel, à Paris, et dans laquelle vous me demandiez des renseignements sur nos évaporations en Camargue, et cela à l'occasion de l'étude du projet Roudaire. Je partais le lendemain pour l'Angleterre, et, de retour depuis quelques jours seulement, je m'aperçois que je me suis trompé de 1 mètre dans le chiffre que je vous ai indiqué pour l'évaporation totale annuelle en Camargue. Je vous ai dit que l'évaporation annuelle est de $1^m,50$ à $1^m,70$. C'est *$2^m,50$ à $2^m,70$ que j'aurais dû dire.*

« La pluie tombée est bien, comme je vous l'ai écrit, de $0^m,50$ à $0^m,70$ par an.

« D'ailleurs, voici la copie que je viens de faire faire d'un ouvrage agricole sur la Camargue, renfermant tous détails sur les pluies et l'évaporation dans cette région.

« Je regrette bien vivement de vous avoir si mal renseigné tout d'abord, et vous prie de m'excuser.

« Veuillez agréer, etc. »

Voici les renseignements annexés à la lettre de M. Péchinet :

Pluie. — Il pleut en moyenne 58 fois à Arles, 45 en Camargue.

La progression dans les hauteurs de pluie tombée, à mesure qu'on s'éloigne de la mer et qu'on se rapproche des montagnes, se vérifie partout ; ainsi, on trouve pour les moyennes annuelles :

A Faraman	$0^m,433$
A Arles	$0^m,570$
A Saint-Remy	$0^m,615$

comme ailleurs on a :

A Vic	$0^m,615$
A Montpellier	$1^m,508$
A Villefort	$1^m,741$

Si les différences sont aussi sensibles, quand il s'agit de pays aussi rapprochés de Faraman, Arles et Saint-Remy, quelle erreur ne commettra-t-on pas en comparant, comme on l'a fait si souvent, le climat de la Camargue à celui d'Orange, par exemple ?

On peut prendre pour moyenne de la Camargue une moyenne entre les observations d'Arles et de Faraman, ce qui donnerait une hauteur d'eau tombée de $0^m,50$.

En compulsant les observations journalières, on trouve fréquemment des mois entiers et même des séries de mois sans pluie.

Quant aux pluies *maxima*, on observe assez souvent, à Faraman, des pluies d'orage de $0^m,050$ et au-dessus ; on trouve :

13 avril 1863	$0^m,081$
25 octobre 1864	$0^m,162$
13 octobre 1865	$0^m,070$

A Arles, on a trouvé :

4 octobre 1806	$0^m,193$ en 12 heures.

A Marseille :

15 septembre 1772	$0^m,245$ en 14 heures.

A Montpellier :

11 octobre 1863..................................... 0^m,245
15 décembre 1864..................................... 0^m,190

A Villeneuve (Hérault) :

1er octobre 1865................... 0^m,578 en 24 heures.
Dont..................... 0^m,185 en 2 heures.

Mais ces phénomènes extraordinaires ne s'étendent pas sur de grandes régions.

Dans des calculs de desséchement, au lieu de 0^m,075 d'eau tombée qu'on prend ordinairement, il semblerait convenable d'élever ce chiffre à 0^m,100 pour la hauteur de pluie tombée en un jour.

Pour le maximum mensuel, on prendra octobre 1864, à Faraman, donnant 0^m,272, et pour le maximum annuel, celui d'Arles, 1862, donnant 0^m,915 de hauteur d'eau tombée.

Quant au rapport existant entre l'eau qui coule à la surface et l'eau tombée, d'après des observations suivies faites sur le bassin de Meyrannes, dans des conditions comparables à celles de la Camargue, on doit prendre le coefficient 1/4 (0,25).

Évaporation. — Quant à l'évaporation annuelle, les eaux d'écoulage n'étant pas sensiblement saturées, on peut la considérer comme suivant les moyennes observées par Cotte pour les eaux douces.

MOIS.		HAUTEUR DE LA TRANCHE DE PLUIE.		HAUTEUR DE LA TRANCHE ÉVAPORÉE.	
		Millimètres par mois.	Millimètres par trimestre.	Millimètres par mois.	Millimètres par trimestre.
1er trimestre	Octobre...............	94 9		161 4	
	Novembre.............	89 0	263 0	92 6	323 2
	Décembre.............	79 1		69 2	
2e trimestre	Janvier...............	32 1		116 6	
	Février...............	47 1	149 6	119 3	353 6
	Mars.................	70 4		112 7	
3e trimestre	Avril.................	29 5		271 0	
	Mai..................	36 7	105 0	308 8	870 3
	Juin..................	38 8		295 5	
4e trimestre	Juillet................	18 7		401 9	
	Août.................	24 1	93 2	366 1	1,016 3
	Septembre............	50 4		248 3	
TOTAL (soit l'année entière)....		610 8	610 8	2,563 4	2,563 4

M. le Président. Y a-t-il des observations sur la lecture qui vient d'être faite?

M. Chambrelent. Je demande à présenter une observation. Je ne connais pas bien les résultats cités par M. Péchinet; mais je dois dire que, dans les études que nous faisons en ce moment pour l'irrigation de la Camargue, il est toujours à craindre que nous n'y jetions trop d'eau et que les eaux d'irrigation, qui ne sont naturellement pas toutes bues par la Camargue, mais qui seront cependant absorbées en grande quantité par les terrains, n'exposent l'étang de Valcarès à des élévations de niveau qui seraient funestes aux terrains voisins. Cela semble indiquer cependant que cette évaporation n'est pas excessive, puisque la quantité d'eau que nous y jetons, et qui n'est pas considérable, ferait craindre une trop grande surélévation de cet étang, qui n'a, d'ailleurs, qu'une faible profondeur. Par conséquent, l'évaporation ne paraît pas aussi puissante qu'il le dit, puisque cela ne permet pas de jeter une grande quantité d'eau pour les irrigations. C'est une simple observation que je désire voir consigner.

M. Jamin. Alors, vous pensez que ces chiffres sont exagérés?

M. Chambrelent. Je ne sais pas dans quelles conditions ils ont été pris. Si le chiffre de $2^m,50$ par an n'est pas exagéré, cela prouve que la Camargue se trouve dans des conditions différentes des conditions ordinaires. Quant à l'effet de la faible profondeur, il est excessif. Je rappelle à ce sujet la note des sauniers des Sables-d'Olonne, note de laquelle il résulte que, quand on a porté la profondeur de bassin à 25 centimètres, l'évaporation a été réduite à un tiers. C'est une observation qui se trouve consignée dans la séance du 22 mai. L'augmentation de 20 centimètres seulement d'un bassin réduit l'évaporation d'un tiers. Ce résultat ne saurait être comparé avec celui que donnerait la mer intérieure, qui a 24 mètres de profondeur.

M. Jamin. Il y a ici $2^m,50$ d'évaporation annuelle; c'est énorme.

M. Chambrelent. Pour moi, oui. Et puis, comment M. Péchinet a-t-il fait ses observations? En dehors de l'évaporation, il y a des vannes qui emportent une partie de l'eau. Je ne puis, pour ma part, attacher une grande importance à ces observations.

M. le Président. Nous sommes amenés à traiter maintenant la question suivante :

« Quantité d'eau apportée chaque année dans les chotts par la pluie, les rivières, les torrents, les sources, etc. »

M. Roudaire peut-il nous fournir quelques informations sur ce point?

M. le commandant Roudaire. La quantité de pluie tombée dans la région des chotts est la même qu'à Biskra, qui, d'ailleurs, est situé dans la région des chotts.

La quantité de pluie, d'après les observations faites à Biskra pendant plusieurs années, est de 27 à 28 centimètres par an. Ces observations sont citées dans l'ouvrage de M. Sériziat.

Maintenant, toutes les fois qu'il pleut dans la région, les torrents, les ravins, les thalwegs, qui se trouvent à sec en temps ordinaire et qui aboutissent au bassin des chotts, y apportent de l'eau en quantité considérable, parce que ce bassin est excessivement grand.

En dehors de ces torrents, qui descendent de l'Aurès, il y a l'oued Tarfaoui, qui prend sa source à une très grande distance dans les montagnes de Tunisie; il y a l'oued Djeddi, qui prend sa source au Djebel-Amour et qui arrive dans les chotts après un parcours de plus de 300 kilomètres. C'est un véritable fleuve à certains moments de l'année, et il est difficile, presque impossible, de le traverser. Avez-vous vu l'oued Djeddi?

M. Renou. Je l'ai vu sans eau.

M. le commandant Roudaire. Je demandais à M. Duveyrier s'il l'avait vu à l'époque des pluies. J'ai été, moi, arrêté à Tahir-Rassou.

M. Renou. C'est très irrégulier.

M. le commandant Roudaire. Il faut néanmoins en tenir compte. Et notez que les crues de l'oued Djeddi n'arrivent pas seulement quand il pleut dans le bassin des chotts, mais quand il pleut dans le Djebel-Amour. Il y a aussi l'oued Biskra, qui vient de l'Aurès, qui prend sa source au col situé au-dessus de Batna; ses crues sont aussi très importantes; les crues moyennes fournissent de 100 à 150 mètres cubes d'eau par seconde, et l'on ne peut calculer le volume d'eau qui arrive au moment des grandes crues.

Dans ces conditions, mes conclusions seraient que la quantité d'eau apportée par les torrents est certainement plus considérable que la quantité tombée directement, et qu'il faudrait au moins doubler ce chiffre de 27 centimètres.

M. Jamin. Vous avez résumé tout cela dans la note que vous nous avez remise et qui porte le n° 1 : « La mer intérieure peut-elle se transformer en marais salant ? »

Il résulte de vos dires qu'en somme, actuellement, les chotts reçoivent une quantité d'eau égale à 6,746 millions de mètres cubes d'eau par an.

M. le commandant Roudaire. J'avais estimé d'abord à 30 centimètres la quantité tombée ; je n'avais pas alors le chiffre exact. D'après des renseignements plus précis que j'ai recueillis depuis, c'est 27 centimètres.

M. Jamin. Cela ne fait pas une grande différence.

M. le commandant Roudaire. J'estimais ensuite le volume d'eau apporté par les torrents et les rivières, en y comprenant l'oued El-Hamma, qui donne 8 mètres cubes à la seconde, l'oued Djeddi, l'oued Tarfaoui, l'oued Biskra, et l'oued El-Arab, à 60 mètres cubes environ par seconde. Ce chiffre est peut-être exagéré; d'après les renseignements que j'ai pris depuis, on pourrait un peu le réduire.

Quant au chiffre de pluie, il faut, je le répète, le réduire de 30 centimètres à 27; au lieu de 60 centimètres pour l'ensemble des eaux apportées dans les chotts, nous arrivons donc à 54. C'est une petite différence; il faut y ajouter l'eau amenée par les rivières permanentes. Je crois, en résumé, que la quantité d'eau fournie par les pluies météoriques directes ou indirectes représente une couche d'au moins 60 à 70 centimètres par an au bassin des chotts. Seulement, voici ce qui a lieu : c'est que ces pluies arrivent principalement en hiver. Il en résulte que, lorsque les chotts seront remplis, l'évaporation ne sera guère plus forte en hiver que maintenant, puisque en l'état actuel il y a de l'eau pendant cette saison dans le bassin des chotts; seulement, l'évaporation, sous l'influence des vents de nord-ouest, s'en va vers le sud ; c'est en été surtout qu'elle rendrait des services ; or, en été, il y a dessiccation des chotts. Lorsque la mer intérieure sera créée, vous aurez une évaporation qui, poussée par les vents du sud-est qui sont dominants, modifiera certainement le climat de l'Algérie et aura sur lui une influence très heureuse.

M. Rolland. La quantité d'eau apportée annuellement dans les chotts par les crues de leurs affluents est loin d'être négligeable, et il faut en tenir compte, mais elle est bien difficile à évaluer; d'ailleurs, ces crues, si abondantes qu'elles soient, ne durent que quelques jours par an.

M. le commandant Roudaire. L'oued Djeddi et l'oued El-Arab coulent presque toujours.

M. Rolland. Oui, souterrainement, sous les graviers qui garnissent leur lit, mais ces eaux sont peu à peu absorbées par les terrains sous-jacents et n'arrivent pas aux chotts, qui sont presque constamment à sec, le chott Melrir, du moins; seules les eaux des crues arrivent jusque-là. Quant aux sources qui jaillissent dans le lit de certaines rivières, par exemple dans l'oued Biskra, leurs eaux sont presque entièrement utilisées par les oasis pour leur irrigation, et il est à désirer qu'elles le soient intégralement.

M. LE COMMANDANT ROUDAIRE. L'eau des oasis de Tozeur et de Nefta arrive en grande partie dans les chotts.

M. ROLLAND. La compagnie concessionnaire des terrains environnants devra tirer parti de toutes les eaux douces disponibles et ne pas les laisser se perdre dans la mer intérieure.

M. LE COMMANDANT ROUDAIRE. Vous n'empêcherez pas tous les torrents d'amener de l'eau dans les chotts au moment des pluies.

M. ROLLAND. Il faudrait, autant que possible, utiliser même les eaux des crues, les distribuer dans la plaine à l'aide de canaux d'irrigation, en emmagasiner une partie dans la montagne au moyen de barrages-réservoirs à construire dans les découpures étroites par lesquelles débouchent l'oued El-Abiod, l'oued El-Arab, etc.

M. LE COMMANDANT ROUDAIRE. Tout cela revient au même. Vous changerez tellement les conditions climatériques en faisant ces travaux que vous augmenterez les pluies.

M. ROLLAND. Dans l'état actuel, il est à désirer que les eaux douces soient employées à l'irrigation et qu'il en arrive le moins possible à la mer. Il en arrivera évidemment, mais le volume de cet apport est très difficile à estimer.

M. CHAMBRELENT. Il est cependant important de l'évaluer.

M. LE COMMANDANT ROUDAIRE. La quantité de pluie tombée directement est de 27 à 28 centimètres.

M. ROLLAND. Il y a des années où il n'en tombera pas; c'est une moyenne.

M. LE COMMANDANT ROUDAIRE. Dans tous les cas, nous avons à Biskra une moyenne de pluie de 27 à 28 centimètres, et nous ne pouvons fonder nos calculs que sur des moyennes. Vous avez 27 à 28 centimètres de pluies météoriques directes; appréciez maintenant les eaux météoriques indirectes.

M. D'ABBADIE. De combien d'années d'observations est concluc cette moyenne?

M. LE COMMANDANT ROUDAIRE. A Biskra?... six ans d'observations, de 1860 à 1865.

M. JAMIN. Je demande la permission de bien faire comprendre l'importance de cette question.

Dans la note que nous a remise M. Roudaire sur la question de savoir si la mer intérieure peut se transformer en marais salant, il est intéressant de savoir la quantité d'eau qui arrive. Je demande donc que ce chiffre soit approximativement fixé, parce que, s'il arrivait par hasard qu'il n'y eût pas du tout d'eau qui arrivât aujourd'hui dans les chotts, c'est la mer qui serait obligée de fournir la totalité, et, par conséquent, il y aurait possibilité de transformer la mer intérieure en marais salant au bout d'un certain temps. La note de M. Roudaire a pour but de faire le compte de la quantité d'eau arrivant actuellement et de la quantité d'eau qu'on sera obligé de demander à la Méditerranée. C'est sur ce terrain qu'il faudra se placer pour établir le calcul de savoir la quantité de sel apportée dans la mer et qui ne s'en retournera pas. Je demande donc qu'on se mette d'accord sur la quantité d'eau qui arrive actuellement. Je ne vois, pour ma part, aucun inconvénient à admettre le chiffre, indiqué par M. Roudaire, de 6,746 millions de mètres cubes d'eau.

M. LE COMMANDANT ROUDAIRE. J'ai donné ce chiffre; on peut le discuter. Mais il y a une chose incontestable, c'est que nous pouvons, pour les pluies directes, admettre les observations faites et les prendre pour point de départ. Les observations faites à Biskra pendant six ans de suite ont donné, suivant l'ouvrage de M. Sériziat, une moyenne de 280 millimètres ou 28 centimètres par an de pluie tombée directement. Lorsqu'il pleut, il y a des torrents qui ramènent dans le bassin des chotts les pluies tombées en dehors des chotts eux-mêmes; il faut également en tenir compte.

C'est à la Commission de se prononcer; mes appréciations à cet égard peuvent être discutées; il n'y a qu'une chose qui ne puisse pas l'être, c'est la quantité de pluie tombée directement, puisque nous possédons des observations précises et certaines.

M. LE PRÉSIDENT. Comme résultat d'observations, c'est une moyenne annuelle de 26 à 28 centimètres tombée directement?

M. LE COMMANDANT ROUDAIRE. De 28, Monsieur le Président, ou de 27 à 28.

M. LE PRÉSIDENT. Sans parler des emprunts?

M. LE COMMANDANT ROUDAIRE. Des crues de l'oued Biskra, de l'oued Djeddi, de l'oued El-Arab et de tous les torrents qui tombent dans le bassin des chotts. L'oued El-Hamma fournit 8 mètres cubes d'eau par seconde; c'est une source constante qui viendra atténuer l'effet de l'augmentation de la salure, puisque c'est de l'eau douce qui arrivera dans les chotts.

M. LE PRÉSIDENT. Ce qui reviendrait à dire que le quart de l'évaporation serait représenté par la chute directe des pluies. Ce serait donc 3 millimètres qu'il faudrait adopter.

M. Gros. C'est le chiffre que M. Roudaire adopte dans son rapport.

M. le commandant Roudaire. D'après la note dont on parlait tout à l'heure, on arrivait à ce résultat. Dans la note que j'ai intitulée : « La mer intérieure peut-elle se transformer en marais salant? » j'ai calculé que, l'évaporation en un an étant de 1 mètre, la quantité de pluie arrivant directement ou indirectement serait de 80 centimètres. Il resterait donc, entre l'évaporation et la quantité d'eau arrivant dans le bassin des chotts, une différence de 20 centimètres. Mais cette différence de 20 centimètres est très importante, car une hauteur d'eau de 2 mètres serait desséchée au bout de dix ans, une hauteur de 20 mètres au bout d'un siècle. Il faut tenir compte de ce fait tout particulier que les pluies arrivent surtout l'hiver; il ne faudrait donc pas partir de là pour dire : Vous aurez une évaporation presque aussi grande que celle qui existera une fois la mer créée; cette mer ne modifiera donc pas le climat.

Cette évaporation a lieu, actuellement, surtout l'hiver; la présence de la vapeur d'eau dans l'atmosphère est beaucoup moins nécessaire à ce moment. Et puis, comme ce sont les vents du nord-ouest qui règnent en hiver, cette vapeur est entraînée vers le sud, sans profit pour l'Algérie et la Tunisie.

En été, le bassin des chotts est à sec, et il ne se produit pas d'évaporation. Si la mer intérieure était faite, nous aurions pendant l'été de l'évaporation et la vapeur d'eau qui se formerait serait poussée par les vents dominants de cette saison, c'est-à-dire par les vents sud-est, vers l'Algérie et vers la Tunisie.

M. d'Abbadie. Je voudrais demander à M. Renou si les observations sur la quantité des pluies tombées n'ont pas porté sur une période d'environ dix ans.

M. Renou. Ce que nous savons, c'est que dans les chotts les pluies tombent d'une façon très irrégulière; je dirai qu'il est très dangereux de se baser sur les observations faites pendant cinq ou six ans, parce qu'ensuite on peut avoir une série de dix ou douze années presque sans eau, et d'autres pendant lesquelles les pluies seront très abondantes. Or, quand deux nombres extrêmes sont très divergents, il est difficile de se faire une idée exacte de la moyenne; c'est ce qui arrive précisément pour la quantité d'eau amenée par les torrents. J'ai fait beaucoup de recherches à ce sujet, mais je n'ai rien pu trouver, même pour la France. Ainsi, je ne saurais dire combien la Loire apporte d'eau à la mer; quelquefois elle ne débite que 25 ou 30 mètres cubes d'eau par seconde, et en temps d'inondation elle roule jusqu'à 10,000 mètres cubes par seconde. Il n'y a pas moyen de se faire une idée de la moyenne.

Pour le Rhône, la Durance, la difficulté est encore plus grande. Le 6 juin

1856, il passait à Avignon 14,000 mètres cubes d'eau par seconde! Que résulte-t-il de là? c'est qu'il est impossible d'établir une moyenne. J'ai consulté beaucoup d'ingénieurs, personne n'a pu me répondre exactement. Nous savons, par exemple, qu'il tombe, par an, 80 centimètres d'eau sur la surface de la France; il serait très important de savoir quelle fraction de cette quantité va à la mer, mais c'est précisément ce que nous ignorons. En Corse, il tombe de temps en temps des masses d'eau considérables, puis viennent des périodes de sécheresse extrême; en temps ordinaire, la Corse n'envoie peut-être pas à la mer 15 mètres cubes d'eau par seconde.

M. Duveyrier. Dans le calcul qui a été fait, a-t-on tenu compte des différences de l'évaporation en été et en hiver, ou bien la moyenne résulte-t-elle d'observations faites pendant les mois les plus frais?

M. le commandant Roudaire. L'évaporation moyenne sur laquelle je me suis basé résulte d'observations citées par M. Angot et faites pendant trois années à Biskra, à l'aide d'un évaporomètre Piche. On a constaté une évaporation d'eau douce de $6^{mm},3$, laquelle correspond à une évaporation d'eau salée de 4 millimètres, et cela pour une petite surface. De même, les observations faites de la manière la plus précise aux lacs Amers par M. Levalley, du mois de mars au 15 août, c'est-à-dire pendant la partie la plus chaude de l'année, ont révélé une évaporation de 3 à 4 millimètres; or le climat de l'isthme de Suez est absolument identique à celui du bassin des chotts : la température moyenne est la même dans les deux régions; les lignes isothermes d'été et d'hiver qui passent par l'isthme de Suez passent par les chotts; enfin la végétation et le degré de sécheresse sont absolument les mêmes.

M. Chambrelent. Les observations de M. Bazin, dont il a été parlé à la dernière séance, ont été faites en juin, juillet et août de l'année 1881, qui a été une des années les plus sèches, et, comme vous le savez, dans des réservoirs en zinc de 40 centimètres seulement de profondeur, dont les parois s'échauffaient, d'après les propres dires de M. Bazin. La mer intérieure, avec sa surface de 8,000 kilomètres carrés et sa profondeur de 24 mètres, remplie d'une eau dont la salure dépassera celle de la Méditerranée, ne se trouvera jamais, je crois, dans des conditions plus favorables à l'évaporation.

Nous avons maintenant un point important à résoudre : fixer la quantité d'eau douce qui arrivera dans la mer intérieure; la première Sous-Commission attend cette donnée avec impatience, et je suis chargé d'un travail pour lequel j'aurais besoin d'avoir cette détermination; je prierai donc M. le Président de mettre cette question en discussion.

M. le Président. Quel chiffre proposez-vous?

M. Chambrelent. Il y a d'abord le chiffre de 27 centimètres, que nous devons adopter comme un point de départ, et au-dessous duquel il n'est pas possible de descendre. Je ne connais pas les lieux; je ne connais que les observations qui ont été faites. M. Rolland déclare que, l'été, il n'y a pas d'eau dans les chotts; cela ne veut pas dire qu'il n'y en arrive pas; seulement, les chotts étant à sec boivent l'eau à mesure qu'elle arrive. Lorsque les chotts seront couverts d'eau, il n'y aura plus absorption, et cette eau qui leur arrive ainsi s'ajoutera à celle que la mer leur aura apportée. Or, la quantité d'eau qui provient d'une crue est énorme. On parlait tout à l'heure d'un débit de 14,000 mètres cubes à la seconde à Avignon; certaines crues sont tellement fortes que, récemment, au cours des études faites en vue d'arrêter les débordements au moyen de réservoirs, on a reconnu que ces réservoirs, si grands qu'ils fussent, pourraient être remplis dans une journée par l'effet d'une crue.

Dans cette condition, je n'hésiterais pas à doubler le chiffre de 27 centimètres, sous toutes réserves, bien entendu, puisque je ne connais pas les lieux.

M. le commandant Roudaire. M. Chambrelent propose de doubler le chiffre de 27 centimètres; je trouve cette évaluation de l'apport des eaux douces excessivement modérée, mais je m'y rallierai, si on veut bien l'admettre.

M. Jamin. Nous nous en rapportons à vos observations.

M. le commandant Roudaire. Je prenais comme point de départ le chiffre de 30 centimètres, au lieu de 27 ou 28, comme représentant les pluies; en le doublant pour tenir compte des torrents, on arrive à 60. J'ajoutais à cela l'apport des rivières permanentes, et je pensais qu'elles pourraient donner 60 mètres cubes d'eau par seconde.

Je viens de dire que ce chiffre peut paraître exagéré. C'est à la Commission à discuter et à se prononcer.

M. Jamin. Vous proposez de compter sur 6,766 millions de mètres cubes d'eau tombant sur les chotts.

M. le commandant Roudaire. Tombant directement ou amenés par les rivières.

M. Jamin. Maintenez-vous votre chiffre, ou admettez-vous celui que propose M. Chambrelent?

M. le commandant Roudaire. M. Chambrelent est d'accord avec moi, sauf qu'il ne tient pas compte des rivières permanentes. Je veux bien m'en tenir à la proposition de M. Chambrelent.

M. Becquerel. A quoi correspond votre estimation réduite en hauteur?

M. le commandant Roudaire. Elle correspond à 80 centimètres, tandis que M. Chambrelent n'en admet que 54.

M. Jamin. Sur quoi pouvons-nous nous fonder? Sont-ce là des chiffres de sentiment?

M. Chambrelent. On ne peut pas donner de chiffres mathématiques!

M. de Lesseps. M. Roudaire tient compte de certains éléments que néglige M. Chambrelent.

M. le commandant Roudaire. Il y a entre nos évaluations une différence de 25 centimètres, qui correspond à peu près à une évaporation d'un demi-millimètre.

M. Jamin. Il faudrait tâcher de se mettre d'accord sur les chiffres. Persistez-vous dans ceux que vous avez indiqués?

M. le commandant Roudaire. Non!

M. Jamin. Pourquoi les avoir donnés, alors?

M. le commandant Roudaire. Je les ai donnés comme une appréciation personnelle; vous pouvez les discuter.

M. Jamin. Je demande que vous justifiiez les uns ou les autres. Vous nous avez remis une note dans laquelle vous évaluez les apports d'eau douce à 6,766 millions de mètres cubes; ce chiffre est-il exact?

M. le commandant Roudaire. Il est impossible de donner une indication précise.

M. Jamin. Dites que vous ne savez pas, alors; mais ne donnez pas aujourd'hui un chiffre que vous changerez demain.

M. le commandant Roudaire. On peut faire des concessions quand il s'agit d'une simple appréciation et non d'une donnée mathématique.

M. Jamin. Cette question est d'une importance majeure. Vous vous fondez sur ce chiffre pour établir que la mer intérieure ne commencera à déposer du sel qu'au bout d'un certain nombre d'années; si vous modifiez votre chiffre, il faut changer vos conclusions.

M. de Lesseps. Du moment que M. Roudaire regarde ce minimum comme suffisant pour son projet, il est inutile de compliquer la discussion.

M. le commandant Roudaire. Il faudrait 228 ans pour que les dépôts commencent à se former!

M. Jamin. Nous devons tout d'abord connaître la quantité d'eau qui sera apportée; vous avez indiqué un chiffre et vous le changez!

M. le commandant Roudaire. Je ne le change pas!

M. Chambrelent. La discussion peut faire modifier mon chiffre; si l'on était obligé de partir toujours de données mathématiques, on ne ferait jamais rien.

M. Jamin. M. Roudaire nous a remis une note de laquelle il résulte que la mer intérieure recevra 6,766 millions de mètres cubes d'eau; maintient-il ce chiffre? Je demande qu'on justifie l'une ou l'autre appréciation.

M. le commandant Roudaire. Il y a deux sortes de données : les faits acquis et les appréciations. Les faits acquis, ce sont les observations de Biskra, qui nous donnent 27 centimètres de pluies. Maintenant, on doit tenir compte dans une certaine mesure de l'eau qui vient à la mer par le sol et par les rivières; seulement, comme je n'ai pas pu jauger cette quantité, j'ai donné une appréciation. Cette appréciation peut être discutée : M. Renou disait tout à l'heure qu'il était impossible de dire ce que la Loire apportait à l'Océan; comment voulez-vous que j'indique exactement ce qui sera apporté à la mer intérieure par les torrents et les rivières? Il y a un chiffre qu'on ne peut pas discuter, c'est celui de 27 centimètres, représentant la moyenne annuelle des pluies.

M. le Président. Ainsi, il tombe directement 27 centimètres d'eau, et, dans certaines circonstances, la mer intérieure pourrait en recevoir une quantité double ou triple?

M. Milne-Edwards. On n'en sait rien!

M. Becquerel. On connaît le minimum, 27 centimètres. M. Chambrelent pense qu'on peut compter sur une quantité double; M. Roudaire estime qu'on peut aller jusqu'au triple.

M. Chambrelent. Je ne connais pas le degré de perméabilité du sol, les rivières qui coulent dans cette région et le volume des crues.

M. Duveyrier. Le sol est très perméable.

M. le commandant Roudaire. Si perméable que soit le terrain, dès qu'il y a des pluies tous les ravins deviennent de vrais torrents.

M. Chambrelent. Les dunes sont très perméables, ce qui n'empêche pas les eaux d'arriver dans les étangs.

M. le Président. Il ne serait pas désavantageux d'avoir un terrain perméable dans lequel l'eau pénétrerait immédiatement et serait à l'abri de l'évaporation, s'il y avait un sous-sol imperméable.

M. Chambrelent. Les conditions sont plus favorables quand l'eau s'écoule lentement. Avec les indications que nous possédons, je ne crois pas qu'on doive évaluer à moins de 27 centimètres la quantité d'eau qui arrivera dans les chotts; il en arrive aujourd'hui qu'on ne voit pas, parce qu'elle s'évapore au fur et à mesure sur un terrain sec, échauffé par le soleil; les conditions seront tout autres quand il existera là une mer ayant une profondeur de 24 mètres et une température ordinaire.

M. le Président. Si l'on ne comptait comme allant à la Seine, à Paris, que l'eau qui tombe à la surface du sol, on se tromperait beaucoup : il y a trois rivières souterraines qui débouchent dans le fleuve.

M. d'Abbadie. Le point de départ de cette discussion est la question de savoir comment se modifiera la salure de la mer intérieure. Je rappellerai que, d'après l'opinion écrite d'un ingénieur hydrographe distingué, il doit nécessairement se former un contre-courant, et que, nécessairement aussi, la salure de la mer intérieure deviendra, plus ou moins lentement, égale à la salure de la Méditerranée.

M. Chambrelent. La Sous-Commission n'a pas admis l'existence du contre-courant.

M. le commandant Roudaire. Nous avons un chiffre précis, celui des pluies directes, qui est de 27 à 28 centimètres. J'avais pensé qu'en tenant compte des crues de l'oued Biskra, de l'oued Djeddi, de ces rivières qui viennent, l'une de Batna, l'autre du Djebel-Amour, au delà de Laghouat; en tenant compte, par exemple, de l'oued El-Hamma, qui donne 8 mètres cubes d'eau à la seconde, j'avais pensé qu'on pouvait tripler ce chiffre de 27 centimètres. M. Chambrelent propose de le doubler seulement; je n'insiste pas et, si l'opinion de M. Chambrelent est acceptée, je m'y rallie, mais je crois que ce chiffre est un minimum.

M. Chambrelent. C'est aussi dans ces conditions que je l'ai proposé.

M. le commandant Roudaire. La quantité d'eau tombée directement sera a moins doublée par les apports indirects.

M. Renou. Oui, je crois qu'on peut compter sur le double au moins.

M. Jamin. Il y a des opinions diverses.

M. de Lesseps. M. Roudaire se rallie à l'opinion de M. Chambrelent.

M. Renou. Les chiffres positifs manquent.

M. le Président. On propose de dire qu'en l'absence de chiffres positifs suffisants pour permettre à la Sous-Commission d'énoncer un avis absolu, on peut admettre, en partant des observations faites jusqu'ici, qui constatent une moyenne annuelle de 27 centimètres de pluies directes, que cette quantité pourrait être probablement portée au double par les apports indirects.

M. le commandant Roudaire. Dans des questions semblables on ne peut jamais s'appuyer sur des faits positifs.

M. Becquerel. Dirons-nous que le chiffre sera doublé « au moins »?

M. le Président. Il faut procéder avec une grande réserve; nous ne connaissons pas assez la nature du sous-sol pour nous avancer de cette façon.

M. Duveyrier. Il y a encore une petite quantité d'eau qui arrive dans le bassin des chotts par les couches souterraines : c'est l'ancien fleuve Gargar, du pays des Touaregs, dont le lit peut être suivi jusqu'à Tougourt.

M. Rolland. Les eaux artésiennes sous pression de l'oued Rir sont maintenues en profondeur par des couches imperméables, et ne jaillissent à la surface que par les sources naturelles alimentant les *behours* ou par les sources artificielles que créent les sondages. Il n'y a guère de behours dans le chott Melrir, et la mer projetée ne submergerait heureusement qu'un petit nombre de puits artésiens.

M. Duveyrier. Il y a là deux ou trois oasis.

M. le Président. Cela contribuerait à justifier le chiffre que l'on propose : 27 centimètres de pluies directes, et une possibilité de 50 à 60 centimètres. (La Sous-Commission adopte cette conclusion.)

M. le général Favé. J'ai l'honneur de soumettre à la Sous-Commission la proposition suivante :

« La Sous-Commission a reconnu l'impossibilité de fixer avec certitude la quantité d'eau qui s'évaporerait à la surface de la mer intérieure. Elle est d'avis, néanmoins, que, pour le projet d'exécution, on peut se baser sur une évaporation de 3 millimètres par 24 heures comme moyenne de l'année. »

Je tiens plus à la rédaction générale qu'au chiffre lui-même, qui peut être discuté.

M. JAMIN. Je proposerai de dire « 3 millimètres *au minimum* ».

M. CHAMBRELENT. J'appuie la proposition de M. le général Favé, et je demande la permission de présenter quelques observations.

La deuxième Sous-Commission, dans sa dernière séance, du 6 juin, a été d'avis que, d'après toutes les observations connues jusqu'ici sur l'évaporation de l'eau, on devait admettre que le chiffre probable de cette évaporation variait entre 3 et 4 millimètres. On a remis à la prochaine séance, c'est-à-dire à celle d'aujourd'hui, l'indication du chiffre à adopter pour la mer intérieure.

La première observation à faire, c'est que la mer intérieure sera située dans un climat plus chaud et plus sec, où régneront des vents violents. Ce sont des circonstances qui tendront à augmenter sensiblement l'évaporation; mais, à côté, des causes non moins importantes tendront à la rendre moindre.

Les observations d'après lesquelles a été arrêté le chiffre de la dernière séance ont été faites sur des eaux très peu profondes. On sait combien une faible profondeur tend à augmenter l'évaporation. Nous avons vu, par une note produite à la séance du 29 mai sur les observations qui ont eu lieu aux Sables-d'Olonne, que l'influence de la profondeur d'eau est telle que l'évaporation qui se produisait sur un bassin de 3 centimètres de profondeur était réduite au tiers lorsque cette profondeur était portée seulement à 25 centimètres.

Les expériences de M. Bazin, qui nous ont donné les chiffres adoptés dans la dernière séance, faites en juin, juillet et août, pendant l'année très sèche de 1881, ont eu lieu dans des réservoirs de zinc, dont M. Bazin nous a dit que les parois s'échauffaient. Quelle cause énorme d'augmentation!

La profondeur de la mer intérieure, — 24 mètres en moyenne, — dépassera dans d'énormes proportions toutes les profondeurs sur lesquelles ont été déjà faites des observations, et nous n'avons pas là à redouter l'effet de l'échauffement de la paroi. Il est évident aussi que l'étendue de la nappe d'eau doit contribuer à diminuer l'évaporation dans une proportion moindre peut-être que l'augmentation de profondeur; mais, d'un autre côté, quelle disproportion énorme entre les 8,000 kilomètres carrés de la mer intérieure et les surfaces si minimes sur lesquelles ont été faites les observations connues jusqu'ici!

En résumé, la grande profondeur de la mer intérieure et sa surface si con sidérable me paraissent déjà suffisantes pour compenser l'effet d'une température plus élevée. Mais il faut remarquer aussi que les observations déjà faites se rapportent à de l'eau douce, et qu'à la mer intérieure ce sera non seulement de l'eau de mer, mais une eau qui sera naturellement plus salée.

Nous ajouterons enfin que le chiffre adopté est celui qui a été observé par M. Bazin dans les trois mois les plus chauds d'une année des plus sèches, et que nous l'adoptons pour la moyenne de toute l'année.

D'après toutes ces considérations, nous croyons qu'on ne doit pas hésiter à adopter au plus, pour la mer intérieure, le même chiffre que celui des observations déjà faites, et qu'il convient de baser les calculs à faire pour la quantité d'eau à restituer à la mer intérieure, en vue de compenser la perte par évaporation, sur le chiffre de 3 millimètres par 24 heures en toute saison, soit $1^m,10$ par an. Cela fera encore une masse de 24 millions de mètres cubes par 24 heures. Qu'on se représente le volume d'une pareille quantité transformée en vapeur.

M. LE PRÉSIDENT. La Sous-Commission avait, il me semble, décidé l'autre jour que l'évaporation minimum serait de 3 à 4 millimètres par jour. Par conséquent, ce qui resterait à examiner, c'est de savoir s'il y a, comme le pensaient quelques membres, un maximum qui pourrait aller jusqu'à 6 ou 7 millimètres par jour.

M. LE COMMANDANT ROUDAIRE. Le seul exemple d'observations faites sur de grandes surfaces sur lequel nous puissions nous baser, c'est celui des lacs Amers. M. Lavalley a expliqué comment toutes les précautions avaient été prises pour éviter les causes d'erreur dans ces observations, qui ont duré six mois et non quinze jours ; elles ont commencé en mars et fini en septembre : la moyenne a été de 3 à 4 millimètres. J'ajoute que, de même que nous avons tenu compte des observations faites à Biskra pour la pluie, ces observations de M. Lavalley se trouvent confirmées par les observations faites à Biskra pendant plusieurs années. M. Angot, qui a cité ces observations, a donné une moyenne de 6 millimètres 3 dixièmes pour trois années de suite, c'est-à-dire pour l'évaporation d'eau douce avec l'évaporomètre Piche. En réduisant dans la proportion de 6 dixièmes pour l'eau salée, on trouverait une moyenne de 4 millimètres pour une petite surface. Ce chiffre devrait encore être réduit puisque, comme le disait M. Chambrelent, l'augmentation de profondeur diminue dans de grandes proportions le coefficient d'évaporation. Or, avec l'évaporomètre Piche, nous avons affaire à une surface aussi petite que possible, puisque l'instrument se compose d'une feuille de carton de la dimension d'une pièce de 5 francs imbibée d'eau et qu'on en tire la mesure de l'évaporation.

Il ne me semble pas possible d'avoir des faits plus précis, puisque les observations faites à Biskra viennent confirmer absolument celles qui ont été faites avec tant de soin pendant six mois sur la grande surface des lacs Amers, qui ne reçoivent pas une goutte d'eau.

M. le Président. Il est certain que, si la question des lacs Amers et celle de la mer intérieure se présentaient dans des conditions identiques, il n'y aurait pas eu de discussion, et la Sous-Commission n'aurait pas réservé son opinion sur le maximum après avoir déterminé le chiffre qu'elle a adopté l'autre jour. Mais on a remarqué que les lacs Amers se trouvaient dans une contrée où l'air était généralement saturé ou presque saturé d'humidité; que, par conséquent, les vents qui régnaient sur les lacs Amers ne pouvaient pas leur emprunter de quantités d'eau aussi considérables que s'il s'agissait de la mer intérieure, exposée à recevoir l'action des vents qui, bien loin d'être saturés d'humidité, seraient au contraire dans un état de sécheresse remarquable; la différence des deux situations avait laissé dans l'esprit de la Sous-Commission des doutes qu'il s'agit de lever.

M. le général Favé. Le climat d'Égypte, où il ne pleut jamais, ne peut pas être regardé comme un climat où l'air est saturé d'humidité.

M. le Président. C'est un air différent de celui qui vient de l'intérieur de l'Afrique et qui passe sur des sables secs.

M. Jamin. M. Duveyrier m'a remis des observations qu'il a faites à Djédid sur la température du thermomètre mouillé, c'est-à-dire du psychromètre. M. Duveyrier n'avait pas à sa disposition de table de vapeur d'eau; il n'a pas pu calculer la quantité qui se trouvait dans l'air; mais, ayant ces nombres, j'ai fait le calcul d'après la formule du psychromètre. J'ai trouvé pour la première observation, à Moïnat el......., 2 degrés. Cela veut dire que la force élastique maximum qui pourrait exister à cette température serait de 60 millimètres, et que la force élastique de la vapeur d'eau qui existe à ce moment n'est que de 13 : différence, 47 millimètres.

Je ne sais pas si l'on a jamais trouvé un air aussi sec que cela, c'est-à-dire un air contenant déjà une très grande quantité de vapeur, mais ayant la possibilité d'en prendre une quantité énorme, 47 millimètres; car il faut distinguer l'état d'humidité relative et la quantité totale de la vapeur qui s'y trouve. Je ne crois pas que jamais en Égypte on soit arrivé à un résultat pareil. Selon moi, le Sahara est un pays tout à fait exceptionnel par sa sécheresse relative, par sa température. Il faut ajouter surtout que ces observations ont été faites non pas au soleil, mais à l'ombre. Que sera-ce donc au soleil? Il y a là, je le répète, un climat exceptionnel, et nous ne pouvons pas conclure avec certitude de ce qui s'est passé aux lacs Amers ce qui se passera dans la mer intérieure.

Nous pouvons très bien accepter un minimum; je me déclare, quant à moi, dans l'impossibilité de dire quoi que ce soit.

M. LE GÉNÉRAL FAVÉ. Je ne pourrais pas fixer le minimum et le maximum; mais, en définitive, de quoi s'agit-il? Il s'agit de savoir si, parce que, scientifiquement, vous êtes dans l'incertitude et que vous ne pouvez déterminer ni le minimum ni le maximum par des considérations scientifiques sérieuses, vous voudrez aboutir à annihiler un projet que je suppose considérable et qui, en tous cas, est regardé comme pouvant avoir une utilité extraordinaire.

Ici comme dans toutes les questions de pratique, quand on se trouve en présence de l'inconnu, et cela arrive continuellement quand les entreprises sont grandes, quand elles ont le caractère d'extraordinaire, on est obligé d'aller dans l'inconnu en apportant tout ce qu'on peut de soins et d'attention pour, à chaque degré du travail, regarder où l'on en est et souvent inventer de nouveaux moyens d'action. Mais la Sous-Commission serait mal fondée à dire : Parce qu'au point de vue de la science nous ne connaissons pas le maximum et le minimum, nous ne voulons pas vous indiquer le point de départ, c'est-à-dire ce qu'il est raisonnable de faire dans les conditions où nous sommes placés.

Le raisonnable, à mon avis, est de rédiger la note que je vous ai présentée et de dire: Scientifiquement, il n'est pas possible de déterminer; mais avec le bon sens et en nous appuyant sur tous les précédents, nous indiquons que le projet peut marcher, à la condition d'être basé sur telle quantité d'évaporation.

M. LE PRÉSIDENT. Je voudrais bien ne pas trop vous arrêter sur ce point. Il y a là une pente dangereuse. Il ne s'agit pas de savoir s'il est utile de faire la mer intérieure; nous n'avons pas à discuter cette question; on verra plus tard s'il est utile ou inutile de la créer. On nous demande en ce moment quelle est la quantité d'eau qui s'évaporera si la mer intérieure est faite. Nous avons dit : Ce sera de 3 à 4 millimètres au minimum; nous ne savons pas quel maximum nous pourrions déterminer. C'est sur ce point que je maintiens, si la Commission veut bien me suivre dans cette pensée, la discussion. C'est ainsi que nous devons procéder pour éclairer la Commission tout entière quand elle aura à examiner la question de l'utilité. Il faut dégager les faits sur lesquels s'appuieront les opinions de ceux qui verront s'il est utile ou non de faire la mer intérieure. Je prie donc la Commission de se maintenir dans le rôle qui lui appartient dans la discussion et qu'elle avait adopté jusqu'ici.

Nous avons trouvé 3 ou 4 millimètres comme minimum; il faut fixer un maximum. M. Jamin vient de présenter des arguments qui ont de l'importance; il s'agit de savoir si ces arguments sont ou non combattus.

M. LE GÉNÉRAL FAVÉ. C'est contre vous, Monsieur le Président, que je me permets de discuter. La question est donc bien difficile! Je crois pour ma part que vous l'avez engagée, et je l'ai dit à la dernière séance de la Commission, hors de toute pratique, c'est-à-dire que je prétends que ce qu'on nous demande, ce qu'on nous a dit depuis longtemps, ce qu'attend la première Sous-Commission, c'est un chiffre d'évaporation qui puisse servir de base à l'avant-projet des travaux.

A la fin de la dernière séance, j'ai pris la parole pour dire qu'il importait de fournir une donnée à la Sous-Commission d'exécution. Ce que nous faisons en ce moment est donc bien la continuation de la dernière séance.

M. LE PRÉSIDENT. C'est votre opinion.

M. LE GÉNÉRAL FAVÉ. Je ne dis pas que ce soit la continuation de l'ordre d'idées dans lequel s'était placé M. le Président. Je trouve que la voie où l'on voulait nous engager, en nous proposant la recherche d'un maximum et non la recherche d'un chiffre que nous puissions indiquer comme une base pratique, ne nous conduisait pas à notre but, et c'est pourquoi je propose aujourd'hui cette rédaction qui est bien, je le répète, la continuation de la délibération de la dernière séance.

M. CHAMBRELENT. Voici ce que je lis dans ma note : « La deuxième Sous-Commission, dans sa dernière séance, du 6 juin, a été d'avis que, d'après toutes les observations connues jusqu'ici sur l'évaporation de l'eau, on devait admettre que le chiffre probable de cette évaporation variait entre 3 et 4 millimètres. »

Et j'ajoute : « On a remis à la prochaine séance, c'est-à-dire à celle d'aujourd'hui, l'indication du chiffre à adopter pour la mer intérieure. »

Je ne crois pas m'être trompé; du reste, je demande qu'on lise le procès-verbal de la dernière séance.

M. PALÉOLOGUE, *secrétaire*. Voici le passage auquel il est fait allusion :

« M. LE GÉNÉRAL FAVÉ. Si nous ne donnons pas du tout notre opinion au sujet de la quantité d'eau qui sera vraisemblablement évaporée dans la mer intérieure, ce que nous dirons ne pourra servir à peu près à rien. Il faut toujours que les conclusions que nous aurons formulées paraissent pouvoir être utiles au point de vue de la création de la mer intérieure.

« Nous n'avons pas de donnée qui établisse que l'évaporation moyenne, pendant le cours de l'année, sera supérieure à 3 ou 4 millimètres. M. le Président propose de laisser la donnée à l'écart de toute application; je crois que nous n'atteindrions pas notre but, si nous ne disions pas que cette donnée nous paraît applicable à la construction de la mer intérieure.

« M. LE PRÉSIDENT. Je crois que nous ferions bien de séparer les deux questions.

« Nous sommes d'accord sur ce point que, d'après les expériences effectuées en France, en Europe et aux lacs Amers, l'évaporation est de 3 à 4 millimètres par jour.

« Il n'y a pas d'opposition?...

« Ce point est acquis.

« Maintenant, ce chiffre de 3 à 4 millimètres sera-t-il applicable à la mer intérieure? C'est sur cette question que la Sous-Commission pourra être appelée à délibérer de nouveau. Les avis peuvent être partagés, et, quant à moi, je ne voudrais pas affirmer que l'application de ce chiffre pourra être faite sans correction à la mer intérieure, une fois qu'elle aura été remplie d'eau. »

M. CHAMBRELENT. C'est bien ce que je viens de dire.

M. JAMIN. Je ne sais pas ce qu'on nous demande, mais je sais bien que nous ne pouvons répondre que ce que nous savons et qu'il est impossible que, sous notre responsabilité scientifique, nous allions dire aux industriels, aux ingénieurs, au Gouvernement, au monde entier : Allez! marchez! l'évaporation ne dépassera pas 4 millimètres. Nous ne le pouvons pas, parce que je crois que nous ne le savons pas.

M. LE GÉNÉRAL FAVÉ. La proposition que j'ai soumise à la Commission tient justement compte de ces scrupules. Je ne dis pas que nous soyons sûrs qu'il y a un maximum à ne pas dépasser, pas plus qu'un minimum. J'en donne de nouveau lecture :

« La Sous-Commission a reconnu l'impossibilité de fixer avec certitude la quantité d'eau qui s'évaporerait à la surface de la mer intérieure. »

Voilà la déclaration scientifique.

Voici maintenant le point de vue pratique :

« Elle est d'avis néanmoins que, pour le projet d'exécution, on peut se baser sur une évaporation de 3 millimètres par 24 heures, comme moyenne de l'année. »

M. BECQUEREL. J'appuierai la proposition de M. le général Favé, quitte à mettre 3 ou 4 millimètres, si l'on veut, au lieu de 3.

Le sens de mon observation est celui-ci : il y a un peu de confusion dans la discussion. On parle de minimum et de maximum. Quand nous avons établi le chiffre de 3 à 4 millimètres, ce n'est pas comme minimum, c'est comme moyenne annuelle. Nous pouvons, nous, considérer que c'est un minimum, que cela peut être dépassé; mais on a déterminé ce nombre en prenant les observations citées par M. Sériziat, par M. Angot et par un certain nombre de personnes, observations qui donnent une moyenne annuelle. Le minimum est bien au-dessous de ce nombre, le maximum est au-dessus; si l'on cherche dans les années d'observations, on trouve aussi le maximum et le minimum.

M. LE Président. C'est la moyenne annuelle minimum.

M. Becquerel. Non, c'est la moyenne annuelle telle qu'elle résulte des observations; ce n'est pas la moyenne annuelle minimum; nous pouvons supposer que c'est un minimum, c'est-à-dire que ce chiffre peut être dépassé par d'autres considérations, mais les résultats des observations qui nous ont été fournies et que vous trouverez dans les documents qu'on a cités de MM. Sériziat, Renou, Angot et d'autres, donnent une moyenne annuelle. Ce n'est ni un minimum ni un maximum; c'est la moyenne annuelle. Cette moyenne arrive à 6 millimètres pour l'eau douce; elle se trouve réduite, pour l'eau de mer, à 3 millimètres et demi ou 4.

Nous pouvons donc dire, d'après ce que nous connaissons : Nous avons ce nombre-là qui est la moyenne annuelle. Nous pouvons ajouter, je le répète, que ce chiffre nous parait pouvoir être dépassé, mais il résulte des observations telles que nous les avons jusqu'à présent; d'après cela, il me semble que la rédaction du général Favé pourrait très bien être adoptée, puisqu'il dit : « Nous ne connaissons pas l'évaporation; nous ne pouvons pas affirmer quel en sera le chiffre; mais, d'après les nombres qui ont été publiés jusqu'à ce jour, on peut prendre pour base le chiffre de 3 à 4 millimètres, dans les calculs relatifs au canal qui doit être fait. »

M. LE Président. Je demande que la rédaction qui sera adoptée par la Sous-Commission ne fasse que continuer la délibération de la dernière séance. Vous avez arrêté le chiffre de 3 à 4 millimètres dans les limites des possibilités qu'il convient à la Commission d'accepter; il s'agit maintenant de savoir si ce chiffre sera dépassé. Je comprends que vous disiez que la Sous-Commission ne trouve dans les données de la science aucun document qui lui permette d'affirmer que ce chiffre sera dépassé, et dans quelle proportion il pourra l'être; j'admets cela et je suis prêt à voter une pareille rédaction.

M. LE Général Favé. Dire que le chiffre ne pourra pas être dépassé, c'est contraire à ce que je propose, et c'est une chose que je ne voterai jamais. C'est précisément parce qu'il peut être dépassé que je suis amené à la rédaction que je propose.

M. LE Président. Nous avons fixé un chiffre de 3 à 4 millimètres, et il s'agit maintenant de savoir s'il pourra, oui ou non, être dépassé. Je propose de dire :

La Commission reconnaît qu'elle n'a pas de documents suffisants pour trancher cette question.

M. Gros. Quelle objection faites-vous à la rédaction de M. le Président ?

M. le général Favé. Que M. le Président fournisse une donnée pratique à la Commission d'exécution !

M. le Président. Vous voulez un chiffre d'utilité, moi je veux un chiffre scientifique.

M. le général Favé. Vous ne l'aurez pas, et c'est ce que je me permets de dire dans ma proposition. Vous ne trouverez pas la vérité scientifique.

M. le Président. Notre devoir est de le dire.

M. le général Favé. Il me semble que je le dis : « La Sous-Commission a reconnu l'impossibilité de fixer avec certitude la quantité d'eau qui s'évaporerait à la surface de la mer intérieure... » Que voulez-vous de plus ?

M. le Président. C'est là que votre proposition devrait se terminer.

M. le général Favé. C'est-à-dire que, puisque nous ne savons pas, il faut tout arrêter, tout empêcher ! Je déclare que cette solution est la plus mauvaise de toutes !

Quand je dis que l'on ne peut pas fixer le chiffre, est-ce que cela ne signifie pas qu'il faut admettre que l'évaporation pourra être plus considérable ? Est-ce que, dans le projet, il ne faudra pas tenir compte de la possibilité vraisemblable que cette indication soit dépassée ?

M. Gros. Le danger est de faire dire à la Sous-Commission qu'elle est d'avis qu'on peut prendre ce chiffre pour base du projet.

M. Jamin. La rédaction du général Favé nous engage ; elle nous propose de donner à la Sous-Commission le conseil de marcher dans de telles conditions. Eh bien, dans l'état d'incertitude, je dirai plus, dans l'état d'ignorance où nous sommes, convaincu, pour ma part, que l'évaporation sera beaucoup plus considérable, je crois que nous ne pouvons pas donner ce conseil. C'est surtout ce point que je critique dans la rédaction du général Favé.

M. le général Favé. A cause de cette ignorance, et eu égard aux suppositions que vous faites, — car ce sont des suppositions, — vous voulez arrêter absolument l'exécution de ce projet, empêcher que l'étude en soit poursuivie jusqu'au bout !

M. le Président. Nous ne voulons rien arrêter!

M. le général Favé. Mais vous le faites! Je comprends très bien que dans telles et telles occasions on ait des hésitations, mais je rappellerai que tous les grands travaux présentent des questions de cette nature, et que, si personne ne voulait engager sa responsabilité dans une pareille mesure, tous seraient arrêtés, comme ce projet le sera si votre avis est suivi, attendu qu'on ne peut rien faire si l'on ne prend une base quelconque pour l'évaporation.

M. Frémy. Le général Favé rappelle dans sa proposition ce qui a été dit à la dernière séance, à savoir que nous ne pouvons rien affirmer, mais qu'il est très probable que l'évaporation serait de 3 à 4 millimètres. Est-ce qu'il y a danger à dire cela? Il me semble que c'est très prudent.

M. de Lesseps. On tirera de là les conséquences qu'on voudra.

M. Frémy. Ne pourrait-on pas dire : Nous ne pouvons rien affirmer de positif, mais, d'après les données qui sont à notre disposition, nous croyons que l'évaporation sera de 3 à 4 millimètres?

M. le général Favé. Comme les procès-verbaux seront publiés et qu'en définitive il s'agit d'une question que je regarde comme décisive pour la suite de l'étude, — si je ne suis pas fixé sur la question elle-même, je le suis parfaitement sur la nécessité de ne point arrêter l'étude du projet, — je demande que ma proposition soit mise aux voix.

M. le Président. Dans la dernière séance, nous avions accepté le chiffre de 3 à 4 millimètres, comme moyenne annuelle résultant des observations.

Des objections avaient été faites, tendant à faire craindre que l'évaporation ne fût plus considérable. Aujourd'hui, il s'agit de savoir si ces objections, qui ne peuvent pas se traduire en chiffres, qui restent dans le vague, persistent dans l'esprit des membres de la Commission après la discussion qui vient d'avoir lieu.

En conséquence, je propose à la Commission d'adopter la rédaction suivante :

« L'évaporation à la surface de la mer intérieure sera au moins égale à celle qui a été constatée dans les lacs Amers. »

La proposition est mise aux voix et adoptée.

M. le Président. Comme suite de ce premier vote, il y en a un second à émettre. Il s'agit de savoir si l'évaporation sera plus grande que sur les lacs Amers et de combien elle le sera. Sur ce point, je vous propose de dire que vous n'avez pas de documents suffisants pour vous prononcer. (Cette proposition, mise aux voix, est adoptée.)

M. LE GÉNÉRAL FAVÉ. Je maintiens ma proposition et j'insiste pour qu'elle soit mise aux voix.

M. LE PRÉSIDENT. Je mets aux voix la proposition de M. le général Favé.

La proposition du général Favé n'est pas adoptée.

La séance est levée à onze heures cinquante minutes.

Le Président,
J.-B. DUMAS.

Le Secrétaire,
M. PALÉOLOGUE.

DEUXIÈME SOUS-COMMISSION.

HUITIÈME SÉANCE.
(19 JUIN 1882.)

PRÉSIDENCE DE M. DUMAS.

La séance est ouverte à neuf heures trente-cinq minutes.

M. LE PRÉSIDENT. Messieurs, j'ai le plaisir de vous informer que M. Legouest, Président du Conseil de santé des armées, qui vient, tout récemment, de faire un voyage d'exploration en Algérie, a bien voulu se rendre dans le sein de la Commission pour nous donner son opinion sur la question de salubrité.

Je vais lui donner la parole : Les deux questions dont nous avons à nous occuper sont celles-ci : Quel est l'état actuel, au point de vue de la salubrité, des pays qui entourent les chotts? Quel est l'état sanitaire probable qui résulterait de la création de la mer intérieure pour les mêmes localités?

M. LEGOUEST. Je dois dire que je ne suis pas allé, en Tunisie, au delà de Gafsa; la mer intérieure serait située plus au sud. Mais il y a en Algérie des chotts nombreux que j'ai vus, dont j'ai parcouru les environs, et qui peuvent être comparés à ceux dont il est question, bien que placés sous une latitude un peu différente. Eh bien, dans les environs des chotts que j'ai visités, il y a toujours des fièvres, dont l'intensité croît en raison directe de la température.

Ainsi du côté d'Oran, et sur la gauche de la route de Tlemcen, il se trouve un lac très considérable, sur les bords duquel on ne trouve aucune espèce de culture ni de végétation. Néanmoins, les fièvres règnent aux alentours, quand la température a été assez élevée pour amener une grande évaporation, et quand, par conséquent, une certaine étendue de terrain est restée à découvert sous l'action du soleil.

Voilà ce que je peux dire des chotts que je connais; je ne connais pas du tout ceux de Tunisie, mais il me semble qu'ils doivent se trouver dans les mêmes conditions, c'est-à-dire qu'actuellement leurs bords doivent être infestés par la fièvre.

Je ne pense pas que l'introduction des eaux de la mer puisse améliorer beaucoup cet état de choses; peut-être même les eaux douces qui pourraient s'y rendre, en se mélangeant sur les bords des chotts avec l'eau de mer, pourraient-elles amener des accidents beaucoup plus graves que ceux qui résultent de la présence de l'eau douce pure. C'est ce que l'on voit partout; et c'est ce qui s'est vu particulièrement jadis à Bône, lorsque, dans la plaine de la Seybouse, les eaux de la mer se mêlaient avec celles de la Seybouse elle-même. Depuis que des travaux d'assainissement ont été faits, depuis que des fossés et le port lui-même ont été creusés, l'état sanitaire s'est beaucoup amélioré; néanmoins il reste encore des fièvres à Bône.

Les bords de la mer intérieure, par conséquent, ne me semblent pas devoir être plus insalubres que les bords de la Méditerranée elle-même, qui sont un foyer de fièvres, mais à un bien moindre degré, évidemment, que certaines contrées marécageuses.

Si les bords de cette mer intérieure doivent être marécageux, et laisser, par suite de l'évaporation, une certaine étendue de terrain à découvert et exposée à l'action du soleil, évidemment il y aura là des fièvres.

Je crois même qu'il doit y en avoir maintenant, parce que le pays n'est pas tellement sec que dans certaines saisons, les saisons des pluies, le fond des cuvettes ne se remplisse pas d'eau.

Voilà, Messieurs, ce que je puis dire sur les chotts; si vous avez d'autres questions à me poser, je suis prêt à répondre.

M. Fauvel. Il y a une question qui intéresse plus particulièrement M. Legouest, et qui a été exposée à la dernière séance. — M. le docteur Treille a contredit le fait de l'existence de l'influence palustre dans les régions dont il s'agit, et même dans certaines contrées de l'Algérie.

M. Rolland. Je partage l'opinion de M. Treille; on a beaucoup exagéré l'insalubrité de ces régions.

Je ne conteste pas l'existence de fièvres dans l'Oued Rir', elle est malheureusement trop réelle; mais je crois, comme le disait du reste M. le rapporteur en terminant, qu'il y a quelque remède à cette insalubrité. Le remède consiste surtout à faire écouler les eaux stagnantes et croupissantes, d'où proviennent en grande partie les fièvres.

Dans l'état actuel, les fossés qui doivent récolter le surplus des eaux d'arrosage et les évacuer hors des oasis, sont informes : l'écoulement ne s'y fait pas ou s'y fait mal; les eaux chargées de matières organiques et végétales, de sulfates, etc., deviennent croupissantes, sulfhydriques, infectes, et c'est d'elles que se dégage ce que les indigènes appellent le r'tem. Or, il serait facile d'évacuer au fur et à mesure le surplus des eaux d'arrosage ; car les régions de chotts et de sebkha qui s'offrent généralement au voisinage des oasis sont situées en contre-bas : en rectifiant les fossés d'évacuation et en assurant leur entretien, on pourrait obtenir un écoulement satisfaisant vers ces régions basses.

Dès qu'elles ont été rejetées dans les chotts, les eaux d'arrosage ne sont plus dangereuses. Les eaux des chotts, en effet, se trouvent être tellement salées qu'elles sont impropres à la vie animale et végétale, et qu'il ne saurait s'y développer aucun germe ni s'en dégager aucun miasme. De même les sebkha, bien qu'alternativement humides et sèches suivant l'époque de l'année, ne sont cependant pas malsaines, à cause de la surabondance des sels qui s'y trouvent concentrés.

Quant aux villages, ils se présentent dans des conditions particulièrement malsaines : ils sont presque tous bâtis au milieu même des oasis, aux points les plus bas ; des fossés de défense, où se rassemblent les eaux croupissantes et où l'on jette toute sorte d'immondices, les entourent comme de véritables ceintures de miasmes. Il faut combler ces fossés, devenus inutiles depuis la domination française. C'est ce que l'ancien agha Ben Driss a fait à Tougourt, où, depuis 1874, les fièvres ont entièrement disparu ; c'est ce qu'il aurait fait à Ouargla, sans la résistance aveugle des indigènes.

J'ajouterai que les nouveaux centres de population ne doivent plus s'établir ainsi au cœur même des cultures, mais à proximité, sur les monticules et les éminences : tels sont les emplacements des bordj du capitaine Ben Driss à Tala-em-Mouïdi, du bordj de la compagnie de l'Oued Rir à Ourlana, du village de Tamema Djedida, de la kasbah de Ba-Mendil près d'Ouargla, etc.

M. Fauvel. Je ferai remarquer que tout ce qui vient d'être dit se trouve exactement consigné dans le rapport.

M. de Lesseps. Je puis citer des observations qui ont eu lieu pendant plusieurs années entre la Méditerranée et le point culminant de l'isthme de Suez. Nous avions là une cinquantaine de kilomètres à traverser au milieu de boues mélangées d'eau de mer et d'eau douce ; or, il n'y a jamais eu de fièvres, et cependant on a enlevé des millions de mètres cubes dégageant de l'hydrogène sulfuré. La population des bords du lac Mensaleh, qui est dans l'eau toute l'année pour pêcher le poisson, est la plus vigoureuse de l'Égypte. Moi-même, pendant plusieurs années, j'ai vécu au milieu des travailleurs, et je n'ai jamais été incommodé en quoi que ce soit, pas plus que mes compagnons.

M. Legouest. Je suis loin de contester les faits rapportés par M. de Lesseps, mais je dois dire qu'ils sont tout à fait en opposition avec les observations faites en Algérie, à Rome, en Corse, en Toscane, par les hommes les plus compétents au point de vue scientifique.

Relativement au mélange de l'eau douce et de l'eau salée, à Bône, dont je parlais tout à l'heure, et d'où je suis revenu il y a deux mois, l'état sanitaire, s'il n'est pas tout à fait satisfaisant, s'est du moins considérablement amélioré depuis qu'on a empêché le mélange des eaux salées avec les eaux de la Seybouse. Du reste, ce n'est pas d'hier qu'on a constaté l'influence du mélange des eaux salées aux eaux douces : il existe sur la côte orientale de la Corse un pénitencier agricole que M. de Lesseps connaît sans doute, le pénitencier de Casabianda ; ce pénitencier est situé au milieu de terrains assez bas ; quand le Tavignano déborde et se mêle à l'eau de mer, il y a des fièvres en si grand nombre qu'on est obligé d'abandonner la localité ; dès que les eaux de cette rivière ne passent plus sur la lagune, l'état sanitaire devient meilleur.

Les faits que cite M. de Lesseps au sujet de l'immunité des fièvres dont on aurait joui pendant le percement de l'isthme de Suez, sont pour moi tout à fait miraculeux, extraordinaires, en opposition avec ce qui a toujours été observé jusqu'à présent.

M. Treille se défendait de soulever des questions médicales, et c'est principalement ce qu'il a fait.

Il dit, par exemple, qu'il n'y a pas de fièvre à Biskra ; je déclare que j'en ai vu il y a vingt-cinq ans. Biskra se compose de différentes parties : il y a la portion militaire, la ville civile, et l'oasis ; au delà sont des jardins considérables. J'ai vu des fièvres dans l'oasis. Maintenant, de quelle population parle M. Treille ? Est-ce de la population civile ? La population civile n'habite pas l'oasis ; elle occupe cet immense espace compris entre l'oasis et le fort Saint-Germain.

M. ROLLAND. L'oasis elle-même ne semble pas, en effet, habitable pour des Européens.

M. LEGOUEST. De ce qu'il n'y a pas beaucoup de fièvres dans les populations civiles, et de ce que nos militaires en souffrent peu dans le fort Saint-Germain, je ne vois pas qu'on puisse en conclure à la salubrité de l'oasis.

Je ne veux pas établir ici une distinction entre les fièvres intermittentes et les fièvres rémittentes, tous les médecins savent ce que sont surtout les fièvres rémittentes qu'on observe en Algérie. M. Treille dit que ces fièvres sont d'origine typhique ; il n'y a pas de raison pour cela, et à l'heure actuelle la pathologie des fièvres typhoïdes et des fièvres intermittentes est assez avancée pour qu'on sache faire la distinction, non seulement à l'autopsie, mais même pendant la vie.

Je ne prétends pas qu'en Algérie toutes les fièvres soient intermittentes, mais je dis que la plupart du temps les fièvres qu'on y observe revêtent ce caractère, jusqu'à la pneumonie, qui paraît y être si étrangère.

Donc, sans vouloir entrer dans une discussion médicale, j'affirme pour ma part que le grand nombre des affections observées en Algérie, si ce ne sont pas toujours, comme on l'a dit, des fièvres intermittentes, ce sont des affections qui relèvent de l'intermittence et qui disparaissent fréquemment devant un traitement au sulfate de quinine.

Je ne veux pas m'étendre longuement sur cette question; nous ne sommes pas ici dans une assemblée médicale. Je crois que si l'on amenait la mer dans cette région, il n'y aurait pas plus d'insalubrité qu'on n'en rencontre sur les bords de la Méditerranée.

M. Rolland. Je n'ai aucune compétence en matière d'hygiène, mais je sais que, d'une manière générale, le Sahara est sain; il y fait chaud, mais sec, et le blanc y vit fort bien. Dans les oasis, il est vrai, on trouve et on trouvera toujours à la fois chaleur et humidité; aussi l'élément nègre, introduit par les femmes esclaves amenées du Soudan, arrive-t-il à dominer dans ces populations sédentaires.

Mais quant aux fièvres qui déciment les oasiens eux-mêmes, elles résultent en grande partie de leur propre négligence, et tiennent aux eaux qu'ils laissent séjourner et croupir, et au milieu desquelles ils vivent. Qu'on fasse écouler ces eaux, et l'on verra quel changement s'opérera dans la santé publique.

M. Legouest. Vous savez que pour la culture du palmier il faut être constamment dans l'eau?

M. Rolland. Assurément, et on ne peut songer à changer le mode d'arrosage du palmier, tel qu'il se pratique de temps immémorial; mais le surplus des eaux d'irrigation, ce qui ne s'évapore pas ou n'est pas absorbé par les terrains arrosés, doit filtrer et se récolter dans des fossés profonds, et par eux être écoulé dans les chotts. L'entretien convenable des fossés et l'écoulement satisfaisant des eaux pourraient être obtenus, au milieu des populations soumises et obéissantes de l'Oued Rir', par de simples mesures de police.

L'expérience est déjà faite dans les propriétés que quelques Européens possèdent dans l'Oued Rir, et où l'état sanitaire est bien meilleur que dans les oasis indigènes.

M. le commandant Roudaire. Sur les bords des chotts, dans la partie inondable, il y a une région située à 20 mètres au-dessous du niveau de la mer, et qui sera, par conséquent, recouverte par les eaux. Cette région se trouve actuellement dans les conditions d'insalubrité dont parlait M. Legouest: ce sont les Farfaria, terrains très salés, où aboutissent l'Oued-Djeddi et l'Oued-Biskra, par quinze ou vingt bras qui forment un immense delta. Il est certain que l'inondation de cette région fera disparaître ce foyer d'intoxication palustre, et c'est, du reste, ce que M. Fauvel a reconnu dans son rapport; on ne verra plus ce mélange d'eau douce et d'eau salée que M. Legouest considère comme si pernicieux, comme exerçant sur les conditions hygiéniques du pays une si fâcheuse influence.

(A ce moment, M. Treille entre en séance.)

M. Fremy. Je crois, Monsieur le Président, qu'il serait bon de mettre M. Treille au courant de la discussion qui vient d'avoir lieu.

M. le Président. La Sous-Commission vient d'examiner à nouveau les conditions de salubrité des terrains de la région des chotts. M. Legouest, qui est à le tête du service de santé des armées, vient de nous faire connaître le résultat de ses observations personnelles, qui ne concorde pas avec l'opinion que vous avez émise dans une séance précédente; M. Legouest serait plutôt d'accord avec M. Fauvel pour affirmer l'existence de fièvres intermittentes dans les localités où vous prétendez n'en avoir pas observé; il attribue en même temps l'insalubrité à des mélanges d'eau douce et d'eau salée qui peuvent se former dans la région des chotts, comme sur les bords de la Méditerranée et partout où les fièvres se manifestent.

M. Treille. Je ne crois pas, quant à moi, que le mélange de l'eau douce et de l'eau salée suffise pour faire naître des fièvres. On trouve des fièvres intermittentes partout où il y a des alluvions dont la puissance végétative n'est pas suffisamment utilisée, partout aussi où l'on remue pour la première fois des terrains, pourvu toutefois que les conditions climatériques s'y prêtent. Si l'on fait des terrassements pendant l'hiver ou au cœur de l'été, et qu'il ne tombe pas d'eau, on n'aura pas de fièvres intermittentes; il faut, pour le développement des miasmes telluriques, un ensemble de conditions qui ne se trouve ni au cœur de l'hiver, ni au cœur de l'été. Et d'ailleurs je dois faire remarquer que, dans l'Oued-Rir, on n'observerait des fièvres qu'à deux époques de l'année, au mois de mai et au mois d'octobre, c'est-à-dire au moment où il pleut; de même, dans beaucoup de régions, en Algérie, il y a des fièvres intermittentes après les premières pluies de la fin de l'été ou du commencement de l'automne.

Je soutiens que dans l'Oued-Rir l'intoxication tellurique ne sévit pas avec plus d'intensité que sur d'autres points du territoire, et particulièrement sur le littoral de la Méditerranée. Je ne disconviens pas que dans les oasis de l'Oued-Rir et surtout dans celles où la salubrité n'est pas entretenue comme elle devrait l'être, il existe des fièvres en assez grand nombre; mais je ne sache pas que, sous ce rapport, les oasis qui s'étendent depuis M'rayer jusqu'à Tougourt soient dans de plus mauvaises conditions que celles qui se trouvent au pied des montagnes, du côté du nord, les oasis de Ferkane et de

Négrine, par exemple, où les habitants ne prennent aucune espèce de précaution et laissent les eaux croupir.

Dans la séance du 7 juin, j'ai contesté les conclusions du rapport de M. Fauvel, parce qu'elles m'ont paru beaucoup trop absolues, et dangereuses, au point de vue de l'opinion qu'on pourrait se faire de l'Oued-Rir. La colonisation européenne a pénétré depuis trois ans dans l'Oued-Rir. Les nouveaux colons savent le parti qu'on peut tirer de cet admirable pays, ils n'ont pas craint d'y engager des capitaux, et c'est au nom de ces hommes d'initiative, de ces courageux pionniers de la civilisation, que je m'élève énergiquement contre des assertions qui tendraient à faire mettre pour ainsi dire le pays de l'Oued-Rir à l'index. Je suis convaincu que les oasis qui se créeront sur les bords de la mer intérieure seront dans les meilleures conditions, parce qu'elles seront organisées par les soins d'Européens, qui prendront des mesures de précaution que négligent les indigènes.

Quand j'ai voyagé dans ce pays, j'ai été frappé de la différence qui existe entre la population des oasis de M'Rayer et d'Ourlana et la population des oasis qui sont au sud de Tébessa, que j'avais visitées en 1873. Là, les populations sont véritablement minées par les fièvres, parce que les habitants ne prennent aucune précaution; au contraire, les habitants de l'Oued-Rir sont, au point de vue du travail, et, si je puis m'exprimer ainsi, au point de vue de la civilisation, beaucoup plus avancés que les populations des oasis situées au sud de Tébessa. On exécute, dans l'Oued-Rir, des travaux qu'on ne fait pas ailleurs; on a le soin de creuser des fossés, des rigoles de drainage, et j'affirme que cette région vaut beaucoup mieux que la réputation qu'on lui a faite.

Je persiste dans les idées que j'ai eu l'honneur d'exposer au sein de la Sous-Commission dans la séance du 7 juin. J'apporte ici mon expérience personnelle; et des observations qui ont été consignées dans divers rapports, je conclus que dans les oasis de l'Oued-Rir la salubrité sera plus grande que dans beaucoup d'autres oasis qui se trouvent plus au nord, peut-être parce qu'il y fait plus chaud, que la durée des pluies y est moins longue, et que, par cela même, la période des fièvres est plus courte.

Je maintiens ce que j'ai dit en ce qui concerne la population européenne de Biskra, que je connais tout entière; il n'y a pas parmi elle de fièvres intermittentes. Je persiste à croire que les oasis qui pourront se créer sur les bords de la mer intérieure seront tout aussi salubres que les centres de population qui existent sur le littoral méditerranéen.

M. Legouest. Je suis très heureux d'avoir entendu M. le docteur Treille; nous sommes du même avis sur la provenance des fièvres intermittentes ; elles résultent de l'humidité et de la chaleur à certaines époques

M. Treille. Et du tellus!

M. Legouest. Cela va de soi!

Il y a un point acquis; c'est que M. Treille reconnaît qu'il y a en Algérie des fièvres intermittentes.

M. Treille. Certainement!

M. Legouest. Vous étiez moins affirmatif dans la précédente séance; à mon avis, en Algérie, la fièvre intermittente domine toute la pathologie.

Quant à Biskra, je n'y suis pas allé depuis vingt-cinq ans; à cette époque, il y avait de la fièvre intermittente, qui sévissait sur la population militaire, sur la population européenne, et aussi, naturellement, sur la population indigène de l'oasis.

M. Treille dit : on souffre de la chaleur à Tougourt, et il n'y a pas d'intoxication palustre. Il est certain que, dans ce qu'on appelle le Sahara, il y a très peu de fièvre; plus on va vers le sud, plus le pays s'assainit pour ainsi dire. A mon point de vue, il vaut mieux habiter Mascara qu'Oran; à Mascara il fait plus chaud, l'air est plus salubre.

Il n'est pas nécessaire qu'il y ait des marais; il suffit qu'il pleuve pendant un certain temps pour que la fièvre intermittente apparaisse. M. Treille sait aussi bien que moi que, non seulement en Algérie, mais même en France, dans certaines régions où il y a des prairies, aussitôt qu'on a fauché les prés ou même fait la moisson, des fièvres intermittentes apparaissent.

Nous ne sommes donc pas très éloignés de nous entendre. M. Treille pense que plus on approche du sud, plus la salubrité est grande; je suis de cet avis. Mais je déclare que j'ai vu de la fièvre intermittente dans les oasis de Biskra et de Laghouat, dont je parlais tout à l'heure. Quant au mélange d'eau de mer et d'eau douce, s'il coule à pleins bords dans le canal, il est certain que ce ne sera pas pour le pays une cause d'insalubrité; mais si ce mélange est à l'état de flaques exposées à une évaporation qui laisse la terre en contact avec les rayons du soleil, il en résultera, comme je le disais tout à l'heure, des fièvres intermittentes assez graves.

En résumé, je crois, comme M. Treille, que, quand l'eau de mer mélangée à l'eau douce coule à pleins bords, il n'y a pas plus d'inconvénient que dans le cas d'un marais qui reste toujours au même niveau; c'est quand le niveau baisse et que les eaux, en s'évaporant, laissent la terre exposée aux rayons du soleil, que l'insalubrité commence.

Je crois devoir ajouter que je ne vois pas en quoi le corps des médecins militaires, dont M. Treille a fait partie, et qui a fait beaucoup en Algérie au point de vue des fièvres, est dans l'erreur lorsqu'il pense que toutes les maladies de l'Algérie sont influencées par l'intermittence. Je ne veux pas, je le répète, entrer dans une discussion médicale. Pour ma part, j'ai pratiqué pendant sept ans en Algérie, et j'ai très souvent administré avec succès le sulfate de quinine, dans des cas qui semblaient le moins indiquer cette médication. Je ne parle pas de la confusion entre les fièvres typhoïdes et les fièvres intermittentes; cela n'a lieu que très rarement, même, quoique M. Treille en veuille dire, de la part des médecins militaires.

M. Fauvel. Je ne m'explique pas la véhémence de la protestation de notre honorable collègue M. Treille contre le rapport, car, en définitive, il n'y a pas un point traité par M. Treille qui ne l'ait été dans le même sens dans le rapport. Par exemple, au point de vue de l'insalubrité de l'Oued-Rir et de Tougourt, il est dit tout au long dans le rapport que « les conditions actuelles d'insalubrité de l'Oued-Rir ne sont pas d'ailleurs irrémédiables. » J'ai expliqué la provenance de cette insalubrité. Tous ceux qui ont visité cette région reconnaissent qu'il suffirait de donner un écoulement convenable aux eaux croupissantes pour améliorer immédiatement l'état sanitaire; la preuve en est à Tougourt, naguère aussi insalubre que les autres oasis, et où les travaux de drainage opérés par l'administration française ont amené une amélioration sanitaire telle que les Européens peuvent y séjourner impunément et que nos troupes y souffrent beaucoup moins qu'autrefois.

Il y a un point seulement sur lequel nous différons : c'est sur l'importance que M. Treille attache au mot « intermittence ». C'est là purement et simplement de la logomachie; l'influence palustre n'est pas liée nécessairement à une intermittence franche. Nous savons parfaitement que l'action de l'influence palustre dépend du climat et des conditions particulières du pays; si, dans nos contrées, elle se traduit par des fièvres tierces, quartes, etc., dans les climats chauds comme ceux de l'Algérie et du Sahara elle se traduira par la forme rémittente dont parle M. Treille.

Tout cela est écrit, tout cela est noté dans le rapport; je pourrais dire que la connaissance de l'influence palustre eu égard aux conditions climatériques est presque l'A, B, C du métier.

Eh bien, il est certain, d'après les faits qui ont été cités par les médecins militaires, qu'en Algérie, mais surtout dans les régions dont il est question, il y a un climat tout particulier qui exerce une influence énorme sur l'économie. L'influence palustre ne s'y traduit pas comme en France ou même dans certaines parties de l'Algérie. La forme n'est ici qu'un effet ajouté par l'influence palustre. De même je n'admets pas qu'on réduise l'influence morbifique au climat seul. Ainsi, l'on dit que, dans le désert proprement dit, dans la partie sèche, il n'y a pas d'influences palustres. C'est vrai, mais il y a l'influence de la chaleur, d'une chaleur excessive, longtemps continuée, combinée avec une mauvaise alimentation, avec des variations atmosphériques considérables, avec des eaux de mauvaise qualité. Il est évident qu'il y a, même dans le Sahara, en dehors de l'influence palustre, des conditions d'insalubrité. Mais, quand ces conditions d'insalubrité et de chaleur se combinent avec l'influence palustre, vous avez alors des manifestations dont le caractère palustre est incontestable et l'on peut dire incontesté; les effets de la médication jugent d'ailleurs la question. Dans ces cas, même lorsqu'il n'y a pas d'intermittence bien appréciable, ni de rémittence, si vous donnez du sulfate de quinine à temps vous sauvez même le malade.

Ainsi, quand M. Treille nie les fièvres palustres, il nie un fait qui est général ; seulement, dans cette région, les maladies ne se présentent pas sous une forme intermittente bien tranchée; c'est parfois sous forme quotidienne, souvent rémittente, et même sous forme continue. Pour nous, l'insalubrité se rattache à l'influence palustre qui vient s'ajouter à celle du climat.

Maintenant, on a parlé d'affections typhiques : j'ai regretté de ne rien trouver dans les documents que j'ai consultés sur les affections typhiques des oasis de l'Oued-Rir. Je ne serais pas étonné que, dans ces oasis, il y eût de véritables fièvres typhiques et que ces fièvres empruntassent à l'influence palustre un caractère particulier. J'ai souvent observé cette affection complexe contractée en Asie Mineure chez des soldats qui s'étaient en même temps trouvés soumis à la double influence typhique et palustre. Outre les symptômes du typhus, ils présentaient des rémittences bien tranchées. J'appelais ces cas fièvres rémittentes typhiques et je les traitais avec succès par le sulfate de quinine, quand la maladie n'était pas trop avancée.

L'affection typhique se trouvant débarrassée de cette influence rémittente qui venait l'aggraver, les malades guérissaient généralement.

Lorsque j'ai parlé des chotts, je n'avais pas de notions personnelles sur cette région, mais j'avais la connaissance de ce qui se passe dans des régions analogues, où j'ai vu les doctrines professées par les médecins militaires recevoir leur confirmation.

La combinaison de l'influence palustre avec toutes les autres influences locales possibles produit toutes les formes de maladies, typhiques ou non. En définitive, il peut y avoir entre nous une différence de doctrine, mais cette différence ne porte que sur la valeur de certains mots.

M. Treille. Je demande la permission de répondre brièvement aux observations qui viennent d'être présentées par MM. Legouest et Fauvel.

Pour mettre mes honorables contradicteurs à leur aise, je m'empresse tout d'abord de leur déclarer que mes idées sur les fièvres intermittentes ne sont celles de personne, que j'ai en effet contre moi toute l'école algérienne et, à plus forte raison, l'école française.

Mais, ces idées, je ne me les suis pas faites en un seul jour. J'ai longtemps professé les idées contraires, c'est-à-dire celles qu'on a tout à l'heure exposées devant vous : j'ai maintenant de bonnes raisons pour croire qu'on a jusqu'à ce jour écrit sur les fièvres intermittentes beaucoup plus de romans que de réalités. Je reconnais d'ailleurs que, de l'École, j'ai écrit moi-même, il y a une dizaine d'années, des choses tout à fait inexactes.

Pour vous prouver que je suis loin des théories actuelles, — théories que, malheureusement, je n'ai pas eu le temps de combattre d'une manière précise par les faits qui résultent de mes observations personnelles, en publiant mes travaux, — pour vous prouver, dis-je, combien je suis opposé aux idées qui ont cours actuellement, je me bornerai à vous dire que, pour moi, il n'y a pas de fièvres larvées et que, relativement aux fièvres rémittentes, l'impaludisme ou le tellurisme n'en crée que dans des circonstances tout à fait extraordinaires, qui ont été mal définies jusqu'à ce jour. En ce qui me concerne, je n'ai jamais observé que des rémittences typhiques, par conséquent non justiciables du sulfate de quinine.

Je professe encore cette opinion que, dans les villes de l'Algérie, à Constantine, à Sétif, etc., — je parle de l'intérieur même de ces villes, — il n'y a pas de fièvres intermittentes, de fièvres à quinquina.

J'ai contre moi tous les médecins civils et militaires : j'ai pour moi des preuves irrécusables, résultant d'une observation patiente et scrupuleuse, entourée de toutes les garanties désirables et suivie pendant de longues années dans les services hospitaliers et la clientèle civile.

M. LEGOUEST. Il n'y a pas de fièvres à Rome, et cependant il y en a dans l'*agro romano*.

M. TREILLE. Je proteste de toute mon énergie contre cette tendance qui consiste à voir de l'intermittence tellurique partout. Je ne veux pas me lancer dans des considérations médicales et prolonger ce débat qui pourrait absorber de longues heures sans être définitivement tranché.

Je reviens au rapport de M. Fauvel, et je dis que ce rapport contient, — je demande pardon à M. le rapporteur d'employer cette expression, — un certain nombre d'inexactitudes.

Par exemple, en ce qui concerne Tougourt, il n'a pas été fait de travaux de drainage. Ben-Driss, qui était agha de Tougourt en 1873 ou 1874, et qui a fait des travaux d'assainissement, s'est borné simplement à combler les fossés qui étaient autour de la ville, et dans lesquels croupissaient des eaux douces ou des eaux saumâtres : douces quand il pleuvait, ce qui n'arrive pas souvent, mais surtout saumâtres à cause de leur provenance des puits artésiens.

Voilà les seuls travaux d'assainissement qui aient été faits à Tougourt. Le seul fait de combler les fossés a suffi pour rendre salubres la casbah et le quartier qu'habitent les Européens; il n'y en a d'ailleurs qu'un petit nombre, une douzaine au plus. Quant aux oasis de l'Oued-Rir, j'ai été frappé, à la lecture du rapport fait par M. Fauvel, du sombre tableau qu'il nous en trace. C'est véritablement désespérer les gens du pays lui-même et dire également aux Européens : Gardez-vous bien d'aller dans ce lieu d'infection, parce que vous ne pourriez y vivre. Voilà l'impression que j'ai éprouvée en entendant M. Fauvel lire son rapport.

M. Fauvel. Y a-t-il des Européens qui, à l'heure actuelle, passent leur été dans les oasis dont il est question?

M. Treille. Parfaitement.

M. Fauvel. Vous en êtes sûr?

M. Treille. Parfaitement: il y en a à Tougourt...

M. Fauvel. Il ne s'agit pas de Tougourt, qui a été assaini. Je parle de l'Oued-Rir en général, où, pour nous, l'insalubrité est très grande et que les Arabes abandonnent aussitôt que la chaleur arrive.

M. Treille. Je ne connais qu'un Européen dans cette situation, et je puis le citer, c'est le gérant de la compagnie de l'Oued-Rir. Il passe son été à voyager entre Ourlana et Tougourt et fait un dur métier, je vous le garantis.

M. Fauvel. Nous ne savons pas s'il habite dans l'oasis même.

M. Treille. Il séjourne quelquefois dans l'oasis d'Ourlana pendant trois ou quatre jours.

M. Rolland. Il habite un bordj, sur une éminence voisine, mais non pas l'oasis même. Je ne crois pas que le blanc puisse séjourner impunément en été au sein de palmiers abondamment irrigués; mais, à proximité des jardins, il trouvera toujours quelque monticule où planter sa tente et bâtir son bordj.

M. Fauvel. Cette question de l'Oued Rir n'a, d'ailleurs, qu'un rapport éloigné avec celle qui nous occupe.

M. Rolland. On a beaucoup parlé de l'insalubrité de l'Oued Rir; on a dit que c'était un pays inhabitable. Je comprends que M. Treille, qui croit comme moi à l'avenir de cette région, ne veuille pas laisser ces idées s'établir, et je joins ma protestation à la sienne.

M. Treille. Je dois dire, pour terminer cette discussion, que nous pourrions peut-être vivre tout aussi bien que les indigènes dans l'Oued-Rir si nous savions approprier notre genre de vie au climat, chose que nous ne faisons pas. Savez-vous les précautions que nous prenons, nous, quand nous allons dans l'Oued-Rir?

D'abord, nous vivons autant que possible comme les indigènes; nous laissons ensuite le vin de côté, nous ne buvons que de l'eau. Cette eau, dont les principes purgatifs seraient si mauvais à la santé dans les conditions de vie ordinaire, purge un peu dans les premiers jours; mais, au bout de très peu de temps, le corps s'y accoutume, et je puis dire que, dans l'Oued-Rir, nous nous portons infiniment mieux que partout ailleurs. Voyez tous ceux qui y ont vécu et qui ont eu le courage de s'astreindre à ce régime, un peu dur pour les Européens; quand ils reviennent à Biskra, ils sont robustes et bien portants comme s'ils avaient été aux eaux ou s'ils avaient passé un certain temps sur le bord de la mer.

Par conséquent, si les Européens savaient approprier leur genre de vie au climat, ils ne se porteraient pas beaucoup plus mal dans l'Oued-Rir que dans le Tell.

M. Fauvel. J'ai pris les choses telles qu'elles sont aujourd'hui; je n'avais pas à m'occuper de savoir comment vivent les Européens dans l'Oued-Rir, puisqu'ils n'y vivent pas.

M. le commandant Roudaire. La nappe d'eau de la mer intérieure aura précisément pour effet d'introduire dans l'air de la vapeur qui servira d'écran contre la chaleur solaire pendant le jour et contre le rayonnement pendant la nuit. Quand vous aurez des brises de mer qui se feront sentir à une certaine distance de la mer intérieure, les conditions hygiéniques seront tout à fait différentes. C'est ainsi qu'à Gabès, qui se trouve sous la même latitude cependant que l'Oued-Rir, on se trouve dans de très bonnes conditions. L'été, il n'y fait pas trop chaud parce qu'on a des brises de mer; l'hiver, il y fait beaucoup moins froid que dans le pays des chotts eux-mêmes.

Eh bien! ces conditions particulières dues à la présence de la mer, ces conditions climatologiques s'établiront tout autour du bassin, lorsqu'il sera inondé.

M. le Président. Quelqu'un demande-t-il la parole?

La question me paraît épuisée. Toutes les opinions ont été, je crois, énoncées et figureront au compte rendu de la séance.

M. Gros. Je voudrais poser une question au point de vue de l'interprétation du dernier vote de la séance précédente.

On a été d'avis que le montant du produit des sources, des affluents et des eaux qui tombent dans le bassin des chotts équivalait à une hauteur de 54 centimètres. En supposant, comme on l'a fait, l'évaporation de 3 millimètres, ce qui fait un total de 1^m,10 d'eau enlevée par an, faut-il retrancher ces 54 centimètres de 1^m,10 et dire que l'évaporation finale des chotts sera de 56 centimètres seulement ?

Cette question est importante pour le calcul des dimensions du canal; il est essentiel de savoir à quoi s'en tenir. L'évaporation finale de la mer intérieure sera-t-elle de 56 centimètres ou de 1^m,10, dans l'année, en comprenant dans ce chiffre de 1^m,10 l'influence des eaux?

M. Chambrelent. La Sous-Commission a décidé que l'évaporation serait comprise entre 3 et 4 millimètres; j'ai pris le chiffre de 3 et demi, ce qui fait 1^m,28 par an. La Sous-Commission a reconnu également que la quantité d'eau tombée directement était de 27 centimètres, et qu'il fallait doubler ce chiffre pour tenir compte des eaux qui arriveraient de l'extérieur à la mer; cela fait une hauteur totale de 54 centimètres. J'ai déduit ce chiffre de 54 centimètres de 1^m,28, cela m'a donné 74; c'est ce chiffre de 74 que j'ai pris non pas pour l'évaporation, mais pour la différence entre l'évaporation et la quantité d'eau tombée.

M. Gros. J'avais d'abord, dans le travail que j'avais été chargé de faire, établi mes calculs dans l'hypothèse d'une évaporation de 3 millimètres, tout compris. Votre délégation a dit ensuite : Retranchons de 1^m,10, chiffre de l'évaporation annuelle, 20 centimètres pour tenir compte des affluents, des sources, des pluies. Dans la séance suivante, on a dit : Supposons que l'évaporation comprendra tout, déduction faite des affluents et de toutes les causes accessoires, de sorte que le dernier calcul a été fondé sur l'hypothèse d'une perte de 3 millimètres par jour. C'est ce chiffre qui a servi de base aux calculs de M. Roudaire dans son rapport.

Je désirerais que la Sous-Commission décidât aujourd'hui d'une manière précise si le chiffre de hauteur d'eau due aux pluies, aux affluents, aux sources, etc., évalué à 54 centimètres, doit être déduit du chiffre total de l'évaporation.

M. le Président. 3 millimètres et demi par jour font 1^m,28 par an; nous doublons le chiffre de 27 centimètres, représentant la hauteur d'eau tombée directement. Vous avez soustrait de 1^m,28, chiffre qui représente l'évaporation, 54 centimètres, et vous avez trouvé 74 centimètres.

M. Chambrelent. L'abaissement de niveau dû à l'évaporation sera toujours de $1^m,28$; mais comme, à côté de cela, il viendra de l'eau qui augmentera la surface de 54 centimètres, l'abaissement ne sera par le fait que de 74 centimètres.

M. le Président. La Commission a compris que cette évaporation serait compensée de trois manières : 27 centimètres de pluie tombant dans les chotts, 27 arrivant par les eaux souterraines et 74 arrivant par le canal.

M. Gros. C'est, en définitive, comme si la mer intérieure, par l'influence solaire, s'abaissait de 74 centimètres par an.

M. le Président. Je vais consulter la Commission sur le point de savoir si elle adopte l'interprétation qu'a donnée M. Chambrelent.

M. Chambrelent. J'ai pris le chiffre de 8,000 kilomètres carrés pour la surface de la mer intérieure : c'est le chiffre que m'a donné M. Roudaire et sur lequel, j'ai établi mes calculs. Depuis, j'ai appris que M. le colonel Perrier avait réduit à 7,000 kilomètres carrés, ce qui réduirait la quantité d'eau que j'ai trouvée. Quoi qu'il en soit, la quantité d'eau que j'ai trouvé nécessaire de restituer tous les jours aux chotts est de 187 mètres cubes par seconde. Il faut que le canal reçoive toute l'année et par seconde 187 mètres cubes. C'est le débit qu'il doit donner quand il fonctionnera régulièrement.

Ce chiffre est vrai si la surface des chotts est de 8,000 kilomètres carrés; si, au contraire, ce chiffre se trouve réduit, comme l'a dit M. le colonel Perrier dans une séance à laquelle je regrette de ne pas avoir assisté, le chiffre du débit serait moindre; je suis donc, en calculant sur 8,000 kilomètres, dans des conditions plus défavorables pour calculer la dépense.

M. le Président. Je mets aux voix l'interprétation proposée par M. Chambrelent.

(Cette interprétation est adoptée.)

M. le commandant Roudaire. Comme la question des modifications du climat devait venir à la suite de cette discussion, j'avais préparé sur ce sujet une petite note que je demande à la Sous-Commission la permission de lire.

M. le Président. Vous avez la parole.

M. le commandant Roudaire. « Si l'on considère les ruines romaines qui existent actuellement sur divers points de la province de Constantine, on reconnaît que ces ruines témoignent d'une population considérable qui ne pourrait être alimentée aujourd'hui ni par des eaux prises à la surface, ni par des eaux recherchées en profondeur. Il est donc certain que depuis l'époque romaine le climat de ce pays est devenu beaucoup plus sec. » (Tissot), *Texte explicatif de la carte géologique de la province de Constantine* (page 76).

Il est peu de régions auxquelles ce qui précède puisse mieux s'appliquer qu'à la région des chotts. Les ruines romaines qu'on y rencontre sont en effet très importantes. Là s'élevaient autrefois des villes nombreuses : *Tacape, Aquæ Tacapitanu, Vepillium, Turris Tamalleni, Thigæ, Thisurus, Aggarsel Nepte, Iskeri, Aggarsel, Puteus, Mazatauzur, Timezegerri, Turris, Avibus, Vereseos, Thasarte, Silesva, Ad Templum, Bezereos, Auxilimindi Agma*, etc. Le nombre des ruines qu'on trouve encore aujourd'hui dans le bassin des chotts est beaucoup plus grand que celui des stations relatées dans l'*Itinéraire d'Antonin* et la *Table de Peutinger*. Que les chotts fussent à cette époque des lacs fermés ou un golfe alimenté par la mer, il est certain qu'ils étaient remplis d'eau et que le climat s'est modifié depuis qu'ils se sont desséchés. Des débris de navires ont été trouvés dans le chott Djerid (Rapp. 1877, page 57). Toutes les traditions arabes sont d'ailleurs absolument précises à ce sujet.

D'après les chiffres admis par la Sous-Commission, l'évaporation doit être évaluée à 3 ou 4 millimètres soit $3^{mm},5$, en moyenne. L'évaporation étant évidemment plus forte pendant la saison chaude, nous prendrons une moyenne de 4 millimètres pendant les six mois d'été et de 3 millimètres pendant les six mois d'hiver.

En hiver il y a presque toujours dans les chotts une couche d'eau plus ou moins épaisse. La quantité de vapeurs répandue dans l'atmosphère ne sera donc pas beaucoup augmentée par le remplissage des bassins inondables. Si l'on considère en outre que pendant cette saison ce sont les vents de nord-ouest qui dominent, on est amené à conclure que le climat de l'Algérie ne subira pas de modifications importantes pendant l'hiver.

Il n'en sera pas de même en été; actuellement les chotts sont complètement à sec pendant cette saison et l'évaporation y est par conséquent nulle. Dès que la mer intérieure sera créée, l'évaporation lui enlèvera chaque jour 32 millions de mètres cubes d'eau qui se transformeront en vapeur. D'après les observations faites à Biskra (1) du commencement d'avril à la fin de septembre, les vents de sud-est soufflent 130 jours sur 180. Cette masse énorme de 32 millions de mètres cubes d'eau transformée en vapeur sera donc presque toujours poussée vers l'Algérie, et la plus grande partie se transformera en nuages et en pluies, par suite du refroidissement qu'elle subira en rencontrant

---

(1) Docteur Sériziat, *L'Oasis de Biskra*, page 47.

la grande chaîne transversale de l'Aurès que sa direction ouest-est semble avoir prédestinée à remplir le rôle de condenseur.

Il est évident que les pluies ainsi produites seront un immense bienfait pour un pays où la sécheresse seule empêche le plus souvent les colons de tirer parti de la fécondité naturelle du sol. Mais, même avant de se condenser en nuages et en pluies, les vapeurs produites par la mer intérieure, disséminées dans l'air à l'état invisible, exerceront déjà une influence considérable sur le climat. En effet, l'air en lui-même se comporte pratiquement comme le vide par rapport à la transmission de la chaleur, tandis que la vapeur d'eau possède en même temps une grande transparence pour la lumière et une grande opacité pour la chaleur. Les quantités considérables de vapeur introduites dans l'atmosphère rempliront donc à la fois le rôle d'écran protecteur contre l'ardeur des rayons solaires pendant le jour, et contre le rayonnement pendant la nuit.

Si nous ajoutons enfin qu'il s'établira des brises de mer régulières dont l'influence bienfaisante se fera sentir jusqu'à Biskra, on ne peut s'empêcher de reconnaître que la mer intérieure aura pour résultat de changer complètement les conditions climatologiques de ces régions aujourd'hui si déshéritées, et que non seulement elles deviendront fertiles, mais encore très favorables à l'établissement et au séjour des Européens.

M. LE PRÉSIDENT. M. Jamin a la parole.

M. JAMIN. Voici quelques notes que j'ai rédigées en réponse à diverses assertions contenues dans les rapports du commandant Roudaire.

NOTE I.

On a admis que l'évaporation diurne est en moyenne égale à $0^m,003$, ce qui fait en une année une épaisseur égale environ à $1^m,10$.

Il est probable que dans un climat aussi exceptionnel et aussi chaud que le Sahara ces chiffres seront considérablement dépassés; en les admettant, on veut seulement chercher les conséquences qu'ils auraient sur le climat algérien. Nous reprenons les prévisions et les calculs de M. Roudaire.

Refroidissement produit par l'évaporation. M. Roudaire dit (1): Supposons un vent du

---

(1) Rapport à M. le Ministre de l'Instruction publique, 1881, page 140.

sud ayant une température moyenne de 25 degrés et enlevant en vingt-quatre heures à la mer intérieure 39 millions de mètres cubes d'eau transformés en vapeur. La chaleur absorbée et rendue latente par l'eau qui se vaporise à 25 degrés est de *560 degrés*. Le pouvoir conducteur de l'eau étant très faible, on peut admettre que la chaleur nécessaire à l'acte de la vaporisation sera *tout entière empruntée à l'air ;* or, comme d'un autre côté la chaleur spécifique de l'eau est 3,080 fois plus considérable que celle de l'air, il en résulte que 39 millions de mètres cubes d'eau en se transformant en vapeur feront hausser de 5 degrés $\frac{39,000,000 \times 560 \times 3,080}{5} = 13,453$ milliards de mètres cubes d'air, c'est-à-dire un volume d'air suffisant pour recouvrir l'Algérie et la Tunisie réunies d'une couche d'environ 45 mètres de hauteur.

Ce calcul nous paraît inexact. Ce n'est pas à l'air, mais à l'eau dont elle sort, que la vapeur emprunte de la chaleur et dont elle partage la température. Refroidie, la couche superficielle des lacs devient plus lourde, tombe au fond et est remplacée par des couches plus chaudes. C'est donc la masse entière de l'eau qui se refroidit. Or, sur chaque décimètre carré, la couche enlevée par l'évaporation, ayant une épaisseur égale à $0^d,03$, pèse $0^{kg},03$, et la chaleur latente, étant égale à 560, enlève $560 \times 0,03$ calories, soit $16^c,80$.

Si l'épaisseur de l'eau au point considéré était égale à un décimètre, le refroidissement serait de $1°,68$; il sera de $16°,8$ si cette épaisseur atteint 1 mètre, et de $0°,16$, c'est-à-dire de 16 centièmes de degré, si l'épaisseur moyenne du lac est égale à 10 mètres. Au contact de cette eau l'air se refroidira moins encore. Cette influence sur le refroidissement de l'air peut donc être considérée comme nulle.

NOTE II.

La surface totale de la mer intérieure projetée se réduit, d'après les derniers nivellements, à 8,040 kilomètres carrés, et la surface totale de l'Algérie et de la Tunisie étant, d'après M. Roudaire, de 300,000 kilomètres carrés, le rapport est

$$\frac{8,040}{300,000} = 0,0269.$$

La couche de 1 mètre enlevée à la mer dans une année, si elle était répartie sur tout le pays, serait donc de $0^m,027$ environ, c'est-à-dire de 27 millimètres. Or, d'après M. Roudaire, on peut estimer la pluie tombée en une année dans ces parages à 30 centimètres cubes. C'est donc dix fois plus.

Ainsi la couche d'eau annuellement évaporée ne serait que la dixième partie de la pluie qui tombe actuellement, et, comme cette eau sera enlevée par les vents et qu'une portion très minime seulement retombera en pluie, on peut estimer que son effet sera nul.

Si, au lieu d'étudier ce qui s'évapore en une année, on examine la quantité qui disparaît en un seul jour et qui est de $0^m,003$, on voit que, répartie sur l'Algérie et la Tunisie, elle formerait une couche égale à $0^m,003 \times 0,027 = 0^m,000081$, ce qui fait 81 millièmes de millimètre. C'est environ cent fois la longueur double du rouge extrême. Ce serait bien peu sensible.

NOTE III.

Dans sa note intitulée : « La mer intérieure peut-elle se transformer en marais salants? » M. Roudaire calcule que cette mer recevra par les torrents, par les rivières permanentes, par les pluies, une masse d'eau égale à 6,746 millions de mètres cubes, et comme elle perdra par évaporation 8,090 millions de mètres cubes, elle n'empruntera annuellement à la Méditerranée que 1,343 millions de mètres cubes. Or, c'est seulement le cinquième en plus de ce que les chotts reçoivent actuellement. Cela revient donc à dire que les 6,748 millions qui y aboutissent actuellement laissent le climat aride et desséché, mais que l'addition d'un cinquième de leur valeur actuelle suffirait pour rendre ce climat humide et fertile : cela paraît peu probable.

NOTE IV.

Pour résumer l'influence de la mer intérieure sur le climat de l'Algérie, M. Roudaire fait remarquer que les vents venus de la Méditerranée, à demi saturés à $12°,5$, devraient être refroidis jusqu'à 2 degrés pour atteindre la saturation, et qu'abaissés jusqu'à zéro ils n'abandonneraient que $0^{gr},65$ de vapeur, tandis que les vents du sud, arrivant avec la température de 30 degrés, atteindraient la saturation à 17 degrés s'ils étaient à demi saturés, et perdraient $5^{gr},76$ à 6 ou 7 degrés en traversant les monts Aurès. Cela est tout à fait exact.

M. Roudaire admet implicitement que dans le cas actuel cela n'a pas lieu, parce que l'air est trop sec, mais que la mer intérieure lui donnera l'humidité nécessaire; il convient donc d'examiner le cas actuel. Or, on trouve dans le livre de M. Duveyrier des observations de thermomètres secs et humides, qui permettent de calculer l'état hygrométrique : c'est ce que j'ai fait dans le tableau suivant, qui m'a été remis par M. Duveyrier lui-même.

Quelques spécimens de grande sécheresse de l'air.

DÉSIGNATION DES POINTS.	BAROMÈTRE.	THERMOMÈTRE sec.	THERMOMÈTRE humide.	F	F'	f	F−f	TEMPÉRATURE de condensation.	OBSERVATIONS.
Mouïa El-Qaïd, 20 juin 1860, 2ʰ 45ᵐ soir.	......	42°	23° 6 / 18.4	60	22	22−8.6 / 13.4	47	16°	1° Dans ces observations les vents sont très secs, puisque F−f est très grand. Ils pourraient absorber, en grammes de vapeur par mètre cube, 47, 36, 23, 25, 35, 42, 44; ils produiront donc une évaporation énorme. 2° Mais ils contiennent néanmoins beaucoup d'eau, proportionnellement à leur force élastique f, c'est-à-dire 13, 16, 17 ou en moyenne 15 grammes environ; si on les refroidit, ils atteignent la température de saturation à 16, 19, 20, 19, 20, soit en moyenne 20°; au-dessous de cette température, ils doivent donner de la pluie en très grande abondance; à 8 degrés, par exemple, ils ne contiendront plus que 8ᵍ,9, tandis qu'à 20 ils en contiennent 17; ils en perdront donc 8 environ; ils sont donc déjà dans le cas d'humidité que M. Roudaire attribue à la mer intérieure, et c'est le cas où ils paraissent avoir la plus grande sécheresse. Pourquoi n'y a-t-il pas condensation? Parce qu'ils ne *franchissent pas l'Aurès*; ils ne le franchiront pas davantage avec la mer intérieure.
Tougourt, 22 juin 1860, 4 heures soir..	......	38°	24° 6 / 13.4	53	23	23−6.2 / 16.8	30	19° 5	
— 27 juin 1860, 7ʰ 15ᵐ matin..	763.60	28° 1	16° 5 / 11.6	29	40	23−5.6 / 17.4	13	20° 0	
— 27 juin 1860, 2ʰ 30ᵐ soir...	760.20	34° 8	22° 2 / 12.4	41	20	22.2−6 / 16	25	19°	
— 27 juin 1860, 6ʰ 10ᵐ soir...	757.60	35° 2	23° 2 / 12.0	42	21	23.2−5.8 / 17.4	35	20°	
— 30 juin 1860, 2ʰ 30ᵐ soir...	754.60	36° 1	23° 6 / 12.5	44	22	23.6−5.0 / 17.6	26	20° 5	
— 1ᵉʳ juillet 1860, 2ʰ 30ᵐ soir..	753.25	37° 2	24° 7 / 12.5	48	23	24.7−5.0 / 19.7	28	23°	
— 7 juillet 1860, 2ʰ 30ᵐ soir..	752.70	41° 1	23° / 18.1	55	21	23−8.7 / 14.3	31	16°	
— 10 juillet 1860, 2ʰ 30ᵐ soir..	752.13	40° 4	22° 3 / 18.1	55	21	22.3−8.7 / 13.6	42	16°	
— 11 juillet 1860, 3ʰ 15ᵐ soir..	750.31	40° 7	21° 8 / 18.9	56	19	21.8−9 / 12.7	44	15°	
Mouïa El-Ferdjân, 21 juin 1860, différence de 21°,5............									
Mourzouk, 5 juillet 1861, différence de 23°,20.................				Dans la formule $P = \dfrac{V(0,81)(F-f)}{(1+at)760}$, le fond $\dfrac{0,81}{1+at} \cdot \dfrac{1}{760} = 1$ à peu près.					

Ces climats sont extraordinairement secs; en effet, vers une température de 40 degrés, 1 mètre cube d'air pourrait contenir de 50 à 60 grammes de vapeur; il n'en contient en réalité que 14 ou 15 degrés; il pourrait donc en prendre 35 environ, plus qu'il n'en faudrait pour saturer complètement 1 mètre cube d'air sec à 30 degrés. On peut juger par là de l'ardente évaporation que ces conditions produiront, surtout si l'on considère que les observations ont été faites à l'ombre et que l'évaporation de la mer intérieure se fera en plein soleil. Il ne s'ensuit pas que l'air à Tougourt ne contienne pas d'eau; elle en contient au contraire une quantité proportionnelle à la tension de la vapeur, et, par mètre cube, un poids qui varie de 12 à 20 grammes. Il suffirait de refroidir cet air pour l'amener à saturation; le tableau montre que cela arriverait à des températures très élevées comprises entre 15 et 23 degrés. Ainsi, en réalité, l'atmosphère est déjà dans l'état où M. Roudaire veut la mettre par la création de la mer intérieure; elle dépasse même les conditions qu'il indique; d'où il suit que dès maintenant les vents dominants devraient abandonner dans l'Aurès au moins 5 grammes d'eau par mètre cube; pourquoi donc cela n'a-t-il pas lieu, si ce n'est à de rares intervalles? C'est qu'évidemment les vents ne franchissent que très rarement l'Aurès; s'ils le faisaient souvent, les pluies seraient fréquentes, les torrents plus puissants, les rivières permanentes, et l'Algérie se retrouverait dans les conditions où elle était dans les siècles passés. Il suffit que les vents dominants aient changé de direction, qu'ils longent l'Aurès au lieu de le traverser, pour que les chotts et les rivières aient subi ce desséchement contre lequel on veut remédier par l'introduction des eaux de la mer. Voyons maintenant quelle quantité de vapeur sera ajoutée à celle qui déjà existe avant cette introduction, et quel en sera l'effet probable.

NOTE V.

FORCE ÉLASTIQUE DE LA VAPEUR FORMÉE.

Dans ses premiers rapports, M. Roudaire admettait que la surface de la mer intérieure atteindrait 13,000 kilomètres carrés. Depuis les derniers travaux, elle paraît devoir se réduire d'un tiers, à 8,090 kilomètres. Les calculs qu'il avait présentés doivent être réduits d'autant. Il arrivait à dire que la vapeur formée en un jour suffirait à saturer une couche d'air de 54 mètres de hauteur qui, à 12 degrés, couvrirait l'Algérie et la Tunisie entières : voici, je crois, le calcul exact.

La formule qui exprime le poids P de vapeur enfermée dans un volume V sous la pression f et à t degrés est :

$$P = \frac{V(0,81)f}{(1+at)\,760},$$

d'où l'on tire

$$\frac{f}{760} = \frac{P}{V}\frac{(1+at)}{0,81}.$$

P est exprimé en grammes, V en décimètres cubes.

On peut ne considérer que ce qui se passe au-dessus d'un décimètre carré, puisque tout se passera identiquement sur tous les autres; V est le volume d'air situé au-dessus et s'exprimera par sa hauteur h en décimètres. P est le poids d'eau évaporée en un jour; c'est un volume de 1 décimètre carré de base et de $0^d,03$ de hauteur; ce poids est égal à 30 grammes. On aura :

$$\frac{f}{760} = \frac{30 \times 1,07}{h \times 0,81} = \frac{40}{h}.$$

Si, pour simplifier, on prend $h = 760$ décimètres,

$$f = 40^{mm},$$

et si, l'on suppose que cette masse de vapeur, au lieu de couvrir la surface de 8,090 kilomètres carrés, est répartie sur la surface totale de l'Algérie et de la Tunisie qui est de 300,000 kilomètres, on aura

$$f = 40\,\frac{8{,}090}{300{,}000} = 40 \times 0{,}037 = 1^{mm}{,}08.$$

Tout se réduirait à une augmentation de force élastique de $1^{mm}{,}08$, ce qui est très peu de chose, si l'on considère que déjà cet air a actuellement une pression de vapeur égale à 15 millimètres au moins pour une température de 30 degrés.

NOTE VI.

Mais ce calcul est fictif. L'air n'est jamais immobile; il est transporté par le vent; il enlève de la vapeur et la dissémine dans tout le volume qui a franchi la surface du lac. Soit l la largeur de ce lac dans une bande de 1 mètre de large parallèle au vent. Une tranche d'air qui la parcourt franchit en vingt-quatre heures une distance de $24\,a$, en désignant sa vitesse par a, et la couche d'eau évaporée, soit 3 millimètres, qui occupait la largeur l, se trouve répartie sur la distance $24\,a$; elle a donc une épaisseur

$$3\,\frac{l}{24\,a} = \frac{3}{24}\,\frac{l}{a},$$

et $\dfrac{l}{a}$ est le temps que met le vent à franchir la largeur du lac.

Si ce temps est égal à vingt-quatre heures, l'épaisseur d'eau transportée est, en chaque point du sol, égale à 3 millimètres; s'il est d'une heure, elle se réduit à $0^{mm}{,}12$; d'une demi-heure, à $0^{mm}{,}06$, et d'un quart d'heure, à $0^{mm}{,}03$. On peut admettre qu'en moyenne le vent venu du sud traversera le lac en un temps au plus égal à un quart d'heure, et alors il transportera sur toute l'étendue du pays qu'il parcourra une épaisseur d'eau égale à 3 centièmes de millimètre. On voit que, si la totalité tombait en pluie, ce serait bien peu de chose. Pendant une année, ce ne serait que 10 millimètres d'eau.

NOTE VII.

THÉORIE DE L'ÉVAPORATION.

Considérons dans la direction du vent une bande de la surface liquide dont la largeur est de 1 décimètre, et suivons dans son trajet sur cette bande un prisme d'air dont la base est égale à 1 décimètre carré. Sur le premier décimètre, il enlève une quantité de liquide proportionnelle à $F - f$, et sa force élastique moyenne augmente dans le même rapport; elle était f, elle devient f_1 :

$$f_1 = f + A(F - f) = f(1 - A) + AF.$$

— 366 —

Sur le deuxième décimètre elle devient f_2 et augmente proportionnellement à $F-f_1$:

$$f_2 = f_1(1-A) + AF = f(1-A)^2 + AF(1-A) + AF;$$
$$f_3 = f_2(1-A) + AF = f(1-A)^3 + AF(1-A)^2 + AF(1-A) + AF;$$

et, après avoir parcouru la totalité du lac de longueur n décimètres,

$$(1) \begin{cases} f_n = f_{n-1}(1-A) + AF = f(1-A)^n + AF(1-A)^{n-1} + (1-A)^{n-2} \ldots + 1 \\ f_n = f(1-A)^n + F - F(1-A)^n = F - (F-f)(1-A)^n; \end{cases}$$

à la limite, $(1-A)^n$ est nul et $f_n = F$; la courbe est saturée. On voit que la force élastique augmente pendant le trajet, mais non proportionnellement à ce trajet, s'il est long. Quand il est peu considérable et que A est petit, on peut écrire

$$(2) \qquad f_n = F - (F-f)(1-nA) = f + (F-f)n \cdot A,$$

ce qui veut dire qu'on peut admettre, si le vent est fort et le trajet peu long, que la force élastique croît proportionnellement à la longueur n et à $F-f$; c'est approximativement le cas pour la mer intérieure.

Calculons maintenant la quantité totale d'eau évaporée; elle est, sur chaque décimètre, proportionnelle à l'accroissement de force élastique,

$$p_n = \frac{v(0,81)}{(1+at)\,760}(f_n - f_{n-1}).$$

Les différences de forces élastiques sont

$$f_1 - f = A(F-f),$$
$$f_2 - f_1 = (f_1 - f)(1-A) = A(F-f)(1-A),$$
$$(1-A)^2\,,\,_3 - f_2 = (f_2 - f_1)(1-A) = A(F-f),$$
$$\ldots\ldots\ldots\ldots\ldots\ldots\ldots\ldots\ldots$$
$$f_n - f_{n-1} = (f_{n-1} - f_{n-2})(1-A) = A(F-f)(1-A)(n-1)$$

La somme est

$$A(F-f)[1 - (1-A) + (1-A)^2 \ldots + (1-A)^n]$$
$$= A(F-f)\left(\frac{1-(1-A)^n}{A}\right) = (F-f)[1-(1-A)^n];$$

par suite,

$$P = \frac{v(0,81)}{(1+at)\,760}(F-f)[1-(1-A)^n].$$

Si $n = \infty$,

$$P = \frac{v(0,81)}{(1+at)\,760}(F-f)$$

Si n est petit, ce qui est le cas de la mer intérieure,

$$(3) \qquad P = \frac{v(0,81)}{(1+at)\,760}(F-f)(nA);$$

dans ce cas, le poids enlevé est proportionnel à $(F-f)$ et à la largeur du chott.

Le poids représenté dans la formule (3) s'applique à un prisme d'air qui aurait pour base 1 décimètre carré; il faut faire le même calcul pour tous ceux qui traverseront le lac dans le temps T, c'est-à-dire dans 86,400 secondes, avec une vitesse a. C'est un prisme dont la base est aT. Supposons que la vapeur y soit uniformément répandue dans une hauteur h, le volume sera aTh. C'est ce qui se passe sur une bande de largeur 1, et s'il y en a l, c'est-à-dire si le lac est un rectangle de largeur l, le poids total enlevé est

$$P = aTlh \frac{0,81}{(1+at)\,760}(F-f)[1-(1-A)^n].$$

Il faudrait, pour calculer ce poids, connaître A et h. On voit, d'ailleurs, qu'il dépend à la fois des dimensions l et n du lac, de la vitesse du vent a' et du degré d'humidité de l'air : c'est une fonction extrêmement complexe. Il ne serait pas inutile d'installer les expériences pour comparer cette formule à l'observation.

NOTE VIII.

EFFET DE LA TRANSPARENCE DE L'AIR HUMIDE.

Dans le rapport qu'il a fait à l'Académie des sciences, M. le général Favé insiste sur l'effet que doit produire la vapeur pour empêcher le réchauffement diurne et le refroidissement nocturne du sol. Je vois bien les avantages qui en résulteraient pour nos climats du Nord; ils ne me paraissent pas aussi évidents pour le Sahara. Suivant Tyndall, en effet, la vapeur d'eau contenue dans l'air arrête les rayons solaires obscurs; ceux-ci échauffent donc l'atmosphère pendant le jour. Pendant la nuit, elle arrête la chaleur terrestre qui tend à disparaître par le rayonnement, et fait l'office d'un manteau. Tyndall a pu dire dans un tableau émouvant que, si elle n'existait pas, il suffirait d'une seule nuit pour congeler toutes les plantes qui couvrent le sol de la Grande-Bretagne et anéantir à jamais la vie végétale. Le bienfait est évident pour l'Angleterre, parce que l'ennemi qu'il faut combattre est le froid. Mais au Sahara c'est au contraire le chaud; l'atmosphère s'échaufferait davantage pendant le jour; la terre se refroidirait moins pendant la nuit et la température moyenne serait augmentée : il faudrait plutôt provoquer la fraîcheur des nuits que l'empêcher.

M. LE GÉNÉRAL FAVÉ. L'argumentation de M. Jamin me paraît excellente, sans parler de ses calculs dont les résultats sont incontestables, surtout pour moi; mais cette argumentation est excellente seulement à la condition d'admettre que toute la vapeur d'eau formée par la mer intérieure se répandra uniformément sur l'Algérie et la Tunisie.

M. JAMIN. Veuillez me permettre un mot : ce n'est pas une argumentation, c'est une étude, un examen des arguments qui ont été produits par M. Roudaire, une critique, si vous voulez, de ces arguments; mais je n'y substitue rien.

M. LE GÉNÉRAL FAVÉ. Je voulais simplement indiquer que si cette critique s'applique très bien, comme je le crois, aux erreurs qu'a pu commettre M. Roudaire, en réalité elle n'est pas, à beaucoup près, aussi topique en ce qui touche la mer intérieure et les avantages qu'on en peut retirer au point de vue de la quantité de vapeur d'eau qui sera répandue dans l'atmosphère.

Je suis bien aise, en ce qui me regarde, de faire constater au procès-verbal, en le disant à la Commission, que l'argumentation que M. Jamin vient de faire valoir, dans l'hypothèse où toute la vapeur d'eau se répandrait uniformément sur l'Algérie et la Tunisie, n'est pas applicable à la réalité, parce qu'elle ne se répandra pas ainsi, si ce n'est dans un temps extrêmement long; j'ajoute qu'il se produira une insuffisance de cette vapeur d'eau sur la température maximum pendant le jour, comme sur la température minimum pendant la nuit, et qu'il restera beaucoup de cette même vapeur sur les contrées qui entourent la mer intérieure.

M. JAMIN. Cela dépendra du vent.

M. LE GÉNÉRAL FAVÉ. Voulez-vous me permettre encore, au sujet du vent, de faire observer que l'état normal de l'atmosphère n'est pas l'agitation; l'état normal, c'est, en définitive, le calme, le calme relatif au moins, Il faudrait donc partir de l'hypothèse du calme; eh bien! si vous considérez ce qui se produirait dans cette hypothèse avec toute l'habileté que vous avez apportée à la discussion de la question que vous avez traitée, je crois que vous arriverez, comme moi, précisément à cette conclusion : que le voisinage des bords de la mer intérieure aurait beaucoup de vapeur, et que l'aspect en serait très notablement changé par l'effet de l'existence de ces vapeurs dans l'air.

C'est là, en définitive, que commencera à agir l'évaporation; d'autant plus, veuillez le remarquer, que pour exercer ce genre d'action que je préconise, il n'est pas nécessaire que la vapeur d'eau soit à la surface du sol; elle peut être suspendue à une hauteur quelconque dans l'atmosphère, elle n'en agira pas moins de la même façon.

M. JAMIN. Comment?

M. LE GÉNÉRAL FAVÉ. Elle agira en diminuant l'action des rayons du soleil, et aussi l'action du rayonnement de la terre pendant la nuit.

M. JAMIN. Ici nous arrivons à une question assez grave. Je demande la permission de dire ce que j'en pense.

Je prendrai pour point de départ les expériences de M. Tyndall; elles ont été contestées; mais enfin admettons-les, et même avec cette exagération que tout le monde connaît :

M. Tyndall nous représente la Grande-Bretagne comme privée, par hypothèse, de vapeur d'eau, et dit que, s'il arrivait qu'il n'y eût plus de vapeur d'eau dans l'air, il suffirait d'une seule nuit pour abaisser à tel point la température du pays, que toute vie végétale et animale y serait immédiatement détruite.

Admettons cela. Eh bien, je dis que ce qui serait un mal pour la Grande-Bretagne me fait l'effet de devoir être un bien pour le Sahara.

Examinons en effet ce qui s'y passe : pendant le jour, le soleil envoie des rayons calorifiques qui sont absorbés par l'atmosphère; remarquez bien que nous ne les évitons pas; ils sont absorbés par l'atmosphère qui s'échauffe. S'il n'y avait pas d'humidité dans l'air, on serait dans les mêmes conditions qu'au sommet du Mont-Blanc, par exemple, où l'on reçoit à la fois toute la chaleur et toute la lumière du soleil, et où l'on subit une température des plus rigoureuses, bien que le sol reçoive une quantité énorme de chaleur. Si au contraire vous descendez dans une vallée profonde, les rayons du soleil y arrivent dépouillés de leur pouvoir calorifique, mais ils l'ont laissé dans l'air, qui s'est échauffé. Ainsi, dans le jour, il y a moins de chaleur qui arrive directement au sol; mais ce qui y serait arrivé, en supposant qu'il n'y eût pas d'humidité, est au contraire resté dans l'air.

Ainsi, au Sahara, s'il y a beaucoup de vapeur, l'atmosphère s'échauffera davantage; donc vous allez être enveloppés pendant le jour d'un air plus chaud que celui qui aurait régné s'il n'y avait pas eu cette humidité.

Toute la chaleur développée par le soleil pendant le jour ne se perdra pas pendant la nuit; par conséquent, la terre se refroidira moins, et la température du Sahara, au lieu de s'abaisser, va s'élever.

Je crois donc que ce qui est un bien pour l'Angleterre serait un mal pour le Sahara, et à ce point de vue l'influence de la mer intérieure ne serait pas aussi heureuse qu'on le suppose.

M. LE GÉNÉRAL FAVÉ. Il s'agit de savoir quels avantages nous pourrons espérer de la mer intérieure.

Qu'est-ce qui distingue le Sahara, à part la question d'humidité? C'est, comme on le disait tout à l'heure, qu'il y règne une chaleur considérable.

Faisons abstraction des théories de M. Tyndall et voyons ce qui se passe dans les régions plus voisines de l'équateur. Que se produit-il en Cochinchine, par exemple, où la quantité de chaleur solaire reçue est plus considérable? La température de ce pays est accablante, et en même temps la végétation est admirable.

Mais quittons la Cochinchine, où il est désagréable d'habiter, parce qu'il y fait aussi chaud la nuit que le jour et qu'il est impossible d'y dormir quand on n'est pas acclimaté; passons aux Indes anglaises. Que voyons-nous? Une végétation merveilleuse, et nous n'avons pas cette différence de 33 degrés entre la température du jour et celle de la nuit.

Par conséquent, indépendamment de toute théorie et m'appuyant sur l'expérience, je crois pouvoir affirmer que, dans les climats les plus méridionaux, où la chaleur est beaucoup plus considérable que dans le nord de l'Afrique, on rencontre une grande fertilité, quand le sol s'y prête, à la seule condition qu'il y ait de la vapeur d'eau dans l'air, c'est-à-dire que la différence maxima entre la température du jour et la température de la nuit ne soit pas destructive de la végétation, comme elle l'est dans la région des chotts.

Voilà l'argument; pour moi il est décisif.

M. Renou. La fertilité des pays chauds ne dépend que d'une seule chose : de la quantité de pluie qui tombe annuellement. Dans l'Inde, il tombe de 3 à 4 mètres d'eau par an, et, au pied de l'Himalaya, jusqu'à 15 mètres; en Égypte, il n'y a rien en dehors de l'inondation du Nil.

M. Liouville. De ce qui s'est passé au canal de Suez on peut induire ce qui se passera à la mer intérieure; je demanderai à M. de Lesseps quelle influence l'ouverture du canal a eue sur le climat des régions voisines.

M. de Lesseps. Dans le désert, il y avait des périodes de quinze ans sans pluie. Nous avons construit des maisons avec des terrasses comme on le fait en Orient; mais comme il pleut maintenant, ce genre de couverture a dû être abandonné, et on est obligé de faire venir des tuiles de France.

M. Liouville. Voilà une indication intéressante, dont il doit être tenu compte.

M. Renou. Nous contestons absolument ce résultat. En Égypte, il est quelquefois très longtemps sans pleuvoir, mais de temps en temps il pleut énormément.

M. de Lesseps. Pardon; il ne pleuvait pas dans l'isthme autrefois.

M. Renou. Il a plu considérablement en l'année 1249 de l'Hégire (1843); je tiens ce renseignement de M. Ismaïl, astronome au Caire. L'hiver de 1843 a été tellement pluvieux que le Caire a été en partie détruit.

M. de Lesseps. J'ai répondu à la question de M. Liouville; je ne suis pas compétent en ce qui concerne la physique générale du globe.

M. le commandant Roudaire. Lors de son dernier voyage, M. Lavalley, après dix ans d'absence, a constaté dans l'isthme de Suez une végétation tout à fait différente de celle qu'il y avait observée.

M. de Lesseps. Cette végétation se retrouve très loin dans le désert, à droite et à gauche du canal. Autrefois, il n'y avait pas d'herbe; l'an dernier il a passé dans la vallée 70,000 têtes de bétail venant des frontières de Syrie.

M. le commandant Roudaire. M. Jamin a calculé que les 34 millions de mètres cubes qui seraient enlevés à la surface de la mer intérieure par l'évaporation, et poussés vers le nord par les vents qui soufflent du sud, ne produiraient, en admettant qu'ils se transforment en pluie, qu'une quantité de 27 millimètres par an. Cela paraît peu au premier abord; mais il faut songer que ces pluies tomberont tantôt d'un côté, tantôt de l'autre, et ne s'étendront pas sur tout le pays d'une façon absolument régulière; d'ailleurs, il suffit, dans cette région, de deux ou trois jours de pluie au printemps pour sauver les récoltes.

M. Jamin. M. Roudaire a donné les arguments sur lesquels il se fonde pour établir que la mer intérieure produira de grands effets; j'ai examiné ces arguments et je me suis borné à dire ce que j'en pense.

M. le commandant Roudaire. J'attendrai que la note de M. Jamin soit publiée pour y répondre.

M. Fremy. M. Jamin a supposé que la vapeur d'eau résultant de l'évaporation de la mer intérieure se répandrait par tout le pays après la condensation par le refroidissement, et il a trouvé que dans ces conditions le résultat serait très faible. Je lui poserai très nettement la question suivante :
L'évaporation ne déterminera-t-elle pas sur les bords de la mer intérieure, dans une zone dont nous ne connaissons pas la largeur, une fertilité plus grande que celle qui existe aujourd'hui?

M. Jamin. Sans doute un effet sera produit sur les bords de la mer intérieure, mais ma conviction est qu'il sera extrêmement faible, attendu que vous ajoutez seulement un millimètre de vapeur d'eau aux 15 millimètres qui sont déjà dans l'air. On se fait illusion quand on pense que le climat sera transformé complètement; il y aura peut-être une amélioration sur les bords de la mer, mais on ne sait même pas quelle elle sera.

M. Fremy. Je soupçonne qu'elle sera importante.

M. Becquerel. A considérer ce qui se passe dans nos pays, je serais tout disposé à croire que l'influence de l'évaporation de la mer intérieure se fera sentir sur les bords à une distance de plusieurs kilomètres. A ce propos, je demande à M. de Lesseps si l'on n'a pas établi sur les bords du canal de Suez des stations destinées à des observations hygrométriques.

M. de Lesseps. Certainement!

M. Becquerel. Il serait très intéressant de connaître les résultats de ces observations; on pourrait ainsi contrôler les renseignements donnés par M. Renou, savoir si la quantité de pluie tombée dans les environs du canal a augmenté, et en fixer l'influence.

M. de Lesseps. On va jusqu'à attribuer à l'influence du canal les pluies qui tombent au Caire.

M. Becquerel. Il y aurait intérêt à connaître le résultat des expériences faites depuis une quinzaine d'années environ.

M. Rolland. Comme il s'agit d'une entreprise à faire, non par l'État, mais par l'industrie privée, il suffirait que l'influence de la mer intérieure s'exerçât sur les bords pour que la Compagnie pût tirer parti des terrains avoisinants.

M. Liouville. Il serait intéressant de pouvoir fixer, même approximativement, les limites de la zone soumise à l'influence de la mer intérieure.

M. le général Favé. Je crois que M. Jamin a expliqué par des considérations opposées à celles que j'ai fait valoir l'ancienne fertilité des contrées comprises entre les montagnes et les chotts. Quant à moi, je n'y ai pas trouvé d'autre cause que la vapeur d'eau qui se trouvait dans l'air lorsque tous ces chotts étaient, comme on le croit, remplis d'eau.

M. Jamin. Il est probable qu'il s'est produit dans le pays un changement géologique. Supposez que les vents changent de direction, qu'ils arrivent franchement du sud et traversent l'Aurès; d'après ce que nous avons dit tout à l'heure, vous allez avoir des pluies considérables.

L'air, dans ces pays-là, contient 14 ou 15 grammes de vapeur; refroidissez-le jusqu'à une température de 15 ou 20 degrés, il est saturé; refroidissez-le jusqu'à 0 degré, il abandonne 10 grammes de vapeur d'eau par mètre cube. Par conséquent, si les vents venant du sud montaient sur le sommet de l'Aurès et se refroidissaient, il se produirait des pluies en quantité considérable; mais cela n'a pas lieu. Il est très probable que les vents, en arrivant sur l'Aurès, se disséminent, — je parle de ceux qui viennent du sud, — et que même ils changent de direction à Biskra.

M. Fremy. Ne pourrait-on pas, pour terminer nos travaux, poser cette question : La mer intérieure sera-t-elle une bonne ou une mauvaise chose pour le pays?

Je crains bien qu'on ne puisse guère se retrouver dans nos procès-verbaux et dans nos affirmations. Je pense, d'un autre côté, que nous avons été nommés dans un but défini. Ma proposition est peut-être trop catégorique, mais je voudrais cependant qu'il se fît quelque chose dans ce genre-là.

M. Liouville. Ce n'est pas à la Sous-Commission que la question doit être posée. La réponse à cette question ne peut être que le résumé du travail des trois Sous-Commissions. Les réponses que nous pouvons fournir n'ont de valeur que pour le travail particulier pour lequel nous avons été désignés.

M. le général Favé. Je propose la formule suivante: « L'exécution de la mer intérieure ne pourrait produire, au point de vue qui a occupé la Sous-Commission, que des résultats favorables. »

M. Jamin. Il faudrait dire dans quelle limite l'exécution de la mer intérieure ne pourrait produire que des effets favorables. Les conséquences, je suis de votre avis, ne peuvent pas être défavorables, mais ma conviction est qu'elles sont tellement minimes que ce n'est pas la peine d'entreprendre le travail.

M. le général Favé. Moi, je ne les considère pas comme minimes.

M. le Président. Je demande la permission de présenter la question sous ses deux formes. S'il s'agit de voter sur la question qui vient d'être proposée par M. Fremy, il faut recommencer la discussion à ce point de vue et remettre à la séance prochaine.

Si, au contraire, la Sous-Commission regarde la question comme étant suffisamment étudiée et les points particuliers qu'elle avait à résoudre comme résolus dans la limite où cela était possible, je considérerai le travail de la Sous-Commission comme terminé.

La question est donc, pour moi, de savoir si vous voulez prolonger la discussion dans une séance nouvelle où l'on traiterait la question posée par M. Fremy, ou écarter cette proposition comme n'étant pas du ressort de la Sous-Commission et devant reparaître devant la Commission tout entière qui appréciera si, oui ou non, il est bon que les chotts soient de nouveau remplis d'eau et s'il y a quelque avantage à ce qu'ils soient mis en communication avec la mer.

M. Liouville. Avant d'arriver à la Commission générale où nous devrons apporter les convictions, si différentes les unes des autres, qui ont été émises ici, il est nécessaire que notre travail se présente sous une forme arrêtée.

M. Chambrelent. La deuxième Sous-Commission ne peut pas se présenter à l'assemblée générale sans émettre un avis, quel qu'il soit. D'un autre côté, la troisième Sous-Commission a fini son travail; la première va le terminer mercredi, de façon à permettre la réunion de l'assemblée générale dans le plus bref délai possible. Il est à désirer que nous ne retardions pas cette réunion par une nouvelle séance. Nous ne pouvons pas cependant nous présenter à la Commission générale sans lui apporter un avis, et, partant de la proposition de M. Fremy, je demande que nous formulions des conclusions.

La proposition du général Favé donne satisfaction à M. Jamin, car elle ne dit pas dans quelle limite les résultats seront favorables. Sans dire s'il y a des moyens d'exécution et lesquels, on peut répondre à cette question : L'introduction de l'eau dans les chotts est-elle de nature à produire un effet favorable ?

M. Treille. J'estime qu'il est absolument nécessaire que la Sous-Commission pose des conclusions.

Je crois qu'il y en a une qui serait de nature à satisfaire tout le monde, et qui n'engagerait pas trop la seconde Sous-Commission; voici la formule que je propose :

« La Commission ne pense pas que la création de la mer intérieure puisse entraîner de mauvais effets, tant au point de vue de la salubrité que des modifications climatériques.

Elle croit, au contraire, que cette création ne peut avoir que des résultats favorables pour la région des chotts et pour l'Algérie. »

M. Renou. Mais nous croyons que la mer intérieure n'agira en aucune façon sur le climat.

M. le Président. Je propose d'ajourner la discussion à une prochaine séance.

M. le général Favé. Si nous ne délibérons pas aujourd'hui, nous ne délibérerons jamais, et nous n'arriverons à rien, qu'à retarder les travaux des trois Sous-Commissions; par conséquent il est bien plus simple, en présence de conclusions aussi innocentes, de se prononcer de suite.

M. Fremy. La seconde partie de la proposition de M. Treille me paraît inutile; je propose de la supprimer.

M. Treille. Nous pourrions nous borner à dire : « La Sous-Commission, croit, au contraire, que cette exécution ne peut avoir que des résultats favorables. »

M. le Président. La question me paraît trop grave pour être ainsi tranchée à la fin d'une séance. Je propose que la Sous-Commission se réunisse une dernière fois, lundi prochain, pour délibérer sur les conclusions qu'elle désire formuler. (Assentiment.)

La séance est levée à onze heures cinquante minutes.

Le Président,
J.-B. DUMAS.

Le Secrétaire,
M. PALÉOLOGUE.

DEUXIÈME SOUS-COMMISSION.

NEUVIÈME SÉANCE.
(26 JUIN 1882.)

PRÉSIDENCE DE M. DUMAS.

La séance est ouverte à neuf heures quarante minutes.

M. LE PRÉSIDENT. Il m'a paru que, dans la dernière séance, la Sous-Commission avait épuisé la discussion générale; s'il n'y a pas d'opposition, je mettrai aux voix la clôture.

(La clôture de la discussion générale est mise aux voix et prononcée.)

M. LE PRÉSIDENT. Nous pourrions maintenant fixer les trois points essentiels sur lesquels a porté la discussion. Ces trois points m'ont paru pouvoir être formulés en ces termes :

« 1° Les expériences de M. Lavalley sur les lacs Amers placent entre 3 et 4 millimètres par jour le chiffre de l'évaporation;

« 2° L'évaporation à la surface de la mer intérieure serait au moins égale à celle qui a été constatée sur les lacs Amers;

« 3° La Commission ne possède pas de documents suffisants pour se prononcer sur la question de savoir si cette évaporation serait plus grande sur la mer intérieure que sur les lacs Amers. »

Personne ne demande la parole?...

Je mets aux voix les propositions dont je viens de donner lecture.

(Les propositions sont successivement mises aux voix et adoptées.)

M. LE PRÉSIDENT. La Sous-Commission a examiné les questions de savoir si le climat pourrait être modifié par la création de la mer intérieure, si l'agriculture trouverait des avantages dans l'existence de cette mer, et si la salubrité en serait améliorée.

Tenant compte surtout des observations qui ont été présentées à la dernière séance par M. Jamin et divers membres de la Sous-Commission, je crois que nous pourrions dire que le climat de l'Algérie ne serait probablement pas modifié par la création de la mer intérieure, et que, si la modification se produisait, elle serait bornée au pourtour de la mer.

M. le général Favé. Je proposerai de ne parler que du pourtour de la mer et de ne rien dire de ce qui concerne l'Algérie. Il ne me paraît pas utile de formuler une négation sur un sujet qui ne rentre pas absolument dans le cercle de nos études, et qui n'est pas non plus absolument prouvé.

M. de Lesseps. Il ne l'est pas du tout!

M. le général Favé. Je serais par conséquent d'avis que la Sous-Commission se bornât à dire ce qu'elle peut affirmer pour le voisinage de la mer intérieure.

M. le Président. Ce qui m'avait conduit à proposer cette rédaction, c'est que le questionnaire, tel qu'il a été adopté, semble considérer la totalité de l'Algérie et de la Tunisie comme intéressée dans la question.

M. de Lesseps. Politiquement, il est certain que la Tunisie fait partie de l'Algérie, et que si la Tunisie nous échappait nous serions exposés à perdre l'Algérie; je crois que nous ferions bien de nous tenir dans le vague.

M. Liouville. Comme M. le général Favé et M. de Lesseps, je crois que nous serions dans la vérité de la situation en ne répondant que sur la modification qui se produira sur les bords de la mer intérieure, et dont nous pouvons être à peu près sûrs. Si M. Jamin pouvait nous dire qu'il répond de ce qui se passera pour le reste, et nous en donner des raisons, je ne demanderais pas mieux que de le suivre; mais je ne crois pas que les observations qui ont été faites à la dernière séance nous permettent d'affirmer quoi que ce soit à cet égard. Dans ces conditions, il vaut mieux nous abstenir.

M. Milne-Edwards. Il est certain que sur aucune de ces questions on ne peut répondre d'une manière positive. D'après tout ce qui a été dit, il me semble que l'influence de la mer intérieure ne s'étendrait pas très loin. Je crois qu'on ne pourrait guère conclure de la submersion des chotts à une amélioration des cultures de l'Algérie. De même, en ce qui concerne l'évaporation, pouvons-nous affirmer? non, nous ne pouvons qu'indiquer des probabilités.

M. le Président. Ce qui m'avait induit à proposer cette rédaction à la Commission, c'est précisément le travail très attentif auquel s'était livré notre collègue M. Jamin.

M. LE COMMANDANT ROUDAIRE. Je demanderai la permission de présenter à ce sujet quelques observations. J'ai examiné la note de M. Jamin, à laquelle je n'avais pu répondre dans la dernière séance, car je ne la connaissais pas. J'ai remis depuis ma réponse au secrétaire de la Sous-Commission pour qu'elle soit imprimée et annexée aux procès-verbaux [1]. Je me bornerai à présenter quelques observations de vive voix. M. Jamin a dit que je m'étais trompé dans un calcul; j'ai repris avec soin ce calcul, et je suis arrivé au même résultat que précédemment. J'ai recommencé en suivant la même marche que M. Jamin, et je suis encore arrivé au même résultat. Le désaccord apparent entre M. Jamin et moi provient de ce que M. Jamin considère une couche d'air recouvrant l'Algérie et la Tunisie sur une hauteur de 76 mètres. Il trouve alors $1^{mm},08$ comme tension de la vapeur introduite en vingt-quatre heures dans cette couche immense. De mon côté, j'étais arrivé à $5^{mm},40$, en ne considérant qu'une couche de $14^m,90$; j'avais tout d'abord pris le chiffre de 24 mètres, mais il faut le réduire, comme M. Jamin l'a reconnu, si la surface n'est que de 8,000 kilomètres carrés au lieu de 13,000. En multipliant le chiffre de $1^{mm},08$ par le rapport $\frac{76}{14,90}$, on arrive exactement au résultat que j'avais donné, à savoir qu'on augmenterait de $5^{mm},40$ la tension de la vapeur contenue dans une couche d'air couvrant, sur une hauteur de $14^m,90$, l'Algérie et la Tunisie tout entière. Je m'étais exprimé d'une façon différente : j'avais dit qu'on saturerait à demi cette même couche d'air à la température de 12° 1/2.

M. Jamin a ajouté que l'air est très humide dans le Sahara, la tension de la vapeur très élevée, que la condensation se ferait à une température de 20 degrés ou un peu au-dessous; que, par conséquent, si les vents du sud franchissaient l'Aurès, ils subiraient un refroidissement considérable, et que d'ores et déjà nous aurions des pluies. M. Jamin s'est appuyé sur douze observations faites par M. Duveyrier, dont neuf à Tougourt; or, on sait que Tougourt est dans des conditions d'humidité particulières dues aux eaux stagnantes de l'oasis; les autres observations ont eu lieu à Mourzouk, situé à 1,200 kilomètres des bords de la mer intérieure, dans une oasis où la végétation entretient également l'humidité.

Si l'on avait voulu se rendre compte exactement de la situation actuelle de la région des chotts, je crois qu'il eût été logique de prendre les observations qui ont été faites par le docteur André pendant ma mission, observations faites trois fois par jour : le matin, à midi et le soir, et desquelles il résulte que la tension de la vapeur contenue dans l'air n'est que de 4 millimètres environ; il

---

[1] Voir page 389.

en résulte que les températures de condensation ne sont pas de 20 degrés, mais d'un degré ou d'un demi-degré; par conséquent, dans les conditions actuelles les vents peuvent parfaitement franchir l'Aurès, et ils le franchissent en effet, sans produire une seule goutte de pluie.

M. Jamin. Ces observations ont-elles été faites en été?

M. le commandant Roudaire. En avril et mai. En jetant les yeux sur les tableaux, vous verrez que la tension de la vapeur tend plutôt à diminuer qu'à augmenter avec la chaleur: elle était de 6 millimètres en janvier, février et mars; elle n'est plus que de $4^{mm},50$ aux mois d'avril et de mai, par une température de 21 degrés.

M. Jamin. C'était pendant l'hiver.

M. le commandant Roudaire. Avril et mai ne sont pas des mois d'hiver; on doit les considérer comme des mois d'été. Les vents sud-est sont dominants en cette saison; pour que ces vents produisissent de la pluie en traversant l'Aurès il faudrait que leur température de condensation fût de un degré ou un demi-degré; jamais, en franchissant l'Aurès, la température ne s'abaisse à ce point.

M. Jamin a dit que ces vents longent l'Aurès; je maintiens qu'ils le franchissent. J'ai campé sur les points culminants de l'Aurès en juin et juillet 1871, en 1872, en 1873, et j'ai pu constater que les vents du sud-est s'élèvent et franchissent l'Aurès.

M. Jamin. Il m'a paru convenable de prendre les observations de M. Duveyrier, parce qu'elles donnaient une indication très exacte de ce qui se passe pendant l'été; je n'ai pas fait de calcul sur vos observations, parce que j'ai vu qu'en effet elles avaient été faites à une époque où la chaleur n'est pas très grande.

M. le commandant Roudaire. En avril et mai.

M. Jamin. Quelle était la température?

M. le commandant Roudaire. 21 degrés environ, en moyenne. Nous avons constaté qu'alors la tension de la vapeur n'était que de $4^{mm},50$, et pour qu'il y eût condensation, il faudrait que la température s'abaissât jusqu'à zéro.

M. Jamin. Mais, pour prouver que les vents du sud entreront en condensation après la création de la mer intérieure, vous admettez que l'air a une température de 30 degrés; voilà la base de votre raisonnement. Maintenant, vous invoquez des expériences faites à des températures de 20 ou 21 degrés; c'est tout autre chose.

Je prends les vents venus du sud, que M. Duveyrier a étudiés pendant l'été, à une température qui variait entre 30, 40 et même 42 degrés ; ces vents contiennent une très grande quantité de vapeur; ils sont chassés du sud au nord, et, par conséquent, traversent l'Aurès. C'est votre raisonnement, et il est juste ; ils devraient donner une quantité considérable de vapeur d'eau. J'ai cité ces chiffres ; je n'ai pas prétendu en tirer d'autre conclusion.

M. LE COMMANDANT ROUDAIRE. Les observations de M. Duveyrier ont été faites à Tougourt; or, à Tougourt, il y a des végétations, des eaux stagnantes, des conditions d'humidité tout à fait particulières et qu'on ne peut comparer aux conditions d'humidité générale du Sahara.

M. DUVEYRIER. L'oasis de Tougourt est arrosée par un nombre très considérable de puits artésiens, et l'eau de ces puits est distribuée par des rigoles à l'infini dans tous les jardins ; il est certain que cela peut créer des conditions particulières d'humidité.

M. LE COMMANDANT ROUDAIRE. Voyez ce qui a lieu: en décembre, par une température de 14 degrés, la tension est de $5^{mm},78$; en janvier, avec une température de 11 degrés, la tension est de $5^{mm},61$; en mars, elle n'est plus que de $4^{mm},84$, en avril, 5 millimètres, en mai, $4^{mm},87$. Il y a tout lieu de croire qu'en juin et juillet la progression est la même et que la tension diminue à mesure que la température s'élève.

M. JAMIN. Nous avons des exemples qui prouvent qu'elle a augmenté.

M. LE COMMANDANT ROUDAIRE. Je répète qu'il n'y a que neuf observations de M. Duveyrier, tandis que nous en avons fait trois par jour pendant six mois.

M. JAMIN. A une température plus basse.

M. LE COMMANDANT ROUDAIRE. Les observations de M. Duveyrier ont été faites dans des conditions particulières; on ne peut pas comparer les conditions d'une oasis avec celles du Sahara.

M. LE PRÉSIDENT. Il y a un point sur lequel tout le monde paraît d'accord: c'est que le climat des environs des chotts pourrait être modifié par la création d'une mer intérieure.

M. LE GÉNÉRAL FAVÉ. Avantageusement modifié.

M. LE PRÉSIDENT. Oui, le climat pourrait être utilement modifié. Veut-on ajouter que la Sous-Commission ne peut préciser jusqu'à quelle distance s'étendrait cette modification ?

Je mets aux voix la proposition suivante :

« Le climat des environs des chotts pourrait être utilement modifié par la création de la mer intérieure. La Commission ne peut préciser jusqu'à quelle distance s'étendrait cette modification. »

Cette proposition est adoptée.

M. LE PRÉSIDENT. La même réponse me paraît s'appliquer à la question agricole.

M. MILNE-EDWARDS. Je crois qu'en formulant la réponse d'une manière précise on pourrait risquer de se tromper. Sous le rapport agricole, quelle est l'importance des oasis qui seront submergées? Les évaluations sont tellement discordantes à cet égard que je crois devoir faire des réserves. Je vois, par exemple, à la page 135 du deuxième rapport de M. Roudaire, que dans l'oasis de M'Rayer, qui sera submergée.....

M. LE COMMANDANT ROUDAIRE. Pas complètement !

M. MILNE-EDWARDS. Le nombre des palmiers serait insignifiant, 300, est-il dit.

M. LE COMMANDANT ROUDAIRE. C'est une erreur typographique ; il y en avait 30,000 en 1877, et depuis le nombre en a dû augmenter.

M. MILNE-EDWARDS. D'après la publication de M. Jus, qui est, je crois, en situation d'être bien renseigné, le nombre des palmiers à M'Rayer serait de 45,515. Je crois donc que nous ne sommes pas, à cet égard, suffisamment édifiés pour émettre une opinion bien nette.

Sur d'autres points, par exemple dans le voisinage de Tozeur, je crois que l'établissement du canal serait plus avantageux que nuisible ; cela tient, non seulement à ce que l'humidité atmosphérique serait plus considérable, mais à ce que des facilités plus grandes seraient données à l'écoulement des eaux qui, étant stagnantes à l'heure qu'il est, causent des dommages assez importants. Mais je crois qu'il faut distinguer entre l'influence de l'humidité atmosphérique et l'influence de l'humidité du sol, qui pourra être modifiée par le drainage ou la submersion.

Du reste, cette question reviendra à propos de l'état sanitaire. Je n'insiste pas, parce que je ne crois pas qu'il y ait là une très grande importance ; en définitive, à mon avis, cette influence de la mer intérieure sera peu considérable, et s'il n'y avait pas d'autres avantages, au point de vue militaire ou commercial, par exemple, la dépense serait telle qu'on ne pourrait la mettre en balance avec l'utilité.

M. LE PRÉSIDENT. C'est une question qui sera examinée en assemblée générale.

M. MILNE-EDWARDS. Quant à la question agricole, si l'on ne veut parler que des changements qui seront introduits dans l'état hygrométrique de l'air, je suis tout à fait de cet avis.

M. LE PRÉSIDENT. La question agricole, selon moi, se traduit comme ceci : Vous espérez, en créant une mer intérieure, que le pourtour de cette mer deviendra cultivable, et par conséquent pourra donner lieu à une augmentation de richesse et de bien-être dans la contrée qui environnera cette mer ; mais en même temps, par cette création, vous allez détruire les oasis qui se trouvent situées dans l'intérieur des chotts; et la question est de savoir, — c'est là ce que nous demande M. Milne-Edwards, — si la destruction des palmiers que ces oasis renferment constituera une opération plus ou moins avantageuse ou plus ou moins regrettable; si ce ne sera pas là une compensation fâcheuse pour les avantages que vous espérez obtenir des cultures qui s'établiront sur les bords de la mer intérieure.

M. LE COMMANDANT ROUDAIRE. L'immersion partielle de l'oasis de M'Rayer ne serait pas aussi considérable qu'on l'avait pensé au premier abord.

D'après mes premières études, nous devions avoir deux ou trois mètres d'eau seulement dans la partie la plus basse de l'oasis ; les nivellements ayant été faits, nous savions parfaitement à quoi nous en tenir;— mais, par l'effet de la pente, qui a été calculée, nous savons maintenant que la mer intérieure sera toujours, — c'est le chiffre auquel est arrivé M. Chambrelent, — de $2^m,08$ au-dessous du niveau de la mer, c'est-à-dire que l'oasis de M'Rayer sera préservée par cet abaissement de niveau résultant de la différence qui existera entre le niveau de la Méditerranée et celui de la mer intérieure.

M. CHAMBRELENT. Mais le chiffre de 2 mètres que cite M. Roudaire est un minimum; la mer intérieure ne pourra jamais s'élever au-dessus de ce niveau, parce que nous avons pris la pente la plus faible que nous pussions admettre.

M. LE COMMANDANT ROUDAIRE. Cette différence de niveau, je le répète, préservera l'oasis dans la partie qui pourrait être menacée; ainsi M'Rayer doit être considérée comme tout à fait en dehors de l'atteinte des eaux.

M. le Président. Je mets aux voix la proposition dont je vais donner lecture et qui fera suite à celle qui a été adoptée pour la question du climat :

« La même réponse s'applique à la question agricole. Les avantages obtenus par la création de la mer intérieure s'étendraient sur une zone dont il n'est pas possible de déterminer l'étendue. »

(Cette proposition est adoptée.)

M. Fauvel. Nous avons, MM. Treille, Liouville et moi, préparé un rapport et des conclusions sur la question sanitaire ; je demande à la Commission la permission d'en donner lecture :

La réponse à la question de savoir quelle sera l'influence exercée par la mer intérieure sur les conditions actuelles de la salubrité dans la région des chotts, cette réponse étant subordonnée aux modifications climatériques qui résulteront de la présence de cette mer intérieure, les membres chargés particulièrement de cette étude, en présence de l'insuffisance des données acquises à ce sujet par la deuxième Sous-Commission, se trouvent dans l'impossibilité de répondre d'une manière catégorique à la question posée au point de vue sanitaire.

Toutefois, dès à présent, il est permis, selon eux, de conclure que si l'emplissage du chott Melrir s'effectue de la manière prévue dans le projet, il s'ensuivrait la destruction d'un foyer redoutable d'insalubrité palustre, situé au nord-ouest du chott dans les régions appelées Farfaria et Bakhbâkha, qui seraient entièrement submergées.

Quant aux effets produits, au point de vue sanitaire, pendant la période de plusieurs années assignée à l'emplissage des chotts, il n'est pas permis de les apprécier même approximativement, attendu que nous ignorons les conditions dans lesquelles se trouveront les bords de la mer intérieure durant cette période.

Relativement à la question du climat, mettant les choses au pis et admettant que la mer intérieure n'apporte aucune modification bien sensible à l'état actuel, il ne nous semble pas que de ce fait puisse découler une aggravation dans les conditions actuelles de la salubrité dans les pays qui avoisinent les chotts.

Que si, au contraire, sous l'influence de la mer intérieure, le climat de la région devenait à la fois plus humide et moins chaud, il nous paraît incontestable que le pays en général gagnerait sous le rapport de la salubrité, sans être exempt, quoi qu'on fasse, de toute influence palustre.

Celle-ci dépendrait du genre de culture adopté au voisinage de la mer intérieure et du drainage des eaux affectées à cette culture ; mais il n'en est pas moins vrai que le pays deviendrait plus habitable pour les Européens, et que, par le fait d'un climat moins chaud, les fièvres palustres y deviendraient moins redoutables.

Nous admettons naturellement que l'amélioration dépendrait en même temps de l'accroissement des conditions de bien-être dans le pays.

Nous ne saurions aller au delà de ces prévisions et nous devons nous borner à conclure que : en tout état de cause, la création de la mer intérieure projetée ne saurait aggraver les conditions actuelles d'insalubrité dans la région des chotts et en particulier du chott Melrir.

M. Milne-Edwards. Je me rallie complètement aux conclusions que vient de formuler M. le rapporteur.

M. le Président. Nous nous étions trouvés d'accord. J'allais, en effet, proposer à la Commission de dire que, si l'insalubrité s'atténuait ou disparaissait à la suite de la création de la mer intérieure, cela dépendrait plutôt de l'établissement d'une culture bien aménagée et de l'accroissement des conditions de bien-être de la population que d'un changement de climat.

C'est à peu près ce que vient de dire M. Fauvel.

Il serait seulement nécessaire, à mon avis, dans les conclusions du rapport qu'on vient d'entendre, et à la fin, de faire une réserve au sujet de l'état sanitaire pendant la durée des travaux.

M. le commandant Roudaire. En ce moment, il y a dans les bassins en question de l'eau qui s'évapore constamment. Les mêmes conditions subsisteront pendant le remplissage, seulement avec une nappe d'eau plus franche, plus accusée, qui montera toujours et ne restera pas stationnaire.

M. Fauvel. Cette idée est visée dans nos conclusions.

M. le Président. Ce sont ces conclusions que je trouve un peu trop absolues, alors que vous déclarez vous-même, au cours de votre rapport, que pendant les sept ou huit ans que durerait le travail, il se produirait des conditions d'insalubrité dont vous n'êtes pas certain. Je crois qu'il y aurait lieu d'insérer une réserve.

M. Liouville. La réponse de M. Roudaire sauvegardera, je crois, tous les scrupules à cet égard.

M. le commandant Roudaire. Lorsqu'on a parlé de l'insalubrité qui pourrait résulter de l'existence de la mer intérieure, on a toujours invoqué les changements de niveau et l'on a dit que l'état d'insalubrité proviendrait de ce que, à certains moments, sous l'influence de l'évaporation, on aurait une baisse de niveau et, par conséquent, des parties laissées à découvert. Or, rien de pareil ne se produira pendant le remplissage. L'eau montera toujours et jamais il n'y aura de parties déjà couvertes qui se découvriront. La situation pendant le remplissage sera donc simplement la même qu'une fois le remplissage effectué, avec cette différence que l'eau, au lieu d'avoir des alternatives de hausse et de baisse, montera constamment et que, par conséquent, pendant le remplissage, les conditions sanitaires seront aussi bonnes que jamais.

M. le Président. Je crois qu'il y a là une erreur. Vous ne tenez compte que d'un seul élément. Vous dites : J'ai là une cavité; je ferai un orifice et je fais arriver l'eau de la mer. Mais l'eau de la mer arrivant dans les chotts va rencontrer, pendant les huit années que durera l'opération, et à des époques quelconques, les eaux pluviales, les eaux torrentielles et toutes sortes d'eaux douces qui viendront de temps en temps mouiller les bords de votre bassin encore imparfait et opérer ce mélange d'eau douce et d'eau salée que nous reconnaissons comme étant en général la cause des influences palustres dont on parlait tout à l'heure; c'est par conséquent pendant la durée de l'opération qu'il pourra se produire sur les bords, accidentellement je le veux bien, mais de temps à autre, ce mélange d'eau douce et d'eau salée dont ne préserve pas votre marche constante d'élévation du niveau de l'eau arrivant de la mer. Pendant que cette eau salée arrivant de la mer s'élèvera continuellement, vous aurez des averses qui mouilleront les bords d'eau douce.

M. LE GÉNÉRAL FAVÉ. Je crois qu'il y a là une illusion. Ce que vient de dire M. le Président serait vrai si la mer intérieure était un bassin qu'on creuse. Les faits dont il vient de parler se produiraient si c'était une mer qui dût laisser à sec des espaces nouvellement remplis ou par de l'eau de mer ou par de l'eau de pluie; mais il s'agit d'une cavité à laquelle on ne touche pas. Il s'agit d'y faire venir de l'eau après un travail qui sera long; mais, une fois ce travail entrepris, quand l'eau aura commencé à couler, elle montera graduellement, et je ne vois par là rien qui puisse donner naissance au phénomène que vous prévoyez.

M. DE LESSEPS. M. le Président fait observer que c'est le mélange de l'eau de mer et de l'eau douce qui donne naissance aux influences palustres. Je ne suis pas de son avis, et je lui en demande pardon. Le mélange de l'eau douce et de l'eau salée ne produit jamais de fièvres.

M. FREMY. M. le Président veut-il me permettre de lui adresser à ce sujet une question? Je le ferai avec timidité, parce que je suis devant mon maître. Pense-t-il que, de l'eau douce venant se mêler à l'eau de mer, les effets de ce mélange puissent déterminer des maladies? Je voudrais connaître l'opinion scientifique de M. Dumas sur ce point.

M. LE PRÉSIDENT. Je répondrai d'abord à M. Fremy que je ne fais pas de théorie; je me contente de poser en fait ce qui me paraît suffisamment acquis, à savoir que tout terrain alternativement mouillé d'eau douce et d'eau salée est un terrain de nature à produire des effets malsains et à donner naissance à des fièvres intermittentes.

Maintenant, j'ajoute ceci : Vous avez un terrain dans lequel vous faites arriver de l'eau salée, s'il vient à pleuvoir et que l'eau douce tombe dans l'eau salée, il n'en résultera pas d'inconvénient; mais sur les bords qui ont été déjà mouillés en partie par de l'eau salée et qui le seront ensuite par de l'eau douce, il se produira sur ces bords, qui peuvent avoir une étendue très considérable si la pente est douce, un mélange d'eau douce et d'eau salée d'où résulteront des effets palustres. Ces effets, on les attribue généralement à ce fait que les eaux douces détruisent les animaux ou les plantes qui vivaient dans l'eau salée et que les détritus entrent en décomposition. Mais je laisse la théorie de côté. Il y aura, je le répète, des bords mouillés d'eau salée sur lesquels tombera de l'eau douce ; ce n'est pas dans l'intérieur de la partie submergée, mais sur les pentes, que le mélange pourra se produire.

M. Fremy. Je me garderai bien aussi de faire de la théorie, mais je croyais qu'il n'y aurait pas de bords dans ces conditions, c'est-à-dire que l'eau de mer arriverait toujours, et que c'était dans cette eau de mer, arrivant toujours, que l'eau douce viendrait se rendre. Je ne voyais pas là de conditions d'insalubrité.

M. le général Favé. Je ne vois pas, et c'est sur ce point que vous fondez votre objection, qu'il y ait d'alternative, c'est-à-dire de mélange de l'eau douce et de l'eau salée.

M. Jamin. Il y en aura certainement. Pendant l'hiver, il y a peu d'évaporation, mais, pendant l'été, il y en a beaucoup ; il est certain qu'il y aura une alternative.

M. le Président. Cela dépend de la pente.

M. le général Favé. Il s'agit du temps du remplissage.

M. le Président. La Sous-Commission n'est-elle pas d'avis de rappeler incidemment, dans la conclusion définitive, la réserve faite dans le courant du rapport au sujet de l'insalubrité possible de la mer intérieure pendant la durée des travaux ?

M. Liouville. Je voudrais savoir si la conclusion que nous soumet M. le Président, et dont une partie se trouve déjà développée dans le rapport, n'aurait pas cette signification que la création de la mer intérieure amènerait, pendant toute la durée des travaux, une aggravation.

M. le Président. J'en suis convaincu.

M. Liouville. Une aggravation en dehors de l'état actuel ?

M. le Président. C'est ma conviction absolue. Je voudrais que vous missiez dans votre conclusion définitive : « réserve faite des conditions relatives à la salubrité pendant le remplissage ».

M. Chambrelent. Je désirais répondre un mot à l'observation qu'a présentée M. Jamin, au sujet des alternatives d'abaissement et d'exhaussement qu'il signalait comme devant se produire. Ces variations ne pourront pas, selon moi, se produire. Dès qu'on aura commencé le remplissage, il faudra que la mer monte continuellement. Nous avons déjà calculé l'évaporation; or, et je vous cite maintenant des chiffres mathématiques, pour que la mer intérieure puisse être remplie en douze ans, il faut qu'elle reçoive, par seconde, au moins trois fois la quantité d'eau enlevée par l'évaporation. Lorsque la pluie viendra, ce sera peu de chose et cela ne pourra d'ailleurs que faire monter le niveau de la mer intérieure. Il n'y a donc pas d'alternative à craindre.

M. le Président. Il y a un moment où elle est à craindre, et je demande la permission d'en faire la remarque : c'est celui où la mer, montant toujours, rencontrera des terrains sableux dans lesquels elle s'engouffrera en partie. Par conséquent vous aurez des terrains sableux mouillés d'eau de mer sur une étendue qui pourra être considérable si la pente est très douce.

M. Chambrelent. Cela empêchera l'élévation; mais quand l'eau sera arrivée à cette couche perméable, elle restera stationnaire.

On a parlé de l'inconnu. Pour ces travaux, nous ne sommes pas tout à fait dans l'inconnu, il y a les travaux de l'isthme de Suez. Nous avons fait sur une plus petite échelle, mais dans des proportions encore assez considérables pour qu'on puisse les citer, des travaux dans des marais de 13,000 hectares. On nous avait annoncé les fièvres les plus terribles; nous avons eu pendant quatre ans un millier d'ouvriers et nous les avons sauvés en grande partie, le fait a été constaté par le conseil d'hygiène, par l'alimentation. C'est un point dont on ne tient pas assez compte : l'alimentation détruit bien des causes de maladie.

M. le Président. J'aurais voulu voir figurer dans la combinaison cette idée; je voudrais qu'on dise : les améliorations qu'on pourrait espérer de l'existence de la mer intérieure dépendraient plutôt de l'établissement de cultures bien aménagées et de l'accroissement des conditions de bien-être de la population que d'un changement de climat.

La population, si vous la rendez agricole, si vous lui donnez de l'ouvrage, des moyens d'aisance et de fortune qu'elle ne possédait pas jusque-là, sera certainement moins affectée par les conditions palustres que dans l'état actuel des choses.

M. Liouville. La formule de M. le Président pourrait peut-être figurer dans le rapport; elle ne le contredit pas, elle le complète et peut très bien, selon moi, venir à la suite.

M. le Président. Je mets aux voix les conclusions du rapport de M. Fauvel, modifiées ainsi qu'il suit :

« En tout état de cause, sauf pour la période de remplissage, la création de la mer intérieure projetée ne saurait aggraver les conditions actuelles d'insalubrité dans la région des chotts et en particulier du chott Melrir. »

Le rapport et les conclusions sont adoptés.

La séance est levée à onze heures et demie.

Le Président,
J.-B. DUMAS.

Le Secrétaire,
M. PALÉOLOGUE.

DEUXIÈME SOUS-COMMISSION.

ANNEXE AU PROCÈS-VERBAL DE LA NEUVIÈME SÉANCE.

RÉPONSES

DU COMMANDANT ROUDAIRE

AUX NOTES PRÉSENTÉES PAR M. JAMIN,

MEMBRE DE L'INSTITUT.

NOTE I.

D'après cette note, l'énorme quantité de chaleur rendue latente par suite de l'évaporation qui se produira à la surface de la mer intérieure sera fournie par l'eau de cette mer et non par l'atmosphère. Cela revient au même au point de vue de l'influence exercée sur le climat de la région des chotts. Il en résultera, entre la température de la mer intérieure et celle des terres avoisinantes, un écart qui se traduira par des brises rafraîchissantes.

NOTE II.

En divisant la hauteur de la couche d'eau évaporée par la surface de l'Algérie et de la Tunisie réunies, M. Jamin trouve qu'elle ne produirait que 27 millimètres de pluie. On trouverait encore moins en divisant par une surface plus grande; mais n'est-il pas évident que les pluies se produiront principalement sur les parties les plus rapprochées du bassin et notamment sur le versant sud de l'Aurès?

Si, au lieu de considérer l'Algérie et la Tunisie réunies, on ne considère que la moitié de la province de Constantine, on voit que la quantité de pluie serait de 15 centimètres. Or il suffit en Algérie de deux ou trois jours de pluie survenus en temps opportun pour assurer la récolte d'une année. Il faut ajouter que les pluies se produiraient au moment où elles sont le plus nécessaires, c'est-à-dire au printemps et en été, saisons où les vents de la région sud sont dominants.

NOTE III.

Je crois, en effet, que la mer intérieure recevra, par les pluies, les torrents, les rivières, de six à sept millions de mètres cubes d'eau douce et même davantage, si l'on tient compte de l'accroissement inévitable des pluies. Quoi qu'il en soit, les eaux météoriques directes ou indirectes que reçoit actuellement le bassin des chotts n'y séjournent qu'en hiver, et l'évaporation qu'elles produisent n'a qu'une action très restreinte sur le climat. Dans cette saison, en effet, les vents dominants sont du nord-ouest. Les vapeurs sont donc chassées vers le sud sans profit pour l'Algérie.

En été, au contraire, les vents dominants sont du sud-est. Malheureusement les chotts sont alors complètement à sec. En les remplissant, on aura des vapeurs qui seront poussées vers le nord. Or, c'est principalement le climat de l'été qu'il y a intérêt à modifier.

NOTE IV.

M. Jamin cite douze observations faites par M. Duveyrier pour démontrer qu'en l'état actuel l'atmosphère contient beaucoup de vapeur dans la région des chotts; que dans ces conditions les vents atteindraient leur point de saturation un peu au-dessous de 20 degrés, et que par conséquent ils devraient produire beaucoup de pluies en franchissant l'Aurès. Il ajoute que, cela n'ayant pas lieu, il faut en conclure que les vents, au lieu de franchir cette chaîne de montagnes, la longent de l'ouest à l'est.

Sur les douze observations citées par M. Jamin, neuf ont été faites à Tougourt, où les conditions hygrométriques sont loin d'être les mêmes que celles de la région des chotts en général. On sait, en effet, qu'il y règne une humidité tout à fait locale entretenue par les eaux stagnantes et la végétation de l'oasis. Une autre observation a été faite à Mourzouk, qui est également une oasis et qui, d'ailleurs, est situé à 1,200 kilomètres des chotts.

Je crois qu'il vaut mieux, si l'on veut se rendre compte de l'état hygrométrique de la région des chotts, s'en rapporter aux chiffres suivants, qui sont le résultat fourni par la moyenne d'observations faites régulièrement trois fois par jour et pendant six mois dans la région même qui nous intéresse.

ANNÉES.	MOIS.	TEMPÉRATURE.	f	HUMIDITÉ RELATIVE.	TEMPÉRATURE de CONDENSATION.
			millimètres.		
1878....	Décembre.........	14°,18	5 78	51.	3°
1879....	Janvier............	12°,79	5 61	53.	2°,5
Idem.....	Février...........	14°,78	4 58	40.	0°
Idem.....	Mars.............	14°,66	4 84	40.	0°,5
Idem.....	Avril.............	21°,18	5 00	31.	1°
Idem.....	Mai...............	22°,03	4 87	26.	0°,5

En ne considérant que les mois d'avril et de mai (1), on voit qu'en l'état actuel les vents du sud-est, qui soufflent le plus fréquemment pendant ces deux mois, peuvent franchir l'Aurès et descendre jusqu'à la température de 1 degré sans produire une goutte de pluie (2). Il doit en être de même pendant les autres mois de l'été, puisqu'on voit par le tableau ci-dessus que f semble avoir plutôt une tendance à diminuer qu'à augmenter quand la température s'élève.

J'ajoute que les vents du sud franchissent bien effectivement l'Aurès, comme mes observations personnelles m'ont permis de le constater pendant les nombreux séjours que j'ai faits sur les points culminants de cette chaîne de montagnes en 1871, 1872 et 1873.

On est donc en droit d'espérer que, les chotts une fois remplis d'eau, les vents de la région sud produiront des pluies impossibles actuellement par suite de la sécheresse de l'air.

NOTE V.

Le calcul que j'ai présenté dans mon rapport de 1877, page 112, me semble encore aujourd'hui parfaitement exact. J'établissais que le volume de vapeur fourni en 24 heures par la mer intérieure suffirait à saturer à demi, à la température de 12°,5, un volume d'air qui, réparti sur l'Algérie et la Tunisie, les recouvrirait d'une couche d'air humide de 24 mètres de hauteur. Je calculais alors sur une surface d'évaporation de 13,050 kilomètres carrés.

Recommençons le calcul d'après la surface vraie, qui est de 8,090 kilomètres carrés seulement.

Avec une évaporation de 3 millimètres par jour, le volume d'eau absorbé en 24 heures sera de $0,003 \times 8,090,000 = 24,270,000$ mètres cubes, ce qui donne un poids de 24,270,000,000 kilogrammes. Comme il ne faut que $5^{gr},41$ de vapeur d'eau pour saturer à demi un mètre cube d'air, le volume d'air à demi saturé serait donc de

$$\frac{24,270,000,000}{0,00541}$$

c'est-à-dire de 4,436,000,000,000 de mètres cubes. En divisant ce volume par 300 milliards de mètres carrés qui représentent la surface de l'Algérie et de la Tunisie, on trouve le chiffre de 14,90, qui exprime en mètres la hauteur de la couche d'air à demi saturé qui recouvrirait ces deux pays.

On serait arrivé au même résultat en multipliant le chiffre 24, donné en 1877, par le rapport

$$\frac{8,090}{13,050}$$

---

(1) Ces observations sont consignées pages 27 et 28 de mon rapport de 1881.
(2) On arriverait aux mêmes conclusions en consultant les observations psychrométriques faites autour du chott Melrir en 1874-1875, observations consignées dans mon rapport de 1877, page 21.

Faisons une seconde fois le calcul en suivant la même marche que M. Jamin. Prenons la formule

$$P = \frac{V \times 0{,}81 \times f}{(1+at)\,760}.$$

Considérons ce qui se passe au-dessus d'un décimètre carré, l'évaporation étant de 3 millimètres. Nous aurons l'égalité

$$f = \frac{30 \times (1+at)\,760}{h \times 0{,}81}$$

dans laquelle le volume V est exprimé par sa hauteur h en décimètres.

Faisons $h = 149$ décimètres ($14^m,90$) $t = 12°,5$, il viendra

$$f = \frac{30 \times 1{,}0457 \times 760}{149 \times 0{,}81} = 197^{mm},5.$$

Si l'on suppose que cette masse de vapeur, au lieu de couvrir la surface de 8,090 kilomètres carrés, est répartie sur la surface totale de l'Algérie et de la Tunisie, nous aurons

$$f = 197^{mm},5 \times \frac{8{,}090}{300{,}000} = 5^{mm},33.$$

$5^{mm},33$ représentent précisément la tension de la vapeur contenue dans l'air à demi saturé à la température de $12°,5$.

Nous arrivons donc encore au même résultat que précédemment : à savoir, que la vapeur fournie en 24 heures par la mer intérieure suffirait à saturer à demi, à la température de $12°,5$, un volume d'air tel que, réparti sur l'Algérie et la Tunisie, il les recouvrirait d'une couche d'air humide de $14^m,90$ de hauteur.

Je ferai remarquer d'ailleurs que le désaccord entre M. Jamin et moi n'est qu'apparent. Il a dans son calcul fait $h = 760$, c'est-à-dire qu'il considère une couche d'air recouvrant l'Algérie et la Tunisie sur une hauteur de 76 mètres; alors il se trouve $f = 1^{mm},08$. Si l'on multiplie le chiffre par le rapport $\frac{76}{14,90}$, on a $f = 5^{mm},50$.

NOTE VI.

« On peut admettre, dit cette note, que le vent du sud traversera le lac en un temps au moins égal à un quart d'heure, et alors il transportera une épaisseur d'eau égale à 3 centièmes de millimètre. On voit que, si la totalité tombait en pluie, ce serait bien peu de chose pendant une année; ce serait 10 millimètres d'eau. »

Je ferai remarquer qu'une journée se compose de 96 quarts d'heure, ce qui nous ramènera toujours, si la totalité de l'eau évaporée tombe en pluie, à 3 millimètres par jour et à $1^m,09$ par an. Quelle est la superficie sur laquelle ces pluies se répartiront? C'est ce qu'il est assez difficile de préciser; mais il est évident qu'on pourra toujours arriver à une hauteur d'eau insignifiante en supposant cette superficie suffisamment grande.

Je ne puis me dispenser d'ajouter que le chott Melrir a du nord au sud une largeur moyenne d'environ 80 kilomètres. Un vent qui le traverserait en un quart d'heure serait animé d'une vitesse de 320 kilomètres à l'heure, alors que la vitesse des *ouragans* n'est que de 220 kilomètres, celle des *tempêtes* de 160 kilomètres. Un vent moyen, correspondant à ce qu'on appelle *jolie brise* en marine, ne parcourt que 14 kilomètres à l'heure et mettrait par conséquent 6 heures environ à traverser le chott Melrir. Les *petites brises* et les *vents faibles* mettront de 10 à 20 heures.

NOTE VIII [1].

La vapeur d'eau contenue dans l'air n'empêche pas seulement le rayonnement et la chaleur terrestre vers l'espace; elle tempère en outre l'ardeur des rayons solaires. Dans son discours sur la radiation, Tyndall, après avoir cité des observations faites à de grandes hauteurs, entre autres sur l'Himalaya, ajoute :

« Ces différences considérables entre l'air exposé à l'ombre et celui qui ne l'est pas, entre l'air et la neige, doivent être attribuées sans aucun doute à l'absence comparative de vapeur aqueuse à ces hauteurs. *L'air ne peut arrêter la radiation solaire ou terrestre; de là, maximum de chaleur au soleil et maximum de froid à l'ombre.*

« Il y a peu de temps, M. Martins nous a fait connaître les observations faites sur la chaleur du sol à de grandes hauteurs, et il a trouvé que, sur le sommet du Pic du Midi, la quantité dont la chaleur du sol exposé au soleil surpasse celle de l'air est deux fois aussi grande que dans la vallée, au pied de la montagne. La chaleur immense du sol, écrit M. Martins, comparée à celle de l'air sur les hautes montagnes, est un fait d'autant plus remarquable que pendant la nuit le refroidissement dû à la radiation est beaucoup plus grand que dans les plaines. »

Ces phénomènes sont exactement ceux qui se passent actuellement dans la région des chotts, où, comme sur les grandes hauteurs, la vapeur d'eau est relativement rare: suréchauffement considérable du sol pendant le jour, refroidissement également considérable pendant la nuit. N'est-il pas évident que dans ces conditions les plantes sont littéralement brûlées et desséchées pendant le jour, quelquefois gelées pendant la nuit [2], et que ce ne peut être qu'un bienfait pour ces contrées d'augmenter la quantité de vapeur d'eau contenue dans l'atmosphère?

Paris, le 25 juin 1882.

E. ROUDAIRE.

---

[1] Je passe la note VII, consacrée à la théorie de l'évaporation.
[2] En 1874, j'ai constaté sur les bords du chott Melrir jusqu'à 7 degrés au-dessous de zéro.

DEUXIÈME SOUS-COMMISSION.

DIXIÈME SÉANCE (1).
(3 JUILLET 1882.)

PRÉSIDENCE DE M. DUMAS.

La séance est ouverte à neuf heures et demie.

M. LE PRÉSIDENT. Messieurs, il serait désirable que la Commission désignât l'un de ses membres à l'effet de rédiger, pour vendredi prochain, un rapport dans lequel seraient exposées la marche de nos travaux et la manière dont nous sommes arrivés aux conséquences que nous avons traduites par les six propositions que nous avons sous les yeux.

M. RENOU. Je propose de prier notre Président lui-même, M. Dumas, de faire ce résumé; ce travail ne saurait être confié à de meilleures mains. (Assentiment.)

M. FAUVEL. On a soulevé, dans la dernière séance plénière, la question de savoir quelles modifications la prolongation presque indéfinie de la période de remplissage ferait subir aux conclusions que nous avons proposées au point de vue de l'état sanitaire. Nos conclusions étaient que nous ne savions pas, que nous n'avions aucun élément pour juger quelle pourrait être l'influence des travaux pendant cette période de remplissage; nous supposions alors qu'elle durerait seulement trois ou quatre ans, comme on l'avait conjecturé. Mais aujourd'hui il semble établi que, dans tous les cas, cette période sera beaucoup plus longue; et M. le Président lui-même avait admis que c'était là une différence très importante, qui était de nature à modifier nos conclusions. Voilà, je crois, la seule question qui ait été posée dans la séance plénière.

M. LE PRÉSIDENT. Il me paraît en effet bien difficile de croire qu'un terrain qui, en définitive, est plus ou moins onduleux, et sur lequel, pendant vingt ans, il courra de l'eau salée qui s'évaporera et qui sera, à de certains moments,

---

(1) Cette séance a eu lieu après la deuxième et avant la troisième séance plénière de la Commission Supérieure dont les procès-verbaux se trouvent plus loin.

remplacée par de l'eau douce (puisqu'il y aura des pluies et des apports d'eau douce provenant de ruisseaux), ne sera pas une cause d'insalubrité, qui se multipliera d'autant plus que les surfaces engagées dans cette opération seront plus considérables. Pour une durée de trois ou quatre ans, cela serait supportable, mais, pour une durée de vingt-cinq ou trente ans, un tel état du terrain deviendrait une cause d'insalubrité qu'il me paraît difficile de contester, quoi qu'en ait dit, l'autre jour, notre collègue M. Liouville.

M. Chambrelent. La première Sous-Commission s'est réunie après la séance de vendredi et il a été décidé que l'on poserait comme principe, pour le remplissage des chotts, une durée qui ne devra pas dépasser dix ans. Tous les calculs, aujourd'hui, sont faits pour cette durée.

Il a fallu, pour arriver au chiffre de dix ans, calculer le débit du canal de manière à avoir, pendant cette période de temps, non-seulement l'apport d'eau nécessaire pour fournir les 172 milliards de mètres cubes qui représentent la capacité des chotts, mais en outre l'apport d'eau correspondant à l'évaporation pendant ces dix années.

Cette évaporation, ainsi que je l'ai dit dans ma note, était très difficile à apprécier, parce que nous ne connaissons pas exactement le profil des chotts, et que nous ne savons pas quelle marche va suivre le profil des eaux au fur et à mesure du remplissage. Mais nous avons admis que, quand les chotts seront pleins d'eau, la surface en sera de 8,000 kilomètres carrés; nous sommes ainsi arrivés à un total de 5 milliards 920 millions de mètres cubes d'évaporation par an quand les chotts seront pleins. Nous avons réduit ce chiffre à 5 milliards de mètres cubes, c'est-à-dire que nous l'avons diminué d'un sixième à peu près pour le temps pendant lequel se fera le remplissage; nous avons considéré, en effet, que pour le chott Rharsa, qui devra être rempli le premier, la période de remplissage sera beaucoup moins longue que pour le chott Melrir, et qu'il s'y produira une évaporation bien moindre. Je crois que la surface de ce chott n'est pas de plus de 1,000 kilomètres carrés, et, par conséquent, je suis à peu près certain, d'après les indications qui m'ont été données sur la forme des chotts et la manière dont le remplissage s'opérera, dont les surfaces d'évaporation augmentent au fur et à mesure de l'élévation des eaux, que le chiffre de 5 milliards de mètres cubes pour l'évaporation pendant un an est suffisant et doit être accepté sans difficulté. Le total de l'évaporation serait par conséquent de 50 milliards de mètres cubes pour les dix années que durerait le remplissage.

Nous avons alors calculé que le volume d'eau qu'il fallait déverser dans les chotts était de 222 milliards de mètres cubes, au lieu de 172 milliards, et nous avons par conséquent établi le débit du canal de manière à obtenir, dans les dix ans, ce volume de 222 milliards, qui représente les 172 milliards nécessaires au remplissage des capacités à inonder et les 50 milliards par an destinés à compenser l'évaporation.

Cela nous donne un débit de 704 mètres cubes par seconde; c'est sur cette donnée que l'évaluation des dépenses se fait en ce moment, et qu'elle sera soumise à la Commission.

Indépendamment des évaluations de dépense pour les terrassements, on lui présentera aussi celles qui concernent les travaux de défense en mer, les gares à exécuter, les frais d'administration ; en un mot on établira l'évaluation définitive sur cette base d'un débit de 704 mètres cubes par seconde, qui correspond, ainsi que je viens de le dire, à 222 milliards de mètres cubes pendant dix ans.

M. LE PRÉSIDENT. Je demande la permission de faire remarquer que, ainsi que je l'ai dit tout à l'heure, j'avais quelques inquiétudes relativement à la durée du remplissage des chotts, durée que l'on avait indiquée comme devant être prolongée peut-être jusqu'à 30 ans ; ces inquiétudes étaient fondées sur ce que ces plages, qui allaient être inondées, ne devant l'être d'abord que par une quantité d'eau très faible, seraient imprégnées d'eau salée qui se dessécherait et qui serait remplacée ensuite par de l'eau douce provenant des pluies ou des sources ; de telle sorte qu'il se produirait des flaques d'eau douce et des flaques d'eau salée dans les mêmes endroits, et ainsi de suite pendant quatre années ; je craignais, si cela devait durer plus longtemps, qu'il n'y eût là une cause grave d'insalubrité.

On nous annonce aujourd'hui que les calculs ont été modifiés de manière que le remplissage soit achevé en dix ans : cela diminue beaucoup, par conséquent, les causes d'insalubrité dont je viens de parler.

Mais il y a une question relative à l'évaporation, à laquelle je crois bien difficile d'appliquer un calcul quelconque ; c'est celle-ci : vous calculez l'évaporation, d'abord, en supposant que les chotts soient pleins et que par conséquent on ait affaire à une seule masse d'eau d'une profondeur assez considérable; mais pendant très longtemps, au cours de l'opération du remplissage, il y aura, ainsi que je viens de l'indiquer, des flaques qui auront peut-être 1 ou 2 décimètres d'épaisseur ; par conséquent il s'y produira cette évaporation exagérée dont nous avons parlé à propos des marais salants ; ce seront des surfaces très étendues qui, pendant plusieurs années, se comporteront comme les parties les plus minces des marais salants, et qui, au lieu d'évaporer 3 ou 4 millimètres par jour, évaporeront probablement 25 ou 30 millimètres. On se trouvera donc en présence d'une évaporation énorme, pour ces eaux répandues sur des plages où elles n'auront quelquefois que de très faibles profondeurs, et où, par conséquent, le sol et l'eau s'échaufferont énormément.

M. Chambrelent. Nous n'avons pas pu, ainsi que je l'ai dit, mesurer exactement cette évaporation, et cela par une bonne raison, c'est que nous n'avons pas de profils, même approximatifs, assez exacts, et nous donnant la forme des chotts.

Il n'y aura cependant pas beaucoup d'évaporation pendant les premières années; il faut remarquer que ce débit de plus de 700 mètres cubes représente à peu près vingt fois celui de la Seine : c'est un rapprochement que M. le Président a fait dans l'une de nos séances. — Lorsque ce volume d'eau arrivera dans la cavité en question, je ne pense pas que la profondeur reste longtemps faible; je crois, au contraire, que le niveau va monter tout de suite. Outre la portion d'eau de mer qui ne s'évaporera pas, il y aura encore les $0^m,54$ d'eau de pluie et de source.

Je déduis de l'évaporation, veuillez le remarquer, une quantité qui n'est pas même d'un sixième. Nous avions un total de 5,920 millions de mètres cubes, et je prends 5 milliards; c'est-à-dire qu'en réduisant d'un sixième à peu près l'évaporation des chotts, quand ils seront pleins, on peut admettre que les cinq sixièmes restants représentent l'évaporation moyenne pendant les dix années que vous savez.

On m'avait engagé, dans la première Sous-Commission, à ne prendre que la moitié de ce chiffre, c'est-à-dire 2,800,000 mètres cubes ; mais j'ai presque doublé cette quantité; j'ai adopté 5 milliards.

M. le commandant Roudaire. Les conditions dont parlait M. le Président sont exactement celles dont on se préoccupait au moment du remplissage des lacs Amers. M. Lavalley a expliqué que tout d'abord il avait fait entrer dans ses calculs l'hypothèse de l'imbibition des terrains et d'une évaporation relativement forte, et qu'ensuite il a été très étonné de voir l'eau monter dans les lacs plus vite qu'il ne s'y attendait. Il a donc été conduit à considérer l'imbibition comme nulle, et l'expérience, qui a été faite pendant les mois les plus chauds de l'année, du 15 mars au 15 août, a révélé une déperdition de 3 millimètres et demi par jour, qui comprend non seulement l'évaporation, mais encore l'imbibition des terrains.

Or, dans le calcul qui a été fait en vue du remplissage des chotts, les 700 mètres cubes qu'on suppose introduits par seconde représentent plus du triple du volume admis pour l'évaporation moyenne, et, comme les chotts doivent être remplis en dix ans, le niveau de l'eau y montera chaque année de $2^m,15$, et ne pourra évidemment jamais descendre. Il me semble donc qu'il n'y aura aucune cause d'insalubrité pendant le remplissage, pas plus qu'après le remplissage, puisque la section du canal est calculée de façon à amener 704 mètres cubes d'eau par seconde, alors que l'évaporation n'en doit absorber que 187 ; si, par hasard, pendant quelques jours, l'évaporation était beaucoup plus forte que la moyenne, le canal amènerait toujours assez d'eau pour empêcher le niveau de s'abaisser dans le bassin.

M. Milne-Edwards. Je ne crois pas que les alternances de submersion et d'assèchement dont parlait M. le Président auraient dans cette région autant d'influence qu'ailleurs. Actuellement, le terrain y est salé ; c'est de l'eau salée qui s'y évapore et donne un dépôt de sel; chaque année l'eau douce y arrive en quantités considérables; la végétation est à peu près nulle. Par conséquent, l'augmentation de l'étendue occupée par l'eau salée, augmentation qui sera progressive, ne me semble pas devoir déterminer dans les conditions sanitaires un changement notable; s'il y a une modification, elle sera plutôt à l'avantage de la contrée. En effet, pendant la saison des pluies, les conséquences du mélange de l'eau douce et de l'eau salée seront moindres que dans les conditions actuelles, attendu que le rapport de la quantité d'eau douce à la quantité d'eau salée sera diminué. Quelle que soit donc la durée de l'opération du remplissage, je ne crois pas que la situation présente en soit empirée; au contraire, dans certaines régions, par exemple dans les marécages des Farfaria, il en résultera une amélioration notable.

M. Chambrelent. L'observation de M. Milne-Edwards est d'autant plus juste qu'il faut bien admettre que jamais il n'y aura abaissement du niveau pendant le remplissage; grâce à ce volume énorme de 704 mètres cubes d'eau amené par seconde dans les chotts, le niveau montera continuellement.

M. Gros. Le volume d'eau introduit dans les chotts ne permettra jamais de dénivellation; l'ascension de l'eau sera constante, et, comme aujourd'hui la végétation est à peu près nulle dans cette région, il me semble qu'on ne doit pas trop se préoccuper de cette question, surtout si le remplissage se fait en dix ans.

M. le commandant Roudaire. Dans ces conditions, il faudrait donc faire disparaître des conclusions la réserve relative à la période de remplissage; c'est, je crois, la conséquence des observations qui viennent d'être échangées.

M. Liouville. Je suis de l'avis de M. Roudaire, et d'ailleurs, dans une publication récente qui, je crois, a été visée par M. Fauvel, la *Revue d'hygiène et de police sanitaire* du 20 juin 1882, je trouve un rapport d'un médecin qui a parcouru cette région, le docteur Audet; après avoir examiné certaines questions relatives à la création de la mer intérieure, il dit : « En somme, de grands avantages climatériques paraissent devoir résulter de cette nappe d'eau, et, au point de vue hygiénique, la question est tranchée par quelques mots. On remplace un immense chott malsain par une nappe d'eau à évaporation saine, et on assainit ainsi le désert. »

C'est ce qui a été indiqué dans le rapport que M. Fauvel a bien voulu faire en notre nom. J'ai tenu à faire connaître cette idée très nette, très précise, d'un observateur, d'un homme qui a vécu dans ces pays; elle est corroborée par ce qui vient d'être dit tout à l'heure, à savoir que les chotts se rempliront d'une façon continue. Il n'y a donc pas de raison de supposer que les conditions de salubrité que l'on croit devoir exister après le remplissage n'existeront pas également pendant cette opération.

M. Fauvel. Dans le rapport que j'ai présenté, il est tenu grand compte des observations de M. Audet; mais je dois faire remarquer que ces observations ont porté surtout sur l'oued Rir, et non sur le chott Melrir, au point de vue qui nous occupe aujourd'hui, de sorte que M. Audet, lorsqu'il résume son opinion au sujet de la mer intérieure, se trouve exactement dans les mêmes conditions que nous : il fait une supposition, mais rien, à nos yeux, n'est venu prouver que cette supposition fût exacte.

Quant à moi, je dis : Nous ne savons rien. Je ne serais pas plus en mesure de conclure en faveur de la salubrité pendant la période du remplissage que de me prononcer en sens inverse; je crois qu'il y a là une double hypothèse, et que la réalité ne nous est pas connue. Or, que dit la réserve? Simplement ceci : Pendant la période du remplissage, nous ne savons pas au juste ce qui se produira au point de vue de la salubrité.

Dans l'état actuel, d'où vient l'insalubrité des bords des chotts? Il y a là un mélange de l'eau douce avec l'eau salée, ou avec la partie salée des chotts. Qu'arrive-t-il par le fait de cette humidité constante, par exemple, dans la Farfaria? C'est qu'une végétation que nous appelons végétation palustre, et qui se produit parfaitement dans l'eau de mer pure, se développe, à plus forte raison, dans l'eau de mer mélangée à de l'eau douce, et c'est précisément cette végétation qui, à certaines époques de l'année, dégage des miasmes et devient une cause d'insalubrité.

Or, dans la période du remplissage, au lieu d'avoir pendant l'été, comme aujourd'hui, une surface sèche, absolument stérile, qui n'admet plus de végétation, nous aurons sur les bords des chotts une surface humide qui permettra une végétation avec le caractère que l'on trouve là où il y a mélange d'eau douce et d'eau salée. N'est-il pas à craindre, dès lors, que, lorsque cette végétation se flétrira, il ne se dégage sur les bords des chotts des miasmes palustres, comme cela se produit dans la Farfaria et dans quelques endroits qui ont été desséchés?

Je ne puis affirmer que les choses se passeront ainsi; c'est une supposition que je fais. Il me semblerait donc plus naturel, sans nous prononcer dans un sens ou dans l'autre, de maintenir la réserve.

M. le commandant Roudaire. On a fait justement remarquer que, pendant la période du remplissage, les conditions ne pourront pas être aussi mauvaises qu'elles le sont actuellement. Aujourd'hui, il y a des alternances de submersion pendant l'hiver et d'exondation pendant l'été; l'eau douce se mélange avec l'eau de mer pendant l'hiver et, pendant l'été, l'évaporation se produit; or, il est admis que ce mélange est une cause d'insalubrité. Une fois le remplissage commencé, le niveau de l'eau montera incessamment dans les chotts et ne baissera jamais, puisque le volume introduit sera trois ou quatre fois plus grand que le volume absorbé par l'évaporation, ce qui permet de faire face à une évaporation supérieure qui peut se produire accidentellement par le vent de siroco.

M. LE PRÉSIDENT. Comme le faisait remarquer tout à l'heure M. Fauvel, la question qui s'agite en ce moment n'est pas de savoir ce qui arriverait si les chotts étaient remplis : nous nous sommes expliqués sur ce point et nous n'avons plus à y revenir. Mais, l'autre jour, lorsque nous avons appris que les estimations de la première Sous-Commission portaient à 29 ou 30 ans la durée probable du remplissage, nous avons été un peu émus au point de vue de la salubrité; le remplissage durant 29 ans exposait une surface très étendue, recouverte d'une très faible couche d'eau, à une évaporation beaucoup plus considérable que celle que nous avions déterminée, ce qui, par conséquent, augmentait les difficultés du remplissage lui-même.

Aujourd'hui, on nous déclare qu'en portant à 700 ou 800 mètres cubes par seconde la quantité d'eau qui arrivera dant les chotts, on arrive à réduire à dix ans environ la durée du remplissage; cela modifie beaucoup la question relative à la salubrité; cela diminue également les inquiétudes que l'on pourrait avoir au sujet de l'évaporation.

Je tiens cependant à faire remarquer que l'on considère les chotts comme constituant une cuvette régulière dont le fond sera d'abord recouvert, et dans laquelle l'eau montera graduellement jusqu'à ce qu'elle ait atteint les bords; on fait alors des raisonnements qui ne sont peut-être pas applicables à la conception suivant laquelle je me figure le fond des chotts comme un peu ondulé, de manière qu'au début certaines parties seront couvertes et d'autres resteront à sec; il y aurait, pendant quelque temps, sur une partie de la surface, de faibles épaisseurs d'eau, et des mélanges d'eau douce et d'eau salée seraient certainement nuisibles au point de vue de la salubrité. Maintenant, je crois que la question a été étudiée sous toutes ses faces et qu'on peut se prononcer.

M. LE COMMANDANT ROUDAIRE. M. Duveyrier, qui a parcouru la région des chotts, sait que le fond des chotts est une surface parfaitement régulière, et qu'on n'y rencontre pas ces rides dont il vient d'être parlé.

M. DUVEYRIER. Il y a des rides, mais seulement entre les différents chotts; le fond des chotts est absolument uni comme une table.

M. Treille. En ce qui me concerne, je ne crois pas que la période du remplissage puisse être une période d'insalubrité marquée pour la région des chotts. Ainsi que M. Roudaire et plusieurs de nos collègues l'ont fait observer, le remplissage s'effectuera d'une manière constante; l'eau ira sans cesse en montant et jamais elle ne s'abaissera.

En admettant même que l'évaporation soit telle que les rides qui pourraient exister dans les chotts se trouvent, à certains moments, à découvert, peut-on dire que les mélanges d'eau salée et d'eau douce qui se produiraient seront une cause d'insalubrité? Relativement à l'évaporation de l'eau salée, je ne connais pas d'exemple qu'elle ait produit des maladies, des fièvres intermittentes. J'ai visité un assez grand nombre de ports de mer; je me suis trouvé, en Algérie, dans une localité admirablement placée pour des observations de cette nature, et j'ai pu me convaincre que jamais les émanations de l'eau salée ne produisaient de fièvres. Je citerai comme exemple ce qui se passe dans la ville de La Calle, qui se compose de deux parties distinctes : l'ancienne ville, qui se trouve dans une presqu'île reliée à la terre ferme par une bande de terrains d'une certaine étendue, et la nouvelle ville, aujourd'hui la plus importante, située au pied de la montagne. Pendant l'été, il n'est pas rare de voir des tempêtes : la mer vient alors battre une assez grande partie de cette zone de terrain qui établit la communication entre l'ancienne et la nouvelle ville. Puis le calme renait, les choses rentrent dans l'état normal, et pendant quelques jours, en se rendant dans la presqu'île, on sent des odeurs caractéristiques, très fortes, très désagréables, provenant de l'évaporation de l'eau de mer. Or, au cours de l'année pendant laquelle je suis resté à La Calle, jamais je n'ai observé de maladies à la suite de ces submersions; et cependant il faut considérer que de petits cours d'eau descendent de la montagne, que les conduites d'eau de la ville jettent de l'eau douce dans le port, et que, par conséquent, aux yeux de ceux qui estiment comme malsain le mélange de l'eau de mer avec l'eau douce, il y a là toutes les conditions voulues d'insalubrité. Eh bien, cette insalubrité n'existe pas.

M. Fauvel, admettant une théorie qui est en honneur dans une certaine école, au sujet de la production des fièvres intermittentes, nous dit que les détritus de la végétation qui se développe dans la Farfaria pourraient, lorsque la mer se retirerait, être une cause puissante d'insalubrité. Ce n'est pas mon avis. En effet, lorsque l'eau de mer aura recouvert la Farfaria, la végétation s'y trouvera détruite; les joncs qui y croissent actuellement ne repousseront plus. D'ailleurs, la végétation, à elle seule, est-elle une cause d'insalubrité? Il me serait facile de prouver le contraire en citant un grand nombre de régions en Algérie, où la végétation est très puissante et très riche, où les détritus sont abondants et où cependant il n'existe pas de fièvres intermittentes.

La véritable cause de l'insalubrité sur les bords de la mer, c'est la présence des alluvions; les alluvions sont la cause unique des fièvres intermittentes, et il n'est pas nécessaire d'aller sur les bords des chotts pour rencontrer des fièvres. Comme le disait M. Duveyrier, dans les parties situées au nord du chott, à El-Feïdh, et notamment le long du cours de l'oued el-Arab, il existe des causes très puissantes d'insalubrité. Si la Farfaria est malsaine, cela tient précisément à la quantité énorme de terre végétale apportée par tous les cours d'eau qui descendent de l'Aurès, et dont la puissance végétative ne se trouve pas épuisée.

Je crois donc, Messieurs, que vous feriez bien de supprimer la réserve que vous avez apportée aux conclusions qui vous avaient été présentées par votre délégation; cette réserve n'entrait pas plus dans mes idées que dans celles de MM. Fauvel et Liouville, et elle a été ajoutée à la fin de la dernière séance, sans qu'on ait trop discuté la question. Je pense qu'après les explications qui viennent d'être fournies par différents membres il y a lieu, purement et simplement, de s'en tenir aux conclusions qui avaient été formulées par la délégation et de supprimer ces mots qui y ont été introduits : « Sauf réserve de la période de remplissage. »

M. Liouville. Nous avions pris une résolution qui n'avait pas été soumise à M. Roudaire; aujourd'hui, après toutes les observations qui viennent d'être échangées, je me demande si l'on ne pourrait pas ajouter au texte des conclusions une phrase qui serait ainsi libellée, résumant ce qui vient d'être dit :

« Il est probable que les inconvénients pour la salubrité qui semblent résulter des alternances existant actuellement, alors que les chotts ne reçoivent une faible quantité d'eau qu'à des intervalles éloignés, ces inconvénients diminueront de plus en plus à mesure que s'effectuera le remplissage, qu'on nous dit devoir être continuellement progressif, et qu'ils cesseront quand toute la surface du chott sera couverte d'eau en quantité suffisante. »

M. d'Abbadie. Je rappellerai pour mémoire ce que j'ai dit sur les conditions qui existent à Massaouah, sur la mer Rouge : c'est une île très petite, qui a un kilomètre tout au plus de long sur un demi-kilomètre de large; la chaleur y est étouffante; je crois que c'est là — et à Pondichéry — que l'on trouve la température moyenne la plus élevée qu'on ait encore constatée. Pour jouir de la petite fraîcheur qui existe à la surface immédiate de l'eau de mer, les habitants de cette île étendent leurs huttes par-dessus la mer, et le sol mal joint de ces huttes est tellement près de la surface qu'on peut, à la main, prendre de l'eau et s'en rafraîchir le visage. Quand la marée, qui est très faible d'ailleurs, fait baisser le niveau de la mer, le fond est exposé à l'évaporation; on y jette toutes sortes d'immondices, et cependant je n'ai jamais entendu dire qu'il y eût insalubrité. Je m'empresse d'ajouter que c'est là un fait négatif, pour ainsi dire, qui ne peut jamais avoir la force d'un fait positif; mais il me semble que, s'il y avait eu un peu d'insalubrité, j'en aurais entendu parler pendant mon long séjour dans ces parages.

Tout le temps qu'a duré mon voyage en Afrique, j'ai été préoccupé de cette question de l'insalubrité, parce que j'ai vu plusieurs voyageurs, tant européens qu'indigènes, perdre complètement leurs forces pendant quatre ou cinq ans, après avoir été guéris des fièvres typhoïdes qui sont très fréquentes dans ces pays. Voici le résumé des impressions des indigènes : au commencement de la saison des pluies, le temps est malsain, on est exposé aux fièvres de toute espèce; mais comme les pluies vont en croissant, l'insalubrité finit par devenir moindre; lorsque, au contraire, revient le beau temps, l'insalubrité augmente.

Je pourrais citer l'exemple d'une caravane de quelques centaines d'indigènes que l'âpre amour du gain avait conduits, contrairement à toutes les habitudes, à faire le voyage pendant la saison qui suit immédiatement les pluies ; il n'a pu arriver au grand marché, où je me trouvais alors, qu'un seul homme de cette caravane; il avait eu assez d'énergie pour venir en toute hâte dire que tout le monde était malade; il est mort peu de temps après, de sorte que, de toute cette caravane, personne n'a échappé.

Ce fait montre assez ce qu'est l'insalubrité du climat africain. Il me semble évident que l'insalubrité diminuera à mesure que les chotts se rempliront, puisque l'eau de mer est une condition de salubrité.

M. MILNE-EDWARDS. A l'appui de ce que vient de dire M. d'Abbadie, j'ajouterai que, d'après ce que j'ai vu sur les côtes de l'Italie, de la Sicile, et sur quelques points des côtes de l'Algérie, l'insalubrité me semble résulter essentiellement de l'existence de marécages alimentés par de l'eau douce.

J'ajoute que je suis persuadé que l'insalubrité que l'on remarque sur quelques points du littoral de l'Italie dépend beaucoup moins de la présence d'eaux saumâtres que de l'alternance à longues périodes : là où l'eau de mer arrive en petites quantités dans l'eau douce, il en résulte la destruction de tous les êtres qui existent dans l'eau de mer, et dans le cas inverse il s'ensuit la putréfaction des végétaux et des animaux microscopiques qui vivent habituellement dans l'eau douce.

Ce phénomène a été mis en évidence il n'y a pas longtemps sur quelques points des côtes de Toscane; le récit en a été publié dans un des derniers volumes des *Annales d'hygiène*. Des épidémies épouvantables se produisent tous les trente ou quarante ans, quand les barrages destinés à empêcher l'envahissement des marais d'eau douce par la mer, étant mal entretenus, laissent pénétrer l'inondation.

Dans les circonstances actuelles, si le chott Melrir, celui dont on aurait principalement à se préoccuper, était submergé d'une façon progressive et à peu près régulière, je crois que les conditions d'insalubrité, pendant le remplissage, seraient, non pas augmentées, mais notablement diminuées.

M. le Président. En conséquence de la discussion qui vient d'avoir lieu, M. Liouville pense qu'il conviendrait de modifier les conclusions du rapport sur la question de la salubrité; ces conclusions sont ainsi formulées :

« Nous ne saurions aller au delà de ces prévisions, et nous devons nous borner à conclure que, en tout état de cause, sauf réserve de la période du remplissage, la création de la mer intérieure projetée ne saurait aggraver les conditions actuelles d'insalubrité dans la région des chotts, et en particulier du chott Melrir. »

M. Liouville demande que la réserve pour la période du remplissage soit supprimée. M. Fauvel est-il d'avis d'opérer cette suppression?

M. Fauvel. Comme, en définitive, la réserve ne préjuge rien dans un sens ou dans l'autre, et que toutes les considérations que l'on vient de faire valoir ne modifient pas mon opinion sur la question, je serais assez d'avis de maintenir cette réserve; néanmoins je ne fais pas une grande opposition à ce qu'elle soit supprimée.

Je ne crois pas que ce soit ici le lieu de discuter des théories scientifiques; nous pourrions dire beaucoup de choses sur ce point, sans avancer la solution de la question. J'entends répéter que l'évaporation de l'eau de mer, ou l'évaporation de l'eau douce, ou l'évaporation de l'eau de mer mélangée à l'eau douce, serait, suivant nous, une cause d'insalubrité; cela n'est pas exact. Ce n'est pas l'évaporation de l'eau de mer, ni de l'eau douce, ni du mélange, c'est l'évaporation sur un sol imprégné de détritus qui est une cause d'insalubrité. De même, au point de vue de la salubrité, il ne faut pas confondre la végétation avec la culture. La végétation spontanée, qui se produit dans des endroits palustres, est une cause d'insalubrité, tandis qu'au contraire la végétation, résultat d'une culture raisonnée, a sur l'hygiène une influence précieuse.

Je laisse de côté toutes ces questions, que nous ne pouvons pas discuter utilement ici. Je ne fais pas d'opposition à la suppression de la réserve, tout en ayant une réserve à part moi.

M. le commandant Roudaire. Je ferai remarquer que, d'après la structure de la phrase, la réserve semble indiquer que, dans l'esprit de la Commission, il y aura aggravation pendant la période du remplissage. C'est justement l'inverse des conclusions auxquelles sont arrivés MM. Milne-Edwards, Treille, Liouville, Duveyrier, d'Abbadie, qui affirment que pendant la période du remplissage les conditions de salubrité ne sauraient qu'être améliorées par la même que les eaux monteront toujours.

M. LE PRÉSIDENT. Je crois que nous pourrions tout simplement mettre aux voix la suppression de la réserve.

M. LE COMMANDANT ROUDAIRE. M. Liouville avait proposé une nouvelle rédaction.

M. LIOUVILLE. Ma rédaction résume, je crois, les observations qui ont été échangées sur la question.

M. LE PRÉSIDENT. Il y a trois questions : La période du remplissage doit-elle, ou non, être réservée? Devons-nous dire que la création de la mer intérieure n'aggravera pas les conditions d'insalubrité? Devons-nous dire que la création de la mer intérieure améliorera les conditions de salubrité?

Je mets d'abord aux voix la suppression de la réserve qui avait été faite au sujet du remplissage.

(La réserve est supprimée.)

M. LE PRÉSIDENT. Nous avons maintenant à choisir entre la rédaction primitive, qui portait que la création de la mer intérieure ne saurait aggraver les conditions actuelles d'insalubrité, et une nouvelle proposition aux termes de laquelle la mer intérieure améliorerait les conditions actuelles de salubrité.

M. LIOUVILLE. Nos collègues des autres Sous-Commissions, qui ont apporté des solutions plus précises, nous ont reproché d'être restés dans un vague qui ne les éclairait en rien. La formule que je propose reste encore dans le vague, forcément, et cependant, comme M. le Président le faisait observer, il semble que la question ait fait un pas. Jusqu'à présent nous disions que la création de la mer intérieure ne saurait aggraver les conditions d'insalubrité; il paraît résulter de la discussion d'aujourd'hui qu'il y aura une certaine amélioration, laquelle ne sera pas compromise par les alternances qui constituent actuellement l'insalubrité. Donc, au lieu de les maintenir, cela les enlève; c'est donc quelque chose. Il y a des alternances, à l'heure actuelle, qui créent des conditions d'insalubrité. On nous dit que, peu à peu et progressivement, par une progression fatale nécessaire, ces conditions diminueront. Je crois que nous supposons indiqué ce pas qui se fera et qu'il y a un certain intérêt à le dire, parce que c'est dans la vérité des choses.

Je propose donc cette formule, sauf à en modifier la rédaction, que je n'ai pas la prétention d'imposer :

« Il est probable que les inconvénients pour la salubrité qui semblent résulter des alternances existant actuellement, alors que les chotts ne reçoivent une faible quantité d'eau qu'à des intervalles éloignés, ces inconvénients diminueront de plus en plus à mesure que s'effectuera le remplissage, qu'on nous dit devoir être continuellement progressif, et qu'ils cesseront quand toute la surface des chotts sera couverte d'eau en quantité suffisante. »

M. le Président. Ne trouvez-vous pas que c'est un peu absolu et qu'on pourrait se contenter de dire : « La création de la mer intérieure projetée est de nature à améliorer les conditions de salubrité » ?

M. Liouville. Ce qui fait hésiter la Sous-Commission, c'est qu'il y a un mot trop absolu : c'est le mot « cessera ». Comme je ne puis pas affirmer ni faire la démonstration, par une formule très nette, par un raisonnement exact, que les inconvénients cesseront, je n'insiste pas sur ce mot. Comme je crois qu'il ne faut pas persévérer dans ce qu'on ne peut pas démontrer, il est facile de nous entendre en le supprimant au besoin. Mais il y a un fait : c'est qu'il y a des inconvénients; il y a un autre fait probable, c'est que ces inconvénients tendront à diminuer, et cela à mesure que s'effectuera le remplissage, si, comme on le dit, il est continuellement progressif.

M. Fauvel. Je demande à présenter une autre rédaction qui me semble répondre complètement à tout ce qui a été dit dans le rapport précédent, car le rapport s'applique à plusieurs suppositions, à toutes les suppositions, même à la plus mauvaise, c'est-à-dire à celle où rien ne serait modifié par le fait de la mer intérieure. Eh bien, en réunissant toutes ces conditions, voici comment on pourrait, il me semble, donner satisfaction à M. Liouville et à ceux qui pensent comme lui.

« Nous ne saurions aller au delà de ces prévisions, — elles sont énumérées plus haut, — et nous devons nous borner à déclarer qu'en tout état de cause la création de la mer intérieure projetée, loin d'aggraver les conditions actuelles d'insalubrité dans la région des chotts, tendrait au contraire à les améliorer. »

M. le Président. Je mets aux voix la rédaction de M. Fauvel. (Cette rédaction est adoptée à l'unanimité.)

M. le Président. Je demande la permission d'arrêter un moment l'attention de la Sous-Commission sur un point sur lequel nous n'avons peut-être pas d'informations suffisamment précises des ingénieurs. Il y a deux hypothèses à faire au sujet des chotts et de leur remplissage : l'une dans laquelle, l'eau de la mer arrivant par le canal d'amenée, il y aurait en même temps un contre-courant qui rendrait à la mer les eaux concentrées que les chotts pourraient contenir. Dans cette hypothèse, il est évident que la surface des chotts se trouvera toujours à peu près au même degré de salure que l'eau de la mer qui les alimente.

Il y a ensuite une seconde hypothèse dans laquelle paraît s'être placée la première Sous-Commission : c'est qu'il n'y aurait pas de retour de l'eau des chotts dans la mer, c'est-à-dire qu'il n'y aurait, par conséquent, pas de contre-courant dans l'intérieur du canal et que l'eau des chotts irait toujours en se concentrant. Dans cette hypothèse, on parlait de 200 ans pour que le degré de salure fût tel que la mer intérieure serait convertie en une masse de sel.

M. LE COMMANDANT ROUDAIRE. Ce serait 300 ans, avec les chiffres adoptés par la Sous-Commission.

M. LE PRÉSIDENT. Que ce soit 200 ou 300 ans, peu importe; mais il y a une autre question que je voudrais prier la Sous-Commission d'examiner. Avant le moment où l'eau serait convertie en une masse de sel, il y aurait des périodes de concentrations progressives. Vous êtes-vous demandé à quelle époque la mer intérieure arriverait à l'état de mer morte, c'est-à-dire à un état tel qu'il nuirait à l'existence des animaux et créerait des conditions d'insalubrité semblables à celles qu'on rencontre autour de la mer Morte ?

M. GROS. Il est difficile d'apprécier à quelle époque la vie des poissons sera menacée.

M. LE COMMANDANT ROUDAIRE. Les poissons n'attendront pas ce moment; ils retourneront dans la Méditerranée; c'est ce qu'ils font ailleurs : ainsi, dans le lac Timsah, les poissons qui trouvent l'eau trop douce vont dans les lacs Amers; s'ils trouvaient l'eau des lacs Amers trop salée, ils retourneraient dans le lac Timsah. Bien avant le jour où la concentration de l'eau serait arrivée à être telle que la vie animale, et principalement la vie des poissons, ne serait plus possible, ils auraient pris le chemin de la Méditerranée et s'en iraient dans le golfe de Gabès. C'est donc une éventualité qu'il ne faut pas prévoir.

M. MILNE-EDWARDS. Au point de vue sanitaire et agricole, je crois que le degré de salure n'aurait pas grande importance.

M. LE COMMANDANT ROUDAIRE. La densité des eaux de la Méditerranée est de 1°,03; celle des eaux de la mer Morte est de 1°,25. Pour arriver au degré de salure de la mer Morte, il faudrait, avec l'évaporation admise par la Sous-Commission, 200 ans. Il faudrait même, puisque nous avons admis que les conditions climatériques seront modifiées dans une certaine mesure, et par conséquent qu'il y aura augmentation de pluies, de fraicheur, d'humidité, reculer le moment où vous arriveriez à cette période telle que la mer intérieure aurait une salure égale à celle de la mer Morte.

Je dois d'ailleurs faire observer que ces considérations ont été laissées de côté dans la prévision des travaux qu'on peut entreprendre. Je me suis, pour ma part, empressé de dire que nous ne devions faire qu'un travail pratique et réalisable, mais que les générations futures, avec les moyens dont elles disposeront, pourront agrandir la section du canal et la rendre telle que les contre-courants deviendront possibles et qu'un certain degré de salure ne sera pas dépassé.

M. Tissot a fait des calculs et donné à ce sujet des formules intéressantes. Je me suis, de mon côté, livré à des calculs, et je pourrais démontrer, mais je ne veux pas déplacer la question et me lancer dans des discussions scientifiques ; je pourrais démontrer, dis-je, qu'avec la nouvelle section du canal donnant 704 mètres cubes par seconde, le degré de salure de la mer intérieure n'atteindra jamais 3 degrés, c'est-à-dire que, lorsque la mer intérieure serait environ deux fois plus salée que la Méditerranée, il y aurait un contre-courant. Mais il vaut mieux simplifier la question et dire : Nous n'admettons pas de contre-courant; en restant dans cette hypothèse, nous avons 200 ans avant d'arriver à la salure de la mer Morte. D'ici là, on agrandira le canal, si cela est nécessaire pour que le contre-courant s'établisse et que l'équilibre se fasse entre les eaux de la Méditerranée et celles de la mer intérieure.

M. d'Abbadie. Comme j'étais embarrassé pour résoudre cette question, je me suis adressé à un spécialiste, M. Bouquet de la Grye. Je puis dire, en passant, que M. Bouquet de la Grye est plutôt opposé que favorable à la création de la mer intérieure; son opinion présente donc toute garantie d'impartialité. Je l'ai consulté pour la seconde fois il y a deux jours à ce sujet; il m'a répondu que, d'après des formules empiriques, et en admettant les dimensions du canal proposées par le projet, il doit nécessairement s'établir un contre-courant inférieur dont l'effet doit être d'amener au même point de salure et la mer intérieure et la mer Méditerranée.

M. Chambrelent. Je voudrais faire une observation : c'est que, si l'on admettait le principe de M. Bouquet de la Grye, qui n'a pas été admis par la première Sous-Commission et que je n'admets pas, principe d'un contre-courant, les dimensions du canal devraient être considérablement augmentées; en effet, tous les calculs ont été faits dans cette hypothèse que la totalité de la section donnera un courant vers la mer intérieure. S'il y avait un contre-courant qui en prît une partie pour porter les eaux en sens contraire, il faudrait une augmentation considérable de section.

M. le commandant Roudaire. Cette question a été jugée par la première Sous-Commission.

M. Gros. Il est certain que la section du canal devrait être considérablement augmentée.

M. le Président. A la suite des observations qui ont été présentées dans cette séance et qui mettent fin à nos discussions, je crois devoir donner de nouveau lecture des conclusions définitives adoptées par la Sous-Commission :

ÉVAPORATION.

1° Les expériences de M. Lavalley sur les lacs Amers placent entre 3 et 4 millimètres par jour le chiffre de l'évaporation.

2° L'évaporation à la surface de la mer intérieure serait au moins égale à celle qui a été constatée sur les lacs Amers.

3° La Commission ne possède pas de documents suffisants pour se prononcer sur la question de savoir si cette évaporation serait plus grande sur la mer intérieure que sur les lacs Amers.

CLIMAT.

4° Le climat des environs des chotts pourrait être utilement modifié par la création de la mer intérieure. La Commission ne peut préciser jusqu'à quelle distance s'étendrait cette modification.

AGRICULTURE.

5° La même réponse s'applique à la question agricole. Les avantages obtenus par la création de la mer intérieure s'étendraient sur une zone dont il n'est pas possible de déterminer l'étendue.

SALUBRITÉ.

6° *La réponse à la question de savoir quelle sera l'influence exercée par la mer intérieure sur les conditions actuelles de la salubrité dans la région des chotts, cette réponse étant subordonnée aux modifications climatériques qui résulteront de la présence de cette mer intérieure, les membres chargés particulièrement de cette étude* (1), *en présence de l'insuffisance des données acquises à ce sujet par la deuxième Sous-Commission, se trouvent dans l'impossibilité de répondre d'une manière catégorique à la question posée au point de vue sanitaire.*

Toutefois, dès à présent il est permis, selon eux, de conclure que, si l'emplissage du chott Melrir s'effectue de la manière prévue dans le projet, il s'ensuivrait la destruction d'un foyer redoutable d'insalubrité palustre, situé au nord-ouest du chott dans les régions appelées Farfaria *et* Bakhbâkha, *qui seraient entièrement submergées.*

Quant aux effets produits, au point de vue sanitaire, pendant la période de plusieurs années assignée à l'emplissage des chotts, il n'est pas permis de les apprécier même approximativement, attendu que nous ignorons les conditions dans lesquelles se trouveront les bords de la mer intérieure durant cette période.

Relativement à la question du climat, mettant les choses au pis et admettant que la mer intérieure n'apporte aucune modification bien sensible à l'état actuel, il ne nous semble pas

---

(1) Réponse proposée par MM. les docteurs Fauvel, Liouville et Treille, et adoptée par la Commission.

que de ce fait puisse découler une aggravation dans les conditions actuelles de la salubrité dans les pays qui avoisinent les chotts.

Que si, au contraire, sous l'influence de la mer intérieure, le climat de la région devenait à la fois plus humide et moins chaud, il nous paraît incontestable que le pays en général gagnerait sous le rapport de la salubrité, sans être exempt, quoi qu'on fasse, de toute influence palustre.

Celle-ci dépendrait du genre de culture adopté au voisinage de la mer intérieure et du drainage des eaux affectées à cette culture ; mais il n'en est pas moins vrai que le pays deviendrait plus habitable pour les Européens, et que, par le fait d'un climat moins chaud, les fièvres palustres y deviendraient moins redoutables.

Nous admettons naturellement que l'amélioration dépendrait en même temps de l'accroissement des conditions de bien-être dans le pays.

Nous ne saurions aller au delà de ces prévisions et nous devons nous borner à conclure que, en tout état de cause, la création de la mer intérieure projetée, loin d'aggraver les conditions actuelles d'insalubrité dans la région des chotts, tendrait plutôt à les améliorer.

M. LE PRÉSIDENT. Personne ne demande plus la parole ?

La Sous-Commission, Messieurs, a bien voulu me demander de rédiger quelques notes pour le rapport qui doit être déposé à la séance prochaine. Je ne crois pas qu'il me soit possible de vous réunir, mais vous pouvez vous en rapporter à ma prudence, et j'ajoute à mon impartialité.

Le séance est levée à onze heures.

Le Président,
J.-B. DUMAS.

Le Secrétaire,
M. PALÉOLOGUE.

RAPPORT GÉNÉRAL

RÉSUMANT

LES TRAVAUX DE LA DEUXIÈME SOUS-COMMISSION

PRÉSENTÉ PAR M. J.-B. DUMAS,

MEMBRE DE L'ACADÉMIE FRANÇAISE, SECRÉTAIRE PERPÉTUEL DE L'ACADÉMIE DES SCIENCES.

Dans la première séance de la Commission générale, M. le Ministre a institué trois Sous-Commissions. La seconde, au nom de laquelle je suis appelé à prendre la parole, avait été chargée d'étudier les conséquences probables de l'établissement de la mer intérieure au point de vue de ses effets physiques. Dès sa première réunion, elle a senti la nécessité de se donner un programme plus détaillé. Les questions très complexes que les mots : effets physiques, comprennent, n'auraient pas permis de diriger la discussion d'une manière assez serrée pour en faire sortir des résultats précis.

Le soin de rédiger ce programme ayant été confié à une délégation, celle-ci désigna pour son rapporteur le président de l'Académie des sciences, M. Jamin. Les questions spécifiées qu'elle proposait à l'examen de la Sous-Commission avaient trait : les unes à l'état présent de la région des chotts; les autres à l'état futur de cette même région, soit pendant la période du remplissage, soit après l'accomplissement de cette opération.

En ce qui concerne l'état présent de la région des chotts, nous avions à nous rendre compte : de la température, du régime des vents, de l'état hygrométrique de l'air, de l'évaporation à la surface du sol, de la quantité d'eau fournie directement par les pluies ou apportée par les cours d'eau.

L'opération supposée accomplie ou en cours d'exécution, nous avions à estimer quels en seraient les résultats au sujet soit du refroidissement de l'air, soit de la quantité d'eau reçue par l'atmosphère et des conséquences qui en proviendraient ou qu'on s'en promettait : dépôts de rosée, formation de brouillards ou de nuages, pluies, changement de climat, modification de la végétation, progrès de la culture, conditions plus favorables de salubrité.

Toutes ces questions ont été examinées avec le plus grand soin. Les informations recueillies n'étaient pas toujours assez sûres ou assez abondantes. De là des divergences dans les conclusions qu'il était permis d'en déduire. De là aussi une certaine hésitation dans les formules par lesquelles la Commission a essayé de manifester ses opinions. Mais pouvait-il en être autrement? Ne s'agissait-il pas de dire quels étaient les éléments climatologiques d'un pays peu habité et mal connu, et quels changements pouvait y introduire une opération sans précédent dans l'histoire ?

Parmi les données que les études confiées à la Sous-Commission étaient destinées à fournir, la plus importante, celle qui devait servir de base aux calculs des ingénieurs et de fondement à leurs projets, se rapportait à la quantité d'eau représentant la perte par évaporation qu'il convenait d'attribuer à la mer *intérieure*.

Tant qu'on s'en est tenu aux généralités on a pu accepter cette évaporation comme un grand bienfait. Par elle, l'air serait rafraîchi, les rosées deviendraient abondantes, les pluies tendraient à prendre un régime régulier, la végétation changerait de caractère, et, les populations pouvant compter sur des récoltes certaines, l'état hygiénique du pays s'améliorerait avec le bien-être des habitants.

Cependant, on n'a pas tardé à reconnaître que si cette évaporation atteignait des chiffres trop élevés, on serait obligé pour remplir les chotts d'avoir recours à des travaux d'un caractère excessif et qu'il pourrait arriver même que, la perte de la mer intérieure par l'évaporation étant plus grande que la recette qu'elle effectuerait par le canal, le remplissage des bassins des chotts en devînt impossible.

La Sous-Commission, convaincue que ce point servirait de base à toutes les discussions et de règle à toutes les décisions, n'a rien négligé pour mettre en pleine lumière tout ce qu'elle a pu apprendre au sujet de l'évaporation sur des nappes d'eau exposées à l'air libre, ainsi qu'à l'égard des apports que les pluies ou les cours d'eau apparents ou cachés sous les sables pouvaient amener dans les chotts.

Les premières informations que la Sous-Commission a obtenues se rapportaient à l'eau douce.

Des expériences effectuées : 1° à Versailles; 2° sur le canal de Bourgogne; 3° à Biskra, il résulte que l'évaporation de l'eau douce peut s'élever, en variant avec les saisons et les climats, de 4 à 6 millimètres par jour. Pour appliquer le résultat obtenu avec l'eau douce aux conditions particulières à l'eau de mer, il faudrait multiplier, à ce qu'il semble, ces chiffres par 0,6, ce qui donnerait en résumé de 3 à 4 millimètres pour l'évaporation de cette dernière en Algérie.

Mais il importait de se rendre plus exactement compte de la valeur du chiffre de l'évaporation par des expériences effectuées sur l'eau de mer elle-même en Algérie ou dans un climat comparable, et prolongées pendant le cours d'une année entière.

Les marais salants pouvaient bien fournir quelques notions sur les conditions d'évaporation spéciales à l'eau de mer, mais non sans quelques restrictions.

En Camargue on admet que l'évaporation pendant la période salinière, c'est-à-dire du 15 juin au 15 août, s'élève à 10 millimètres par jour; par des mistrals très forts, elle monte à 13 ou même 15 millimètres, mais il s'agit d'eau presque saturée de sel et de bassins peu profonds.

Aux Sables-d'Olonne, dans les marais salants, au moment du dépôt du sel, pour des aires de 3 centimètres de profondeur, l'évaporation peut s'élever à 15 millimètres par jour, mais dans les marais à poisson, des mêmes localités, dont la profondeur est 25 centimètres, elle ne dépasse pas 5 millimètres.

A Cadix, les salines donneraient des résultats indiquant une évaporation beaucoup plus active encore, avec des profondeurs plus grandes même que celles des marais à poisson des Sables-d'Olonne, mais les renseignements précis nous manquent.

Tout ce que l'on peut conclure de ces observations indirectes, c'est que l'évaporation varie avec la température de l'air, avec son état hygrométrique, avec la vitesse des vents et avec l'abondance des sels en dissolution dans l'eau.

Comme on pouvait s'y attendre, on était donc en présence d'un problème à peu près insoluble. L'air est-il pris à 17 degrés, la tension de la vapeur aqueuse est de 14 millimètres; sa température s'élève-t-elle à 47 degrés, cette tension monte à 76 millimètres. Différence énorme, dont les conséquences s'exagèrent selon que la nappe d'eau se trouve léchée par un air voisin de la sécheresse ou se rapprochant de l'état de saturation par l'humidité, selon que cet air flotte en repos à la surface du liquide ou qu'il se meut emporté par un vent rapide.

A mesure que la discussion se prolongeait et qu'on pouvait se rendre compte de l'influence que devait exercer le chiffre de l'évaporation sur la question économique, votre deuxième Sous-Commission devait se montrer de plus en plus circonspecte. Elle n'eût pas pu conclure, si elle n'avait eu le droit de s'appuyer sur des observations bien faites, exécutées dans une contrée comparable à l'Algérie, sur une nappe d'eau considérable et pendant un temps suffisamment prolongé.

Ces résultats indispensables, nous les avons obtenus de M. de Lesseps et des ingénieurs du canal de Suez opérant sous ses inspirations.

M. Dauzat nous a fourni le tableau des observations effectuées sur les petits et grands lacs Amers, sur le lac Timsah et sur les tronçons du canal correspondant aux dix-sept stations marégraphiques qui en éclairaient le débit. En discutant les résultats constatés pendant six années, M. Dauzat s'assure qu'entre les mois d'hiver, de novembre à mai, et les mois d'été, de mai à novembre, les chiffres représentant l'évaporation varient dans le rapport de 11 à 17. Il constate en outre qu'en prenant la moyenne de l'évaporation pendant l'année entière, on arrive à $3^{mm},1$ par chaque jour.

De son côté, M. Lavalley a bien voulu se rendre dans le sein de la Commission, lui exposer la marche suivie dans l'opération du remplissage et donner verbalement toutes les explications nécessaires pour faire apprécier les conditions de la grande expérience exécutée sous sa direction. Du mois d'avril au mois d'août, on a effectué le remplissage des lacs Amers, mis en communication avec la Méditerranée. A un certain moment et pendant huit jours le niveau ne varia pas; l'eau fournie par le canal correspondait donc à celle qu'enlevait l'évaporation et représentait $3^{mm},5$ par jour.

C'est également à $3^{mm},5$ par jour que conduit le calcul embrassant les résultats constatés pendant les quatre mois exigés par l'opération du remplissage.

La Sous-Commission a trouvé dans ces chiffres fournis par MM. Dauzat et Lavalley une base d'appréciation dont elle n'a pas voulu s'écarter. Par des motifs de prudence, elle a considéré l'évaporation probable dans la mer intérieure comme devant s'élever au moins à 3 ou 4 millimètres par jour.

Ce chiffre est justifié par le rapport dont M. Jamin avait bien voulu se charger au sujet de cette question importante. Les incertitudes de la Sous-Commission s'y trouvent pleinement justifiées, et les réserves dont elle avait cru devoir s'entourer s'y montrent tellement d'accord avec les principes les plus incontestés de la science qu'elle a pu les adopter et les formuler sans scrupule.

Après avoir fixé au moins à 3 ou 4 millimètres par jour le chiffre de l'évaporation, la Sous-Commission a reconnu qu'elle manquait de documents suffisants pour affirmer que ce chiffre ne serait pas dépassé.

Quelle part prendra dans cette évaporation l'eau provenant des pluies, soit par chute directe dans les chotts, soit par apport au moyen des rivières ou torrents superficiels et des nappes d'eau souterraines? Le rapport sur les questions touchant à la météorologie confié à notre collègue M. Renou, permet de l'apprécier.

Il paraît certain, en prenant la moyenne de quelques années, que l'eau fournie directement par les pluies à la mer intérieure pourra s'élever annuellement à 27 centimètres.

M. le commandant Roudaire estime que les apports fournis par les terrains en pente, les rivières superficielles et celles qui filtrent à travers les terrains pourraient tripler cette quantité. La Sous-Commission, n'ayant à ce sujet que des données très incertaines, n'a pas été si loin; elle a pensé qu'elle était autorisée cependant à considérer que si l'eau fournie directement aux chotts par les pluies s'élève à 27 centimètres, l'ensemble de tous les apports directs ou indirects pouvait être estimé à 50 ou 60 centimètres.

La Sous-Commission n'avait pas à examiner la constitution géologique de la région des chotts, dont l'étude l'aurait détournée de son but, mais elle avait à se rendre compte du mode de formation des dunes, de leur orientation, de leurs déplacements et en général du transport des sables par les vents. Elle a obtenu sous tous ces rapports, de MM. Duveyrier et Rolland, les informations les plus intéressantes. Les résultats de l'étude des dunes effectuée par nos deux collègues avec une attention minutieuse se trouvent consignés dans des documents que la Commission connaît ou dans des énoncés reproduits par nos procès-verbaux. Les conclusions de leurs observations acceptées par la Sous-Commission sont que la mer intérieure n'aurait pas à souffrir du voisinage des dunes.

Les dunes, il est vrai, de formation contemporaine au point de vue géologique, ont leurs sables sans cesse en mouvement. Mais les grandes dunes une fois formées ne sont pas mouvantes. Le sable porté par les vents roule sur leur surface et les ouragans les plus violents ne sauraient déplacer une montagne de sable de 100 ou 150 mètres d'élévation.

Les vents dominants en été soufflent de l'est, et balayent des contrées dépourvues de sables mouvants; il n'en est pas de même des vents de sud à sud-ouest qui passent sur des parties du Sahara où les sables mouvants couvrent de vastes étendues du sol.

Il n'a pas semblé résulter néanmoins des documents recueillis par la Sous-Commission que ces derniers vents fussent dans le cas de faire craindre l'envahissement de la mer intérieure par les sables des dunes, dans un temps appréciable. Des générations nombreuses pourraient se succéder sans que le phénomène eût manifesté son influence d'une manière dangereuse pour la conservation de la mer intérieure.

La seconde Sous-Commission n'avait pas à examiner comment le remplissage de la mer intérieure pouvait s'effectuer et à quelle dépense s'élèverait le travail qu'il s'agissait d'accomplir. On lui demandait seulement de donner son avis sur les conséquences que cette opération gigantesque amènerait dans le régime de la contrée intéressée.

Si les documents dont nous disposions nous ont laissé quelque incertitude, ce n'est pas sur la température moyenne de la région des chotts. Elle a paru tout à fait comparable à celle de Biskra, et on a admis qu'elle pouvait s'élever en moyenne annuelle à 21 degrés descendant à 10 ou à 11 degrés dans les mois les plus froids et montant à 34 ou $34^{mm},5$ comme moyenne des mois les plus chauds.

La distance qui sépare l'état hygrométrique de l'air dans sa condition présente de celle qu'il prendrait en passant sur une nappe d'eau et en se rapprochant de la saturation pour des températures élevées, est considérable sans doute; mais une discussion approfondie à laquelle M. Jamin s'est livré à ce sujet a permis à la Sous-Commission d'en apprécier exactement les conséquences.

S'il s'agissait de la surface entière de l'Algérie, le refroidissement de l'air produit par l'évaporation de la quantité d'eau transformée en vapeur chaque jour serait peu appréciable, la chaleur empruntée pour le changement d'état de l'eau emportée par l'air étant fournie par la masse qui demeure à l'état liquide. Cependant, au voisinage des chotts, cet effet se ferait sentir sur une étendue et dans une mesure qu'il est difficile de préciser.

S'il s'agissait d'opérer un changement notable sur cette même surface de l'Algérie par des rosées plus abondantes ou mieux encore par des pluies plus fréquentes, le calcul montre qu'il n'y a pas à compter sous ces deux rapports sur des résultats importants. Toutefois, au voisinage des chotts et par des temps calmes, l'air plus humide pendant le jour, les rosés plus abondantes pendant la nuit, quelques pluies locales même amèneraient dans une zone dont il n'est pas possible de déterminer la superficie un changement dans la végétation.

Ainsi, dans un territoire d'une importance notable, au voisinage des chotts, sous le vent et variant avec leur direction, on pourrait constater une certaine diminution de la température, une diminution dans la sécheresse de l'air, des rosées plus abondantes, des pluies peut-être plus fréquentes, l'apparition d'une végétation plus régulière et plus stable, des moyens d'existence plus assurés pour la population riveraine, peut-être même la disparition des effluves paludéennes. Comme la direction des vents varie avec les saisons, les diverses régions qui environnent les chotts profiteraient de ces avantages tour à tour.

Ainsi, améliorations certaines et très appréciables si on considère les contrées voisines de la mer intérieure; effets insensibles si on envisage l'ensemble de l'Algérie.

La Sous-Commission a examiné avec attention les résultats que pouvait offrir la période de remplissage tant au point de vue de l'évaporation qu'au point de vue de la salubrité. Le fond des chotts offrant une surface plate, l'eau de la mer en arrivant s'y répandrait en couches d'une faible épaisseur et les effets de la chaleur solaire détermineraient en ce cas une évaporation très supérieure à celle qui se produirait quand l'opération serait terminée. On se rapprocherait, pendant cette première mais courte époque, des résultats observés sur les marais salants.

Au point de vue de la salubrité, il n'y aurait guère à s'en inquiéter. La question a été largement étudiée dans un savant rapport de notre collègue M. le docteur Fauvel, auquel M. Legouest, médecin en chef des armées, est venu prêter l'appui de sa haute expérience. Nos deux collègues, MM. Liouville et Treille ont pris une part très attentive à cette discussion. Les avis, partagés d'abord, se sont conciliés après débat contradictoire.

La Sous-Commission a considéré la question comme étant d'une faible importance, les chotts étant peu habités aujourd'hui et ne pouvant plus l'être dès que le remplissage commencera à s'effectuer; elle a admis que le voisinage des chotts gagnerait en salubrité lorsque la mer serait remplie.

La seconde Sous-Commission aurait pu s'engager dans l'examen des questions relatives aux effets de l'évaporation sur la salure de la mer intérieure et à l'accroissement que celle-ci éprouverait avec le temps si un contre-courant ne pouvait pas s'établir dans le canal d'amenée de l'eau. Mais il lui a paru que le moment n'était pas venu de s'engager dans un tel débat.

Des études auxquelles elle s'est livrée, il résulte donc que l'Algérie dans son ensemble, au point de vue du climat, de la température, de l'état hygrométrique de l'air, de l'abondance des rosées, de la fréquence des pluies, des améliorations agricoles ou hygiéniques, n'a pas un intérêt sérieux dans l'établissement de la mer intérieure. Les régions voisines des chotts, au contraire, pourraient sous tous ces rapports y trouver certains bénéfices, qui justifieraient, dans une mesure bien réduite, mais que nous n'avons pas à apprécier, la pensée de l'auteur du projet.

Si, sur beaucoup de points, les avis de la seconde Sous-Commission ont été partagés, il en est un sur lequel tous ses membres ont été d'accord; ils auraient voulu être appelés à exprimer une opinion plus favorable à la création de la mer intérieure; ils ont regretté d'avoir à soulever les objections les plus graves, inspirées par les conditions physiques du problème; ils auraient préféré n'avoir qu'à se montrer d'accord avec les vues du commandant Roudaire, dont ils apprécient le talent, l'énergie, la persévérance et les sentiments patriotiques.

Paris, le 6 juillet 1882.

J.-B. DUMAS.

ANNEXE AUX TRAVAUX DE LA DEUXIÈME SOUS-COMMISSION.

NOTE DU COMMANDANT ROUDAIRE

SUR L'INFLUENCE QUE LA MER INTÉRIEURE EST APPELÉE À EXERCER SUR LE CLIMAT DE L'ALGÉRIE.

Il paraît difficile d'admettre au premier abord que la mer intérieure, dont la surface sera très petite auprès de celle de la Méditerranée, puisse exercer une influence sérieuse sur le climat de l'Algérie. Quelques calculs suffisent pour démontrer que cette influence sera considérable.

Les vents du nord qui poussent sur l'Algérie les vapeurs de la Méditerranée ont une température moyenne d'environ 12°,5. Admettons qu'ils soient à demi saturés. Ils contiennent $5^{gr},57$ de vapeur par mètre cube. Un mètre cube d'air saturé à 2 degrés contient justement $5^{gr},57$ de vapeur. Il faut donc, pour que les vents du nord produisent de la pluie, que leur température descende au-dessous de 2 degrés, ce qui arrive d'autant plus rarement qu'ils soufflent principalement en été. Supposons que leur température s'abaisse une fois sur dix à 0 degré. Ils perdent alors par mètre cube $0^{gr},65$ de vapeur qui se condense en pluie. Donc, en moyenne, ils ne produisent que $0^{gr},065$ de pluie par mètre cube.

Examinons maintenant ce qui se passera pour les vents du sud. Leur température est au moins de 30 degrés. A demi saturés, ils contiendront $15^{gr},21$ de vapeur d'eau par mètre cube. En franchissant l'Aurès, ils subiront un refroidissement considérable par suite de la dilatation résultant de leur marche ascensionnelle, du rayonnement vers les espaces supérieurs et de leur contact avec un massif montagneux où l'on trouve encore de la neige au cœur de l'été. A 17 degrés, le point de saturation sera atteint; à 10 degrés, $5^{gr},76$ par mètre cube seront transformés en pluie ; et à 0 degré, ce serait $10^{gr},29$. On peut prévoir que la température s'abaissera au moins jusqu'à 10 degrés. En 1872 et 1873, j'ai campé pendant le mois de juin près des sommets de l'Aurès et j'ai constaté que vers le milieu du jour la température ne dépassait pas 6 à 7 degrés, quoique le ciel fût très pur et les rayons du soleil très ardents. La quantité de pluie produite par un mètre cube sera donc au minimum de $15^{gr},21 - 9^{gr},45 = 5^{gr},76$.

Ainsi un mètre cube d'air à demi saturé venant de la Méditerranée donnerait à l'Algérie $0^{gr},065$ de pluie, et un mètre cube d'air venant de la mer intérieure $5^{gr},76$. En supposant que les vents du nord et du sud soient aussi fréquents les uns que les autres (1), et en tenant d'ailleurs compte de la grandeur relative des deux mers, c'est-

---

(1) D'après nos observations météorologiques (Rapport de 1881, page 30), les vents du sud seraient plus fréquents.

à-dire en admettant que le nombre de mètres cubes d'air à demi saturés soit proportionnel aux surfaces d'évaporation, on a, en appelant V le volume de pluies fourni par la Méditerranée, V' celui fourni par la mer intérieure :

$$\frac{V'}{V} = \frac{5.76}{0.065} \times \frac{8090}{500000} \, (1).$$

D'où l'on tire, en effectuant les calculs: $V' = V \times 1,43$.

On arrive donc à ce résultat que la mer intérieure fournirait à l'Algérie environ une fois et demie autant de pluies que la Méditerranée.

Ces calculs n'ont certainement pas la prétention d'être l'expression exacte de ce qui se passera, mais ils n'en démontrent pas moins jusqu'à l'évidence qu'une surface relativement petite comme la mer intérieure peut, par suite de sa situation géographique, exercer sur le climat d'une région déterminée une influence plus considérable qu'une grande masse d'eau telle que la Méditerranée.

Les vapeurs produites par la mer intérieure modifieraient d'ailleurs le climat, non seulement en se condensant en nuages et en pluies, mais encore en servant, *même à l'état invisible*, d'écran protecteur contre les rayons du soleil pendant le jour et contre le rayonnement pendant la nuit. La vapeur d'eau possède en effet une très grande opacité pour la chaleur. Son introduction dans l'atmosphère sera éminemment bienfaisante dans une région où, par suite de la sécheresse extrême qui y règne actuellement, le thermomètre varie souvent de 3 ou 4 degrés au-dessous de zéro, pendant la nuit, à 30 ou 35 degrés, pendant le jour.

Voir d'ailleurs pour les modifications du climat :

1° Le rapport de M. le général Favé à l'Académie des sciences (séance du 21 mai 1877);

2° Mon rapport au Ministre de l'Instruction publique (1877, pages 73-79);

3° Mon rapport de 1881 au Ministre de l'Instruction publique, pages 136-141.

---

(1) La surface de la mer intérieure est de 8,090 kilomètres carrés; celle de la Méditerranée d'environ 1,600,000 kilomètres carrés; mais on peut évaluer à 500,000 kilomètres carrés seulement la surface de la portion de cette mer assez rapprochée de l'Algérie et de la Tunisie pour exercer une influence directe sur leur climat.

TROISIÈME SOUS-COMMISSION.

TROISIÈME SOUS-COMMISSION.

PREMIÈRE SÉANCE.

(VENDREDI 5 MAI 1882.)

PRÉSIDENCE DE M. ALBERT GRÉVY.

La séance est ouverte à dix heures et demie.

Au début de la séance, la Sous-Commission procède à l'élection de son bureau :

M. ALBERT GRÉVY est nommé *président;* MM. les généraux CHANZY et GRESLEY sont nommés *vice-présidents,* et M. THOMSON, *secrétaire.*

M. ALBERT GRÉVY, *président,* rappelle que la Sous-Commission doit envisager le projet de M. le commandant Roudaire au triple point de vue maritime, commercial et politique; certains membres pourraient être désignés spécialement pour étudier la question à chacun de ces points de vue.

M. REGNAULT et plusieurs autres membres proposent que les travaux ne commencent que lorsque la première Sous-Commission aura fait connaître si dans son opinion la création de la mer est matériellement possible.

M. HERBETTE est au contraire d'avis qu'il y a lieu de supposer la question technique résolue et d'examiner, en supposant l'hypothèse du commandant Roudaire réalisée, quelles en seront les conséquences politiques, militaires, commerciales et maritimes.

Cet avis est adopté par la Sous-Commission.

M. GÉRARD demande qu'une délégation soit nommée pour dresser un questionnaire. L'assemblée le discutera, puis s'occupera de préparer les réponses.

M. HERBETTE estime qu'il y aurait peut-être avantage à entendre préalablement les explications du commandant Roudaire, dont les idées seraient ensuite reprises et discutées par la Sous-Commission.

Après discussion, il est décidé qu'une délégation sera nommée d'abord pour préparer un questionnaire; MM. l'amiral Duburquois, le général Gresley, Journault et Treille sont désignés à cet effet.

La prochaine séance est fixée au vendredi 12 mai pour l'audition et la discussion du questionnaire.

La séance est levée à onze heures un quart.

Le Président de la Sous-Commission,
Albert GÉRVY.

Le Secrétaire,
J. J. JUSSERAND.

TROISIÈME SOUS-COMMISSION.

DEUXIÈME SÉANCE.
(12 MAI 1882.)

PRÉSIDENCE DE M. ALBERT GRÉVY.

La séance est ouverte à neuf heures un quart.

M. JUSSERAND, *secrétaire*, donne lecture du procès-verbal, qui est adopté sans observations.

Le Secrétaire lit ensuite le questionnaire qui a été élaboré par une délégation de la troisième Sous-Commission et qui se rattache à quatre ordres d'idées :

1° Politique internationale;

2° Défense militaire;

3° Commerce;

4° Colonisation.

Préalablement aux discussions de détail, M. DECRAIS, s'occupant de la publicité à accorder aux procès-verbaux, fait remarquer les inconvénients que pourrait présenter l'insertion textuelle de toutes les paroles qui peuvent être prononcées au cours des séances. Dans ces discussions à huis clos et, pour ainsi dire, intimes, bien des observations peuvent échapper, dont la vivacité dépasse le sentiment des orateurs et qui pourraient au dehors être mal interprétées. Il serait bon, avant que l'ensemble fût rendu public, de le soumettre à une revision sérieuse à ce point de vue.

Il est décidé qu'à la lecture de chaque procès-verbal, les membres de la Sous-Commission feront, au fur et à mesure de l'audition, les remarques nécessaires pour permettre cette revision.

Passant ensuite à l'examen des questions posées, la Sous-Commission, sur la proposition de M. Albert Grévy, étudie la manière de procéder qui devra être adoptée en Tunisie pour rendre possible et légale l'exécution des travaux.

MM. Ferdinand de Lesseps, Decrais et Journault exposent que le concours des deux Gouvernements français et tunisien sera nécessaire et suffisant pour rendre l'entreprise légale, et que leur consentement simultané suffira à écarter la possibilité de difficultés diplomatiques internationales, puisque la création de la mer et du canal ne touchera que le territoire de deux États souverains et indépendants au regard des autres Puissances.

La Sous-Commission adopte cette manière de voir.

Examinant la question de la neutralité de la mer intérieure, M. Herbette fit observer que cette question ne saurait être soulevée. M. le commandant Roudaire n'a pu évidemment en parler que dans le temps où la prépondérance de la France en Tunisie n'était pas établie et consacrée comme elle l'est aujourd'hui par un traité solennel. Il est bien probable qu'on laissera entrer dans cette mer les bâtiments étrangers, comme on les laisse entrer dans les ports de France; mais on ne saurait songer à en faire une mer internationale selon les principes du droit des gens.

M. de Lesseps. Il est certain que cette mer, dont le bassin sera en Algérie, ne pourrait pas plus avoir le caractère international que l'étang de Berre, par exemple.

MM. Clamageran et Journault expriment un avis semblable.

M. Herbette. Quant aux opérations de commerce et de pêcherie, c'est une question que nous ne pouvons que laisser en suspens. Ces points ne sauraient être réglés qu'au moment où, les choses étant plus avancées, on en viendra à discuter le cahier des charges de la compagnie concessionnaire.

MM. Thomson et Clamageran estiment qu'au point de vue du trafic, tous les navires de commerce étrangers devraient être admis librement dans la mer intérieure.

M. Decrais. Il me semble, comme à mon collègue M. Herbette, que ce point ne saurait être soumis à la discussion avant que nous nous trouvions en présence d'une demande formelle de concession. Il y aura lieu alors d'examiner dans quelles conditions la concession pourrait être faite. Il ne nous est pas possible de donner aujourd'hui aucun avis à cet égard.

A la suite de remarques de MM. le général Gresley, Regnault et Thomson,

M. de Lesseps fait observer que la question de savoir si ce sera l'État ou une compagnie qui exécutera ces travaux a été réservée par M. de Freycinet, qui a simplement déclaré qu'il n'aurait pas à demander de crédits de ce chef au Parlement. Quant à lui, M. de Lesseps estime que l'entreprise a plus de chances de succès si elle est confiée à une société privée.

M. Girard. Il y a deux questions à résoudre. Qui se chargera de l'entreprise? Quels seront les droits de l'État sur le port créé? En aucun cas, le Gouvernement ne peut renoncer à son autorité sur un port; il ne peut pas en concéder à une compagnie la pleine et libre propriété. Au point de vue administratif, comme au point de vue de la défense, il faut que l'État reste maître et réserve ses droits, notamment en ce qui concerne l'établissement et la conservation du port.

M. le Président. Il résulte de ce qui vient d'être dit que l'État ne saurait se désintéresser du mode d'exploitation et de la surveillance de la mer à créer; mais, en fait, il laissera probablement entrer tous les navires. Comment l'État empêchera-t-il, dans ces conditions, la contrebande de guerre?

M. de Lesseps. Il sera très facile de visiter les navires à l'entrée du canal.

M. Clamageran. L'État doit réserver, comme dans tous les ports français, ses droits de police et de souveraineté, et, puisqu'il s'agit d'une mer intérieure, il conviendra sans doute d'appliquer aux navires qui y pénétreront les règlements que nous appliquons aux navires étrangers ou français qui remontent nos fleuves.

M. Rouget et plusieurs autres membres expriment un avis pareil.

M. le Président. La Commission maintient donc le droit absolu de l'État, même dans le cas où la concession serait accordée à une compagnie.

M. le contre-amiral Duburquois. Nous avons encore à nous occuper de cette même question, relativement à la partie tunisienne du canal. Les étrangers dépendent, dans cette région, de la juridiction de leurs consuls. Or, il ne paraît guère admissible que les bâtiments étrangers qui entreront dans le canal se trouvent placés, selon leur pays, sous une juridiction différente, et que tant de tribunaux divers aient à décider dans les contestations qui pourront s'élever entre les navigateurs et la compagnie, ou dans les cas de contraventions ou de délits constatés dans l'étendue du canal.

M. le général Chanzy. Il serait, en effet, difficile d'admettre sur cette mer deux régimes différents : un dans la partie française, un autre dans la partie tunisienne.

M. Herbette. Les difficultés sur ce point pourront être écartées au moyen de négociations avec les Puissances étrangères. A mesure que nous améliorerons l'état de la Régence et que nous en réformerons l'administration et le gouvernement, les nations européennes attacheront, sans aucun doute, moins de prix au régime des capitulations dans lesquelles elles pouvaient trouver autrefois, comme nous-mêmes, une garantie indispensable pour leurs nationaux. Je serais bien surpris, pour ma part, si les anomalies que signale M. l'amiral Duburquois ne disparaissaient pas longtemps avant que les travaux de création de cette mer, qui doivent occuper plusieurs années, ne fussent menés à leur terme.

M. le Président. Passons à l'étude des questions de défense militaire. Quels seraient les avantages de la mer intérieure au point de vue de la défense de l'Algérie? Est-il exact qu'elle constituerait une sorte de bouclier contre les incursions des tribus nomades?

M. le général Chanzy. Je n'estime pas qu'elle serait pour nous un moyen de défense sérieux en Algérie. C'est à l'ouest du chott Melrir que naissent toutes les perturbations dont nous avons à nous plaindre. En Tunisie, du côté de la Tripolitaine, l'activité n'est guère plus grande. Les tribus de ce pays ne nous ont jamais gênés. Quant aux fanatiques du Djebel Hamma, s'ils entreprenaient une incursion, ils passeraient au sud de la mer intérieure pour arriver jusqu'à nos oasis situées dans cette région.

M. Treille. L'avis que vient d'émettre M. le général Chanzy est aussi celui de la délégation qui a préparé le questionnaire.

M. le général Gresley. D'ailleurs, les chotts sont une excellente défense. On ne peut s'y avancer qu'avec de grandes précautions, en se guidant sur des sondages faits à l'aide de longues perches. A ce point de vue, les chotts valent la mer intérieure. Cependant, quelques maraudeurs ont pu s'échapper par là; à la suite d'insurrections en Algérie, certaines populations, après s'être réfugiées dans le sud de l'Aurès, ont émigré par les chotts vers la Tripolitaine. Elles ont pu passer, non sans de grandes pertes toutefois. La mer intérieure les eût arrêtées.

M. le Président. La création de cette mer ne présenterait-elle pas l'inconvénient de couper en deux nos possessions et de laisser isolés au sud des points importants : le Souf, El-Oued, Tuggurt, Ouargla?

M. le général Chanzy. La route qui relie ces points à Biskra se trouverait à l'ouest de la mer intérieure.

M. le Président. Mais le Souf?

M. le général Chanzy. On pourrait répondre à cette dernière remarque que, grâce à la mer, il y aura des vaisseaux pour transporter des troupes qui opéreraient dans le Souf; mais je crains que le peu de profondeur, sur une vaste étendue près des bords, ne permette pas le débarquement.

M. de Lesseps et M. Herbette font observer qu'au point de vue de la pacification du sud de l'Algérie et de la Tunisie, si la mer n'a qu'une influence médiocre sous le rapport militaire, elle ne saurait manquer d'en avoir une très grande au point de vue social. Elle présentera en effet l'avantage de donner aux habitants huit ou dix ans de travail bien rétribué et de les habituer ainsi à l'ordre et à la paix.

M. le général Gresley estime qu'il sera difficile de persuader aux populations peu laborieuses de ces régions de participer aux travaux d'établissement de la mer intérieure.

M. de Lesseps. Cependant elles ont beaucoup aidé le commandant Roudaire. Elles ont travaillé six mois aux sondages.

M. le Président. En résumé, si nous nous plaçons au point de vue de la défense militaire proprement dite, la Commission semble d'avis que nous ne pouvons attendre que de faibles avantages de la création de la mer intérieure tant en Algérie qu'en Tunisie.

M. Villet insiste sur le peu d'intérêt que la mer présenterait, à ce point de vue, en Tunisie.

La Commission s'occupe ensuite de l'utilité que notre marine militaire pourrait trouver à l'entreprise du commandant Roudaire.

M. l'amiral Duburquois. Il y a là deux questions différentes. La marine a un gros intérêt à ce que l'on crée des ports dans les endroits où il n'y en a pas; j'admets donc qu'un port à Gabès serait utile, mais il n'en est pas de même de l'ouverture d'un canal où des navires cuirassés pourraient entrer et se réfugier.

Si les bâtiments de guerre peuvent aller ainsi jusqu'en Algérie, nous aurons à prévoir le cas où l'ennemi forcerait les défenses de Gabès. Il pénétrerait alors facilement jusqu'au cœur de nos possessions africaines. Pour nous, nous ne saurions tirer de l'ouverture de cette voie qu'un seul avantage, celui de pouvoir transporter des troupes de Gabès dans le chott Melrir. Or, nous avons examiné la question au point de vue de la distance. La distance de Gabès au chott Melrir est le double de la longueur du canal de Suez. On met deux jours de navigation ordinaire pour traverser l'isthme de Suez; donc il faudra quatre jours pour accomplir ce trajet; nous voyons ainsi que cette voie ne donne aucun avantage, car il faudrait commencer par mettre les troupes d'Algérie en chemin de fer pendant vingt-quatre heures jusqu'à Tunis, puis les embarquer et les transporter à Gabès; c'est une moyenne de sept jours pour aller de l'Algérie au fond du chott Melrir.

Nous trouvons donc de très grands avantages à la création d'un port à Gabès, non parce qu'il serait à l'embouchure d'un canal, mais parce que ce serait un port.

M. Journault. La délégation approuve complètement ce que vient de dire M. l'Amiral; c'est bien exactement le résultat de ses délibérations.

M. le Président. La Sous-Commission conclut donc dans ce sens : tant au point de vue de la sécurité de l'Algérie qu'au point de vue militaire et maritime, la construction du canal n'offre qu'un très faible intérêt.

La séance est levée à onze heures cinquante minutes.

Le Président,
Albert GRÉVY.

Le Secrétaire,
J. J. JUSSERAND.

TROISIÈME SOUS-COMMISSION.

TROISIÈME SÉANCE.
(19 MAI 1882.)

PRÉSIDENCE DE M. ALBERT GRÉVY.

La séance est ouverte à neuf heures vingt-cinq minutes.

M. Albert Grévy, *Président*. Nous sommes arrivés à l'examen des questions commerciales :

« L'Algérie et la Tunisie auraient-elles profit à écouler leurs marchandises sur le port de la mer intérieure, et quelle serait la limite d'attraction ?

« Les caravanes de l'intérieur de l'Afrique viendraient-elles aboutir au bassin à créer ?

« En prenant pour base les frais de péage de l'isthme de Suez, quel serait le prix du transport d'une tonne de marchandises, de l'ouest de la mer intérieure à Gabès, et quel temps serait nécessaire au voyage ? »

M. Treille, parlant au nom de la délégation désignée par la Sous-Commission pour préparer le questionnaire, exprime l'avis que la zone d'attraction commerciale de la mer intérieure serait de peu d'étendue ; elle ne saurait guère avoir que 40 à 50 kilomètres.

En effet : 1° le chemin de fer de Batna à Biskra, qui sera construit dans trois ou quatre ans, enlèvera tous les produits des Zibans et même une partie de ceux de l'Oued Rir ; 2° les caravanes qui vont de Ghadamès à Tripoli n'allongeront pas leur route pour arriver à la mer intérieure ; 3° il ne faut pas compter sur les marchandises du Mzab qui passent par la province d'Alger, ni à plus forte raison sur celles du Soudan. Reste seulement la région au nord du chott Melrir, sur laquelle on pourrait fonder quelque espérance.

M. le Président rappelle au Secrétaire la demande qui a été faite de renseignements sur le commerce de la Tripolitaine et de la Tunisie.

M. Jusserand. Les rapports sur le commerce de Tripoli en 1879 et 1880 ont été publiés dans le *Bulletin consulaire;* de même celui sur le commerce de la Tunisie en 1878. Ces rapports seront distribués à la Sous-Commission. Les exportations de Tripoli ont été, en chiffres ronds, de 12,500,000 francs en 1879 et de 13,500,000 francs en 1880. Ces chiffres comprennent non seulement les produits de la région de Tripoli même, mais encore ceux qu'on tire de l'intérieur. Quant à la nature des objets exportés, un aperçu général en est donné par M. Féraud. Le principal article d'exportation consiste dans les plumes d'autruche.

M. Clamageran confirme ces renseignements; l'exportation des plumes d'autruche s'élevait à 2,500,000 francs par an, celle de l'alfa à 2 millions, en 1874. Depuis, le commerce des plumes d'autruche a atteint le chiffre de sept millions et demi.

M. Jusserand. Je dois signaler en outre que notre consul général à Tripoli a exprimé plusieurs fois l'avis qu'on pouvait, en s'y prenant avec quelque habileté, attirer en Algérie, à travers la région des chotts, les caravanes qui se rendent aujourd'hui à Ghadamès.

Des chiffres qui viennent d'être donnés, MM. le général Chanzy et Villet concluent que, même si l'on pouvait détourner vers l'Algérie le courant commercial qui aboutit à la Tripolitaine, la valeur des produits arrivant de cette source à la mer intérieure ne dépasserait guère 3 ou 4 millions.

M. Herbette fait observer qu'il y aurait urgence à entendre le commandant Roudaire. Il a demandé à être autorisé à créer la mer intérieure; mais nous ne savons pas d'une manière précise sur quels revenus il compte pour couvrir l'intérêt des dépenses à encourir. Nous parlons du commerce de la Tunisie et de la Tripolitaine qu'on pourrait faire converger vers la mer intérieure : c'est peut-être sur tout autre chose que le commandant Roudaire fait fonds aujourd'hui. Ses idées se sont bien modifiées depuis la publication des rapports imprimés que nous avons.

M. le Président. La Commission a décidé qu'elle entendrait plus tard M. le commandant Roudaire.

M. Clamageran remarque qu'indépendamment des produits du Soudan, dont les principaux paraissent consister en plumes d'autruche et en ivoire, il faut encore signaler les dattes et l'alfa qui se recueillent en abondance dans le voisinage du bassin à créer. L'exportation d'alfa de la Tunisie est de 80,000 tonnes, chiffre égal à celui de l'exportation algérienne; l'exportation des dattes de la Régence a eu une valeur de 266,600 francs en 1879, ce qui représente environ 890 tonnes.

M. de Lesseps. Le transit par la mer intérieure paraît ne devoir présenter que peu d'importance, et le commandant Roudaire ne compte pas beaucoup sur ce genre de ressources; mais il compte sérieusement sur le produit des pêcheries, des salines et sur la mise en valeur des terrains avoisinant le nouveau rivage. A Suez, le droit de pêche dans le lac Menzaleh, qui a 30 lieues de tour, a été affermé 2,500,000 francs à des Arabes. On pourrait, d'après cette donnée, tirer de la mer intérieure un revenu de 4 ou 5 millions pour les pêcheries seulement. Quant aux terrains à cultiver, ils comprendront 1 million d'hectares environ, qui seront de nature à donner de grands bénéfices.

M. le général Chanzy fait observer que les poissons sont fort abondants sur les côtes d'Algérie, mais que jusqu'à présent les produits de cette pêche n'ont pas trouvé de débouchés suffisants. Il y a donc là, dès maintenant, du poisson au delà des besoins : il est d'ailleurs impossible de le conserver dans une région aussi chaude que celle où se fera la mer intérieure.

M. de Lesseps. Les poissons pourront être recueillis dans des établissements qu'on créera sur les bords de cette mer; ils seront conservés, puis exportés.

M. le Président. Nous arrivons aux questions relatives à la colonisation :

« Quels sont les produits naturels dont on pourra bénéficier par la création de la mer intérieure (salines, pêche, plantations)? »

« Serait-il possible de développer la colonisation sur les bords de la mer intérieure et en raison de sa création? »

M. de Lesseps. La création de la mer intérieure, devant rendre à la culture d'immenses terrains, facilitera sûrement la colonisation d'une région aujourd'hui presque inhabitée.

M. le Président. Il y aurait lieu d'examiner si ces terrains appartiennent à l'État et s'il peut en disposer. Je ferai observer que le sénatus-consulte de 1863 pose en principe que les tribus sont propriétaires des terres dont elles ont la possession. Il est vrai que le texte prête à la discussion et qu'aujourd'hui encore la question est controversée.

M. le général Chanzy. Le rôle de l'État consistera à faciliter les transactions entre la compagnie et les tribus : c'est ce qui a été fait pour les exploitations d'alfa. Ces terrains peuvent être des terrains de parcours. Bien qu'on ne puisse guère considérer les tribus comme propriétaires absolues de l'ensemble des vastes territoires sur lesquels elles passent, il ne me semble pas que l'État non plus puisse déclarer dès maintenant qu'il entend faire en son nom une concession pure et simple du sol de toute la région qui nous occupe.

M. le général Gresley. Quelle que soit la solution de cette question, il est certain que l'on parviendra à défricher de grands espaces dans le voisinage de la mer intérieure. Les tribus, gênées dans leurs migrations, finiront par se fixer sur les bords et fourniront un utile contingent de population sédentaire.

M. Treille dit qu'à son avis l'État est propriétaire de ces terrains et pourrait les concéder, qu'il n'est pas admissible qu'ils appartiennent aux tribus, alors qu'ils ont quelquefois 200 à 300 kilomètres d'étendue. Il est de règle dans le Sahara qu'en dehors des oasis, la terre est à celui qui parvient à la féconder par suite de recherches d'eau.

M. Clamageran fait observer que la question de colonisation est subordonnée à celle de savoir quelle sera l'influence de cette mer sur le climat. Or ce point est du domaine de la deuxième Sous-Commission.

M. le Président. Nous devons étudier la question à un point de vue différent et qui est du programme de notre Sous-Commission. Étant supposée la fécondation de grandes étendues de terrain, aujourd'hui stériles, dans le voisinage du bassin à créer, y aurait-il avantage, au point de vue de la colonisation, à ce que l'État se réservât ces terrains pour y appeler à son gré des colons, ou ferait-il mieux, à ce même point de vue, d'en abandonner la totalité à une compagnie privée?

M. Herbette. Cette question revient à celle de savoir si c'est l'État ou une compagnie qui fera la mer intérieure, et cette question est réservée. Si c'est une compagnie, il est bien évident que l'État ne pourrait songer à retenir à son profit l'ensemble des terrains fécondés par cette création, puisque c'est de ces terrains que la compagnie attendrait ses principales ressources.

M. de Lesseps, s'occupant de la question de peuplement de cette région, remarque qu'il est impossible à l'Européen de travailler sous ce climat, même en admettant son amélioration partielle. La population qu'on y attirera sera forcément arabe. Pour les mêmes raisons, c'est par des fellahs seulement qu'a été percé l'isthme de Suez, et les Anglais ont eu parfaitement tort de craindre un moment qu'une colonie française ne s'établît sur les bords de l'isthme.

M. le général Chanzy pense de même que la colonisation proprement dite, c'est-à-dire par les Européens, sera fort difficile. L'exemple du reste de l'Algérie le prouve amplement.

M. le général Gresley. Ce ne sera pas moins un grand avantage pour la civilisation, si nous parvenons à transformer les populations nomades de ces régions et à en faire une race de travailleurs sédentaires.

M. Clamageran émet un avis semblable et fait observer qu'il y a deux sortes de colonies : celles peuplées par des Européens, et celles où la masse de la population est indigène, mais travaille sous la direction des Européens. Nous avions autrefois des colonies de ce dernier genre qui étaient fort prospères : à la Louisiane, par exemple. Nous pourrons peut-être en créer de pareilles sur les bords de la mer intérieure.

M. le général Chanzy. Les changements dans les mœurs des Arabes seront bien difficiles à opérer; on sait à quoi nous sommes arrivés après cinquante ans en Algérie. J'ai étudié récemment sur place, dans le Caucase, des tribus musulmanes sujettes de la Russie; on a établi parmi elles des villages à l'européenne, qu'on a peuplés d'Allemands du Mecklembourg. Aucune trace de fusion ne paraît, et aucune modification dans les mœurs de l'une ou de l'autre race ne peut être constatée. Je crains bien que nous ne soyons pas plus heureux sur le rivage de notre mer intérieure.

M. de Lesseps. Je ne doute pas cependant que nous habituions les Arabes au travail. L'isthme de Suez a été percé entièrement par eux; j'y ai même employé les hommes de la nation belliqueuse des Philistins qu'on croyait incapables de travail. Partout où l'Arabe trouvera un salaire, il deviendra laborieux, et il ne sera même pas nécessaire que ce salaire soit élevé.

M. le Président fait observer que ce sont des Espagnols que nous employons comme ouvriers en Algérie sur nos plateaux à alfa, qui sont cependant d'anciens terrains de parcours ayant appartenu à des tribus.

M. le général Gresley persiste à penser qu'une fusion avec l'élément arabe est possible, et que les travaux qui nous occupent pourront avoir à ce point de vue une influence heureuse. Cette question des moyens à employer pour arriver à la transformation des mœurs arabes est une de celles que notre Gouvernement aura à examiner bientôt le plus sérieusement. Dans l'opinion de M. le général Gresley, une des principales mesures à prendre serait de modifier le système de la propriété arabe, de l'organiser aux mains des indigènes et de la rendre transmissible.

M. le Président. Pour la région qui nous occupe, cette question de la transformation graduelle du caractère arabe et de l'adoption d'habitudes sédentaires est subordonnée à celle de savoir si l'eau douce s'y trouvera en suffisante abondance.

M. Tissot. Actuellement, il y a très peu d'eau douce. Les sondages de M. Jus ont très bien réussi dans l'Oued-Rir; mais, dès qu'on a avancé vers l'est et qu'on est sorti de cette zone qui a environ 50 kilomètres de large, on n'a jamais rien trouvé. Dans l'Oued-Rir l'eau est à 60 ou 80 mètres de profondeur; à Tougourt, on a dû descendre plus bas. Il ne faut donc pas croire que ce genre de ressources puisse être utilisé dans tout le Sahara; on pourra découvrir dans certains endroits des couches artésiennes, mais il est peu probable qu'elles soient considérables, et il est à craindre qu'on ne doive les aller chercher à de très grandes profondeurs : 400 à 600 mètres.

Il ne faut pas compter non plus beaucoup sur les cours d'eau de l'Aurès; leur débit est actuellement insignifiant; la mer intérieure pourrait avoir à cet égard une certaine influence en mouillant le siroco, vent du sud qui amènerait les vapeurs et les condenserait sur les points culminants de l'Aurès (plus de 2,000 mètres d'altitude); mais il ne faut pas s'exagérer les résultats de ce phénomène. La superficie de la mer intérieure sera peu considérable en somme, et les résultats de cette condensation des vapeurs ne se feront sentir que dans la région comprise entre l'Aurès et le Melrir. Les cours d'eau des pentes de l'Aurès sont à sec tout l'été. On pourrait y construire des barrages-réservoirs qui emmagasineraient l'eau pendant l'hiver.

M. Treille. Je crois devoir insister sur le danger que peut présenter, au point de vue de la colonisation, la submersion par la mer intérieure de certains territoires actuellement cultivés et prospères. Ainsi la vaste oasis de Mraïer serait submergée, et les terrains au nord du chott Melrir, appelés *les Farfaria*, le seraient également; cependant, ainsi que M. Rolland l'a exposé dans une brochure fort intéressante, les Romains avaient là autrefois des centres de colonisation importants.

M. de Lesseps. Les Farfaria sont actuellement un foyer pestilentiel fort dangereux; les Arabes eux-mêmes les fuient. Il ne peut y avoir que des avantages à les submerger.

M. Treille croit que l'opinion de M. Roudaire sur ce point est empreinte d'exagération, et qu'en favorisant l'écoulement des eaux on pourrait assainir ce district.

M. Rolland, tout en maintenant les idées qu'il a émises dans sa brochure et en reconnaissant que 60,000 palmiers environ seraient inondés dans la région de l'oasis de Mraïer, ce qui représente environ 6 millions de francs, est d'avis que la présence de la mer intérieure pourra grandement faciliter la colonisation de ces districts. Il restera toujours au nord de la partie inondée des Farfaria une vaste bande de terrain qui sera fertilisée et qu'on pourra irriguer à l'aide de barrages-réservoirs construits dans les gorges de l'Oued-el-Abiod, de l'Oued-el-Arab, etc.

La facilité des communications avec la Méditerranée favorisera le développement des ressources du pays; d'ailleurs, la production des dattes et des céréales sera au moins quadruplée dans l'Oued-Rir quand les recherches d'eaux artésiennes auront été complétées.

M. VILLET exprime la crainte que, en raison des exhalaisons salines qui proviendront de la mer intérieure, la culture des palmiers ne devienne fort difficile dans cette région; il rappelle que les meilleurs palmiers d'Égypte sont fort inférieurs comme qualité aux moins beaux qu'il y ait en Tunisie.

M. JUSSERAND donne communication de divers passages de lettres de M. Tarry, inspecteur des finances, se rapportant aux questions soumises à l'examen de la Sous-Commission.

Il est décidé que le commandant Roudaire sera entendu à la prochaine séance.

La séance est levée à onze heures vingt-cinq minutes.

Le Président,
ALBERT GRÉVY.

Le Secrétaire,
J. J. JUSSERAND.

TROISIÈME SOUS-COMMISSION.

QUATRIÈME SÉANCE.
(2 JUIN 1882.)

PRÉSIDENCE DE M. ALBERT GRÉVY.

La séance est ouverte à neuf heures vingt minutes.

M. Jusserand, *secrétaire*, donne lecture des procès-verbaux des deux précédentes séances qui sont adoptés.

M. le commandant Roudaire est invité à fournir des explications sur son projet aux points de vue militaire et commercial et au point de vue de la colonisation.

M. Albert Grévy, *président*. Au point de vue militaire, en ce qui concerne la défense de l'Algérie, l'opinion a été émise, au sein de la Sous-Commission, que la création de la mer intérieure n'aurait pas une influence considérable.

M. le commandant Roudaire. Je suis convaincu, au contraire, qu'au point de vue militaire, la création de la mer intérieure aurait une très grande portée.

Il est incontestable que nous pourrions, avec nos transports, pénétrer jusqu'au sud de Biskra, et en cas d'insurrection, prendre les insurgés à revers. A un moment donné, nous pouvons très bien être exposés à une insurrection arabe générale. Dans ce cas, de quel côté viendrait-elle? Ce n'est pas du Maroc, car le sultan du Maroc a une situation à part dans l'Islam; ce serait du côté de la Tripolitaine que l'insurrection serait à craindre. Cette grande barrière de la mer intérieure nous permettrait de surveiller l'invasion si elle se produisait jamais.

A chaque instant, lorsqu'une révolte a lieu, les Arabes font partir leurs familles; ils savent qu'eux-mêmes pourront se réfugier dans le désert où nous ne les suivrons pas : la mer intérieure serait pour eux un obstacle. Il est vrai qu'ils pourront toujours passer au sud des provinces d'Alger et d'Oran, mais cependant nous leur aurons barré une grande partie de la route, et c'est autant de moins à surveiller. Dans la vallée de l'Oued-Djeddi, qui remonte jusqu'au

Djebel-Amour, on pourrait établir un chemin de fer qui servirait au transport des troupes; les pentes ne sont pas très fortes, 1/30 ou 1/40.

M. Regnault. Ne pensez-vous pas, dans l'hypothèse d'une insurrection aussi considérable que celle que vous envisagez, qu'il soit possible, même aux Arabes, d'intercepter le canal? Si une insurrection pareille se produit dans le monde musulman, il se trouvera peut-être quelque Puissance qui aidera les Arabes et leur fournira, au besoin, des torpilles qu'ils jetteront dans le canal.

M. le commandant Roudaire. Cette hypothèse n'est guère vraisemblable. Il faudrait que les Arabes posassent des fils communiquant avec ces torpilles, et d'ailleurs nous aurons des canonnières qui circuleront sur le canal. Une armée européenne est arrêtée par un cours d'eau de 50 mètres de large et de 10 à 12 mètres de profondeur.

M. Regnault. Vous n'entrevoyez pas l'éventualité que j'indique?

M. le commandant Roudaire. Je considère le canal comme une barrière infranchissable pour une troupe arabe.

M. l'amiral Duburquois. Un bâtiment ennemi pourrait se couler dans le canal et l'obstruer.

M. de Lesseps. Cela s'est produit récemment dans le canal de Suez par suite d'un accident: en trois jours on a fait un passage, au moyen d'une drague; nous sommes prêts sur toute la ligne à parer à ces éventualités.

M. le commandant Roudaire. On a objecté qu'on pourrait bloquer la sortie de la mer intérieure; mais on pourrait bloquer aussi le goulet de Brest, empêcher les vaisseaux qui y sont d'en sortir. Quand on construit un chemin de fer, on ne se laisse pas arrêter par cette considération qu'à un moment donné il pourrait servir à l'ennemi.

M. le général Gresley. Au point de vue militaire, j'ai encore une grave objection à faire: les troupes une fois transportées dans la mer intérieure et débarquées, ce qui ne sera peut-être pas une opération très facile, nous nous trouverons absolument arrêtés par le manque de moyens de transport. Nous ne pourrons requérir ni chameaux ni mulets. En cas d'insurrection dans cette région, nous nous trouverons absolument paralysés par ce manque de moyens de transport, et le déplacement de nos troupes aura été inutile.

M. le commandant Roudaire. Une fois la mer créée, les populations de la région resteront forcément avec nous et nous fourniront les moyens de transport nécessaire pour le cas où nous aurions quelque insurrection à combattre au delà de la zone qui sera habitée par des Arabes sédentaires. D'ailleurs, pour moi, l'insurrection n'aura pas lieu du moment que les indigènes comprendront qu'ils pourraient être pris à revers.

Au point de vue militaire, il est incontestable, *a priori*, qu'une ligne comme celle-là, qui est une barrière infranchissable pour les Arabes et pour nous une base d'opération, est très avantageuse.

M. Tissot. Je crois de même que le canal aurait surtout pour effet de prévenir les insurrections; si nous avions eu quelque chose d'analogue dans la province d'Oran, croyez-vous que nous aurions eu à subir les incursions de Bou-Amema et toutes celles qui se sont produites depuis cinquante ans? On dit que la situation n'est pas la même en Tunisie; pourquoi? Est-ce que les Hammamas ont jamais été soumis au bey de Tunis?

Il y a, au sud de la Tunisie, un groupe de population qui peut faire, à un moment donné, exactement ce que nous voyons au sud de la province d'Oran. Le canal de M. le commandant Roudaire assurerait certainement la tranquillité de cette région; je ne le considérerais pas comme un moyen répressif, mais comme un moyen préventif; ce serait une barrière absolument infranchissable pour des tribus en fuite.

M. le général Gresley. Nous n'avons pas d'insurrections à craindre du côté de la Tripolitaine.

M. le commandant Roudaire. L'état actuel de cette région, qui n'est pas encore soumise, tend à prouver le contraire.

M. Treille. Nous serons forcés de soumettre les tribus qui se trouveront de l'autre côté de la mer intérieure; il faudrait qu'elles obéissent à un grand chef indigène qui assurerait la sécurité de la région, comme cela s'est fait autrefois dans le Souf.

M. Herbette. La mer intérieure facilitera la surveillance. Le point de vue auquel se plaçait tout à l'heure M. Tissot me paraît juste. Nous sommes convaincus, aujourd'hui, que l'émotion qui se produit en Tunisie a sa source en Tripolitaine. Si la mer intérieure était faite, les tribus tunisiennes ne compteraient pas sur une intervention imaginaire de la Turquie par la Tripolitaine.

M. Journault. Je crois qu'il est admis qu'on ne peut pas établir la mer dans le premier chott, qui occupe justement le midi de la Tunisie; on y fera simplement un canal. Or, ce qui a surtout besoin d'être protégé, c'est le sud de la Tunisie; je demande si ce canal sera une protection aussi efficace que le sera la mer pour la région algérienne.

M. le commandant Roudaire. Le canal aura 10 mètres de profondeur sur 50 mètres de largeur. Les grandes rivières sont des moyens de défense très puissants, même contre des armées européennes; pour les Arabes qui n'ont ni une barque, ni un canot, ce sera un obstacle devant lequel il faudra absolument s'arrêter. Un homme qui saurait nager — et les Arabes de ce pays ne savent pas nager — pourrait traverser le canal, mais quatre cavaliers ne passeront pas. M. de Lesseps me disait dernièrement que le canal de Suez, qui est moins large et moins profond, empêche absolument les Arabes de passer.

M. le Président. Tout le sud de la Tunisie resterait exposé à l'action de la Tripolitaine?

M. le commandant Roudaire. Nous aurons une force plus grande du côté du golfe de Gabès et, quant au sud, nous n'aurons pas d'intérêt à nous y installer, à cause de l'éloignement de l'Algérie.

A un moment donné, nous serions obligés de manifester notre impuissance en ne poursuivant pas les tribus révoltées, ou bien nous les refoulerions jusque sur le territoire de la Tripolitaine et nous aurions des difficultés avec la Turquie.

M. le Président. Vous estimez que la création de cette mer développerait le commerce par terre et par mer, que les caravanes, qui ont abandonné la route de l'Algérie, la reprendraient?

M. le commandant Roudaire. C'est extrêmement probable. Au point de vue des caravanes et du commerce avec l'Afrique centrale, je n'ai pas de renseignements précis; je crois que M. Duveyrier est le seul membre de la Commission qui pourrait en fournir. D'après les estimations de M. Largeau, l'importance de ce commerce serait d'environ 52 millions. Les caravanes vont de Ghadamès à Tripoli; autrefois il y avait un courant qui venait sur Ouargla, mais il s'en est détourné. Aussitôt que les caravanes ont passé Batna, elles ne peuvent plus camper; quand j'ai été dans cette contrée, les colons venaient me dire : c'est mon champ; vous n'avez pas le droit de camper ici.

M. le général Gresley. Il n'y a jamais eu d'autres caravanes dans le sud de l'Algérie que celles qui y amenaient des esclaves. Ce commerce une fois supprimé, elles ont pris de nouvelles directions, et elles n'en auront jamais d'autres que celles où elles trouveront des débouchés pour le commerce des noirs.

M. le commandant Roudaire. Il n'y a pas en ce moment de caravanes marchandes dans le sud de nos provinces algériennes; mais on pourrait les y attirer, malgré la suppression du commerce des esclaves; au lieu d'aller à Tripoli, elles iraient vendre les marchandises qu'elles apportent du centre de l'Afrique dans les comptoirs qui s'établiraient sur les bords de la mer intérieure; en échange, elles achèteraient, par exemple, du sel dont l'importance est très grande dans ce pays, les étoffes et d'autres produits européens qu'elles trouveraient là à meilleur compte que n'importe où ailleurs à cause du bas prix des transports par eau.

M. LE GÉNÉRAL GRESLEY. Jamais les caravanes ne s'engageront dans cette direction; les tribus qui seront au sud du canal ne dépendront plus de personne et elles s'organiseront en bandes de voleurs et de pillards. Si nous voulions attirer le commerce dans cette direction, il faudrait nous établir militairement et en permanence même de l'autre côté du canal (qui dès lors ne nous servirait pas de barrière de protection), et maintenir là l'ordre et la paix.

M. LE PRÉSIDENT. Quelle serait l'influence de la mer intérieure au point de vue de la marine militaire?

M. LE COMMANDANT ROUDAIRE. L'avantage serait très considérable. On a parlé dernièrement de creuser le port de Bizerte : il est certain qu'il se trouve dans des conditions analogues à celles de la mer intérieure, sauf qu'il est beaucoup plus petit. Il était question autrefois de transformer l'étang de Berre en un port de mer où nos navires seraient complètement à l'abri des flottes ennemies et trouveraient la plus grande sécurité. On n'a pas donné suite à ce projet qui eût exigé des dépenses trop considérables, parce qu'il n'y a qu'un mètre ou deux dans le chenal; mais il n'en est pas moins vrai que la marine, à un moment donné, peut trouver un avantage très considérable dans la faculté de faire pénétrer des cuirassés dans un canal pareil à celui dont nous nous occupons.

Sans doute, il est certain que notre flotte, engagée dans cette ouverture, pourrait peut-être y être bloquée; mais c'est le cas de toutes les flottes. Quant à la possibilité d'interdire l'accès du canal aux forces ennemies, il nous serait facile de placer des torpilles, non seulement dans le golfe de Gabès, mais encore tout le long du canal; dès lors pas un cuirassé ennemi ne pourrait chercher à s'y engager.

M. L'AMIRAL DUBURQUOIS, se référant aux explications qu'il a précédemment données à la Sous-Commission, rappelle l'opinion qu'il a émise et qui a été adoptée, à savoir que notre marine pourrait avoir intérêt à entrer dans le port de Gabès, mais nullement dans le canal.

M. CHARLES BRUN. M. Roudaire lui-même vient de rappeler que nous avons en France une mer intérieure toute faite : c'est l'étang de Berre. Il ne coûterait presque rien, relativement, d'avoir là un canal. Eh bien, on ne veut pas se servir de l'étang de Berre pour y abriter les cuirassés, à plus forte raison ne les enverra-t-on pas dans une mer intérieure en Algérie.

M. DE LESSEPS fait observer que personne ne va jusqu'à dire que la mer intérieure serait nuisible à notre marine militaire, et cela suffit au commandant Roudaire qui ne défend au fond qu'un projet d'entreprise privée. Il faut remarquer, en outre, que certaines autorités voient une grande utilité à cette création au point de vue de la défense militaire; c'est ainsi que l'amiral Jurien de la Gravière a adressé au commandant Roudaire une lettre dans laquelle il exprime l'opinion que le transport des troupes, qui se fera sans fatigues pour elles, jusqu'au cœur de l'Algérie, présentera de grands avantages militaires. Nous pourrons préparer en sécurité nos expéditions dans le grand bassin de refuge qu'il s'agit de créer et prendre les insurrections à revers. Le canal pourra être encombré de torpilles et l'ennemi n'osera s'y engager. Il aura beaucoup de peine, d'autre part, à nous empêcher d'en sortir, vu l'importance du blocus qu'il aurait à maintenir.

M. CHARLES BRUN. L'objection porte sur ce point : nos vaisseaux, une fois entrés dans ce canal ou cette mer, ne pourront peut-être plus en sortir. La question s'est posée à plusieurs reprises dans le conseil de l'amirauté; et toutes les fois qu'il a été fait une proposition du même genre, on lui a toujours opposé les mêmes considérations qu'a fait valoir parmi nous M. l'amiral Duburquois. La question s'est présentée justement à propos de l'étang de Berre, dont M. l'amiral Jurien de la Gravière se fait encore un argument. Il est de principe, dans notre marine, que les cuirassés ne doivent jamais s'enfermer dans des ports dont la sortie serait trop difficile.

On a encore discuté récemment ce problème, à propos du projet de canal de M. Duclerc. Dans le conseil de l'amirauté on a dit ceci : les deux bouts de ce canal seront extrêmement utiles à la marine militaire, elle a besoin de refuges; elle en trouvera là qui lui seront fort avantageux; mais quant au canal lui-même, il lui sera complètement inutile. C'est la thèse qu'a toujours soutenue le conseil de l'amirauté en présence de toutes les propositions analogues.

On a dit, pour le canal de Gabès, qu'il ne serait pas facile de trouver des gens pour le couper ou le détériorer; je réponds qu'il se trouvera des gens pour en enseigner aux Arabes les moyens, pour leur apprendre à se servir de la dynamite. On réplique, il est vrai, qu'on le réparera facilement. Oui, en plaine, c'est possible; mais dans les lieux accidentés, dans la coupée d'un seuil par exemple, si l'on fait sauter un point du canal avec la dynamite, je ne crois pas que cette réparation soit facile.

M. THOMSON fait des réserves au sujet de l'inutilité que présenterait le canal au point de vue de la défense militaire. Plusieurs personnes estiment que nos ports actuels sont ainsi construits que l'ennemi, grâce aux moyens d'attaque qu'on possède aujourd'hui, pourrait y pénétrer et y brûler nos navires; si nos flottes avaient la faculté de reculer dans un canal comme celui qu'on projette à Gabès, ce danger ne serait pas à craindre.

M. L'AMIRAL DUBURQUOIS. La marine se préoccupe de cette situation. Un de nos ports principaux a déjà été l'objet de travaux considérables qui ont pour but de rétrécir l'entrée de sa rade, et les autres ports sont l'objet d'études en vue de travaux pareils. Mais la largeur des passes reste encore telle qu'elle assure la rapidité des mouvements des escadres, ce que ne ferait pas un canal de 20 à 25 mètres de plafond comme serait celui des chotts. Il est probable que le port, à l'entrée du canal, serait d'un accès facile comme le Port-Saïd, et dans ce cas, il serait utile comme port de ravitaillement et d'abri pour nos navires.

M. LE PRÉSIDENT. Nous passons à un autre point : le développement de la colonisation en Algérie. M. Roudaire veut-il bien nous dire comment il admet que la colonisation pourrait recevoir une impulsion sur ces terres, aujourd'hui incultes, qui bordent les chotts ?

M. LE COMMANDANT ROUDAIRE. En premier lieu, par l'effet de la création d'une mer intérieure dans cette région, le climat serait plus tempéré qu'il ne l'est aujourd'hui. Par suite de la très grande sécheresse qui règne dans ce pays, il y a maintenant des températures de 5 à 6 degrés au-dessous de zéro la nuit, et quelquefois de 30 degrés au-dessus de zéro le jour, et cela au mois de janvier.

Il est probable que les pluies augmenteraient dans l'Aurès; c'est ma conviction absolue. D'autre part, les divers moyens de communication directe qui se trouveront établis avec la France donneront certainement une sécurité très grande à toutes ces régions situées au sud de l'Aurès, où maintenant les Européens n'osent pas s'installer ou s'installent en très petit nombre; il est évident qu'alors ils oseraient se fixer dans ces régions, et ils y demeureraient avec autant de tranquillité que sur le littoral méditerranéen.

M. VILLET. Dans tous les cas, si cette amélioration du climat venait à se réaliser, elle ne se produirait qu'en Algérie; la Tunisie ne saurait en bénéficier, puisqu'elle serait traversée par un simple canal.

M. LE PRÉSIDENT. On a dit que le climat ne permettrait pas à la population européenne de s'établir dans la région des chotts algériens, même si on les transformait en mer intérieure.

M. THOMSON. Si j'avais été présent à la dernière séance, j'aurais contesté cette assertion. Il peut très bien se produire que le changement de climat soit de nature à permettre aux travailleurs agricoles européens de s'établir dans cette région et d'y prospérer, comme on le voit à Biskra.

M. Clamageran. On n'a pas de travailleurs agricoles français à Biskra. Les Européens ne font que diriger les travaux.

M. Thomson. Il y a moins de colons que dans le Tell, parce que les conditions ne sont pas les mêmes; mais c'est une erreur de croire qu'il n'y a pas d'ouvriers agricoles.

M. le Président. Vous croyez, Monsieur Roudaire, que le changement de climat permettrait que la terre fût cultivée par les Européens?

M. le commandant Roudaire. Je crois que l'humidité de l'air, provoquée par la présence d'une masse d'eau considérable, atténuerait l'influence des rayons solaires pendant le jour, et, la nuit, s'opposerait au rayonnement. Il n'y aurait pas ce brusque passage d'une température très élevée pendant le jour à une température très basse pendant la nuit.

M. Clamageran. La chaleur humide passe, aux yeux de beaucoup de personnes, pour bien plus dangereuse pour les Européens que la chaleur sèche; or je ne crois pas qu'on puisse atténuer la température; on la rendra seulement humide; c'est précisément cette humidité qui fait le grand danger de l'Inde pour les Européens.

M. le commandant Roudaire fait remarquer qu'il y a, dans l'Inde, des températures beaucoup plus élevées que dans la région de Biskra. De plus, aux Indes, l'humidité est produite par l'eau douce; jamais l'humidité produite par l'eau salée n'est malsaine.

M. Villet. En Égypte, cependant, les Européens peuvent-ils travailler? Et pourtant la vapeur d'eau est là, et ce n'est pas la terre cultivable qui manquerait.

MM. Treille et Thomson persistent à croire que les ouvriers européens pourront vivre dans cette région. Il n'est pas douteux que ce sont eux qui, malgré le climat actuel, construiront le chemin de fer de Batna à Biskra.

M. Regnault exprime la crainte que l'humidité qu'on aura venant d'un mélange d'eau douce et d'eau de mer, il n'en résulte une très grande insalubrité. Les animalcules qui vivent dans l'eau douce meurent dans l'eau salée, et de même, réciproquement, pour les animalcules de l'eau salée, de là des germes très dangereux. M. Regnault croit cette opinion certaine, au moins quand il s'agit d'un bassin fermé, comme serait celui de la mer à créer.

M. le Président. Est-ce que dans cette région, qui n'est pas cultivable aujourd'hui, il n'est pas possible d'avoir de l'eau par les puits artésiens?

M. le commandant Roudaire. Il peut y avoir des puits artésiens sur tout le littoral sud de la mer projetée. M. Dru, qui s'est occupé spécialement des travaux de sondage, en est convaincu. Il m'a même laissé une note dans laquelle il affirme que, sur tout le sud du littoral de la nouvelle mer, où les altitudes ne dépassent pas 30 mètres, on trouve des nappes artésiennes à des profondeurs peu considérables. Nous avons rencontré, au seuil même de Gabès, une nappe jaillissante et nous avons constaté que ses eaux étaient meilleures que celles de la fontaine d'Ouedref qui ont servi aux besoins du camp.

M. Tissot maintient l'opinion qu'il a précédemment exprimée devant la Sous-Commission, opinion d'après laquelle on ne saurait trouver de l'eau artésienne, en dehors de la bande de l'Oued-Rir, qu'à des profondeurs considérables. Le cas de Gabès n'est qu'un accident spécial de cette région; on ne peut pas conclure de là à l'existence des nappes étendues dont il est question.

M. le Président. En supposant que la mer s'établisse, on nous a expliqué que vous comptiez sur deux choses principales; d'abord sur la culture, sur l'exploitation des terres, puis sur les pêcheries.

M. le commandant Roudaire. La modification du climat favorisera la culture; nous utiliserons les eaux qui coulent à la surface du sol et les eaux souterraines qu'on recherchera. M. Tissot a reconnu qu'il existe des bassins naturels qui nécessitent très peu de travaux.

M. le Président. La compagnie livrerait-elle les terres à la colonisation?

M. le commandant Roudaire. A mon avis, c'est dans les concessions de terrains qu'on trouvera, dans un temps plus ou moins éloigné, la plus grande source de bénéfices.

M. le Président. Vous ne comptez pas sur le produit des droits à percevoir dans le canal?

M. le commandant Roudaire. Très peu; nous comptons sur les pêcheries et l'établissement de salines; la production du sel servant à saler le poisson permettra de tirer un parti plus rémunérateur des pêcheries. En outre, les caravanes auraient un très grand intérêt à remporter du sel, car un correspondant de M. de Lesseps lui écrivait que cette denrée vaut 145 francs les cent kilos dans le centre de l'Afrique.

M. le Président. Les pêcheries ne pourraient exister que s'il y avait un contre-courant. Or, pour qu'il se produise un contre-courant, il a été reconnu qu'il faudrait au canal non pas 10 ou 12 mètres, mais 20 mètres de profondeur.

Étant donnée une compagnie concessionnaire, comment entendez-vous que le service se ferait sur la mer intérieure? Est-ce le pavillon seul de la compagnie qui y flotterait, ou bien laisserait-on pénétrer les bâtiments des autres nations?

M. LE COMMANDANT ROUDAIRE. L'État aurait toujours un droit de surveillance, mais, en temps ordinaire, il n'y a pas de raison pour n'y pas laisser pénétrer tous les navires. La compagnie aurait seulement le droit de prélever une taxe de passage, et la mer serait ouverte à tous les pavillons

M. VILLET. Je voudrais appeler l'attention de M. Roudaire sur un point que j'ai trouvé, à différentes reprises, traité dans ses rapports. M. Roudaire parle du changement de climat comme point de départ nécessaire d'une mise en culture. Il a exprimé la pensée que, du moment que l'eau arriverait dans les chotts, le climat se modifierait, les pluies deviendraient abondantes, etc.

En effet, si ces circonstances se produisaient, je crois que la mise en culture des terres avoisinant la mer intérieure deviendrait possible; mais peut-on compter sur cette modification, sur le retour à un état de choses qui existait, à n'en pas douter, du temps des Romains? Je crois qu'il ne faut pas se faire d'illusions à cet égard. L'état du pays s'est complètement modifié depuis les Romains; j'en ai eu la preuve par des documents historiques. Lorsqu'on a parlé pour la première fois du projet de M. Roudaire, j'ai prié le Gouvernement tunisien de vouloir bien faire rechercher s'il n'existait pas dans les bibliothèques des mosquées des renseignements historiques sur cette région; on a trouvé un vieux manuscrit contenant un récit duquel il résulte, qu'au commencement de l'occupation arabe, le climat était relativement tempéré. Des fleuves et des rivières y coulaient, les terres étaient cultivées. Mais à cette époque, dit le narrateur arabe, un homme à cheval allait à l'ombre depuis Tripoli jusqu'à Alger, ce qui veut dire que tout le pays était boisé. Voilà précisément ce qui explique le changement de climat; depuis, le sol s'est trouvé déboisé par le fait de l'occupation musulmane; les rivières se sont taries et l'aridité ne s'est pas limitée à la Tunisie, mais s'est étendue jusqu'en Perse.

Du reste, en Tunisie, il existe une contrée qui permet de constater l'exactitude de ces déductions; c'est le pays des Kroumirs. J'ai traversé ce pays; toute une partie est couverte de forêts superbes, sillonnées de ravins très-profonds, au pied desquels coulent des ruisseaux qui se réunissent et viennent aboutir à l'oued Tabarca, en face de l'île de ce nom dont on a tant parlé. Mais lorsqu'on arrive à la partie du pays qui a été déboisée, bien qu'elle se trouve à la même latitude, à la même distance de la mer, exposée par conséquent à l'influence des mêmes vents humides, en un mot, dans les mêmes conditions à tous égards, sauf au point de vue forestier, on ne rencontre plus d'eau; le sol est nu; il n'y a rien. Dans ces circonstances, étant données les montagnes du Sud qui sont absolument déboisées, je ne pense pas que l'on puisse admettre que la simple évaporation de la mer intérieure suffise à modifier la situation de manière à permettre la mise en culture des terres.

M. LE COMMANDANT ROUDAIRE. Au nord, le massif de l'Aurès servira à la condensation des vapeurs. Du reste, M. Lavalley a reconnu que le simple remplissage des lacs amers d'Égypte avait déjà sensiblement modifié le climat des régions avoisinantes, et notez que là il n'y a pas de chaine de montagnes disposée de manière à produire un refroidissement suffisant pour condenser les vapeurs qui se forment au-dessus des lacs.

Au nord de la mer intérieure, nous avons le massif de l'Aurès dont l'altitude atteint 2,400 mètres et où la neige se prolonge très avant dans l'été; nous y avons campé le 30 juin, et alors qu'il y avait, au pied de la montagne, 35 à 40 degrés de chaleur, nous avions au sommet 4 ou 5 degrés seulement au-dessus de zéro.

M. TISSOT. On vient de dire que, dans le pays situé entre le Djebel-Kroumir et le Djebel-Balta, on trouvait, d'un côté, des ruisseaux tandis que, de l'autre, l'aridité était absolue, bien que la situation fût la même par rapport à la mer. Cette différence s'explique par la diversité des structures géologiques; d'un côté, en effet, il y a eu des soulèvements de couches, de sorte que les eaux pluviales s'en vont au loin; le pays Kroumir, au contraire, est analogue au territoire algérien; on y trouve de grandes masses de craie reposant sur une couche de schiste argileux; dans ces conditions, l'eau pluviale est absorbée, mais elle ne peut pas pénétrer, il faut qu'elle ressorte. Ainsi, étant donné le même régime de pluies, dans le premier cas, le sol expédie au loin les eaux absorbées, et dans le second, il les débite sur place; les forêts sont le résultat et non la cause.

M. VILLET. Je n'ai aucune compétence au sujet des mouvements géologiques dont on vient de parler. Mais, pour qu'ils détruisissent mon objection, il faudrait qu'ils se fussent étendus des montagnes des Kroumirs jusqu'au fond de la Perse. Il est d'ailleurs, selon moi, absolument impossible de contester l'importance du rôle des forêts dans les questions de climat. Les forêts, soit en attirant les nuages et emmagasinant les eaux pluviales, soit en agissant comme condenseur, peuvent seules faire revivre et alimenter les sources et les rivières avec elles; avec elles, la mer intérieure se remplirait tout naturellement. Bien qu'en réalité elles ne soient explicitement ni le résultat ni la cause, il n'y a pas, en leur absence, à compter sur une modification réelle du climat.

M. L'AMIRAL DUBURQUOIS. M. Roudaire paraît compter sur le vent de siroco pour enlever la vapeur d'eau et donner des pluies, or tous ceux qui connaissent la Méditerranée savent que le siroco, bien qu'ayant traversé la mer, est aussi sec sur les côtes d'Italie, de Corse ou de Provence, qu'en Algérie.

M. LE COMMANDANT ROUDAIRE. Ce siroco que l'on sent sur la côte de Provence est-il bien le même que celui qui règne sur la côte d'Algérie? N'est-ce pas, comme cela se produit en Suisse, un vent supérieur qui n'a pas touché à la surface de la mer?

M. L'AMIRAL DUBURQUOIS. A trente lieues de la côte, en pleine mer, on recueille sur le pont du sable parfaitement sec; il n'y a donc pas d'humidité dans l'air, quoique le vent ait traversé la mer.

M. ROUDAIRE rappelle, en se résumant, les remarques qu'il a déjà faites sur l'influence bienfaisante qu'aurait la vapeur d'eau salée dans cette région, les effets du siroco en seraient sûrement atténués: or, actuellement, il suffit qu'il souffle pendant deux ou trois jours, quand les moissons sont en fleur, pour les détruire. M. Roudaire croit donc pouvoir maintenir ses précédentes affirmations sur les avantages qu'on retirerait de la mer intérieure, au point de vue de la culture et de la colonisation.

M. LE PRÉSIDENT. Le sentiment de tous les membres de la Sous-Commission vient de s'accuser de nouveau; les observations qui ont été faites précédemment sont consignées aux procès-verbaux; n'estimez-vous pas, Messieurs, qu'en vue de la réunion en assemblée générale, il y aurait lieu de préparer un rapport qui serait un résumé de nos discussions?

On pourrait, je crois, charger la délégation qui avait bien voulu rédiger le questionnaire de préparer ce travail; MM. Clamageran et Villet voudraient bien se joindre à la délégation et lui prêter leur concours.

M. HERBETTE. Il y aurait peut-être inconvénient à confier la rédaction de ce rapport à un trop grand nombre de membres; on pourrait prier notre secrétaire, M. Jusserand, de préparer ce travail, auquel la délégation mettrait la dernière main.

M. LE PRÉSIDENT. Il est donc entendu que le travail, préparé par le secrétaire, sera soumis à la délégation, et il en sera donné lecture lors de la prochaine séance de la Sous-Commission.

La séance est levée à onze heures cinquante minutes.

Le Président,
ALBERT GRÉVY.

Le Secrétaire,
J. J. JUSSERAND.

TROISIÈME SOUS-COMMISSION.

CINQUIÈME SÉANCE.
(9 JUIN 1882.)

PRÉSIDENCE DE M. ALBERT GRÉVY.

La séance est ouverte à neuf heures vingt-cinq minutes.

M. Jusserand, *secrétaire*, sur l'invitation de M. le Président, donne lecture du rapport général sur les travaux de la Sous-Commission, qu'il a été chargé de préparer, et qui a déjà été discuté et approuvé par la délégation désignée à cet effet.

Cette lecture étant terminée, M. Herbette fait observer que les résultats de l'entreprise projetée par le commandant Roudaire étant, en somme, fort difficiles à prévoir, il serait prudent de ne pas se montrer trop affirmatif, et de ne pas nier d'une manière absolue, par exemple, que cette entreprise pût avoir aucune utilité au point de vue militaire ou au point de vue de notre marine de guerre.

M. Thomson demande à faire, en ce qui concerne la colonisation, une réserve formelle; il croit que, si le changement de climat annoncé par le commandant Roudaire a lieu, nous pourrons nous livrer sur les bords de la mer intérieure à la colonisation proprement dite, c'est-à-dire peupler de travailleurs agricoles européens les oasis de son voisinage.

M. Clamageran combat cette opinion et ne croit pas qu'en aucun cas la modification du climat puisse être telle que nos travailleurs agricoles prospèrent dans cette région. Les Européens seront là seulement pour diriger les travaux des indigènes.

M. Treille. Je crois, comme mon collègue M. Thomson, que les Européens pourront s'appliquer, dans l'hypothèse du changement de climat, aux travaux agricoles, dans les districts avoisinant la mer intérieure. Au Sahara, ces travaux se font à une époque où nos compatriotes peuvent parfaitement s'en occuper. On commence en novembre ou en décembre, c'est-à-dire à un moment où le climat est excellent, et on récolte au mois de mai, pendant une période où la chaleur n'est pas encore trop forte. Pendant l'été, il n'y a guère à faire que des travaux d'irrigation, et ces travaux se font le matin et le soir, à des heures où la température est supportable. Si donc je n'ai pas partagé le sentiment du commandant Roudaire sur l'utilité de son projet aux points de vue militaire et maritime, j'attache, en revanche, une grande importance à la création de la mer intérieure au point de vue de la colonisation. Je suis d'avis que nous pourrons très bien fixer les nomades dans cette région, y séjourner nous-mêmes huit ou neuf mois de l'année, et trouver là un emploi avantageux de nos capitaux.

M. Clamageran ne pense pas que la Sous-Commission puisse s'approprier cette opinion. Il estime que l'expérience du monde entier est que, dans les pays chauds, surtout lorsqu'ils sont humides, les Européens ne sont pas employés comme travailleurs agricoles, et qu'on ne peut pas espérer les voir jamais réussir dans ces travaux aux environs du district des chotts.

M. Thomson rappelle que des Européens cultivent la terre dans la propriété de M. Landon, à Biskra.

M. Clamageran. Cette propriété est plutôt un parc qu'une terre de rapport. Il y a là des ombrages et de l'eau, et les quelques jardiniers qui y sont employés ne peuvent être cités que comme des exceptions curieuses à noter.

M. Thomson maintient ses réserves et en fait également en ce qui concerne la défense militaire. Dans la province de Constantine, on croit très fermement à l'utilité de la mer intérieure à ce point de vue, et il n'est pas éloigné d'avoir la même croyance.

M. Herbette s'associe à cette opinion.

MM. Albert Grévy, *Président*, MM. le général Gresley et l'amiral Duburquois rappellent que le sentiment de la majorité des membres de la Sous-Commission s'est exprimé d'une manière précise, et qu'il consistait dans la négation de l'intérêt militaire que l'auteur du projet attribue à l'entreprise proposée.

M. le Président. Le rapport sera maintenu tel qu'il a été lu, mais il est entendu qu'on emploiera la forme conditionnelle pour les conséquences à tirer des questions dont la solution est soumise aux autres Sous-Commissions.

Après discussion, il est convenu que les réserves faites par quelques membres seront mentionnées en note, en ces termes :

« MM. Thomson et Herbette font des réserves en ce qui concerne le faible « intérêt qui est attribué à la création de la mer intérieure aux points de vue « militaire et maritime.

« MM. Thomson et Treille ont tenu à faire observer qu'il peut se produire « que le changement de climat soit de nature à permettre aux travailleurs agri- « coles européens de s'établir dans cette région et d'y prospérer. MM. Herbette « et Rouget se sont associés à ces observations. »

Sous le bénéfice des remarques qui précèdent, le rapport est adopté.

La séance est levée à onze heures dix minutes.

Le Président,
Albert GRÉVY.

Le Secrétaire,
J. JUSSERAND.

RAPPORT GÉNÉRAL

SUR

LES TRAVAUX DE LA TROISIÈME SOUS-COMMISSION

PRÉSENTÉ PAR UNE DÉLÉGATION

COMPOSÉE DE MM. LE GÉNÉRAL GRESLEY, *président,*
CLAMAGERAN, L'AMIRAL DUBURQUOIS, JOURNAULT, TREILLE, VILLET,
JUSSERAND, *secrétaire,*

ET APPROUVÉ EN SÉANCE DU 9 JUIN 1882.

La troisième Sous-Commission avait à étudier les questions : 1° de politique internationale, 2° de défense militaire, 3° de commerce, 4° de colonisation, se rattachant au projet de mer intérieure dans le sud de l'Algérie et de la Tunisie présenté par M. le commandant Roudaire. Au début de ses travaux, elle a désigné une délégation composée de MM. le général Gresley, l'amiral Duburquois, Journault et Treille pour préparer un questionnaire embrassant ces quatre ordres d'idées, et le travail de la délégation a servi de cadre aux exposés et aux discussions ultérieures de l'assemblée.

La délégation désignée pour préparer le présent rapport comprenait en outre MM. Clamageran et Villet.

1° Questions de politique internationale.

La Sous-Commission devait se préoccuper, à ce point de vue, de diverses sortes de difficultés qui pouvaient être prévues relativement à la création de la mer intérieure. Elle a reconnu, d'un commun accord, qu'il n'y avait pas lieu de penser qu'aucune question diplomatique pût être soulevée par la mise à exécution du projet du commandant Roudaire. En effet, la mer et le canal seraient entièrement situés sur les territoires français et tunisien, c'est-à-dire ceux de deux États souverains et indépendants au regard des autres Puissances. Le consentement du Bey et le nôtre suffiraient donc pour rendre légitimes les travaux de la mer intérieure.

La question du régime auquel il conviendrait de soumettre le canal et la mer a dû être en partie réservée. C'est seulement lorsqu'on se trouvera en présence d'une demande de concession formelle appuyée d'un projet de cahier des charges, qu'on pourra décider : 1° s'il y aura lieu d'admettre les navires étrangers ou si le monopole de la navigation pourra être attribué à la compagnie; 2° si le monopole de la pêche devra également lui être accordé.

Mais il demeure incontestable que l'État, même dans le cas de concession à une société privée, ne devrait renoncer, dans la partie française des bassins projetés, à aucun des droits qui lui appartiennent en France.

Dans la partie tunisienne du canal, la question a été considérée comme plus complexe. Les étrangers dans la Régence, bénéficiant du régime des capitulations, sont jugés par leurs consuls; de sorte que si la mer existait aujourd'hui, il y aurait autant de juridictions différentes que de nationalités d'individus employés ou trafiquant sur ce canal. De graves difficultés, en cas de contestation entre la compagnie et les étrangers, pourraient résulter de ce régime si peu homogène.

Plusieurs membres de la Sous-Commission ont toutefois fait observer que les difficultés sur ce point pourraient être écartées au moyen de négociations avec les Puissances. A mesure que nous améliorerons l'état de la Régence et que nous en réformerons l'administration, les nations européennes attacheront sans doute moins de prix à ces capitulations, dans lesquelles elles pouvaient trouver autrefois, comme nous mêmes, une garantie indispensable pour leurs nationaux. L'exécution des travaux devant durer plusieurs années et les anomalies dont il s'agit devenant de jour en jour plus nuisibles au bon ordre et aux intérêts de tous les résidents étrangers, il est probable qu'une juridiction unique aura remplacé les tribunaux consulaires avant que la mer intérieure ait été créée.

Quant à déclarer neutre, au point de vue international, la mer intérieure, ainsi que le commandant Roudaire l'avait proposé autrefois, la Sous-Commission reconnaît unanimement qu'il ne peut en être question; le bassin salé qu'on va former au milieu de nos possessions algériennes ne saurait pas plus être neutralisé que l'étang de Berre, par exemple.

2° *Questions de défense militaire.*

Au point de vue de la défense militaire de l'Algérie et de la Tunisie, la Sous-Commission est d'avis que la création de la mer intérieure ne présenterait que peu d'intérêt. Elle pourrait arrêter quelques bandes de maraudeurs arabes.

Mais c'est à l'ouest du chott Melrir, c'est-à-dire au delà des barrières qu'il s'agit d'établir, ou au nord de ce chott, dans l'Aurès, que naissent toutes les perturbations dont nous avons à nous plaindre en Algérie. Les populations établies au sud de la ligne du canal ne nous ont jamais causé d'embarras sérieux. En

Tunisie, du côté de la Tripolitaine, nous ne devons pas nous attendre à de grandes difficultés du fait des tribus fixées dans cette région. Si l'on veut, d'autre part, prévoir le cas peu probable où nous aurions à défendre de ce côté nos possessions contre une armée européenne, il faut reconnaître que le canal ne serait pas une frontière beaucoup meilleure ni une meilleure ligne de défense que les chotts boueux d'aujourd'hui.

Notre marine militaire ne trouverait pas plus d'avantage que notre armée dans l'exécution de ces travaux. Une flotte n'a jamais besoin du lointain refuge que la mer intérieure ou le canal procurerait à la nôtre; un port ordinaire lui suffit. C'est pourquoi notre marine verrait avec plaisir créer un port à Gabès, mais uniquement parce que ce serait un port, non parce que ce port serait à l'entrée du canal.

Si ce canal est assez profond pour que des cuirassés y pénètrent, nous aurons à prévoir le cas où l'ennemi, forçant les défenses de Gabès, s'avancerait jusqu'au cœur de nos possessions algériennes, et le cas où notre flotte s'étant engagée dans l'intérieur, l'ennemi parviendrait à y emprisonner nos vaisseaux. Comme compensation à ces dangers, le seul avantage pour nous serait de pouvoir transporter des troupes de Gabès dans le chott Melrir; mais, en partant d'Alger, il ne faudrait guère moins de sept jours pour les y conduire; ce ne serait donc pas une économie de temps (1).

3° Questions commerciales.

L'importance des transactions commerciales sur la mer projetée parait devoir être très faible.

Les marchandises de l'intérieur seront difficiles à détourner du courant qu'elles suivent du côté de la Tripolitaine et du Maroc. Il est vrai que des lignes de caravanes partant du Soudan aboutissaient autrefois à la régence d'Alger; mais depuis la suppression du commerce des esclaves, ces lignes sont abandonnées. Ces marchandises, d'ailleurs, dont les principales consistent en plumes d'autruche et en ivoire, présentent une valeur relativement assez grande sous un faible volume et fourniraient un fret peu important à la navigation de la mer projetée, à supposer qu'on parvienne à les acheminer dans cette direction. Les relevés commerciaux de Tunis et de Tripoli ne permettent pas non plus d'espérer qu'on trouvera dans ces régions un fret un peu considérable. Les dattes, l'alfa, le drin et les autres produits du Sud sont sans doute assez abondants, mais ils ne le sont pas assez pour qu'un mouvement sérieux de navires s'établisse à cause d'eux. En Tunisie, une grande partie de l'alfa sera embarquée directement dans le golfe de Gabès. En Algérie, la limite d'attraction commerciale

---

(1) Voir, page 458, les réserves faites par quelques membres de la Sous-Commission au sujet du peu d'intérêt présenté par le projet aux points de vue maritime et militaire.

de la mer intérieure sera diminuée par la création du chemin de fer de Batna à Biskra, qui sera terminé dans trois ou quatre ans.

4° *Questions de colonisation.*

Avant d'aborder ces dernières questions, la Sous-Commission a déclaré qu'elle les discuterait en se plaçant dans l'hypothèse où une amélioration notable du climat devrait résulter de la création de la mer intérieure, hypothèse qui fait l'objet des études de la deuxième Sous-Commission.

Cette amélioration étant supposée produite, c'est du côté de la colonisation surtout qu'il faudrait chercher les avantages de la mer intérieure. Il est probable, en effet, que les Arabes consentiront, pour des salaires assez modérés, à prendre part aux travaux nécessités par cette création, et il y a lieu d'espérer que, lorsque les populations de ces districts auront ainsi perdu l'habitude de leur vie nomade, elles en viendront à se fixer sur les bords du bassin nouveau et à y cultiver la terre rendue plus féconde grâce au changement de climat. Ce serait un gain social important, en même temps qu'un gain pour l'agriculture. Les salines et les pêcheries, si l'on doit parvenir à établir les unes et les autres, ce que les travaux de la première Sous-Commission permettront de prévoir, pourront occuper aussi un nombre de bras considérable. Enfin les populations devenues ainsi sédentaires seraient nécessairement pacifiques.

Nous parviendrions donc peut-être, grâce à la mise en valeur des terrains fécondés, et à l'exploitation des pêcheries et des salines, à peupler d'assez grandes étendues de notre sol. Nous aurons là des centres où l'élément arabe dominera forcément, — car l'Européen aura sans doute quelque peine à s'habituer au climat, même modifié (1), — mais où la population des travailleurs indigènes sera du moins dirigée par des ingénieurs, des conducteurs de travaux et des propriétaires européens.

Le questionnaire étant épuisé, la Sous-Commission a entendu M. le commandant Roudaire.

Répondant aux objections qui lui étaient faites, le commandant Roudaire a maintenu ce qu'il avait dit des avantages de la mer intérieure au point de vue de la défense militaire. Nous aurons toujours à nous prémunir contre le danger d'insurrections qui auraient leur foyer en Tripolitaine et contre les incursions en Algérie et en Tunisie de tribus qui trouvent aujourd'hui un asile assuré au delà de nos frontières. Tout l'effort des Arabes, qui n'ont que des montures et pas de barques, serait arrêté par notre canal, et le secours même

---

(1 Voir, page 459, les réserves de quelques membres de la Sous-Commission.

d'une puissance européenne amie ne suffirait pas à leur permettre de franchir cette barrière. Les armées les mieux équipées seraient en effet arrêtées par un canal pareil à celui qu'il s'agit de créer, qui aura 50 mètres de largeur et douze mètres de profondeur; la France pourra d'ailleurs y entretenir des canonnières qui le protégeront.

La mer et le canal auront en outre, comme moyen préventif, une grande influence sur les insurrections algériennes ou tunisiennes. Les populations qui travailleront sur ses bords ne songeront pas à s'insurger et contribueront à empêcher les autres de le faire. Les tribus, qui savent bien plus facilement que nous franchir maintenant les chotts, hésiteront à se révolter dans l'Aurès et dans le sud de la Tunisie, quand elles sentiront qu'en cas de défaite la route du désert leur sera absolument barrée et qu'elles ne pourront plus, comme aujourd'hui, y envoyer par avance leurs familles et leurs troupeaux.

Si nous avions eu dans le sud de la province d'Oran une barrière analogue à celle qu'il s'agit de créer, nous n'aurions pas eu à subir les incursions qui viennent de dévaster cette province et qui nous ont coûté beaucoup d'hommes et d'argent. Le danger de voir des insurrections se produire dans l'avenir est encore plus grand peut-être du côté de l'Est, parce que les Arabes y dépendent plus directement du Sultan, tandis qu'il y a scission complète entre les musulmans du Maroc et ceux qui reçoivent leur mot d'ordre de Constantinople.

Il ne faut pas s'exagérer le danger de voir notre flotte bloquée dans la mer intérieure; c'est une hypothèse peu vraisemblable; on pourrait tout aussi bien redouter que le goulet de Brest fût bloqué. Quant à dire que l'ennemi forçant les défenses de Gabès pourrait se servir lui-même de cette voie pour pénétrer chez nous, ce ne saurait être une objection sérieuse. Ce canal serait garni, en temps de guerre, de torpilles, parmi lesquelles l'ennemi n'oserait se hasarder. La pensée qu'en cas de revers l'adversaire pourrait se servir de nos chemins de fer nous empêche-t-elle d'en construire?

A l'appui de sa thèse le commandant Roudaire cite l'opinion de l'amiral Jurien de la Gravière, qui voit de grands avantages pour notre marine militaire à la réalisation de son projet.

Quant au fret que les navires pourront trouver sur les bords de la mer intérieure, le commandant Roudaire, tout en reconnaissant que ce n'est pas de là qu'on peut attendre les principaux revenus de l'entreprise, rappelle que le commerce du Soudan est estimé à 52 millions par M. Largeau, qu'il sera possible d'attirer les caravanes à la mer intérieure, grâce à la création de comptoirs qui leur vendront le sel, les étoffes et les autres produits dont elles ont besoin, meilleur marché que n'importe où ailleurs, grâce à la facilité des transports par eau.

L'amélioration du climat, en raison de la présence de la mer, rendra la colonisation facile. Les Européens pourront vivre dans les districts ainsi fécondés plus facilement qu'à Biskra, et les communications directes qui se trouveront établies avec la France leur donneront une grande sécurité. Le commandant Roudaire croit, d'ailleurs, avec M. Dru et contrairement à l'avis de M. Tissot, qu'on rencontrera des couches artésiennes dans toute la partie sud du bassin à inonder.

En résumé, c'est de la culture des terrains situés à proximité de la mer et de l'exploitation des salines et des pêcheries que la compagnie concessionnaire tirera sans doute ses principaux bénéfices. Ces bénéfices et les avantages sociaux qui en résulteront dans le pays paraissent au commandant Roudaire devoir être assez grands pour que, même en dehors des avantages qu'on en retirerait au point de vue de la défense militaire, il croie pouvoir affirmer une fois de plus le caractère de haute utilité du projet soumis par lui à la Commission supérieure.

Après avoir entendu les explications du commandant Roudaire et celles, dans le même sens, que M. de Lesseps y a jointes, la Sous-Commission a décidé qu'elle retiendrait les conclusions suivantes :

1° Il n'y a pas lieu de prévoir de difficultés internationales à propos de la création de la mer intérieure du commandant Roudaire. Toutefois, en vue des contestations qui pourraient s'élever entre la compagnie concessionnaire ou l'État d'une part, et les étrangers d'autre part, dans la partie tunisienne du canal, il est à souhaiter qu'avant l'entier accomplissement des travaux, le Gouvernement de la République ait négocié l'adoption dans la Régence d'un régime judiciaire plus homogène que celui des capitulations.

2° La mer intérieure ne présenterait qu'un faible intérêt au point de vue de la défense militaire de l'Algérie et de la Tunisie. Elle ne paraît devoir être en elle-même d'aucune utilité à notre marine militaire, qui ne verrait d'autre avantage à l'exécution du projet que la création qu'il nécessite d'un port à Gabès (1).

3° On ne peut pas espérer que la mer intérieure devienne le centre d'un commerce étendu et que la navigation marchande y acquière une grande importance.

4° Si l'hypothèse d'une amélioration du climat doit se réaliser, hypothèse réservée à l'examen de la deuxième Sous-Commission, le principal avantage de l'entreprise semble devoir être d'accoutumer, pendant les années où on créera ce bassin, les Arabes nomades au travail. Il est possible que les indigènes se

---

(1) MM. Thomson et Herbette font des réserves en ce qui concerne le faible intérêt qui est attribué aux points de vue militaire et maritime à la création de la mer intérieure.

fixent ensuite sur ses bords, dans les oasis nouvelles qui y seront créées à l'aide de capitaux français, et y demeurent, sous la direction des Européens, à l'état de travailleurs sédentaires (1).

Le Président de la Délégation,
Gal GRESLEY.

Le Président de la Sous-Commission,
Albert GRÉVY.

Le Secrétaire,
J. J. JUSSERAND.

---

(1) MM. Thomson et Treille ont tenu à faire observer qu'il peut arriver que le changement de climat soit de nature à permettre aux travailleurs agricoles européens de s'établir dans cette région et d'y prospérer. MM. Herbette et Rouget se sont associés à cette observation.

ANNEXE AUX TRAVAUX DE LA TROISIÈME SOUS-COMMISSION.

NOTE DU COMMANDANT ROUDAIRE

SUR L'INFLUENCE QUE LA MER INTÉRIEURE EXERCERAIT SUR LA DÉFENSE MILITAIRE, LA COLONISATION ET LE COMMERCE DE L'ALGÉRIE.

DÉFENSE MILITAIRE.

Il y a lieu d'examiner d'abord si, dans l'état actuel, la ligne des chotts peut être considérée comme une frontière.

Les Arabes traversent le chott Fejej sur presque tous les points, la partie centrale du chott Djerid sur trois routes seulement : el-Oudyania, el-Tozeria et es-Souida [1]. Quant aux chotts Melrir et Rharsa, ils les franchissent à peu près dans toutes les directions. Il leur faut, il est vrai, des guides ayant une habitude très grande de ce terrain particulier, reconnaissant les endroits dangereux à des indices presque imperceptibles, sachant les éviter et les contourner; mais il se trouve toujours un de ces guides parmi eux. Ainsi, on peut dire qu'en dehors de la partie centrale du chott Djerid, où il n'existe que trois routes praticables, la ligne des chotts n'arrête pas un seul instant les Arabes. En est-il de même pour nous? Certainement non. D'abord il nous faut trouver des guides, ce qui nous est toujours beaucoup plus difficile qu'aux Arabes. Ensuite, l'artillerie attelée ne peut passer nulle part. L'artillerie de montagne elle-même éprouve de grandes difficultés à cause de l'étroitesse du pied du mulet qui enfonce dans la vase beaucoup plus profondément que celui du cheval et surtout que celui du chameau. J'ajouterai que nos chevaux ferrés des pieds de devant passent beaucoup moins facilement que les chevaux des Arabes qui sont complètement déferrés. En résumé, les chotts ne sont actuellement un obstacle que pour nous et non pour les Arabes. C'est l'inverse qui aura lieu une fois la mer intérieure réalisée. Les canaux et les bassins inondés seront complètement infranchissables pour eux. En admettant qu'ils puissent les traverser en barque, ce qui paraît difficile à cause de leurs impedimenta, chevaux, chameaux, tentes, etc., où se procureraient-ils les barques nécessaires? Un fleuve de dimensions analogues à celles qu'aura le canal est un obstacle sérieux pour une armée européenne outillée et pourvue d'équipages de pont. Pour un parti arabe ce sera un obstacle qui, surveillé au besoin par quelques canonnières, sera absolument infranchissable. Nos troupes, au contraire, pourront traverser la mer intérieure sur nos transports. Quelques ponts tournants repliés sur

---

[1] Voir la carte au 400,000 m/m.

la rive nord et protégés par des fortins leur permettront également de traverser à volonté le canal de communication.

Ainsi, pour nous résumer, dans l'état actuel, la ligne des chotts n'est un obstacle que pour nos troupes, la mer intérieure au contraire ne sera un obstacle que pour les Arabes.

L'utilité d'une telle frontière militaire ne saurait d'ailleurs être contestée. Le foyer de toutes les insurrections suscitées contre nous par le fanatisme musulman est le massif montagneux des Matmata, situé au sud de Gabès et habité par les deux importantes tribus des Ouderna et des Ougherma, sur lesquelles le Bey n'a jamais exercé qu'une autorité purement fictive. En 1878, le gouvernement tunisien, s'étant avisé de leur réclamer l'impôt, fut obligé de diriger contre elles une colonne commandée par Si-Sliman, ministre de la guerre, et composée d'infanterie, de cavalerie et même d'artillerie. Mais l'expédition dut bientôt se retirer en toute hâte après avoir subi plusieurs échecs. C'est dans cette région presque inaccessible que s'est réfugié, pendant la dernière campagne, Ali ben Khalifa, le chef principal des insurgés. C'est de là qu'il menace de rentrer à chaque instant en Tunisie, nous forçant ainsi à un déploiement de troupes important vers la ligne des chotts. Ces difficultés disparaîtraient avec la mer intérieure qui nous isolerait complètement de la Tripolitaine. Nous n'aurions plus à craindre les incursions des tribus du sud ; d'un autre côté, les tribus situées au nord de cette barrière aquatique, n'ayant plus la ressource de fuir devant nos colonnes et de leur échapper en passant la ligne des chotts, ne songeraient plus à se révolter.

En cas d'insurrection des tribus algériennes de l'Aurès et de l'Atlas, la nouvelle mer permettrait à nos transports de venir débarquer des troupes au sud de Biskra et de prendre les insurgés à revers. Cette barrière, infranchissable pour les Arabes, serait donc une route et une base d'opérations pour nous.

L'oued Djeddi, qui tombe dans le chott Melrir après un cours de 350 kilomètres, prend sa source dans le Djebel-Amour, à 100 kilomètres à l'ouest de Laghouat. Un chemin de fer remontant cette vallée transversale dirigée de l'ouest à l'est nous permettrait de transporter rapidement des troupes des ports de la mer intérieure sur un point quelconque de la ligne sud de nos possessions. Notre autorité s'établirait alors aussi solidement au sud de l'Atlas que sur le littoral méditerranéen. Nous n'aurions plus à redouter les insurrections périodiques qui nous coûtent si cher en hommes et en argent et qui sont la terreur des colons. Nous pourrions réduire l'effectif de nos troupes en Algérie et en Tunisie, et ce n'est pas exagérer que de compter une réduction de 7 à 8,000 hommes, *au minimum*. Or, l'entretien de 7 à 8,000 hommes coûte bien près de 10 millions par an. Cet argument est décisif puisqu'en laissant de côté toutes les autres considérations, en se plaçant uniquement au point de vue militaire, on voit que le Gouvernement a un intérêt de premier ordre à autoriser la réalisation du projet.

L'organisation d'un vaste champ de travail au sud de la Tunisie et de la province de Constantine ferait certainement plus pour la pacification du pays que la présence d'une armée nombreuse. Il y a quelques années, lorsque nous arrivâmes pour la première fois à Gabès, nous fûmes accueillis avec défiance par les indigènes. Mais plus tard, voyant que nous les traitions avec bienveillance, que nous respections leurs coutumes et leur religion, et surtout qu'en venant travailler aux sondages ils arrivaient à gagner en quelques jours, et tout en se nourrissant relativement bien, plus d'argent qu'ils n'en pouvaient économiser habituellement pendant une année de privations, ils se montrèrent sympathiques et même dévoués. Ils arrivaient par bandes au camp demandant à travailler moyennant 1 franc et 1 fr. 20 cent. par jour. Nous n'eûmes jamais qu'à nous louer de ceux qui avaient travaillé un certain temps avec nous. Je ne pouvais malheureusement en employer qu'un nombre assez restreint, une centaine au maximum en y comprenant les chameliers, et c'est avec peine que je me voyais obligé de renvoyer la plupart de ces braves gens qui avaient tant de besoin de gagner quelques piastres. Je suis certain que, pendant l'exécution des travaux, on trouvera un nombre d'ouvriers aussi grand qu'on le désirera. Il suffira de faire appel à la population économe et laborieuse du Souf. Ces indigènes sont d'admirables terrassiers. Ce n'est qu'à force de travail qu'ils ont conquis leurs oasis sur la nature. Ils creusent dans le sol d'immenses trous ou *ritans*, jusqu'à ce qu'ils soient arrivés à une profondeur suffisante pour trouver la couche de sable humide dans laquelle les palmiers peuvent croître et prospérer. Cette profondeur varie de 12 à 25 mètres. On ne peut visiter le Souf sans être émerveillé de la somme de travail et de persévérance que les habitants de cette région sont obligés de dépenser pour créer et maintenir au milieu des sables ces *ritans* pleins d'une végétation luxuriante.

Une fois les travaux terminés, la Régence, devenue une presqu'île ouverte seulement du côté de la province de Constantine, se trouverait étroitement soudée à l'Algérie, et cette nouvelle situation géographique consacrerait notre prépondérance absolue sur la Tunisie mieux que ne pourraient le faire vingt ans d'occupation. Ajoutons enfin que la submersion du bassin des Chotts frapperait vivement l'imagination des Arabes et nous donnerait à leurs yeux un prestige qui grandirait encore notre autorité.

Quels avantages la création de la mer intérieure présenterait-elle pour la marine militaire? Sans avoir la prétention de traiter cette question à fond, je me bornerai à faire remarquer que notre marine a évidemment un grand intérêt à l'ouverture d'un port de ravitaillement dans le golfe de Gabès. Est-il désirable que le canal soit assez profond pour que les cuirassés puissent y pénétrer? L'entrée du canal sera sans aucun doute défendue par un fort. Il suffira de quelques torpilles pour en interdire les abords aux cuirassés ennemis. Il semble dès lors qu'il ne peut y avoir qu'avantage à ce que le canal soit accessible aux cuirassés français. Tel cas peut se présenter où il y aurait grand intérêt pour eux à trouver ce refuge. Combien ne regretterait-on pas alors de ne pas avoir donné au chenal une profondeur suffisante?

COLONISATION.

Avec la sécurité apportée par la présence de la nouvelle mer, la colonisation ferait de rapides progrès en Algérie, principalement au sud de l'Aurès et de l'Atlas, où actuellement les Européens osent à peine s'installer. Notre belle colonie deviendrait alors véritablement une seconde France, séparée de la mère patrie par quelques heures seulement de traversée. C'est de ce côté que doivent aujourd'hui tendre tous nos efforts. C'est dans le nord de l'Afrique que nous devons chercher une expansion nécessaire au développement de notre puissance et de notre richesse.

Tous les terrains d'alluvion situés entre le pied de l'Aurès et le nord du bassin des Chotts ne sont stériles que par suite du manque absolu d'eau. Les berges de l'oued el-Arab, taillées à pic et hautes de cinq à six mètres, ne laissent à découvert que de la terre végétale d'excellente qualité. La nouvelle mer amènera de l'humidité et des pluies qui permettront de mettre en rapport ce sol admirable.

Si les pluies ne sont pas assez abondantes, la compagnie, concessionnaire de grandes étendues de terre, n'hésitera pas à construire sur les divers torrents qui descendent de l'Amar-Khaddou et du Chechar, principalement sur l'oued el-Arab qui n'est jamais à sec, des barrages qui emmagasineront l'eau nécessaire pour rendre ces vastes espaces à la culture. Les dépenses ne seraient pas considérables. M. Tissot, ingénieur en chef des mines de la province de Constantine, m'a dit qu'il existait sur le cours de l'oued el-Arab et de l'oued Demour de vastes bassins naturels fermés en aval par des gorges étroites et profondes, où l'établissement de barrages serait des plus faciles et des moins coûteux.

Partout d'ailleurs sur le littoral de la nouvelle mer, à l'exception de la région d'el-Feïdh, située vers la partie inférieure du cours de l'oued el-Arab, les nappes artésiennes se rencontrent à des profondeurs variant entre 20 et 80 mètres. Au seuil même de Gabès, nous avons trouvé des nappes ascendantes à 20 mètres seulement. La compagnie fera exécuter, si cela est nécessaire, des puits artésiens sur une vaste échelle, et les espaces aujourd'hui désolés qui s'étendent autour du bassin des Chotts se couvriront de plantations et de cultures. L'exemple des lacs Amers permet de compter d'une manière absolue sur des bénéfices considérables résultant des pêcheries de la mer intérieure. Ces lacs, complètement à sec avant l'ouverture du canal de Suez, regorgent aujourd'hui de poisson, malgré la salure des eaux, provenant de la dissolution du banc de sel qui occupe le fond de leur lit. Ce degré de salure semble même être très favorable aux poissons, car ils abandonnent le lac Timsah qui reçoit le trop-plein du canal d'eau douce, et qui par conséquent est moins salé, pour se porter en masse dans les lacs Amers. Ces derniers lacs sont situés à 100 kilomètres de la Méditerranée et à 30 kilomètres seulement de la mer Rouge. Mais il est à remarquer que les espèces qu'on y trouve sont presque toutes de la Méditerranée. On voit donc que la longueur du canal ne peut être invoquée comme obstacle à l'empoissonnement de la mer intérieure. Rien ne sera plus facile d'ailleurs que d'appliquer les procédés de M. Coste.

Comme exemple des bénéfices que peuvent donner les pêcheries, nous citerons le lac Mensaleh, dont la surface est relativement peu considérable, et dont la pêche est affermée 2 millions par an. Le fermier, qui est indigène, réalise de très beaux bénéfices et cependant l'exploitation est très mal faite. Certaines espèces, après que l'on en a extrait les œufs pour faire une sorte de caviar appelé boutargue, sont enfouies dans la terre et se perdent ainsi sans profit, alors que l'on pourrait au moins en extraire l'huile et en faire du guano. Les autres espèces, salées pêle-mêle, sans triage préalable, sont ensuite répandues dans toute l'Égypte où elles servent à la nourriture des Fellahs.

Sur les plages les plus basses de la rive nord du chott Melrir, on installera des salines qui produiront du sel de qualité égale à celui du lac d'Arzew. Le prix de revient de la tonne de sel du lac d'Arzew n'atteint pas à 4 francs, y compris la redevance à l'État et le transport par chemin de fer au port d'embarquement. Le prix de vente varie de 12 à 16 francs pour le sel grené et de 24 à 26 francs pour le sel fin. On aura en moins les frais de transport par chemin de fer et l'on peut compter sur un bénéfice net de 12 francs par tonne. 1,000 hectares de salines donneraient au minimum 100,000 tonnes de sel par an et un bénéfice de 1,200,000 francs. Ajoutons que le Djebel-Hadifa, situé à 7 ou à 8 kilomètres seulement de la rive nord du chott Fejej, contient des gisements considérables de sel gemme dont l'exploitation sera facile. Les pêcheries deviendront d'autant plus rémunératrices que l'on produira sur place la matière première nécessaire pour la salaison du poisson. Nous verrons tout à l'heure que les salines de la mer intérieure auront encore l'avantage d'être un attrait puissant pour les caravanes du centre de l'Afrique.

COMMERCE.

Par la vallée de l'oued Djeddi, presque tout le sud de l'Algérie se trouvera en relations plus faciles et plus économiques avec la mer intérieure qu'avec le littoral méditerranéen. Il est difficile de se faire actuellement une idée du commerce qui se fera par les nouveaux ports, car il se développera rapidement en même temps que la colonisation. Toute la région située sur la rive gauche de l'oued Djeddi, depuis le Hodna jusqu'au Djebel-Amour, est couverte d'alfa. La mer intérieure facilitera l'exploitation de cette précieuse plante textile en même temps que celle des forêts de l'Aurès. La forêt de Beni-Melloul, par exemple, qui mesure une superficie de 100 à 105,000 hectares couverts de magnifiques pins d'Alep, n'est située qu'à une trentaine de kilomètres du futur rivage.

Autrefois les caravanes du Soudan venaient faire leurs échanges sur le littoral algérien en passant par la Sebkha d'Amagdor et Ouargla. Après la prise d'Alger, elles se sont rejetées sur le Maroc et Tripoli.

Depuis cette époque, toutes les tentatives faites pour les attirer de nouveau sont restées infructueuses. Il répugne à leur fierté de traverser un territoire occupé par des chrétiens. Une fois arrivées dans le Tell d'ailleurs, elles sont fort embarrassées pour camper et faire paître leurs chameaux par suite de la division du sol en propriétés individuelles appartenant toutes à des colons européens, autour des centres de population situés sur les routes principales. Si la mer d'Algérie était créée, le littoral algérien se trouverait reporté à 400 kilomètres plus au sud. Nos nouveaux ports seraient aussi rapprochés de Ghadamès que Tripoli, plus rapprochés d'Inçalah que n'importe quel point du littoral marocain. Grâce au bon marché des transports par eau, les caravanes trouveraient à y faire leurs échanges dans les conditions les plus avantageuses. Elles s'arrêteraient sur les confins de notre colonie, sur un territoire pour ainsi dire neutre, et ne craindraient plus d'être inquiétées et humiliées par notre autorité. Les salines de la mer intérieure exerceraient d'ailleurs sur elles un attrait considérable. On sait en effet que le sel est très rare et très recherché dans le centre de l'Afrique. Sa valeur commerciale y est si grande qu'il sert de monnaie. En raison de toutes ces considérations, il est permis d'espérer qu'il serait facile de faire reprendre aux caravanes du Soudan la route qu'elles ont toujours suivie et dont elles ne se sont détournées que par suite de notre occupation.

Dans l'énumération des bénéfices destinés à rémunérer la société, j'ai négligé à dessein la question des droits de passage. Il serait difficile en l'état actuel des choses de chercher à les évaluer; sur le canal de Suez, ces droits s'élèvent en moyenne à un pour cent de la valeur des marchandises. La compagnie aura intérêt à les réduire autant qu'il sera nécessaire pour que le transit soit moins coûteux par la mer intérieure que par les autres voies de communication.

Quoi qu'il en soit, on voit qu'il n'est pas nécessaire de faire intervenir les droits de passage pour trouver les bases sur lesquelles pourrait se constituer une société privée qui se chargerait de l'exécution des travaux. Dans ces conditions, si les avantages considérables que la France doit retirer de la création de la mer intérieure, avantages que je n'ai mis que bien imparfaitement en évidence en parlant dans cette note de la défense militaire et de la colonisation; si, dis-je, ces avantages ne sont pas absolument chimériques, à quel point de vue le Gouvernement pourrait-il se placer pour ne pas favoriser de tout son pouvoir la réalisation d'un projet qui intéresse à un si haut point la prospérité générale du pays?

E. ROUDAIRE.

TROISIÈME PARTIE.

TRAVAIL FINAL DE LA COMMISSION SUPÉRIEURE

ET

RAPPORT AU PRÉSIDENT DE LA RÉPUBLIQUE.

COMMISSION SUPÉRIEURE.

DEUXIÈME SÉANCE PLÉNIÈRE.
(30 JUIN 1882.)

PRÉSIDENCE DE M. DE FREYCINET,
PRÉSIDENT DU CONSEIL, MINISTRE DES AFFAIRES ÉTRANGÈRES.

La séance est ouverte à neuf heures cinq minutes.

M. LE MINISTRE, *Président.* Si la Commission n'y voit pas d'inconvénient, lecture ne sera pas donnée du procès-verbal de la dernière séance : il a été distribué à tout le monde, et chacun des membres ayant pris la parole a pu faire ses corrections avant le tirage définitif; cette lecture ne pourrait donc que prendre du temps sans grande utilité.

J'ai reçu, Messieurs, des lettres de quelques-uns de nos collègues qui s'excusent de ne pouvoir assister à la séance d'aujourd'hui, notamment de MM. de Lesseps et Perrier, qui sont allés examiner les travaux du tunnel sous-marin et qui se trouvent à Londres aujourd'hui; M. Albert Grévy est retenu à Mont-sous-Vaudrey; M. Le Gros, inspecteur général des travaux maritimes, assiste à une commission mixte des travaux publics; M. Cuvinot est retenu à une commission du Sénat; enfin le général Warnet se trouve également dans l'impossibilité de se joindre à nous aujourd'hui.

Si la Commission n'y voit pas d'inconvénient, je prierai MM. les Secrétaires de nous lire les rapports des Sous-Commissions, que nous examinerons ensuite. (Assentiment général.)

M. Rolland pourrait lire d'abord le rapport de la première Sous-Commission; je demanderai ensuite à la Commission la permission de lui communiquer une note rédigée par M. Roudaire, envoyée par MM. de Lesseps et Roudaire, et qui contient quelques renseignements, en réponse aux observations de la première Sous-Commission.

M. Rolland, *secrétaire*, donne lecture du rapport général sur les travaux de la première Sous-Commission (1).

M. le Ministre, *Président*. Ainsi que je le disais tout à l'heure, M. Roudaire a demandé que l'on donnât connaissance à la Commission d'une note dans laquelle il présente quelques observations en réponse au travail que vous venez d'entendre. Je vais prier M. le Secrétaire de donner lecture de cette note. La principale divergence entre l'auteur et la Sous-Commission m'a paru porter sur l'évaluation du prix de revient du mètre cube. D'autres points se trouvent également mis en relief dans cette note.

M. Rolland donne lecture de la note du commandant Roudaire (2).

M. le Ministre, *Président*. Vous voyez, Messieurs, que la Sous-Commission reconnaît la possibilité pratique de l'exécution et qu'on est arrivé à des conclusions fermes sur les dimensions que devra avoir le canal, en un mot sur tous les détails techniques de l'œuvre à accomplir. La divergence avec M. Roudaire s'établit sur le prix de revient; les évaluations entre les deux documents dont vous avez entendu la lecture varient du simple au triple.

M. Roudaire croit qu'en tenant compte de circonstances qu'il a indiquées et qui tendent, d'après lui, à abaisser l'estimation du mètre cube de déblai, on doit atteindre 160 millions environ.

La Sous-Commission est arrivée à 450 millions, soit environ le triple.

Quant aux conditions pratiques de l'entreprise, le rapport de la Sous-Commission et le projet de l'auteur partent des mêmes données. Il n'y a donc pas lieu jusqu'à présent d'établir une discussion sur ce point; elle doit porter essentiellement sur le résultat financier auquel conduisent les évaluations.

Quelqu'un demande-t-il la parole?

M. Sadi-Carnot. Je crois que, pour compléter l'exposé des travaux de la première Sous-Commission, il faudrait que la Commission eût connaissance d'une dernière note annexe rédigée par M. Chambrelent, sur le remplissage des chotts. La discussion s'engagerait alors, selon moi, plus utilement. (Approbation.)

Sur l'invitation du Président, M. Rolland donne lecture de cette note qui est ainsi conçue :

NOTE SUR LE REMPLISSAGE DE LA MER INTÉRIEURE, PAR M. CHAMBRELENT (3).

Dans le rapport de la délégation technique de la première Sous-Commission, relatif à l'évaluation des terrassements du canal à ouvrir de la Méditerranée aux

---

(1) Voir, page 166, le texte de ce rapport.
(2) Voir supra, page 182.
(3) Voir, page 500, les figures servant à l'intelligence de cette Note.

chotts Rharsa et Melrir, il a été établi que lorsque les chotts seraient remplis au niveau qu'ils doivent avoir, il faudrait y envoyer un volume d'eau de $187^m,77$ par seconde, pour compenser les pertes par évaporation et maintenir le niveau constant de la mer intérieure.

Les sections du canal dans le terrain ordinaire et dans le rocher ont été calculées de manière à assurer ce débit, quand la mer intérieure serait remplie, avec une vitesse de $0^m,473$ par seconde.

En calculant les dépenses de terrassements du canal d'après ces sections et le prix des déblais de 1 franc environ pour le terrain ordinaire et 3 francs pour le rocher, admis par la première Sous-Commission dans sa séance du 21 juin, on arrive au chiffre d'estimation de 453,060,904 francs porté dans le rapport de la délégation du 15 juin, pour les terrassements du canal, non compris la somme à valoir.

Il reste à examiner le temps qui serait nécessaire pour remplir les chotts après que le canal aura été ouvert sur ces dimensions et lorsqu'on y introduira les eaux de la Méditerranée.

D'après les chiffres donnés par M. Roudaire, le volume d'eau à mettre dans la mer intérieure doit être de 172 milliards de mètres cubes; 8,000 kilomètres carrés sur $21^m,50$ de profondeur moyenne.

Avec le débit du canal en temps normal, qui est de $187^{me},77$, ce qui donne 5,920,000,000 mètres cubes par an, le temps nécessaire pour fournir ces 172 milliards de mètres cubes serait de vingt-neuf ans, non compris les pertes d'évaporation, qui seront relativement considérables.

Il semble que lorsque la mer intérieure ne sera pas encore arrivée à son niveau, et que par conséquent l'eau dans le canal pourra prendre une pente plus forte, le débit du canal augmentera; c'est une erreur.

On peut s'en rendre compte, en remarquant que si la vitesse augmente par suite de l'augmentation de pente, le fond du canal restant le même, la section diminue dans une proportion plus considérable que la pente n'augmente.

En cherchant à calculer ce débit, d'après les formules relatives à l'écoulement des eaux, quand un régime de débit régulier se serait établi dans le canal, nous avions trouvé que le débit serait alors de $136^{me},77$. Ce chiffre avait été calculé de manière à être une moyenne; il est égal à celui que débiterait le déversoir formé alors à l'extrémité du canal.

M. Collignon, tout en nous déclarant que les formules hydrauliques ne pouvaient être appliquées à une longueur aussi excessive que celle du canal de la mer intérieure, a cherché de son côté à déterminer le régime régulier du canal, et, en y appliquant les formules du mouvement varié, indiquées à la page 322 de son cours d'hydraulique, il est arrivé à un débit de 106 mètres à la seconde (1), inférieur à celui de $136^{me},77$.

---

(1) $$11^m,20 = Q^2 \left[\frac{1}{2g} \left(\frac{1}{\Omega_o^2} - \frac{1}{\Omega^2} \right) + A \left(\frac{\chi}{\Omega^3} + \frac{\chi_o}{\Omega_o^3} \right) \frac{l}{2} \right],$$

$\Omega_o = 46^{mq},$
$\Omega = 402^{mq},5,$
$\chi_o = 27^m,21,$ $\qquad$ $Q = 106$ mètres cubes.
$\chi = 59^m,60.$

Sans pouvoir donner ce chiffre comme d'une exactitude même approximative, M. Collignon affirme cependant que, dans tous les cas, le débit pendant le remplissage sera moindre que celui de 187 mètres qui se produira quand la mer intérieure sera pleine.

Le chiffre de vingt-neuf ans devrait être considéré comme un minimum, avec la section correspondant à l'estimation de 453,060,904 francs; et comme dans les calculs il n'a pas été tenu compte de l'évaporation qui, à un certain moment, égalera, si elle ne dépasse, le chiffre du débit, on peut dire qu'avec la section admise pour le calcul des terrassements, le remplissage de la mer intérieure ne serait pas possible.

Il faut remarquer d'ailleurs que si pour augmenter le débit on cherchait à trop augmenter la pente dans le canal, on dépasserait les limites de vitesse auxquelles peuvent résister les terres.

On est donc forcé de recourir à une augmentation de largeur et de profondeur de la section pour arriver à la possibilité du remplissage de la mer intérieure.

On est ainsi amené à ce résultat certain que, pour obtenir le remplissage de la mer intérieure dans un délai de dix ans au moins, dans les conditions indiquées par M. le commandant Roudaire, il faudrait plus que tripler la section, ce qui ferait plus que tripler le cube des terrassements.

Paris, le 24 juin 1882.

CHAMBRELENT.

M. LE MINISTRE, *Président*. M. Roudaire m'informe qu'il n'a pas répondu à cette note dont il n'avait pas connaissance hier et que nous venons seulement de recevoir. Il me fait savoir qu'il se tient à la disposition de la Commission. Il solliciterait la faveur d'être introduit pour donner quelques explications sur cette note.

La Commission désire-t-elle entendre M. Roudaire ?.. Naturellement aucune discussion ne s'engagerait devant lui; nous le prierions de présenter ses observations et il se retirerait ensuite. Il n'y a pas d'opposition ?... M. Roudaire va être introduit en séance.

(M. Roudaire est introduit dans la salle des délibérations.)

M. le MINISTRE, *Président*. Monsieur le Commandant, la Commission serait heureuse d'entendre les explications que vous pouvez avoir à lui fournir, notamment sur le dernier document qui a été lu et qui émane de M. Chambrelent, relativement au remplissage de la mer intérieure.

Si vous avez quelques observations complémentaires à faire aussi sur la dernière note manuscrite que vous avez fournie, nous sommes prêts à les entendre également.

M. LE COMMANDANT ROUDAIRE. C'est la première fois, Monsieur le Président, que j'ai entre les mains le travail de M. Chambrelent que vous venez de me faire remettre; je ne l'ai pas encore lu.

M. le Ministre, *Président*. Veuillez alors, je vous prie, le parcourir rapidement.

(Il est donné communication à M. le commandant Roudaire de la note de M. Chambrelent.)

M. le commandant Roudaire. Je vois à peu près ce que contient cette note. La conclusion en est que, si les chotts étaient remplis d'eau, le canal fournirait, en vertu des formules de Bazin, 187 mètres cubes d'eau par seconde; que si, au contraire, ils étaient vides, c'est-à-dire que si l'eau entrait dans le chott Rharsa sans y rencontrer d'obstacle, le canal ne fournirait plus que 136^m,77 par seconde.

Cette conclusion me semble absolument en contradiction avec la réalité des faits. Il y a d'abord une considération fort simple à invoquer: je suppose qu'on établisse à l'extrémité du canal, près du chott Rharsa, un barrage qui fermerait complètement le canal. Au pied et en amont de ce barrage, le plafond du canal se trouvera à 13^m,20 au-dessous du niveau de la Méditerranée; la profondeur d'eau y sera donc de 13^{m}20. Si ensuite on ouvre, dans la partie inférieure de ce barrage, une issue, un orifice, une vanne ayant 1 mètre de hauteur, l'eau se précipitera par cette ouverture et son niveau baissera dans le canal. La charge diminuant, la dépense diminuera également; mais au moment où la surface de l'eau sera devenue parallèle au plafond du canal, nous obtiendrons un débit d'environ 187 mètres cubes.

Donc, en barrant le canal à son extrémité près du chott Rharsa, et en ne laissant vers la partie inférieure du barrage qu'une hauteur de 1 mètre, on aurait un débit qui dépasserait le résultat auquel sont arrivés M. Chambrelent et M. Collignon.

Nous ne sommes pas ici dans l'inconnu; nous sommes, au contraire, en présence d'une formule bien connue:

$$Q = m\, S\, \sqrt{2\, g\, H}$$

m est un coefficient reconnu égal à 0.62. S représente la section qui, dans ce cas, serait d'environ 21 ou 22 mètres. En la multipliant par le coefficient 0,62, on obtiendra environ 13,^{m}50.

D'un autre côté H qui représente la charge étant égal à 10^m, $\sqrt{2\, g\, H} = 14$, on a donc pour le débit $14 \times 13,50 = 189$. En prenant une vanne ayant un peu moins de 1 mètre, on aurait obtenu exactement les 187 mètres cubes, que le canal peut débiter en vertu de sa section et de sa pente, d'après la formule du régime uniforme.

Eh bien, du moment où en barrant le canal sur presque toute sa hauteur, en ne laissant qu'un mètre d'ouverture à sa partie inférieure, on obtient un débit de 187 mètres, il me semble difficile d'admettre qu'en le laissant complètement ouvert on n'obtienne pas un débit plus fort.

Dans tous les cas, ce qui est absolument indiscutable, c'est que le canal pourra fournir, pendant que les chotts seront vides, si l'on établit un déversoir à son extrémité, une quantité d'eau qui sera donnée par la formule du régime uniforme,

$$Q = \Omega \sqrt{\frac{RI}{A}}$$

quantité qui, dans le cas actuel, sera de 187 mètres cubes.

Pour augmenter le débit, d'ailleurs, il suffira d'augmenter la pente du canal; si, par exemple, on a admis une pente de 11 millimètres, de la remplacer par une pente de 5 centimètres; ce ne serait plus alors un débit annuel de 5 ou 6 milliards de mètres cubes que l'on aurait, mais bien de 12 milliards 750 millions de mètres cubes.

Il faut remarquer d'ailleurs que les formules connues s'appliquent à des cours d'eau qui ne débitent absolument que des eaux s'écoulant librement; là-bas, au contraire, nous aurons un réservoir supérieur inépuisable dont la pression hydrostatique accélérera la vitesse d'écoulement dans le canal de communication.

Pour moi je ne crois pas que dans ce cas les formules de Bazin soient applicables. Du reste, c'était l'avis de M. Gros qui m'avait dit qu'il fallait appliquer pour le remplissage la formule des déversoirs; on arriverait alors à des vitesses considérables.

M. LE MINISTRE, *Président.* Ainsi, vous pensez qu'en laissant à votre canal les dimensions qui lui ont été attribuées, il fournira un débit suffisant pour remplir la mer intérieure.

M. LE COMMANDANT ROUDAIRE. J'en suis convaincu. Dans tous les cas, il suffirait, je le répète, d'augmenter la pente, de la porter à 5 centimètres, ce qui ferait une différence très peu considérable dans les déblais; on porterait ainsi le débit à 13 milliards de mètres cubes, débit qui se répartirait immédiatement sur le chott de Rharsa seul, puisque les cuvettes des chotts sont bien distinctes. Ce chott se trouverait rempli en deux ans.

M. LE MINISTRE, *Président.* En un mot, vous pensez qu'il suffirait de donner au canal les dimensions qui sont actuellement prévues pour assurer l'alimentation normale de la mer intérieure. Quant au remplissage, vous croyez pouvoir y arriver sans augmenter la largeur du canal; vous vous réserveriez seulement d'en accroître la pente dans toute sa longueur. Vous estimez que le débit ainsi obtenu suffirait pour compenser l'évaporation et pour fournir la quantité d'eau nécessaire au remplissage de la mer intérieure. C'est bien là le résumé de vos affirmations?

M. le commandant Roudaire. Parfaitement, Monsieur le Président.

M. le Ministre, *Président*. M. Chambrelent désire-t-il poser quelques questions à M. Roudaire?

M. Chambrelent. Je ne demande pas mieux que de lui répondre tout de suite.

Les formules que M. Roudaire vient de citer, nous ne les contestons pas; nous contestons seulement leur application.

Nous avions d'abord calculé, avec M. Roudaire, que le remplissage se ferait en prenant les eaux à l'origine du canal, et en les laissant couler librement, c'est-à-dire en ne mettant de vannes nulle part.

Dans ces conditions, le niveau de l'eau à l'origine du canal dans la Méditerranée eût été à 11 mètres au-dessus du fond du canal. La pente, comme le dit avec raison M. Roudaire, augmenterait considérablement; mais, en même temps que la pente augmenterait, la section diminuerait dans une proportion relativement plus grande; de sorte que, quand l'eau aura parcouru les 172 kilomètres qui séparent l'origine du canal dans la Méditerranée de son embouchure dans le chott Rharsa, il faudra que l'équilibre s'établisse entre l'eau qui s'écoulera dans ce chott et celle qui, partant de la Méditerranée, suivra le canal en vertu de sa pente et de son volume, mais aussi en vertu de sa section. J'ai calculé cela d'après les formules, et j'ai cherché à quel moment on obtiendrait l'égalité entre l'écoulement à l'extrémité du canal et l'écoulement à son origine; et je suis arrivé, en employant les mêmes formules que M. Roudaire, — on voit par conséquent que je ne les conteste pas, — à un débit de 136 mètres. Ce débit m'a paru assez rationnel; c'est en effet une erreur de croire que, quand on lèvera les vannes, le débit sera plus considérable. Certainement la vitesse sera plus grande; mais un point qu'il ne faut pas perdre de vue, et qui a échappé, je crois, à M. Roudaire, c'est que le plafond du canal restera fixe; je crois bien qu'il s'approfondira sur quelques points, qu'il pourra varier; mais enfin nous avons tout lieu de supposer qu'il conservera une certaine fixité, et donnera une section qui ne sera pas même de moitié au milieu, c'est-à-dire la section moyenne. C'est un mouvement varié; il est donc très difficile de calculer le débit avec quelque exactitude.

J'ai consulté à cet égard tous ceux qui s'occupent des questions d'hydraulique, et tous m'ont dit que mon chiffre de 136 mètres cubes était un peu trop fort. J'ai vu M. Collignon, professeur de mécanique hydraulique à l'École des ponts et chaussées, et, après avoir reconnu que ce serait fort difficile, il a refait tous mes calculs, et m'a dit que j'avais fait toutes mes suppositions au mieux, que j'avais admis les conditions les plus favorables; et il est arrivé au chiffre de 106 mètres que j'ai indiqué dans ma note.

Je crois que ce ne serait pas la véritable manière de remplir le plus efficacement possible la mer intérieure; la véritable manière serait de revenir à ce qu'a dit en dernier lieu M. Roudaire, c'est-à-dire d'établir une vanne à l'extrémité aval du canal; nous aurions là un débit; mais, pour que ce débit théorique puisse avoir lieu, il faut que l'eau arrive; et pour que l'eau arrive à l'extrémité aval d'un canal de 172 kilomètres avec la section que nous lui avons attribuée, il faut que cette section se maintienne. Or, si la pente augmente, la section diminue; néanmoins nous arriverions à un chiffre supérieur à 136 mètres; nous arriverions peut-être à celui de 187 mètres, mais nous ne le dépasserions jamais.

M. Roudaire suppose qu'il obtiendra un débit considérable à l'extrémité du canal; c'est vrai, mais, pour qu'il ait lieu, il faut que l'eau qui y arrivera puisse atteindre ce chiffre; or, tant que M. Roudaire maintiendra le canal au niveau que nous avons calculé, notre travail subsiste avec ses conclusions, c'est-à-dire avec le chiffre de 187 mètres.

Si le canal n'avait pas une si grande longueur, avec un plafond presque horizontal, les calculs de M. Roudaire seraient justes; je veux dire: si l'on n'avait à faire passer l'eau de la Méditerranée que dans un bassin immédiatement attenant. Mais M. Roudaire n'a pas tenu compte de ce parcours de 172 kilomètres qu'il faudra faire suivre à l'eau, et qui ne permettra pas d'obtenir un débit plus fort que 187 mètres cubes. Ce débit augmentera un peu, il est vrai, par l'effet des vannes que propose M. Roudaire; il se produira une dénivellation de quelques centimètres, mais cela amènera une réduction de la section; on aura des oscillations, mais on n'atteindra pas un débit supérieur à 187 mètres cubes, et c'est sur un débit *maximum* que j'ai établi mes calculs pour le remplissage.

M. LE COMMANDANT ROUDAIRE. M. Chambrelent revient à ce que je disais tout à l'heure: qu'on aurait toujours au moins un débit de 187 mètres, en appliquant les formules que j'ai citées. Ce débit ne peut donc pas être considéré comme un minimum puisqu'on est sûr de pouvoir l'obtenir.

M. CHAMBRELENT. On pourrait s'en rapprocher.

M. LE COMMANDANT ROUDAIRE. J'ai la conviction qu'en raison de la charge dont on ne tient pas compte, on aura un débit beaucoup plus grand. Je puis invoquer l'expérience de ce qui s'est passé lors du remplissage des lacs Amers; on avait établi un déversoir; on ne laissait qu'un petit nombre d'aiguilles ouvertes, et on a obtenu ainsi une vitesse très grande, avec un canal dont le plafond n'avait pas de pente.

Puis nous avons les marées, qui se transmettront dans le canal de Gabès comme elles se transmettent dans le canal de Suez, où l'onde des hautes mers atteint une vitesse de 8^{m}90 à la seconde,

Enfin, je le répète, il y a un moyen bien simple, c'est d'augmenter la pente.

M. Chambrelent. La question du remplissage des lacs Amers a été la première que nous ayons étudiée; c'était là un exemple pratique dont nous devions évidemment nous pénétrer. M. de Lesseps nous a signalé la facilité avec laquelle les lacs Amers ont été remplis, malgré les prédictions qui lui avaient été faites. Nous avons entendu M. Lavalley dans la seconde Sous-Commission; j'ai vu personnellement les ingénieurs du canal de Suez, et notamment M. Dauzats, et voici les chiffres que je puis citer :

Le volume total des lacs Amers est 1,333 millions de mètres cubes. Le remplissage a duré six mois. Il y avait un déversoir de 100 mètres de longueur, et le canal avait deux issues : l'une sur la Méditerranée, l'autre sur la mer Rouge. Du côté de la mer Rouge, l'eau était très près; il est vrai que le remplissage a eu lieu en très grande partie par la Méditerranée; entre la Méditerranée et les lacs Amers, il y avait le lac Timsa, qui fournissait de l'eau abondamment.

Voici donc quelle était la situation : 1,333 millions de mètres cubes à remplir, deux mers qui apportaient les eaux et un déversoir de 100 mètres.

Or, ici, il s'agit de 172 milliards de mètres cubes, de sorte que, même dans les conditions favorables où se trouvait M. de Lesseps, il faudrait, pour le remplissage de la mer intérieure, quatre-vingts ans environ.

M. le commandant Roudaire. Mais, au canal de Suez, le déversoir était souvent fermé.

M. Chambrelent. Pas pendant les six mois de remplissage.

M. le commandant Roudaire. Pardon; à plusieurs reprises, il a été complètement fermé. M. Lavalley a expliqué qu'à certains moments on n'ouvrait qu'un petit nombre d'aiguilles, parce qu'on craignait de dégrader les berges du canal. On s'arrangeait de façon à avoir une vitesse maxima de 50 centimètres par seconde; aussitôt qu'on ouvrait un plus grand nombre d'aiguilles, dans ce canal dont le plafond était horizontal, la vitesse était de 60 centimètres. D'après les calculs qui viennent d'être produits, la vitesse, dans le canal de la mer intérieure, dont le plafond sera incliné, ne serait que de 47 centimètres; il me semble qu'il y a là une anomalie. M. Chambrelent avait dit à la Sous-Commission que M. Collignon déclarait ne pas savoir ce qui se passerait; l'impression première était qu'il était très difficile de calculer la vitesse.

M. Chambrelent. Je maintiens qu'il est très difficile et même à peu près impossible de faire ce calcul avec précision. Ce qu'on peut affirmer, c'est que le volume ne dépassera pas 187 mètres cubes par seconde; c'est le chiffre que j'ai admis pour arriver à ma conclusion.

M. le Ministre, *Président.* Les chiffres nouveaux qui sont produits, et qui tendent à élever de beaucoup la dépense prévue pour l'entreprise, modifieraient-ils les conditions auxquelles les personnes au nom de qui parle M. Roudaire s'engageraient à effectuer ce travail? D'après les premiers documents que j'ai eus entre les mains, il paraissait y avoir derrière M. Roudaire des personnes qui se chargeraient de l'entreprise, à leurs risques et périls, moyennant la concession d'une certaine zone de terrain sur les bords de la mer intérieure.

M. le commandant Roudaire. J'ai été soutenu par M. de Lesseps, qui est très partisan du projet, et qui, malheureusement, n'assiste pas à la séance d'aujourd'hui. Je crois que les concessions que l'État peut accorder à la compagnie seraient de nature à faire face aux dépenses, quelles qu'elles soient, que nécessiterait le canal. Aux termes d'une note que j'ai eu l'honneur de faire distribuer hier, la dépense serait au maximum de 150 à 160 millions, en n'employant cependant l'action de l'eau que dans une mesure relativement très restreinte; mais, en admettant que la dépense aille à 400 ou 500 millions et même au delà, j'estime que l'État, en échange du service qui lui sera rendu par la création de la mer intérieure, peut donner des concessions qui, aujourd'hui, n'ont pour lui aucune valeur, et qui suffiraient à rémunérer complètement les fonds engagés dans l'opération. Tout autour de la mer, il y a une zone d'environ 2 millions d'hectares qui a été demandée; au nord du chott Melrir, il y a 150,000 hectares qui sont dans des conditions merveilleuses pour la culture.

M. le Ministre, *Président.* J'ai eu entre les mains des documents desquels il ressortait que certaines personnes s'engageaient à exécuter ce travail à leurs risques et périls, sans subvention, moyennant la concession par l'État d'une bande de terrain de 20 kilomètres, je crois, autour de la mer intérieure, et des pêcheries qui pourraient être établies dans cette mer.

M. Regnault. La question a été comprise ainsi par la plupart d'entre nous.

M. Rousseau. Ces documents ont été visés dans le rapport à M. le Président de la République.

M. le Ministre, *Président.* Parfaitement. Je demande à M. Roudaire si, malgré les nouveaux chiffres qui viennent d'être produits pour l'évaluation de la dépense, les conditions que je viens de rappeler continueraient à être acceptées.

M. le commandant Roudaire. Absolument. On se chargerait du travail aux mêmes conditions, c'est-à-dire sans aucune subvention de l'État, mais moyennant la concession d'une zone de terrains. Il y a au nord de la mer intérieure, sur le versant sud de l'Aurès, deux grandes forêts : celle de l'Amar Khaddou et celle du Chechar; cette dernière, d'une superficie de 25,000 hectares, est couverte d'arbres très vieux, qu'on n'exploite pas faute de voies de communication; la forêt de l'Amar Khaddou, d'une superficie de 80,000 hectares, se trouve dans le même cas; elle contient des arbres d'un mètre de diamètre à la base sur 30 mètres de hauteur. La forêt de Taghit, au nord de la forêt de l'Amar Khaddou, a déjà été l'objet de demandes de concession faites par de simples particuliers. Je crois qu'on pourrait accorder la concession des deux forêts dont j'ai parlé plus haut à la société qui se chargerait de l'exécution des travaux de la mer intérieure, et qui prendrait d'ailleurs l'engagement d'exploiter régulièrement ces forêts et de les entretenir.

M. le Ministre, *Président.* Dans votre première estimation, vous portiez approximativement le prix de revient à 75 millions; aujourd'hui vous admettez la possibilité d'une dépense de 160 millions au maximum.

La Sous-Commission arrive à un chiffre de 450 millions qui devrait être encore augmenté considérablement si l'on prenait les évaluations qui résultent de la note complémentaire de M. Chambrelent.

Je vous demande si, dans votre esprit, cette situation nouvelle changerait les conditions auxquelles les personnes qui pourraient être en relations avec vous se chargeraient de l'entreprise de cette mer intérieure.

M. le commandant Roudaire. En aucune façon.

M. le Ministre, *Président.* C'était ce point que je voulais éclaircir.

M. Chatoney. Le chiffre de 453 millions dont M. le président vient de parler a été fixé par la Sous-Commission sur la base de 1 franc par mètre cube de déblai; la délégation de cette Sous-Commission, à l'unanimité moins une voix, avait décidé que le prix de revient du mètre cube de terre serait de 1 franc au minimum, et que probablement il atteindrait 1 fr. 50 cent. On a fait, en outre, observer qu'il conviendrait d'augmenter le chiffre de 453 millions de 36 p. o/o pour travaux imprévus. Dans toute espèce de travaux, et surtout dans des conditions pareilles, où les études ont été très sommaires, il y a toujours des sommes à valoir, et il n'est pas nécessaire d'aller jusqu'en Afrique pour s'en convaincre.

Le canal de Suez était estimé 200 millions environ; les travaux seuls ont coûté, je crois, 300 millions.

En prenant seulement, de ce chef, une majoration de 36 p. o/o on arrive à une somme à valoir de 162 millions, et à un total de 615 millions. Je crois donc qu'il serait important de connaître l'opinion de la Commission relativement à ce chiffre.

M. LE MINISTRE, *Président*. Tel n'était pas l'objet de ma question; je ne discute, quant à moi, ni le chiffre de 450 millions, ni le chiffre de 600 millions. Je demandais seulement à M. Roudaire si les chiffres nouveaux qui sont produits n'avaient pas ébranlé ses convictions, et s'il maintenait les conditions primitives de sa demande en concession dont j'ai lu le projet de cahier de charges.

M. LE COMMANDANT ROUDAIRE. Parfaitement! De la façon la plus formelle, et avec la plus grande confiance.

M. L'AMIRAL DUBURQUOIS. Dans les conditions où il est présenté par M. Chambrelent, le canal ne pourra pas servir à la navigation; il nous faut absolument renoncer à envoyer nos grands bâtiments sur la mer intérieure.

M. LE MINISTRE, *Président*. Pourquoi?

M. L'AMIRAL DUBURQUOIS. Il n'a pas des dimensions suffisantes pour nos transports et nos paquebots.

M. LE MINISTRE, *Président*. Il a onze mètres de profondeur!

M. L'AMIRAL DUBURQUOIS. Dans les sections de rocher, il n'aura que 20 mètres de largeur au plafond et 24 mètres à la surface; comment un bâtiment de 14 mètres de large pourrait-il naviguer? Il n'y a pas de garages prévus, de sorte que lorsqu'un navire sera engagé dans le canal, celui qui voudra en sortir devra attendre trois ou quatre jours, le temps d'aller de Gabès au chott Rharsa.

M. CHAMBRELENT. L'établissement de garages est nécessaire pour la navigation, mais les conditions du canal n'en seront pas sensiblement modifiées.

Au sujet des estimations, je demande à présenter une observation en réponse aux chiffres de M. Chatoney. Le chiffre que nous avons adopté comprend en partie la somme à valoir; dans tous les cas, ma conviction est qu'il serait excessif d'ajouter 36 p. o/o pour frais imprévus; le plus qu'on pourrait faire serait d'ajouter 10 p. o/o.

M. LE COMMANDANT ROUDAIRE. La Sous-Commission a calculé que les déblais seraient relevés à 33 mètres; or la hauteur moyenne n'est que de 11^m,20.

M. LE MINISTRE, *Président.* Pardon, la Sous-Commission a dit que les déblais seraient relevés à une hauteur considérable, mais elle n'a pas articulé de chiffres; je suppose qu'elle a eu en vue la hauteur moyenne. La hauteur dont on devra les élever sera considérable, puisque la tranchée aura en moyenne 33 mètres.

M. LE COMMANDANT ROUDAIRE. Je répète que cette hauteur moyenne, malgré la profondeur de 33 mètres, n'est exactement que de 11^m,20, en raison de l'évasement en gueule de la section du canal. Je fais remarquer en outre que la Sous-Commission admet que, jusqu'à un certain point, le travail des eaux pourra aider au creusement du canal; or, pour tenir compte de cet imprévu, qui ne pourra avoir qu'une influence favorable, on propose d'augmenter les évaluations de 36 p. o/o, sous prétexte qu'en 1881, dans mon projet qui utilisait les eaux d'une manière très complète, j'étais arrivé à un chiffre de 55 millions auquel j'avais ajouté 20 millions. J'avais ajouté ces 20 millions parce que j'étais en présence d'un aléa qui n'existe plus : je n'avais pas le réservoir constant et inépuisable de la mer, il fallait élever les eaux à l'aide de machines, capter les eaux de l'Oued-el-Hamma, et ces 20 millions constituaient un fonds de réserve destiné à faire face aux éventualités.

Quant au prix de un franc indiqué pour le mètre cube, j'ai soumis à la Sous-Commission, dans sa séance du 21 juin, des devis très étudiés desquels il ressort que le mètre cube de déblai ne coûterait que 50 centimes. Des entrepreneurs qui jouissent d'une très grande honorabilité, et dont la situation est acquise, sont allés examiner chez M. Dru les échantillons des terrains, et, après avoir étudié les devis établis par M. Lion, ont pris, par lettre que j'ai lue à la séance de la Sous-Commission, l'engagement de se charger de l'exécution des terrassements à 50 centimes le jour où les moyens financiers seraient créés. L'un d'eux, M. Gellerat, fait même remarquer que ce prix de 50 centimes serait pour lui un maximum qui serait probablement très réduit par l'emploi de procédés nouveaux.

M. FOURNIÉ. Puisqu'on serre de près cette question d'évaluation, je crois qu'il serait bon, pour avoir un *minimum*, d'établir les calculs sur le chiffre de 50 centimes indiqué par M. Lion. M. Lion, que j'ai vu, m'a dit que ce prix était le prix payé à l'entrepreneur, c'est-à-dire que nous devons lui faire subir toutes les majorations habituelles.

Voici les résultats auxquels on arrive :

Les terrassements à 50 centimes produisent un chiffre de 198 millions; le creusement dans le rocher, 3 francs le mètre cube, 5 millions; total 254 millions.

En admettant les chiffres de M. Chambrelent, qu'il me paraît bien difficile de contester, il faut certainement, à raison du remplissage, tripler la section, ce qui fait beaucoup plus que tripler le cube; en nous bornant à tripler, nous arrivons au chiffre de 750 millions.

Pour les travaux des ports, de défense des berges, mettons 50 millions; nous arrivons à 800 millions. C'est là le montant des travaux proprement dits. *Ce chiffre ne comprend pas de somme à valoir.*

Ajoutons 12 p. o/o pour frais d'étude et de surveillance pendant la durée des travaux, soit 96 millions : le canal de l'Est a supporté de ce chef une dépense de 10 à 11 p. o/o.

Les frais généraux, frais de réunion du capital sont toujours assez notables; évaluons-les à 5 p. o/o, soit, sur 896 millions, à 44,800,000 francs. Nous voilà à 940,800,000 francs.

Intérêts pendant la construction et le remplissage, au moins quinze ans, 75 p. o/o. Admettons qu'il y aura des produits au bout de quelques années, et prenons seulement 50 p. o/o ; c'est un chiffre de 470 millions.

Donc, en prenant le chiffre de 50 centimes, le capital à rémunérer serait de 1,410 millions, ce qui me paraît être un *minimum* qui serait probablement de beaucoup dépassé.

M. LE COMMANDANT ROUDAIRE. M. Fournié triple immédiatement la section; or, ainsi que je viens de le dire, on obtiendrait un débit de 13 à 14 milliards de mètres cubes avec la même section, en donnant une pente un peu plus forte, ce qui permettrait d'opérer le remplissage en très peu d'années.

On calcule les intérêts pendant 15 ans; mais les terrains seront immédiatement concédés à la compagnie, qui s'occupera de les mettre en culture.

Je n'admets pas le triplement de la section.

M. GROS. Même en triplant la section, on n'arriverait pas à remplir la mer intérieure. J'ai cherché à me rendre compte de la durée du remplissage avec le débit de 185 mètres par seconde qui résulte du dernier profil proposé par M. Roudaire; j'ai supposé même un débit de 200 mètres, et j'ai trouvé qu'avec le canal seul il faudrait plus d'un siècle pour remplir la mer intérieure. C'est donc avec raison que M. Chambrelent a dit qu'il fallait au moins tripler la section.

M. le commandant Roudaire. On arriverait à un débit de 404 mètres par seconde avec cette section en portant la pente à 5 centimètres par kilomètre.

M. Gros. Jamais ! Au reste il est inutile de discuter cette question.

M. le Ministre, *Président*. Personne n'a plus de questions à adresser à M. Roudaire?

M. Treille. Il serait bon que M. Roudaire se tînt à la disposition de la Commission; peut-être même conviendrait-il qu'il assistât d'une façon suivie à nos délibérations.

M. le Ministre, *Président*. Il n'est pas d'usage que l'auteur d'un projet assiste à la discussion; sa présence pourrait gêner les critiques de certaines personnes. M. Roudaire pourrait rester à la disposition de la Commission pour le cas où de nouvelles explications seraient demandées. C'est, d'ailleurs, à la Commission de décider.

M. Lalanne. Cette dernière solution paraît seule possible. (Assentiment.)

M. le Ministre, *Président*. M. Roudaire voudra donc bien se tenir à la disposition de la Commission.

(M. Roudaire quitte la salle des séances.)

M. Dupuy de Lôme. Je voudrais bien appeler l'attention de la Commission sur la dernière note si intéressante qui vient de nous être communiquée, et que M. le Président a eu bien raison de mettre en discussion avant la question du prix de revient.

La question du remplissage joue un rôle si important, elle peut influer d'une façon si directe, si impérieuse, sur la question du Canal, et par conséquent sur la dépense, que nous arrêter à l'examen du prix de revient avant d'avoir résolu la question du remplissage serait nous exposer à faire un travail que nous serions obligés de reprendre.

En raison de l'importance de cette question, je me permettrai seulement de discuter une assertion que je voudrais, pour mon compte, voir écarter des conclusions auxquelles nous allons arriver.

On a dit que le canal débiterait moins quand les chotts seront vides que quand ils seront pleins. Cette assertion me paraît étrange. Je ne puis admettre qu'avec une dénivellation de deux mètres entre la mer intérieure et la Méditerranée, communiquant par un canal dont le débit est de 185 mètres cubes par seconde, le niveau de la mer intérieure s'abaissant et le canal restant le même, le débit diminue.

M. Gros. Je suis complètement de votre avis.

M. Dupuy de Lôme. Lorsque deux vases communiquent, l'abaissement du niveau dans l'un ne peut pas diminuer le débit. Je crois donc que la conclusion à laquelle on est arrivé est au moins contestable. Je demande que, pour le moment, nous n'admettions pas comme démontrée cette assertion que le débit sera moindre lorsque le niveau de la mer intérieure sera plus bas, admettons qu'il sera égal, peut-être même un peu supérieur.

M. Chambrelent. Supérieur, non !

M. Dupuy de Lôme. La longueur du canal va faire que la quantité d'eau qui va rentrer dans la Méditerranée par une section de 11 mètres sera la même. L'augmentation de pente qui va se répartir sur toute la longueur du canal n'augmentera pas l'entrée de la quantité d'eau de la Méditerranée d'une façon notable. Supposons même qu'elle l'augmente un peu, qu'elle la porte à 200 mètres cubes ; à quoi arrivons-nous ? A faire face à la vaporisation. Nous avons admis que la vaporisation complète serait de 128 centimètres par an ; que les pluies directes tombées dans les chotts, que les sources amenant de l'eau donneraient 54 centimètres ; il reste par conséquent 74 centimètres à fournir si la vaporisation est la même pendant que le remplissage aura lieu. Puisque le canal, débitant 187 mètres cubes, n'a pour but que de faire face à la vaporisation, nous arriverions de cette manière à un temps infini pour le remplissage ; mais ce ne serait pas un temps infini par cette raison que, dans le début de l'opération, l'eau n'existant pas encore dans les chotts, la vaporisation, que nous supposons produire un vide de 74 centimètres par an, n'aurait pas encore lieu ; elle se produirait au fur et à mesure que le remplissage se ferait ; il est difficile d'établir en moyenne la quantité qui se vaporiserait et qui arriverait à son maximum de vide de 74 centimètres quand le remplissage serait supposé terminé, mais il est rationnel d'admettre que la vaporisation sera au moins les deux tiers de celle-là et que, par conséquent, le débit de 187 m. cubes, qui a pour but de faire face à 74 centimètres de hauteur manquant par an, ne produirait une élévation que du tiers de cette quantité pendant le temps de remplissage.

Il a fallu compter, rapprocher les chiffres, c'est une simple multiplication ; et l'on est arrivé à ce résultat que, s'il fallait 29 ans pour produire le nombre de mètres cubes qui remplirait les chotts, en supposant qu'il n'y ait pas d'évaporation, comme celle-ci prendra au moins les deux tiers de ce qu'elle enlèvera quand le remplissage sera terminé, il faudra 97 ans, près d'un siècle, pour que la mer intérieure soit pleine.

Même en écartant momentanément cette assertion contestable qui se trouve dans la note, il est impossible de procéder à l'entreprise avec un canal qui aurait pour résultat d'exiger au moins 97 ans, probablement un siècle, peut-être plus, pour remplir les chotts dans lesquels il s'agit de mettre de l'eau.

Donc, le canal n'est pas suffisant tel qu'il est calculé dans la note sur le prix de revient, et ce qu'a dit M. Fournié a son application indirecte, à savoir qu'il n'y a pas à nous arrêter au calcul de la section du canal destinée simplement à suffire à la vaporisation, que la section doit être accrue et qu'en admettant l'hypothèse la plus favorable il en faudrait une triple.

M. Chambrelent. Lorsque j'ai été chargé d'étudier la question du remplissage, je me suis mis à la disposition de M. Roudaire pour lui demander comment il l'entendait. Il m'a déclaré qu'il entendait laisser le canal libre et les eaux couler dans ce canal. J'ai étudié la question à ce point de vue et je suis arrivé à ce chiffre de 136 mètres cubes que les personnes les plus autorisées considèrent comme un maximum. J'ajoute, et c'est là-dessus que se basaient tous mes calculs, que j'ai admis le chiffre de 185 mètres cubes, chiffre qu'on donnerait lorsque la mer serait pleine, parce que j'ai supposé qu'on mettrait une vanne à l'extrémité aval au lieu de laisser l'eau couler. J'ai dit : il faut trente ans pour remplir la mer intérieure avec la section sans tenir compte de l'évaporation. Si donc vous aviez une section triple, la mer se remplirait en trois fois moins de temps s'il n'y avait pas d'évaporation. Aussi ai-je ajouté : comme je crois que l'évaporation sera, pendant tout le temps du remplissage, égale à ce qu'elle sera quand la mer sera pleine, il faudra d'abord dix ans pour remplir la mer avec une section triple, mais il faudra une section plus que triple pour la remplir en tenant compte de l'évaporation.

Je maintiens donc que, si l'on fait une section plus que triple, c'est-à-dire une section triple à laquelle on ajouterait le débit nécessaire pour compenser l'évaporation, la mer serait pleine dans dix ans. 185 mètres cubes la rempliraient en 30 ans ; si vous triplez la section, vous la remplirez en dix ans. Maintenant, il faudra ajouter à cette augmentation du triple de la section une augmentation destinée à compenser l'évaporation, et c'est pour cela que ma note dit : il faudra une section plus que triple. Je crois qu'avec cette section on peut remplir la mer en dix ans.

M. Rousseau. Je demande la permission de présenter une observation. Je voudrais bien établir sur quelle base nous discutons en ce moment. Il est certain que les travaux des Sous-Commissions ont bien préparé le terrain de la discussion. Nous nous trouvons aujourd'hui en présence de M. Roudaire, au mérite duquel je commence par rendre un complet hommage. C'est un homme de foi, qui a déployé beaucoup de persévérance, d'énergie et d'activité dans cette affaire ; il serait à désirer que beaucoup de personnes eussent une pareille force de volonté. C'est donc, je le répète, un homme de foi, persuadé que, quels que soient les obstacles, cette opération est encore bonne.

Il nous dit qu'il est certain qu'il y aura une société qui prendra l'affaire, même avec les chiffres que nous avons indiqués. Est-ce que nous pouvons tabler sur cette affirmation et compter là-dessus? Je crois que nous discutons un peu sur des assertions qui demanderaient à être contrôlées. Pour placer la question sur un terrain solide, la Commission devrait, selon moi, se poser cette question : Le Gouvernement doit-il intervenir dans l'affaire? Doit-il l'encourager?

M. le Ministre, *Président*. Je ferai observer à l'honorable M. Rousseau que nous n'en sommes pas là. Nous examinons en ce moment les travaux de la première Sous-Commission. La question que j'ai posée à M. Roudaire est tout à fait incidente et ne fait pas partie des délibérations de la première Sous-Commission.

M. Rousseau. Ayant pris part aux travaux de la première Sous-Commission, je dois dire que, par un sentiment de bienveillance pour la persévérance de M. Roudaire, et, en même temps, pour n'avoir pas l'air de forcer le résultat, elle a tâché d'atténuer plutôt que de grossir les chiffres.

M. Roudaire les conteste. Il dit : Ce sont des maxima, et, loin d'ajouter une somme à valoir, vous devriez retrancher de ces chiffres, à raison du travail que nous ferons par les eaux. Nous nous sommes mis en dehors de cette hypothèse, nous avons tablé sur quelque chose de certain, sur les résultats de l'expérience faite dans des travaux similaires; nous avons établi que les déblais ne se feraient que dans des conditions de prix déterminé, et je dois dire tout d'abord que ces conditions sont bien inférieures à celles qu'on a atteintes dans des circonstances semblables.

Si mes souvenirs sont exacts, dans le travail fait à Suez (c'est le seul auquel on ait procédé dans des conditions de climat et de terrain analogues), le prix du mètre cube a dépassé 2 francs. En admettant les prix qu'elle a fixés et en supposant l'emploi d'engins et de machines plus perfectionnés que ceux dont on s'est servi à Suez, — et qui pourtant l'étaient déjà, car on a inventé des procédés très remarquables, — la première Sous-Commission a fait une concession très large à M. Roudaire. Elle est arrivée, par l'application de ces prix, en réduisant la section et sans tenir compte de la condition du remplissage, à un chiffre de 450 millions, qui, à lui tout seul, paraît de nature à faire réfléchir fortement.

Je crois que si la Commission avait à conclure, elle devrait ajouter à ce chiffre les indications qu'a fournies M. Fournié et dire que le prix du canal ne pourra jamais descendre au-dessous de 500 millions de francs; de sorte que, si une compagnie se présentait, elle sût bien que nous ne pourrions pas accepter les évaluations de M. le commandant Roudaire, évaluations qui ne vont pas au delà de 150 ou 200 millions, alors que celles de M. Fournié s'élèvent à plus d'un milliard.

M. Gros. C'est précisément sur ce point que j'avais insisté. Les engagements ou les propositions de M. Roudaire ne devraient pas être en vue d'un chiffre déterminé.

M. le Ministre, *Président*. Nous ne pouvons pas arriver ici à faire un calcul mathématique et à déterminer d'une façon absolument exacte le prix des travaux; nous devons essayer de nous faire une idée approximative de ce que pourra être cette dépense.

M. Fournié vient d'énumérer les éléments qui pourront être compris dans la composition de ce chiffre total; il me semble qu'il l'a fait en entrant dans les vues de M. Roudaire, mais en admettant, si je ne me trompe, qu'il fallait tripler la section.

M. Roudaire conteste beaucoup le triplement de la section. Il croit qu'en donnant un peu plus de pente à son canal, on remplirait la mer intérieure dans un délai raisonnable. Il a parlé d'un accroissement de pente qui résulterait de ce fait qu'il porterait la dénivellation à 2 mètres de plus à l'extrémité du canal. Il arrive ainsi à un débit très suffisant pour remplir la mer intérieure.

Cette assertion de M. Roudaire est-elle admise par vous, ou bien, au contraire, la contestez-vous?

M. Fournié. Je ne l'admets nullement. Cependant, pour entrer dans votre pensée, Monsieur le Ministre, je veux bien faire à M. Roudaire une nouvelle concession qui permette d'arriver à un chiffre qui sera encore un minimum. En admettant le prix de 50 centimes, mais en tenant compte de l'élargissement dont parlait M. l'amiral Duburquois, il faut forcer un peu le chiffre de M. Roudaire et l'on n'arrivera pas, en faisant les additions que j'indiquais, à moins de 500 millions de capital à rémunérer, même dans une hypothèse que nous n'admettons pas du tout.

M. le Ministre, *Président*. Vous arriveriez à ce résultat en prenant les chiffres de M. Roudaire, en établissant des garages suffisants pour que la navigation soit assurée; seulement, vous exigez le triplement de la section.

M. Fournié. C'est le chiffre total, sans tripler la section. Nous venons de trouver pour les déblais 255 millions; j'y ajoute 50 millions pour les travaux des ports et de défense des berges (c'est une somme à valoir), 50 millions pour les travaux en rocher, je trouve environ 350 millions; si j'y ajoute

12 p. o/o pour frais d'étude et de surveillance, 5 p. o/o pour frais généraux et 5 o/o d'intérêts, j'arrive alors à 550 ou 600 millions.

M. le Ministre, *Président*. Je crois que c'est en effet le chiffre qu'on doit représenter comme le minimum.

M. Fournié... comme étant celui de M. Roudaire lui-même.

M. Rousseau... basé sur 50 centimes.

M. le Ministre, *Président*. Parfaitement; en prenant les éléments de prix de M. Roudaire lui-même, en admettant qu'il ne soit pas nécessaire de recourir à un très grand élargissement du canal pour remplir la mer intérieure et qu'on y pourvoie avec la section prévue, en accroissant seulement la pente, en établissant les garages nécessaires pour qu'il soit praticable à la navigation telle qu'on l'a en vue, M. Fournié arrive, pour l'ensemble des travaux, y compris les frais généraux, l'intérêt du capital engagé pour la construction et le remplissage, à un chiffre de 550 à 600 millions qui, d'après ces éléments, peut être considéré comme un minimum.

M. Rousseau. Comme le chiffre de M. Roudaire, car je ne crois pas que M. Fournié adopte 50 centimes.

M. Sadi-Carnot. Il faut tenir compte aussi de l'augmentation des terrassements qui résultera de l'accroissement de la pente.

M. le Ministre, *Président*. L'accroissement n'est que de 2 mètres.

M. Rousseau. Pardon, Monsieur le Président, cela fait plus de 2 mètres; M. Roudaire a dit qu'il porterait la pente à 5 centimètres; cela fait 4 millimètres de plus par mètre; on arrive donc à $6^m,80$.

M. Gros. Ce n'est pas la pente de plafond qui influe dans la question; c'est la pente de la surface qui détermine la vitesse.

M. le Ministre, *Président*. M. Roudaire parlait du remplissage de la mer.

M. Gros. Sa modification n'aurait aucune influence.

M. le Ministre, *Président*. Cependant, si la pente augmente, le débit augmente bien!

M. Gros. C'est une influence insensible.

M. le Ministre, *Président.* Je crois que cela augmentera le débit.

M. Chatoney. Le rapport de la première Sous-Commission nous a été distribué ; nous ne nous sommes pas réunis depuis. Il y a, dans ce rapport très bien fait, un passage que, pour ma part, je n'admets pas du tout, et je ne sais pas s'il traduit bien la pensée de la Sous-Commission. C'est précisément ce passage que relève M. Roudaire pour en faire une base d'argumentation ; le voici :

« Le travail des eaux — c'est la Sous-Commission qui parle — pourra aider au creusement du canal, etc. »

J'avoue que, dans la Sous-Commission, je ne crois pas que beaucoup de personnes ont été de cet avis ; pour ma part, je n'en suis certainement pas ; cela a l'air de dire que ce travail des eaux est un travail d'entraînement. On a dit qu'on pourrait se servir des eaux, si ce sont des terres argileuses ou des sables, pour les délayer et les enlever à l'aide de pompes et de machines ; mais le travail des eaux comme l'a compris M. Roudaire, c'est une interprétation que ne lui a pas donnée, à mon sens, la Sous-Commission. M. Rolland pourrait nous le dire.

M. Rolland. M. le Président m'a chargé de résumer les travaux de la Sous-Commission, mais je prends la responsabilité des termes du rapport.

M. le Ministre, *Président.* C'est-à-dire que vous avez dépassé la pensée de la Sous-Commission.

M. Chatoney. Si j'ai fait cette observation, c'est qu'il y a là, selon moi, quelque chose de grave. M. Roudaire s'est appuyé sur un passage qui contient une opinion que je serais fâché de voir admise dans le public. Je ne crois pas du tout que la Sous-Commission ait pensé qu'on pût faire un mètre cube de travail avec de l'eau, rien que par l'entraînement, sur un canal d'une longueur de 170 kilomètres.

M. Rolland. Quelques membres ont admis que le travail des eaux pourrait donner lieu à un certain entraînement des déblais, mais sans pouvoir dire dans quelle mesure.

M. Chatoney. On n'a pas voté, dans tous les cas.

M. Lalanne. La question vient de s'éclaircir beaucoup en ce qui concerne la partie technique, c'est-à-dire celle qui a été soumise particulièrement aux travaux de la première Sous-Commission. Nous sommes en présence de deux chiffres extrêmes; on peut s'étonner que, dans une matière purement technique, où il semble qu'il n'y ait que des données géométriques et arithmétiques, on arrive à des différences aussi grandes. A cette divergence, il y a des causes nombreuses. Le pays n'est connu que de M. Roudaire. Il l'a vu, on ne peut pas se le dissimuler, avec une entière bonne foi, mais en même temps sous une influence d'imagination qui, je crois, a excédé la réalité des faits.

Il n'en est pas moins vrai que nous sommes entre deux estimations extrêmes, le chiffre de 250 millions auquel M. Roudaire s'arrête en dernier lieu, sans admettre aucune des causes d'augmentation qui ont été si bien exposées tout à l'heure, et le chiffre de M. Fournié, qui, prenant des bases différentes de celles de M. Roudaire, mais des bases qui ont un grand caractère de vraisemblance, arrive à environ 1,500 millions.

La Sous-Commission, elle, reconnaît que le minimum ne peut descendre au-dessous de 500 millions environ. Voilà les deux termes extrêmes et le terme moyen auquel nos travaux nous ont conduits. Eh bien, Monsieur le Ministre, il me semble que, même en regard de la somme de 250 millions, considérée comme un minimum, admettant toutes les hypothèses favorables de M. Roudaire, jusques et y compris celle-ci, que peut-être l'emploi des eaux, au lieu de donner lieu à une somme à valoir, donnera lieu à une diminution possible; il me semble, dis-je, que nous avons les éléments suffisants pour prendre connaissance des travaux des autres Sous-Commissions, et que, en admettant cette dépense, chacun de nous appréciant ce qu'il y a de probable entre ces évaluations extrêmes, ce qu'il y a de probable dans l'évaluation que la Sous-Commission a déclaré être à ses yeux un minimum, le moment est venu de nous éclairer des travaux de nos collègues et d'arriver à une conclusion.

M. Dupuy de Lôme. Messieurs, la question du prix des travaux est si importante, elle joue un rôle si considérable dans la conclusion que nous avons à émettre, qu'il me paraît que nous ne saurions, en raison de la responsabilité qui incombe à la Commission tout entière et à la Sous-Commission technique, prendre trop de soin pour bien établir cette conclusion. Nous avons jusqu'à présent établi la dépense du canal en ne nous occupant que de ce qui serait nécessaire pour faire face à la vaporisation. Une note, qui ne nous est remise qu'aujourd'hui, vient établir que la section calculée serait insuffisante et qu'il faudrait un autre canal que celui-là pour remplir les chotts dans un temps raisonnable. Eh bien, il me paraît que les conclusions de la Commission devraient être formulées aujourd'hui d'une manière précise, non pas seulement avec les données primitives, qui ne seraient pas changées, mais en y ajoutant le travail relatif à la section modifiée, telle qu'elle est nécessaire pour remplir les chotts dans le temps voulu. Qu'on fasse cette section autre que celle qui a servi à la première base de calcul, soit plus grande en largeur, soit plus grande en profondeur, soit plus grande en pente, il y a un autre canal à étudier, un autre canal à présenter comme nécessaire, aux yeux de la Commission, non seulement pour faire face à la vaporisation, mais pour le remplissage. Mon impression, après avoir participé aux travaux de la première Sous-Commission, se traduit par cette conclusion : Le premier travail conduit à un certain canal; la question d'évaporation prouve que ce canal est insuffisant relativement au remplissage et qu'il en faut un autre. C'est sur ce second canal que nous avons à établir notre prix de revient.

Vous prendrez le chiffre que vous voudrez ; vous pourrez établir que, même en entrant dans les assertions de M. Roudaire, appuyées sur les propositions contenues dans les lettres de tel et tel entrepreneur, on arrive à un prix de revient formidable, c'est évident; mais ce chiffre n'est pas établi par la Sous-Commission ; il n'y a de prix établi qu'en vue d'un canal destiné à faire face à la vaporisation, canal que nous reconnaissons être insuffisant. Je ne voudrais pas que notre travail restât incomplet.

M. Sadi-Carnot. Je crois le travail suffisant pour que la Commission puisse statuer. La Sous-Commission a établi ses calculs d'après les données du projet qui lui était soumis; elle s'est mise d'accord avec M. Roudaire sur les conditions dans lesquelles il projetait son canal. Les délégations qui ont étudié spécialement la question de la section se sont mises en rapport avec lui, et c'est sur ses indications qu'on a adopté telle forme de section, telle pente. C'est avec les données fournies par l'auteur du projet qu'on est arrivé aux conclusions qui sont rapportées dans les différents documents actuellement soumis à la Commission.

Il résulte aujourd'hui de ces documents que la difficulté du remplissage de la mer devient un obstacle presque insurmontable avec les données actuelles. M. Roudaire, frappé lui-même des observations qui lui sont faites, quoiqu'il ne l'ait pas dit d'une manière aussi catégorique, indique qu'on pourrait modifier les conditions de son canal; qu'au lieu de lui donner la pente qu'il avait indiquée, on pourrait en adopter une beaucoup plus forte, et qu'alors la section de canal, telle qu'elle a été calculée, pourrait suffire pour le remplissage.

Il est assez difficile, à moins de refaire constamment le travail déjà fait, de suivre M. Roudaire dans toutes les transformations successives de son projet; mais, quand même on voudrait le faire, je crois qu'on arriverait à une conclusion qui différerait peu de celle à laquelle nous sommes amenés aujourd'hui.

En effet, comme le faisait observer tout à l'heure M. l'amiral Duburquois, le canal est à peine suffisant, avec la section adoptée, pour permettre aux navires de pénétrer dans la mer intérieure, de sorte que, quelle que soit la pente qu'on veuille lui donner, il faudra lui assurer une section au moins égale à celle qui a été indiquée par la Sous-Commission comme nécessaire pour le maintien de niveau de la mer, une fois qu'elle sera remplie. Cette condition s'appliquera, à plus forte raison, à l'exécution d'un canal à plus forte pente.

Je crois donc que les chiffres fournis par la Sous-Commission peuvent être considérés comme un minimum au point de vue des terrassements.

Reste la question de l'application des prix. En admettant les données fournies par M. Roudaire, M. Fournié vient de faire un calcul qui conduit au chiffre considérable que la Commission a entendu il y a un instant. Je crois donc que les différents éléments qui nous sont soumis nous permettent de poursuivre nos travaux.

M. LE MINISTRE, *Président*. On pourrait demander à la première Sous-Commission de faire les calculs dans les différentes hypothèses où nous nous sommes placés, de telle sorte que, dans une prochaine séance, nous eussions un tableau méthodique et précis des différentes estimations. Cela ne nous empêche pas de poursuivre aujourd'hui l'examen des travaux des autres Sous-Commissions.

Nous nous trouvons en présence de deux chiffres extrêmes, 500 et 1,500 millions. La Sous-Commission pourra établir un chiffre entre ces deux limites; il est très probable qu'elle ne pourra pas descendre au-dessous de 500 millions.

Si, en poursuivant notre examen, nous arrivions à penser que les travaux ne dussent pas être entrepris, même s'ils ne doivent coûter que 500 millions, le reste importerait fort peu.

Sans attendre donc ce chiffre ultérieur, nous pourrions passer à l'examen des résultats auxquels sont arrivées les deuxième et troisième Sous-Commissions. La base de 500 millions, comme minimum, offre déjà, je crois, un élément suffisant pour l'esprit.

Nous allons, en conséquence, si la Commission n'y met pas d'opposition, passer à l'examen des travaux de la deuxième Sous-Commission, qui avait à apprécier les résultats de l'entreprise au point de vue des effets physiques. Le résumé de ses travaux est présenté sous une forme excessivement concise; le temps lui a manqué pour rédiger un rapport complet, mais nous pourrions l'engager à donner un peu plus d'étendue aux conclusions qu'elle nous apporte.

S'il n'y a pas d'opposition, M. le Secrétaire va donner lecture de ces conclusions. (Assentiment.)

M. PALÉOLOGUE, *secrétaire*, donne lecture des conclusions de la deuxième Sous-Commission (1).

---

(1) Voir page 409.

M. le Ministre, *Président.* Quelqu'un demande-t-il la parole sur les conclusions de la deuxième Sous-Commission ?

Elles se résument, ainsi que la Commission l'a vu, en ceci : Les conditions climatériques et sanitaires de la région des chotts ne seront certainement pas aggravées, et elles pourront être améliorées dans une certaine mesure. Mais la Sous-Commission n'a pas cru pouvoir indiquer, même d'une manière approximative, dans quelle mesure cette amélioration, soit au point de vue de la culture, soit à celui de la salubrité, pourrait se produire.

M. Dumas. Je crois de mon devoir de faire remarquer que la Sous-Commission considérait que l'opération du remplissage devait durer huit ou dix ans au plus ; et je pense que, si on lui avait dit que cette opération durerait trente ans, quelques-unes des opinions émises dans son sein au point de vue de la salubrité pendant la période de remplissage auraient été considérablement modifiées.

M. le Ministre, *Président.* Modifiées dans le sens d'une aggravation ?

M. Dumas. Oui, d'une aggravation certaine.

M. Liouville. Des réserves ont été faites dans la note relativement aux conditions différentes qui pourraient résulter, en ce qui concerne la salubrité, des travaux et de l'état du pays pendant la période de remplissage ; mais je crois que ces réserves sont suffisantes ; on a visé une période de dix ans, mais je pense qu'elles ne doivent pas être aggravées par cette considération que le remplissage durerait quinze ou vingt ans. Je demande à mon collègue, M. Fauvel, si, en formulant ces réserves, il n'a pas suffisamment indiqué qu'il pourrait peut-être y avoir des modifications, mais que nous ne prétendions pas dire, cependant, que la période de remplissage apporterait véritablement une aggravation aux conditions actuelles d'insalubrité. Nous ne sommes pas, ce me semble, en mesure de dire une chose pareille, et, en faisant ces réserves, nous sommes restés dans la situation où nous nous trouvions auparavant : en présence de l'inconnu ; mais si nous affirmions qu'il se produirait une aggravation, nous dépasserions la mesure de ce que nous pouvons dire. Voilà pour quelle raison j'ai accepté la formule de réserves pour la période de remplissage de la mer intérieure, mais sans pouvoir dire qu'il y aura, par le fait même des travaux commencés, pendant cette période, une aggravation ; c'est une allégation que je ne peux pas produire.

M. le Ministre, *Président.* Ainsi, dans la pensée de l'un des auteurs de la note, il n'y aurait probablement ni aggravation ni amélioration pendant la période des travaux ; du moins il ne peut rien affirmer à cet égard, par conséquent il ne se prononce ni dans un sens ni dans l'autre. Comme résultat final, il aperçoit plutôt une amélioration dont il ne peut préciser ni l'étendue, ni l'importance.

M. Liouville. Dans l'état final des choses, je prévois plutôt une amélioration sur les bords des chotts, dans la zone qui côtoiera la mer intérieure; amélioration qui a peut-être son analogie dans ce qui s'est passé à l'isthme de Suez, d'après ce que nous a dit M. de Lesseps, qui, malheureusement, n'est pas présent aujourd'hui.

M. le Ministre, *Président*. Ainsi, dans l'état final, amélioration pour une certaine zone; quant à la période de remplissage, la Sous-Commission ne se prononce pas; du moins elle n'émet pas d'opinion dans son ensemble.

M. Liouville. Ma réserve sur ce point est absolument personnelle en ce moment. Mais je chercherai à la faire prévaloir près de mes collègues si nous pouvons avoir une réunion pour continuer notre discussion.

M. Dumas. Je demande que la deuxième Sous-Commission se réunisse de nouveau pour étudier la question en tenant compte des changements qui viennent d'être proposés; nous avons calculé sur un terme de dix ans pour le remplissage de la mer intérieure; mais on vient de parler d'une période de trente ans pour cette opération. Ce sont là des questions trop délicates pour les discuter dans la Commission plénière; il serait préférable de nous réunir pour les examiner, à ce point de vue nouveau, d'une manière complète.

M. le Ministre, *Président*. Alors, à la prochaine séance plénière, la seconde Sous-Commission, comme la première, nous apporterait de nouvelles conclusions auxquelles elle donnerait des formes plus précises.

M. Sadi-Carnot. Je pense que nous ferions là un travail inutile. La première Sous-Commission va chercher à calculer une nouvelle section et une nouvelle pente du canal, de manière à diminuer précisément la durée du remplissage, et à la réduire à dix ans. Nous serons alors dans les conditions mêmes où s'est placée la seconde Sous-Commission, pour arriver aux conclusions qu'elle a apportées aujourd'hui.

M. Liouville. La seconde Sous-Commission ne se réunira que quand elle aura reçu le document émané de la première; c'est sur ce document que nous discuterons, et nous l'attendrons.

M. le Ministre, *Président*. Comme l'a fait observer M. le Président de la première Sous-Commission, celle-ci va chercher à déterminer, pour le canal, des dimensions qui permettraient de remplir la mer intérieure en dix ans; dès lors l'opinion de la deuxième Sous-Commission resterait ce qu'elle est aujourd'hui.

M. Dumas. Oui, dans cette hypothèse, elle resterait ce qu'elle est.

M. le Ministre, *Président*. Dans ces conditions, la deuxième Sous-Commission peut maintenir ses conclusions actuelles, à moins que d'autres circonstances ne viennent les modifier.

M. Fauvel. Il me semble que la formule qui a été employée par la deuxième Sous-Commission traduit exactement son opinion, en ce sens qu'elle dit qu'elle ne peut pas se prononcer, même approximativement, sur les conséquences de la création de la mer intérieure au point de vue sanitaire pendant la période de remplissage; en d'autres termes, elle ne sait pas s'il en pourra résulter une aggravation ou une amélioration.

M. le Ministre, *Président*. Cela est bien entendu ainsi.

Passons à la troisième Sous-Commission; je prie M. Jusserand de vouloir bien donner lecture des conclusions qu'elle a formulées.

M. Jusserand, *secrétaire*, donne lecture du « Rapport général sur les travaux de la troisième Sous-Commission (1) ».

M. le général Favé. Je demande pardon à la Commission de l'occuper quelques instants de vues personnelles, et qui sont le résultat des réflexions que j'ai faites depuis que j'ai l'honneur d'appartenir à la Commission; elles touchent à des considérations que je crois très importantes au point de vue national, au point de vue purement français. Ces considérations ont besoin d'un préambule en apparence étranger à la question.

Lorsque, il y a cinquante ans, on a décidé qu'on occuperait l'Algérie, et qu'on y a envoyé des troupes de plus en plus nombreuses, on s'est placé au point de vue national. Je me rappelle les discussions brillantes de cette époque : nos soldats s'y aguerriraient, et, en cas de conflit européen, nous aurions l'avantage d'avoir des troupes supérieures à celles qui seraient restées casernées en France.

L'événement a justifié ces prévisions : dans la campagne de Crimée, dans celle d'Italie, les soldats venus d'Afrique ont joué le rôle le plus brillant, le rôle de troupes d'élite. En effet, ils étaient habitués à combattre, et ne fût-ce qu'au point de vue des subsistances et du campement, il est très précieux, au début d'une campagne, d'avoir des troupes qui sachent se tirer d'affaire.

Aujourd'hui, cet état de choses n'existe plus. En 1870, par une innovation dont, malheureusement, nous n'avons pas eu l'initiative, l'armée ennemie s'est trouvée en état de combattre le dix-septième jour après l'ordre de mobi-

---

(1) Voir, page 453, le texte de ce rapport.

lisation; elle avait employé huit jours à ce qu'on appelle la mobilisation, c'est-à-dire à doubler ses effectifs, et, par un habile emploi des chemins de fer, en huit jours environ elle avait opéré complètement sa concentration sur notre frontière, quelques-unes des troupes venant de plus de 200 lieues.

Le fait était absolument nouveau. Le dix-septième jour, une seule de nos divisions, qui se trouvait près de la frontière, a été attaquée par une armée tout entière. C'était une surprise; c'était l'imprévu, et le reste de cette guerre n'a été qu'une succession de surprises et d'imprévus pareils. La France avait ignoré qu'elle aurait affaire à un adversaire absolument prêt à combattre le dix-septième jour après l'ordre de mobilisation.

Notre situation se trouve donc changée. Nos troupes d'Algérie ne pourront plus venir prendre part aux premiers combats qui pourront être livrés. Nos troupes d'Algérie et de Tunisie, du nord de l'Afrique, ne peuvent plus venir prendre part aux premiers et aux plus décisifs combats, par la raison bien simple que la France, la Russie, l'Autriche, l'Italie, toutes les grandes puissances de l'Europe ont modifié du tout au tout leur organisation militaire, de façon à pouvoir effectuer à peu près en huit jours la mobilisation, et en huit jours également la concentration de toutes leurs troupes sur la frontière où l'on doit combattre.

Sans vouloir exagérer le chiffre des troupes que nous avons aujourd'hui dans le nord de l'Afrique, et en défalquant les troupes indigènes que nous supposerons ne pas devoir prendre part aux guerres d'Europe, quoiqu'elles l'aient fait en d'autres circonstances, on ne peut pas estimer à moins de 50,000 le nombre de nos soldats qui sont employés d'une manière permanente à l'occupation de l'Algérie et de la Tunisie.

Mais, et je ne parle que des effectifs des troupes actives, les bataillons ne sont aujourd'hui qu'à 500 hommes, et l'effectif normal du temps de guerre est de 1,000 hommes. Ce n'est donc pas 50,000 de nos soldats qui manqueront pour les premières batailles, c'est 100,000.

Il faudrait, par conséquent, changer notre manière d'agir en Algérie, et trouver le moyen de diminuer le nombre des troupes d'occupation. C'est parce que, à mon avis, la mer intérieure peut conduire à ce résultat, que j'y attacherais beaucoup d'importance. Ces considérations me sont purement personnelles, mais je voudrais les voir adopter.

Comment est-il possible de faire la conquête d'un pays, de se l'assimiler sans y entretenir des troupes à l'état permanent?

La mer intérieure ne pourrait-elle pas nous être utile à ce point de vue? Suivant moi, elle pourrait nous aider beaucoup, je ne dis pas à supprimer toutes les troupes que nous avons en Afrique, mais à en diminuer graduellement le nombre, de manière à atténuer l'inconvénient que je n'ai pas cherché à dissimuler.

Comment les Arabes font-ils la guerre? Car c'est à eux que nous avons affaire; il ne s'agit que de leurs insurrections. Ce sont des nomades, et ils ne peuvent combattre qu'à une condition toute particulière à leur état de civilisation. Cette condition, c'est que tous les hommes armés forment une troupe plus ou moins bien organisée, et qu'ils laissent bien loin en arrière tout ce qu'ils ont de plus précieux, c'est-à-dire les vieillards, les femmes, les enfants, les troupeaux, à peu près tout ce qu'ils possèdent; la perte de ce qu'on appelle la *smalah* est tout ce qu'il y a de plus terrible pour une population nomade. Leur manière de faire la guerre consiste donc à porter les combattants sur les points où ils trouvent l'avantage, soit pour la résistance, soit pour l'attaque, et à laisser cette smalah très loin en arrière pour que, au cas où ils viendraient à être battus, elle ne coure à peu près aucun risque.

Eh bien, voici la réflexion que j'ai faite à ce sujet : Les insurrections, a-t-on dit avec beaucoup de raison dans le rapport, ont lieu surtout dans la partie montagneuse située au nord de ce qu'on appelle la mer intérieure; nous les attaquons en allant du nord vers le sud; nos colonnes suivent toujours cette direction, parce que nous partons des bords de la mer.

Admettons qu'au lieu d'attaquer les insurrections avec une colonne seule venant du nord, nous fassions marcher à la rencontre l'une de l'autre une colonne venant du nord et une colonne venant du sud, partant d'un point de débarquement quelconque de la mer intérieure. Qu'arrivera-t-il? C'est que la smalah que les Arabes ont laissée derrière eux se trouvera absolument découverte, et, par conséquent, ce qu'ils ont de plus précieux et de plus cher sera exposé à être pris sans combat; en supposant qu'ils aient laissé quelques combattants pour la défendre, leurs forces se trouveraient divisées.

En définitive, ces insurrections fréquentes ne sont pour nous un danger que parce que ces peuples sont nomades; s'ils étaient fixés sur un point, nous nous y porterions et nous en aurions raison; mais ils n'ont rien de stable, et ils se dérobent. Si donc, indépendamment de la colonne venant du nord, nous pouvions, du sud, en envoyer une seconde, la smalah serait sans défense, quel que soit le lieu où se produise l'insurrection; car, de la mer intérieure, on peut se diriger sur n'importe quel point.

Il y a plus. Que faut-il aux Arabes, au point de vue du combat? Il leur faut une position militaire facile à défendre, ordinairement une gorge de montagne, dont ils occupent les parties élevées; là, ils sont redoutables. S'ils peuvent être pris par derrière par une colonne venant du sud, ils se trouvent comme dans une souricière, et, par conséquent, la défense leur devient absolument impossible; la valeur de leur position est complètement annihilée. On pourrait donc, à mon avis, espérer faire très avantageusement la guerre par cette combinaison dont je parle, mais qui ne vaudrait rien du tout dans une guerre d'Europe contre une armée régulière.

Je vais plus loin. Je crois que si les Arabes avaient conscience que nous emploierons contre eux ce moyen, les insurrections prendraient promptement fin; il n'y a pas de population qui s'expose à des désastres de la nature de ceux auxquels ils ne pourraient échapper.

On me dira : Comment pourrons-nous avoir des colonnes expéditionnaires partant de la mer intérieure? A mes yeux, il n'y a là aucune difficulté. J'admets, d'abord, qu'on n'aurait pas besoin d'avoir beaucoup de colonnes, et que ces colonnes ne seraient pas très considérables; 1,500 à 2,000 hommes par colonne suffiraient, ce qui donnerait un total d'environ 8,000 hommes pour quatre colonnes que l'on pourrait entretenir de ce côté.

Comment les organiserait-on? Il nous faudrait sur la mer intérieure, non pas des vaisseaux de guerre, il nous faudrait une petite flottille de transports comme les Romains en ont toujours eu, ce qui leur a permis, au moyen d'offensives et de mobilisations continuelles, d'être plus redoutables que s'ils avaient entretenu des garnisons permanentes. Il est à désirer que cette flottille soit composée de bâtiments d'un très faible tirant d'eau pour faire facilement les embarquements et débarquements de troupes.

En résumé, il faudrait donner à nos troupes qui sont sur le littoral de la Méditerranée une mobilité qu'elles n'ont pas, les exercer continuellement à des opérations de transport par mer, d'embarquement, de débarquement pour qu'elles puissent faire les petites opérations dont je parle. Qu'on leur fasse faire ces exercices comme on leur fait faire les grandes manœuvres; qu'on habitue les soldats, comme le faisaient les Romains, à rester en mer pendant quelques jours, et on retirera de cette façon de procéder des avantages incomparables eu égard aux inconvénients qui pourraient en résulter.

M. LE MINISTRE, *Président*. Je proposerai à la Commission de s'ajourner à la semaine prochaine pour prendre des résolutions définitives sur cette question de la mer intérieure. Je prierai la première Sous-Commission de vouloir bien, dans l'intervalle, reprendre l'évaluation des travaux en se plaçant dans les hypothèses les plus favorables, et en admettant que le remplissage s'opère en dix ans, de manière à dégager le minimum auquel M. Fournié faisait allusion tout à l'heure; il faudrait examiner la question de savoir si, en augmentant la pente dans certaines conditions, on ne pourrait pas arriver à diminuer la dépense prévue pour le cas où, sans modifier la pente, on serait obligé de tripler la section.

C'est sur ces bases d'appréciations, considérées comme un minimum, que nous prendrions une résolution définitive sur le point de savoir s'il y a lieu de réaliser le projet, ou si, au contraire, on doit repousser cette idée.

Je proposerai donc à la Commission de se réunir vendredi prochain à neuf heures du matin; d'ici là, la première Sous-Commission pourra faire le travail dont il vient d'être question, et la deuxième Sous-Commission donnera un peu plus de développements à ses conclusions.

M. Sadi-Carnot. Je prierai Messieurs les membres de la première Sous-Commission de ne pas quitter la salle, afin que nous puissions fixer les bases de notre prochaine délibération.

La séance est levée à onze heures vingt-cinq minutes.

Le Président,
C. DE FREYCINET.

Les Secrétaires,
J. J. JUSSERAND.
G. ROLLAND.
M. PALÉOLOGUE.

Annexe

au procès verbal de la 2ᵉ séance plénière de la Commission supérieure.

Figures pour l'intelligence du texte de la note de M. Chambrelent sur le remplissage de la mer intérieure.

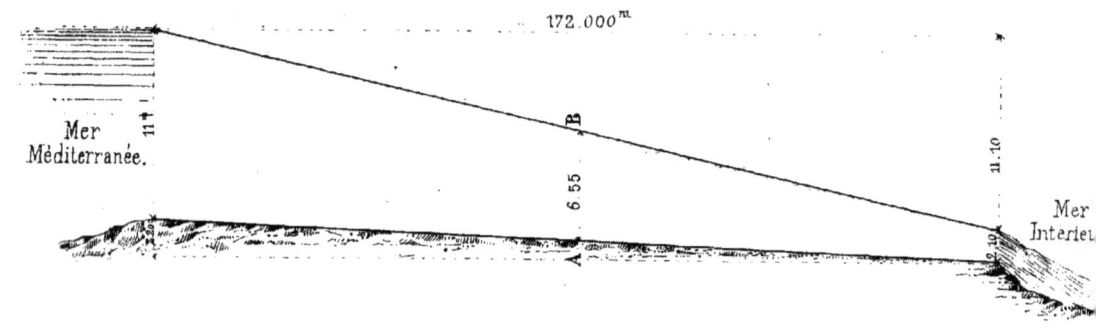

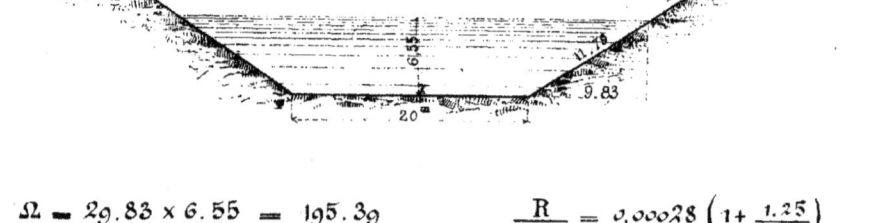

Section en AB.

$$\Omega = 29.83 \times 6.55 = 195.39$$
$$\mathcal{X} = 20 + 2 \times 11.79 = 43.58$$
$$R = \frac{\Omega}{\mathcal{X}} = 4.48$$
$$I = 0^m.000039$$

$$\frac{R}{u^2} = 0,00028 \left(1 + \frac{1.25}{R}\right)$$
$$u = 0^m.70$$
$$Q = \Omega u = 195.39 \times 0.70 = 136^{mc}.77$$

Déversoir — $Q = 1.96\, LH\sqrt{H}$

$H = 2^m.10$

$Q = 1.96 \times 48.61 \sqrt{2.1} = 137^m.08$

COMMISSION SUPÉRIEURE.

TROISIÈME SÉANCE PLÉNIÈRE.
(7 JUILLET 1882.)

PRÉSIDENCE DE M. DE FREYCINET,
PRÉSIDENT DU CONSEIL, MINISTRE DES AFFAIRES ÉTRANGÈRES.

La séance est ouverte à 9 heures 15 minutes.

M. LE MINISTRE, *Président*. Messieurs, le compte rendu *in extenso* de la dernière séance sera imprimé et distribué, à l'état d'épreuve, à tous les membres qui ont pris part à la discussion, et ils pourront faire les corrections nécessaires avant le tirage.

Les résultats de la dernière séance sont présents à l'esprit de tous ceux qui y ont assisté. Vous vous rappelez qu'il avait été convenu, notamment, qu'un nouveau travail serait fait par la Sous-Commission, qui devait évaluer le prix minimum de revient des travaux, en se plaçant dans l'hypothèse du remplissage en dix ans, et en supposant, d'ailleurs, le concours des circonstances les plus favorables à l'ordre d'idées exposé par M. Roudaire.

Les résultats de cette nouvelle évaluation sont consignés dans un rapport qui se trouve sous vos yeux et qui a été rédigé par M. Chambrelent.

Je prierai l'un de MM. les secrétaires de nous donner lecture de ce rapport.

M. ROLLAND, *secrétaire*, donne lecture du rapport de M. Chambrelent [1].

M. LE MINISTRE, *Président* invite l'un des secrétaires à donner lecture d'une note qui a été rédigée par le commandant Roudaire en réponse à ce rapport.

M. ROLLAND *secrétaire*, donne lecture de cette note qui est conçue en ces termes :

NOTE SUR LES DEVIS DRESSÉS PAR LA PREMIÈRE SOUS-COMMISSION.

Je relèverai d'abord trois points principaux :

1° La première Sous-Commission, tout en reconnaissant que le travail des eaux

---

[1] Voir, page 173, le texte du rapport de M. Chambrelent.

pourrait aider dans une certaine mesure au creusement du canal, refuse absolument d'en tenir compte, alors que de l'avis des ingénieurs les plus compétents on pourrait utiliser cette force dans une large mesure. La masse d'eau à introduire dans les chotts pendant la période du remplissage sera de 220 milliards de mètres cubes. Est-il admissible que l'on néglige la puissance de suspension de cet énorme volume d'eau? Rien ne sera plus facile que de lui faire charrier 400 à 500 millions de mètres cubes de terre et de réaliser ainsi une économie considérable.

2° La Sous-Commission persiste à appliquer le prix de 1 franc aux déblais, alors que je lui ai soumis non seulement des devis très minutieusement étudiés, qui font ressortir ce prix à 50 centimes, mais encore des lettres d'entrepreneurs très compétents et très honorables, qui s'engagent à exécuter les travaux à ces conditions (1). De son côté, M. de Lesseps a affirmé, à la dernière séance, que l'expérience des travaux de Panama lui permet d'affirmer qu'on restera au-dessous de 50 centimes.

3° Après avoir ainsi considérablement augmenté (?) le prix de revient, la Sous-Commission arrive encore à augmenter de 62 p. o/o le prix auquel elle est arrivée, en y ajoutant l'intérêt à 5 p. o/o, non seulement pendant l'exécution des travaux, mais encore pendant toute la durée du remplissage. Or, dans ses calculs, elle a admis que l'évaporation enlèverait, pendant cette opération, à peu près autant d'eau que lorsque les bassins seraient complètement remplis. Il en résulte nécessairement que les modifications du climat se feraient sentir dès que le remplissage commencerait et que les terres concédées pourraient être mises en rapport. Ajoutons que dès le début des travaux, on pourrait commencer l'exploitation des forêts et utiliser toutes les ressources en eaux, superficielles ou souterraines, que possède la région. De toutes ces considérations, il résulte que la Société aura presque immédiatement des revenus importants qui couvriront les intérêts et les frais généraux, desquels, par conséquent, il n'y a pas à tenir compte.

En supprimant les intérêts, en estimant les terrassements à 50 centimes et en appliquant le système de déblaiement par les eaux, qui conduit naturellement à la suppression des frais nécessités par la protection des berges, on arrive au devis suivant, que je considère comme un maximum :

Terrains déblayés de main d'homme.	75,000,000
Rochers.	79,000,000
Garages et ponts.	2,000,000
Jetées en mer.	2,700,000 (2)
Bacs à rateau pour désagréger les terres charriées par les eaux.	2,500,000
	161,200,000
Somme à valoir, $^1/_{10}$. . .	16,120,000
	177,320,000

---

(1) Voir le procès-verbal de la séance du 21 juin de la première Sous-Commission.
(2) Prix de revient des jetées de Suez.

Si ce chiffre est notablement supérieur à celui que j'avais établi dans mon rapport de 1880, cela provient surtout des modifications apportées dans le tracé et dans la section du canal ainsi que dans la disposition des tranchées initiales destinées à être approfondies par les eaux. Je ferai remarquer à ce sujet que les calculs de déblais sont faits pour des tranchées ayant trois mètres de profondeur au-dessous du niveau de la mer et 13 mètres de largeur au plafond, alors que M. Galand considère la largeur de 7 mètres comme suffisante. J'ajouterai enfin que le prix de 3 francs le mètre cube de rocher, que j'ai adopté d'après la Sous-Commission, est un maximum qui ne sera certainement pas atteint.

E. ROUDAIRE.

M. DE LESSEPS. J'ai assisté à toutes les séances de la Commission, des Sous-Commissions et des délégations, et je me suis permis de préparer, pour la soumettre à la Commission supérieure, une note très courte sur l'impression que j'ai éprouvée à la suite des séances auxquelles j'ai assisté.

M. LE MINISTRE, *Président*. La parole est à M. de Lesseps.

M. DE LESSEPS lit : « Il résulte de la lecture attentive des procès-verbaux des séances des trois Sous-Commissions qu'à aucun point de vue la mer intérieure ne peut être nuisible, mais au contraire qu'elle favorisera le développement de la colonisation ; qu'elle améliorera le climat, apportera la fécondité et assainira des régions insalubres.

En ce qui concerne l'accroissement de notre puissance militaire et maritime, l'importance de la nouvelle voie ouverte au commerce et la sécurité du sol de l'Algérie, les avis sont partagés. Mais ceux-là même qui sont le moins favorables ne peuvent pas s'empêcher de reconnaître que la submersion du bassin des chotts présente encore, à ces divers points de vue, un intérêt, si restreint qu'il soit.

Ainsi donc en résumé : nul mal à redouter ; beaucoup de bien à attendre.

Dans ces conditions la France a-t-elle intérêt à la réalisation du projet ?

La réponse ne saurait être douteuse.

Quelle est au fond la question ?

On demande l'autorisation d'exécuter le travail sans aucune subvention pécuniaire du Gouvernement, en échange de concessions de forêts et de terres dont l'État ne tire aujourd'hui aucun parti, et qui, d'ailleurs, n'acquerront de valeur que par suite de la création de la mer intérieure.

On offre d'ailleurs de réserver au Gouvernement une part dans les bénéfices nets.

La première Sous-Commission est arrivée à établir un chiffre de dépenses que je considère comme étant considérablement exagéré.

Qu'importe ?

Acceptons-le provisoirement.

M. Roudaire présente des devis d'après lesquels l'exécution du projet ne coûterait pas 200 millions.

Je partage sa conviction.

La première Sous-Commission lui oppose des devis beaucoup plus élevés. C'est son droit absolu.

Elle aura donc largement couvert sa responsabilité.

En résumé la question se pose ainsi : l'exécution du projet ne peut être qu'utile au pays. La Commission l'a reconnu. Il appartient maintenant au Gouvernement d'examiner s'il peut accorder à une société les concessions au moyen desquelles elle se chargerait d'exécuter les travaux à ses risques et périls. »

M. LE MINISTRE, *Président.* Quelqu'un demande-t-il la parole sur les estimations produites soit par la première Sous-Commission, soit par M. le commandant Roudaire, ou sur les divers autres points que nous avons examinés dans la précédente séance?

M. LIOUVILLE. Je regrette de ne pas trouver parmi les imprimés distribués aujourd'hui le texte des dernières conclusions auxquelles est arrivée la deuxième Sous-Commission. La deuxième Sous-Commission a légèrement modifié, je crois, ses opinions, et il eût été intéressant de le faire exactement connaître à tous nos collègues.

M. DUMAS. En effet, la deuxième Sous-Commission a décidé qu'il pourrait y avoir, au point de vue de la salubrité, des avantages à l'établissement de la mer intérieure.

M. LE MINISTRE, *Président.* Ainsi, la deuxième Sous-Commission a modifié son opinion dans un sens favorable à la mer intérieure.

Messieurs, M. de Lesseps demande que M. Roudaire soit admis au sein de la Commission pour fournir des explications et répondre aux questions qu'il pourrait être utile de lui poser. Il n'y a pas d'opposition?

(M. Roudaire est introduit.)

M. LE MINISTRE, *Président.* Monsieur Roudaire, quelques membres de la Commission désirent avoir de nouvelles explications. Il vient d'être donné lecture de la Note manuscrite que vous avez remise à M. le secrétaire, et nous n'avons plus à y revenir. Vous avez eu sans doute connaissance de la note de M. Chambrelent?

M. LE COMMANDANT ROUDAIRE. Oui, Monsieur le Président.

M. LE MINISTRE, *Président*. Si vous voulez exposer les idées que vous jugerez utiles en faveur de votre thèse, la Commission vous écoutera avec intérêt.

M. LE COMMANDANT ROUDAIRE. Je ne puis que répéter de vive voix ce que j'ai dit dans ma Note en réponse au travail de M. Chambrelent : on a estimé les déblais à un franc le mètre cube, alors que des entrepreneurs très compétents s'en chargent moyennant 50 centimes; s'il le fallait, je trouverais certainement d'ici à demain dix ou douze entrepreneurs qui accepteraient ces conditions.

M. LE MINISTRE, *Président*. Les points sur lesquels il y a divergence entre la Commission et vous sont, je crois, les suivants :

Dans un dernier calcul, la première Sous-Commission, entrant dans vos vues, a admis le prix de 50 centimes sur lequel vous vous appuyez; néanmoins, il subsiste encore un écart très considérable entre ses chiffres et les vôtres, puisqu'elle arrive à un total de 647 millions, tandis que vos évaluations ne s'élèvent qu'à 187 millions. Cet écart tient, d'abord, à ce que la Sous-Commission a cru devoir négliger l'économie qui pourrait résulter du travail des eaux, et à ce qu'elle a estimé, suivant vous, trop haut l'évaporation pendant la période du remplissage, qu'elle a chiffrée aux cinq sixièmes de l'évaporation qui se produira lorsque le travail sera terminé. En second lieu, la Sous-Commission a fait entrer en ligne de compte l'intérêt des capitaux pendant les dix ans du remplissage, alors que vous supposez que, pendant cette période, on jouira, en grande partie, des revenus qu'on est en droit d'attendre de l'exploitation de la mer intérieure, et qui compenseraient, suivant vous, pour la plus forte part, sinon entièrement, l'intérêt de ces capitaux.

M. LE COMMANDANT ROUDAIRE. Nous avons à amener dans le bassin vide, en tenant compte de l'évaporation, un volume d'eau de 220 milliards de mètres cubes. Il n'est pas admissible qu'on néglige cette force. Une tranchée initiale dont le plafond aurait une largeur de 13 mètres et serait à 3 mètres au-dessous du niveau de la mer donnerait un débit considérable qui irait en croissant au fur et à mesure que cette tranchée s'agrandirait. Dans ces conditions, je crois que le calcul des déblais faits directement de main d'homme ne doit s'appliquer qu'à l'ouverture de la tranchée initiale; ensuite, au moyen de bacs à râteau, d'appareils de fouille, on désagrégera les terres qui seront entraînées au fond du chott Rharsa.

Un travail analogue a été fait à l'embouchure de la Meuse, à Hoc von Holland. Un ingénieur en chef, M. Leblanc, vient encore d'employer la puissance des eaux pour dégager le port de Honfleur, et l'on pourrait citer vingt exemples dans des conditions moins favorables. Une économie très considérable résultera de l'utilisation de ce travail mécanique des eaux.

La Sous-Commission porte en outre, dans son devis, une somme de 25 millions pour dépenses diverses. Qu'est-ce que ces dépenses diverses ? On a parlé d'enrochements pour préserver les berges ; mais il n'y aura pas à préserver les berges ; les terres prendront leur pente naturelle. Au canal de Suez, on n'a pas fait d'enrochements ; les berges se tiennent d'elles-mêmes.

M. LE MINISTRE, *Président*. C'est un faible article de dépense ; il ne me paraît pas utile que vous y insistiez.

M. LE COMMANDANT ROUDAIRE. Ces 25 millions en font cependant environ 50 en fin de compte avec la somme à valoir, les frais généraux et les intérêts fixés par la Sous-Commission. Un chiffre plus important encore est celui des déblais : on a évalué le mètre cube de déblai à 1 franc, au lieu de 50 centimes, chiffre que les entrepreneurs acceptent. — Enfin il y a le calcul des intérêts pendant 12 ans et demi, ce qui augmente la somme totale de 62 1/2 p. o/o. Ainsi, après avoir exagéré toutes les dépenses dans une proportion considérable, on vient encore les doubler à peu près au moyen des intérêts !

Je crois que mon devis est dans la vérité, j'en ai la ferme conviction. Remarquez qu'il faut tenir compte de ce fait que l'État a naturellement intérêt à la création de la mer intérieure et qu'on ne lui demande pas de subvention pécuniaire, mais seulement des concessions qui seront mises immédiatement en rapport.

M. LE MINISTRE, *Président*. Quelle est la considération qui a porté la Sous-Commission à n'admettre aucun revenu pendant la période du remplissage ?

M. DUPUY DE LÔME. La Sous-Commission n'a pas dit qu'il n'y aurait pas de revenus, mais elle avait pour mission d'évaluer les dépenses, et elle n'a pas cru devoir estimer les recettes. Du reste, M. Roudaire étant présent, cette question va pouvoir être éclaircie.

Quels seraient les revenus pendant la construction du canal et pendant le remplissage des chotts ? seraient-ce des revenus inhérents à l'œuvre, ou qui lui seraient étrangers ? M. Roudaire nous a dit que ces revenus proviendraient surtout des concessions que l'État ferait; or, nous ignorons ce que seront ces concessions, et la Commission n'avait pas à s'en inquiéter. Nous nous sommes bornés à chiffrer la dépense, qui se compose du prix des travaux, et, nécessairement, de l'intérêt du capital qui aura été employé. Il y aurait à en déduire les recettes qu'on pourrait faire par ailleurs.

M. LE MINISTRE, *Président*. Je crois que ma pensée n'a pas été très bien saisie par l'honorable M. Dupuy de Lôme. La Sous-Commission a calculé la dépense, et y a ajouté l'intérêt pendant les dix années de remplissage ; elle a donc admis implicitement qu'après le remplissage effectué il n'y avait plus lieu de continuer à ajouter les intérêts ?

M. Dupuy de Lôme. Le remplissage achevé, l'œuvre est terminée; on verra comment les dépenses pourront s'équilibrer avec les recettes, qui nous sont inconnues et dont nous n'avions pas à nous préoccuper.

M. le Ministre, *Président*. Par conséquent, la Sous-Commission admet que l'on réalisera des recettes après la dixième année; je demande la raison pour laquelle on n'admet pas que les recettes commenceront avant ce délai ?

M. Dupuy de Lôme. La question des recettes était en dehors du travail de la Sous-Commission, qui avait été chargée d'établir les dépenses. D'ailleurs, un des éléments principaux de recettes est la concession qui sera faite par l'État à la compagnie qui entreprendra le travail; nous ne savions pas ce que sera cette concession, et nous n'avions pas mission de le rechercher. On a parlé aussi de recettes qui pourraient provenir du canal lui-même, par exemple du produit des pêcheries; or, tant que le remplissage ne sera pas terminé, tant que le canal ne sera pas praticable, tant qu'il existera un courant aussi puissant que celui que nécessitera le remplissage, nous avions pensé (et M. Roudaire, je crois, n'a pas contesté le fait) qu'il ne faudrait compter sur aucune recette venant directement du canal.

Je demande pardon d'avoir donné ces explications au nom de la première Sous-Commission; j'aurais peut-être dû laisser la parole à son président.

M. Sadi-Carnot. Vous avez résumé très exactement ce qui s'est passé dans la première Sous-Commission.

M. le commandant Roudaire. La Sous-Commission a admis que pendant le remplissage l'évaporation serait presque aussi considérable qu'après l'opération terminée, car elle l'évalue, pendant cette période, à 5 milliards de mètres cubes, alors que l'évaporation, après le remplissage, ne sera que de 5 milliards 900 millions de mètres cubes. Elle n'est donc pas logique en admettant que ce serait seulement après le remplissage que les modifications du climat commenceraient à se faire sentir.

D'après les calculs de la Sous-Commission, il faudrait dix ans pour effectuer totalement le remplissage; or, le premier chott, le chott Rharsa, serait à peu près rempli en un an; donc, au bout de la première année, il y aura déjà une petite mer intérieure, et par conséquent les pêcheries pourront commencer à donner des revenus. On dit que le canal ne sera pas praticable, qu'il y aura un courant; mais à ce moment le canal coulera à pleins bords jusqu'au chott Rharsa, avec une vitesse de 92 centimètres à la seconde, d'après les indications de la Sous-Commission. Dans le canal de Suez, il y a des vitesses qui vont jusqu'à $1^m,20$ et qui ne gênent en rien la navigation; M. de Lesseps l'a déclaré à l'Académie des sciences, et j'ai reproduit sa communication dans mon rapport de 1877 (1).

On a calculé l'intérêt sur douze ans et demi, en disant qu'on ne savait pas ce que seraient les revenus ; mais alors, comme la demande de concession est faite pour 99 ans, il n'y a pas de raison, du moment où la Sous-Commission entre dans cette voie, pour ne pas calculer l'intérêt sur cette période.

M. Dupuy de Lôme. J'insiste sur ce point que la Sous-Commission a établi la dépense en considérant l'œuvre comme terminée au bout du temps nécessaire pour le remplissage ; quant à la question des recettes, elle ne l'a pas examinée : elle a dit seulement qu'il y aurait à déduire de la dépense les recettes quelles qu'elles fussent. Une partie, sans doute, de ces recettes, proviendraient du chott lui-même ; cependant je me rappelle avoir demandé à M. Roudaire si les recettes sur lesquelles il compte étaient inhérentes au chott, ou tenaient aux concessions qui seraient faites, et, si ma mémoire est fidèle, M. Roudaire a répondu que ces recettes proviendraient surtout des forêts et des concessions de terrain.

M. le commandant Roudaire. Pour la plus grande partie, évidemment !

M. Dupuy de Lôme. Je répète que la Sous-Commission ne pouvait pas établir un chiffre de recettes, ne sachant pas ce que serait la concession ; d'ailleurs elle n'avait pas à examiner ce côté de la question. Elle a chiffré la dépense, et elle s'est bornée à dire : il y aura, d'autre part, à tenir compte des recettes.

En ce qui concerne le courant, ce n'est pas, certainement, une vitesse moyenne de 92 centimètres qui gênerait la circulation ; mais il faut s'attendre, et cela ne peut être contesté, à ce que, pendant le remplissage, il y ait, au débouché du canal dans le chott, une véritable cataracte, de sorte que, sur une longueur assez grande, la vitesse du canal sera bien supérieure à 92 centimètres. C'est cette chute très rapide qui rendra les relations de la mer intérieure avec la Méditerranée très difficiles, sinon impossibles, pendant la majeure partie de la durée du remplissage.

M. le commandant Roudaire. Le rapide dont vous parlez n'existera pas à l'entrée du chott Rharsa, puisque ce chott sera rempli au bout d'un an ; il ne pourrait se produire qu'entre le chott Rharsa et le chott Melrir.

M. Dupuy de Lôme. Ce rapide suffira pour rendre la communication de la mer intérieure sur la Méditerranée presque impossible.

---

(1) Page 95.

M. Rousseau. Il me paraît évident que la première Sous-Commission, en ajoutant les intérêts du capital engagé pendant dix ans, a admis implicitement qu'il n'y aurait pas de revenus pendant ces dix ans. L'expérience de toutes les œuvres de ce genre qui ont été faites nous permet de croire que, s'il y a des revenus dans les premières années de l'exploitation, ces revenus seront tellement faibles qu'ils seront compensés, et au delà, par ce fait qu'après les dix ans le canal ne donnera pas de revenus à plein. On n'aura que des recettes infimes pendant la construction, et, quand on admet une période de construction de dix ans, on peut assurer que les revenus seront négligeables. Ces revenus seront, en partie, le produit de la navigation, la remise en culture de terrains qui se trouvent actuellement à l'état presque désert, et le produit de ces terrains qu'on mettra en exploitation et qui devront être reliés au canal.

Peut-on admettre que, pendant cette période, ces revenus fonctionnent, et cela d'une manière appréciable? Je ne le crois pas. Si j'admets cette hypothèse qu'il n'y aura pas de revenus du tout pendant dix ans et qu'après dix ans l'entreprise rendra tout ce qu'elle peut rendre, je crois cette hypothèse très favorable à M. Roudaire et à la compagnie concessionnaire.

Ce que je dis ici, Messieurs, je le dis avec l'expérience de toutes les grandes entreprises qui se sont faites. Quelle est celle qui, dans ces proportions, ait donné des revenus appréciables pendant les dix premières années?

Le canal de l'Est, entrepris en 1874, ne donne encore rien, et cependant on a déjà livré certaines parties à la navigation.

La Commission a eu raison, je crois, d'ajouter l'intérêt pendant la construction parce que toute société concessionnaire, toute société financière est tenue à faire le service de son capital jusqu'au jour où l'œuvre produit des revenus. Cet élément de la dépense est donc, à mon sens, parfaitement légitime, et d'ailleurs, en dehors de cela, la Commission a, je crois, les éléments nécessaires pour prendre une décision, même avec les chiffres de M. Roudaire.

M. le commandant Roudaire. Ce n'est pas dix ans, c'est quinze ans; cinq pour les travaux et dix pour le remplissage. On admet donc qu'il faudra quinze ans pour commencer l'exploitation des forêts et la mise en culture des terres.

Je réponds que dès le lendemain du jour où la concession sera accordée, du jour où les travaux du canal seront annoncés et où l'on pourra compter sur un avenir certain, on s'occupera du rapport des terres concédées; on recherchera d'abord toutes les eaux, soit superficielles, soit souterraines. Dans ces conditions, il est évident qu'on ne peut pas admettre qu'on n'arrivera à aucun rapport avant quinze ans, car, je le répète, ce n'est pas sur le rapport des droits de navigation qu'on compte tout de suite. Ces revenus seront peut-être très considérables dans l'avenir, mais, dès le début, c'est surtout la culture et la mise en rapport des terres que la société comptera pour se rémunérer des capitaux qu'elle aura engagés.

M. Sadi-Carnot. Le rapport qui a été lu tout à l'heure, je veux parler de celui de M. Chambrelent, fait d'une manière formelle la réserve qui vient d'être indiquée et qui a été adoptée par la Sous-Commission. Il conclut à faire courir les intérêts pendant les dix années de la durée du remplissage, sauf à tenir compte, s'il y a lieu, des revenus qu'on pourrait obtenir avant l'achèvement de ce remplissage.

C'est là une réserve expresse de la Sous-Commission. Quant à entrer dans l'examen de ces revenus, cela lui était impossible, puisqu'ils sont étrangers à l'œuvre même que nous avions à examiner. La première Sous-Commission avait à se demander quels pourraient être les bénéfices directs provenant de l'exécution de la mer intérieure et du canal qui y amène. Or, ces revenus sont étrangers à l'entreprise : ce sont les produits des concessions de terrains, des cultures; et ces cultures ne se développeront que par suite de la transformation du climat et des modifications météorologiques résultant de l'évaporation qui se produira à la surface de la mer.

M. Roudaire disait tout à l'heure que l'évaporation se produirait dès l'origine. Oui, mais dans des proportions infimes. Il est certain que, pendant les premières années, — et l'on en a tenu compte dans le calcul du volume d'eau à remplacer, — la surface mouillée étant beaucoup moindre que pendant les dernières années, l'évaporation sera également moindre, et les effets produits sur la contrée seront moins considérables. Maintenant, je dois ajouter que la Sous-Commission ne pouvait pas faire autre chose que ce qu'elle a fait, c'est-à-dire calculer d'une manière complète les dépenses, et insérer des réserves en ce qui concerne les revenus, qui sont absolument imprévus.

Mais il y a un point sur lequel je voudrais adresser une question à M. Roudaire. Il a parlé tout à l'heure de l'entraînement des terres par les eaux. Que deviendront ces terres quand elles seront entraînées, en admettant qu'elles puissent l'être sur une longueur de 180 kilomètres?

Elles auront un volume d'environ 500 millions de mètres cubes. Supposons qu'on les répande dans la mer intérieure. Est-il possible d'admettre qu'on va les disposer en couche uniforme sur le fond de la mer? Cela paraît inadmissible.

Il est évident, par les exemples que nous avons ailleurs, qu'il va se former un bourrelet dans les chotts; on devra répandre ce bourrelet, qui représente, il est bon de le rappeler, une masse de terres de 500 millions de mètres cubes. Si l'on accumule ces terres sur vingt mètres de hauteur (ce qui est la profondeur moyenne des chotts dans cette partie), on a vingt-cinq kilomètres carrés à recouvrir. Il est évident qu'il y a là un travail gigantesque dont il faut nécessairement tenir compte, en admettant même qu'il puisse se produire un certain entraînement par les eaux.

Quels que soient les procédés perfectionnés qu'on puisse employer, il est certain qu'il y aura une dépense considérable que M. Roudaire néglige, pour utiliser ces déblais transportés, en supposant toujours que le transport puisse s'effectuer à une distance de 180 kilomètres.

M. LE COMMANDANT ROUDAIRE. La dépense occasionnée par les bacs à râteau chargés de désagréger les terres a été prévue dans mon devis; quant à la longueur du canal, elle ne signifie absolument rien. Voici, relativement au transport des matériaux par les eaux, ce que dit M. Dupuit, qui fait autorité en pareille matière :

« Supposons un cours d'eau à section régulière et à pente constante; supposons, en outre, que ce cours d'eau se soit chargé, à sa source, d'une certaine quantité de matières qui représenteront le maximum de ce qu'il peut tenir en suspension en raison de sa vitesse et de sa section. Si la pente et la section sont régulières, le cours d'eau portera directement à son embouchure toutes les matières dont il se sera chargé à sa source, sans rien laisser ni rien prendre en route. » *(Études sur le mouvement des eaux,* p. 221.)

Il est évident que s'il y a une déperdition de vitesse lorsque le cours d'eau est saturé, il se produit un dépôt; s'il y a, au contraire, augmentation de vitesse, le cours d'eau se charge d'une nouvelle quantité de matières qui s'élèvent en se superposant dans l'ordre de densité, les plus légères en haut, les plus lourdes à la partie inférieure du courant.

En ce qui concerne les déblais, qui viendraient former un cône de déjection, on conduira tout simplement le canal jusqu'au fond du chott Rharsa, qui a environ 30 ou 35 mètres de profondeur. On aura à l'entrée du courant dans ce chott une augmentation de pente, et par conséquent une vitesse plus grande, et les matières, au lieu d'être déposées, seront entraînées au fond de la dépression. C'est par conséquent dans la partie la plus basse que ces 500 millions de mètres cubes seront déposés. En admettant que les déblais se déposent uniformément sur la surface entière, on aurait un exhaussement d'environ 40 centimètres.

M. SADI-CARNOT. Je ferai remarquer à M. Roudaire qu'il parle d'une vitesse plus grande à l'orifice dans le chott Rharsa; or, c'est l'inverse qui se produira. Le chott Rharsa sera plein dès la première année; par conséquent la vitesse sera nulle ou très réduite à l'entrée du chott.

M. LE COMMANDANT ROUDAIRE. La Commission a admis que lorsque les chotts seraient pleins, la vitesse serait plus grande dans le canal et que le débit augmenterait.

Cela a été admis par la première Sous-Commission.

Plusieurs membres. Non! non!

M. le commandant Roudaire. Il a été dit, dans un rapport, qu'il semble au premier abord que l'on aura une vitesse plus grande avant que les chotts soient pleins, mais qu'en réalité le débit serait plus faible.

M. Sadi-Carnot. C'est une erreur d'interprétation; cela n'a aucun rapport avec la question en discussion.

M. le Ministre, *Président*. On a dit, je crois, la section étant plus grande, le débit plus grand, la vitesse sera moindre.

M. Dupuy de Lôme. Il est important de distinguer les rapports de la Sous-Commission des interprétations personnelles qui ont pu se produire dans le cours de la discussion. Cette assertion, que le débit serait moindre quand les chotts seraient vides que quand ils seraient pleins, assertion qui a été, à un certain moment, formulée, n'a pas été acceptée par la Sous-Commission, et le rapport adressé par celle-ci à la Commission supérieure en séance plénière ne fait pas mention de ce fait, qui, s'il a été un moment énoncé, je n'affirme même pas qu'il l'ait été comme une opinion positive, n'a pas été maintenu. Quant à moi, qui avais compris cette assertion comme l'avait comprise M. Roudaire lui-même, j'ai protesté contre elle, et j'ai dit que nous ne pouvions pas l'admettre.

M. Chambrelent. Nous nous sommes placés, pour répondre à M. Roudaire, dans l'hypothèse où il s'était placé lui-même. Il avait supposé que, pendant le remplissage, la pente du canal serait plus forte, le niveau au point de départ du courant restant le même. Eh bien! c'est en nous plaçant à ce point de vue, qui d'ailleurs n'est pas exact, que nous avons pu dire que, si la pente augmentait, le fond restant le même, la section diminuerait en proportion plus forte, et, par conséquent, le débit diminuerait. Mais ce n'est pas là ce qui aura lieu quand on remplira les chotts; lorsque, au bout de quelques jours, le canal d'amenée sera plein, le régime sera partout le même, et l'eau prendra à la surface une pente parallèle à la pente du fond. Il se produira quelques anomalies peut-être sur les 500 premiers mètres du parcours; lorsque l'eau sera arrivée à l'extrémité du canal, c'est-à-dire à une distance de 172 kilomètres de son point de départ, en pénétrant dans les chotts elle y trouvera le vide, en quelque sorte, et là il y aura une dépression du niveau de l'eau sur un petit parcours, mais, sur toute la longueur du canal, au delà et en deçà des deux extrémités, l'écoulement de l'eau sera le même pendant tout le remplissage.

M. de Lesseps. Je ne me rappelle pas que M. Roudaire ait exprimé l'opinion qu'on vient de lui attribuer.

M. le commandant Roudaire. M. Chambrelent aura mal interprété ma pensée.

M. le Ministre, *Président.* Ce n'est pas sur ce point que portait l'observation de M. Carnot. Il a dit, si je ne me trompe, que quand le chott Rharsa sera plein, le canal sera dans les mêmes conditions qu'un fleuve qui se jette dans la mer; qu'il charriera des dépôts, et qu'il se formera, à son embouchure, une barre que l'on sera obligé de draguer.

M. le commandant Roudaire. On se trouverait, au pis aller, dans les mêmes conditions qu'au canal de la Meuse, dont le plafond, recouvert par les eaux de la mer, même à marée basse, a cependant été creusé de 10 à 12 mètres par le courant. Il est vrai qu'il a fallu draguer au débouché du canal, mais nous n'aurons pas cet inconvénient; que ferons-nous, en effet? Nous ouvrirons tout de suite le seuil d'Asloudj. En faisant l'ouverture assez grande, nous pourrons maintenir le niveau de l'eau dans le chott Rharsa à une dizaine de mètres au-dessous de celui de la mer, et tous nos déblais seront entraînés à cette profondeur. Bien avant que le remplissage soit achevé, nous serons arrivés à la section que nous aurons voulu obtenir; nous n'aurons plus alors besoin d'user de la méthode d'entraînement par les eaux, et nous ne ferons plus fonctionner les bacs à râteaux.

M. Sadi-Carnot. C'est une modification nouvelle qui est énoncée là par M. Roudaire; car, jusqu'ici, il n'avait pas parlé d'ouvrir immédiatement le seuil d'Asloudj. Mais cette idée ne détruit en rien mon raisonnement qui consiste à dire que la surface du chott Rharsa est suffisante pour que la vitesse du courant, dès qu'il y aura pénétré, soit aussitôt annulée, quand même on aurait ouvert le seuil d'Asloudj; il se formera toujours une barre au débouché du canal.

M. le commandant Roudaire. Mais quand il y aura un canal ouvert entre le chott Rharsa et le chott Melrir, il se produira toujours, dans ce canal, un débit égal au débit venant de la Méditerranée. Nous pourrons donc, comme je l'ai déjà dit, maintenir le niveau de l'eau dans le chott Rharsa à une dizaine de mètres au-dessous de celui de la Méditerranée; or il n'y a aucun inconvénient à ce qu'il se forme une barre à cette profondeur.

M. Rousseau. La vitesse diminue quand la section augmente; et, dans le chott Rharsa, cette section sera très considérable.

M. le Ministre, *Président.* C'est ce que dit M. Sadi-Carnot, qui en conclut que le dépôt ne se fera pas au centre du chott Rharsa, mais devant l'embouchure, à quelques dizaines ou à quelques centaines de mètres.

M. le commandant Roudaire. Oui, si le chott Rharsa était plein ; mais, en procédant comme je viens de le dire, il ne le sera pas, il n'y aura d'eau que dans la partie centrale ; c'est là qu'arrivera le courant, et qu'il rencontrera une masse d'eau dans laquelle, ainsi qu'on le disait tout à l'heure, il s'épanouira ; la vitesse s'amortira et le dépôt se fera dans les parties profondes du chott ; M. Sadi-Carnot disait que c'était une modification nouvelle ; au contraire, c'est ainsi que, dans mon rapport de 1881, j'avais établi le système de l'entraînement des déblais par les eaux. Si je n'ai pas exposé ces vues devant la Sous-Commission, c'est que jamais on n'a discuté complètement ce système ; on l'a repoussé en principe.

M. le Ministre, *Président*. La première Sous-Commission, en effet, ne paraît pas avoir voulu entrer dans cette voie.

M. Sadi-Carnot. Elle n'a pas cru pouvoir chiffrer les résultats que produirait ce système d'entraînement par les eaux.

M. le Ministre, *Président*. Mais, sans donner de chiffres, ne croit-elle pas que ce pourrait être une cause notable de diminution dans la dépense ?

M. Sadi-Carnot. Elle croit qu'il pourrait y avoir, de ce chef, une certaine réduction, mais elle juge impossible de la calculer.

Je ferai observer que la nouvelle explication que vient de donner M. Roudaire est en contradiction avec ce qu'il disait tout à l'heure que le chott Rharsa pourrait être mis en exploitation tout de suite. Si l'on ouvre un nouveau canal intermédiaire entre le chott Rharsa et le chott Melrir par le seuil d'Asloudj, pour continuer l'écoulement à travers le chott Rharsa, ce dernier ne se remplira pas.

M. le commandant Roudaire. Quand je parlais de remplir immédiatement le chott Rharsa, nous ne discutions pas la question de l'entraînement par les eaux.

M. Sadi-Carnot. Je suis obligé de lier les deux opérations.

M. le commandant Roudaire. Je me plaçais, à ce moment, au point de vue de la Sous-Commission, qui repoussait ce système.

M. Sadi-Carnot. La Sous-Commission est obligée de se placer en présence des deux hypothèses : dans la première, celle où le chott Rharsa se remplirait tout de suite, nous disons qu'il se formera une barre à l'embouchure du canal ; maintenant, vous faites une seconde hypothèse ; vous dites que vous ouvrirez le seuil d'Asloudj et que le chott Rharsa ne se remplira pas : nous disons alors que l'exploitation immédiate n'en sera pas possible.

M. le commandant Roudaire. — C'est en me plaçant à votre point de vue que j'ai dit que le chott Rharsa serait plein dès la première année. Mais, du moment où l'on reprend la discussion du système de l'entraînement par les eaux, je fais remarquer que dans ce cas on ne remplira pas immédiatement le chott Rharsa.

La Sous-Commission, par cela même qu'elle n'admet pas l'exploitation immédiate des terrains, n'accepte pas qu'il doive se produire une modification climatérique avant la fin du remplissage; cette modification, pourtant, résulte absolument des données dont on est parti, puisque l'on a calculé que l'évaporation sur la mer intérieure une fois créée serait de 5,900 millions de mètres cubes par année; or la Sous-Commission a calculé la section du canal en admettant que l'évaporation, pendant toute la période de remplissage, serait déjà de 5 milliards de mètres cubes par an, c'est-à-dire presque aussi grande que l'évaporation totale une fois les chotts remplis : donc, si cette évaporation a lieu, il y aura modification immédiate dans le climat; si elle n'a pas lieu, la mer intérieure, avec la section que vous avez adoptée pour le canal, sera remplie non en dix ans, mais en sept ans seulement environ.

M. le Ministre, *Président.* M. de Lesseps disait tout à l'heure, dans la note dont il a donné lecture à la Commission, que, comme l'entreprise serait exécutée sans occasionner aucune dépense à l'État, et que, d'autre part, il pourrait résulter de cette création certaines améliorations qui profiteraient à l'intérêt public, on n'apercevait pas les motifs qui pourraient empêcher de donner suite au projet du commandant Roudaire. C'est bien là, Monsieur de Lesseps, le sens de votre note?

M. de Lesseps. Oui, Monsieur le Président.

M. le Ministre, *Président.* Eh bien, quelles sont alors les conditions dans lesquelles M. Roudaire et M. de Lesseps croient qu'une compagnie se chargerait d'exécuter cette entreprise? On n'a parlé, jusqu'ici, sans les préciser d'ailleurs, que des revenus que cette compagnie pourrait obtenir; mais je voudrais savoir quels avantages elle demanderait à l'État, avant de commencer cette œuvre, pour laquelle on déclare qu'elle ne réclamera de lui aucun concours ni aucune subvention.

M. de Lesseps. Je commence par déclarer, comme je l'ai déjà fait plusieurs fois, que personnellement je n'ai dans cette entreprise aucun intérêt au point de vue financier ou industriel. J'ai seulement été frappé, lorsque j'ai lu, à l'Académie des sciences, le mémoire présenté par M. Roudaire, de la force et de la vérité de ses arguments.

J'ai demandé à mes collègues de nommer une commission pour examiner cette question, qui m'avait paru fort intéressante. Cette commission s'est réunie, et on a demandé à M. Roudaire de faire des sondages, et de compléter les nivellements et les triangulations qu'il avait fait il y avait plusieurs années, quand il était officier d'état-major.

La question a été examinée de nouveau par une seconde commission de l'Académie des sciences, qui a conclu à la nécessité de faire ces sondages. Nous avons alors demandé, et M. Roudaire lui-même a demandé, une subvention de 40,000 francs que M. le Ministre de l'instruction publique a accordée et que la Chambre des députés a votée. M. Roudaire a exécuté les sondages et la nouvelle triangulation; il en a fait son rapport. Plus tard, et au moment même où la question de Tunisie prenait un caractère sérieux de gravité, j'ai dressé, à la demande de M. Roudaire, un projet de concession, qui était calqué sur la concession accordée à la Compagnie du Canal de Suez. J'ai remis ce projet de concession à M. Barthélemy Saint-Hilaire, qui était alors ministre des affaires étrangères. Alors sont survenus les événements de Tunisie; ce n'était pas beaucoup le moment de s'occuper de cette affaire. J'ai ensuite appelé l'attention du nouveau ministre des affaires étrangères, M. de Freycinet, sur l'idée de M. Roudaire. M. le Président du Conseil demandait tout à l'heure quelles propositions étaient faites; je lui réponds : elles existent, il y a un projet de concession par lequel M. Roudaire demande, autour de la mer à créer, une zone de terrains de 25 ou 30 kilomètres, ce qui équivaut en tout à la superficie de quatre ou cinq départements français.

Je considère, quant à moi, cette entreprise comme une affaire magnifique pour la France; elle nous fournirait de quoi nous attacher les Arabes par les salaires que nous leur donnerions, ainsi que l'a fait M. Roudaire lui-même pendant ses travaux d'études. J'ai même obtenu une lettre d'Abd-el-Kader aux tribus, lettre par laquelle il les engage à nous prêter leurs bras; les Arabes, d'ailleurs, seront très heureux d'avoir du travail qui leur procurera les moyens de payer leurs impôts et de pourvoir à leur existence et à celle de leurs familles; car s'ils pillent, s'ils font des *razzias,* c'est souvent parce que, imprévoyants comme ils sont, ils se trouvent à un moment donné sans avoir de quoi vivre.

M. LE MINISTRE, *Président.* Est-ce que la troisième Sous-Commission s'est occupée, même incidemment, de ce projet de concession?

M. ALBERT GRÉVY. La question s'est posée devant la troisième Sous-Commission; on a dit, en effet, que la compagnie demandait la concession d'un territoire immense, et l'on a fait observer, en réponse, qu'une difficulté se présentait : celle de savoir si l'État pouvait disposer purement et simplement de ces terres, qui sont les terrains de parcours des tribus.

Quand, dans la province d'Oran, on a fait une opération presque analogue, quand on y a concédé à une compagnie l'exploitation de cinq ou six cent mille hectares d'alfa, pour 99 ans, les tribus sont intervenues comme propriétaires, l'État n'a été qu'un intermédiaire, et il a été stipulé qu'une redevance serait payée par la compagnie aux tribus, qui se réservaient en plus le droit de pâturage.

Les terrains en question sont donc les terrains de parcours des Arabes, et, ainsi qu'on l'avait fait observer dans la troisième Sous-Commission, l'État n'en pourrait peut-être pas disposer purement et simplement.

Quant aux forêts de l'Aurès, les plus belles de l'Algérie, je ne crois pas qu'il convienne à l'État d'en faire l'abandon à une compagnie.

M. LE COMMANDANT ROUDAIRE. Il y a en ce moment des particuliers qui ont demandé la concession de certaines portions de ces forêts, et auxquels l'administration est disposée à l'accorder; il n'y a donc pas de raison pour qu'on refuse la même faveur à une compagnie qui se chargerait d'exécuter une œuvre d'intérêt général.

M. ALBERT GRÉVY. On ne concède pas, en ce moment, de forêts en Algérie; quoi qu'il en soit, les revenus de votre entreprise seront, au moins dans le début, des revenus fournis par l'État.

M. DE LESSEPS. Évidemment, si l'État ne donne rien, on ne pourra rien faire. On donne des concessions de ce genre à des spéculateurs, on peut bien en accorder une à M. Roudaire.

M. ALBERT GRÉVY. Ce serait une spéculation encouragée par les deniers de l'État.

M. TREILLE. Messieurs, j'ai fait des réserves sur cette question, et j'ai fait remarquer que, dans le Sahara, en dehors des oasis, la terre est à celui qui la met en valeur au moyen de recherches d'eau.

M. ALBERT GRÉVY. Comme propriété privée, c'est possible; mais, comme propriété collective, les terrains de parcours des tribus appartiennent aux tribus.

M. TREILLE. On ne peut pas reconnaître aux tribus la propriété absolue de tous les terrains où elles se promènent, elles et leurs troupeaux.

M. SADI-CARNOT. Au nom de la première Sous-Commission, je fais remarquer à la Commission générale que les explications qui viennent d'être données par M. le Président de la troisième Sous-Commission indiquent à quel point il était impossible à la première Sous-Commission de faire une évaluation des recettes.

M. LE MINISTRE, *Président*. Personne n'a d'autres questions à adresser à M. Roudaire ?

M. CHATONEY. M. Roudaire vient de dire que la Sous-Commission n'avait pas voulu discuter la question de l'entraînement des déblais par les eaux ; c'est une erreur. Il a cité l'exemple des travaux faits à l'embouchure de la Meuse ; mais il a été répondu qu'il y avait là le jeu des marées, une masse d'eau énorme, et que cette situation ne pouvait pas être comparée à l'entraînement des eaux sur le canal projeté.

M. ROUSSEAU. Et du reste le résultat obtenu a été très faible.

M. LE COMMANDANT ROUDAIRE. Le résultat a été relativement considérable, parce qu'on se trouvait dans les conditions dont on parlait tout à l'heure : à savoir que, même à marée basse, le plafond du chenal à approfondir était recouvert par les eaux de la mer que les eaux de la Meuse étaient par conséquent obligées de refouler. Cet obstacle, qui nécessairement diminuait leur vitesse et leur puissance d'entraînement, ne les a pas empêchées de creuser un chenal de dix et douze mètres au-dessous du niveau de la mer.

M. CHATONEY. Seulement, il n'est pas possible de laisser passer ce que vient de dire M. Roudaire, que la question n'a pas été discutée dans la première Sous-Commission.

M. DE LESSEPS. Elle a été discutée, mais elle n'a pas été prise en considération.

M. ROUSSEAU. M. de Lesseps présidait la délégation technique de la Sous-Commission le jour où il s'est agi de fixer le prix des déblais. Nous nous sommes alors demandé si nous pouvions admettre comme base le système de M. Roudaire, qui n'a jamais été pratiqué nulle part, surtout dans des proportions aussi grandes.

M. Roudaire a cité le cas de la Meuse : là il y avait le jeu de la marée, le courant puissant d'un fleuve, et malgré cela le résultat obtenu a été à peu près insignifiant : 2 ou 3 millions de mètres cubes, je crois, déblayés en un an. Il n'y a pas d'exemple que le procédé que préconise M. Roudaire ait été appliqué dans de vastes proportions.

Après une longue discussion et un long examen des précédents, la Sous-Commission a été d'avis qu'il fallait établir le prix des déblais eu égard aux procédés usuels, et je dois dire qu'elle a singulièrement atténué les chiffres auxquels on arriverait dans les conditions ordinaires; elle est descendue bien au-dessous des prix payés au canal de Suez, où cependant le travail a été fait par des procédés très perfectionnés : considérant que l'opération se poursuivrait sur une vaste échelle, et dans un terrain qu'on dépeignait comme parfaitement homogène, la Sous-Commission a admis le prix de un franc pour le mètre cube de déblai, y compris le relèvement à une hauteur moyenne de 20 mètres environ.

M. LE COMMANDANT ROUDAIRE. Pardon, 11 mètres seulement.

M. ROUSSEAU. Permettez; d'après vos dernières propositions, le canal qui, primitivement, avait 10 mètres de profondeur, en aura 14, et dans la traversée du chott Fejej la tranchée aura de 18 à 20 mètres; je crois donc être dans le vrai quand je dis que les déblais, en moyenne, devront être relevés à une hauteur de 15 à 20 mètres. En admettant le prix de un franc pour fouille, chargement, retroussement de déblais à cette hauteur, nous avons le sentiment d'être restés au-dessous de la vérité. Nous n'avons pas voulu nous engager dans la voie des hypothèses; nous nous sommes basés sur les faits acquis par l'expérience de travaux semblables, et notamment sur l'exemple de ce qui s'est passé à Suez.

M. LE COMMANDANT ROUDAIRE. Avec la nouvelle section adoptée, la hauteur moyenne à laquelle il faut élever les déblais n'est augmentée que de $1^m,80$. Elle se trouve portée de $11,^m20$ à 13 mètres.

M. DE LESSEPS. M. Chatoney et M. Roudaire ont tous deux raison : on a examiné la question de l'entraînement par les eaux, mais on l'a écartée; on n'a pas voulu en tenir compte.

En ce qui concerne le prix du mètre cube de déblai, je dirai qu'à Suez, il y a vingt ans, M. Lavalley a fait des déblais à 35 centimes; aujourd'hui, avec les nouveaux instruments que nous fournit M. Dupuy de Lôme, nous faisons des dragages à 9 mètres de profondeur au même prix.

M. ROUSSEAU. Vous ne comptez pas le relèvement.

M. DE LESSEPS. C'est le prix du dragage à couloir avec pose sur la berge. Je considère, en masse, que le prix de 50 centimes est exagéré. Si j'avais fait un contrat, il y a deux ans, lorsque j'ai convoqué les ingénieurs mes amis, à propos du canal de Panama, on aurait perdu une somme considérable; l'expérience m'a prouvé qu'on peut faire aujourd'hui le travail à bien meilleur marché qu'on ne l'eût fait à cette époque, et tous les jours ou invente des machines nouvelles. On a perfectionné les excavateurs et tous les instruments; avant-hier, dans le tunnel de la Manche, nous voyions enlever un pouce de matériaux par minute. Le jour où la création de la mer intérieure sera résolue, je suis convaincu qu'on se trouvera en présence de nouveaux perfectionnements. Les prix d'aujourd'hui ne sont plus ceux d'il y a vingt ans, et ceux de demain ne seront peut-être plus ceux d'aujourd'hui.

M. Rousseau. A Suez, où il n'y avait pas de relèvements à faire, il me semble que le prix moyen du mètre cube de déblai a dépassé deux francs.

M. de Lesseps. Il a même été jusqu'à trois francs. M. Lavalley a fait des travaux qui lui sont revenus à cinq francs le mètre, mais en résumé il a gagné 14 millions, et c'est très heureux. Un chef de chantier, qui était simple ouvrier, a gagné 400,000 francs; il avait quatre dragues et faisait les travaux à 35 centimes le mètre cube.

M. Rousseau. Je tenais à justifier le chiffre de la première Sous-Commission et à faire voir que ses appréciations avaient été très modérées. Je ne croyais pas qu'à Suez le prix du mètre cube eût atteint trois francs; je ferai remarquer qu'à Suez le travail s'est fait par des procédés perfectionnés, et qu'on n'a pas eu à relever les déblais à une vingtaine de mètres au-dessus du plan d'eau.

Je dis donc qu'en admettant le prix d'un franc, dont on ne s'est approché en aucune circonstance, nous avons été extrêmement modérés. L'impression de la plupart des membres de la Sous-Commission était que probablement on dépasserait le prix de 1 fr. 50 cent.; mais nous avons considéré que nous étions en présence d'un cube énorme, dans des conditions d'homogénéité qu'on nous dit être parfaites, et que sans doute on imaginerait des procédés encore plus perfectionnés que ceux qui sont employés aujourd'hui. Nous avons tenu compte de tout ce qu'il est possible de réaliser en fait de perfectionnement, et aussi du travail mécanique à faire, qui a été chiffré, notamment par M. Lalanne, du relèvement des déblais, du charbon, etc. Nous avons retourné la question sur toutes ses faces, et nous en sommes arrivés à penser qu'en concluant au chiffre de un franc, nous restions vraisemblablement très au-dessous de la vérité.

M. le Ministre, *Président*. Je demanderai à la troisième Sous-Commission un renseignement : parmi les avantages que procurerait la création de la mer intérieure, on a fait valoir que les populations algériennes et tunisiennes du nord de la mer et du canal seraient séparées des tribus qui habitent au sud; la question a-t-elle été examinée, est-on arrivé à une conclusion ferme à cet égard ?

M. Albert Grévy. La troisième Sous-Commission a exprimé son sentiment à ce sujet dans la conclusion qui porte le n° 2 :

« La mer intérieure ne présenterait qu'un faible intérêt au point de vue de la défense militaire de l'Algérie et de la Tunisie. Elle ne paraît devoir être en elle-même d'aucune utilité à notre marine militaire, qui ne verrait d'autre avantage à l'exécution du projet que la création qu'il nécessite d'un port à Gabès. »

M. le Ministre, *Président.* Notre Résident à Tunis, qui est venu récemment à Paris, m'a prié de demander à la Commission, pour le cas où elle ne se serait pas préoccupée de la question, si elle n'apercevrait pas, au point de vue de l'unité même de la Tunisie, de l'homogénéité de son territoire, un inconvénient à pratiquer ainsi une coupure qui laisserait au sud un tiers environ de la Tunisie. Cette partie qui se trouverait séparée n'est pas stérile et inhabitée; c'est, au contraire, paraît-il, une région extrêmement riche et fertile.

M. Albert Grévy. La question a été posée à la troisième Sous-Commission et discutée par elle. L'inconvénient signalé par M. le Président a été reconnu, et quand, à notre dernière séance, nous avons su que le tracé était modifié et reporté plus au nord, on a fait observer que la Tunisie se trouverait coupée d'une façon encore plus désavantageuse.

M. le commandant Roudaire. Le tracé reste absolument le même en ce qui concerne la partie sud de la Tunisie. Le canal ne séparera pas plus le nord du sud de la Tunisie que la Loire ne sépare les départements de la rive droite de ceux qui sont sur la rive gauche; c'est tout simplement un fleuve, qui constituera une ligne de défense, mais en même temps une voie de communication.

M. le Ministre, *Président.* Si c'est une ligne de défense, elle interceptera plus ou moins les communications.

M. le commandant Roudaire. Pour les Arabes, oui, mais non pas pour nous, qui serons maîtres de cette voie, et qui pourrons y établir des ponts de bateaux.

M. le Ministre, *Président.* Cette séparation n'aurait-elle pas pour effet d'établir plus d'union dans les populations du sud de la Tunisie et les populations étrangères?

M. de Lesseps. Nous avons l'exemple du canal de Suez; on y a établi trois bacs où passent par an environ 70,000 bêtes de somme qui viennent aux pâturages et retournent sur les frontières de Syrie. En temps de paix les communications ne seront pas interrompues; mais, si l'on veut s'opposer à une incursion, à une révolte, cette ligne navigable sera extrêmement utile. C'est l'opinion de l'amiral Jurien de la Gravière, l'un des hommes les plus compétents dans les questions maritimes.

M. Regnault. Il me semble qu'il avait été dit au sein de la Sous-Commission que la ligne des chotts formait déjà une séparation très marquée entre ces deux parties de la Tunisie, attendu qu'elle constitue une étendue boueuse, presque liquide, à travers laquelle on ne peut passer qu'avec de très grandes précautions. Aussi, tout d'abord, quand il a été question d'y faire passer le canal et d'assécher cette région, l'élément militaire de la Sous-Commission avait pensé que la substitution du canal à la ligne des chotts diminuerait l'efficacité de la protection de nos possessions.

M. Albert Grévy. Ç'a été le sentiment des généraux Chanzy et Gresley, qui faisaient partie de la Sous-Commission.

M. de Lesseps. MM. les généraux Warnet et Favé ont été d'une opinion contraire.

M. Albert Grévy. Ils ne font point partie de la troisième Sous-Commission; ils n'ont pas été entendus par elle. L'opinion de M. l'amiral Jurien de la Gravière, qui a été également citée, a été combattue par les marins de la Sous-Commission. On a fait, de plus, observer que, le canal coupant la Tunisie, il faudrait évidemment en organiser la défense sur la rive méridionale, autrement on resterait exposé de ce côté aux attaques des tribus.

M. le commandant Roudaire. Quelques chaloupes canonnières circulant sur le canal suffiront à le défendre; pas un Arabe ne songera à venir couper le canal ou à s'en emparer, pas un ne pourra le passer, et nous, nous le passerons quand nous voudrons. Pour les Arabes, ce sera une barrière, et pour nous, un point d'appui.

M. de Lesseps. Dans la troisième Sous-Commission, M. le général Chanzy a dit qu'il serait plus facile d'envoyer des troupes de Toulon à Biskra sans se servir du canal. Ces troupes débarqueraient à Bône et se rendraient à Constantine par le chemin de fer; M. le général Chanzy dit qu'on fera un chemin de fer de Constantine à Biskra, mais ce chemin de fer n'est pas fait, et d'ailleurs il pourrait être coupé. Si les troupes pouvaient débarquer dans le sud, une insurrection pourrait être prise à revers par les chotts.

M. Albert Grévy. MM. les généraux Chanzy et Gresley ont fait observer que les insurrections en Algérie ne viennent pas de ce côté; ils ont ajouté que, comme militaires, ils préféraient la défense par les chotts à la défense par la mer. Je ne fais que constater les observations qui ont été faites à la Sous-Commission et acceptées par elle.

M. LE COMMANDANT ROUDAIRE. Les Arabes traversent les chotts, et nous, nous ne pouvons pas les traverser.

M. VILLET. En présence du chiffre considérable des capitaux auxquels il faudrait faire appel, je prendrai la liberté de demander à M. Roudaire si, pour l'avenir tout au moins, pour le moment où la mer intérieure sera remplie, il a établi un budget des recettes sérieux. Le degré de salure devant augmenter progressivement, le produit des pêcheries serait destiné à disparaître. Quoi qu'il en soit, avant de faire appel au public, il conviendrait de lui faire envisager la rémunération que pourrait recevoir son argent.

M. LE COMMANDANT ROUDAIRE. J'ai établi un budget des recettes en admettant que la concession demandée soit accordée.

M. LE MINISTRE, *Président*. M. Roudaire demande comme rémunération moyennant laquelle il se chargerait de la totalité de l'entreprise, la concession d'une zone de terrain de 30 kilomètres tout autour de la mer intérieure, et à droite et à gauche du canal.

M. LE COLONEL PERRIER. Pas à Gabès ni dans les oasis? On ne peut pas déposséder les tribus qui vivent dans le voisinage du canal, et auxquelles appartiennent les oasis de Nefta, de Tozeur, etc.

M. DE LESSEPS. Évidemment; il s'agit de terrains qui n'appartiennent à personne.

M. VILLET. Au début, M. Roudaire prévoyait une dépense de 75 millions, et il demandait, pour rémunérer ces capitaux, la concession d'une zone de 25 kilomètres de terrains sur tout le pourtour de la mer intérieure; mais alors la mer intérieure comprenait trois chotts, et à l'heure actuelle le chott Djerid n'en doit plus faire partie. Il y aurait donc de ce chef une cause de déficit dans le budget que peut avoir établi M. Roudaire.

Et il ne suffit pas de demander une concession de 25 ou 30 kilomètres de terrains; il faudrait savoir ce que sont ces terrains; sont-ils cultivables? peuvent-ils le devenir?

M. LE COMMANDANT ROUDAIRE. Je les connais parfaitement; je les ai examinés.

M. VILLET. Il serait intéressant d'avoir des renseignements précis à cet égard.

M. le Ministre, *Président.* Combien d'hectares représenterait cette concession?

M. le commandant Roudaire. Environ 2,200,000.

M. le Ministre, *Président.* Ce serait à peu près trois fois la surface même de la mer intérieure?

M. le commandant Roudaire. Deux fois environ, car les terrains du chott Djerid, qui sont absolument stériles, se trouvent compris dans la concession. Actuellement les terrains qui seraient l'objet de la concession n'ont aucune valeur; ils n'en acquerront que par suite de la création de la mer.

M. le Ministre, *Président.* Et vous pensez que les produits de ces terrains, que vous aviez calculés en vue d'une dépense de 75 millions, suffiraient à rémunérer un capital qui, d'après la Sous-Commission, s'élèverait à 700 ou 800 millions?

M. le commandant Roudaire. Les chiffres de la Sous-Commission sont exagérés, et on y ajoute encore l'intérêt pendant douze ans et demi. On prend pour les déblais le prix de 1 franc, qui a été très bien défendu, mais moi j'arrive avec des entrepreneurs sérieux qui s'engagent sur l'honneur à faire les travaux à raison de 50 centimes, et qui ont examiné les choses de près, puisqu'il s'agit de leur fortune.

M. le Ministre, *Président.* Je crois qu'il est bien difficile d'évaluer, même approximativement, le revenu d'une surface de deux millions d'hectares.

M. Villet. On ne peut pas faire appel au public sans lui donner un renseignement, sans lui faire espérer que ses capitaux seront rémunérés.

M. le commandant Roudaire. De deux choses l'une : ou le public répondra à l'appel, ou il n'y répondra pas ; s'il y répond, c'est qu'on lui aura démontré les avantages qui peuvent résulter de la mise en valeur des terrains et de l'exploitation de la mer intérieure.

M. Villet. Cette démonstration, si elle était possible, devrait être faite devant la Commission, avant d'être adressée au public pour obtenir sa confiance et son argent.

M. Albert Grévy. Comment M. Roudaire peut-il se contenter aujourd'hui, en présence d'une dépense qui dépassera certainement 600 millions, de la subvention qu'il demandait lorsqu'il ne s'agissait que de 75 millions?

M. le commandant Roudaire. Je n'admets pas ce chiffre de 600 millions.

M. Albert Grévy. C'est le chiffre minimum posé par la Commission technique dans l'hypothèse où l'on admettrait les données de M. Roudaire lui-même. Quant à M. Roudaire, il reconnaît aujourd'hui que la dépense serait de 200 ou 300 millions tout au moins?

M. le commandant Roudaire. Même pas 200.

M. le colonel Perrier. On parle des forêts de l'Aurès; je regretterais beaucoup qu'elles fussent employées à subventionner le canal, parce que la compagnie, quelle qu'elle soit, qui en aurait la concession, s'empresserait de les couper; les tribus se trouveraient dépossédées et peut-être qu'ensuite le canal ne se ferait pas.

M. de Lesseps. Le Gouvernement posera les conditions qu'il voudra.

M. le colonel Perrier. L'État, abandonnant d'une manière définitive les forêts de l'Aurès et deux millions d'hectares de terrains autour des chotts et du canal, n'aura plus d'action contre une compagnie qui se formera, non plus pour faire le canal, mais en vue d'exploiter ces forêts que j'ai vues et qui donneront de très beaux produits. Voilà le danger.

M. de Lesseps. La concession tombera dans ce cas.

M. le colonel Perrier. Il est bon de présenter toutes ces considérations; nous nous engageons vis-à-vis du public, et nous ne pouvons prendre qu'une décision absolument ferme.

M. de Lesseps. A ce compte-là on n'aboutirait jamais à rien; je n'aurais pas fait le canal de Suez et je n'entreprendrais pas le canal de Panama !

M. le Ministre, *Président*. M. Roudaire, nous vous remercions des renseignements que vous avez bien voulu donner à la Commission.

(M. Roudaire se retire.)

M. le colonel Perrier. Je suis bien obligé d'insister: on compte sur des revenus; il faut qu'on nous dise quels sont ces revenus.

M. le Ministre, *Président*. La base de l'opération est la concession de deux millions d'hectares de terrains. Chacun peut à son gré faire des évaluations sur le revenu probable d'une pareille surface : depuis 5 francs l'hectare jusqu'à 30 francs, il est clair que l'on peut faire bien des hypothèses.

M. Dumas. La seconde Sous-Commission a eu à examiner une question qui touche de la manière la plus intéressante à la discussion actuelle, celle de savoir quel serait l'avantage, pour l'Algérie, de l'établissement de la mer intérieure. Je regrette vivement l'absence de M. Jamin. Notre honorable collègue s'est livré à des calculs qu'il a exposés devant la Sous-Commission, et desquels il résulterait que les avantages provenant de l'établissement de la mer intérieure, si l'on considérait l'ensemble de l'Algérie, seraient à peu près nuls; que le refroidissement de l'air par suite de l'évaporation qui aurait lieu sur la mer intérieure serait insensible quant à la température de l'air en Algérie; que la quantité de vapeur d'eau enlevée à la mer intérieure, étant répandue sur la surface entière de l'Algérie, ne produirait aucun résultat appréciable; que, conséquemment, les avantages qui pourraient résulter de la création de la mer projetée pour l'ensemble de l'Algérie, au point de vue de la modification du climat, des changements apportés à la culture et de l'amélioration de l'état sanitaire, ne seraient point appréciables.

Mais, de la discussion qui a eu lieu dans le sein de la Sous-Commission, il n'est pas moins résulté ceci : que si, au lieu de considérer l'ensemble de l'Algérie, on considère le périmètre qui s'étend autour de la mer intérieure, à une distance qu'il est tout à fait impossible d'apprécier, mais qui serait assez considérable, assez notable du moins, les avantages qui pourraient résulter de la présence de cette mer deviendraient alors réels et sensibles. Le refroidissement de l'air pourrait être apprécié; la quantité de vapeur d'eau qui serait enlevée à la mer intérieure donnerait à l'air, dans le pourtour de la mer intérieure, un état hygrométrique favorable. Il pourrait donc y avoir, dans le pourtour de la mer intérieure, des rosées, même des pluies, et quelques avantages hygiéniques dont notre Sous-Commission a nécessairement entendu tenir compte. Il me paraît donc que, si l'on considérait les 2 millions d'hectares qui entourent la mer intérieure et dont la concession serait faite à la compagnie, ils profiteraient assurément des avantages que la mer intérieure aurait créés. Ces avantages, pour ces terrains voisins, seraient certains, réels, et, sans pouvoir les apprécier d'une manière complète, on peut dire qu'autour de la mer intérieure il y aurait profit pour l'agriculture, profit pour l'assainissement du pays au point de vue, sinon d'un régime de pluies, ce qui est difficile à prévoir et surtout à affirmer, mais de brouillards ou de rosées abondantes qui pourraient favoriser la culture.

J'ai tenu, en l'absence de M. Jamin, à dégager, sous tous ces rapports, l'opinion de la Sous-Commission. Elle est donc d'avis, à ce point de vue particulier, que si l'on considère l'Algérie tout entière, les avantages seraient peu appréciables; que si l'on considère, au contraire, un terrain circonscrit autour de la mer intérieure, il y aurait quelques avantages qu'on peut difficilement, toutefois, estimer en étendue et en argent.

La question pour la Commission générale est donc de savoir si ces avantages localisés sont en rapport avec la dépense qu'on a tout à l'heure estimée. Cette dépense me paraît, quant à moi, je parle maintenant en mon nom, très considérable relativement aux avantages qu'on peut s'en promettre, et je ne puis pas m'empêcher de me recueillir en songeant que, d'un côté, il s'agit de demander à l'État le sacrifice d'une grande étendue de terrains et que, de l'autre, il s'agit de provoquer les particuliers à fournir leurs fonds pour constituer une compagnie dans laquelle on parle de mettre à peu près un milliard, peut-être plus, en mouvement.

Dans l'une et l'autre hypothèse, mon vote reste défavorable à l'entreprise dont il s'agit. Je n'ai pas le courage de dire au Gouvernement de faire une concession de terrains aussi étendue, lorsqu'il s'agit d'un intérêt qui sera localisé, dont l'Algérie entière ne profitera pas, et je n'ai pas le courage de dire aux particuliers d'apporter leur argent dans une entreprise dont il me paraît difficile d'évaluer d'une manière raisonnable les avantages financiers. Ces avantages me paraissent tellement douteux, pour ne pas dire plus, que je ne pourrais conseiller en conscience à personne d'engager ses capitaux dans une opération de ce genre.

M. Rousseau. Je demande la permission d'appuyer les observations que vient de présenter M. Dumas. La Commission voudra bien me permettre d'être très bref et de lui soumettre un résumé de mon opinion que j'ai formulée par écrit.

Je crois qu'il y aura, dans la création de la mer intérieure, des avantages assez hypothétiques et nullement en rapport avec la dépense qu'on aurait à faire.

Je tiens à répéter que la première Sous-Commission, qui a examiné la question de dépense avec beaucoup de conscience et de soin, s'est toujours, à mon sens, tenue plutôt au-dessous qu'au-dessus de la vérité.

Quant à moi, ma conviction est que la dépense s'élèvera à plus de un milliard. Je crois que les avantages qu'on pourrait retirer de l'entreprise ne sont nullement en rapport avec un chiffre aussi élevé. En conséquence, j'ai résumé mon opinion sous forme d'avis que je proposerai à la Sous-Commission, si elle veut bien me le permettre.

Je ne voudrais pas que la Commission indiquât les chiffres qui l'ont arrêtée. Nous avons évidemment, sur ce point, chacun notre opinion faite; mais à peu près tous, que ce soit 600 millions, 1 milliard ou 1,500 millions, nous pouvons nous réunir, sans rien préciser, sur une rédaction de ce genre :

« La Commission, tout en rendant hommage aux intéressants travaux de M. Roudaire, ainsi qu'au courage et à la persévérance qu'il a déployés dans les difficiles études qu'il a poursuivies, au cours de ces dernières années, dans le sud de l'Algérie et de la Tunisie ;

« Considérant que les dépenses de l'établissement de la mer intérieure paraissent hors de proportion avec les résultats qu'on peut en espérer ;

« Est d'avis qu'il n'y a pas lieu pour le Gouvernement français d'encourager cette entreprise. »

M. LE MINISTRE, *Président*. Quelqu'un demande-t-il la parole sur la résolution présentée par M. Rousseau?

M. LIOUVILLE. Je voudrais, Messieurs, appeler un instant votre attention sur la formule qui vous est proposée. Elle dit : il n'y a pas lieu d'encourager cette entreprise; mais est-ce qu'en désintéressant l'État de l'opération, nous avons le droit d'aller jusqu'à dire qu'on ne peut pas l'entreprendre et l'encourager? C'est sur le mot « encourager » que je demande à la Commission de porter son attention. Nous ne pouvons pas conseiller la création de la mer intérieure, soit; mais la formule de l'honorable M. Rousseau ne répond pas à tout ce qui s'est dit ici. Que nous reconnaissions ou que nous ne reconnaissions pas qu'il y a une disproportion énorme entre les avantages et les inconvénients, nous ne pouvons pas méconnaître qu'il y a des avantages réels. Le président de la seconde Sous-Commission, M. Dumas, exprimait tout à l'heure très nettement ce qu'avait dit M. Jamin; je regrette seulement qu'il n'ait pas lu la dernière conclusion de la deuxième Sous-Commission. Peut-être ne l'a-t-il pas, puisqu'elle n'est pas imprimée, comme nous l'espérions. Cette dernière conclusion disait que la grande étendue de la nappe d'eau qui allait se faire détruirait les immenses foyers d'infection qui existent actuellement, et qu'alors il y avait avantage réel et pour les habitants de ce pays et pour les Européens qui peuvent avoir intérêt à y aller. Pour nous, qui pouvons avoir des nationaux dans cette région, il y a intérêt assurément à la disparition des foyers palustres, des foyers d'infection. Nous avons formulé cette conclusion, que M. Fauvel a remise, je crois, à notre président; je le prie de vouloir bien en donner connaissance à la Commission.

M. LE MINISTRE, *Président*. Voici la formule qu'on vient de me remettre :

« Nous ne saurions aller au delà des prévisions indiquées, et nous devons nous borner à conclure qu'en tout état de cause, la création de la mer intérieure projetée, loin d'aggraver les conditions actuelles d'insalubrité, tendrait au contraire à les améliorer. »

M. LE COLONEL PERRIER. Il y a un endroit très malsain, les « Farfaria », mais c'est un endroit qui rapporte beaucoup.

M. LE MINISTRE, *Président*. M. Rousseau m'a paru vouloir dire qu'en tenant compte des avantages plus ou moins étendus, plus ou moins nombreux, qui avaient été mis en relief, et, d'autre part, du prix de revient des travaux, prix de revient qui se traduirait par une concession plus ou moins grande de terrains (c'est toujours une manière indirecte de couvrir la dépense de l'entreprise), M. Rousseau, dis-je, m'a semblé, sauf une question de forme qu'on peut discuter, conclure que l'ensemble des avantages qu'on pourrait se promettre ne lui paraissait pas en rapport avec la dépense que l'entreprise pourrait entraîner.

C'est sur cette conclusion que je demande à ceux de vous, Messieurs, qui seraient désireux de la combattre, de prendre la parole. Autrement, je la mettrais aux voix.

M. Liouville. Je crois, ainsi que je l'ai fait observer tout à l'heure, que le mot *encourager* est peut-être un peu excessif.

M. le Ministre, *Président.* Ce mot répond, dans la pensée de M. Rousseau, à l'idée de concession faite par l'État ; c'est là précisément sa façon d'encourager l'entreprise. Il n'a jamais été question d'une entreprise qui ne réclamât rien à l'État. Je ne crois pas qu'on se soit proposé de la créer avec des capitaux privés, sans demander de concessions de terrains, et que M. Roudaire l'ait jamais imaginée ainsi. C'est donc un encouragement matériel, palpable, qu'on donne sous forme de concession d'une étendue considérable de terrains.

M. de Lesseps. Il me paraît inutile de prolonger cette discussion. J'ai assisté à toutes les réunions, et je crois que la rédaction de M. Rousseau correspond absolument à la pensée de la majorité des membres aujourd'hui réunis en assemblée générale. Je ne partage pas, quant à moi, cette opinion, et je voterai contre la résolution.

M. le Ministre, *Président.* Si la Commission est suffisamment édifiée par les discussions qui ont eu lieu devant elle, je la consulterai sur la rédaction proposée par M. Rousseau.

M. Sadi-Carnot. Pour répondre au sentiment qu'exprimait tout à l'heure M. Liouville, il me semble que ce mot *encourager* pourrait être complété ou atténué. Sans repousser l'entreprise, on peut se refuser à l'encourager par des sacrifices du Trésor ou du domaine.

M. Liouville. Je crois, en effet, que cela atténuerait beaucoup ce qu'il y a d'absolu dans la proposition de M. Rousseau.

M. Clamageran. Je demande à ceux qui veulent limiter ainsi le mot *encourager*, à quels encouragements ils prétendent arrêter cette limite en disant « que l'État ne doit pas encourager cette entreprise par des concessions domaniales ni par des subventions pécuniaires ». Il tient donc en réserve d'autres encouragements. Quels sont-ils ? Voilà ce que je voudrais connaître.

Plusieurs membres: Il n'y a pas d'autres encouragements que ceux-là.

M. Liouville. Nous ne pouvons parler que de ceux dont nous disposons et dont on a parlé plus haut; nous n'avons pas le droit d'en mentionner d'autres.

M. Clamageran. Vous réservez certains encouragements que l'État pourrait donner; je demande quels ils sont ? Je ne les vois pas.

M. le Ministre, *Président*. Monsieur Liouville, est-ce que vous insistez pour une rédaction différente ?

M. Liouville. Oui, Monsieur le Président.

M. Journault. Je me demande, Messieurs, si l'avis que nous avons à émettre n'est pas essentiellement une appréciation de la situation, dont nous n'avons pas à faire ressortir les conséquences, et si cet avis ne serait pas complet dans le cas où nous nous bornerions à mettre dans cette formule les indications qui en sont les considérants, en supprimant le dernier membre de phrase qui en forme la conclusion.

M. le Ministre, *Président*. Nous dirions alors :

« La Commission, tout en rendant hommage aux intéressants travaux de M. Roudaire, ainsi qu'au courage et à la persévérance qu'il a déployés dans les difficiles études qu'il a poursuivies, au cours de ces dernières années, dans le sud de l'Algérie et de la Tunisie ;

« Est d'avis que les dépenses de l'établissement de la mer intérieure paraissent hors de proportion avec les résultats qu'on en peut espérer. »

Et nous nous en tiendrions là. Je crois, en effet, que cette rédaction rendrait également d'une manière précise l'idée même contenue dans la formule.

M. Journault. Il me semble que c'est là ce que nous avons à dire, et que c'est pour cela que nous avons été convoqués; mais je crois que la conséquence qui en était tirée à la fin excédait un peu la limite de nos attributions.

M. Regnault. Je trouve que c'est une traduction un peu faible du sentiment qui semble prévaloir dans la Commission.

M. le Ministre, *Président*. Voulez-vous proposer une rédaction différente ?

M. Regnault et plusieurs membres. Nous préférons celle de M. Rousseau.

M. Clamageran. Je ne trouve pas que ce soit plus faible; c'est peut-être plus fort, au contraire.

M. le Ministre, *Président*. Nous sommes en présence de deux rédactions; je vais les relire toutes deux : la Commission décidera ensuite sur laquelle elle veut voter en premier lieu.

La formule de M. Rousseau se termine par ces mots : « Est d'avis qu'il n'y a pas lieu pour le Gouvernement français d'encourager cette entreprise. »

La seconde formule, celle de M. Journault, supprime le dernier membre de phrase et se termine ainsi : « Est d'avis que les dépenses de l'établissement de la mer intérieure paraissent hors de proportion avec les résultats qu'on en peut espérer. »

M. Charles Brun. Je trouve que ces mots « est d'avis » et « paraissent » constituent une contradiction, et une expression bien faible. Voilà une commission qui s'est réunie, qui a travaillé, étudié, et qui conclut en disant que son avis est « qu'il lui paraît... ». Est-ce bien acceptable? (Approbation.)

M. le Ministre, *Président*. On peut supprimer les mots « lui paraissent » et mettre simplement que « les dépenses... seraient hors de proportions, etc. » (Assentiment.)

Je vais maintenant consulter la Commission sur la question de priorité.

M. Albert Grévy. Je demande la parole sur la position de la question.

Si une compagnie se présentait, ne demandant rien à l'État que la concession de l'entreprise, est-ce que la Commission serait d'avis d'engager le Gouvernement à accorder cette concession? Les chotts appartiennent, les uns à l'Algérie, les autres à la Tunisie. Alors même que l'État ne donnerait à la compagnie ni les terrains qui entoureraient la mer à créer, ni les forêts de l'Aurès, il y aurait toujours une concession à faire pour le sol qui constituerait le bassin même de la mer et pour le caractère public de l'entreprise. Accorder la subvention pure et simple, ne serait-ce pas encore encourager l'affaire et la recommander? Je demande si notre formule ne doit pas exclure toute espèce de concession avec ou sans subvention.

M. le Ministre, *Président*. C'est une hypothèse qui ne me semble pas devoir se réaliser; je ne crois pas qu'il y ait de grandes chances pour que l'on trouve quelqu'un venant demander l'autorisation de faire à ses frais cette mer intérieure. En tous cas, nous pourrions réunir de nouveau la Commission et lui demander son avis.

M. Liouville. Ne pourrait-on pas mettre dans la formule ces mots : « pour le moment »?

M. le Ministre, *Président*. Est-ce que vous pensez que votre opinion et celle de la Commission peuvent être modifiées plus tard?

M. Liouville. Je crois que les opinions peuvent toujours se modifier quand on reçoit des indications plus complètes et des renseignements plus précis.

M. le Ministre, *Président*. Alors c'est une troisième rédaction que vous proposez et sur laquelle on pourra voter; ou plutôt c'est un amendement à la seconde rédaction, il consiste à introduire les mots : « pour le moment » après les mots : « est d'avis ».

Je consulte la Commission sur la question de savoir si elle entend voter d'abord sur la formule proposée par M. Rousseau, ou sur la formule présentée par M. Journault.

(La Commission décide, à mains levées, qu'elle votera en premier lieu sur la formule proposée par M. Rousseau.)

M. le Ministre, *Président*. C'est donc la formule de M. Rousseau que je vais d'abord mettre aux voix; il est bien entendu que ceux qui ont voté pour qu'elle fût mise aux voix la première sont néanmoins libres de la rejeter : la décision de la Commission n'est pas encore engagée. Je vais donner de nouveau lecture du texte de la formule qui vous est proposée :

« La Commission, tout en rendant hommage aux intéressants travaux de M. Roudaire, ainsi qu'au courage et à la persévérance qu'il a déployés dans les difficiles études qu'il a poursuivies, au cours de ces dernières années, dans le sud de l'Algérie et de la Tunisie;

« Considérant que les dépenses de l'établissement de la mer intérieure seraient hors de proportion avec les résultats qu'on peut en espérer;

« Est d'avis qu'il n'y a pas lieu pour le Gouvernement français d'encourager cette entreprise. »

M. Liouville. Avant que le vote soit commencé, Monsieur le Président, permettez-moi de demander à M. Sadi-Carnot s'il maintient la proposition qu'il a faite d'ajouter : « par des sacrifices du Trésor ou du Domaine ».

M. Sadi-Carnot. Cette addition avait uniquement pour objet de formuler la pensée que vous aviez vous-même exprimée, et je ne la proposais pas pour mon compte.

M. Liouville. Si vous vous bornez à la suggérer, et si vous me permettez de la reprendre, je demanderai à M. le Président de vouloir bien la mettre aux voix.

M. Sadi-Carnot. Très volontiers.

M. le Ministre, *Président*. Je mets d'abord aux voix la formule proposée par M. Rousseau, telle que son auteur l'a présentée, et telle que je viens d'en donner lecture.

(Le vote a lieu. — La formule proposée par M. Rousseau est adoptée.)

Je mets maintenant aux voix l'introduction, dans cette formule, des mots proposés par M. Liouville : « par des sacrifices du Trésor ou du Domaine. »

M. Clamageran. Monsieur le Président veut-il me permettre d'insister pour qu'on nous donne les raisons de cette limitation, pour que l'on nous indique quels sont les encouragements, autres que des concessions domaniales ou des allocations pécuniaires, qui se trouveraient ainsi réservés?

M. Sadi-Carnot. C'est une concession pure et simple, sans subvention.

M. Albert Grévy. C'est précisément la question que je posais tout à l'heure, celle de savoir si la Commission était d'avis d'engager le Gouvernement à encourager l'entreprise, même sans subvention de l'État, et à permettre que l'on fît appel aux capitaux, dans la proportion de plus de un milliard, pour une entreprise de cette nature; si, en un mot, la Commission était disposée à donner ainsi au projet, même sans subvention, son approbation morale. La responsabilité du Gouvernement et de la Commission sont engagées dans cette affaire.

M. le Ministre, *Président*. M. Clamageran et M. Albert Grévy combattent la proposition formulée par M. Liouville.
Quelqu'un demande-t-il encore la parole sur cette même proposition?
Personne ne demandant plus la parole, je mets la proposition aux voix.

(La proposition de M. Liouville n'est pas adoptée.)

M. le Ministre, *Président*. La formule rédigée par M. Rousseau demeure, par conséquent, adoptée dans les termes où j'en ai donné lecture.
Nos travaux, Messieurs, me semblent entièrement terminés.

M. Dumas. Je demande la permission de déposer sur le bureau quelques notes que la seconde Sous-Commission m'avait chargé de rédiger pour servir d'explication aux conclusions qu'elle a adoptées.

M. le Ministre, *Président*. Il me reste à vous exprimer, Messieurs, au nom du Gouvernement, les remerciements que nous vous devons pour le concours que vous avez bien voulu nous prêter ; nous avons été extrêmement heureux de profiter des lumières d'une assemblée comme la vôtre, et je vous en exprime, personnellement, toute ma reconnaissance.

La séance est levée à onze heures dix minutes.

Le Président,
C. DE FREYCINET.

Les Secrétaires,
J. J. JUSSERAND.
G. ROLLAND.
M. PALÉOLOGUE.

RAPPORT

DE M. DE FREYCINET, PRÉSIDENT DU CONSEIL,
MINISTRE DES AFFAIRES ÉTRANGÈRES,

AU PRÉSIDENT DE LA RÉPUBLIQUE FRANÇAISE.

Monsieur le Président,

La Commission supérieure, instituée par décret en date du 27 avril 1882 pour l'examen du projet de la mer intérieure dans le sud de l'Algérie et de la Tunisie présenté par M. le commandant Roudaire, a tenu le 5 mai sa première séance. Elle s'est divisée en trois Sous-Commissions, qui ont eu à étudier respectivement: la première, les conditions de l'entreprise au point de vue technique; la seconde, les résultats qu'on pouvait en attendre au point de vue des effets physiques; la troisième, ses conséquences probables au point de vue politique (1).

La première Sous-Commission avait à vérifier d'abord les travaux faits sur le terrain par M. Roudaire. Elle devait examiner, d'une part, les opérations qui définissent la forme et le relief de la *région des chotts*, de l'autre, les sondages qui font connaître la nature du sol et du sous-sol. Un minutieux examen a montré l'importance considérable et la valeur scientifique des travaux de M. Roudaire. Les opérations géodésiques sont d'une précision indiscutable; les

---

(1) Composition des trois Sous-Commissions:

1re Sous-Commission. — MM. Sadi-Carnot, *président*; F. de Lesseps, *vice-président*, Rolland, *secrétaire*; A. d'Abbadie, Baïhaut, Chambrelent, Chatoney, Cuvinot, Daubrée, contre-amiral Duburquois, Dupuy de Lôme, Duveyrier, Fournié, Gros, Lalanne, Lavalley, Le Gros, général Lévy, Molinos, colonel Perrier, Rousseau, Yvon-Villarceau, Voisin, général Warnet.

2e Sous-Commission. — MM. Dumas, *président*; général Favé, *vice-président*; Paléologue, *secrétaire*; d'Abbadie, Becquerel, Bischoffsheim, Chambrelent, Daubrée, Duveyrier, Fauvel, Frémy, Gros, Jamin, de Lesseps, Liouville, Milne-Edwards, Renou, Scheurer-Kestner, Treille.

3e Sous-Commission. — MM. Albert Grévy, *président*, général Chanzy et général Gresley, *vice-présidents*, Jusserand, *secrétaire*; Ch. Brun, Clamageran, Degrais, contre-amiral Duburquois, Girard, Herbette, Journault, Lucet, Raynal, Regnault, Rouget, Thomson, Treille, Villet.

résultats de ses nivellements géométriques et de ses levés topographiques peuvent être acceptés en toute confiance; les sondages permettent, avec l'aide de divers ouvrages publiés récemment sur le Sahara, de se faire une idée suffisamment exacte de l'état des lieux sous le rapport géologique et hydrologique.

On sait que, des trois grandes dépressions naturelles qui s'allongent de l'est à l'ouest au sud de la Tunisie et d'une partie de la province de Constantine, deux seulement se trouvent au-dessous du niveau de la mer, et que la plus importante et la plus rapprochée du golfe de Gabès, celle qui comprend les chotts Fejej et Djerid, est à une altitude supérieure à ce niveau. Le projet actuel consiste à introduire les eaux de la Méditerranée dans les deux autres dépressions, les chotts Rharsa et Melrir; le petit chott intermédiaire d'Asloudj serait également inondé. La superficie submersible, à l'intérieur de la courbe zéro, bien déterminée pour le chott Melrir, mais très incertaine pour le chott Rharsa, serait de 6 à 8,000 kilomètres carrés. La profondeur moyenne serait de 24 mètres.

Cette cuvette gigantesque serait mise en communication avec la Méditerranée au moyen d'un canal. Dans le principe, le canal devait, après avoir franchi le seuil de Gabès, traverser la partie centrale des chotts Fejej et Djerid, puis, se retournant en angle droit, franchir au col de Mouïat Sultan le relief qui sépare le chott Djerid du chott Rharsa: ce tracé avec une longueur de 224 kilomètres. Mais en présence des critiques dirigées contre le drainage projeté de la partie centrale du chott Djerid dans le chott Rharsa, M. Roudaire fut amené à soumettre à la Commission un nouveau tracé, qu'on mit, dès lors, seul à l'étude. Dans ce tracé, le canal longe le bord septentrional du chott Djerid et franchit, au col de Kriz, le relief qui s'élève en avant du chott Rharsa; il va ainsi directement, en suivant une ligne sensiblement droite, du golfe de Gabès au chott Rharsa; il n'a plus que 173 kilomètres de longueur. Les chotts Rharsa et Melrir seraient mis en communication par le percement du seuil d'Asloudj.

Les terrains quaternaires sableux et marno-sableux dans lesquels serait creusée la tranchée du canal sont généralement tendres et homogènes. Il n'y aurait de roches à faire sauter qu'aux deux seuils de Gabès et de Kriz: le premier recouvre, en effet, un relief souterrain en calcaire crétacé, lequel s'élève de 7 à 20 mètres au-dessus du niveau de la mer; quant au second, il paraît entièrement constitué par les couches crétacées, et la cote au col même est supérieure à 90 mètres.

Ces bases établies, la première Sous-Commission aborda la série des questions dont la solution devait permettre de déterminer les dispositions du canal. L'eau qu'il amènerait aurait à remplir les chotts Rharsa et Melrir, puis à maintenir le niveau de la mer intérieure ainsi créée.

On se plaça d'abord dans l'hypothèse du remplissage accompli, et on n'envisagea que l'alimentation de la mer supposée existante. Une évaporation active aura lieu à la surface de cette mer; d'où un abaissement de son niveau. Les pluies et les rivières lui rendront, il est vrai, une partie de ce qu'elle aura perdu. Mais, en définitive, il y aurait sans le canal d'alimentation un abaissement que le canal a précisément pour mission de compenser.

Le canal en face duquel nous nous trouvons sera-t-il un canal ordinaire avec courant unique, ou s'établira-t-il deux courants inverses et superposés? Autrement dit, aucune partie des eaux concentrées par l'évaporation ne sera-t-elle restituée à la Méditerranée, et par suite, la mer intérieure étant formée, sa salure ira-t-elle constamment en augmentant? Ou, au contraire, au bout d'un temps plus ou moins long, et en vertu de l'inégale densité des deux mers, se produira-t-il dans le canal, outre le courant supérieur d'aller, amenant les eaux de la Méditerranée dans le bassin des chotts, un contre-courant inférieur de retour, évacuant les eaux concentrées jusqu'à un degré déterminé de salure?

Les arguments invoqués en faveur du contre-courant n'ont pas été jugés concluants. Les exemples de contre-courants d'une mer à l'autre par tel ou tel détroit n'ont pas semblé s'appliquer au cas actuel. Des calculs ont été faits, d'après lesquels, pour être assuré d'un contre-courant de la mer intérieure à la Méditerranée, on devrait donner au canal une profondeur tout à fait inadmissible. La Sous-Commission constata donc que rien ne permettait d'affirmer la possibilité de l'existence de deux courants inverses et simultanés dans un canal d'une telle longueur et d'une profondeur relativement aussi faible, et la conséquence de cette conclusion négative a été que, dans l'examen ultérieur du projet, on ne tiendrait plus compte de l'hypothèse d'un contre-courant.

La concentration, dès lors fatale, de la mer intérieure s'opérerait d'ailleurs avec une telle lenteur qu'au point de vue pratique de l'entreprise, il n'y a pas lieu de s'en préoccuper.

Ainsi, le canal n'aurait qu'un courant unique d'amenée, lequel viendrait restituer à la mer intérieure ce que l'évaporation lui aurait définitivement fait perdre. Le volume d'eau à fournir, à cette seule fin, s'élèverait annuellement, d'après les conclusions de la deuxième Sous-Commission, à près de 6 milliards de mètres cubes, et pour cela il faudrait que le canal débitât 187 mètres cubes par seconde.

Cependant, le remplissage lui-même de la mer intérieure, dont la capacité ne serait pas inférieure à 172 milliards de mètres cubes, était un problème dont l'examen s'imposait à la première Sous-Commission. En effet, avec le débit normal d'alimentation, on eût mis plus de vingt-neuf ans à fournir ce volume d'eau, et même, si l'on tient compte de l'évaporation qui aurait lieu à la surface de la mer pendant la période de remplissage, on voit qu'on n'eût sans doute jamais pu aboutir à réaliser cette opération.

— 538 —

La Commission supérieure a pensé que la création de la mer intérieure ne saurait raisonnablement être entreprise, s'il fallait compter un délai de plus de dix années pour le seul remplissage de son bassin. Or, en ajoutant la capacité de la mer à remplir et ses pertes approximatives par suite de l'évaporation pendant ces dix années, on obtient un total de 222 milliards de mètres cubes. Tel est le volume vraiment énorme que le chenal devrait déverser dans les chotts en dix ans ; il correspond à un débit de 704 mètres cubes par seconde, ce qui représente à peu près vingt fois le débit de la Seine en basses eaux.

En conséquence, la première Sous-Commission, d'accord avec M. Roudaire, arrête ainsi qu'il suit les dispositions du canal :

1° Dans le terrain ordinaire :

Largeur du plafond...................	30 mètres.
Profondeur d'eau.....................	14 mètres.
Talus................................	3/2.
Largeur en gueule....................	72 mètres carrés.
Surface de la section.................	714 mètres carrés.
Pente du plafond.....................	35 millimètres par kilomètre.
Vitesse..............................	0 m. 986.

2° Dans le rocher calcaire :

Largeur du plafond...................	30 mètres.
Profondeur d'eau.....................	14 mètres.
Talus................................	1/5.
Largeur en gueule....................	36 m. 62
Surface de la section.................	459 mètres carrés 20.
Pente du plafond.....................	74 millimètres 2 par kilomètre.
Vitesse..............................	1 m. 534.

Les profils en travers de la tranchée du canal ayant été déterminés, le profil en long présenté par M. Roudaire permettait de calculer sommairement le cube des terrassements. Les chiffres auxquels on est arrivé, pour le canal entier allant de la Méditerranée aux chotts Rharsa et Melrir, en passant par les seuils de Gabès, de Kriz et d'Asloudj, sont :

	mètres cubes.
Déblais en terre....................................	575,717,745
Déblais en rochers..................................	26,606,901
Total..................	602,324,646

Quels moyens pratiques d'exécution appliquerait-on pour réaliser économiquement un pareil cube de déblais?

M. Roudaire compte utiliser, pour la plus grande partie de ces déblais, le travail naturel des eaux. On se bornerait à creuser de main d'homme une tranchée initiale, qui partirait du golfe de Gabès, où son plafond se trouverait à 3 mètres au-dessous de la mer moyenne; cette tranchée suivrait le tracé, presque en ligne droite, du futur canal, au nord des chotts Fejej et Djerid, et recevrait une pente de 30 millimètres par kilomètre vers le chott Rharsa. On creuserait également une tranchée initiale au travers du seuil d'Asloudj entre le chott Rharsa et le chott Melrir.

Les eaux de la Méditerranée ayant été introduites en amont, un courant s'établirait vers l'aval, et ce serait le courant ainsi obtenu qui élargirait et approfondirait la tranchée, partout où il n'y aurait pas de rocher, jusqu'à l'amener à ses dimensions normales; l'action du courant serait secondée par des excavateurs ou bacs à râteau, aidant à la désagrégation des sables et argiles, les matières en suspension seraient entraînées et transportées tout le long du chenal, quelle que soit la longueur, jusqu'au fond du chott Rharsa. Les eaux à mettre en œuvre seraient fournies de la sorte par un réservoir inépuisable, à niveau constant, et leur volume s'accroîtrait sans cesse au fur et à mesure de l'agrandissement de la tranchée.

Le système de l'entraînement des déblais par les eaux a soulevé de nombreuses et graves objections. Ce procédé, dans l'opinion de la première Sous-Commission, ne saurait être considéré comme consacré par l'expérience. Les rares exemples de rectification de rivières où l'on a fait creuser aux cours d'eaux eux-mêmes leurs nouveaux lits, n'ont pas semblé assimilables à l'opération qu'il s'agirait de tenter ici, dans des conditions relativement peu favorables et sur une échelle aussi colossale. Le travail des eaux pourra aider peut-être au creusement du canal et réduire les dépenses de l'entreprise, mais dans quelle proportion? on ne peut guère le prévoir, et on ne saurait, en tous cas, s'en rapporter normalement à lui. C'est pourquoi la première Sous-Commission a été d'avis de ne raisonner que d'après les procédés courants de déblais, ou d'après des procédés perfectionnés, mais analogues.

Les déblais seront donc retroussés en cavaliers de chaque côté de la tranchée. La profondeur moyenne de la tranchée atteindra 37 mètres, et la hauteur moyenne dont les déblais auront à être relevés ne sera pas inférieure à 13 mètres. En revanche, il faut remarquer que la faible consistance des terrains rendra, toutes choses égales d'ailleurs, la fouille peu coûteuse, que leur homogénéité permettra l'emploi sur une très grande échelle des moyens mécaniques, et qu'en raison du chiffre inusité des terrassements à effectuer, le prix de revient du mètre cube de déblais sera notablement réduit.

Après avoir posé ces diverses considérations, la première Sous-Commission a estimé à 1 franc environ le prix de revient du mètre cube de déblais dans le terrain ordinaire, et à 3 francs celui du mètre cube dans le rocher calcaire.

Appliquant ces prix aux cubes de terre et de rocher indiqués plus haut, on trouve que la dépense totale des terrassements monterait à 655,638,448 francs.

Enfin, pour l'ensemble de l'entreprise, le devis suivant a été dressé par la première Sous-Commission:

Déblais en terre et rocher..........................	655,538,448ᶠ
Travaux à faire à l'embouchure du canal (pour son bon fonctionnement, sans compter les travaux à faire pour la navigation).	5,000,000
Dépenses prévues ou à prévoir......................	25,000,000
Somme à valoir, un dixième.........................	68,553,844
Total des travaux................	754,092,292
Frais généraux à 5 p. o/o...........................	37,704,614
Intérêts pendant la construction et le remplissage à 5 p. o/o, pendant 12 ans et demi (sauf à en déduire, s'il y a lieu, les revenus qu'on pourrait obtenir avant l'achèvement du remplissage)...	494,873,066
Total général....................	1,286,669,972
Soit...........................	1,300,000,000

Tel serait le chiffre minimum de l'estimation des travaux de la mer intérieure, l'œuvre étant considérée comme achevée à la fin du remplissage.

M. Roudaire proteste contre cette estimation.

Et d'abord il n'accepte pas le prix de 1 franc pour les déblais dans le terrain ordinaire par les procédés usuels; il lui oppose des devis détaillés qui font ressortir le prix du mètre cube à 50 centimes seulement et présente, à l'appui, des lettres d'entrepreneurs qui s'engagent à exécuter les travaux à ces conditions. La Commission a répondu que, même en admettant le prix de 50 centimes, on arriverait encore, en dressant, suivant les règles précédentes, l'estimation générale des dépenses, au chiffre de 746,400,000 francs.

M. Roudaire ajoute, invoquant les témoignages d'ingénieurs connus, qu'il maintient l'exactitude de ses prévisions relativement à l'entraînement des déblais par le travail mécanique des eaux: on n'aura ainsi qu'un tiers environ des déblais à exécuter de main d'homme, et le reste sera opéré par les eaux en moins de quatre années, la dépense totale ne dépassant pas 200 millions. La Commission a cru devoir persister dans son sentiment.

M. Roudaire se refuse à faire figurer dans les dépenses de l'entreprise les frais généraux et les intérêts du capital engagé, lesquels seront, dit-il, couverts dès la période de construction et de remplissage par les revenus de la société. La Commission a fait observer que ces revenus, devant provenir presque exclusivement de concessions à obtenir de l'État, semblaient étrangers à l'œuvre elle-même, et ne pouvaient d'ailleurs être appréciés dans l'ignorance où l'on était des intentions du Gouvernement.

M. Roudaire, de même que M. de Lesseps, a encore fait valoir que la société qui entreprendrait les travaux les exécuterait à ses risques et périls. On ne demandait à l'État aucune subvention pécuniaire, mais simplement la concession d'une zone d'environ deux millions d'hectares de terres, aujourd'hui incultes, autour de la future mer, ainsi que la concession de forêts dans l'Aurès. La mise en valeur de ces terres, l'exploitation de ces forêts, les pêcheries et les salines à installer dans la mer intérieure, telles seraient les sources principales de rapport au moyen desquelles la société assurerait les intérêts du capital engagé.

En échange des concessions qu'il aurait accordées, l'État se réserverait le droit de percevoir une partie des bénéfices nets de la société. Du reste, il s'agissait d'une œuvre qui ne saurait être nuisible, et qui ne pouvait que profiter au bien général. On était en droit d'en attendre, dans l'ordre économique, l'amélioration du climat, le développement de la colonisation, la fertilisation de contrées jusqu'ici stériles, la disparition par inondation de districts insalubres, et dans l'ordre politique, l'accroissement de notre puissance militaire et maritime, l'ouverture au commerce d'une voie importante, la sécurité du sud de l'Algérie et de la Tunisie.

Il appartenait aux deux autres Sous-Commissions d'examiner si, en effet, on pouvait compter sur les avantages annoncés, et dans quelle mesure on pourrait en bénéficier. La Commission supérieure, réunie en séance plénière, devait enfin déclarer si les capitaux engagés dans l'entreprise auraient chance d'y trouver leur rémunération, et si les sacrifices qu'on demanderait à l'État paraissaient justifiés par les intérêts de notre colonie algérienne et par l'avenir de la France en Afrique.

Pour résoudre les questions complexes qui lui étaient posées, et apprécier l'influence probable de la mer intérieure sur le climat, sur l'agriculture, sur la salubrité de l'Algérie, de la Tunisie et du Sahara algérien, la deuxième Sous-Commission a dû procéder à une étude générale et méthodique de la météorologie actuelle et de la géographie physique de ces contrées. Les observations des voyageurs et des missions ont été coordonnées par elle et ont reçu dans son sein les critiques des autorités les plus élevées de la science.

La question de l'évaporation d'où dépendaient à la fois les dimensions et les terrassements du canal, c'est-à-dire le plus gros chapitre des dépenses de l'entreprise, et l'amélioration du climat, c'est-à-dire la principale utilité de l'œuvre, a été longuement débattue. Elle comprenait l'étude des températures, de la direction et de la force des vents, de l'état hygrométrique de l'air, etc. Ces éléments multiples, leurs valeurs extrêmes et moyennes, suivant les saisons et suivant les localités, ont été recherchés et déterminés approximativement.

Les observations faites en petit sur l'évaporation, soit par les voyageurs, soit même aux stations fixes, ne peuvent nullement donner l'idée de l'évaporation qui se produirait, aux mêmes localités, sur une masse d'eau étendue et profonde. Comme expériences en grand, les seules qu'on possède ont été faites en Égypte par M. Lavalley, qui, à l'époque du remplissage des lacs Amers, a mesuré les pertes provenant de l'évaporation à leur surface et en même temps de l'imbibition des terrains submergés: ces observations ont été poursuivies avec soin pendant quatre mois de la saison la plus chaude.

Les avis ont différé quant à l'application au cas actuel des résultats ainsi obtenus. Les uns ont accordé que, d'une manière générale, la mer intérieure se présenterait dans des conditions analogues aux lacs Amers. Les autres ont contesté l'identité des situations météorologiques dans l'isthme de Suez et au sud de l'Algérie et de la Tunisie. La majorité de la Sous-Commission a conclu de la manière suivante:

1° « Les expériences de M. Lavalley sur les lacs Amers placent entre 3 et 4 millimètres par jour le chiffre de l'évaporation;

2° L'évaporation à la surface de la mer intérieure serait au moins égale à celle qui a été constatée sur les lacs Amers;

« 3° La Sous-Commission ne possède pas de documents suffisants pour se prononcer sur la question de savoir si cette évaporation serait plus grande sur la mer intérieure que sur les lacs Amers. »

Cependant, il était indispensable de fixer un chiffre qui permît de calculer le débit à demander au canal. On admit que la hauteur d'eau devant s'évaporer à la surface de la mer intérieure serait considérée comme variant entre 3 et 4 millimètres en moyenne par vingt-quatre heures, ce qui ferait $1^m 28$ d'évaporation totale par an.

En regard de cette perte, il était nécessaire d'évaluer combien d'eau la mer intérieure récupérerait, grâce aux pluies ou autrement.

Pour les pluies tombant directement à l'intérieur du bassin inondé, la deuxième Sous-Commission adopta une hauteur moyenne de 27 centimètres par an, chiffre donné par les observations poursuivies pendant plusieurs années à Biskra, dans la région même des chotts.

Quant aux eaux devant être fournies à la mer intérieure par les crues annuelles de ses affluents, par les sources, etc., leur quantité était fort difficile à estimer; il y aurait du reste intérêt à utiliser, pour l'irrigation des terres, la plus grande partie de ces eaux douces, et à en laisser le moins possible se perdre dans la mer. Une hauteur d'eau équivalente, soit par an 27 centimètres, fut admise toutefois, pour ces apports de provenances diverses.

Cela ferait 54 centimètres pour l'apport total des eaux météoriques en un an. Ce chiffre, retranché du chiffre d'évaporation, laisse 74 centimètres pour l'abaissement réel du niveau : ce qui, avec une superficie de 8,000 kilomètres carrés, correspond bien au volume de près de 6 millards de mètres cubes, indiqué plus haut comme devant être annuellement restitué par le canal.

Quels seront les effets physiques de l'évaporation à la surface de la mer intérieure?

L'état hygrométrique de l'air se trouvera évidemment amélioré dans la région des chotts, tant par suite d'un certain refroidissement de l'atmosphère que par la formation d'une quantité considérable de vapeurs. Les vapeurs seront balayées vers l'Atlas par les vents d'est et de sud, lesquels, si ce ne sont pas les vents dominants, du moins règnent précisément en été. Est-ce à dire que cette influence bienfaisante soit destinée à être appréciable sur l'ensemble de l'Algérie et de la Tunisie? C'est douteux, ou plutôt même improbable. Elle ne se fera sentir qu'autour de la mer intérieure elle-même, dans une zone dont il est impossible de prévoir les limites.

Le progrès, ainsi restreint et localisé, sera réel assurément. Il se produira des rosées, sans doute abondantes, et même des pluies. Ces conditions nouvelles favoriseront la culture des terrains qui bordent les futurs rivages et dont certaines parties offrent sur de vastes étendues un limon extraordinairement fertile, auquel il ne manque que de l'eau.

S'il est vrai que la mer à créer doive submerger quelques oasis existantes, ainsi que des espaces susceptibles d'être mis en valeur dans les conditions actuelles, on ne peut nier qu'en somme il y aurait, du fait de cette mer, accroissement de richesse agricole et de bien-être dans la région. Les nappes artésiennes, qui constituent la ressource des oasis voisines, ne semblent pas, du reste, devoir être influencées d'une manière fâcheuse par l'introduction des eaux de la Méditerranée dans les chotts.

Les conclusions de la deuxième Sous-Commission relativement au climat et à l'agriculture ont donc été formulées ainsi qu'il suit :

« Le climat des environs des chotts pourrait être utilement modifié par la création de la mer intérieure. La Sous-Commission ne peut préciser jusqu'à quelle distance s'étendrait cette modification.

« La même réponse s'applique à la question agricole. Les avantages obtenus par la création de la mer intérieure s'étendraient sur une zone dont il n'est pas possible de déterminer l'étendue. »

Enfin, en ce qui concerne la question de salubrité, la résolution suivante expose quelles sont les idées de la deuxième Sous-Commission :

« La réponse à la question de savoir quelle sera l'influence exercée par la mer intérieure sur les conditions actuelles de la salubrité dans la région des chotts, cette réponse étant subordonnée aux modifications climatériques qui résulteront de la présence de cette mer intérieure, les membres chargés particulièrement de cette étude, en présence de l'insuffisance des données acquises à ce sujet par la deuxième Sous-Commission, se trouvent dans l'impossibilité de répondre d'une manière catégorique à la question posée au point de vue sanitaire.

« Toutefois, dès à présent, il est permis, selon eux, de conclure que si l'emplissage du chott Melrir s'effectue de la manière prévue dans le projet, il s'ensuivrait la destruction d'un foyer redoutable d'insalubrité palustre, situé au nord-est du chott dans les régions appelées *Farfaria* et Bakhlâkha, qui seraient entièrement submergées.

« Quant aux effets produits, au point de vue sanitaire, pendant la période de plusieurs années assignée à l'emplissage des chotts, il n'est pas permis de les apprécier même approximativement, attendu que nous ignorons les conditions dans lesquelles se trouveront les bords de la mer intérieure durant cette période.

« Relativement à la question du climat, mettant les choses au pis, et admettant que la mer intérieure n'apporte aucune modification bien sensible à l'état actuel, il ne nous semble pas que de ce fait puisse découler une aggravation dans les conditions actuelles de la salubrité dans les pays qui avoisinent les chotts.

« Que si, au contraire, sous l'influence de la mer intérieure, le climat de la région devenait à la fois plus humide ou moins chaud, il nous paraît incontestable que le pays en général gagnerait sous le rapport de la salubrité, sans être exempt, quoi qu'on fasse, de toute influence palustre.

« Celle-ci dépendrait du genre de culture adopté au voisinage de la mer intérieure et du drainage des eaux affectées à cette culture; mais il n'en est pas moins vrai que le pays deviendrait plus habitable pour les Européens, et que par le fait d'un climat moins chaud, les fièvres palustres y deviendraient moins redoutables.

« Nous admettons naturellement que l'amélioration dépendrait en même temps de l'accroissement des conditions de bien-être dans le pays.

« Nous ne saurions aller au delà de ces prévisions et nous devons nous borner à conclure que :

« En tout état de cause, la création de la mer intérieure projetée, loin d'aggraver les conditions actuelles d'insalubrité dans la région des chotts, tendrait plutôt à les améliorer. »

Restaient à résoudre les questions de politique internationale, de défense militaire, de commerce et de colonisation se rattachant au projet de la mer intérieure au sud de l'Algérie et de la Tunisie. La troisième Sous-Commission a résumé le résultat de ses travaux sur ces quatre points dans des conclusions que je ne puis que reproduire textuellement :

« 1° Il n'y a pas lieu de prévoir de difficultés internationales à propos de la création de la mer intérieure du commandant Roudaire. Toutefois, en vue des contestations qui pourraient s'élever entre la compagnie concessionnaire ou l'État d'une part, et les étrangers d'autre part, dans la partie tunisienne du canal, il est à souhaiter qu'avant l'entier accomplissement des travaux, le Gouvernement de la République ait négocié l'adoption dans la Régence d'un règne judiciaire plus homogène que celui des capitulations.

« 2° La mer intérieure ne présenterait qu'un faible intérêt au point de vue de la défense militaire de l'Algérie et de la Tunisie. Elle ne paraît devoir être en elle-même d'aucune utilité à notre marine militaire, qui ne verrait d'autre avantage à l'exécution du projet que la création d'un port à Gabès.

« 3° On ne peut pas espérer que la mer intérieure devienne le centre d'un commerce étendu, et que la navigation marchande y acquière une grande importance.

« 4° Si l'hypothèse d'une amélioration du climat doit se réaliser, hypothèse réservée à l'examen de la deuxième Sous-Commission, le principal avantage de l'entreprise semble devoir être d'accoutumer pendant les années où on créera ce bassin, les Arabes nomades au travail. Il est possible que les indigènes se fixent ensuite sur ses bords, dans les oasis nouvelles qui y seront créées à l'aide de capitaux français, et y demeurent, sous la direction des Européens, à l'état de travailleurs sédentaires. »

Après avoir discuté les conclusions des trois Sous-Commissions, après les avoir communiquées à M. le commandant Roudaire et avoir entendu ses explications, la Commission supérieure, dans sa dernière séance plénière tenue le 7 juillet 1882, a voté l'ordre du jour suivant :

« La Commission,

« Tout en rendant hommage aux intéressants travaux de M. le commandant Roudaire, ainsi qu'au courage et à la persévérance qu'il a déployés dans les difficiles études qu'il a poursuivies, au cours de ces dernières années, dans le sud de l'Algérie et de la Tunisie;

« Considérant que les dépenses de l'établissement de la mer intérieure seraient hors de proportion avec les résultats qu'on peut en espérer,

« Est d'avis qu'il n'y a pas lieu, pour le Gouvernement français, d'encourager cette entreprise. »

Veuillez agréer, Monsieur le Président, l'assurance de mon respectueux dévouement.

Paris, le 28 juillet 1882.

Le Président du Conseil, Ministre des Affaires étrangères,
C. DE FREYCINET.

TABLE DES MATIÈRES.

PREMIÈRE PARTIE.
TRAVAUX PRÉLIMINAIRES.

	Pages.
Rapport au Président de la République...............................	7
1re Séance plénière de la Commission supérieure......................	17

DEUXIÈME PARTIE.
TRAVAUX DES SOUS-COMMISSIONS.

Première Sous-Commission :

1re séance (5 mai 1882)..	35
2e séance (17 mai 1882)...	36
3e séance (6 juin 1882)...	66
4e séance (21 juin 1882)..	94
5e séance (30 juin 1882)..	141
6e séance (5 juillet 1882)..	147
Rapport général résumant les travaux de la première Sous-Commission, par M. Rolland, secrétaire...	166
Rapport sur l'estimation des travaux et les conditions de remplissage, par M. Chambrelent..	173

Annexes aux travaux de la première Sous-Commission.

Observations présentées par M. le commandant Roudaire en réponse au Rapport général résumant les travaux de la première Sous-Commission...	182
Note du commandant Roudaire sur la question de savoir si la mer intérieure pourrait se transformer en marais salant................................	185
Note du commandant Roudaire sur le degré de salure que la mer intérieure ne pourra pas dépasser avec la section demandée par la première Sous-Commission...	187

Deuxième Sous-Commission :

1re séance (5 mai 1882)..	191
2e séance (8 mai 1882)..	192
3e séance (15 mai 1882)...	197
4e séance (22 mai 1882)...	211
5e séance (29 mai 1882)...	237
6e séance (7 juin 1882)...	262
7e séance (12 juin 1882)..	319
8e séance (17 juin 1882)..	344
9e séance (26 juin 1882)..	376
10e séance (3 juillet 1882)..	394
Rapport général résumant les travaux de la deuxième Sous-Commission, présenté par M. J.-B. Dumas, de l'Académie française, secrétaire perpétuel de l'Académie des sciences.......................................	411

Annexe aux travaux de la deuxième Sous-Commission.

Pages

Note du commandant Roudaire sur l'influence que la mer intérieure est appelée à exercer sur le climat de l'Algérie.................................... 418

Troisième Sous-Commission :

1re séance (5 mai 1882)... 423
2e séance (12 mai 1182)... 425
3e séance (19 mai 1882)... 431
4e séance (2 juin 1882).. 438
5e séance (9 juin 1882).. 450
Rapport général sur les travaux de la troisième Sous-Commission, présenté par une délégation, et approuvé en séance du 9 juin 1882............ 453

Annexe aux travaux de la troisième Sous-Commission

Note du commandant Roudaire sur l'influence que la mer intérieure exercerait sur la défense militaire, la colonisation et le commerce de l'Algérie...... 460

TROISIÈME PARTIE.

TRAVAIL FINAL DE LA COMMISSION SUPÉRIEURE
ET RAPPORT AU PRÉSIDENT DE LA RÉPUBLIQUE.

2e séance plénière (30 juin 1882)................................. 469
3e séance plénière (7 juillet 1882)............................... 501
Rapport de M. de Freycinet, Président du Conseil, Ministre des affaires étrangères, au Président de la République........................ 535

Ministère de l'Instruction publique.... Archives des missions scientifiques et littéraires.

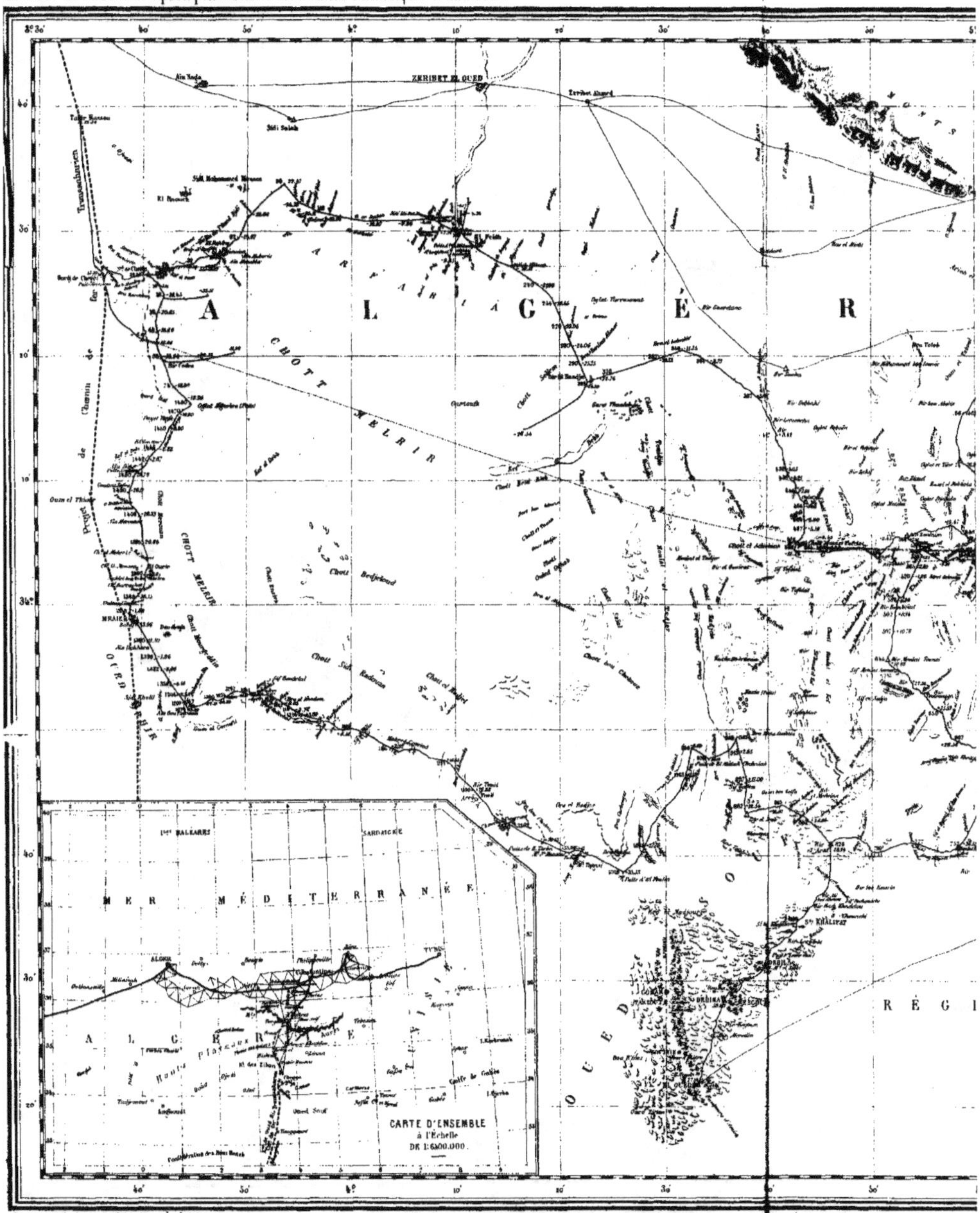

Gravé par L. Sonnet, 99, Boul^d St Germain.

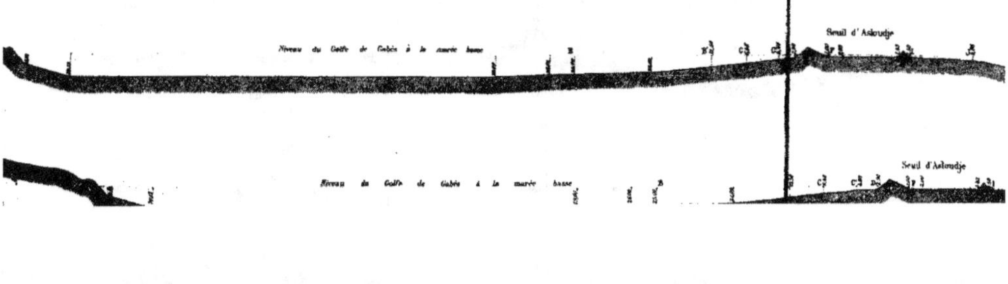

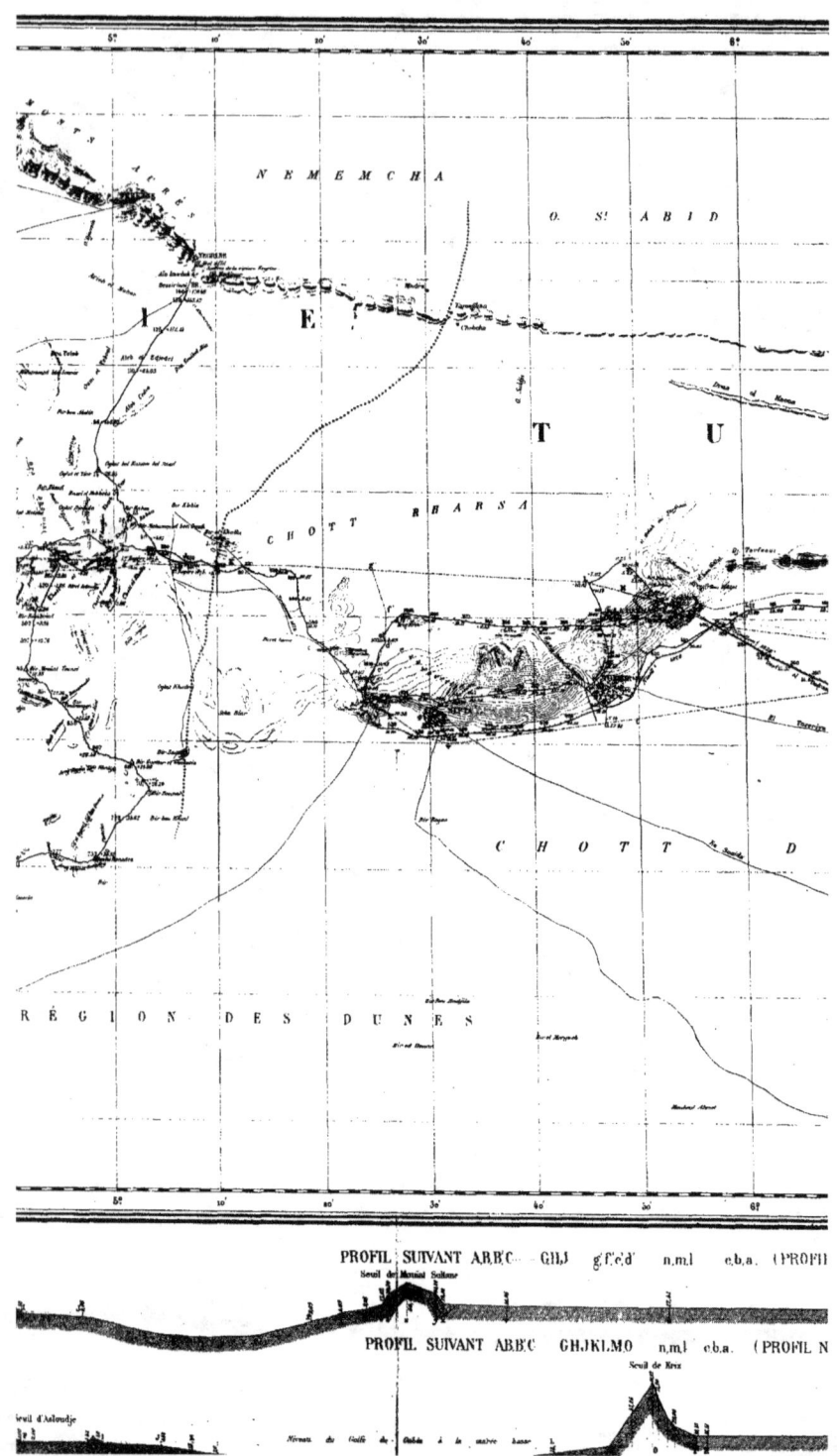

S CHOTTS
ROUDAIRE.

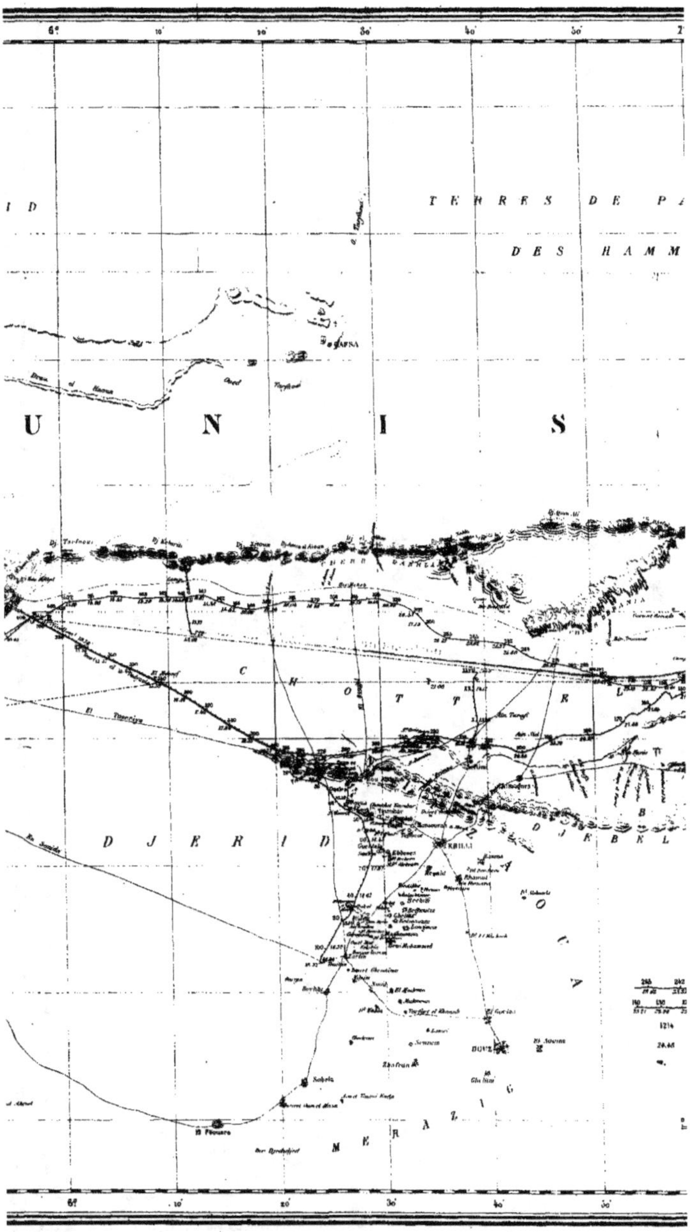

c.b.a. (PROFIL N° 1).

c.b.a. (PROFIL N° 2).

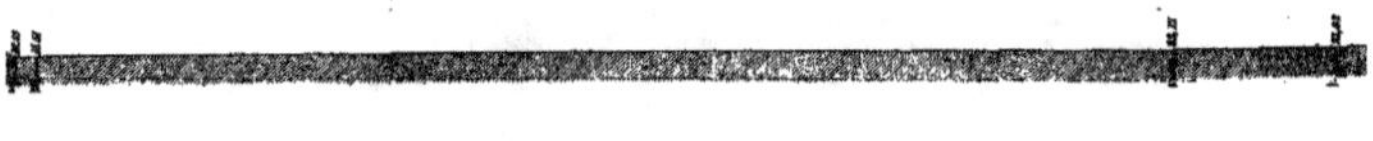

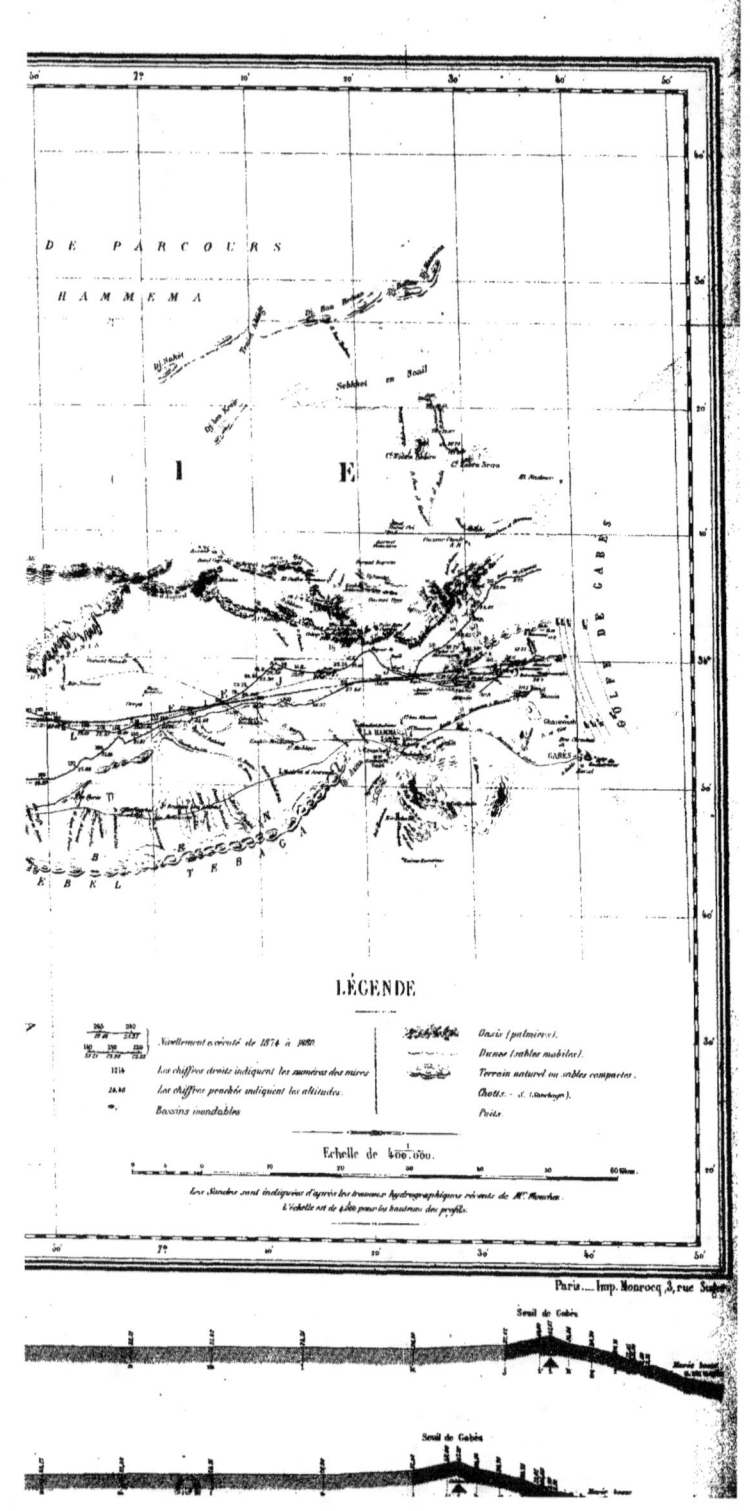

www.ingramcontent.com/pod-product-compliance
Lightning Source LLC
Chambersburg PA
CBHW070840230426
43667CB00011B/1865